COOPER · DIE LUFTWAFFE 1933–1945

Matthew Cooper

Die Luftwaffe 1933–1945

**Eine Chronik.
Versäumnisse und Fehlschläge.**

Motorbuch Verlag Stuttgart

Einbandgestaltung: Siegfried Horn
Karten: Alec Spark

Copyright © 1981 Cooper and Lucas Ltd.
Die englische Ausgabe ist erschienen bei Jane's Publishing Company Ltd. unter dem Titel:
»The German Air Force 1933–1945 – An Anatomy of Failure –«

Die Übertragung ins Deutsche besorgte
Wolfgang Dierich

ISBN 3-613-01017-8

1. Auflage 1988
Copyright © by Motorbuch Verlag, Postfach 10 37 43, 7000 Stuttgart 10
Ein Unternehmen der Paul Pietsch-Verlagsgruppe GmbH & Co. KG
Sämtliche Rechte der Verbreitung – in jeglicher Form und Technik – sind vorbehalten
Satz und Druck: Druckhaus Schwaben, 7100 Heilbronn
Bindung: Großbuchbinderei E. Riethmüller, 7000 Stuttgart
Printed in Germany

Inhalt

5

ABKÜRZUNGEN

AI	Air Interception Radar (englisch: Bordradargerät)
AK	Armeekorps
AOK	Armeeoberkommando
Ar	Arado-Flugzeugwerke
AW	Ausbildungswesen der Luftwaffe
BdU	Befehlshaber der U-Boote
Bf	Bayerische Flugzeugwerke
BK	Bordkanone
BMW	Bayerische Motorenwerke
BV	Blohm & Voß
CR	Caproni Flugzeugbau (Italien)
DLV	Deutscher Luftsportverband
Do	Dornier-Flugzeugbau
d. Ü.	der Übersetzer
Dunaja	Dunkle Nachtjagd
d. V.	der Verfasser
DVL	Deutsche Versuchsanstalt für Luftfahrt
DVS	Deutsche Verkehrsfliegerschule
E	Einsatz (z. B. E-Hafen)
Fi	Fieseler-Flugzeugwerke
Fw	Focke-Wulf-Flugzeugbau
Gestapo	Geheime Staatspolizei
He	Heinkel-Flugzeugbau
HMS	Her Majesty's Ship (Bezeichnung britischer Kriegsschiffe)
Henaja	Helle Nachtjagd
Hs	Henschel-Flugzeugwerke
HQ	Hauptquartier (im übertragenen Sinne: höherer Führungs-Gefechtsstand)
Ia	Erster Generalstabsoffizier (für Führung und Einsatz)
Ic	Dritter Generalstabsoffizier (für Feindlage)
i. G.	im Generalstab
IT	Technischer Offizier im Generalstab der Luftwaffe, 1. (Führungs-)Abteilung
Italuft	Verbindungsstab der Luftwaffe zur italienischen Luftwaffe in Rom
Jabo	Jagdbomber
Jafü	Jagdfliegerführer
Ju	Junkers-Flugzeugbau
kg	Kilogramm
KG	Kampfgeschwader
km/h	Kilometer je Stunde
Konaja	Kombinierte Nachtjagd
Kümo	Küstenmotorschiff
Ln	Luftnachrichten- (z. B. Ln-Truppe)
LN	Loire Nieuport (Frankreich)
Lkw	Lastkraftwagen
Lw Kdo	Luftwaffenkommando
m	Meter
Me	Messerschmitt-Flugzeugbau
MG	Maschinengewehr
Mk	mark (englisch: Flugzeugserienbezeichnung – mit römischen Zahlen)
MK	Maschinenkanone
m/s	Meter je Sekunde
NSDAP	Nationalsozialistische Deutsche Arbeiterpartei
NSFK	Nationalsozialistisches Fliegerkorps
OKH	Oberkommando des Heeres
OKL	Oberkommando der Luftwaffe
OKM	Oberkommando der Kriegsmarine
OKW	Oberkommando der Wehrmacht
RAF	Royal Air Force (britische Luftstreitkräfte)
RLM	Reichsluftfahrtministerium
SA	Sturmabteilung
Stuka	Sturzkampfflugzeug
Ta	Tank (Professor), Flugzeugtypenbezeichnung
USAAF	United States Army Air Force (amerikanische Luftstreitkräfte im Zweiten Weltkrieg)
Viermot	Kurzbezeichnung für viermotorige (meist Bomben-) Flugzeuge
z.b.V./zbV	zur besonderen Verwendung

6

VERGLEICHBARE DIENSTGRADE

Luftwaffe	Royal Air Force	US Army Air Force
Generalfeldmarschall	Marshal of the Royal Air Force	General (five star)
Generaloberst	Air Chief Marshal	General (four star)
General der Flieger	Air Marshal	Lieutenant General
Generalleutnant	Air Vice Marshal	Major General
Generalmajor	Air Commodore	Brigadier General
Oberst	Group Captain	Colonel
Oberstleutnant	Wing Commander	Lieutenant Colonel
Major	Squadron Leader	Major
Hauptmann	Flight Lieutenant	Captain
Oberleutnant	Flying Officer	First Lieutenant
Leutnant	Pilot Officer	Lieutenant
Stabsfeldwebel	Warrant Officer	Warrant Officer
Oberfeldwebel	Flight Sergeant	Master Sergeant
Feldwebel	Sergeant	Technical Sergeant
Unteroffizier	Corporal	Staff Sergeant
Hauptgefreiter	—	Sergeant
Obergefreiter	Leading Aircraftman	Corporal
Gefreiter	Aircraftman First Class	Private First Class
Flieger	Aircraftman Second Class	Private

BEMERKUNGEN ZUR ÜBERSETZUNG:

Der Übersetzer hat davon Abstand genommen, den umfangreichen wissenschaftlichen Apparat des englischen Verfassers unbesehen zu übernehmen und im Anhang dieses Buches mitzuteilen. Viele der Quellenzitate befinden sich als teilweise populäre oder gar verfälschende Übersetzungen aus dem Deutschen in der anglo-amerikanischen Literatur, die dem deutschen Leser im allgemeinen nicht zugänglich ist. Sekundär- und sogar Tertiärzitate kamen fehlerhaft hinzu.

Aus diesem Grunde unternahm der Übersetzer eigenes Quellenstudium in der ursprünglichen deutschen verfügbaren Literatur und Dokumentation.

Dem Militärgeschichtlichen Forschungsamt der Bundeswehr und dem Bundesarchiv/Militärarchiv, beide Freiburg, sei an dieser Stelle für die unermüdliche, selbstlose Hilfe bei der Auffindung mancher versteckter Quellen ganz besonderer Dank gesagt. Unschätzbare Quellen erschloß mir die umfangreiche Militärbibliothek des verabschiedeten Oberst im Generalstab der Schweizer Armee, Dr. Georg Heberlein (†), Wattwil.

Alle Zitate wurden nach bestem Wissen den Originaldokumenten und veröffentlichten deutschen Quellen entnommen.

Einführung

»Wir mußten die Leichen für die Bestattung gleichsam zusammensetzen. Es war eine schwierige Aufgabe, weil häufig Körperteile einfach fehlten. Wir wußten nicht, ob ein bestimmtes Bein zu einem bestimmten Körper gehörte, oder ob ein Kopf tatsächlich auf einem der zahlreichen Rumpfreste und Gliedmaßen saß, die vor uns aufgereiht lagen . . . Der durchdringende Geruch war so unangenehm, daß wir versuchten, unsere Aufgabe so schnell wie irgend möglich zu erledigen. Oft legten wir nur Leichenteile in die Särge. Ich erinnere mich an einen Fall, wo ein übler Witzbold einem Rumpftorso vier Arme beilegte; auch das wurde beerdigt . . . natürlich wußten die nahen Angehörigen von derartigen Vorkommnissen nichts.«

So schrieb ein Kölner Bürger über einen seiner Eindrücke aus dem Zweiten Weltkrieg. Diese Schilderung zeigt das Versagen der Luftwaffe im Luftraum über Deutschland ganz unmittelbar auf. Was dieser Mann erlebt hatte, war nichts Außergewöhnliches. Wie ihm erging es zahllosen Millionen von Menschen, die auf beiden Seiten der kriegsführenden Parteien Opfer des Krieges waren. Alleine in Europa und der Sowjetunion, so schätzt man, wurden nur durch den Luftkrieg schon mehr als eine Million Tote und zwei Millionen Schwerverletzte aus dem militärischen und zivilen Bereich gezählt. Zu diesen Verlusten hat die deutsche Luftwaffe nicht unwesentlich beigetragen.

Nur wenig wird in diesem Buch noch über die Auswirkungen des Luftkrieges, die er auf die Menschen selbst hatte, geschrieben werden. Vielmehr sollen die strategischen Ursachen und die sich daraus ergebenden Folgerungen untersucht werden. Aber dennoch ist es ein Buch, das nach den Worten eines der Historiker der Luftwaffe, Professor Richard Suchenwirth, nicht geschrieben wurde *»aus irgendeiner besonderen Vorliebe für den Militarismus, sondern eher aus der Erkenntnis, in welchem Umfang Freiheit und Größe und Schicksal eines Volkes von militärischen Entscheidungen abhängig sind; und wie sich im Kriege gute oder schlechte Führung auf die vielen tapferen Soldaten und die Zivilbevölkerung auswirkt«*.

Die deutsche Luftwaffe hat versagt. Trotz aller Berichte über die Erfolge in den ersten Kriegsjahren und der großen Leistungen ihres fliegenden Personals und ihrer Frontkommandeure sollte man diese Tatsache nicht herunterspielen oder gar verschleiern. In der Tat deutete sich ihre Niederlage schon an, während sie in Polen, Dänemark, Norwegen, Frankreich und Flandern gegen ausrüstungsmäßig und taktisch unterlegene Feinde von Sieg zu Sieg stürmte. 1941 wurden die Schwächen, mit denen diese Luftwaffe in den Krieg gezogen war, schon offenkundig; sie hatte die Luftüberlegenheit verloren und mußte zwangsläufig an den drei Fronten und über dem Reichsgebiet versagen. Wenngleich diese Tatsache alleine nicht zum Sieg über Deutschland führte, so war sie doch eine wesentliche Vorbedingung dafür. Das Versagen der Luftwaffe war hingegen der bedeutendste Einzelfaktor, der zum Niedergang des »Dritten Reiches« beitrug. Natürlich ist nicht bei der Luftwaffe alleine die Schuld zu suchen, daß im April 1945 die Russen Berlin und die westlichen Alliierten die Elbe erreichten, sie beschleunigte diese Ereignisse aber ganz bestimmt.

Wenn die Luftwaffe in der Lage gewesen wäre, die Einsatzaufgaben, die ihr von Hitler zugewiesen worden waren, zu erfüllen, so wäre der Krieg wesentlich anders verlaufen. Mit aller Wahrscheinlichkeit wäre Großbritannien von Deutschland besetzt worden, und der Mittelmeerraum, die persischen Ölfelder eingeschlossen, wäre unter die Vorherrschaft der Achsenmächte geraten. Die Vereinigten Staaten von Amerika hätten erhebliche Schwierigkeiten gehabt, in den Krieg gegen Deutschland einzutreten, während der Sowjetunion die geballte Macht der gesamten Wehrmacht gegenübergestanden wäre. Aber als sich im Sommer 1940 am Himmel über Südostengland das Schlachtenglück wendete, es in den folgenden zwei Jahren nicht gelang, Malta niederzuzwingen, und immer mehr Kräfte auf dem russischen Kriegsschauplatz gebunden wurden, war die Niederlage unausbleiblich. In der Absicht, schnelle Siege zu erringen, hatte die Luftwaffe den Faktor Zeit, ihren wertvollsten Verbündeten, geopfert. Dadurch gelang es dem Gegner, seine Luftstreitkräfte in einem Maße zu verstärken, demgegenüber die Deutschen keine Chance mehr hatten. Das führte zum Verlust der Initiative im Luftkriegsgeschehen. Obwohl im Herbst 1944 der Luftkrieg im gesamten Kriege eine vorherrschende Rolle spielte, hatte die Luftwaffe aufgehört, ein bedeutender militärischer Faktor zu sein. Dieser Mißerfolg ist in Vergessenheit geraten.

Bei meiner Untersuchung über dieses Versagen werde ich mich vornehmlich dem strategischen Konzept und dem Aufbau der Luftwaffe widmen und nur dort taktische und technische Einzelheiten berücksichtigen, wo sie Einfluß darauf genommen haben. Die Heldentaten einzelner Flugzeugführer und die großen Leistungen von Einheiten und Verbänden der Luftwaffe werden nur selten erwähnt werden, obwohl sie zu den besten und ruhmreichsten in der Kriegsgeschichte zu zählen sind. Das ist bereits vorzüglich in vielen anderen Büchern gewürdigt worden, um hier noch weiter darauf einzugehen. So beschäftigt sich dieses Buch einzig und allein mit dem geschichtlichen Gesichtspunkt über die Luftwaffe, den die Historiker bisher sehr vernachlässigt haben. Denn seit 1946 ist kein Buch veröffentlicht worden, das sich sowohl umfassend als auch bis ins Einzelne gehend mit der strategischen Entwicklung der deutschen Luftwaffe von 1933 bis 1945 beschäftigt hat. Diese Lücke in der Geschichte des Zweiten Weltkrieges habe ich versucht zu schließen. Es ist ein großer Themenkomplex. Manches mußte unberücksichtigt bleiben, damit dieses Buch im Text klar und bündig veröffentlicht werden konnte. So wird nur selten auf das politische Wirken von Göring eingegangen, ebenso wie auf die Bereiche der Luftwaffe, die sie am Rande in der Wahrnehmung ihrer Hauptaufgaben zur Führung des Luftkrieges berührten: Die Flakverbände beim Heer, die Fallschirmtruppen und die Luftwaffenfeldverbände.

Beim Schreiben dieses Buches war ich veranlaßt, viele der Schlüsse in Frage zu stellen, zu denen Historiker bei der Beurteilung der Luftwaffe gekommen sind. Wenngleich meine Feststellungen nicht als absolute Neubewertung aufgefaßt werden sollen, so hoffe ich doch, daß sie zu einer neuen, hilfreichen Betrachtungsweise beitragen. Denn allzuoft wird die Entwicklung der Luftwaffe, begünstigt durch die Vorteile von Einsichten und Erkenntnissen aus der Nachkriegszeit, unter Ausschluß aller Randbedingungen gesehen. Aber Führungsentscheidungen, die dem Nachkriegsbetrachter als falsch erschienen, standen unter ganz anderen Vorzeichen zu der Zeit, als sie gefällt wurden. Daher stehe ich der Beurteilung der Luftwaffe hinsichtlich des Sturzkampfeinsatzes und des schweren Bombers weit wohlwollender gegenüber, als es sonst üblich ist; gleiches gilt in bezug auf die Entscheidungen zur Entwicklung neuer Flugzeugtypen während des Krieges. Selbst Udet, Luftwaffenhistorikern gewöhnlich ein Dorn im Auge, hat weit weniger Schuld auf sich geladen, als man ihm üblicherweise anlastet. Im Buch berühre ich ein Thema, das mich besonders interessiert hat: Die Führung des Blitzkrieges. Was man allgemein seit Ende des Zweiten Weltkrieges darunter versteht, ist, gelinde gesagt, irreführend. Unter dieser Vorgabe habe ich den Einsatz der Luftwaffe zur Unterstützung des Heeres beschrieben. Es ist festzustellen, daß sich die Luftwaffe erst dann den besonderen Einsatzaufgaben, die typisch für die Blitzkrieg-Führung sind, voll widmen konnte, als die siegreichen Blitzkrieg-Feldzüge schon lange der Vergangenheit angehörten. Hitlers Verantwortungslosigkeit nicht nur als Staatsoberhaupt, sondern auch als Oberster Befehlshaber der Wehrmacht wird genauer zu untersuchen sein. Seine Maßnahmen vor allem waren es, die zwangsläufig zum Versagen der Luftwaffe und des Heeres führten. Viel Raum ließ ich in diesem Buche auch der Untersuchung der Luftschlacht um England, die meiner Ansicht nach von entscheidender Bedeutung war. Den üblichen Ansichten darüber pflichte ich nicht bei, weil ich glaube, daß die Luftwaffe die Luftschlacht nicht nur hätte gewinnen k ö n n e n, sondern auch hätte gewinnen m ü s s e n, zumindest hätte sie die Luftherrschaft über Südostengland erringen müssen. Selbst die Radaranlagen der Royal Air Force halfen den Deutschen mehr, als daß sie ihnen schadeten.

Mein Dank gilt allen denen, die mich bei meiner Arbeit unterstützt haben: Miss Elaine Austin, deren Geduld bei der Durchsicht meines Manuskriptes genauso vortrefflich wie ihre scharfsinnigen Empfindungen war; Alex Vanags-Baginskis, der mit seiner selbstlosen Hilfe und seinem beachtlichen Wissen über technische Belange der Luftwaffe manchen meiner Fehler ausmerzte; James Lucas vom Imperial War Museum; Brian L. Davis; Michael Stevens von Jane's; Anthony Shadrake vom King's College in London; Dora Clarke von der Bibliothek des Britischen Unterhauses; und Clare Pearson.

Weil viele Luftwaffenakten bei Kriegsende vernichtet und seit 1945 zahlreiche Bewertungsmaßstäbe hinsichtlich Flugzeugtypen, Kampfstärken und Verlusten benutzt worden sind, gibt es keine als absolut verbindlich zu betrachtenden Zahlen, die diese Bereiche der Luftwaffengeschichte abdecken. Während der Luftschlacht um England meldete zum Beispiel die Royal Air Force häufig, guten Glaubens, dreimal soviel deutsche Flugzeuge als abgeschossen, als es tatsächlich der Fall war. Flugzeugtabellen und Übersichten stimmten selten überein. Angesichts dieser Lage bemühte ich mich, einen einheitlichen Bewertungsmaßstab zur Grundlage meines Buches zu machen. Fachleute mögen mit einigen, wenn nicht vielen Zahlen nicht einverstanden sein. Es sei jedoch darauf hingewiesen, daß es bei den wiedergegebenen Zahlen weniger auf letzte spitzfindige Genauigkeit ankommt, als auf die grundsätzliche Bedeutung, die sie hinsichtlich geschichtlicher Entwicklungen aufzeigen helfen.

Matthew Cooper
Dezember 1980

I. Die Führung der Luftwaffe

Am 11. November 1918 endete der Erste Weltkrieg. An diesem Tage verfügten die Heeres-Luftstreitkräfte des Kaiserreiches über 2709 Flugzeuge. In einem langen Krieg hatten deutsche Flieger ehrenvoll und vorzüglich gekämpft und in dieser Zeit 7425 feindliche Flugzeuge abgeschossen. Am 21. Januar 1919 wurden die Luftstreitkräfte aufgelöst. Der Kommandierende General, Ernst von Hoeppner, bestätigte seinen Männern in seinem Tagesbefehl: ». . . *Die Flieger-, Flak-, Luftschifferverbände, unterstützt durch den sicher arbeitenden Wetterdienst, haben an der Front – in immer sich steigerndem Maße – Hervorragendes geleistet* . . .« Im März hatte das neue Reichsheer, das aus der alten, besiegten kaiserlichen Armee hervorging, noch einige Fliegerstaffeln, deren Tage aber auch schon gezählt waren. Am 10. Januar 1920 wurden diese nach dem Vertrag von Versailles aufgelöst. Artikel 198 bestimmte: »*Die bewaffnete Macht Deutschlands darf keine Land- oder Marine-Luftstreitkräfte umfassen.*« Artikel 202 forderte, daß alles Material der Land- und See-Luftstreitkräfte an die Siegermächte ausgeliefert werden mußte. 15 000 Flugzeuge, 28 000 Flugmotoren und 16 Luftschiffe wurden von Deutschland zerstört oder an die Alliierten der Entente übergeben, zusätzlich wurden noch eine Millionen Quadratmeter Luftschiffhallenfläche dem Erdboden gleichgemacht. Damit wollte man erreichen, daß es nie wieder deutsche Luftstreitkräfte geben wird. Dennoch stand innerhalb von knapp zwanzig Jahren wieder eine deutsche Luftwaffe im Kriege. Sie war die stärkste in Europa. Siegreich zwang sie ihre Gegner in die Knie. Ihre Erfolge suchten ihresgleichen. Die Erfolge waren derart überwältigend, daß sie die aus den Aufbaujahren herrührenden Schwächen, die letztendlich den Niedergang der Luftwaffe bewirkten, nicht in den Vordergrund treten ließen.

Es gab zahlreiche dieser Schwächen. Teilweise lagen sie in der Führungsorganisation der Luftwaffe begründet, in der Uneinigkeit und Zwietracht vorherrschten, und in den Führungsentscheidungen, die diese Organisation vor und während des Krieges traf. Hauptsächlich waren sie aber das Ergebnis der Entscheidung Hitlers im Jahre 1939, das Risiko eines Krieges einzugehen, bevor die Wehrmacht überhaupt dafür vorbereitet war. Insbesondere die Luftwaffe war nicht gerüstet, um sich auf einen Konflikt einzulassen, der mehr Kräfte band als ein kurzer, schneller Feldzug. Vor dem Polenfeldzug lagen nur sechseinhalb Jahre Aufbauzeit, wovon viereinhalb Jahre ohne Rücksicht auf Geheimhaltung ungehindert aufgerüstet werden konnte. Denn in den zwölf Jahren, bevor Hitler 1933 an die Macht kam, wirkte sich die Zielsetzung des Vertrages von Versailles erfolgreich aus. Trotz aller Versuche, die auferlegten Beschränkungen zu unterlaufen, waren Deutschlands militärische Möglichkeiten doch außerordentlich beschnitten. Hinsichtlich Umfang und Vorbereitungen waren die Verhältnisse zum Aufbau von Luftstreitkräften völlig unzureichend. Nur eine sehr schwache Kaderorganisation ließ sich bilden, die man in Zukunft erweitern konnte. Das Fundament, auf dem die Nationalsozialisten eine neue Luftwaffe aufzubauen hatten, stand in der Tat auf sehr schwachen Beinen.

Natürlich stand Deutschlands neue Führung nicht ganz mit leeren Händen da. Das betraf vor allem zahlreiche Flugzeugtypen, die entwickelt worden waren, und die nun den Grundstock für die neue Waffe bildeten: Ju 52 (Behelfsbomber), Do 11 (Bomber), Ar 64 und He 51 (Jäger), He 45 und He 46 (Aufklärer), He 5, HD 38 und Do 15 »Wal« (Seeflugzeuge), die alle den Vergleich mit ihren ausländischen Konkurrenten nicht zu scheuen brauchten. Damit alleine konnte man jedoch noch keine Luftwaffe schaffen, weil im Deutschland des Jahres 1933 dafür weder eine geeignete Kommandostruktur noch das erforderliche Personal und Material zur Verfügung standen. Denn während der Jahre der Weimarer Republik hatte man nur geringe finanzielle Mittel für die geheimzuhaltenden Belange von Luftstreitkräften aufbringen können. Obwohl Reichswehr- und Reichsmarineoffiziere die Bedeutung von Luftstreitkräften erkannt hatten, wurden für alle Bereiche einer geheimen Luftausrüstung in den sieben Jahren von 1926 bis 1932 nur etwa 170 Millionen Reichsmark bereitgestellt, was niemals ausreichte, um eine Luftmacht aufzubauen, die von irgendeiner wesentlichen Bedeutung hätte sein können. Trotz der Verfügbarkeit des Militärflugzentrums Lipezk in der Sowjetunion, des Deutschen Luftsport Verbandes, von Fliegerschulen und Segelfliegerclubs, wo im Geheimen militärische Flugausbildung betrieben wurde, der Luft-Hansa und von Tarnfirmen, wie der Severa GmbH, mit denen man die Beschränkungen des Versailler Vertrages zu umgehen versuchte, befand sich das deutsche Militärflugwesen zu Ende des Jahres 1932 in denkbar schlechtem Zustand. Die Reichswehr hatte nur 550 Flugzeugführer und 180 Beobachter in ihren Reihen, es gab nur wenige Staffeln, die unter verschiedenen Bezeichnungen zahlreiche Aufgaben wahrnahmen. Sie umfaßten 5 Bomber-, 3 Jäger-, 5 Aufklärer-, 2 Seefliegerstaffeln und 1 Luftdienstschleppstaffel mit insgesamt 250 Flugzeugen mit unterschiedlichem Ausrüstungs- und Leistungsstand, viele waren umrüstbare Zivilflugzeuge, die im Notfall eingesetzt werden konnten. Zwei Schwadronen einer Heeres-Fahrabteilung bildeten den kleinen Personalkader für das Fliegerbord- und -bodenpersonal.

Auch die einst so bedeutende deutsche Luftfahrtindustrie befand sich in bedauernswertem Zustand. War ihr Produktionsumfang schon äußerst schmal, mit nur 0,2 Prozent war sie an der gesamten deutschen Industrieproduktion beteiligt, wovon nur ein Bruchteil auf die Herstellung von Militärflugzeugen entfiel, mußte sie auch noch mit beträchtlichen Finanzmitteln des Reiches unterstützt werden, um überhaupt überleben zu können. Die Inspektion der Flieger hatte am 4. April 1932 gemeldet, daß die Luftfahrtindustrie nur 100 Flugzeuge pro Monat produzieren könne, sofern ihr neun Monate Vorbereitungszeit gewährt würden, obwohl die Pläne einen Produktionsausstoß von 300 pro Monat bei sechsmonatiger Vorbereitungszeit verlangten. Es gab also wahrlich viel zu tun. Die umfangreiche Aufgabe, die Deutschlands neue Führung zu bewältigen hatte, läßt sich allein daran ermessen, wenn man die Kräfte vergleicht, die zu Beginn der Aufbauzeit und dann im Herbst 1939 zur Verfügung standen: Aus 16 Staffeln wurden 302, das fliegende Personal wuchs von 730 auf 20 000 Mann an, die Zahl der Flugzeuge nahm von 250 auf 3500 zu, ihr Leistungsvermögen übertraf das der alten Flugzeugtypen bei weitem.

So bot sich die Lage des deutschen Militärflugwesens dar, als Hitler am 30. Januar 1933 Reichskanzler wurde. Unerschrocken und rücksichtslos machten sich er und seine Parteigenossen daran, die Luftwaffe im Rahmen ihrer Wiederaufrüstungspläne in großem Umfang aufzubauen. Am 3. Februar ernannte Hitler seinen engsten Mitarbeiter und Mitstreiter, Hermann Göring, zum Reichskommissar für die Luftfahrt. Damit erhielt er die Kontrolle über den zivilen Luftverkehr, die bis dahin im Verantwortungsbereich des Reichsverkehrsministeriums lag. Die militärischen Kreise schreckten auf; die Generalität war sich bewußt, daß der neuernannte Reichskommissar sich keineswegs nur auf den zivilen Luftverkehr beschränken würde. Sie handelte unverzüglich. Man hielt als Gegenpol eine militärische Organisation für erforderlich. Sie sollte alle Entwicklungen im Reichsheer und in der Reichsmarine überwachen und unter der Führung des Reichsverteidigungsministeriums stehen. Am 8. Februar 1933 verfügte Reichswehrminister General Werner von Blomberg, daß die beiden diesbezüglichen Abteilungen zusammengefaßt werden sollten. Am 1. April wurde daraufhin das Luftschutzamt gebildet. Hier wurden alle Luftwaffenbelange hinsichtlich Einsatz, Ausbildung, Organisation und Entwicklung zusammengefaßt. Damit wurden die fast chaotischen Organisationsverhältnisse, die sich auf Grund der Abteilung der Verantwortlichkeiten auf acht Abteilungen und teilweise auch auf das Reichsverkehrsministerium ergaben, ausgeräumt. Der Chef des Luftschutzamtes, Oberst Eberhard Bohnstedt, wurde vom Chef der Heeresleitung, Freiherr von Hammerstein, als »*der dümmste Kerl, den ich in meinem Generalstab hatte*«, bezeichnet. Wie geringschätzig auch immer die Belange der Luftstreitkräfte in militärischen Kreisen beurteilt werden sollten, das Ziel des neuen Amtes war ganz klar: Man wollte keine Luftwaffe als neuen, selbständigen Wehrmachtteil unter Führung von Göring aufstellen, sondern als festen, vollintegrierten Bestandteil des Heeres.

Doch alle diesbezüglichen Bemühungen der Reichswehrführung waren nur von kurzer Dauer. Am 28. März wurde Göring zum Reichsminister für Luftfahrt ernannt, am 5. Mai das neue Reichsluftfahrtministerium gebildet. Erhard Milch, früher Direktor der Deutschen Lufthansa, wurde Staatssekretär und ständiger Vertreter des Ministers. Auf Grund einer Weisung Hitlers vom 15. Mai, der Reichspräsident von Hindenburg, der bis zu seinem Tode, 1934, Oberbefehlshaber der Wehrmacht war, zugestimmt hatte, wurde das Luftschutzamt in das Reichsluftfahrtministerium eingegliedert. Damit waren die ersten Schritte zur Schaffung einer neuen Luftwaffe als selbständiger Wehrmachtteil getan. Von nun an nahm die Luftrüstung schnell an Umfang zu. Sie machte quantitativ und qualitativ einen Sprung nach vorne, der auf eine völlig neue Politik und die damit verbundenen militärischen Absichten der deutschen Führung schließen ließ.

Für lange Zeit jedoch waren diese Bestrebungen von der Notwendigkeit nach Tarnung und Geheimhaltung abhängig. Neue Verbände konnten nur unter dem Deckmantel ziviler Ausbildungseinrichtungen geschaffen werden. Im Frühjahr 1933 wurde das Kommando der Fliegerschulen gebildet. Es sollte den Aufbau von Fliegerschulen vorbereiten und die militärische Ausbildung bei Vertragsfirmen beaufsichtigen, genauso wie bei paramilitärischen Organisationen, beispielsweise dem Deutschen Luftsportverband. Am 1. April 1934 wurde es in Inspektion der Fliegerschulen umbenannt. Gleichzeitig wurde die Überwachung der Ausbildung der Fliegerreserve der Inspektion der Fliegerreserve übertragen. Im Sommer 1934 standen bereits 32 Fliegerschulen im Ausbildungsbetrieb. Auch die Führungsorganisation der neuen Luftwaffe wurde aufgebaut. Im Dezember 1933 gab es 15 regionale Luftämter; am 1. April 1934 wurden im deutschen Reichsgebiet fünf Luftkreiskommandos, die geographisch zwei oder mehr Wehrkreise umfaßten, gebildet. Aus Tarnungsgründen nannte man sie Gehobene Luftämter. Zum gleichen Zeitpunkt wurde ein Kommandostab für Marineluftstreitkräfte und das Kommando der 1. Fliegerdivision in Berlin aufgestellt. Kommandeur war Oberst Hugo Sperrle, ein Flieger des Ersten Weltkrieges, der in Personalunion auch Kommandeur der Heeresflieger war. Mit drei Jagdstaffeln, die mit Flugzeugen vom Typ Ar 65 und He 51 ausgerüstet waren, wurde in Döberitz bei Berlin unter Führung von Major Robert Ritter von Greim die Jagdgruppe 132 als erster deutscher Jagdverband aufgebaut.

Zu Beginn des Jahres 1935 standen schon 20 Staffeln und 11 000 Mann im Dienst der neuen Luftwaffe. Von den 1800 Frontflugzeugen waren 370 Kampfflugzeuge (Do 11, Do 23, Ju 86), 450 Ju 52, 250 Jagdflugzeuge (Ar 64, Ar 65, He 51), 590 Aufklärungsflugzeuge (He 45, He 46) und 120 Seeflugzeuge. Hinzu kamen etwa 30 000 Mitglieder des Deutschen Luftsportverbandes (DLV), in dem am 23. März 1933 alle den Luftsport betreibenden oder fördernden Organisationen zusammengefaßt worden waren. Er sollte die Grundlage für eine einheitliche vormilitärische Fliegerausbildung bilden. Auch die Luftfahrtindustrie hatte ihre Produktionskapazitäten erheblich ausgebaut. Die Produktionsfläche der Flugzeughersteller hatte sich von 30 000 Quadratmetern im Jahre 1933 auf 231 000 Quadratmeter im Jahre 1935 vergrößert, der Produktionswert hatte sich 1934 gegenüber dem von 1933 verfünffacht. Bis März 1935 waren seit der Machtübernahme Hitlers 2500 neue Flugzeuge an die Streitkräfte ausgeliefert worden. Das war ein erheblicher Kräftezuwachs, der aber nicht mit dem zu vergleichen war, der sich später dann noch entwickelte.

Mit Erlaß vom 26. Februar 1935 verfügte Hitler, daß mit Wirkung vom 1. März die Reichsluftwaffe als dritter Wehrmachtsteil neben das Reichsheer und die Reichsmarine tritt. Am 10. März erfuhr die mißtrauische Weltöffentlichkeit, daß das Reich tatsächlich so etwas wie eine Reichsluftwaffe hatte. Im Dienst- und Schriftverkehr setzte sich der Begriff »Reichsluftwaffe« nicht durch, es blieb bei der Bezeichnung »Luftwaffe«. In einem Interview mit einem englischen Zeitungsreporter (es war der Sonderberichterstatter Ward Price von der »Daily Mail«; d. Ü.) erklärte Göring u. a.: »*Im Ausbau unserer nationalen Sicherheit mußte, wie wir mehrfach der Welt erklärt haben, auch für die Sicherheit in der Luft Sorge getragen werden. Ich habe mich hierbei auf das notwendigste Maß beschränkt. Die Richtlinie meines Handelns war nicht die Schaffung einer die anderen Völker bedrohenden Angriffswaffe, sondern nur die Errichtung einer militärischen Luftfahrt, stark genug, um Angriffe auf Deutschland jederzeit abzuwehren.*«

Der neue Oberbefehlshaber der Luftwaffe beendete das Interview mit der Versicherung: »*Von dem Gefühl, das Vaterland bis zum letzten Einsatz zu verteidigen, ist die deutsche Luftwaffe ebenso leidenschaftlich durchdrungen, wie sie andererseits überzeugt ist, daß sie niemals dafür eingesetzt werden wird, den Frieden anderer Völker zu bedrohen.*« Am 16. März bestätigte Hitler, daß Deutschland wiederaufrüstet; bezugnehmend auf Artikel 22 des nationalsozialistischen Parteiprogramms erklärte er, daß sich Deutschland nicht mehr an die Beschränkungen des Vertrages von Versailles halten werde.

Die Geheimhaltung war aufgehoben. Fortan wurden die tatsächlichen Funktionsbezeichnungen der verschiedenen Luftwaffendienststellen genannt. So wurde die Höhenflugzentrale des deutschen Flugwetterdienstes in Lechfeld enttarnt als Kampffliegerschule und Fliegerschützenlehrgang, Aufgaben, die dort schon immer wahrgenommen wurden. Das Personal der Luftwaffe ersetzte die Embleme der Luftsportuniform durch die der Luftwaffe (Hoheitsabzeichen war ein herabstoßender Adler, der in seinen Klauen fest ein Hakenkreuz hält), die Frontflugzeuge erhielten militärische Kennzeichen, und von Tarnung war keine Spur mehr. Am 14. März erhielt die I. Gruppe/JG 132 den Traditionsnamen »Jagdgeschwader Richthofen« verliehen und flog zwei Tage später bei einer Machtdemonstration über Berlin, als Hitler seinen Aufruf »Zur Wiederherstellung der deutschen Wehrfreiheit« verkündete. Seither war man bemüht, Deutschlands bewaffnete Stärke ununterbrochen im Blickfeld der Weltöffentlichkeit zu halten und in die Schlagzeilen zu rücken.

Hinsichtlich der führenden Männer und der Organisation, denen die Luftwaffe unterstellt war, bleibt nur anzumerken, daß es Verwicklungen und Spannungen gab, die aus historischer Sicht schlicht als traurige Lage bezeichnet werden kann. Die Organisationsstruktur des Reichsluftfahrtministeriums führte anfänglich zu Schwerfälligkeiten in der Stabsarbeit. Die Zweiteilung in einen militärischen Bereich unter Bohnstedt und einen zivilen unter Milch brachten zwangsläufig Gegensätze, die nur in der Person Görings als Minister ausgeglichen werden konnten. Das war natürlich unvereinbar mit dem Auftrag, all die verschiedenen Luftrüstungs- und Organisationsbereiche zum Aufbau einer Luftwaffe unter einen Hut zu bekommen, zumal Göring durch seine zahlreichen politischen Verpflichtungen daran gehindert wurde, diesen seinen Aufgaben gerecht zu werden. Am 1. September 1933 wurde das RLM dank einer größeren Umgliederung zweckmäßiger organisiert. Milch wurde ständiger Vertreter Görings in allen, den militärischen und zivilen, Angelegenheiten und als Staatssekretär verantwortlich für alle Abteilungen des Ministeriums. Dadurch waren die Einheitlichkeit der Führung und zielgerichtete Koordination sichergestellt. Göring und Milch unterstanden die sieben Ämter im RLM. Das wichtigste war das Luftkommandoamt, das für die strategische und operative Luftwaffenführung, Mobilmachungsaufgaben, technischen und taktischen Forderungen an das Fluggerät und die Ausrüstung sowie Ausbildung und Etatforderungen verantwortlich war. Zusätzlich unterstanden ihm die Luftwaffeninspektionen, die den Aufbau einzelner Teilbereiche der Luftwaffe überwachten. Somit kam dem Luftkommandoamt die gleiche Aufgabe zu wie dem Generalstab des Reichsheeres. Alle anderen Aufgaben der Luftwaffe nahmen das Luftwaffenverwaltungsamt, Luftwaffenpersonalamt, Technische Amt und Nachschubamt wahr. Das Allgemeine Luftamt behandelte die Belange der Zivilluftfahrt, während die Zentralabteilung für alle Ministerialangelegenheiten zuständig war.

Zur Besetzung der Stellen im RLM wurden 1933 aus dem Reichsheer 200 Offiziere in den Bereich der Luftwaffe überführt. Ihre Auswahl erscheint etwas willkürlich vorgenommen worden zu sein. Alle, die irgendwann einmal eine fliegerische Ausbildung erhalten hatten und somit auf der sogenannten Fliegerliste standen, wurden automatisch zur Luftwaffe versetzt. Hinzu kamen etwa 40 Generalstabsoffiziere, die nur nach besonderen Kriterien ausgewählt wurden, um der neuen Waffe als Spitzenkräfte beim Aufbau zu dienen. Denn General von Blomberg lag insbesondere daran, daß nur fähige Offiziere, die fest in militärischen Traditionen verwurzelt waren und über grundsätzliche Kenntnisse der Heeresbelange verfügten, die Führungsstellen einnehmen sollten. Man wollte ein wichtiges Gegengewicht bilden gegen gefährliche Strömungen beim Aufbau der Waffe durch Göring, dessen Berufung nur auf rein politischen Erwägungen beruhte, und Milch, der eine starke Persönlichkeit war und mit den ihm geläufigen zivilen Methoden zu arbeiten versuchte.

Eine bedeutende Stellung nahm in von Blombergs Absicht Oberst Hans-Jürgen Stumpff ein, der bisher keinerlei Beziehung zur Fliegerei gehabt hatte, und Chef des Luftwaffenpersonalamtes war. Er setzte die wenigen geeigneten Offiziere mit einfühlsamer Hand in die wesentlichen Schlüsselpositionen. Fünf der sechs Ämter wurden von hochqualifizierten Stabsoffizieren geführt. Außer Stumpff waren es:

Oberst Walther Wever	– Chef des Luftkommandoamtes
Oberst Wilhelm Wimmer	– Chef des Technischen Amtes (er war der einzige Reichswehroffizier ohne Generalstabsausbildung, hat aber im Waffenamt des Heeres alle fliegerischen Belange bearbeitet)
Oberst Albert Keßelring	– Chef des Luftwaffenverwaltungsamtes
Kapitän z. S. Rudolf Wenninger	– Chef der Zentralabteilung
Ministerialdirektor Wilhelm Fisch	– Chef des Allgemeinen Luftamtes (als einziger Zivilist, ein sehr fähiger Beamter)

Bedauerlicherweise fehlte hingegen im RLM Ernst Brandenburg, der bekannte Bombenflieger des Ersten Weltkrieges, der in der Weimarer Republik wesentlichen Anteil an der Entwicklung der Luftfahrt hatte. Seine starke Persönlichkeit und seine offensichtliche Abneigung Göring gegenüber schlossen seine

Mitarbeit aus. So mußte die Luftwaffe auf seine außerordentlichen Erfahrungen und Fähigkeiten verzichten.

Wenn viele der militärischen Spitzenkräfte, wie Keßelring und Wever, die von Stumpff ausgewählt worden waren, auch über keine fliegerischen Erfahrungen verfügten, so sorgte er doch dafür, daß ihnen fähige Generalstabsoffiziere als militärische Gehilfen zur Seite standen, von denen viele in langjähriger Ausbildung fliegerische Erfahrungen erworben hatten. Zu den bekannten Namen der Reichswehroffiziere, die von Blomberg für das RLM abstellte, zählten:

die Obersten	Hellmuth Felmy, Nikolaus Maier, Ernst Müller, Hugo Sperrle, Helmuth Wilberg, Ludwig Wolff;
die Oberstleutnante:	Hans Geisler, Fritz Loeb, Max von Pohl, Wilhelm Speidel, Dietrich Volkmann;
die Majore:	Paul Deichmann, Josef Kammhuber, Hans Jeschonnek, Wolfram von Richthofen, Herhudt von Rohden, Kurt Student, Otto Hoffmann von Waldau;
die Hauptleute:	Andreas Nielsen, Hermann Plocher, Josef Schmid, Hans Seidemann.

Einige von ihnen, wie Felmy, Jeschonnek und Student, hatten schon mit fliegerischen Belangen zu tun gehabt; Felmy und Jeschonnek bei der Reichswehr in der Inspektion der Flieger und Student im Heereswaffenamt. Anderen mangelte es an jeglicher fliegerischer Erfahrung. Sie arbeiteten sich jedoch sehr schnell in ihr neues Aufgabengebiet ein. Im weiteren Verlauf des Aufbaues der Luftwaffe erklommen diese Offiziere schnell hohe Führungspositionen, die sie bis Ende des Krieges innehatten. Zusätzlich gestattete von Blomberg dem RLM, auch ehemalige Generalstabsoffiziere, die verabschiedet worden waren und keine fliegerische Erfahrung mehr hatten, heranzuziehen. So wurden zur Besetzung der Stellen in den Kommandobehörden, wie den Luftkreisen, Offiziere berufen, denen Verdienst gebührt, die Pläne des Generalstabs in die Tat umgesetzt zu haben. Dazu zählten die Generale Karl Eberth, Hans Halm, Leonhard Kaupisch, Karl Schweickhard und Edmund Wachenfeld.

Damit hatte die Luftwaffe in den ersten Jahren des Aufbaus eine Führungsmannschaft, mit der sie sich sehen lassen konnte. Dank ihres sehr fähigen und nimmermüden, ihren Aufgaben hingebungsvoll dienendem Korps von Stabsoffizieren konnten Göring und Milch als Verantwortliche nur Erfolge verzeichnen. In diesen beiden Männern hatte die junge Luftwaffe glücklicherweise besondere Förderer gefunden. Unter Berücksichtigung der gegebenen politischen und wirtschaftlichen Verhältnisse Deutschlands in den dreißiger Jahren kann man darüber streiten, ob es bessere Leute gegeben hätte, die diese Posten als Reichsluftfahrtminister und als Staatssekretär hätten wahrnehmen können, und ob sie im Hinblick auf die Struktur ihrer Persönlichkeit einen besseren Chef des so wesentlichen Luftkommandoamtes in Verfolgung ihrer Ziele hätten finden können als Wever. Die Erfahrung zeigte aber, daß es eine auf Empfindlichkeiten beruhende Partnerschaft war, die sich zwei Jahre später in Disharmonie und Spannungen niederschlagen sollte, die die Führung der Luftwaffe bis zum Ende des Krieges beeinflußte und durchsetzte.

Hermann Wilhelm Göring wurde 1893 in Rosenheim, Bayern, als jüngster Sohn eines Advokaten und Kolonialbeamten, der in zwei Ehen neun Kinder hatte, geboren. Nach harter Kindheit trat Göring, seinem einzigen Wunsch folgend, in die kaiserliche Armee ein und wurde 1914 zum Leutnant befördert. Sein Dienst als Infanterieoffizier war hingegen nur von kurzer Dauer. Nach einigen Monaten Dienstzeit mußte er sich wegen rheumatischer Beschwerden in ein Lazarett begeben. Dort hörte er davon, daß sein Kamerad Bruno Loerzer fliegerisch ausgebildet wurde. Göring meldete sich sofort, um es seinem Kameraden gleichzutun. Als sein Regimentskommandeur seinen Antrag ablehnte, mißachtete er diesen Befehl und reiste nach Darmstadt zu seinem Kameraden, der ihn bei einigen Flügen als Beobachter mitnahm. Diese Befehlsverweigerung zahlte sich aus. Göring erhielt nicht nur das Eiserne Kreuz I. Klasse verliehen, sondern konnte auch einem Kriegsgerichtsverfahren entgehen, weil er auf eigene Kosten zu fliegen lernte; so erreichte er es, Flieger zu werden. Im Juli 1918 war Göring Hauptmann und hochdekorierter Jagdflieger mit dem Pour le Mérite, Preußens höchstem Orden; mit zwanzig Abschüssen wurde er Kommandeur des Jagdgeschwaders 1, das einst der berühmte »Rote Baron«, Manfred Freiherr von Richthofen, befehligte.

Deutschlands Niederlage im Ersten Weltkrieg war für Göring eine ganz persönliche Tragödie. Verbittert und voller Haß auf die Weimarer Republik, verdiente er sich seinen Lebensunterhalt als Flieger in Schweden. Dort verliebte er sich in die bildschöne und romantisch veranlagte schwedische Baronin Karin von Kantzow, die seine Liebe erwiderte, sich scheiden ließ, ihrem Sohn alle Erbschaftsansprüche abtrat und im Februar 1922 diesen strahlenden, mitreißenden Flieger in München heiratete. Dort lernte Göring im November desselben Jahres zum ersten Male Hitler kennen. Er war begeistert von ihm. Nachdem er sich der NSDAP angeschlossen hatte, wurde er im März 1923 zum Führer der Sturmabteilungen (SA) ernannt. In dieser Funktion wurde er am 9. November bei dem mißlungenen Putschversuch in München verletzt. Um der Verhaftung zu entgehen, floh er mit seiner Frau ins Ausland und hielt sich in Österreich, Italien und Schweden auf, wo er schließlich als Geschäftsmann für zahlreiche Flugzeugfirmen tätig war. Ende 1927 kehrte Göring nach Deutschland zurück, schloß sich seinen alten Parteigenossen wieder an und gewann bei den Reichstagswahlen im Mai 1928 einen der zwölf Reichstagsmandate der NSDAP. In seiner neuen Stellung erhielt der ehemalige, sehr bekannte Weltkriegsflieger als Berater der Lufthansa und anderer Unternehmen beträchtliche Zuwendungen. Dafür unterstützte er die Forderungen zum Ausbau der Luftfahrt im Reich.

Hitler brauchte Göring, um politischen Rivalen in der Partei, wie Julius Streicher und Gregor Strasser, gewachsen zu sein. Ferner hatte Göring in gehobenen Gesellschaftskreisen ein gewisses Ansehen. Zu seinem Bekanntenkreis zählten der deutsche Kronprinz Friedrich August von Hohenzollern, Prinz Philipp von Hessen, Reichsbankpräsident Dr. Hjalmar Schacht und der Industrielle Fritz Thyssen. Nach den Wahlen 1930, bei denen die NSDAP erhebliche Stimmengewinne erzielte, wurde Göring sogar vom Reichspräsidenten von Hindenburg auf sein Gut Neudeck eingeladen. Seine stattliche Erscheinung und seine Leistungen im Kriege, seine gepflegten Umgangsformen und diplomatischen Fähigkeiten, wie auch seine mitreißenden Reden machten ihn zu einer idealen Figur in der Partei, die sich anschickte, zunehmend an Bedeutung zu gewinnen. Göring wurde 1931 Reichstagspräsident. Schon im darauffolgenden Jahr sah man in ihm gleich nach Hitler den einflußreichsten Mann in der Partei. Im Mai 1933 wurde er zum Preußischen Innenminister ernannt, eine Schlüsselstellung, die ihm einige Wochen später die Verantwortung über die preußischen Sicherheitsdienste – auch der Gestapo – und die politische Macht als Preußischer Ministerpräsident eintrug. Diese Ämterhäufung setzte sich in den Anfangsjahren des »Dritten Reiches« fort. Zusätzlich zu seinen Aufgaben in der Luftfahrt, in Preußen und im Reichstag und zu seinem politischen Einfluß wurde Göring im Juli 1934 Reichsforstmeister und Reichsjägermeister, Aufgaben, die ihm viel Freude bereiteten. Im Oktober 1936 ernannte ihn Hitler zum Beauftragten des Vierjahresplanes, der Deutschland im Falle eines Krieges wirtschaftlich unabhängig machen sollte. Während zweier Monate 1937–1938 wird er sogar mit den Aufgaben des Reichswirtschaftsministers betraut. Im September 1941 bestimmte ihn Hitler zu seinem

Nachfolger. Zu dieser Zeit jedoch begann sein Einfluß beim »Führer« bereits zu schwinden.

Görings besondere charakterliche Veranlagung, seine bedeutende Stellung in der Partei und seine mannigfaltigen Interessen und Aufgaben wirkten sich für die Luftwaffe in den ersten Aufbaujahren außerordentlich vorteilhaft aus. Es gibt keinen Zweifel daran, daß er in der Schaffung der Luftwaffe seine Lebensaufgabe sah. Es war s e i n e Luftwaffe und s e i n Werk, nach seiner Ansicht. Pompös und bombastisch in seiner Art, rühmte Göring ihre (und natürlich damit auch seine) Erfolge, wenngleich ihm die Tugend harter und beharrlicher Arbeit nicht zu eigen war. Daher ließ er seinen Untergebenen viel Eigenständigkeit und freie Hand. Der Nichtfachmann ließ seine militärischen Könner gewähren. Keßelring erinnert sich: »In . . . *Hermann Göring hatte die Luftwaffe einen früheren Fliegeroffizier, einen Nationalsozialisten und einen großzügigen Mann als Oberbefehlshaber. Er verlangte ungeheuer viel, ließ uns Generalen als Amtschefs des Luftfahrtministeriums aber auch die allergrößte Freiheit des Handelns und schirmte uns gegen jeden Eingriff der politischen Seite ab. Ich habe mich während meines langen Soldatenlebens nie innerlich so von fremden Einflüssen frei halten und bewegen können wie . . . während der Aufbaujahre der Luftwaffe . . .*« Zwar wurden alle Befehle im Namen von Göring erteilt, es läßt sich aber keine einzige Führungsentscheidung des RLM nachweisen, die vor dem Kriege den Aufbau der Luftwaffe betraf, die gegen den Rat seiner Untergebenen von ihm beeinflußt worden wäre. Dennoch sollte sich gerade diese Neigung zum Abstandhalten aus den tagtäglichen Verantwortlichkeiten, wie es Göring zu pflegen tat, so gut es für die Luftwaffe in den Aufbaujahren auch gewesen sein mag, späterhin in seinem Befehlsbereich verhängnisvoll auswirken.

Wenn Göring schon wenig zu den Führungsentscheidungen im RLM beigetragen hatte, so vertrat er die Belange der Luftwaffe in den Führungsgremien des Reiches um so hartnäckiger. Darin lag seine besondere Stärke begründet. Daß er unmittelbares Vortragsrecht beim »Führer« hatte, der wiederum seine Ansichten in Luftfahrtangelegenheiten hoch bewertete, ohne Rücksicht auf die Stichhaltigkeit, war ein unschätzbarer Vorteil im Ringen um die finanziellen und wirtschaftlichen Mittel des Reiches in Zeiten der Wiederaufrüstung. Dieses Vorteils konnten sich weder von Blomberg noch die anderen beiden Oberbefehlshaber bedienen. Natürlich wirkte sich seine Ernennung zum Beauftragten des Vierjahresplanes auch sehr vorteilhaft für die Luftwaffe aus. Hätte Göring nicht derart weitreichende Machtbefugnisse gehabt, so hätte der Luftwaffe ein entscheidender Fürsprecher ihrer Interessen gefehlt. Beruhten seine Stärken als Oberbefehlshaber der Luftwaffe vornehmlich auf seiner einflußreichen Stellung im Reich, so rührten seine Schwächen, die erst nach 1936 offenkundig wurden, nur aus seiner charakterlichen Veranlagung her.

Görings Persönlichkeitsbild war rätselhaft. Er war aus dem Zeug, aus dem Helden – aber auch Schurken – gemacht sind. In ihm spiegelten sich beachtliche Gegensätze wider; für jede seiner Stärken konnte man eine gleichwertige Schwäche feststellen. Nur seinem Ehrgeiz fehlte ein entsprechender Gegenpol. Er war sowohl tatkräftig als auch faul; realistisch und romantisch; rücksichtslos und freundlich; tapfer und feige; feinfühlig und derb; intelligent, eitel, abwechselnd humorvoll und unbarmherzig; für die einen ein begeisternder Mensch, für die anderen eine verspottenswerte und abscheuliche Person. Er liebte das Schöne, die Natur und das häusliche Leben, Wohlstand, Ruhm und Machtfülle. Verhielt er sich im Kreise seiner Freunde und Kameraden noch ganz natürlich, so konnte er sich unvermittelt in einer vollendeten Schauspieler verwandeln, der sich an dem von ihm selbst geschaffenen Bild des »Eisernen« weiden konnte. Wenn Göring auch selbst daran geglaubt haben mag, die Tatsachen waren hingegen ganz anders. Sein Gesundheitszustand war schlecht, er ermüdete leicht. Sein Arzt während des Krieges, Dr. Ramon von Ondarza, äußerte sich über ihn:»... er war ein außerordentlich dicker und sehr großer Mann. Er brauchte sehr große Mengen von Flüssigkeit, nicht von Alkohol. Sein Herz war nie das beste, kreislaufmäßig stand es nicht sehr gut um ihn. Er hatte Anfälle von Herzrasen, wo sein Puls sich zwischen 100 und 220 bewegte. Sicher lag auch eine Herzmuskelschwäche vor. Seine Blutdruckwerte schwankten, aber die Müdigkeit kam nicht von daher.« Hinzu kam, daß Göring zeitweilig dem Morphium verfallen war. Ganz abgesehen von allen körperlichen Schwächen mangelte es ihm auch an den geistigen Eigenschaften des starken Mannes. Er war ein schlechter Menschenkenner und war unfähig, rücksichtslose Personalentscheidungen zu treffen, wo an den Fähigkeiten eines Kameraden und Untergebenen gezweifelt wurde. Völlig unfähig war er, irgendeine Aufgabe zielbewußt und entschlossen anzupacken. Dieses Unvermögen wurde vielen in der Luftwaffenführung schon nach den ersten paar Jahren unter seiner Führung ganz deutlich.

Göring nachgeordnet war Milch als Staatssekretär im Reichsluftfahrtministerium. Er schuf die Grundlage für Hitlers Absichten und Görings ehrgeizige Bestrebungen, ohne die keiner von beiden seine Erfolge erzielt hätten. In seiner Würdigung anläßlich der Ernennung zum Feldmarschall bestätigte Göring 1940 Milch mit Recht:»wegen hervorragender Verdienste um den Aufbau der Luftwaffe.« Dafür war er in der Tat bestens befähigt. Als Adoptivsohn eines Marinestabsapothekers 1892 in Wilhelmshaven geboren, trat er 1911 in den Dienst eines Artillerieregiments. Nach Einsätzen an der Ostfront wurde er 1915 in die Fliegertruppe übernommen und zum Beobachter ausgebildet, um dann an der Westfront eingesetzt zu werden. 1918 wurde er zum Hauptmann befördert und als Anwärter für die Generalstabsausbildung zugelassen. Obwohl er nicht Flugzeugführer war, gab man ihm dennoch die Führung einer Artillerie-Fliegerabteilung, in den letzten Monaten des Krieges die einer Jagdgruppe. Bis 1920 diente Milch in einer Polizeifliegerstaffel an der Grenze zu Polen. Dann wechselte er in die Zivilluftfahrt über, wo er bald zu hohem Ansehen gelang. 1926 wurde er einer der drei Direktoren im Vorstand der neuen nationalen Fluglinie,»Deutsche Luft Hansa«. Es war seiner Leistung zu verdanken, daß im Reich ein funktionsfähiges Flugstrecken-Netz aufgebaut wurde.

Bei der Lufthansa trugen Milchs Vitalität, seine Arbeitswut und sein Geschäftseifer Früchte. Trotz der Tatsache, daß er selbst nicht fliegen konnte, meisterte er alle technischen Fragen der Luftfahrt und entfaltete seine besondere Organisationsbegabung, so daß er schon bald zum einflußreichsten Direktor im Vorstand der Gesellschaft wurde. Wenn er auch nicht Parteigenosse der NSDAP war, so stand er doch einigen ihrer Programmpunkte eindeutig wohlwollend gegenüber. Bereitwillig stellte er Hitler Flugzeuge zur Verfügung. Milchs guter Ruf, in Verbindung mit seinen wertvollen persönlichen Bekanntschaften in Kreisen der Partei, ließen offensichtlich ihn für den Posten des Staatssekretärs auserwählt erscheinen. Selbst wenn diese Stellung auch sehr bedeutsam war, zögerte er zunächst, sie zu übernehmen. Nachdem Milch ein Jahr seine Aufgaben wahrgenommen hatte, bat Göring, den Milchs Fähigkeiten sehr beeindruckten, Hitler, den Staatssekretär im Falle des Todes des Ministers zu seinem Nachfolger zu ernennen. Dieses großmütige Handeln sollte Göring später noch bereuen.

Bei allem Erfolg fühlte sich Milch, wie viele ehrgeizige Menschen, unsicher. So unverblümt und arrogant er sich geben konnte, war er persönlich in höchstem Maße empfindlich. Höflich gegenüber Untergebenen, konnte Milch geradezu zügellos in seinen Worten sein, wenn er mit Leuten zu tun hatte, die ihm möglicherweise in seiner Stellung gefährlich werden konnten. Er schreckte nicht vor ernst zu nehmenden, ja wüsten Anschuldigungen und Drohungen zurück.

General Kreipe, einer der Generalstabschefs der Luftwaffe, bemerkte: »*In seinen Urteilen war er zu leichtfertig, sehr scharf. Seine schnoddrige Art wurde von ihm nicht gezügelt*«, und Göring sagte in einer Besprechung: »*Der Feldmarschall spricht in jeder Sitzung von Erschießen . . .*« Indem Milch seinen Worten freien Lauf ließ, verwickelte er sich selbst in Widersprüche, die Anlaß zu erheblichen Zweifeln an seiner Glaubwürdigkeit gaben. Ferner brauchte er wohl dauernde Bestätigung seines Tuns. Seine Vorliebe für Mitarbeiter, die ihm eher schmeichelten denn widersprachen, war nur allzu bekannt. Für einen militärischen Führer seines Ranges und den damit verbundenen Verantwortungsbereichen wären Untergebene, die die Fähigkeiten zu offener konstruktiver Kritik und Mitarbeit besessen hätten, weit angemessener gewesen.

Aber abgesehen von seiner Empfindlichkeit, war Milch ein hervorragender Organisator, ein schnell auffassender und klarer Denker, hochintelligent, von schneller Entschlußkraft, der hart zu arbeiten vermochte und sich voller Hingabe dem Dienst widmete. Andererseits war er äußerst rücksichtslos in der Verfolgung seiner Ziele und Vorstellungen. So scheute er beispielsweise nicht davor zurück, den als antinazistisch-pazifistisch bekannten Professor Hugo Junkers im Herbst 1933 mit Drohungen und Polizeieinsatz zu zwingen, den Vorsitz seiner fast bankrotten Firmen und Werke niederzulegen. An seine Stelle trat Dr. Heinrich Koppenberg als Generalbevollmächtigter der Junkers-Werke, an dem das RLM mit Subventionen finanziell beteiligt war und entsprechenden Einfluß nahm. In Anbetracht von Görings Schwächen lag Milch größte Stärke darin, daß er dank seines vielfältigen Könnens sehr wohl geeignet war, eine Luftwaffe aufzubauen, ohne von höherer Stelle dafür Weisungen zu erwarten. Diesbezüglich schrieb Keßelring: »*Milch war nächst Göring die entscheidende Persönlichkeit, die sich trotz ihrer Jugend in hervorragender Weise beim Aufbau der Luftwaffe bewährte.*«

Dritter im Bunde der entscheidenden Persönlichkeiten der jungen Luftwaffe war Walther Wever, der von allen, die ihn kannten, als ein genialer Mensch und General beschrieben wird. 1887 in der Provinz Posen geboren, trat er 1905 als Fahnenjunker bei der Infanterie ein. Nach Truppenverwendungen an der Westfront wurde er 1915 zum Hauptmann befördert und in den Generalstabsdienst übernommen. Er machte sich einen guten Namen und kam Ende 1917 in den Stab von Ludendorff und von Hindenburg. Nach dem Kriege blieb Wever in der Reichswehr als Offizier im Truppenamt. 1930 wurde er Oberstleutnant und Chef der Ausbildungsabteilung, am 1. September 1933 der Chef des Luftkommandoamtes. Welche Einstellung Wever gegenüber seiner neuen Aufgabe hatte, faßte nach dem Zweiten Weltkriege General Andreas Nielsen, Generalstabsoffizier im RLM, folgendermaßen zusammen:

> »*General Wever widmete sich seiner mit Begeisterung übernommenen Aufgabe mit einem wahren Feuereifer. Sein scharfer Verstand, seine bemerkenswerte Aufgeschlossenheit für die Fragen der modernen Technik und seine militärische Erfahrung ließen ihn sofort das Wesentliche seiner Aufgabe erkennen. Danach kam es ihm vor allem darauf an, unter Ausnutzung der einmalig günstigen Umstände ein den anderen Wehrmachtteilen gleichwertiges militärisches Instrument der Verteidigung des Reiches hinzustellen. Er erkannte die einmalige Chance, die ihm mit der Möglichkeit gegeben war, mit Unterstützung aller staatlichen und wirtschaftlichen Kräfte des Reiches etwas ganz Neues und Einmaliges zu schaffen.*«

Bei Übernahme des Luftkommandoamtes fliegerisch noch unerfahren, begann Wever sofort mit der Ausbildung, erhielt im Alter von 46 Jahren seinen Flugzeugführerschein und wurde ein guter Flieger. Er ließ keine Gelegenheit aus, um mit dem Flugzeug seine Truppenverbände zu besuchen, wo er dann bei Kaffee und Kuchen, die er häufig mitbrachte, auch mit jungen Soldaten und Offizieren über deren Probleme und seine Führungsabsichten sprach. In der Tat konnte Wever meisterschaft mit Menschen umgehen. Nicht nur mit Göring verstand er sich gut, dem er nicht widersprach, sondern auch mit Milch ist er trotz mancher sachlicher Divergenzen gut ausgekommen, weil er es mit vorbildlichem Takt und unter Zurückstellung seiner Person verstand, ernsthaften Reibungen aus dem Wege zu gehen. Das erwies sich als großer Vorteil. Dies um so mehr, als man erkannte, welche Leistungen dieser Mann vollbracht hatte und welche Qualitäten ihm innewohnten. Milch hob nach dem Kriege lobend hervor: »*Er war der bedeutendste unter den vom Heere übernommenen Offizieren. Wever hätte auch im Heere die höchsten Stellen erreicht. Er besaß ein weitgehendes Können und große persönliche Qualitäten. Er war der einzige Generalstabschef seit dem Ende des Ersten Weltkrieges, der Moltke ganz nahe kam, Wever, nicht Beck!*«

Das waren die drei Männer, die im Herbst 1933 die Führung der neuen deutschen Luftwaffe übernommen hatten. In den drei Jahren ihrer gemeinsamen Zusammenarbeit schufen sie das Fundament für eine Luftwaffe, die zukünftig den Luftraum über Europa beherrschte. Es war eine außergewöhnliche Leistung. So mächtig dieses militärische Triumvirat auch gewesen sein mag, letztendlich waren sie abhängig von einem einzigen Mann – Adolf Hitler. Seine Ansichten über Luftkrieg und Luftfahrt, ihr Wesen und die Bedeutung im Rahmen der Wiederaufrüstung, waren entscheidend. Ohne seine Zustimmung und tatkräftige Unterstützung für ihre Pläne und Vorschläge hätte man nur wenig erreichen können. Glücklicherweise stimmten in den Aufbaujahren alle darin überein, was zum Aufbau und zur Schaffung einer deutschen Luftwaffe erforderlich war.

Obwohl Hitler von den technischen Belangen der Fliegerei wenig verstand und nur selten darüber sprach, glaubte er dennoch, wie viele seiner Generation, an das Wirkungsvermögen von Luftstreitkräften. Als Gefreiter in den Schützengräben hatte er die Flugzeuge über der Front kreisen gesehen und ihre militärische Bedeutung erkannt; als gescheiter Mann nahm er Anteil an den großen, eindrucksvollen Fortschritten, die die Luftfahrt machte, so an Lindberghs Alleinflug 1927 über den Atlantik, an den Ozeanflügen des deutschen Riesenflugbootes Do X und an den beachtlichen Geschwindigkeits- und Reichweitensteigerungen, die täglich zu verzeichnen waren. Als Politiker und militärischer Schwärmer kannte er die Lehren der Luftkriegstheoretiker, die sich zukünftigen Kriegen widmeten und den Einsatz von Luftflotten und die Massenvernichtung durch Bomben voraussagten. Auch als Führer einer wachsenden nationalen Partei wußte Hitler die Vorzüge der Luftfahrt durchaus zu schätzen. Wenngleich er auch nie Freude am Fliegen hatte, nutzte er im Laufe der Jahre in zunehmendem Maße das Flugzeug als Transportmittel. »Hitler über Deutschland« wurde 1932 zu einem Schlagwort bei den Wahlen zum Reichspräsidenten; in dieser Zeit bereiste er mit einer Chartermaschine der Lufthansa in zwanzig Tagen 46 Städte und Ortschaften. So läßt sich wohl erklären, daß Hitler nach seiner Machtübernahme dem Flugzeug als wesentlichem Werkzeug moderner Lebensform, im politischen wie militärischen Bereich, entsprechende Beachtung zumaß. Für seine erklärten Absichten, den eurasischen Kontinent zu beherrschen, reichten Heer und Marine nicht aus; eine Luftwaffe war erforderlich, um nicht nur die Heeresverbände an der Front und die Industrie im Heimatgebiet vor Luftangriffen zu schützen, sondern auch den Gegner mit Überraschungsangriffen zu vernichten, seine Kriegsanstrengungen zu lähmen. Für Hitler war eine starke Luftwaffe von überragender Bedeutung, ja sogar eine erforderliche Voraussetzung für die Schaffung eines starken Deutschlands. Seine Vorstellungen darüber mögen noch nicht sehr gründlich gewesen sein, er verfolgte sie aber konsequent, was in den Aufbaujahren fast ausschließlich der Luftwaffe zugute kam.

Bis Mitte 1936 also arbeitete die Führungsorganisation der neuen Luftwaffe reibungslos. Ihre Offiziere waren ausnahmslos geeignet, die Planungsaufgaben zum Aufbau der Luftwaffe wahrzunehmen. Im Laufe ihrer Zusammenarbeit entwickelte sich zwischen ihnen eine auf Harmonie, Leistungswilligkeit und Wirksamkeit beruhende Beziehung. Am 3. Juni 1936 trat jedoch ein Ereignis ein, das das Zeichen für das Ende der bisherigen Arbeit im RLM setzte. Wever stürzte mit einem Flugzeug, das er selber flog, tödlich ab. Es war ein schwerer Verlust für die Luftwaffe. Göring weinte wie ein Kind, als er die Todesnachricht erhielt. Bei der Trauerfeier sagte er unter anderem: *»Durch die Großzügigkeit der Armee bekam ich unter anderen hervorragenden Offizieren auch ihn. Das Heer gab einen seiner allerbesten ab; von Tag zu Tag im Zusammensein erkannte ich, daß ich wohl den Besten bekommen hatte.«* Mit ihm hatte die Luftwaffe nicht nur einen fähigen Generalstabsoffizier und weit voraussehenden strategischen Denker verloren, sondern auch einen Mann, der im RLM kraft seiner Persönlichkeit die wirksame Zusammenarbeit im Stabe gefördert hat. Sein früher Tod trug zu einer Reihe von Ereignissen bei, die innerhalb von drei Jahren schließlich das Versagen der Luftwaffenführung nach sich zogen.

Wevers Tod kam zu einer Zeit, als sich die Beziehungen zwischen Göring und Milch merklich abzukühlen begannen. Der Minister war voller Mißtrauen seinem Staatssekretär gegenüber, dessen Arbeitserfolge sich allgemeiner Anerkennung erfreuten; für den großsprecherischen Egoisten Göring, der sich selber als alleinigen Schöpfer der Luftwaffe sah, muß es wie ein Schlag ins Gesicht gewesen sein, als er Hitler in einer öffentlichen Rede erklären hörte: *»Zwei Namen sind unauslöschlich mit dem Aufbau der Luftwaffe verbunden – Göring und Milch . . .«* Für den Minister war eine derartige Teilung der Ehrung unerträglich. Hinzu kamen die guten Beziehungen Milchs zur Partei, in der Göring sich als zweitwichtigster Mann nach Hitler fühlte; auch das verstärkte das Mißtrauen des Ministers. Milch genoß eindeutig das Vertrauen Hitlers, den er schmeichelhaft zu nehmen wußte. Anläßlich einer Besprechung über ein schwieriges Problem unterbrach der »Führer« Göring lakonisch: *»Göring, warum überlassen Sie das nicht Milch, der macht seine Sache doch schon recht gut, nicht wahr.«* Führende Männer des Reiches, die wie Goebbels, Heß und von Blomberg in Hitlers Gunst standen, waren häufig zu Gast im Hause von Milch. Um seine persönlichen Beziehungen zur Partei nicht abreißen zu lassen und über alle politischen Entwicklungen auf dem laufenden zu bleiben, hatte Milch in seinem persönlichen Stab einen hohen Parteifunktionär als Referenten z. b. V. eingesetzt. Derartige Verbindungen eines so fähigen und arbeitsbesessenen Mannes konnten sich für den antriebslosen Göring in der Atmosphäre gegenseitiger persönlicher Machtkämpfe, wie sie im »Dritten Reich« vorherrschten, gefährlich erweisen.

Görings Abneigung gegenüber Milch wurde noch durch seine Selbstzweifel und Unsicherheit im Kreise seiner Luftwaffenfachleute verstärkt und äußerte sich schon gegen Ende 1935 in kleinen Dingen. Er lud den Staatssekretär nicht mehr zur Jagd nach Rominten oder zu gemeinsamen Ferienaufenthalten im Ausland ein und strich ihn von seiner Weihnachtsliste. Selbst Frau Milch hatte darunter zu leiden; sie zählte nicht zu den Empfängern einer Luftwaffenbrosche, die von Göring selbst entworfen worden war und recht großzügig vergeben wurde. Die zunehmende persönliche Entfremdung schlug sich auch darin nieder, daß Milch übergangen wurde. So kam es im November 1936 zum Eklat, als Milch um seinen Abschied einkam. Als Göring das ablehnte, ließ Milch durchblicken, indem er auf seinen Revolver zeigte, daß es für deutsche Offiziere immer noch einen letzten Ausweg gäbe. Göring befahl Untergebene Milchs zu sich und wies sie an, den Staatssekretär nicht über den jeweiligen Besprechungsinhalt und Vorgang zu informieren, selbst wenn er von Bedeutung gewesen wäre. Er verwikkelte 1936 sogar den Chef der Zentralabteilung des RLM, General von Witzendorff, in die Geschichte des »verlorenen Schreiben«. In diesem Schreiben hatte der Minister Milch gebeten, ihn bei der Abschiedsparade in Greifswald anläßlich des Abfluges der ersten Bombergruppe nach Spanien zu vertreten. Dieses nicht mehr auffindbare Schreiben gab Göring Anlaß, Milch zu beschimpfen, er fühle sich wohl als Minister und Oberbefehlshaber, um – offensichtlich lügend – damit seine eigenen ehrgeizigen Bestrebungen zu vertuschen. Anfang Februar 1937, als Milch an einer Blinddarmentzündung erkrankte, kümmerte sich Göring nicht um ihn. Als Milch seinen Dienst wiederaufnahm, reiste er zu einem Urlaub in die Alpen ab, ohne ihn sehen zu wollen. Mehr als zweieinhalb Monate verstrichen, bis sich die beiden wiedertrafen.

Mitte 1936 also begann Göring, Milch voller Mißtrauen, sogar Furcht zu begegnen. Er sah, wie Hitler immer mehr Macht in seiner Hand vereinigte und den Ministern und Parteigrößen nur noch unwichtige Posten und Tätigkeiten überließ. Ihm war klar, daß es nur noch eine Frage der Zeit war, wann er ihrer vollends überdrüssig werden sollte. Insbesondere unmittelbar nach der Blomberg-Fritsch-Krise im Januar 1937, als der Reichskriegsminister und sein Oberbefehlshaber des Heeres den Dienst quittieren mußten, woran Göring mit seinen Intrigen und Ränkespielen nicht unerheblichen Anteil hatte, entzog der »Führer« seinen Parteigenossen jede Möglichkeit weiterer Einflußnahme. Er enthielt seinem Oberbefehlshaber der Luftwaffe den Preis vor, den er sich so leidenschaftlich erhoffte: Die Stellung des Oberbefehlshabers der Wehrmacht! Die behielt sich Hitler jetzt selber vor. Es gehörte nicht viel Phantasie dazu, sich vorzustellen, daß eines Tages der allmächtige »Führer« Göring seiner ohnehin schon hohlen Titel und Ämter berauben und mit Rücksicht auf seinen Fleiß und seine Fachkenntnisse Milch zum Minister und Oberbefehlshaber ernennen würde. Diese Befürchtung Görings wurde noch durch die Tatsache verstärkt, weil er wußte, daß sich Milch im engeren Kreise seiner Mitarbeiter gelegentlich selbst als der »Minister« bezeichnete. Göring wollte nach dem alten Sprichwort, »Bäume soll man beizeiten stutzen«, sein Ziel erreichen.

Aber wie sollte und konnte man Milch zügeln? Die guten Beziehungen des Staatssekretärs zu führenden Persönlichkeiten der Partei- und Reichsführung, in Verbindung mit seinen offenkundigen Befähigungen und Erfolgen in seiner Amtsführung, schlossen ungewöhnliche Maßnahme, zumal kein geeigneter Anlaß gegeben war, aus. General Paul Deichmann berichtete darüber: ». . . *In diesen Krisentagen verlautete es aus der engeren Umgebung von Göring, daß sich angeblich Göring bei dieser Gelegenheit gern von Milch getrennt hätte. Dieser hätte es aber verstanden, seine Rolle zur NSDAP so auszubauen, daß die Partei in Milch ein Gegengewicht gegen Göring, der sich durch manche Maßnahmen, besonders durch seine Verschwendungssucht, unbeliebt gemacht hatte, sehen würde . . .«* Wenn Milchs Entfernung aus dem Amt schon unmöglich war – es gibt auch keinen Grund zur Annahme, daß es für Göring wünschenswert war, weil er die unzweifelhaften Fähigkeiten seines Staatssekretärs kannte –, gab es nur noch die Möglichkeit, seine Befugnisse zu beschneiden. Göring kam der Zufall zu Hilfe. Gleichzeitig mit ihm verstärkten sich innerhalb des RLM die Abneigungen gegen Milch.

Die meisten Menschen haben irgendwo einen wunden Punkt. Beim Oberbefehlshaber der Wehrmacht, von Blomberg, war es die weit unter seinem Stande vollzogene Vermählung mit einer Schreibkraft, die früher einem anrüchigen Gewerbe nachging; beim Oberbefehlshaber des Heeres, von Fritsch, lag er teils begründet in seiner Vorschrift »Wahrung der Ehre«, teils in dem Schicksalsschlag, als ein schmutziger Verleumder behauptete, sich mit einem Hauptmann namens Frisch homosexuell eingelassen zu haben. So gesehen war der wunde Punkt von Milch vergleichsweise unerheblich. 1933 glaubten Göring und andere noch, daß er Halbjude war. Das hätte genügt, um Milch nach den »Rassengesetzen« (»Arier-Paragraph«) aus dem Dienst zu entlassen, weil es Juden verwehrt war, im öffentlichen Dienst oder in der Armee zu dienen. Eine vertraulich durchgeführte Untersuchung ergab jedoch unzweifelhaft, daß der Vater von Milch Arier war, wenn es auch nicht der seiner Mutter angetraute Mann war! So erschütternd das Untersuchungsergebnis auch auf Milch gewirkt hatte, so eindeutig bewies es doch, daß er frei vom »jüdischen Bazillus« war. Dennoch glaubten einige seiner Mitmenschen hartnäckig, daß sein Blut »befleckt« war. Wenn schon Milch kein Jude, kein unmoralischer oder gar unfähiger Mensch war, so war er auf jeden Fall ein unerfahrener Soldat. Darin lag seine Schwäche.

1937 war Milch nicht mehr nur der erstklassige Beamte, der mit viel Geschick und Weitsicht dem Reichsluftfahrtministerium vorstand; notgedrungen waren ihm militärische Führungsaufgaben zugewachsen. Nach neun Dienstjahren schied er 1919 aus dem Dienst der Reichswehr aus, wo er es bis zum Hauptmann gebracht hatte und in den letzten fünf Wochen des Weltkrieges noch eine Jagdgruppe befehligte, obwohl er nie Flugzeugführer gewesen war. Seit dieser Zeit hatte er keinerlei militärische Erfahrung mehr sammeln können, bis er dann 1933 zum Stellvertreter des »Schöpfers« der neu aufzubauenden Luftwaffe gemacht wurde, als charakterisierter Oberst des Heeres. Schon 1936 war er General der Flieger. Fehlten ihm nicht nur fast dreizehn Jahre aktiver Dienstzeit, in der er sicher wesentliche Stabsfunktionen wahrgenommen hätte, so war er auch noch bedeutend jünger als seine weit erfahreneren Untergebenen, wie beispielsweise Wever und Keßelring. Dienstaltersmäßig hatte er seine gleichaltrigen Luftwaffenoffizierskameraden um fast zwanzig Jahre überholt. Aus ihrer Sicht zumindest mangelte es ihm wesentlich an militärischer Erfahrung. 1936 sprach man offen darüber, daß man Milch, solange sich Wever um die strategischen und taktischen Belange kümmerte, und andere fähige Männer das Technische Amt und das Luftwaffenpersonalamt führten, zukünftighin in der Luftwaffe nicht mehr benötigte. Man schlug vor, daß er nur noch für die Zivilluftfahrt zuständig sein sollte. Diese Gespräche überdauerten auch Wevers Tod. Milch wußte um die unterschwelligen Redereien und Zweifel an seiner Eignung. Er suchte sie mit verbissener und rastloser Arbeit zu beenden. Er war der festen Überzeugung, daß er als ständiger Vertreter des Ministers und Oberbefehlshabers in allen Angelegenheiten zuständig war, zumal er Görings Führungslosigkeit und Untätigkeit auffangen und ausgleichen mußte. Aber je mehr sich Milch mühte, militärische Kenntnisse zu sammeln, um so mehr mischte er sich ein, was weitere Abneigung nach sich zog. Je stärker der stabsinterne Widerstand wuchs, desto arroganter und anmaßender wurde er. Das wiederum ließ ihn unangenehmer und widerwärtiger gegenüber seinen militärischen Widersachern handeln.

Diese Empfindlichkeit beruhte weniger auf den tatsächlichen Gegebenheiten denn auf Vermutungen und Einbildung. Milchs beachtliche Fähigkeiten, sein Interesse an militärischen Aufgaben und sein Entgegenkommen, Wever ungestört wirken zu lassen, trugen dazu bei, daß das Wirken des Staatssekretärs nicht durch das Fehlen einer fundierten Generalstabsausbildung und einer Tätigkeit in höheren Stäben geschmälert wurde. Für Wever war es zugegebenermaßen nicht schwierig, zu Milch ein gutes Arbeitsverhältnis zu finden. Von ihm sind darüber auch keinerlei Beschwerden bekannt. Milch erinnerte sich nach dem Kriege: *»Zur Zeit, da Wever da war, klappte es«*, dem stimmte Keßelring zu: *»Es war eine hervorragende Verbindung und Ehe.«* Wie soft im Leben stimmten jedoch die tatsächlichen Verhältnisse nicht mit dem überein, was man so allgemein sah. Jeder Offizier wußte, daß Göring immerhin Hitlers Stellvertreter und ein anerkannter Jagdflieger des Weltkrieges war. Bei Milch war das anders. Er stammte aus bürgerlichen Verhältnissen, machte sich einen Namen als Geschäftsmann, zugegebenermaßen in der Luftfahrt der zwanziger Jahre, dennoch blieb er doch ein Zivilist. Wenn schon der Oberbefehlshaber der Luftwaffe ein Mann war, der keine militärische Erfahrung hatte, so billigte man dies seinem Stellvertreter keineswegs zu. Das war die verständliche Einstellung. Görings Führungslosigkeit konnte man noch verstehen, weil sie den Soldaten es erlaubte, selbständig und schöpferisch im Sinne des Ganzen tätig zu werden. Milchs harte und glasklare Arbeitsweise war ganz anders geartet; sie zog unerwünschte und ihrer Ansicht nach unberechtigte Eingriffe nach sich. Je weiter sich der Aufbau der Luftwaffe vollzog, um so mehr ergaben sich militärischerseits Unerträglichkeiten. Nach Wevers Tod sollte sich das zeigen.

Albert Keßelring, bisher Chef des Luftwaffenverwaltungsamtes, wurde im Juni 1936 der neue Chef des Luftkommandoamtes. 1885 in der Nähe von Bayreuth geboren, trat er 1904 als Fahnenjunker in das Heer ein und wurde zum Ballonbeobachter ausgebildet. Nach verschiedenen Stabsverwendungen wurde er in den Generalstab versetzt und 1919 zum Hauptmann befördert. In der Reichswehr lernte man seine Loyalität und seine Fähigkeit zu harter Arbeit und dem schnellen Erfassen von Problemen schätzen. Keßelring zählte zu den ersten Bewunderern des nationalsozialistischen Regimes und fand sogar bei Hitler Anerkennung, dem man nicht gerade nachsagte, daß er seiner militärischen Führung gegenüber besondere Sympathien pflegte. Dieses auf gegenseitigem Respekt beruhende Verhältnis sollte bis Kriegsende nicht getrübt werden. Er bemühte sich ebenso wie sein Vorgänger, sich ganz seiner Aufgabe zu widmen, engen Kontakt mit der Truppe zu halten und die kameradschaftliche Verbundenheit und Zusammenarbeit zwischen den führenden Männern des RLM und den Untergebenen zu fördern. Das gelang ihm auch in jeder Hinsicht. So schrieb er kurz nach seiner Berufung: ». . . da ich an seinen (Wevers) Arbeiten die geniale einfühlsame Hand spüren konnte. Ich brauchte deswegen nicht nach neuen Wegen suchen, sondern konnte dort weitergehen, wo er stehengeblieben war. Auf diese Weise konnte sich auch rasch eine Vertrauensatmosphäre zwischen mir, den Generalstabsabteilungen und den zahlreichen Inspektionen bilden. Hervorragend befähigte Offiziere unterstützten mich dabei und machten mir die Arbeit zum Vergnügen.«

Trotz aller Vorzüge hatte Keßelring einen Fehler. Er war nicht bereit, sich unterzuordnen, was wesentlich war, um mit Milch gut auszukommen. Ganz abgesehen von anderen Dingen war er ein Berufsoffizier, der dem Herumhantieren von Zivilisten in militärischen Bereichen keinen besonderen Reiz abgewinnen konnte. Sein gewinnendes Lächeln und sein von Herzen kommendes Wohlwollen durften nicht darüber hinwegtäuschen, daß er von seinen Fähigkeiten überzeugt und seinem Drang zu führen beseelt war. Er war nicht der Typ des »Erfüllungsgehilfen«, der nur die Weisungen Vorgesetzter auszuführen gewillt war, vor allem derer, die nicht über seine militärischen Erfahrungen verfügten. Seine neue Tätigkeit mußte ihn zwangsläufig in Konflikt mit Milch bringen. Er lehnte es ab, daß der Staatssekretär sich in Dinge einmischte, die er als seinen ureigenen militärischen Bereich betrachtete. Zum ersten Zusammenprall kam es schon kurz nach seinem Dienstantritt, als Milch von ihm die Einleitung eines Kriegsgerichtsverfahrens gegen Hans Jeschonnek, dem Kommodore des Lehrgeschwaders in Greifswald, forderte, weil es dort zu ernst zu nehmenden Flugunfällen gekommen war. Keßelring ließ sich nicht beeindrucken, und er verteidigte den Kommodore, so daß ihm das Verfahren erspart blieb. Bei einer anderen Gelegenheit warf Keßelring Milch sogar Hochverrat vor, weil er bei einem Besuch in Großbritannien allzuviel über die Stärkeordnung und die militärischen Absichten der Luftwaffe offenbart hatte.

Außer ihrer persönlichen Abneigung gegenüber Milch hatten die Offiziere im RLM ein weit stichhaltigeres Argument für eine Umorganisation des Ministeriums, um den Einfluß des Staatssekretärs einzuschränken. Für die Zeit im Jahre 1933 bot die augenblickliche Stabsorganisation bezogen auf die paar Flugzeuge jener Zeit und die illegale Aufrüstung, die die Gefahr ausländischer Interventionen barg, zweifellos den richtigen Rahmen. Nur hatte sich inzwischen die Lage beträchtlich verändert. Im März 1935 wurde in aller Öffentlichkeit erklärt, daß es eine Luftwaffe gab. Das RLM war, wenn auch nicht erklärtermaßen, das Oberkommando einer nationalen Luftstreitmacht, die 1938 in Europa immerhin die stärkste war.

So war es kein Wunder, daß 1934 und 1935 zahlreiche Luftwaffenoffiziere den Wunsch nach Bildung eines eigenen Luftwaffengeneralstabes vergleichbar dem des Heeres immer dringender forderten. Er sollte voll für den einsatzmäßigen Aufbau der Waffe verantwortlich sein. Vor allem hatten die Luftwaffenoffiziere, die über keine Generalstabsausbildung verfügten, einen schlechten Stand, wenn sie bei Besprechungen mit Heeres- und Marineoffizieren zu tun hatten. Die Verhandlungspartner der Luftwaffe waren meist nach dem Lebens- und Dienstalter jünger und strahlten nicht die traditionelle Autorität der Generalstabsoffiziere des Heeres aus, die sich äußerlich mit ins Auge fallenden Abzeichen und roten Biesen an den Hosen zeigte. Dieses Unterlegenheitsgefühl wurde noch dadurch verstärkt, daß die Offiziere der älteren Wehrmachtteile denen des neuen mit der Emporkömmlingen gegenüber üblichen Herablassung und Ironie begegneten, wozu besonders der Chef des Heeresgeneralstabes, Beck, zu zählen war, der die Ansprüche der Luftwaffe skeptisch beurteilte. Es lag also auf der Hand, für die Luftwaffe eine gleichgelagerte einflußreiche Institution wie bei den anderen beiden Wehrmachtteilen zu schaffen. In der Schaffung eines Luftwaffengeneralstabes sah man zumindest teilweise eine Lösung. Stumpff war sich ferner darüber klar, daß eine Führerelite innerhalb der Luftwaffe, die eine besondere Uniform trug und bevorzugte Beförderung erhielt, einen starken Anreiz für hervorragend qualifiziertes Führungspersonal der Truppe bot, sich in die Stäbe versetzen zu lassen. Die dort vorgenommene militärische Schulung für den Generalstabsdienst stellte sicher, daß nur die ausgewählt wurden, die über die fachlichen Kenntnisse, geistigen und charakterlichen Fähigkeiten und Führerqualitäten zum höheren Truppenführer verfügten. Diese Qualifikationen ließen sich nicht mit den an der Front erworbenen Orden und Auszeichnungen allein messen.

Um die Einheitlichkeit und Geschlossenheit des neuen Offizierkorps nicht unnötig zu gefährden, war zunächst auch Wever nicht geneigt, der Bildung eines Luftwaffengeneralstabes zuzustimmen. Er befürchtete die Bildung einer besonderen Kaste innerhalb des ohnehin so wenig homogenen jungen Offizierkorps. 1935 gab er schließlich den beharrlichen Bestrebungen seiner maßgeblichen Offiziere nach, sicherlich auf dem Entschluß beruhend, daß mit der Schaffung einer eigenen Luftkriegsakademie und einer Lufttechnischen Akademie der Führernachwuchs herangebildet wurde. Sein Luftkommandamt hatte bisher schon, wenn auch unter anderem Namen, die Aufgaben eines Generalstabes wahrgenommen. Seine Weisungen betrafen die Kommando- und Führungsstruktur, die Ausbildung und Rüstung der Luftwaffe, nach denen sich alle Ämter des RLM, die Kommandobehörden und Inspektionen im Auftrag des Ministers und seines Staatssekretärs zu richten hatten. Auch die Erarbeitung von Dienstvorschriften und operativen Weisungen gehörte dazu. Auf diese Weise übte es wesentlichen Einfluß auf die Entwicklung der Luftwaffe aus. Keßelring schrieb diesbezüglich: *»Der Luftwaffengeneralstab wurde . . . vorbehaltlos als ›primus inter pares‹ anerkannt; er hatte dadurch und durch seine Ministerialstellung maßgeblichen Einfluß auf die Gesamtluftfahrt und Kommandogewalt über die Truppe.«*
Die wohlfundierten militärischen Gründe zur Schaffung eines eigenen Generalstabes stießen bei Milch, bei den Offizieren, die aus der zivilen Luftfahrt ka-

men und bei denjenigen, die aus dem Freundeskreis Görings stammten, auf schärfsten Widerstand. Sie sahen mit Recht in der Bildung eines Luftwaffengeneralstabes eine Einschränkung ihres Einflusses, weil er sich wie jeder Generalstab zur allein maßgeblichen Institution für militärische Fachfragen des Oberbefehlshabers entwickeln würde und in Zeiten der Wiederaufrüstung und eines Krieges erhebliche Bedeutung erlangt. Der ablehnenden Argumente gab es viele. Allgemein setzte man aber auf Görings häufig geäußertes Mißtrauen gegenüber jeder Art Elitekorps hervorragend ausgebildeter, fachkundiger Männer, von denen er befürchten mußte, daß seine eigene Autorität untergraben werden konnte. Diese Befürchtung wurde jedoch großenteils durch das ausgesprochene Vertrauensverhältnis gemildert, welches zwischen dem Minister und Wever bestand, und Görings Achtung vor Wevers persönlicher Lauterkeit und Tüchtigkeit. Zweifellos verschloß sich Göring den Gründen seiner militärischen Berater zur Bildung eines Generalstabes auch deswegen nicht, weil er mit einer so angesehenen Einrichtung unter seinem persönlichen Befehl seine eigene Stellung aufgewertet sah. Schließlich gefiel es Göring mit Sicherheit, daß dadurch Milchs Einfluß abgewertet wurde. Mit dem 1. 8. 1936 wurde der Befehl zur Bildung des Generalstabs der Luftwaffe in Kraft gesetzt, was Wever nicht mehr erlebte, weil er zwei Monate zuvor den Tod fand. Erster Chef des Generalstabes wurde Keßelring.

Der neue Generalstab war nur eine andere Bezeichnung für das Luftkommandoamt. Nichts hatte sich an den Aufgaben geändert. Lediglich das Ansehen der dort dienenden Offiziere, die jetzt eine besondere Uniform trugen, wurde vielleicht aufgewertet. Milch blieb ständiger Vertreter Görings. Die erforderliche Umorganisation, die ihn seiner einflußreichen Stellung berauben sollte, stand jedoch noch bevor. Die Bildung des Generalstabes hatte den Staatssekretär nur noch in seinem Entschluß bestärkt, seine besonders herausragende Stellung im RLM zu wahren. Das Verhältnis zwischen Milch und Keßelring verschlechterte sich zunehmend in dem Maße, kaum war ein Jahr vergangen, daß der Chef des Generalstabes seine Ablösung erbat. Hierzu schreibt Keßelring selber: »*Zerwürfnisse mit dem mir vorgesetzten Staatssekretär Milch wegen dienstlicher und personeller Angelegenheiten veranlaßten mich, meine Ablösung zu beantragen. Sofern ich keine Truppenverwendung finden konnte, wollte ich meinen Abschied nehmen . . . Milch blieb als Staatssekretär der Stellvertreter Görings im Ministerium. Ich schätzte Milch als Könner, gewandten Dialektiker, vorzüglichen Organisator und nie erlahmende Arbeitskraft; ich freute mich, daß das in den ersten Jahren bestehende Vertrauensverhältnis unter meinem Nachfolger allmählich wieder hergestellt wurde.*«

Keßelring wurde als Kommandierender General des Luftkreises III nach Dresden versetzt. Sein Nachfolger wurde am 30. Mai 1937 der bisherige Chef des Luftwaffenpersonalamtes, General Hans Jürgen Stumpff. 1889 in Pommern geboren, trat er 1907 in das Heer ein und war bei Kriegsende Hauptmann im Generalstab. In der Reichswehr ein tüchtiger und fähiger Offizier, wurde er 1933 als Oberst ins RLM übernommen. Als Chef des Luftwaffenpersonalamtes machte sich Stumpff einen guten Namen; in vorbildlicher Weise hatte er für die neue Waffe den Personalaufbau vorgenommen. Er war nicht der geborene Chef eines Generalstabes, hatte auch nie einen Anspruch darauf erhoben. Als es ihm aber klar wurde, daß er als erfahrener Organisator so lange die Lücke ausfüllen mußte, bis ein geeigneterer Anwärter für den Posten zur Verfügung stand, erklärte er sich bereit, die Stelle zu übernehmen. Stumpff war jedoch nicht die erste Wahl. Vor seiner Ernennung hatte Göring mit von Blomberg darüber gesprochen, ob nicht ein Heeresoffizier für diese Stellung in Frage käme. General Franz Halder, seinerzeit Vertreter des Chefs des Generalstabes des Heeres (später sogar selber Chef), wurde gefragt, lehnte aber ab; von Blomberg bemerkte dazu, daß man niemanden zur Zusammenarbeit mit einem so schwierigen Mann wie Milch zwingen könne. Auch Alfred Jodl, später Chef des Wehrmachtführungsstabes, lehnte den Dienst in der Luftwaffe ab. Also blieb nur Stumpff, den man von seinem Posten, den er so schätzte, abberief und mitten in den Kampf um die Machtbefugnisse in der Luftwaffe versetzte. Sein Nachfolger als Chef des Luftwaffenpersonalamtes wurde Oberst Robert Ritter von Greim. Jagdflieger des Ersten Weltkrieges und Träger des Pour le Mérite. 1892 geboren, war er bei Kriegsende Kommandeur einer Jagdgruppe. Nach 1918 diente er in einem Freikorps, beteiligte sich an Kunstflugvorführungen, studierte Rechtswissenschaften und wurde Leiter einer Fliegerschule. In China war er Instrukteur und am Aufbau der Fliegerschule in Kanton beteiligt. 1934 trat er wieder als Soldat in den Dienst der Wehrmacht. Er wurde der erste Kommandeur der Jagdgruppe, die den Namen »Geschwader Richthofen« führte, hatte dann die Führung der Inspektion der Jagd- und Sturzkampfflieger übernommen, um dann später Inspekteur für Flugsicherheit und Gerät zu werden. In der noch jungen Luftwaffe verfügte er über einen ausgesprochen guten Ruf. Man schätzte ihn als aufrechten, grundanständigen Mann, der für seinen neuen Verantwortungsbereich im Luftwaffenpersonalamt bestens geeignet war.

Als Generalstabschef stand Stumpff vor einer besonders schweren Aufgabe. Nicht nur Nachfolger solch ausgeprägter Persönlichkeiten wie Wever und Keßelring zu werden, sondern auch noch die nicht nachlassenden Auseinandersetzungen mit Milch zu ertragen, waren Belastungen genug. Drei Tage nach seinem Dienstantritt trat schon am 2. Juni 1937 eine Umorganisation im RLM in Kraft, mit der Göring die Probleme zu lösen hoffte. Er ordnete an: »*Nachdem der Aufbau der Luftwaffe in seinen Grundlagen zu einem vorläufigen Abschluß gekommen ist, beabsichtige ich, der Spitzengliederung der Luftwaffe eine den Belangen der Truppenführung in Krieg und Frieden zugleich entsprechende Form zu geben.*« Von nun an übte Göring allein und unmittelbar die Kommandogewalt aus, die Stellung des Ständigen Vertreters entfiel. Dem Chef des Generalstabes der Luftwaffe unterstanden jetzt uneingeschränkt die Generalstabsabteilungen, sieben der zehn Waffeninspektionen und die zwei Akademien. Dem Staatssekretär waren die übrigen Abteilungen und Inspektionen im RLM unterstellt – die Zentralabteilung, das Allgemeine Luftamt, das Technische Amt, das Luftwaffenverwaltungsamt, das Nachschubamt, das Luftwaffenpersonalamt und drei Inspektionen –. Der Chef des Generalstabes und der Staatssekretär standen im RLM gleichberechtigt nebeneinander. Der Chef des Generalstabes hatte sogar insofern noch mehr Gewicht, als er gegenüber allen Abteilungen innerhalb des RLM in Angelegenheiten der Mobilmachung, der Führung, der Ausbildung, der Bewaffnung und des Nachschubes weisungsbefugt war, Göring darüber direkt vorzutragen hatte und den Staatssekretär nur über die getroffenen Entscheidungen unterrichtet halten mußte. Wenn seine Auffassungen im Gegensatz zu denen des Generalstabschefs standen, konnte er beim Minister darüber Vortrag halten. Nur wenn Göring wegen Krankheit oder Urlaub abwesend war, übernahm Milch die Vertretung des Ministers in jeder Hinsicht. Nachdem einige Wochen später die Chefs des Luftwaffenpersonalamtes und des Technischen Amtes auch unmittelbares Vortragsrecht beim Minister erhalten hatten, war Milchs Position weiter abgeschwächt worden. »*Damals fiel die Entscheidung sachlich zugunsten des Chefs des Generalstabes,*« wie Deichmann schrieb.

Mitte 1937 war Milch somit aus seiner Vormachtstellung verdrängt worden. Damit war der erste Schritt in eine Richtung getan, worunter die weitere Entwicklung der Luftwaffe noch leiden sollte: Das Fehlen einheitlicher Führung. Göring wurde seinerzeit von Milch gewarnt: »*Damit schlagen Sie die Luftwaffe kaputt. Einer muß doch alles zusammenfassen. Tu ich es nicht, so müssen Sie es machen, aber Sie machen es nicht!*« Als Göring ihm daraufhin versicherte, daß er die Führung seines Kommandobereiches wieder fest in die Hand nehmen wolle, antwortete ihm Milch: »*Ich glaube es nicht. Ich bitte, mich zu entlassen!*« Görings Antwort war überdeutlich: »*Nun, ich will Ihnen etwas sagen. Ich setze Sie hinunter, nicht weil Sie versagt haben, sondern weil Sie es zu gut gemacht haben. Die Partei sagt immer, der Milch mache alles. Und das vertrage ich nicht.*« Milchs Ansinnen wurde zurückgewiesen; denn trotz allen Argwohns, den Göring gegen ihn hegte, konnte er es sich nicht leisten, so einen wertvollen Mitarbeiter zu verlieren. Er wußte nur allzu gut, daß Milch gerade über die Fähigkeiten zur Führung und Überwachung der Luftwaffe verfügte, woran es ihm hingegen völlig mangelte, nämlich Tatkraft, Beharrlichkeit, Fleiß und Beständigkeit. Auch lag dem Minister nicht daran, sich von den Belangen des Generalstabes zu sehr in Beschlag nehmen zu lassen. »Teile und herrsche« war eine der Maximen seines »Führers«, der sich auch Göring bediente. Bis Ende des Jahres hatten die Spannungen zwischen den beiden Männern wieder derartig zugenommen, daß sich Milch erneut gezwungen sah, um seinen Abschied nachzusuchen, was Göring ablehnte. Milch erwiderte seinem Minister, wenn er nicht zurücktreten dürfe, bliebe ihm nur noch die einzige Möglichkeit, sich zu erschießen.

Die Umgliederung vom 2. Juni 1937 beseitigte die aufgetretenen Schwierigkeiten und Differenzen zwischen Staatssekretär und Generalstabschef nicht. Die Rivalitäten nahmen sogar noch zu, weil es an der Spitze des RLM ein Machtvakuum – Führerlosigkeit – gab, in die beide hineinzustoßen versuchten. Alle weiteren Umgliederungen boten auch bis Kriegsende keine Lösungen, weil es bei der mangelhaften Zusammenarbeit blieb. Milch befürwortete die Schaffung der Dienststelle Chef der Luftwaffe, in der das Luftwaffenverwaltungsamt, Luftwaffenpersonalamt, Nachschubamt, Allgemeine Luftamt und die Zentralabteilung als Gegengewicht zum Generalstab der Luftwaffe zusammengefaßt wären. Und mit der Dienststelle Generalinspekteur der Luftwaffe, die die Dienstaufsicht über alle Ämter und Abteilungen im RLM, auch den Generalstab, haben sollte, wie »Auge und Ohr« des Ministers, hoffte Milch, die Einheitlichkeit der Führung, vorzugsweise unter seiner Leitung, wiederherzustellen. Damit war Stumpff nicht einverstanden. Im Laufe der Zeit wurde er zunehmend besorgter über das Führungschaos im RLM, so daß er am 6. Dezember 1937 an Göring schrieb: »*Statt einer Führungsstelle sind jetzt zwei entstanden. Ein Nebeneinander von Befehlen und Verfügungen war die unvermeidliche Folge . . .*« Über diesen Zeitabschnitt schrieb General Nielsen, seinerzeit im Luftwaffenpersonalamt tätig: »*Da der Staatssekretär mit seinen unterstellten Ämtern auch zahlreiche, sehr wichtige militärische Aufgaben wahrzunehmen hatte (Technik, Verwaltung, Bauten, Nachschub, Personal), mußten unter den gegebenen Umständen die Reibungen im Laufe der Zeit sich bis zu einer völligen Lahmlegung des militärischen Führungsapparates zuspitzen.*« Dazu ergänzt Deichmann: »*Als Chef der 1. Abteilung, der damals die Gruppe taktisch-technische Forderungen angehörte, hatte ich nach kurzer Zeit den Eindruck, daß sich von diesem Zeitpunkt an – als Stumpff seinen Dienst übernahm – die technischen Stellen, die nicht dem Chef des Generalstabes, sondern dem Staatssekretär unterstanden, gegen eine Zusammenarbeit mit dem Generalstab sperrten.*«

Es mußten klare Verhältnisse geschaffen werden. Ende des Jahres 1937 bot Stumpff von sich aus an, sich als Chef des Generalstabes wiederum dem Staatssekretär als dem alleinigen Vertreter des Ministers zu unterstellen. Dafür sollte der Generalstab die einheitliche und zusammenfassende Befehlsstelle, auch im Frieden, im RLM werden, sofern es sich um Fragen der Vorbereitung und Führung eines Krieges handelte. Es war ein mutiger Vorschlag, der insbesondere aus dem Grunde gemacht werden mußte, weil Milch weiterhin in Amt und Würden blieb und mit seinem unnachgiebigen Widerstand zu rechnen war. Am 18. Januar 1938 befahl Göring eine einschneidende Neugliederung des RLM, die auch die Befugnisse der leitenden Persönlichkeiten neu regelte. Der Staatssekretär und seine Dienststelle wurden in das Ministeramt, das am 1. Dezember 1937 gebildet wurde, um Göring bei der Wahrnehmung seiner zusätzlichen Aufgaben zu unterstützen, eingegliedert; somit gelangte Milch wieder de facto in die Position des ständigen Vertreters des Ministers. Der Chef des Generalstabes behielt in allen Führungsfragen unmittelbares Vortragsrecht beim Minister und blieb sein erster Berater bei Angelegenheiten über die Einsatzbereitschaft, Führung, Organisation und Ausbildung. Die neuen Dienststellen Chef der Luftwehr und Generalinspekteur der Luftwaffe (verantwortlich für die zehn Inspektionen) wurden, wie der Chef des Luftwaffenpersonalamtes und der Chef des Technischen Amtes, das General Ernst Udet inzwischen von Wimmer übernommen hatte, dem Minister unmittelbar unterstellt. Milch übernahm den Posten des Generalinspekteurs der Luftwaffe, während der 55jährige General Otto Günther Rüdel, der als sehr erfahrener Flugabwehrfachmann Inspekteur der Flakartillerie gewesen war, den des Chefs der Luftwehr antrat.

Die Neugliederung, die Milchs Stellung wieder aufgewertet und die Einheitlichkeit der Führung wieder hergestellt zu haben schien, ließ beide an Bedeutung verlieren. Nur die Position des Chefs des Generalstabs hatte sich verbessert. Seine Rolle als alleiniger Berater in Führungsangelegenheiten, ob er den Staatssekretär einschaltete oder nicht, war unbestritten anerkannt. Milch hatte keine Funktion als Ressortchef mehr (die Inspektionen blieben nachgeordnete Dienststellen des Generalstabs, während die Inspekteure für ihre Person Milch unterstanden) und seine wesentlichen Kompetenzen verloren. Er war allein auf die Bereitwilligkeit zur Zusammenarbeit der anderen führenden Persönlichkeiten im RLM angewiesen. Da sie Göring unmittelbar verantwortlich waren, konnten sie, sofern sie es wünschten, ohne weiteres seinen Stellvertreter übergehen, der lediglich in allen grundlegenden Fragen zu unterrichten war. Nur bei Abwesenheit des Ministers hatte Milch die Machtbefugnisse, die er sich so erhofft hatte. Auch Görings Unfähigkeit, sich seiner Arbeit im Ministerium zu widmen, bot Milch keine besondere Handhabe; anstelle mit dem Staatssekretär sich abzugeben, bearbeiteten die Chefs der Abteilungen und Ämter im RLM ihre Aufgabenbereiche nach eigenem Gutdünken. Lagen im Juni 1937 unter der Ebene des Ministers Göring noch alle Machtbefugnisse in einer Hand (Milch), nach der ersten Umgliederung des RLM in zwei Händen (Milch und Stumpff), so hatten ab Januar 1938 fünf hohe Offiziere selbständige Einfluß- und Machtbereiche (Milch, Stumpff, Udet, Rüdel und von Greim), wovon drei (Milch, Stumpff und Udet) noch eine Sonderstellung einnahmen. Die Luftwaffe war in Wirklichkeit führerlos.

Sehr bald stellte sich heraus, daß sich diese Organisationsform nicht einmal im Frieden, geschweige denn im Krieg, aufrechterhalten lassen würde. Mißverständnisse und Meinungsverschiedenheiten zwischen Staatssekretär und Generalstabschef hielten an. Verschlimmert wurde das Ganze noch durch die merkwürdige Regelung der Einflußnahme auf die Inspektionen (Salomon hätte keine bessere Lösung finden können!), während die selbständigen Dienststellen ihre gerade gewonnene Eigenständigkeit erbittert zu halten versuchten. Die Spitzenorganisation der Luftwaffe mußte unbedingt denen der übrigen in der Wehrmacht angepaßt werden und im Kriegsfall darauf vorbereitet sein, den militärischen Führungsapparat aus Berlin auszulagern. Diesem wurde am 1. Februar 1939 mit einer erneuten und endgültigen Umgliederung Rechnung getragen. Den Vorschlag dafür hatte der Chef der 1. (Operations-)Abteilung im Generalstab, Oberst Hans Jeschonnek, erarbeitet. Der Generalstab wurde aus dem Gefüge der RLM herausgenommen. Der Chef des Generalstabes, seit 1. Februar

Jeschonnek, der seine Funktion als Chef des Luftwaffenführungsstabes beibehielt, wurde unmittelbar dem Oberbefehlshaber der Luftwaffe unterstellt. Den Staatssekretär hatte er allerdings nach erfolgtem Vortrag bei Göring in allen Führungsfragen zu unterrichten. Im Falle gegensätzlicher Ansichten hatte Milch das Recht, bei der dann stattfindenden Besprechung zwischen Jeschonnek und Göring zugegen zu sein. Alle nicht unbedingt für die Truppenführung erforderlichen Teile des Generalstabes wurden abgestoßen und im RLM dem Staatssekretär zugeordnet.

Der Generalstab verlor seinen unmittelbaren Einfluß auf die Ausbildung und das Luftnachrichtenwesen. Das wurde aber für erforderlich erachtet, um einen wirksamen, strafforganisierten Generalstab unter gleichzeitiger Herauslösung aus dem RLM zu bekommen. Daher wurden zwei neue Dienststellen im RLM geschaffen, Chef des Nachrichtenverbindungswesens (General Martini) und Chef des Ausbildungswesens (General Kühl), dem die 14 Inspektionen unterstellt waren. Die weiteren seien noch erwähnt: Chef der Luftwehr, Zentralabteilung (neugegliedert aus Teilen der Dienststelle Chef der Luftwehr) und Generalluftzeugmeister unter Udet, in der das alte Technische Amt und eine Anzahl weiterer Dienststellen zusammengefaßt wurden. Milch erhielt als Generalinspekteur das Recht, alle Ministerialbereiche und die Truppe zu besichtigen und wurde amtlich als Görings Stellvertreter für den Fall anerkannt, daß Göring wegen Krankheit oder Abwesenheit sein Amt nicht ausüben konnte. Stumpff, der neue Chef der Luftwehr, wurde peinlicherweise zu Milchs Stellvertreter gemacht. Der Chef des Luftwaffenpersonalamtes war in allen Fragen der Offiziersstellenbesetzung und Beförderung Göring direkt verantwortlich, in allen anderen Angelegenheiten jedoch Milch, dem nunmehr auch wieder der Chef des Nachrichtenverbindungswesens, Chef des Ausbildungswesens, Chef der Luftwehr und der Generalluftzeugmeister unterstellt waren. So sah also die Spitzengliederung der Luftwaffe vor dem Kriege aus. Sie trug keineswegs dazu bei, die Reibungen und Spannungen zwischen den Beratern in der obersten Luftwaffenführung abzubauen, wie es sich noch zeigen sollte.

Von allen Persönlichkeiten, die bei Kriegsbeginn führende Positionen in der Luftwaffe einnahmen, war Hans Jeschonnek – die große Hoffnung der Luftwaffe – die beeindruckendste. Mit 39 Jahren wurde er Chef des Generalstabes der Luftwaffe, womit er fünfzehn Jahre jünger als jeder bisherige Generalstabschef in der deutschen Armee oder Wehrmacht gewesen war. Es war eine Tragik, daß er den in ihn gesetzten Erwartungen nicht gerecht werden konnte. Keßelring schreibt über ihn: »*Während des Krieges war die markanteste Persönlichkeit unter den Generalstabschefs Generaloberst Jeschonnek, eine ausnehmend kluge und energische Persönlichkeit. Aber auch er war nicht stark genug, sich in entscheidenden Fragen bei Göring – eher noch bei Hitler – durchzusetzen. Eine ausgesprochene Disharmonie lähmte die Arbeit.*«

1898 in Hohensalza als Sohn eines Lehrers geboren, trat er mit fünfzehneinhalb Jahren in die Infanterie ein, 1917 wurde er Jagdflieger, errang zwei Luftsiege und ging nach dem Waffenstillstand zum Grenzschutz. In der Reichswehr diente er in den zwanziger Jahren in einem Reiterregiment, arbeitete unter Student in der Inspektion für Waffen und Gerät, kam in den Generalstab und war unter Felmy in der Inspektion der Flieger tätig. Dort beeindruckte er alle, die mit ihm zu tun hatten, durch seine hohe Intelligenz und rasche, sichere Auffassungsgabe. Am 2. Februar 1933 war er Adjutant von Milch, 1934 Hauptmann in einem Kampfverband. Im Jahr darauf folgte seine Beförderung zum Major. Im Oktober 1936 übernahm er als Kommodore die Führung des Lehrgeschwaders in Greifswald, wo er wesentlichen Einfluß auf die Entwicklung der Ausbildungsgrundsätze der Luftwaffe nahm. Im April 1937 wurde er Oberstleutnant, kam später ins RLM, übernahm dort am 1. Februar 1938 den Posten des Chefs des Führungsstabes und wurde Ende des Jahres Oberst. Jeschonneks Laufbahn war glanzvoll, sein Erfolg in verschiedenen Tätigkeitsbereichen war bedeutend. Deren Vielfalt und, für sein junges Alter, Bedeutung offenbarten, daß er als möglicher Nachfolger Wevers herangebildet wurde. Aus diesem Grunde versetzte man ihn in die Lage, seine militärische Erfahrung zu mehren und seine Fähigkeiten unter Beweis zu stellen. So gewappnet wurde er am 1. Februar 1939 Chef des Generalstabes, am 14. August folgte die Beförderung zum Generalmajor (mit 42 Jahren; am 1. März 1942 war er der jüngste Generaloberst der deutschen Wehrmacht). Seine Karriere war in der Tat kometenhaft.

Jeschonnek war glänzend begabt, von rascher, sicherer Auffassungsgabe, von hohem Ehrgeiz beseelt und befähigt, schnell und präzise zu befehlen. Persönlich äußerst anspruchslos, abhold jeden Tands und ungerechtfertigten Luxus, verkörperte er in Haltung und Lebensweise den ganz in der Pflicht aufgehenden Soldaten. Vergnügungen, Kulturelles und seine Familie spielten erst nach seinen dienstlichen Aufgaben eine Rolle, von religiösen Dingen hielt er gar nichts. Selbst sein großer Ehrgeiz schien mehr auf den Erfolg seiner Waffe als auf seinen eigenen gerichtet. Außer seinen dienstlichen Interessen hatte Jeschonnek nur noch das an politischen. Er war Nationalsozialist und arbeitete unermüdlich mit, die Ziele des neuen Reiches zu erreichen. Insofern zählte er zu den jungen, von Überzeugung durchdrungenen, dem »Führer« unerschütterlich ergebenen militärischen Gefolgsleuten, an denen Hitler und die Parteiführung ihre Freude hatten.

Jeschonnek hatte jedoch auch seine Schwächen. Zu schnell hatte er die höchsten Ränge erklommen, seine Intelligenz war seinem inneren Reifungsprozeß immer voraus. So hervorragend er Zusammenhänge erkennen und Pläne entwickeln konnte, so schwer tat er sich im Umgang mit Menschen. Eine bedenkliche Schwäche für einen Generalstabschef, der zudem noch in einer Atmosphäre voller Mißtrauen, Eifersüchteleien und Mißgunst, wie sie sich in der obersten Führung der Luftwaffe breitgemacht hatte, arbeiten mußte. Laufend hatte Jeschonnek mit Generalen zu tun, die älter und ranghöher als er waren und sich mit starkem Willen nicht scheuten, ihre Belange Göring unmittelbar vorzutragen. Der Druck, den so einflußreiche Luftflottenchefs wie Sperrle und von Richthofen gegen den jungen Chef des Generalstabes ausüben konnten, war beträchtlich. Er konnte sich häufig ihren Forderungen nicht widersetzen. Aus diesem Grunde zog er lieber den Gedankenaustausch mit jüngeren Offizieren vor und wollte ihre Ansichten und Auffassungen hören, als daß er sich mit älteren abgab. Während des Krieges hatte er eine besondere Vorliebe für junge, erfolgreiche Flieger wie Galland, Mölders und Baumbach, die ihn stets für ihre Probleme sehr aufgeschlossen fanden. Welche hervorragenden Leistungen sie auch vollbracht und wie unmittelbar sie ihm ihre Fronterfahrungen ungeschminkt vorgetragen haben mögen, fehlte ihnen doch die Abgeklärtheit, die ein Generalstabschef brauchte, um klare, abgewogene Entscheidungen treffen zu können. Jeschonnek liebte gesellschaftliche Verpflichtungen nicht. Nur im engsten Freundeskreis fühlte er sich frei und ungezwungen. Untergebenen gegenüber verhielt er sich brüsk und reserviert, mit beißendem Sarkasmus, gelegentlich auch mit erstaunlichem gebieterischen Machtanspruch. Ihm fehlte auch die Gabe, wie sie Wever und Keßelring hatte, mitreißend auf die zu wirken, mit denen man zu tun hatte. In ihm lag zu viel Kühle des durchgeistigten Berufssoldaten. Ihm war nicht die Gabe gegeben, der große Erzieher und väterliche Mentor seines Generalstabes, im weiteren Sinne auch seiner Waffe zu werden, was so große deutsche Generalstabschefs wie Moltke, Schlieffen, Beck, Wever und sogar auch Halder ausgezeichnet hat.

Für die Luftwaffe war es ein unglücklicher Umstand, daß sich Jeschonnek weder gegen den Führungsdilettantismus seines Oberbefehlshabers Göring durchsetzen noch mit dem ihm gleichgestellten Milch zusammenarbeiten konnte. Trotz seiner früheren engen dienstlichen Bindung an den Staatssekretär, der sieben Jahre älter war, hatten sich die beiden Männer entfremdet, wobei besonders zwei Ereignisse eine Rolle spielten. 1934 wurden sie einmal auf der Straße von einem SA-Führer zum Halten veranlaßt und gebeten, einen verletzten SA-Mann ins Krankenhaus mitzunehmen. Milch schaute sich den mit schweren Kopfverletzungen daliegenden Mann an und befahl, ihn nicht von der Stelle zu bewegen, bis ihm ärztliche Hilfe zuteil werden konnte. Zurück im Ministerium rügte Jeschonnek seinen Vorgesetzten in aller Öffentlichkeit, er habe einem in Not geratenen SA-Mann Hilfe verweigert. – Seinerzeit war es wiederholt zu Ausschreitungen zwischen Soldaten und das SA gekommen. – Selbst als der SA-Führer Milchs Darstellung des Sachverhalts mit aller Bestimmtheit bestätigte, beharrte Jeschonnek auf seiner Behauptung. Kurz darauf wurde er in einen Kampfverband versetzt. Der zweite Zusammenstoß ereignete sich zwei Jahre später, als Jeschonnek Kommodore des Lehrgeschwaders war. An diesen Vorfall erinnert sich Milch: *»Ich bekam eines Tages vom Lehrgeschwader eine Maschine mit einem Trefferaufschlag auf Wasser gemeldet. Sie war auf den ›Bach‹ abgedrückt worden. Am nächsten Tage wurden gleich zwei Maschinen mit Besatzungen aus dem gleichen Grunde als verloren gemeldet. Daraufhin forderte ich die Einsatzbefehle an und las darin: ›Der Tiefflug ist so zu üben, daß die Propellerspitzen das Wasser berühren.‹ Man meldete mir, daß mündlich noch hinzugefügt worden war: ›Wer es nicht macht, ist ein Feigling!‹ Ich stand vor der Frage einer Kriegsgerichtsverhandlung gegen Jeschonnek. Ich gab ihm aber nur einen strengen Verweis. Von diesem Moment an war er mein Todfeind.«* Jeschonnek hat Milch dies nie verziehen. Seine Feindschaft belastete zukünftig das beiderseitige Verhältnis.

Milch seinerseits hatte zweifellos etwas gegen den jungen Jeschonnek, der ihm mit seiner offensichtlichen Intelligenz und seinen Fähigkeiten gefährlich werden konnte. In der Tat äußerte er die Überzeugung, daß Göring nur aus diesem Grunde Jeschonnek zum Generalstabschef berufen hatte. Die Rivalitäten und Meinungsverschiedenheiten nahmen immer mehr zu. Milch und Udet sorgten dafür, daß der Generalstab an technischen Entscheidungen nicht beteiligt wurde, und ihm somit die Möglichkeit zur Einflußnahme auf die Entwicklung neuer Waffen, insbesondere neuer Flugzeuge, nahm. Der Generalstabschef konnte Milchs störenden Widerstand nur umgehen, indem er Göring persönlich einschaltete, was aber wegen dessen mangelnden Führungsqualitäten äußerst schwierig und nur selten erfolgreich war. Göring hat von sich aus nichts getan, um diese fortgesetzten Spannungen zwischen seinen beiden ersten Mitarbeitern zu beseitigen; er hat sie wahrscheinlich sogar bewußt geschürt in der Hoffnung, daß die Reibungen zwischen den beiden sie daran hinderten, sich gegen ihn gemeinsam zu verbünden. Die Feindschaft lag natürlich auch zusätzlich in der Organisation des Generalstabs begründet, die Jeschonnek einst vorgeschlagen hatte, und in die er dann 1939 als Generalstabschef eintrat. Sie verursachte den Verlust zur Einflußnahme auf zahlreichen bedeutenden Gebieten der militärischen Entwicklung. Die 3. (Ausbildungs-)Abteilung wurde durch das Herauslösen aller Waffeninspektionen und Schulen ihrer wesentlichen Aufgaben beraubt. Die Unterstellung dieser Bereiche unter die neugeschaffene Dienststelle Chef des Ausbildungswesens, die Milch unterstand, beschränkte sie auf die Herausgabe von Ausbildungsforderungen, denen Kühl zustimmen mußte. Die 7. Abteilung (Nachrichtenverbindungswesen) kam als selbständige Abteilung in Milchs Verantwortungsbereich, wenngleich ihr Chef, General Martini, in bereitwilligster Weise nach wie vor engstens mit dem Generalstab zusammenarbeitete. Die

6. (Rüstungs-)Abteilung hatte praktisch keinen Einfluß mehr, weil es Milch ablehnte, den Vorschlägen des Generalstabs irgendeine Bedeutung zuzumessen, wenn es um Fragen der technischen Rüstung ging, die er als sein ureigenstes Ressort betrachtete.

Jeschonneks Verhältnis zu seinem Oberbefehlshaber war ähnlich verhängnisvoll, beruhte aber auf anderen Gründen. Anfangs begrüßte Göring seine Ernennung, weil er glaubte, daß es einfacher wäre, mit jungen, ungezwungenen Offizieren zusammenzuarbeiten als mit älteren, erfahreneren Offizieren, von denen viele lebensälter als er waren. Jeschonnek war nicht der Mann, der sich lange mit den Launen und Stimmungen seines »Meisters« abgab. Sehr bald löste das in Göring ein Gefühl der Unsicherheit aus, was wiederum dazu führte, seinen Generalstabschef immer weniger um Rat zu fragen. Schwerwiegende Entscheidungen wurden getroffen, ohne Jeschonneks Ansichten zu hören. Das führte zu ernsten Krisen zwischen den beiden Männern. Jeschonnek konnte sich gegenüber Göring einfach nicht durchsetzen und wurde im Laufe der Zeit immer mehr zum Sündenbock des Reichsmarschalls, der an ihm seine Wut auslassen konnte. Weil er nicht in der Lage war, sich seinen Mitarbeitern zu öffnen und sich ihnen zu widmen, nicht einmal gegenüber seinem Vertreter, dem Generalquartiermeister General Hans Georg von Seidel, wurde Jeschonnek immer mehr von den Schalthebeln der Macht abgesondert. Während des Krieges mußte er miterleben, wie der Generalstab der Luftwaffe zum simplen Beraterstab für Einsatzfragen des Oberbefehlshabers abgewertet wurde.

So hatte sich Göring sowohl von seinem Staatssekretär, als auch von seinem Generalstabschef entfremdet, was auf Grund seiner Stellung zur Bildung einer neuen Machtkonstellation in seiner unmittelbaren engeren Umgebung führte. Da es ihm an Fleiß, Arbeitslust und militärischer Erfahrung mangelte, war er unfähig, die Luftwaffe zu führen und begann, auf den Rat seines sogenannten Freundeskreises zu hören. Wie bei Hitler sammelte sich auch um Göring eine sehr einflußreiche Gruppe alter Kameraden und Freunde, die für ihre Gefolgstreue gut belohn wurden. Sie hatten jederzeit Zutritt bei ihm, und er hörte auf sie. Insbesondere zählten dazu die Generale Bodenschatz, Loerzer und Keller und der Staatssekretär Paul Körner, ein alter Freund und Parteigenosse, der seinerzeit auch Görings Stellvertreter in Preußen war. Karl Bodenschatz, ein bayerischer Berufsoffizier, Kriegskamerad Görings, wurde 1933 im Alter von 43 Jahren Adjutant des Ministers. Nach kurzer Truppenverwendung beim »Jagdgeschwader Richthofen« wurde er im Dezember 1937 Chef des Ministeramtes im RLM. 1939 übernahm er noch zusätzlich die Aufgabe des Vertreters der Luftwaffe beim Führerhauptquartier. Bruno Loerzer, 1891 in Berlin geboren, war auch Jagdflieger und Kriegskamerad von Göring. Wie dieser war er Träger des Pour le Mérite. In den zwanziger Jahren war er in der Zivilluftfahrt tätig, zeitweise am Aufbau der litauischen Luftwaffe beteiligt. Er hatte gute Beziehungen zur Partei, sein Bruder war der erste Gauleiter von Braunschweig. 1933 ernannte man ihn zum Präsidenten des Deutschen Luftsport Verbandes, 1935 zum Reichsluftsportführer. 1937 übernahm er als Generalmajor das Kommando über die 2. Fliegerdivision. Alfred Keller war Weltkriegsflieger, in den zwanziger Jahren in der Zivilluftfahrt tätig und später Leiter der Deutschen Verkehrsfliegerschule Braunschweig. 1934 wurde er als Oberst in die Luftwaffe übernommen, diente einige Zeit im RLM, übernahm 1935 als Befehlshaber den Luftkreis IV und war bei Kriegsausbruch im Range eines Generals der Flieger Kommandeur eines Luftgaues. Allen diesen Männern war gemeinsam, daß sie nur geringe militärische Kenntnisse über moderne Kriegsführung besaßen und die Abneigung gegen Milch und Jeschonnek teilten, weil sie darin Rivalen ihrer Einflußnahme sahen. Diese Abneigung wurde natürlich von den beiden Betroffenen erwidert, zumal sie sich zusätzlich zu ihren vielen anderen Problemen mit den unausgegorenen, vorgefaßten Meinungen dieses »Freundeskreises« herumschlagen mußten.

Außer Göring, Milch und Jeschonnek gab es vor dem Kriege noch eine sehr einflußreiche Persönlichkeit unter den Spitzen der Luftwaffe: Ernst Udet. Wenn er auch einer der schillerndsten Persönlichkeiten der Luftwaffe war, so war Udet als Generalluftzeugmeister, von dem so viel abhing, damit die Luftwaffe für eine erfolgreiche Kriegsführung vorbereitet war, dennoch denkbar ungeeignet. Er war ein Mensch der Äußerlichkeiten und hatte überhaupt keine innere Selbstdisziplin, die man für höhere Führungsstellen benötigte. Bar jeder kleinlichen Wichtigtuerei, war Udet dennoch nicht abgeneigt, wenn er von anderen gefeiert wurde. Als vorzüglicher Jagd- und Kunstflieger, Filmemacher, Lebemann mit einem Hang zum Bohemien, Meisterschütze, begnadeter Karikaturist, fesselnder Geschichtenerzähler und Humorist hatte Udet nicht die Reife und Geduld, sich längere Zeit zu binden, ob als Soldat, Geschäftsmann, Ehemann oder politisch Interessierter. Nach vier Jahren verließ er die Armee, nach fünf Jahren gab er seine Flugzeugfirma auf, seine Ehe war von noch viel kürzerer Dauer. An politischen Dingen hatte er keinerlei Interesse, selbst als die Nationalsozialisten, denen er wenig Sympathie abgewinnen konnte, die Macht übernommen hatten. Mutig, charmant, mit bezauberndem, einnehmendem Wesen, glich Udet dem Urbild eines Dilettanten, was sich in seiner Dienststellung dann verhängnisvoll auswirken sollte. Der Generalrichter der Luftwaffe schrieb nach seinem Tod über ihn: *»Es fehlten ihm alle Eigenschaften für ein führendes Amt, es fehlte ihm vor allem an wirklichen Kenntnissen, an sittlichem Ernst und Verantwortungsbewußtsein.«*

Als Sohn eines wohlhabenden Geschäftsmannes 1896 geboren, konnte sich Udet schon von klein auf für das Flugwesen begeistern. 1914 trat er in die Infanterie ein, im Jahr darauf ließ er sich zur Fliegertruppe versetzen und wurde mit 62 Luftsiegen Deutschlands zweitbester Jagdflieger. Als Pour le Mérite-Träger waren seine Heldentaten Legende. Bei Kriegsende führte er die 4. Staffel in Görings »Jagdgeschwader Richthofen«. Dem Dienst in der Reichswehr abgeneigt, weil er dort nicht fliegen konnte, nahm er 1919 seinen Abschied und gründete zwei Jahre später eine kleine Flugzeugfabrik. 1926 gab er die geschäftliche Betätigung auf, wurde Berufsflieger und unternahm im Auftrag von Filmgesellschaften Flüge von der Antarktis bis nach Afrika. Sein Können als Kunstflieger war bemerkenswert. So war er in der Lage, mit seinem Flugzeug, an dessen Tragfläche ein kleiner Dorn befestigt war, ein Taschentuch aufzunehmen. Nach der Machtübernahme der Nationalsozialisten schien es undenkbar, daß die propagandabewußten Parteiführer diesen Mann nicht für sich zu gewinnen suchten, selbst wenn er auch damals für ihre Sache keine Sympathien hegte. 1934 überredeten ihn seine Kriegskameraden Göring und Loerzer, ehrenhalber den Rang eines Fliegervize-Kommodore im Deutschen Luftsport Verband anzunehmen. Sein Interesse an der Luftfahrt, insbesondere an der Idee des Sturzkampfbombers, und sein bekannter Name stellten sicher, daß er vom Aufbau der neuen deutschen Luftwaffe nicht ausgeschlossen werden konnte. Auf Grund einer gemeinsamen Entscheidung zwischen Milch, Wever und Stumpff wurde er am 1. Juni 1935 im Dienstgrad eines Oberst in die Luftwaffe übernommen. Er hatte lange gezögert, diesen Schritt zu tun. Man konnte ihn aber endlich überreden, weil die Luftwaffe ihm zwei amerikanische Curtiss-Doppeldecker kaufen wollte, die er sich so sehr gewünscht hatte, sie aber nicht bezahlen konnte.

Am 10. Februar 1936 wurde Udet Nachfolger seines Freundes Ritter von Greim als Inspekteur der Jagd- und Sturzkampfflieger. Jetzt fühlte er sich in seinem Element. Für ihn und die Luftwaffe war es bedauerlich, daß er dort nicht geblieben ist. Aber der »Führer« hatte anderes mit ihm vor, woran sich Milch erinnerte:

»Hitler sah in Udet zu Recht einen der größten Flieger und leider zu Unrecht einen der größten Flugtechniker. Um diesen Gegebenheiten Rechnung zu tragen, ernannte Göring Udet zum Technischen Amtschef, was ihm nicht leicht wurde, da er mit Udet seit Jahrzehnten nicht gut stand . . . Daß ich meine sachlichen Bedenken vorbrachte, ist selbstverständlich. Ob Göring sie geteilt hat, glaube ich nicht; maßgeblich für ihn war nur der Wunsch, die eigene Stellung bei Hitler zu bessern.«

Am 9. Juni 1936 übernahm Udet von Wimmer die Amtsführung des Technischen Amtes. Er trat in eine hohe, verantwortliche Funktion. Seit zehn Jahren zum ersten Male wieder gefordert, fehlte es ihm jedoch an den erforderlichen Kenntnissen und am nötigen Arbeitsschwung. Er war wie Göring ein Laie. Der Dienst als Berufssoldat, geregelte Dienstzeit, Termine, klar umfaßte Aufgaben, Beständigkeit, kühle Distanz gegenüber Sachverhalten und die Beschäftigung mit Dingen, die ihm lästig schienen, alles das und vieles andere mehr waren ihm nicht nur neu, sondern auch einfach fremd. Er mußte in einer Zeit starker Wiederaufrüstung, in der noch zwei andere Wehrmachtteile mit voller Anspannung aller Kräfte langfristige Rüstungsprogramme verwirklichen mußten, für seinen Bereich um die knappen Rohstoffe kämpfen. Er hatte zu tun mit Soldaten, Politikern, Volkswirtschaftlern, Geschäftsleuten und Konstrukteuren in einer rauhen Welt, wo mit dem Aufbau der Luftwaffe zugleich neue Industriezweige aus dem Boden schossen. In dieser Umwelt atemberaubender Entwicklungen und Fortschritte gab es keine Zeit, lange über Fehler nachzudenken oder sie zu korrigieren. Ein falscher Entschluß konnte sich erst fünf bis sieben Jahre später auswirken, was sich nicht nur in der Produktion eines schlechten Flugzeuges, sondern auch im gesamten Aufbau der Luftwaffe und ihrer Schwerpunkte hätte niederschlagen können.

Was man dafür brauchte, war eine kraftvolle Führerpersönlichkeit mit Fachkenntnissen und klarem Blick. Diese Forderung wurde nach dem 1. Februar 1939 um so wichtiger, als die neue Dienststelle Generalluftzeugmeister gebildet worden war. Udet, dann bereits Generalleutnant, führte als Amtschef nicht mehr nur das Technische Amt, sondern auch Ämter, die mit dem Nachschub und der Produktion von Flugzeugen und Gerät für die Luftwaffe befaßt waren. Mit ungeheueren Verwaltungsbefugnissen und Finanzmitteln versehen – 1939 betrug alleine sein Etat 5,4 Milliarden Reichsmark –, lag es in seiner Hand, wenngleich Göring letztlich seine Zustimmung der Form halber geben mußte, Anzahl und Typ der Flugzeuge festzulegen, mit denen die Luftwaffe in den Krieg ziehen sollte. Eine Aufgabe also von beängstigender Entscheidungsweite, für die Udet betrüblicherweise ungeeignet war.

Hinzu kam, daß Udet leider keinen befähigten Vertreter zur Seite hatte. Schon früh mußte er einen seiner wichtigsten Mitarbeiter für die technische Entwicklung, Wolfram von Richthofen, der nach Spanien zur »Legion Condor« als Chef des Stabes ging, abgeben sowie Fritz Loeb, seinen Fachmann für Produktion, der von Göring im Amt für den Vierjahresplan mit einer wichtigen Aufgabe betreut wurde. Udets Chef des Stabes, Oberst August Ploch, war wie sein Vorgesetzter für seine Aufgabe ungeeignet. Oberst Max Pendele, sein Adjutant, beherrschte zwar seine fachbezogenen Dienstobliegenheiten, als Berater hingegen war er insgesamt betrachtet nicht gerade sehr wirkungsvoll. So blieb Udet nichts anderes übrig, als sich zunehmend auf das Urteil seiner Fliegerstabsingenieure abzustützen. Der Leitende Chef-Ingenieur, der 34jährige Roluf Lucht, war unfähig, selbständig technische Probleme zu bewerten. Man hielt sogar Udet auf diesem Gebiet für weit befähigter. Günther Tschersich, Leiter der Technischen Planung, gelang es, großen Einfluß auf seinen Amtschef zu nehmen, widmete aber seine Bestrebungen mehr der Flugzeugentwicklung denn der Flugzeugbeschaffung. Im Rahmen einer Umgliederung des Technischen Amtes im April 1938 wurde auch noch Udets persönlicher Stab aufgelöst, der sich bei der Bearbeitung und Lösung verschiedenartigster Probleme so außerordentlich bewährt hatte, weil er nur die wichtigsten und schwierigsten Probleme dem Amtschef vortrug. Schlecht beraten, lehnte Udet das Angebot Jeschonneks ab, ihm vier oder fünf fähige Generalstabsoffiziere für dauernd zur Verfügung zu stellen. Diese Entscheidung, die nur auf tiefem Mißtrauen beruhte, hat er später bedauert.

Ohne fähigen Vertreter fühlte sich Udet bald immer mehr isoliert und tappte ratlos im Dunkeln. Die Auswirkungen waren verheerend. Als er das Technische Amt übernahm, war es klar gegliedert und bestand aus den Abteilungen Forschung, Entwicklung, Produktion, Haushalt und Verwaltung. In dieser horizontalen Amtsgliederung standen Erprobung und Herstellung auf gleicher Ebene, jede Amtsgruppe war an den verschiedenen Flugzeugmustern und -entwürfen beteiligt. Das Amt arbeitete erfolgreich und hat in Zusammenarbeit mit dem Generalstab verantwortlich für die Luftwaffe gute Arbeit geleistet. Dazu zählten drei Kampfflugzeuge (Ju 86, He 111, Do 17), ein Sturzkampfflugzeug (Ju 87), der Plan für zwei viermotorige Bomber (Do 19 und Ju 89) und zwei Jagdflugzeuge (Bf 109 und Bf 110). Mit der Umgliederung des Technischen Amtes am 1. April 1938 jedoch wurde die Organisationsstruktur völlig geändert. Anstelle von vier Amtsgruppen gab es jetzt dreizehn; aus der horizontalen wurde eine verwickelte vertikale Stabsgliederung (Triebwerke, Flugzeuge, Nachrichten- und Navigationsgerät, Prüfstelle für Luftfahrzeuge, Technische Planung usw.). Ohne seinen persönlichen Stab war Udet nun gezwungen, sich mit jeder dieser dreizehn Amtsgruppen einzeln abzugeben. Für einen vielbeschäftigten Mann, der weder geeignet noch erfahren im Umgang mit einem bürokratischen Apparat war, mußte dies verhängnisvoll enden. Die Amtsgruppenleiter mußten alsbald oft Monate warten, um ihrem Vorgesetzten vortragen zu können.

Unbedingt mußte die Führungsstruktur des Technischen Amtes wieder vereinfacht werden, das war jedem klar; statt dessen trat aber innerhalb knapp eines Jahres, am 1. Februar 1939, genau das Gegenteil ein. Mit der Schaffung des riesigen Amtes des Generalluftzeugmeisters fiel Udet nicht nur die Verantwortung über die dreizehn Amtsgruppen des Technischen Amtes zu, sondern zusätzlich noch über neun weitere, genauso wie fünf Erprobungsstellen, eine Gruppe für Wehrwirtschaft und das Nachschubamt, das aus dem Bereich Chef der Luftwehr herausgelöst wurde. Udet unterstanden jetzt demnach nicht weniger als 26 Amtsgruppenleiter! Selbst Milch hatte nie mehr als vier. Das mußte seine Kräfte überfordern. Dennoch blieb er an der Spitze dieses Amtes; der Generalrichter der Luftwaffe vermerkte später in seinem Bericht: »*Innerhalb des Amtes arbeitete alles gegeneinander.*« Angesichts dieses Durcheinanders war Udet absolut hilflos. Der bekannte Kampfflieger, Oberstleutnant Werner Baumbach, der Udet sehr schätzte, mußte zugestehen:

> »*Es war ihm nicht gegeben, seine Ideen in dem ständigen Streit der Meinungen der Abteilungen des RLM, dem machtpolitischen Ränkespiel der ›Ingenieur-Generale‹, der Industrie und Wirtschaft zum Durchbruch zu bringen . . . Das Technische Amt war bald eine Dienststelle, in der die ›General-Ingenieure‹ nach ihrem Belieben regierten. Zu einer Zeit, als umwälzende Erkenntnisse, insbesondere in der Steigerung der Geschwindigkeit mit Hilfe des Strahl- und Raketenantriebes sowie in der Waffenwirkung gewonnen waren und zur Verwirklichung drängten, beargwöhnten sich die führenden Männer der Luftwaffe untereinander auf Grund persönlicher Eitelkeiten und belangloser Kompetenzfragen.*«

Ohne kompetenten Vertreter, ausreichenden persönlichen Stab, gut funktionierende, bewegliche Organisation und den Willen zu fleißiger Arbeit, außer auf dem Gebiet der Flugzeugentwicklung, handhabte Udet seinen Amtsbereich einfach oberflächlich und aus dem lockeren Handgelenk. Göring sagte 1943:»*Wenn ich nur eine Erklärung finden könnte, was sich Udet eigentlich gedacht hat. Er hat unsere Fliegerei in ein vollkommenes Chaos hineingeführt* . . .«

Wenn Udet schon mit seinem eigenen Amt nicht zu Rande kam, so erst recht nicht mit den verworrenen und auch bösartigen persönlichen Intrigen und Beziehungen im RLM. Er und Jeschonnek waren so verschieden wie Tag und Nacht, sie konnten sich nicht ausstehen. Der Chef des Generalstabes äußerte ganz offen seine Geringschätzung über den dilettantischen Generalluftzeugmeister. Und Udet machte keinen Hehl aus seiner Abneigung für die ganze Idee von einer Elite in Form eines Generalstabes. Bei Milch lagen die Dinge anders. Anfangs waren er und Udet gute Freunde, Udet brachte ihm sogar das Fliegen bei. Auch fragte Udet den Staatssekretär, seinerzeit sein Vorgesetzter, um Rat, den er bereitwillig gab. Ihr Verhältnis, so erinnerte sich Ploch, war »*wie ein Vater zu seinem Sohn*«. Milch war eindeutig erleichtert darüber, daß er immer noch Einfluß auf die Luftrüstung nehmen konnte. Ende 1936 wurde die Saat der Zwietracht jedoch gesät, als Udet ohne Einschaltung Milchs, in direkter Absprache mit Göring das Erhöhte Beschaffungsprogramm (Nr. 4) erarbeitete. Der Staatssekretär fühlte sich gekränkt und übergangen. Als 1938 der Chef des Technischen Amtes Göring unmittelbar unterstellt wurde, kühlten die Beziehungen sichtlich ab. Milch, wohlwissend, daß die Veränderungen der Machtbefugnisse gezielt auf seine Person bezogen vorgenommen wurden, mißtraute nun allen, die daraus Vorteile zogen, wozu auch Udet zählte. Zweifellos vermutete er, daß die Umgliederung zumindest teilweise auf Betreiben Udets erfolgte. Gleichermaßen hielt Udet den Staatssekretär nicht vollständig informiert über Angelegenheiten, die in seinem Amtsbereich bearbeitet wurden und beharrte selbstbewußt auf seinem Vorrecht des unmittelbaren Zutritts zu Göring, der seinerseits gegenüber Milch immer argwöhnischer wurde. Ohne den väterlichen Rat des Staatssekretärs, wandte sich Udet zunehmen seinen Untergebenen zu. Wegen ihrer Abneigung gegenüber Milch, was sicherlich auf dem Wunsch beruhte, ihren eigenen Einfluß zu mehren, kam es zu einer weiteren Entfremdung der beiden Männer. Nach dem Kriege bezeichnete Milch die Berater Tschersich und Ploch als »*die bösen Geister Udets*«.

Zum endgültigen Bruch zwischen Milch und Udet kam es, als dieser Generalluftzeugmeister wurde. Für diesen Verantwortungsbereich hielt sich der Staatssekretär für weit besser geeignet, – was er in der Tat auch war –. Obwohl Milch im Rahmen der Neuorganisation des RLM de jure Udets Vorgesetzter war, blieb er doch im wesentlichen ausgeschaltet von der Flugzeug- und Geräteentwicklung, -produktion und -beschaffung, also den wichtigsten Teilbereichen bewaffneter Kräfte, die in so hohem Maße auf Technik und Industrieproduktion angewiesen sind wie eine Luftwaffe. Bodenschatz erinnert sich daran, ». . . *daß dieser (Milch) nun in seiner Erbitterung über die Ausschaltung Udet sich selbst überlassen wollte* . . .«, was auch bedeutete, daß er ihn die volle Tragweite der Konsequenzen seiner Amtsführung, die seiner Ansicht nach unheilvoll war, spüren lassen wollte.

Somit kam es zu einer Trennung zwischen den für die technische Entwicklung der Luftwaffe Verantwortlichen und denen, die die Einsatzbelange zu vertreten hatten. Dadurch wurden die Wechselbeziehungen zwischen Strategie und Rüstung, die zu den Grundsätzen moderner Streitkräfte zählen, gefährdet. Die Spannung zwischen dem Generalluftzeugmeister Udet und dem Generalstabschef Jeschonnek wurden noch durch Milch verschlimmert, der bemüht war, weil er de facto keine Einwirkungsmöglichkeit auf die Luftrüstung mehr hatte, daß sein Rivale, der Chef des Generalstabes, in seinen Befugnissen auch beschnitten wird. Die enge Zusammenarbeit zwischen Technischem Amt und Generalstab

vor Udets Amtsübernahme, die »*die Aufbauarbeit aus dem Nichts zu einer einsatzfä-
higen Luftwaffe unterstützte,*« wie Keßelring schrieb, die gab es jetzt nicht mehr.
Die gegenseitige Abstimmung von Militärs und Ingenieuren, wie sie im Technischen Amt unter Wimmer üblich war, fehlte im Amt des Generalluftzeugmeisters
unter Udet vollkommen, genauso wie die ordnungsgemäße, abgestimmte Arbeit
der Ingenieure untereinander. General Nielsen äußerte sich dazu folgendermaßen:

> »*Viele Entscheidungen im Rahmen der Rüstungspolitik wären hier wahrscheinlich
> anders ausgefallen, wenn anstatt der Nurtechniker militärisch und generalstabsmä-
> ßig ausgebildete Offiziere an diesen hochwichtigen Stellen gesessen hätten, die über
> genügend technisches Wissen verfügten, um militärische Forderungen und techni-
> sche Gegebenheiten in eine bestmögliche Relation zu bringen. Die Entwicklung der
> Waffen und die Steuerung der Rüstung ist eines der wichtigsten Gebiete der Führung
> einer technischen Truppe im modernen Kriege. Wenn sich die militärische Führung
> jeden Einflusses auf diese Gebiete begibt, gibt sie praktisch die Entscheidung über
> die Waffen aus der Hand, mit denen sie kämpfen soll.*«

Auch die Beziehung Udets zu Göring, dem einzigen Mann, der in der Lage gewesen wäre, auf Udets Entscheidungen Einfluß zu nehmen, sollte der Luftwaffe
von keinem besonderen Nutzen sein. Kriegskameraden mögen sie gewesen sein,
gute Freunde waren sie nicht. Schon im Weltkriege trat das distanzierte Verhältnis der beiden zutage, ein Riß, der sich nach dem Kriege noch erweiterte, als
Udet und nicht Göring zum Präsidenten des Traditionsverbandes des Richtho-
fengeschwaders gewählt wurde. Ferner zweifelte Udet einige Luftsiege Görings
an und ließ ihn ganz heimlich aus dem Traditionsverband ausschließen. Als Hitler den Wunsch äußerte, man möge Udet in der neuen Luftwaffe mit einem wichtigen Amt betrauen, war Göring alles andere als begeistert, wenngleich er dennoch darin eine Möglichkeit sah, das Fliegeras in Vergessenheit geraten zu lassen, zumal ärgerlicherweise der »Führer« in fliegerischen Angelegenheiten sehr
auf Udet hörte. Sicherlich war Udet für Göring bei seinen Bestrebungen von Vorteil, den Staatssekretär von Rüstungs- und Beschaffungsangelegenheiten völlig
auszuschalten. Trotz seiner Zweifel an Udets Befähigung entschied sich Göring
für ihn. Bei der Ernennung Udets zum Generalluftzeugmeister beklagte sich
Göring: »*Was sollen wir mit Udet machen, er ist der Sache nicht gewachsen.*« Aber der
Minister half ihm nicht. Mit der Übertragung weiterer Verantwortung an Udet
konnte er in der Tat sichergehen, daß er noch nicht einmal mit seinen ursprünglichen Aufgaben fertig werden sollte. Göring war auch nicht der Mann, der seinem Untergebenen irgendwelche Weisungen oder Ratschläge hätte geben können. Wenn die zwei sich zu Besprechungen trafen, sprachen sie selten über
dienstliche Angelegenheiten. Man unterhielt sich über die alten Tage oder über
die Jagd; Göring gab sogar zu, daß Arbeit und dienstliche Themen peinlich vermieden wurden.
Göring hatte eine einmalige Begabung, sich Arbeit vom Halse zu halten,
selbst als nach den verschiedenen Umgliederungen des RLM ihm immer mehr
Verantwortung zugewachsen war. Seine Trägheit nahm zu, und er mischte sich
nur noch sporadisch in den Dienstablauf ein. Er hörte auf niemanden, mit Ausnahme auf die seines »Freundeskreise«, und hatte er sich einmal entschlossen, so
duldete er keinen Widerspruch. Seine Arbeitsweise hat Milch beschrieben: »*Fort-
während machte er sich Aufzeichnungen, meist für jeden Tag in ein anders Buch, ohne
daß man jeweils den Zweck dieser Arbeit feststellen konnte, da er das Vorhergegangene
immer wieder vergaß oder entstellte.*« Von welcher Art Görings Führungsqualität
war, läßt sich an dem folgenden Beispiel verdeutlichen. Bei einer Besprechung
mit Hitler im Jahre 1937 trug ein Luftwaffenoffizier vor, daß Deutschland augen-

blicklich über keine einzige moderne Bombe verfüge. Hitler, dem Göring gerade mit begeisterten Worten die Leistungen seiner Bomberwaffe gepriesen hatte, war verständlicherweise überrascht. Nach einigen Tagen ließ Hitler seinen Oberbefehlshaber mit den führenden Persönlichkeiten der Luftwaffe zu sich kommen und schlug vor, als provisorische Lösung, die Bomber sollten mit Sprengstoff gefüllte Sauerstoff- oder Azetylenflaschen als Bomben abwerfen. Einer der anwesenden Offiziere wies darauf hin, daß das aerodynamische Verhalten äußerst schlecht wäre und sie nicht ordnungsgemäß geschärft werden könnten. Hitler wurde ärgerlich. Aber bevor er noch seinem Zorn Luft machen konnte, warf Göring ein: »*Mein Führer, ich danke Ihnen für diese wunderbare Hilfe! Ich muß gestehen, keiner von uns wäre auf eine solche Idee und geniale Lösung gekommen. Sie haben damit allein die Situation gerettet. Nein, – daß wir alle solche Schafsköpfe waren, – das kann ich mir nie verzeihen!*« Es erübrigt sich zu erwähnen, daß natürlich kein einziger Bomber mit derartigen Flaschen ausgerüstet wurde. So lustig sich diese wahre Begebenheit lesen läßt, so ein trauriges Beispiel ist sie für die Führerpersönlichkeiten der Luftwaffe.

Der Zustand, in dem sich die Luftwaffenführung bei Kriegsbeginn befand, kann nicht gerade als glückverheißend bezeichnet werden. Den vier führenden Persönlichkeiten, Göring, Milch, Jeschonnek und Udet, fehlte die Befähigung und Erfahrung, die man in hohen Führungspositionen brauchte; drei von ihnen waren im Grunde Zivilisten und zwei waren für jede Tätigkeit mit hoher militärischer Verantwortung absolut ungeeignet. Alle hatten Schwierigkeiten, mit anderen zusammenzuarbeiten, und alle verloren ihren Einfluß auf Grund persönlicher Feindschaften mit einem oder mehreren ihrer führenden Mitarbeiter. Vereint fand man sie nur in ihrer Gefolgstreue zu Hitler. Somit gab es innerhalb der Führung der Luftwaffe vier Machtzentren, die nicht miteinander zusammenarbeiteten und nur dem Namen nach unter einem Minister und Oberbefehlshaber vereint waren, einem Mann, der keinerlei Führungsfähigkeit erkennen ließ, die erwähnenswert wäre.

II. Das strategische Konzept

Im Jahre 1933 hatten die Schöpfer der Luftwaffe weder ein strategisches Konzept noch die materiellen Voraussetzungen, um eine neue Luftwaffe aufbauen zu können. Das strategische Konzept ist das wichtigere, weil es für jede Armee die Grundlage allen Handelns bildet. Ohne Strategie, die Einheitlichkeit, Form und Richtung bestimmt, bestünde eine Armee nur aus einem wahllos zusammengewürfelten Haufen von Soldaten und militärischer Ausrüstung. Mit anderen Worten gesagt, Strategie ist die Kunst der Anwendung militärischer Mittel, um die politischen Ziele eines Staates durchzusetzen. So einfach sich das anhört, 1933 verfügte Deutschland auf dem Gebiet der Militärluftfahrt weder über die Mittel noch über ein operatives Einsatzkonzept, ganz zu schweigen von politischen Zielvorgaben. Die drei strategischen Elemente – Politik, militärische Mittel und ihre Anwendung – sind eng miteinander verknüpft, wobei die Politik das wichtigste ist. Nur mit klaren politischen Zielen läßt sich der Einsatz militärischer Mittel planen. Hätte die politische Absicht verlangt, in erster Linie nur die feindlichen Städte und Industriezentren zu zerstören, so hätte das Flotten schwerer Bombenflugzeuge erfordert. Sollte das kämpfende Heer auf dem Gefechtsfeld unterstützt werden, so hätte man mittlere und leichte Bomber gebraucht. Galt es nur, den eigenen, heimatlichen Luftraum gegen Luftangriffe zu verteidigen, so hätte man nur starke Jagdverbände benötigt. Und wenn die politische Führung alle drei Möglichkeiten ins Kalkül gezogen hätte, so hätte man eine Luftwaffe aufstellen müssen, in der alle drei dieser Flugzeugverbandsarten und -typen in einem abgewogenen Verhältnis zueinander verfügbar gewesen wären. Sobald die politischen Ziele einmal festgelegt worden sind, beginnt der schwierigste Teil im militärischen Planungsprozeß. Die militärische Führung muß nunmehr die Mittel festlegen (bei der Luftwaffe also Art und Anzahl der Flugzeuge) und über deren Einsatz entscheiden. Dabei kommt ein grundsätzlicher, alles beherrschender Faktor mit ins Spiel, der entweder Aufstellungsvorhaben einschränkt, oder aber sogar zur völligen Abänderung der ursprünglichen Zielvorgaben zwingt. Es handelt sich um die Verfügbarkeit der erforderlichen Mittel, wie Geld, Rohstoffe, technische Verfahren und Kenntnisse, aber auch insbesondere um Personal. Aus diesem Grunde kann niemals von einem Lande eine starke Bomberflotte aufgestellt werden, dem es an Finanzmitteln und Rohstoffen mangelt, das nicht in ausreichender Zahl Flugzeuge bauen, auch weil es an technischen Kenntnissen zum Entwurf dieser Maschinen fehlt, oder nicht genügend Besatzungen ausbilden kann. Die wirtschaftlichen Fakten nehmen viel entscheidenderen Einfluß auf die endgültige Festlegung einer Militärstrategie als Militärtheorie und politische Ziele. Sie beeinflussen mit Sicherheit im selben Maße die Struktur einer Armee, wie es Dienstvorschriften tun. Die Luftwaffe gibt ein vorzügliches Beispiel dafür ab, um das zu beweisen.

Als im Mai 1933 das RLM geschaffen wurde, wurde die erste Studie über den Aufbau deutscher Luftstreitkräfte verfaßt, die die veränderten politischen Umstände im Reich berücksichtigte. Bis dahin nahmen sich die Pläne vergleichsweise bescheiden aus. Man plante, mit Reserven, bis 1938 etwa 1000 Flugzeuge für eine Luftwaffe ein. Als Hitler jedoch Reichskanzler wurde, erübrigte sich ein derart geringbemessener Aufbauplan unverzüglich. Auf Anforderung von Milch verfaßte Dr. Robert Knauss, Verkehrsdirektor der Lufthansa, eine neue Studie; er war als Theoretiker für Luftfahrtfragen bekannt und übernahm später die

Luftkriegsakademie. In Übereinstimmung mit Gedanken und Planungen, wie sie Felmy schon äußerte, begründete er, daß einer Luftwaffe entscheidende strategische Bedeutung beizumessen sei, zumal moderne Staaten besonders verwundbar gegenüber Störungen und Zerstörung durch Luftangriffe von Bombern seien. Knauss führte weiter aus, daß während der schwierigen Phase der Wiederaufrüstung eine schlagkräftige Luftwaffe so lange zur Abschreckung vor ausländischer Einmischung beitragen könne, bis die Wehrmacht insgesamt ihre Aufstellung abgeschlossen habe. Mit der Aufstellung einer Bomberstreitmacht von etwa 400 Bombern, die den Kosten zweier Schlachtschiffe oder der Aufstellung von fünf Divisionen entsprächen, könne Deutschland jede Einmischung seitens Frankreichs, der Tschechoslowakei oder Polens verhindern. Eine rein defensive Luftwaffe, die sich nur auf Jagdflugzeuge abstützte, wurde für nicht ausreichend erachtet; der Angriff mit Bombern wurde als bestes Mittel der Verteidigung gesehen. Aus diesen Überlegungen entsprang der Gedanke der »Risiko-Flotte«, von der Göring 1939 sagte, daß sei die einzige Möglichkeit für Deutschland gewesen war, *»die Wiederbewaffnung sicherzustellen und dem Führer den Weg zu bereiten, die allgemeine Wehrpflicht zu verkünden.«* Somit hatte man schon von Anbeginn an den Gedanken verworfen, eine rein defensive Strategie, die sich hauptsächlich auf Jagdkräfte abstützte, zu verfolgen.

Milch stimmte den Vorschlägen von Knauss in jeder Hinsicht zu. Hitler und Göring schlossen sich an und übernahmen kurzerhand das Konzept der »Risiko-Flotte« Mitte Juni 1933 legte Milch seinen Plan vor, nach dem Ende 1935 die Luftwaffe über 600 Frontflugzeuge verfügen sollte, davon alleine 400 Bomber. Am 27. Juni stimmten Göring und von Blomberg diesem Aufstellungsvorhaben zu. Einen Monat später, am 25. Juli, verfügte Milch in einem Befehl, daß Maßnahmen ergriffen werden, *»daß dem Ausland der Nachweis eines Verstoßes gegen die vorliegenden außenpolitischen Bindungen unmöglich gemacht wird und daß das Ausland über Zeitmaß, die tatsächliche Stärke und die organisatorischen Grundsätze des Ausbaues der Luftwaffe keine volle Klarheit gewinnt.«* Wenig später legte Bohnstedt, Chef des Luftschutzamtes, ohne von den Vorstellungen seines Herrn und Meisters zu wissen, Pläne für die zukünftige Luftwaffe vor: 200 Flugzeuge, davon zwölf Bomber! Bohnstedt war erstaunt zu hören, daß der Staatssekretär an 600 Flugzeugen dachte, und konnte nur unter Protest äußern: *»Aber das ist ja furchtbar, armes Deutschland!«* Ganz zu seiner Erleichterung, wurde Bohnstedt zum 31. August verabschiedet, als das RLM umorganisiert wurde. In der neuen Luftwaffe war kein Platz für Zögerer und Zauderer, für allzu vorsichtiges Taktieren.

Kaum hatte Milch seinen Plan entwickelt, war er schon wieder verworfen. Selbst das Heer verlangte nach mehr; General Wilhelm Adam, Chef des Truppenamtes, wollte mehr Aufklärungsstaffeln (sechzehn statt zwölf) haben und hatte sich ausbedungen, daß sechs Jagdstaffeln zum Schutz des Heeres abgestellt werden. Weitere Flugzeuge sollten zum Schutz des Reiches zur Verfügung stehen. Im September 1933 lag der neue Produktionsplan für den Flugzeugbau der kommenden zwei Jahre vor, der eine Verdoppelung der Zahlen vorsah. Aber auch dieser Plan sollte sich bald als unzureichend erweisen. Im Januar 1934 sah der neue Plan, das »Rheinland-Programm«, den Bau von 3715 Flugzeugen bis Ende 1935 vor, im Juli 1934 wurde er erhöht auf 4021 Flugzeuge bis September 1935, weil man damit rechnete, daß die reichsdeutschen Flugzeugfabriken auf einen Monatsausstoß von 293 Flugzeugen kommen könnten. Es war ein kühner Plan, wenn man sich vor Augen hält, daß seinerzeit, 1933, alle deutschen Flugzeugwerke monatlich im Durchschnitt 31 Flugzeuge produzierten.

Das »Rheinland-Programm« bildete einen Kompromiß zwischen dem Aufbau einer »Risiko-Flotte« und dem Aufbau einer Luftwaffe aus dem Nichts. Zusätzlich zu den 822 Bombern (Do 11, Do 13, Ju 52), 51 Sturzkampfbombern (He 50) und 590 Aufklärungsflugzeugen (He 45, He 46) wurden 1760 Schulflugzeuge bestellt. Ganz in Übereinstimmung mit den Planungen für eine offensive Luftmacht mit abschreckender Wirkung wurden nur 245 Jagdflugzeugen (Ar 64, Ar 65, He 51) bei der Industrie in Auftrag gegeben. Die Kriegsmarine sollte 149 Flugzeuge erhalten. Diese und 394 Verbindungsflugzeuge, die auch für zahlreiche andere Aufgaben Verwendung finden konnten, bildeten den gesamten Verfügungsbestand für das Reich. Ferner plante man schon weiter für die Jahre nach 1935. Drei Bombertypen (Do 17, He 111, Ju 86) sollten in die Frontverbände eingeführt werden. 1935, als die deutsche Flugzeugproduktion einen Ausstoß von 3183 Einheiten erreichen sollte, erwies sich das »Rheinland-Programm« als so erfolgsversprechend, daß Milch am 1. Januar 1935 verfügte, mit einem neuen Plan bis 1. Oktober 1936 insgesamt 9853 Flugzeuge zu produzieren. Schon im Oktober 1935 war dieses neue Programm jedoch überholt. Der neue Produktionsplan Nr.1 sah vor, daß die deutsche Luftfahrtindustrie von 1933 bis zum 1. April 1936 nicht weniger als 11158 Flugzeuge gebaut haben sollte. Davon wahren für die Kriegsmarine 462 Maschinen vorgesehen, 6876 als Schul- und Transportflugzeuge und 3820 entweder als Bomber, Jäger oder Aufklärer, wobei das Schwergewicht den Bombern (1849) galt, verglichen mit nur 970 Jägern. Es dauerte jedoch nicht lange, bis auch der Produktionsplan Nr. 1 wiederum überholt war. Im März, Juli und Oktober 1936 folgten die Pläne Nr. 2, 3 und 4, die den Lieferumfang bis 1. April 1936 nicht nur auf 12309 Einheiten anhoben, sondern auch noch bis 31. März 1938 die Einführung zahlreicher neuer Flugzeugtypen vorsahen. Zu diesem Eckdatum rechnete die Luftwaffe mit insgesamt 18000 Flugzeugen, die sich aus achtzig verschiedenen Typen zusammensetzten.

Der zahlenmäßige Umfang von Flugzeugen alleine sagt noch gar nichts über den Wert einer Luftwaffe aus. Ebenso bedeutend ist die Zusammensetzung und Gliederung dieser Waffe. Nachdem sich die deutsche militärische Führung auf die »Risiko-Flotte« geeinigt hatte, die dem Angriff und damit dem Einsatz von Bombern den Vorzug gab, und die Verteidigung, die nur auf feindliche Aktionen reagieren sollte, verworfen hatte, wurde dem Einsatz von Jägern nur nachgeordnete Bedeutung zugemessen. Bemerkenswert war auch der Bombertyp, auf den sich die Luftwaffe abstützen sollte. All das beinhaltete nicht nur die Beurteilung der operativen Rolle, die man von der Luftwaffe im Einsatz erwartete, sondern auch die Festlegung bestimmter politischer und wirtschaftlicher Prioritäten während der Zeit der Wiederaufrüstung. Art und Umfang dieser Überlegungen prägten genauso wie die Luftkriegstheorien wesentlich das Bild, nach dem sich die deutsche Luftwaffe vor dem und während des Zweiten Weltkrieg entwickelte.

Das Konzept der »Risiko-Flotte« gründete sich wesentlich auf der Überzeugung, daß Bomber durchschlagende Zerstörung versprechen; von dieser Überzeugung waren sowohl Politiker als auch die militärischen Fachleute und die Bevölkerung seinerzeit durchdrungen. In den zwanziger Jahren hatte der italienische General Giulio Douhet weitsichtig vorausgesehen: *»Der Krieg richtet sich hautpsächlich gegen die schutzlose Bevölkerung in den Großstädten und gegen die Industriezentren.«* Seine Lehre hatte großen Einfluß auf die Meinungsbildung der Fachleute und der Öffentlichkeit in Europa und Nordamerika. Er äußerte: *»Ein vollständiger Zerfall des Staatsapparates ist unvermeidlich, und der Augenblick nicht mehr fern, da die Bevölkerung, scheinbar schutzlos den Angriffen der feindlichen Luftflotte preisgegeben, unter dem gemeinsamen Drang des Selbsterhaltungstriebes, die Einstellung des Kampfes um jeden Preis fordern wird, vielleicht noch bevor ihre Armee und ihre Flotte überhaupt zum Aufmarsch und Eingreifen kam.«* Welche Kriegsform konnte das nur erreichen? Die Antwort ist einfach: Der Luftkrieg. Wie Douhet in seinem Buch »Luftherrschaft« – deutsche Ausgabe 1935 – nachdrücklich feststellte: *»Es ist eine grausame aber unbestreitbare Tatsache . . ., das stärkste Landheer, die* *stärkste Flotte könnte selbst bei dem gegenwärtigen Stand der Flugtechnik nichts wirklich Wirksames unternehmen, um im Falle eines Krieges einen entsprechend gerüsteten Gegner zu verhindern, die Lebenszentren . . . ungehindert zu verwüsten . . .«* Schutzlos war man den Angriffen ausgeliefert, weil der Einsatz von Flugabwehrkanonen nur »*Vergeudung von Zeit und Material*« bedeutete, und die Zahl der Flugzeuge, die erforderlich war, um jedes nur mögliche Ziel zu verteidigen, derart hoch sein würde, daß sie selbst für hochentwickelte Industrienationen unerreichbar wäre. Der Luftkrieg läßt daher nur den Angriff zu, um die Luftherrschaft zu gewinnen und dann »*Angriffe und Eisenbahnknotenpunkte, wichtige Verkehrszentren, Depots und Wohnflächen*« durchzuführen. Um das zu erreichen, mußte das Ziel aller Bombenangriffe die totale Zerstörung der Objekte mit einem Angriff sein. Die Luftoffensive sollte aber entscheidend sein. »*Niemand wird heutzutage bezweifeln, daß ein Flugzeug eine Tonne Bomben von Paris nach London befördern kann. Auch wird niemand daran zweifeln, daß 1000 Tonnen Spreng-, Brand- und Gasbomben, die auf Paris oder London abgeworfen werden, den Herzen von Frankreich und England, die Städte vernichten werden . . . Es wird ein unmenschliches, grausames Schauspiel sein; so aber sind die Fakten.*«

Das Konzept über den Einsatz von Luftstreitkräften, die als Entscheidungswaffe eigenen Regeln unterliegen, hatte seine Wurzeln in den Jahren des Ersten Weltkrieges. Insbesondere beeinflußten die 103 deutschen Luftangriffe über Südostengland, bei denen 275 Tonnen Bomben abgeworfen worden waren, die Denkungsweise. Die Angriffe der Zeppelin-Luftschiffe und zweimotorigen Gotha-Bombenflugzeuge, denen 1413 Menschen zum Opfer fielen, hinterließen seinerzeit tiefsitzende Eindrücke. Für die alliierte Presse und Propaganda war es nur ein weiteres Beispiel in der langen Reihe »teutonischer Barbarei«, die sich damals in wüster und rücksichtsloser Zerstörung von Privateigentum und der Tötung unschuldiger Bürger, ohne Rücksicht auf Alter oder Geschlecht, niederschlug. Den militärischen Fachleuten hingegen offenbarte sich etwas viel Drohenderes: Eine Revolution in der Kriegsführung! Im August 1917 meldete Feldmarschall Jan Smuts dem Britischen Kriegskabinett: »*Es wird nicht mehr lange dauern, bis Luftkriegsoperationen mit der Vernichtung des Feindeslandes und der Zerstörung von Industrie- und Bevölkerungszentren in verheerendem Maße zu den vorrangigen kriegerischen Maßnahmen zählen werden, wo die überlieferten Formen der Land- und Seekriegsführung von untergeordneter Bedeutung sein könnten*«. Besonders beeindruckt war Smuts von dem deutschen Luftangriff auf London am 16. Juli 1917, bei dem 150 Menschen den Tod fanden und über 350 verletzt wurden. Trotz des Einsatzes von 90 englischen Jägern hatten die Deutschen kein einziges Bombenflugzeug verloren. Smuts stellte weiter fest: »*Mit Sicherheit werden sich Luftstreitkräfte zu unabhängigen und selbständigen Kriegsmitteln entwickeln*«. Unverzüglich stellten die Engländer Bomberverbände auf, die noch in den letzten Wochen des Krieges militärische Ziele und Industriekomplexe in Deutschland angriffen.

Auf Grund der Erfahrungen mit Bombenangriffen in den Jahren 1917 und 1918 schätzte man nach dem Kriege, daß der Abwurf von einer Tonne Sprengbomben über einer Stadt 50 Tote bewirken würde. Man zweifelte nicht daran, daß in einem zukünftigen Kriege vier Prozent der Bevölkerung durch Luftangriffe entweder getötet oder verletzt werden. In England vertrat man sogar die Ansicht, daß bei dem ersten Angriff auf London nicht weniger als 600 000 getötet und 1 200 000 verletzt werden. Nach den Meldungen von den Luftangriffen auf Barcelona und Guernica während des Spanischen Bürgerkrieges und auf Nanking während des Chinesisch-Japanischen Krieges befürchtete man, daß eine Zahl von 72 Opfern je Tonne abgeworfener Sprengbomben wahrscheinlich mehr den Tatsachen entspräche. Weit furchtbarer jedoch waren die Vorstellungen angesichts des möglichen Einsatzes von Giftgas durch Luftstreitkräfte, denen man zutraute, daß sie innerhalb von Stunden mit relativ kleinen Bomberverbänden die Bevölkerung ganzer Großstädte auslöschen könnten. Man glaubte, daß der alles vernichtende Entscheidungskampf nicht mehr fern sei. Kein Wunder, daß in den dreißiger Jahren zahlreiche Studien und Zukunftsromane auf dem Büchermarkt erschienen, die sich mit künftigen Kriegen beschäftigten, in denen die Luftmacht eine vorherrschende Rolle spielte. Eine Liga für »Hands off Britain Air« (etwa: Hände weg von Englands Luftraum; d. Ü.) warnte die Öffentlichkeit: *»England erwache! Warum auf die Bomber warten, die um vier Uhr in Berlin starten und London um acht Uhr auslöschen. London kann in wenigen Stunden durch Bomben in Schutt und Asche gelegt werden. Das Wichtigste heutzutage ist Luftherrschaft . . .Mr. Baldwin (englischer Premierminister; d. Ü.) sagt: »Bombenflugzeuge durchbrechen jede Art von Verteidigung, die man sich überhaupt vorstellen kann.«* Theoretische Abhandlungen von Autoren wie Billy Mitchell, Alexander de Seversky und Camille Rougeron untermauerten diese unheilvollen Zukunftsvisionen. In den Buchhandlungen lagen Bücher aus mit Titeln wie »Invasion aus der Luft«, »Krieg gegen Frauen und Mütter«, »Chaos«, »Luftvergeltung«, »Bedrohung«, »Der leere Sieg«. Sie alle enthielten Szenen über vernichtete Städte, verstümmelte Überlebende und die Auslöschung von Millionen von Menschen jeden Alters und Geschlechts, die nach wenigen Tagen oder gar Stunden Opfer von Tausend-Bomber- oder vorsätzlichen Giftgasangriffen geworden sind. Das Buch »Gaskrieg 1940«, das 1931 verlegt wurde, war typisch für die Zeit. Der Autor, S. Southwold, der unter dem Pseudonym »Miles« schrieb, hatte schon einen Weltkrieg vorausgesehen, der nur flüchtige Ähnlichkeit mit dem haben sollte, was sich acht Jahre später dann tatsächlich ereignen sollte: *»Polen wurde aus der Luft angegriffen, seine rauchenden Trümmer wurden von Panzern besetzt. Nachdem deutsche Bomberflotten Elsaß und Lothringen bombardiert hatten, überlebte nur noch eine Handvoll Menschen den feindlichen Truppeneinmarsch«.* Derartige Zerstörungen sollten die ganze Welt erfassen. Das Schicksal Londons beschrieb er so: *»Und dann, innerhalb von Sekunden, gehen in London die Lichter aus . . . Und in den dunklen Straßen die Verbrannten und Verletzten, die, verwirrt und in wilder Panik, Raubtieren gleich kämpften, um zu überleben, über Tote und Sterbende hinwegstürmten, bis auch sie zu Fall kamen und ihrerseits wieder von immer größer werdenden nachfolgenden Massen niedergetrampelt wurden«.* Die Lehre, die daraus zu ziehen war, so »Miles«: *»Die Menschheit hat eine Gefahr heraufbeschoren, die sie unter allen Umständen vermeiden muß. Diese Gefahr liegt in der Perfektionierung der Zerstörungsmittel«.* Auch in Deutschland erschienen ähnliche Bücher auf dem Markt. Autoren wie Dr. Robert Knauss (»Der Luftkrieg«, 1936), Franz Hermann (»Die Erde in Flammen«) und Ernst Ohlinger (»Bomben auf Kohlenstadt«) sahen in einem Zukunftskrieg in Massen Tod und Vernichtung, wobei die Luftstreitkräfte das entscheidende Kriegsmittel waren. Diese Ansichten folgten auch einige Heeresoffiziere. So schrieb Oberst Wilhelm Wimmer, Chef der Fliegertechnik im Heereswaffenamt, im Februar 1932: *»Es gibt überhaupt keinen Zweifel daran, daß in Zukunft nur die Nationen etwas zu sagen haben, die über mächtige Luftflotten verfügen, die sich aus Flugzeugen zusammensetzen, die Tag und Nacht die Herzen der feindlichen Bevölkerung in Furcht und Schrecken versetzen können«.*

Die militärische Führung Deutschlands nahm mit regem Interesse die Gedanken von Männern wie Douhet mit seinen visionären Zukunftsperspektiven zur Kenntnis. Sie bildeten in der Tat die grundsätzlichen Überlegungen für den Einsatz der »Risiko-Flotte«. Die allgemein gültige Dienstvorschrift »Luftkriegführung«, die nach den Weisungen von Wever von General Helmuth Wilberg, den Kommandeur der Luftkriegsakademie, erarbeitet wurde und 1936 herauskam, wies der Luftwaffe nicht allein die Rolle des abschreckenden Wehrmachtsteils zu. Daß die Absichten für den Einsatz der Luftwaffe mehr dem Angriff, der Offensive, als der Verteidigung galten, läßt sich aus der Tatsache ableiten, daß sich von den 280 Ziffern der Dienstvorschrift nur 35 mit der Verteidigung befassen. Der militärische Grundsatz, daß der Angriff die beste Verteidigung ist, wurde als Garant für den Schutz des deutschen Luftraumes im Falle eines Krieges betrachtet. Diesem Grundsatz folgten alle drei Wehrmachtteile gleichermaßen. Ziffer 9 und 10 »Luftkriegführung« stellen dazu fest: *»Aufgabe der Wehrmacht im Kriege ist die Brechung des feindlichen Willens. Der Wille der Nation findet in der Wehrmacht seine stärkste Verkörperung. Die feindliche Wehrmacht niederzuringen ist daher vornehmstes Ziel im Kriege . . . Aufgabe der Luftwaffe ist es, durch Führung des Krieges zur Luft im Rahmen des Gesamtkrieges diesem Ziel zu dienen«.* An dieser Stelle weicht die deutsche Luftkriegslehre von den Gedanken Douhets und den Fürsprechern der Luftmacht »als allein entscheidender Streitmacht« ab. Man dachte gar nicht daran, den Sieg nur durch den Einsatz der Luftwaffe zu erringen. Sich nur auf ein so neues Kriegsmittel, wie es die Luftstreitkräfte nun einmal waren, zu verlassen, hielt man für ein Glücksspiel, auf das sich keine Nation in den dreißiger Jahren einlassen wollte. Außerdem war es ein hochgestochenes Unterfangen, das man sich nicht leisten konnte, wenn man gleichzeitig die Land- und Seestreitkräfte vergrößern wollte. Aus diesem Grunde war es der aufstrebenden Luftwaffe versagt, umwälzende militärstrategische Gedanken zu verwirklichen. Andererseits war auch ganz offenkundig, zumindest für die nähere Zukunft, daß die Luftwaffe ihren Einsatz mit dem der anderen zwei Wehrmachtteile abstimmen und koordinieren mußte.

Daraus darf nicht der falsche Schluß gezogen werden, daß die Luftwaffe nicht auch strategische Ziele verfolgen konnte. Weil das Heer, nicht allein auf Grund seiner Mannschaftsstärke, der bedeutendsten militärische Faktor war, war der Luftwaffe in erster Linie die Aufgabe zur Unterstützung seiner Operationen zugewiesen worden. Die Erringung der Luftüberlegenheit galt als selbstverständliche Vorbedingung für die erfolgreiche Durchführung eines Feldzuges. Dadurch war nicht nur der ungehinderte Einsatz von Luftstreitkräften in der Folge möglich, sondern die feindlichen Fliegerkräfte wurden auch daran gehindert, die eigenen Truppenbewegungen zu stören. Ferner wurden die Heeresoperationen durch Luftangriffe auf feindliche Hauptquartiere, Nachschubwege und Reserven angesetzt, um die feindlichen Truppen lahmzulegen. Natürlich konnten zusätzliche Angriffe gegen Brückenköpfe und Schwerpunkte im frontnahen Raum geflogen werden. Diese strategischen Überlegungen lagen nahe, zumal die Stabsoffiziere, die die Voraussetzungen für den Aufbau der Luftwaffe schufen, viele Jahre im Reichsheer – nur wenige in der Kriegsmarine – gedient hatten und daher von der traditionellen deutschen militärischen Denkweise durchdrungen waren. Dennoch beschränkten sich die Einsatzmöglichkeiten der Luftwaffe nicht nur auf diesen Rahmen. Wenngleich die Fürsprecher rücksichtsloser Luftangriffe gegen die Bevölkerung in der öffentlichen Meinung keinen Rückhalt fanden und die Vorschrift »Luftkriegführung« das eindeutig unterstrich: *»Der Angriff auf Städte zum Zweck des Terrors gegen die Bevölkerung ist grundsätzlich abzulehnen.«* – war die Luftwaffe nicht alleine auf die Unterstützung des Heeres festgelegt. Die fliegerischen Fachleute waren sich des außerordentlichen Wertes ihrer Waffe bewußt und erkannten die Bedeutung von Einsätzen gegen die Kraftquellen des Gegners, insbesondere gegen seine Kriegsindustrie, ganz klar. Darüber vermerkt die »Luftkriegführung«: *»Durch Kampf gegen die Kraftquellen der feindlichen Wehrmacht und durch Unterbindung des Kraftstromes aus ihnen zur Front sucht sie die feindliche Wehrmacht zum Erliegen zu bringen . . . Der Kampf im Feindgebiet gilt nicht nur den mobilen Verbänden und ihrer Basis. Er richtet sich ebenso gegen die Versorgung und Produktion der Luftwaffe und wird somit zum Kampf um die Kraftquellen.«* *Der Kampf der Luftwaffe trifft auch das feindliche Volk und Land an seinen empfindlich-*

sten Stellen . . . Er trifft den Gegner an der Wurzel seines Kampf- und Widerstandswillens.« Sollten sich auf dem Gefechtsfeld keine klaren Ergebnisse erzielen lassen, es also zu einer Erstarrung des Kampfgeschehens kommen, dann *». . . kann die Luftwaffe . . . das einzige Mittel sein, . . . die Entscheidung zu erzwingen. Voraussetzung für den Erfolg ist in diesem Falle völlige Verlagerung des Schwergewichts auf den Luftkrieg auf Kosten der anderen Kriegsmittel.«*

Die Art und Weise, wie die Luftwaffe das Heer unterstützte, darf nicht mißverstanden werden. Der verbundene Kampf, in dem Panzer- und Stukaverbände zusammenwirkten, ist wesentliches Erfolgsgeheimnis der Blitzkriegoperationen, dieses umwälzenden strategischen Konzepts, mit dem die deutsche Wehrmacht in den ersten Jahren des Zweiten Weltkriegs ihre Siege errang. 1940 schrieb ein anonym gebliebener britischer Stabsoffizier: *»In diesem Feldzug haben sich die deutschen Stukas beim Zusammenwirken mit Panzerverbänden als unbezwingbar erwiesen.«* »Nach dem Krieg bemerkte der bekannte Militärhistoriker Sir Basil Liddell Hart über den Polenfeldzug: *»Im Osten wurde eine hoffnungslos veraltete Armee von einer kleinen Panzertruppe, die in Verbindung mit einer überlegenen Luftwaffe eine neue Kriegstechnik verwirklichte, rasch zerschlagen.«* Das Zusammenwirken von Panzern und Stukas gab den Panzerverbänden die Stoßkraft und führte dazu, daß den Blitzkriegoperationen fast kein Widerstand entgegengesetzt werden konnte. Die Schlagkraft deutscher Fliegerverbände bestätigte in vollem Umfang die Argumente, die in den zwanziger und dreißiger Jahren von den Befürwortern des Einsatzes von Panzern ins Feld geführt wurden. Schon 1919 sagte General J. F. C. Fuller die bedeutende Rolle, die das Flugzeug bei der Niederzwingung des Gegners spielen sollte, voraus. 1926 war es für Liddell Hart keine Frage, daß Stukas die Rolle der Artillerie zur Unterstützung von Panzerangriffen übernehmen würden. Er schrieb: *»Die beste Möglichkeit, um die feindliche Front zu durchbrechen, bietet sich mit Panzerangriffen in Verbindung mit Vernebelung, Artillerieunterstützung und zeitlich und räumlich abgestimmten Luftangriffen.«* Die deutschen Erfahrungen aus dem Ersten Weltkrieg schienen das zu bestätigen. Im Juli 1917 kam es in Flandern zu einem ersten Gefecht deutscher Infanterie, bei dem Schlachtflugzeuge mit eingriffen. Die Ergebnisse waren überzeugend, nicht nur hinsichtlich der moralischen Wirkung gegenüber dem Feinde, sondern auch im Hinblick auf die Feuerunterstützung aus der Luft. Daraufhin entschied die deutsche Oberste Heeresleitung, daß die 1916 zum Schutz von Aufklärungsfliegern aufgestellten Staffeln in Schlachtstaffeln umgegliedert wurden. Sie erwiesen sich als besonders wertvoll während der Frühjahrsoffensive 1918, weil sie kurzfristig in den Einsatz befohlen werden konnten, sobald die Truppe zum Gefecht antrat. Die Schlachtstaffeln zerschlugen dann Artilleriestellungen, Bereitstellungsräume, Depots, und nicht selten verbreiteten sie Furcht und Schrecken bei der feindlichen Truppe, was zuweilen zu panikartiger Flucht führte. Bis zum November 1918 verfügten die deutschen Luftstreitkräfte über 38 Schlachtstaffeln mit insgesamt 228 Flugzeugen, die zu den letzten zählten, die auf Grund des Versailler Vertrages aufgelöst werden sollten.

Nach 1918 erkannten einige deutsche Truppenführer und Militärtheoretiker den Wert der Luftunterstützung für Heeresoperationen. Einige glaubten, daß das Flugzeug natürlicher Verbündeter des Panzers sei. General Heinz Guderian beschrieb seine vorausschauenden Gedanken so: *»Panzerdivisionen, die von Fliegerstaffeln unterstützt werden, werden tief in Feindesland vorstoßen. Die Fliegerverbände kämpfen den Panzern den Weg frei, indem sie feindliche Stützpunkte zerstören und die Reserven des Feindes daran hindern, in das Gefecht einzugreifen . . . Durch Lufttransportunterstützung werden die Panzerverbände in die Lage versetzt, ihren Vorstoß mit unverminderter Kraft über bisher unvorstellbare Entfernungen vorzutragen.«* Diese Theorie wurde seitens der Wehrmacht offiziell nicht befürwortet. Obwohl die

Luftwaffe, wie es eindeutig in der »Luftkriegführung« geäußert wird, für die Unterstützung des Heeres zugeschnitten war und nicht als absolut selbständige Streitkraft nach den Lehren eines Douhet gesehen wurde, bedeutete das keineswegs, daß Flugzeuge zur unmittelbaren Unterstützung der Heeresoperationen in Form von Angriffen auf feindliche Truppenansammlungen beim Vormarsch so eingesetzt wurden, wie es sich die Verfechter der »Panzeridee« gewünscht hatten. In der Tat war das eher die Ausnahme als die Regel. Die deutsche militärische Führung, ob Flieger oder Infanterist, glaubte, daß es die Erstarrung der Fronten im Ersten Weltkrieg war, die zur Forderung nach 38 Schlachtstaffeln führte, und daß in Zukunft moderne Waffen, wozu auch Flugzeuge zählten, jene nicht mehr erforderlich wären. Vor allem wiesen Manöver und Erfahrungen nach dem Kriege darauf hin, daß mit diesen Operationen noch ungelöste, unbefriedigende Probleme, wie hohe Verluste und ungenügende Treffgenauigkeit, verbunden sind. So vertrat man allgemein die Ansicht trotz der Erfahrungen im Spanischen Bürgerkrieg, wo selbst überalterte Flugzeuge durchaus beträchtliche Erfolge beim Einsatz gegen Truppenziele erreichen konnten, daß auf Grund der zahlenmäßig beschränkten Kräfte der Luftwaffe die mittelbare, also indirekte Unterstützung des Heeres größere Erfolge versprach, wenn die Luftwaffe gegen feindliche Bereitstellungen, Versorgungswege und Hauptquartiere eingesetzt werden würde.

Die »Luftkriegführung« äußert sich aus diesem Grunde auch zurückhaltend hinsichtlich der unmittelbaren Unterstützung des Heeres, die sich allgemein nur auf Abwehrmaßnahmen, die die Abwehr und Bekämpfung feindlicher Flugzeuge mit einschloß, die eigene Truppen angriffen, bezog. *Mit dem Heere unmittelbar zusammenzuwirken ist in erster Linie Aufgabe derjenigen Teile der Luftwaffe, die dem Heere zur Aufklärung und Luftverteidigung zugeteilt und unterstellt werden.* Der Einsatz von Bombern und Schlachtflugzeugen zur unmittelbaren Heeresunterstützung wurde als unbefriedigend abgetan: *Bei engem Zusammenwirken mit Heer und Kriegsmarine findet die Luftwaffe, vornehmlich die Kampfkräfte, häufig nicht die Ziele, bei deren Bekämpfung ihre Angriffskraft voll zur Geltung kommt und durch deren Zerstörung sie dem Heer oder der Kriegsmarine wirksame Unterstützung bringen kann.* In der Ausgabe 1940 dieser Dienstvorschrift findet sich der Hinweis: *Darüber hinaus können starke Kräfte der Luftwaffe auch in entscheidenden Erdschlachten eingesetzt werden*. Eindeutig wurde darauf hingewiesen, daß in der Regel die unmittelbare Unterstützung der Truppe aus der Luft keine dem Einsatz entsprechende Wirkung verspricht, jedoch in Sonderfällen keineswegs ausgeschlossen ist. Um diese Weisung noch zu unterstreichen: *Der Einsatz im Bereich der eigenen Artillerie ist nur dann gerechtfertigt, wenn diese ihre Aufgabe nicht voll nachkommen kann.* Anstelle der unmittelbaren Unterstützung für die vormarschierende Truppe in Form der Bekämpfung feindlicher Truppenansammlungen und Stellungen sollte die Luftwaffe in erster Linie zur mittelbaren Unterstützung eingesetzt werden: *Sie wird zweckmäßiger gegen Fernziele eingesetzt, deren Zerstörung oder Ausschaltung die Operationen oder Kampfhandlungen von Heer und Kriegsmarine entscheidend beeinflussen.* Als Ziele der Stukas und Kampfbomber galten Hauptquartiere, rückwärtige Truppenansammlunen, Nachschubwege, Versorgungsdepots und andere wichtige militärische Einrichtungen.

Das Heer sah in der Luftwaffe eine Art Schutzschirm gegen das Einwirken feindlicher Luftstreitkräfte und eine Hilfswaffe, die soweit wie möglich den Gegner hindern sollte, zu einer Flankenbedrohung zu werden oder vorzumarschieren während der großen Zangenbewegungen. Die Luftwaffe mit ihren Möglichkeiten veranlaßte die militärische Führung nicht zur Änderung ihrer Strategie, vielmehr sollten die Luftstreitkräfte dafür sorgen, daß das Heer soviel Bewegungsfreiraum wie möglich behalten sollte. Daher ist es auch verständlich, daß

viele Historiker und sogar deutsche Luftwaffenoffiziere der Luftwaffe nur taktische Einsätze im Kriege zugeschrieben haben. Das ist eine irreführende, falsche
Bezeichung, weil der Einsatz welcher bewaffneten Kräfte auch immer insgesamt
nicht einfach als »taktisch« abgetan werden kann, er ist stets ein strategischer.
Mehr noch, während der Feldzüge bewegte sich der Rahmen, in dem die Luftwaffe das Heer unterstützte, in einem derartig großen, operativen Maßstab, der
nicht als »taktisch« bezeichnet werden kann. Die Luftwaffe war nicht so gegliedert, daß sie alleine einen Krieg gewinnen konnte, das gleiche galt für das Heer
– unter den Bedingungen des 20. Jahrhunderts –, sie war aber unter erheblichem
Kostenaufwand aufgestellt worden, um schlachtenentscheidend mitkämpfen zu
können. Ihr strategisches Konzept war nicht nur darauf abgestellt, dem Heer
noch nie dagewesene Erfolge zu ermöglichen, sondern auch die operativen
Handlungsfreiheiten zu erweitern, um in bedeutendem Umfang, unabhängig
von den Gefechten der Erdtruppen, zur Niederringung des Gegners mit den Mitteln einer Luftwaffe beizutragen. Auf diese Weise die Luftwaffe einzusetzen,
sollte sich in erheblichem Maße auf den Verlauf des Zweiten Weltkriegs auswirken.

Der Auftrag der Luftwaffe bestimmte ihre Organisation und Gliederung.
Hätte man den Einsatz der Luftwaffe unabhängig und selbständig, ohne Rücksicht auf Heeresbelange, vorgesehen, so wäre eine vertikale Organisationsstruktur die geeignetste gewesen, wo für jede Flugzeugart, ob Bomber, Stuka, See-
oder Jagdflugzeug, aufgabenbezogen eine eigene Kommandobehörde hätte geschaffen werden müssen. Dann hätte es ein Bomber-Kommando, ein Jäger-
Kommando (oder ein Reichsverteidigungs-Kommando) und ein Heeresunter-
stützungs-Kommando gegeben, wobei jedes für sich für Ausrüstung, Personal,
Ausbildung, technische Entwicklung und taktische Einsatzverfahren verantwortlich gewesen wäre. Nachdem jedoch der Unterstützung des Heeres der Vorrang eingeräumt worden war, wo es darauf ankam, Kampf-, Stuka-, Jagd-, Trans-
port- und Aufklärungsfliegerkräfte genau aufeinander abgestimmt einzusetzen,
waren Kommandobehörden zu schaffen, die über alle Flugzeugarten verfügten
und anpassungsfähig und mobil waren, um die Aufgaben wahrnehmen zu können, die den Heeresgruppen oder Armeen zugewiesen worden waren, denen sie
zur Unterstützung des Kampfauftrages beigegeben waren. Das erforderte eine
territoriale Dislozierung der Fliegerkräfte in Anlehnung an die Heeresdislozie-
rung. Aus diesem Grunde wurden die sechs 1935 geschaffenen Gehobenen Luftämter, die im Jahr zuvor eingerichtet worden waren, um den Aufbau der noch
jungen Luftwaffe voranzutreiben, in Luftkreiskommandos umbenannt, deren
Grenzen den Wehrkreisgrenzen des Heeres entsprachen. Am 1. April 1937 kam
ein siebenter Luftkreis hinzu. Die Luftkreiskommandos unterstanden dem
RLM unmittelbar, sie waren befehlsbefugt gegenüber allen Luftwaffeneinheiten
(fliegende Verbände und Bodentruppen) in ihrem Bereich. Dem Befehlshaber
eines Luftkreises unterstanden der Höhere Fliegerkommandeur, der für alle fliegenden Verbände verantwortlich war (im Luftkreis I und Luftkreis VI hatte er
die Bezeichnung Führer der Luft und war der Kriegsmarine unterstellt), der Höhere Flakkommandeur, der alle Flakverbände befehligte, zwei bis drei Luftgaukommandos, die die Fliegerbodenorganisation, den Nachschub und Ersatz für
die fliegenden und anderen Einsatzverbände im Luftkreis zu verantworten hatten, und ferner verschiedene Luftnachrichten- und Ausbildungseinheiten.
Am 1. April 1938 wurde diese Kommandostruktur wieder umgestellt. Man
legte großen Wert darauf, daß die Mobilität und Anpassungsfähigkeit verbessert
und daß die Stabsorganisation der des Heeres angeglichen wurde. Aus den sieben Luftkreiskommandos wurden drei Luftwaffengruppenkommandos und drei

Luftwaffenkommandos gebildet (LwKdo See, dessen fliegende Verbände der Kriegsmarine unterstellt waren; LwKdo Ostpreußen; LwKdo Österreich, nachdem Österreich dem Reich einverleibt worden war). Diesen Kommandobehörden unterstanden die fliegenden Verbände, die im Rahmen einer Umgliederung am 1. August in fünf Fliegerdivisionen zusammengefaßt worden waren, die zehn Luftgaue und die üblichen Luftnachrichten-, Flak-, Nachschub- und Ausbildungseinheiten. Schließlich wurden am 1. April 1939 die Luftwaffengruppenkommandos 1, 2 und 3 in Luftflotten 1, 2 und 3 umbenannt; das Luftwaffenkommando Österreich erhielt die Bezeichnung Luftflotte 4. Das Luftwaffenkommando Ostpreußen wurde der Luftflotte 1 unterstellt. Das Luftwaffenkommando See wurde aufgelöst, seine Aufgaben übernahm der General der Luftwaffe beim Oberbefehlshaber der Marine und Befehlshaber der Marinefliegerverbände. Eine ähnliche Kommandobehörde, Befehlshaber der Heeresfliegerverbände und General der Luftwaffe beim Oberbefehlshaber des Heeres, war für den Einsatz der Aufklärungsfliegerverbände, die dem Heer unterstellt waren, verantwortlich.

Innerhalb jeder der vier Luftflotten wurden die territorialen und administrativen Aufgaben von zwei bis drei Luftgaukommandos und die einsatzmäßigen Belange von einer oder zwei Fliegerdivisionen (die im Februar 1940 Fliegerkorps wurden) wahrgenommen. Die Einsatzstärken der Luftflotten konnten erhebliche Unterschiede aufweisen (200-300, ja sogar bis 1250 Flugzeuge), was jeweils vom Einsatzauftrag abhing; gleichermaßen schwankte die Stärke einer Fliegerdivision zwischen 200 und 750 Flugzeugen. Die Fliegerdivisionen untergliederten sich in Geschwader, die in der Regel aus drei Gruppen mit je 30 Flugzeugen bestanden. Die Gruppe war der kleinste selbständige Verband der Luftwaffe, der gewöhnlich geschlossen auf einem Fliegerhorst lag. Entsprechend der in der deutschen Wehrmacht üblichen Dreier-Gliederung, bestand eine Gruppe aus drei Staffeln.

Nachdem das strategische Konzept sowie die Kampf- und Gefechtsgrundsätze der Luftwaffe festgelegt worden waren, hieß es, die für die verschiedenen Einsatzaufgaben erforderlich Flugzeuge entwickeln. Die Typenauswahl war in höchstem Maße entscheidend, hing doch von einigen wenigen das Schicksal der Luftwaffe ab. Darüber sprach Wever einmal während der Eröffnung der Luftkriegsakademie: »*Vielleicht bei keiner anderen Waffe ist die gegenseitige Abhängigkeit von Taktik und Technik, die Wechselbeziehung zueinander so groß wie bei der Luftwaffe.*« Zwei Stellen der Luftwaffe waren theoretisch für die Flugzeugauswahl zuständig – der Generalstab der Luftwaffe und das Technische Amt –. Die enge Zusammenarbeit dieser beiden Stellen wurde für außerordentlich wichtig erachtet. Der Planungsprozeß begann im Generalstab mit der Erarbeitung der taktisch-technischen Forderung für einen Flugzeugtyp, wobei die möglichen Einsatzerfordernisse Berücksichtigung fanden. In Form einer Weisung erhielt das Technische Amt den Auftrag, die technische Verwirklichung zu untersuchen. Nach Prüfung und Entscheidung erhielt die Luftfahrtindustrie einen Entwicklungs- und Konstruktionsauftrag. Die Entwürfe wurden dem Technischen Amt vorgelegt, wobei dem erfolgversprechendsten der Zuschlag gegeben wurde mit der Maßgabe, Attrappen in natürlicher Größe anzufertigen. Sobald diese begutachtet waren, erteilte man den Bauauftrag für eine Versuchsserie, die von der jeweiligen Flugzeugfirma und den Versuchspiloten des Technischen Amtes einer eingehenden Erprobung unterzogen wurden. Auf Grund dieser Erprobungen ergaben sich oft zwischen 5000 und 20 000 Änderungswünsche, die alle Teile eines Flugzeuges betrafen. Eine Vorserie des ausgewählten Flugzeuges wurde dann bei der Lehrdivision einer Truppenerprobung unterzogen, worüber sich der Generalstab regelmäßig Meldung erstatten ließ. Daraufhin stieg die Zahl der Änderungswünsche nicht selten bis auf 70 000 an! Die endgültige Entscheidung, ob ein Flugzeug für die Beschaffung geeignet war, traf der Oberbefehlshaber der Luftwaffe nach Rücksprache und Anhörung des Generalstabes und des Technischen Amtes. Schließlich erteilte das Technische Amt im Rahmen eines Beschaffungsprogrammes der betreffenden Flugzeugfirma den Lieferauftrag. Dieser gesamte Entwicklungs- und Beschaffungsvorgang nahm vier bis fünf Jahre in Anspruch. Nach dem Jahre 1937, wie es sich erweisen sollte, brach diese enge, für die Entwicklung und den Aufbau der Luftwaffe so bedeutsame und wichtige Zusammenarbeit ab.

Der Generalstab der Luftwaffe – bis 1936 trug er die Bezeichnung Luftkommandoamt – stand vor einer schwierigen Aufgabe hinsichtlich der Flugzeugauswahl. Eine Luftwaffe, der in erster Linie die Unterstützung des Vormarsches des Heeres oblag, benötigte Aufklärungsflugzeuge, um ausreichend Erkenntnisse über den Gegner zu bekommen, und Kampfflugzeuge für die unmittelbare und mittelbare Unterstützung sowie Angriffe weit im feindlichen Hinterland; Jagdflugzeuge als reine Abwehrwaffen waren von zweirangiger Bedeutung. Wie sollten nun die militärischen Forderungen an Kampfflugzeuge aussehen? Sollten sie in großen Höhen oder im Tiefflug operieren, als Stuka oder Horizontalbomber in der Lage sein, eine geringe Bombenlast über lange Strecken oder eine große über kürzere zu befördern? Woraus sollte die Abwehrbewaffnung bestehen? Wieviel Bomber sollten gebaut werden, und in welchem Verhältnis sollten die verschiedenen Bombertypen zahlenmäßig zueinander stehen? Sollte man wirklich einen schweren Langstreckenbomber entwickeln? Man bewegte sich auf völlig unbekanntem Gebiet, denn, abgesehen von einigen wenigen Erfahrungen aus dem Ersten Weltkrieg, bisher waren noch keine Bomberkräfte nach den Luftkriegslehren Douhets oder den Vorschriften der »Luftkriegführung« erprobt worden. Daran änderte auch nichts die Tatsache, daß sich die Flugzeugentwicklung mit riesigen Schritten seitdem weiterbewegt hatte. Ende der zwanziger Jahre hatten sich beispielsweise Geschwindigkeit, Reichweite und Bombenzuladung mehr als verdoppelt. Ferner konnten sich die Deutschen nur wenig Spielraum für Fehlentwicklungen erlauben. Man ging davon aus, daß nach 1940 die Erhaltung des Friedens für weitere zehn Jahre zumindest recht zweifelhaft erschien; daher richtete die Luftwaffenführung sich ihrer Lagebeurteilung entsprechend darauf ein, bis 1943 kriegsbereit zu sein. Also hatte man von 1933 an gerade genug Zeit, um zwei – mit viel Glück auch drei – Flugzeuggenerationen entwickeln und bauen zu können.

Das Reichsluftfahrtministerium konnte 1933 nur auf wenige Pläne zurückgreifen, die als Richtschnur zukünftiger Vorhaben hätten gelten können. Die Kampfflugzeuge, die es gab, waren entweder die mittleren Bomber Do 11, Do 23 und Ju 52 oder die leichten vom Typ He 45; alle wurden im Rahmen des »Rheinland-Programms« und des Beschaffungsprogramms Nr. 1 gebaut. Bis Mitte der dreißiger Jahre stützte sich das Hauptangriffspotential der Luftwaffe auf den zweimotorigen mittleren Bomber und einige leichte Bomber ab. Sowohl die Do 11 als auch die Nachfolgeversion Do 23, die jene im Herbst 1935 in den Verbänden ablöste, erreichte in Bodennähe eine Höchstgeschwindigkeit von 260 km/h und konnte eine Bombenlast von 1000 kg tragen, wobei die Do 23 eine Einsatzreichweite von 680 km und die Do 11 eine von nur 480 km erzielte. Das schwerfällige Transport- und Bombenflugzeug Ju 52 flog höchstens 275 km/h in 9000 m Flughöhe und konnte 3000 kg Bomben bis zu 500 km weit tragen. Diese Flugzeuge waren alles andere als zufriedenstellend, teilweise auch begründet wegen mangelhafter Fertigungsqualität. Die Dornier-Flugzeuge waren bekannt für ihre schlechte Manövrierbarkeit und geringe Fluggeschwindigkeit, ganz abgesehen vom Flugverhalten, das zu tödlichen Unfällen führte – die Tragflächen hatte bei

Turbulenz die Neigung, sich »aufzuschaukeln« (und gelegentlich einfach wegen materieller Ermüdungserscheinungen zu brechen, »abzumontieren«), während man in der Ju 52 niemals mehr als einen Notbehelf sah – die offizielle Bezeichnung »Behelfskampfflugzeug« unterstrich das seinerzeit nur allzu richtig –. Im Dezember 1934 war das Technische Amt fast soweit, die Zulieferung von Flugzeugen so lange auszusetzen, bis neue Vorserienmuster achtzehn Monate später zur Verfügung stehen sollten. Diese verzweifelten Überlegungen beruhten alleine auf der hoffnungslosen Lage, die sich im fliegertechnischen Bereich abzeichnete. Natürlich wurden sie nicht verwirklicht; statt dessen wurden die altertümlichen Flugzeuge weitergebaut. Solange es die Reichsluftwaffe gab, litten die Beschaffungsprogramme unter zahllosen Verzögerungen, die sich teilweise über Jahre hinzogen, weil sich in der Flugzeugentwicklung unvorhersehbare Schwierigkeiten ergaben, und um alles noch schlimmer zu machen, wie sich noch zeigen wird, nahmen die Entscheidungen des RLM unheilvollen Einfluß.

Das Technische Amt gab 1934 ein technisches Kennblatt für einen mittleren Bomber heraus, von dem man eine Höchstgeschwindigkeit von 350 km/h, eine Einsatzreichweite von 1000 km und eine Bombenlast von 1000 kg forderte. Die Flugzeugzelle sollte sich auch für den Einsatz als ziviles Transport- und Verkehrsflugzeug eignen. Das RLM wählte von den vorgelegten Vorschlägen, die diesen militärischen Forderungen entsprachen, die Flugzeugtypen He 111, Do 17 und Ju 86 aus, die Ende 1936 bis Anfang 1937 bei den Verbänden zuliefen. Die He 111 und Do 17 bildeten den Grundstock der Kampfverbände der Luftwaffe im ersten Kriegsjahr; die He 111 diente als »treues Arbeitspferd« noch bis Mitte 1944 in manchem Kampfgeschwader. Kaum waren alle diese Maschinen im Truppeneinsatz, zeigten sich ihre Schwächen und Kinderkrankheiten. Die Ju 86, bis 1938 Standard-Kampfflugzeuge der Luftwaffe, bot auf Grund ihrer Dieselmotoren nur unzuverlässige Leistungen und konnte nur 800 kg Bomben laden. Wenn auch mit knapp 325 km/h Höchstgeschwindigkeit in 3000 m Flughöhe die langsamste aller Maschinen, verfügte sie über die größte Einsatzreichweite von 560 km. Die He 111, sie sich später im Dienst der Luftwaffe noch sehr bewähren konnte, hatte anfänglich in den Frontverbänden zu manchen Schwierigkeiten geführt. Nachdem sie überwunden worden waren, mauserte sie sich zu einem allseits beliebten, leicht zu fliegenden Flugzeug, das selten technische Mängel aufzuweisen hatte und zu guten Klarstandsraten an der Front beitrug, wenngleich ihre Einsatzfähigkeiten und ihr operatives Leistungsvermögen nicht außergewöhnlich waren. Die He 111B-2, die Ende 1936 in die Verbände kam, hatte in 4000 m Flughöhe eine Höchstgeschwindigkeit von 370 km/h, eine Einsatzreichweite von 400 km bei 1500 kg Bombenlast (bei geringerer Bombenlast konnte mehr Kraftstoff mitgeführt werden, wodurch sich die Reichweite erhöhte). Zu Kriegsbeginn 1939 standen bei den meisten Kampfgeschwadern der Luftwaffe die He 111P-4 im Dienst. Vollbeladen mit 900 kg Bomben, erreichte sie in 5000 m Flughöhe 370 km/h mit einer Einsatzreichweite von 800 km; die höchstzulässige Bombenzuladung betrug 2000 kg. Die unzureichende Abwehrbewaffnung von nur drei MG konnte gerade noch durch 250 kg Panzerplatten zum Schutz der Besatzung ausgeglichen werden.

Die Do 17, die wegen ihrer Form der »Fliegende Bleistift« genannt wurde, leitete sich von einem Entwurf für ein Luftverkehrsflugzeug ab. In diesem Falle erwies sich die in den dreißiger Jahren weitverbreitete Ansicht als irrig, daß ein Bombenflugzeug nur schnell genug fliegen müsse, um angreifenden Jagdflugzeugen allein mit dem Geschwindigkeitsvorteil entkommen zu können. Die Einführung dieses Flugzeuges und seine Erfolge im Spanischen Bürgerkrieg schienen den deutschen Gedankengängen Nahrung zu geben, sich dem mit starken Motoren ausgerüsteten mittleren Mehrzweckbomber, der auch als Langstrekkenaufklärungsflugzeug Verwendung finden konnte, ganz zu verschreiben. So zuversichtlich gaben sich einige Vertreter des RLM, daß sie der Do 17 allein auf Grund ihrer Geschwindigkeit zutrauten, weil sie darin ihren Hauptvorteil liegen sahen, auf jede Abwehrbewaffnung zu verzichten. Diese Überlegungen wurden, welch ein Glück für die Besatzungen, verworfen. Die erste Versuchsmaschine machte im Herbst 1934 ihren Jungfernflug; die Do 17M-1 wurde Anfang 1937 bei der Truppe eingeführt und war seinerzeit 40 km/h schneller als das modernste gegnerische Jagdflugzeug. Zuverlässig, vielseitig einsetzbar und bei den Besatzungen beliebt, erreichte sie in 4000 m Flughöhe eine Höchstgeschwindigkeit von 410 km/h und mit 1000 kg Bombenzuladung eine Einsatzreichweite von 500 km; drei MG waren als Abwehrbewaffnung eingebaut. Die später verbesserte Version der Do 17Z-2, mit der die Luftwaffe in den Krieg zog, hatte eine geringere Reichweite, 330 km mit 1000 kg Bomben – zugleich die Höchstbeladung –, weil ein viertes Besatzungsmitglied an Bord kam und mehr Abwehrwaffen (bis zu acht MG) und Ausrüstung zugeladen wurden.

In den höheren Kreisen der Luftwaffe herrschte allgemein Unzufriedenheit über diese drei mittleren Bomber vor. Keinem billigte man zu, daß er allen Anforderungen an einen Standard-Bomber der Luftwaffe gerecht werde. Die Suche nach einem derartigen Flugzeug wurde fortgesetzt. Glücklicherweise bot sich eine Lösung an. Nach Auswertung der Wintermanöver 1933/34 stieß das RLM auf den Mangel, daß es an einem schwerbewaffneten Heeresunterstützungsflugzeug fehle, das mit geringer Bombenzuladung dennoch hohe Geschwindigkeiten erreicht. Im Mai 1934 forderte das Technische Amt ein Mehrzweckflugzeug, das in großen Höhen als Fernaufklärer operieren, aber auch als Bomber umrüstbar sein sollte. Man gab diesem Projekt die vierte Priorität nach dem schweren Kampfflugzeug, dem Stuka und dem mittleren Bomber. Im Juni folgten weitere Forderungen, diesmal nach einem Kampfzerstörer, der 385 km/h schnell und 975 km weit fliegen, dazu schwer bewaffnet und bei Nacht einsetzbar sein sollte. Nach diesen Forderungen wurden die Fw 57 und Hs 124 entwickelt. Das Technische Amt war hingegen nicht zufrieden, weil ihm klar wurde, daß sich die Aufgaben für einen Schnellbomber, schweren Jäger und Aufklärer nicht in Übereinstimmung bringen ließen. Anfang 1935 wurden demnach drei verschiedenen Flugzeuge gefordert: Ein schwerer Jäger (später die zweimotorige Bf 110), ein schnelles Aufklärungsflugzeug (die schon in Entwicklung befindliche Do 17) und ein Schnellbomber. Die militärischen Forderungen an einen Schnellbomber, die im Februar 1936 noch überarbeitet und dann abgesegnet worden waren, verlangten ein leicht bewaffnetes (1 MG) Flugzeug mit drei Mann Besatzung und 500-800 kg Bombenlast, einer Höchstgeschwindigkeit von 500 km/h bei 1200 km Einsatzreichweite, mit überragenden Steigvermögen und der Fähigkeit, auch von kurzen Feldflugplätzen aus zu starten. Die drei Flugzeugfirmen Henschel, Messerschmitt und Junkers stellten ihre Versuchsmuster vor, und im Dezember 1937 entschied sich das Technische Amt für die Ju 88. Anfang des folgenden Jahres wurde dieser Flugzeugtyp dafür ausersehen, als Nachfolgemuster der He 111 zum Standard-Kampfflugzeug der Luftwaffe zu werden.

Die Ju 88 versprach, ein gutes Flugzeug zu werden. Im März 1939 stellte ein Versuchsmuster mit 2000 kg Zuladung auf einen 1000-km-Rundkurs mit 517,004 km/h Durchschnittsgeschwindigkeit einen neuen Weltrekord auf. Man erwartete viel von diesem sogenannten »Wunder-Bomber«. Die hochfliegenden Träume lösten sich jedoch bald in ein Nichts auf; Göring äußerte einmal: »Was die Herren geliefert haben, ist alles aus dem Saustall«, und Milch sprach von »einem fliegenden Scheunentor«. Die Probleme rührten von einer Entscheidung des RLM aus dem Monat Dezember 1936 her, daß die Ju 88, bisher nur als Horizontal-Bomber vorgesehen, nunmehr über die Fähigkeit zum Sturzangriff verfügen sollte.

Die deutsche Vorliebe für den Sturzangriff reicht in die Tage des Ersten Weltkriegs zurück, als die Schlachtstaffeln der Fronttruppen Feuerunterstützung aus
der Luft gegeben hatten. Auch bei der Reichswehr und den Flugzeugkonstruk-
teuren, die die beiden Sturzkampfflugzeuge K 47 und He 50 entworfen und gebaut hatten, blieb das Interesse dafür wach. Die Fliegergeräte-Inspektion und
das Technische Amt hatten 1933 schon Kennblätter für die Entwicklung eines
Standard-Sturzkampfflugzeuges ausgearbeitet. In einem Zweitstufen-Pro-
gramm sollte zunächst ein einsitziger Doppeldecker, der alsbald zur Verfügung
stehen sollte, und dann später ein moderneres zweisitziges Eindeckerflugzeug
geschaffen werden. Unterstützung für diesen Plan, wenn es überhaupt einer Unterstützung bedurfte, kam überraschenderweise von Kreisen außerhalb der
Reichswehr. Im September 1933 flog Udet, seinerzeit noch Zivilist, in den USA
einen Curtiss »Hawk« Sturzbomber, der ihn schon 1931 bei dem Luftrennen von
Cleveland besonders beeindruckt hatte. Er hatte Göring und Milch bereits über-
redet, vom Technischen Amt zwei dieser Flugzeugmuster für Erprobungszwecke
erwerben zu lassen. Er ging sogar so weit, seine Reaktivierung für die Dienste
der Luftwaffe von dieser Kaufbedingung abhängig zu machen. Im November kamen die Flugzeuge in Deutschland an. Eines ging in Tempelhof durch Unfall wegen klemmenden Höhenruders zu Bruch, das andere wurde von Udet in Rechlin
im Dezember 1933 einer Gruppe höherer Stabsoffiziere in äußerst beeindruk-
kender Weise vorgeführt. Göring war über das, was ihm geboten wurde, begeistert; er segnete das Sturzbomber-Programm ab, die militärischen Forderungen
konnten herausgegeben werden.
1935 standen zwei Doppeldecker, die Fi 98 und Hs 123, als Versuchsmuster bereit, wobei die Hs 123 ihre Überlegenheit bewies. Im Sommer 1936 liefen die ersten Serienmaschinen bei den Verbänden der Luftwaffe zu. Die Hs 123A-1 erreichte in 1200 m Flughöhe eine Höchstgeschwindigkeit von 340 km/h, hatte eine
Einsatzreichweite von 440 km und als Bombenzuladung vier 50-kg-Bomben und
zwei Splitterbomben-Abwurfbehälter; sie konnte einen Sturzwinkel von über 80
Grad erreichen. Im Einsatz zeigte es sich, daß die Hs 123 eher als Schlachtflugzeug zur unmittelbaren Heeresunterstützung geeignet war (MG-Angriffe auf
feindliche Truppen, Bekämpfung von Panzerabwehrkanonen, MG-Nestern und
ähnlichen Zielen). Hierbei bewährte sie sich bestens und war wie kein anderes
Flugzeug der Luftwaffe in der Lage, eine Vielzahl von Flaktreffern zu »schluk-
ken« und dennoch weiterzufliegen. Die Sturzkampfflugzeuge – kurz Stukas genannt – sollten ursprünglich die Heerestruppen nur mittelbar, also indirekt unterstützen, indem sie Ziele hinter der Front in Form von abriegelnden Angriffen
bekämpften.
Bei den Junkers-Werken begannen die Entwicklungsarbeiten im Rahmen des
Sturzbomberprogramms Ende 1933. Erst im Januar 1935 brachte das Technische
Amt die militärischen Forderungen heraus, die sich zu einem großen Teil auf
Grund von Manövererfahrungen ergaben, bei denen Bomber zur unmittelbaren
Unterstützung von Panzer- und Infanterieverbänden eingesetzt worden waren.
Im April, also drei Monate später, stand das erste Versuchsmuster der Ju 87, die
bedrohend und unheilverkündend wie ein Raubvogel aussah, zur Verfügung. Es
dauerte nicht lange, bis auch die Konkurrenzmodelle Ar 81, He 118 und Ha 137
fertiggestellt waren. Bei der Erprobung erwies sich die Ju 87 aber allen klar überlegen, so daß schon Anfang 1937 die ersten Maschinen bei den Frontverbänden
eingesetzt werden konnten. Die Ju 87B-1, mit der die Luftwaffe zu Kriegsbeginn
ausgerüstet war, wurde mit zwei Mann Besatzung geflogen, erreichte in 4100 m
Flughöhe eine Höchstgeschwindigkeit von 370 km/h, konnte mit einer Bombenlast von 500 kg eine Einsatzreichweite von 300 km erzielen und verfügte über
drei MG. Sie war ein sehr wartungsfreundliches Flugzeug, einfach und an-

spruchslos im Einsatz. Ein guter Flugzeugführer, der mit einem 80-Grad-Sturz bis auf 700 m über Grund herunterdrückte, konnte seine Bombe auf 25 m genau werfen. Selbst durchschnittliche Flugzeugführer trafen bei vier abgeworfenen Bomben einmal ihr Punktziel, was einer weit höheren Treffererwartung als aus dem Horizontalbombenwurf entsprach. Zwischenfälle blieben nicht aus. Flugzeugführer verloren die Kontrolle über ihr Flugzeug, weil ihnen im Sturz durch die Belastung des Körpers schwarz vor Augen wurde (»Vorhang«). Bei einem Manöver, 1939, fing ein Stuka-Verband wegen tiefhängender Wolken zu spät ab und schlug ungespitzt in den Boden. Trotz all dieser Dinge war die Ju 87 entsprechend der von ihr geforderten Leistungen ein wirkungsvolles Sturzkampfflugzeug. Der »Stuka« hatte sich einen Namen gemacht, der sogar heute noch unlösbar mit der Blitzkrieg-Strategie verbunden ist, wenngleich ihm alleine nicht die Blitzkriegerfolge zugeschrieben werden dürfen.

In den Jahren vor dem Kriege gab es viele, die die Sturzangriffsidee ablehnten und an ihrer Wirksamkeit zweifelten. Vor allem zählte zu ihnen von Richthofen, der als Befehlshaber im Kriege dann zu einem der besten Könner auf dem Gebiet der Heeresunterstützung werden sollte. Am 9. Juni 1936 legte er eine Denkschrift vor, worin er sich für eine Produktionseinstellung der Ju 87 aussprach; tags darauf wurde jedoch Udet zum Chef des Technischen Amtes ernannt, und Entwicklung und Produktion dieses Flugzeuges wurden fortgesetzt. In der Tat setzte Udet alles daran, sein »Lieblingskind« weiter zu verbessern. Er erfand sogar besondere Pfeifen, die an den Bomben befestigt wurden und die einen entnervenden Heulton erzeugten, womit Angst und Schrecken beim Bombenangriff verbreitet werden sollten. So gesehen haben sich die sogenannten »Jericho-Geräte« auch bewährt. Aber es gab noch mehr, was für den Stuka sprach, als nur die Begeisterung Udets, dem die Fähigkeiten und der draufgängerische Mut, ein derartiges Flugzeug zu fliegen, Verlockung genug waren. Die Einführung des Stuka war für Jeschonnek eine ideale Lösung für das nach 1937 sich abzeichnende Bomberproblem. Darüber waren sich der Chef des Generalstabes und der des Technischen Amtes einhellig im klaren, was selten der Fall war, aber auch die Bedeutung erkennen läßt, die man diesem Konzept beigemessen hat.

Vor dem Kriege besaß die Luftwaffe kein zuverlässiges Bombenzielgerät, das für den Bombenwurf gegen Ziele wie militärische Einrichtungen und Truppenbereitstellungen geeignet war. Das übliche Görz-Visier 219 war ungenau, selbst beim Flächenbombardement, das im militärischen Denken der Luftwaffe nur zweitrangiger Natur war, erforderte es viel Ausbildung und Erfahrung, um halbwegs brauchbare Trefferergebnisse damit zu erreichen. Die besseren Zielgeräte, Lotfe 7 und Lotfe 7D, befanden sich noch in Erprobung. So zeigte sich im Jahre 1938, daß selbst gut ausgebildete Kampfbesatzungen beim Horizontalbombenwurf aus Höhen bis zu 4000 m nur zwei Prozent Treffer erzielten, bei Tiefangriffen zwischen zwölf und fünfundzwanzig Prozent, wobei die Ziele einen Durchmesser von 100-200 m hatten. In diesem Falle waren die Flugzeuge noch äußerst verwundbar gegen das Feuer von Flugabwehrwaffen. Um die Schwächen weiter offenzulegen, kam hinzu, daß die deutschen Bomber nur eine geringe Bombenlast tragen konnten, bei der Do 17 waren es vier 250-kg-Bomben und bei der He 111 gerade sechs. Sollte ein Zielkomplex zerstört werden, blieb nur der Weg, um die ungenügende Treffererwartung zu erhöhen, möglichst viele Flugzeuge im engen Verbandsflug einzusetzen. Bei dieser Methode vergeudete man die ohnehin nur in beschränktem Umfang vorhandenen Kräfte und Rohstoffe (Bombenflugzeuge und Flugbenzin) und setzte den gesamten Kampfverband der gegnerischen Abwehr aus. Wieviel erfolgversprechender mußte es erscheinen, wenn die Zerstörung eines Ziels allein von einem Flugzeug und nicht von zehn zu erreichen war. Daraus leitet sich die zwingende Logik der Luftwaffe ab, den Sturzangriff zu befürworten. Er versprach, mit einem Minimum an Kräfteansatz ein Maximum operativer Wirkung durchzusetzen. Es heißt in den taktischen Forderungen des Generalstabes vom Frühjahr 1938: *»Der Schwerpunkt des Bombenangriffes hat sich eindeutig vom Flächenziel zum Punktziel verlagert.«* Das war die gültige Luftkriegslehre. Als Zwischenlösung hatte sie großen Einfluß, was sich bei den siegreichen Feldzügen in den ersten Kriegsjahren zeigen sollte. Betrachtet man aber den Gang der technischen Entwicklung in den dreißiger Jahren, dann war es verhängnisvoll, diese taktische Forderung zum operativen Grundsatz zu machen.

Die Schwächen und Nachteile des Sturzkampfbombers hatten einige wenige schon vor dem Kriege erkannt. Generalingenieur Marquardt schrieb darüber:

»Der Generalstab hat die Hinweise von technischer Seite, daß hauptsächlich die Eigenschaften des Flugzeuges weiterentwickelt werden sollten, in denen es sich am meisten von anderen Kiegsfahrzeugen unterscheidet, nämlich in der Beherrschung von Raum und Zeit, um damit eine gesteigerte Wirkung zu erzielen, einfach nicht verstanden . . . Beim Sturzkampfflugzeug werden gerade diese Eigenschaften geopfert, weil es Bremsen anwenden muß, um seine Angriffsgeschwindigkeit zu mindern, und weil es sich zum Abwurf aus verhältnismäßig sicheren Anflughöhen in die Zone der stärksten Abwehr begibt.«

Die Ju 87 war während des Sturzangriffs besonders verwundbar, nicht nur durch feindliche Flak sondern auch durch Jäger, insbesondere während des Abfangvorganges. Die Schwierigkeiten mit der Ju 87 schrumpften fast zu einem Nichts zusammen, wenn man sie mit denen der Ju 88 vergleicht.

Zu Anfang setzte man in die Ju 88, den »Wunder-Bomber«, die allerhöchsten Hoffnungen. Vielversprechend wurde ein schnelles Flugzeug angekündigt, das mit zwei Tonnen Bomben tief in das feindliche Hinterland eindringen könne. Im April 1939 prahlte Göring Mussolini gegenüber: *»Dieser Bomber hat eine so große Reichweite, daß man damit nicht nur England selbst angreifen kann, sondern auch darüber hinaus in westlicher Richtung vorstoßen wird, um die Schiffe, die vom Atlantischen Ozean nach England kommen, zu bombardieren.«* Auf Grund der Erfolge der ersten Vorserienmuster, im März 1938, ging man davon aus, daß die Ju 88 der Standard-Bomber der Luftwaffe werden würde. Im Juni, September und Oktober gingen die ersten Ju 88 in Erprobung, die über die zwei Jahre zuvor geforderten Sturzflugeigenschaften verfügten. Ein zweimotoriges Flugzeug, das sturzflugfähig sein sollte, mußte weit stabiler gebaut sein als ein Horizontalbomber; die Motoren und ihre Aufhängung mußten geändert und Sturzflugbremsen zusätzlich eingebaut werden. Diese Veränderungen zogen einen erheblichen Gewichtsanstieg nach sich, womit der Geschwindigkeitsvorteil gegenüber Jägern verlorenging. Als zusätzliche Bewaffnung und ein Besatzungsmitglied für deren Bedienung gefordert wurden, ging das wiederum zu Lasten des Gewichts. So unterschied sich das Serienmodell ganz wesentlich von dem, was man ursprünglich geplant hatte. Die Ju 88A-1, die im September 1939 in Dienst gestellt wurde, hatte vier Mann Besatzung (geplant waren drei), erreichte in 5500 m Höhe eine Höchstgeschwindigkeit von 420 km/h (geplant waren 500 km/h), mit 900 kg Bomben konnte sie 900 km weit fliegen (geplant waren 1250 km, mit der Aussicht, daß dieser Wert noch gesteigert werden könnte). Wenn sie mit ihrer höchstzulässigen Bombenlast von 1700 kg mit etwa 310 km/h Marschgeschwindigkeit flog, verringerte sich die Einsatzreichweite auf 400 km. In der Hand guter Flugzeugführer, so hatten Erprobungsflüge ergeben, konnte man 50 Prozent aller Bomben mit der Ju 88 in einen Bombenzielkreis von 50 m Durchmesser werfen.

Weitere Schwierigkeiten erwuchsen aus der Forderung Görings, Udets und Jeschonneks, daß die Ju 88, um im Zeitplan zu bleiben, bereits in die Serienfertigung genommen werden mußte, bevor die Erprobung der Vorserienmuster abgeschlossen war. Die 25 000 technischen Änderungen, die nur auf Grund der Forderung nach Sturzfähigkeit vorgenommen wurden, waren noch nicht abgeschlossen, als Göring am 30. September 1938 dem General-Direktor der Junkers-Werke, Dr. Koppenberg, den Auftrag erteilte: »... *schaffen Sie mir in kürzester Frist eine gewaltige Bomberflotte der Ju 88!*« Koppenberg war mit allen Vollmachten ausgestattet, um alle Maßnahmen zu ergreifen, die sicherstellten, daß zum frühestmöglichen Zeitpunkt die Ju 88 in hoher Stückzahl in die Großserienproduktion genommen werden konnte. Heinrich Hertel, ein sehr bekannter Flugzeugkonstrukteur, erinnert sich: »*Koppenberg hat seine Verheißungen nicht erfüllen können. Trotz seines rücksichtslosen Vorwärtsdrängens wurde von ihm die in Aussicht gestellte Vorziehung und Steigerung in dem vorgesehenen Umfang nicht erreicht und die Aufrüstung der Verbände gegenüber der Planung erheblich verzögert.*« Milch hatte ein ungutes Gefühl und befürchtete, daß das Flugzeug nicht den Erwartungen entsprechen könnte. Er hatte Recht. Nicht nur die Leistungen waren schlechter als geplant (so soll es in den ersten Kriegsjahren Beschwerden gegeben haben, wonach die Ju 88 langsamer als die He 111 gewesen wäre), sondern auch die Änderungsmaßnahmen im Zusammenhang mit der Sturzfähigkeit sowie die ständigen Forderungen, die Entwicklung voranzutreiben, bevor die Erprobung abgeschlossen waren, führten zu Fertigungsverzögerungen von fast einem Jahr, was das gesamte Beschaffungsprogramm der Luftwaffe schwerwiegend erschütterte. Die Kinderkrankheiten der Ju 88A-1 dauerten an, bis das Muster von den Frontverbänden abgezogen wurde.

Die späteren Ju 88-Versionen waren weit besser. Wenn sie einem Flugzeugführer auch einiges an fliegerischem Können abverlangte, war sie doch ein äußerst leistungsfähiges Kampfflugzeug. Schließlich war die Ju 88 in ihren verschiedensten Bauformen das deutsche zweimotorige Kriegsflugzeug, von dem die höchste Stückzahl (über 15 000) gebaut wurde. Sie wurde eingesetzt als Horizontal- und Sturzkampfbomber, Fernaufklärer, Torpedoflugzeug, Nachtjäger und schwerer Zerstörer.

Obwohl die Jäger nicht das Rückgrat der neuen Luftwaffe bildeten, waren ihnen zwei Einsatzaufgaben zugewiesen. Zum einen sollten sie zusammen mit den Flak-Kräften den Luftraum über dem Reich vor Eindringlingen schützen und Luftangriffe abwehren, zum anderen sollten sie den Kampfverbänden bei ihren Angriffsflügen den Rücken freihalten von feindlichen Jagdkräften; diese Aufgabe hatte Vorrang. Die Flugzeugtypenauswahl verursachte weniger Probleme als mit den Kampfflugzeugen, aber die Auswirkungen falscher Entscheidungen nahmen gleichermaßen verhängnisvolle Züge im Hinblick auf die Chancen der Luftwaffe im Kriege an. Ende 1933 begann die Ausschreibung für die neuen Jagdflugzeuge. Sie sollten die alten Doppeldecker Ar 68 und He 51 ersetzen, die nur zwei 7,9-mm-MG hatten, knapp 330 km/h Höchstgeschwindigkeit und zwischen 250 und 280 km Eindringtiefe erreichten. Das RLM wünschte einen Eindecker mit zwei 7,9-mm-MG, verbesserten Roll- und Kurvenflugeigenschaften, gutem Sturzflug- und Trudelverhalten und höherer Motorleistung sowie größerer Einsatzreichweite. Vier Flugzeugfirmen beteiligten sich an der Ausschreibung, um den lukrativen Auftrag zu erhalten: Die Bayerischen Flugzeugwerke AG (im Juli 1936 umbenannt in Messerschmitt GmbH), Arado, Heinkel und Focke-Wulf. Im Herbst 1936 erhielt das von Prof. Willy Messerschmitt konstruierte Jagdflugzeug Bf 109 vom RLM den Zuschlag. Mit ihren Leistungen ließ die Bf 109 die Ar 80 und Fw 159 weit hinter sich, und in der Luft hatte sie einen kleinen Vorteil gegenüber der He 112, die sich jedoch am Boden besser handhaben ließ. Obwohl Milch persönlich Messerschmitt nicht leiden konnte, sprachen Göring, Udet und von Greim sich für das Flugzeug aus. Die Herstellungsverfahren sprachen auch für die Bf 109, weil sie dadurch billiger und einfacher zu produzieren war als die He 112. Messerschmitt wendete die Ganzmetallschalenbauweise an, wobei der Rumpf nur durch Längsprofile und an den einzelnen Schlußblechen angekröpfte Bördelungen in Form gehalten wird. Heinkel arbeitete an zahlreichen anderen Entwicklungsaufträgen, und das RLM befürchtete, daß ein Produktionsauftrag für ein Jagdflugzeug die Großserienfertigung der He 111 beeinträchtigen könnte. Obwohl noch einige He 112 in Serie gingen, wurde die Bf 109 zum Standard-Jagdflugzeug der Luftwaffe erklärt. Im Frühjahr 1937 wurden die ersten Maschinen an die Verbände ausgeliefert. Bei Kriegsbeginn war die Bf 109 das Jagdflugzeug der Luftwaffe, und sie sollte bis zum Ende an der Front stehen. Ihr Name steht für Leistung; seinerzeit zählte sie zu den drei besten Jagdflugzeugen der Welt. Mit Sicherheit war die Bf 109E, womit 1939 die Verbände mit Masse ausgerüstet waren, allen anderen Jagdflugzeugen knapp überlegen. Die Bf 109E-1, die im Frühjahr 1939 herauskam, hatte vier 7,9-mm-MG, erreichte in 4000 m Flughöhe 550 km/h, die Anfangssteigrate betrug 15 m/s und die Dienstgipfelhöhe 10 500 m. Die Bf 109E-3, die einige Monate später folgte, hatte eine stärkere Bewaffnung: Zwei 2-cm-Kanonen und zwei 7,9-mm-MG. Sie sollte sich als ein gefährliches, furchteinflößendes Kriegsflugzeug entpuppen.

Eine schwerwiegende Schwäche hatte die Bf 109 hingegen, es war ihre Reichweite und Flugdauer. Dieses kleine, einmotorige Flugzeug führte nur 400 Liter Kraftstoff an Bord, was ihr, mit Luftkampfreserven, eine Einsatzreichweite von etwa 200 km und eine Gesamtflugzeit von 90 Minuten gab. Damit konnte sie weder Kampfverbände weit ins feindliche Hinterland begleiten noch im Raumschutz vorgezogen von eigenen Fliegerhorsten eingesetzt werden, um feindliche Flugzeuge vor Erreichen ihrer Ziele abfangen zu können. Diese Aufgaben fielen den größeren zweimotorigen Zerstörern zu. In den Ausschreibungen des RLM vom Juni 1934 wurde ein neuer Kampfzerstörer gesucht, der zwei Motoren, drei Mann Besatzung, schwere Bewaffnung und eine hohe Geschwindigkeit haben und unter allen Wetterbedingungen einsetzbar sein sollte, damit er als schwerer Jäger, schneller Aufklärer und Bomber dienen konnte. Innerhalb des RLM hatte man an einem derartigen Mehrzweckflugzeug so seine Zweifel. Man wies darauf hin, daß der Kampfzerstörer gezwungenermaßen einen Kompromiß zwischen den Forderungen nach Geschwindigkeit und Wendigkeit und denen nach Reichweite und Feuerkraft darstellen muß. Größe und Gewicht eines derartigen Flugzeuges mußten zwangsläufig ein langsames und schwerfälliges Kriegsgerät ergeben, wie es sich zeigen sollte. Drei Flugzeugfirmen stellten Versuchsmuster vor: Die Henschel-Werke mit der Hs 124, die Focke-Wulf-Werke mit der Fw 57, die Bayerischen Flugzeugwerke mit der Bf 110.

Aber im Frühjahr 1935, bevor noch die Versuchsmuster endgültig montiert waren, wurde das Programm für einen Kampfzerstörer verworfen. Drei Flugzeugtypen wurden nunmehr ausgewählt, die die drei Aufgaben des Kampfzerstörers, jede für sich, erfüllen sollten. Die Ju 88 erhielt die Aufgabe des Schnellbombers, die Do 17 die des Aufklärers und die Bf 110 die des Zerstörers und Langstreckenjägers. Die militärischen Forderungen wurden seitens des RLM entsprechend geändert und angepaßt. Schwerbewaffnet und zweimotorig, sollte das Flugzeug über zwei Mann Besatzung, eine Höchstgeschwindigkeit von 560-600 km/h, eine Flugdauer von drei Stunden und die Fähigkeit, unter allen Wetterbedingungen kämpfen zu können, verfügen. Wendigkeit und Geschwindigkeit sollten denen der besten einmotorigen Jäger entsprechen, Steiggeschwindigkeit, Dienstgipfelhöhe und das Start- und Landeverhalten durften geringfügig unter den angestrebten Vergleichswerten liegen. Im Mai 1936 flog das erste Versuchsmuster, Anfang 1937 entschied sich die Luftwaffe für diesen Langstreckenjäger. Die Serienfertigung wurde sofort aufzunehmen befohlen. Während der Dauer der einjährigen Erprobung und Weiterentwicklung erhielt die Maschine neue Flugmotoren. Mitte 1938 wurde der erste Verband mit Bf 110 ausgerüstet.

Obwohl die Bf 110 sich zu einem leistungsfähigen Nachtjäger weiterentwik-
keln ließ, ihre Aufgaben als Zerstörer war sie nicht in der Lage zu erfüllen. Die
Bf 110C-1, mit der die Luftwaffe in den Krieg zog, war auf dem Papier ein furcht-
erregendes Flugzeug. Mit zwei Besatzungsmitgliedern, zwei 2-cm-Bordkanonen
und fünf 7,9-mm-MG erreichte sie in 6000 m eine Höchstgeschwindigkeit von
540 km/h, die Einsatzreichweite betrug 450 km. Obwohl sie seinerzeit das beste
zweimotorige Jagdflugzeug der Welt war, war sie zu schwer und konnte ohne
Schwierigkeiten von einmotorigen Jägern ausgekurvt werden. Als Abfangjäger
gegen Bomber zeigte die Bf 110 gute Wirkung; als Langstrecken-Begleitschutzjäger, der in Luftkämpfe mit feindlichen Jägern verwickelt wurde, war sie eine
Fehlentwicklung. Der Kompromiß zwischen Feuerkraft und Reichweite auf der
einen Seite und Geschwindigkeit und Wendigkeit auf der anderen Seite hatte sich
letztendlich nicht ausgezahlt.

Zeigten sich die Schwächen der Bf 110 zwar hauptsächlich erst im Kriege, waren sie den RLM auch in Friedenszeiten nicht verborgen geblieben. Ihre Leistungen, die unter denen einmotoriger Jäger lagen, und ihre Reichweite, die keineswegs den Versprechungen entsprach, veranlaßten das Technische Amt, die Großserienfertigung noch zu verzögern; erst die Sudetenkrise 1938 gab den Anstoß
zum Lieferauftrag von etwa 1000 Flugzeugen dieses Musters. Bevor noch die erste Serienmaschine das Fertigungsband verlassen hatte, wurde Messerschmitt
beauftragt, ein Nachfolgemuster zu entwickeln. Wiederum wurde ein zweimotoriges Vielzweckflugzeug, das höhere Leistungen brachte und die Aufgaben eines
Landstreckenjägers, schnellen Aufklärers und Schlachtflugzeuges wahrnehmen
sollte, gefordert. Es sollte eine Einsatzreichweite von 1000 km und eine Kampfzeit von einer halben Stunde aufweisen, Forderungen, die doppelt so hoch wie
bei dem Vorgängermodell waren. Ähnlich wie im Falle der Ju 87 und Ju 88 sollte
die Maschine sturzflugfähig sein. Im Sommer 1938, kurz nachdem die Bayerischen Flugzeugwerke in Messerschmitt AG umbenannt worden waren, wurden
die Entwürfe dem RLM vorgelegt, die dann vom Technischen Amt gebilligt wurden. Das neue Flugzeugmuster erhielt die Typenbezeichnung Me 210. Das Vertrauen in die außergewöhnlichen Fähigkeiten des Konstrukteurs dieses Flugzeuges war derart, daß das RLM, bevor überhaupt das erste Versuchsmuster fertiggestellt, geschweige denn erprobt war, einen Lieferauftrag über 1000 Maschinen
dieses Typs in Aussicht stellte. Man rechnete fest damit, daß Mitte 1941 die ersten
Serienflugzeuge bei den Verbänden einlaufen könnten. Sie sollten dann als
Mehrzweckflugzeug die Bf 110, die Ju 87 und die Hs 123 ersetzen.

Am 5. September 1939 machte die Me 210 ihren Jungfernflug, der insofern nur
erfolgreich war, als die Maschine wieder heil zu landen! Ihre mangelnde Flugstabilität und die äußerst unzufriedenstellenden Flugeigenschaften, so vermutet
man, sollten von dem Doppelleitwerk herrühren. Ohne das RLM zu informieren, hatte Messerschmitt das Leitwerk abgeändert und durch eine große Seiten-
und Höhenruderanlage ersetzt. Das brachte aber auch keine wesentlichen Abhil-
fen. Das Flugzeug blieb unstabil und tückisch im Flugverhalten. Besonders gefährlich war die Neigung des Flugzeuges, bei hohen Anstellwinkeln scharf abkip-
pend ins Trudeln zu geraten. Trotz dieser Mängel wurden die Vorbereitungen für
die Serienfertigung weiter vorangetrieben. Ohne jede Aussicht, der Probleme
mit der Me 210 Herr zu werden, begann man Mitte 1940 mit der Zellenfertigung.
Das Auslaufen der Bf 110-Fertigung war bereits angeordnet worden. Blindlings
vertraute man der Me 210, was sich dann katastrophal auswirken sollte. Göring
klagte 1942, daß seine Grabinschrift dereinst lauten solle: *»Länger hätte er gelebt
ohne die Me 210!«*

Hatte man in der Planung gehofft, daß die Me 210 als schwerer Jäger ein über-
legenes Flugzeug abgeben würde, so sah man in der Schlachtflugzeug-Aufgabe

doch klarer, daß ihr zur Seite ein Flugzeug stehen mußte, dem nur die Aufgabe der unmittelbaren Heeresunterstützung zukam. Es mußte ein verhältnismäßig kleines, schwerbewaffnetes und gepanzertes Flugzeug sein. Im April 1937 erteilte das Technische Amt vier Flugzeugfirmen in recht groben Zügen Entwicklungsaufträge, deren Ergebnisse im Oktober des Jahres vorlagen. Zwei Entwürfe wurden angenommen, die Hs 129 und Fw 189, wovon das erste Versuchsmuster der Hs 129 im Frühjahr 1939 zum Jungfernflug startete. Die Fw 189 sollte nur nachrangig entwickelt werden, falls sich die Hs 129 als Fehlschlag erweisen sollte. Eine Fehlentwicklung war diese Maschine zwar nicht, aber ihr schlechtes Flugverhalten und die geringe Priorität für ihre Weiterentwicklung trugen dazu bei, daß die Maschine erst im Mai 1942 den Verbänden an der Front zulief.

Es waren nicht nur Jäger, Zerstörer, Bomber und Schlachtflugzeuge, die die Schlagkraft der Luftwaffe ausmachten. Auch Aufklärungsflugzeuge bildeten einen besonders bedeutsamen Teil in der Kräftegliederung der Luftwaffe; im September 1939 machten sie immerhin etwa ein Siebentel aller Frontflugzeuge aus. Man sah in ihnen das »Auge« des Heeres und der Luftwaffe, das wertvolle Informationen über die Stärke des Gegners, über seine Schwerpunkte und Bewegungen vermittelte. Dem Sammeln genauester Feindlagererkenntnisse hat man schon zu allen Zeiten in der Kriegsgeschichte allerhöchste Bedeutung beigemessen. Die deutsche Wehrmacht stand dem, zumindest in den ersten Kriegsjahren, in nichts zurück. Für die Aufgaben der Fernaufklärung diente zunächst die He 45, ein Doppeldecker mit einer Einsatzreichweite von 600 km und einer Höchstgeschwindigkeit von 290 km/h. Die Serienfertigung wurde 1936 eingestellt; ihre Aufgaben übernahm die Do 17. Mitte der dreißiger Jahre stand als Nahaufklärer die He 46 zur Verfügung, ein abgestrebter Hochdecker mit 260 km/h Höchstgeschwindigkeit und 500 km Einsatzreichweite. Lange überfällig, wurde 1936 die Fertigung beendet. Das Technische Amt hatte Schwierigkeiten, einen Ersatz für die He 46 zu finden. Im Spätsommer 1937 entschied es sich für die Hs 126B-1, die bei einer Einsatzreichweite von 360 km eine Höchstgeschwindigkeit von 360 km/h erzielte. Alle Aufklärungsflugzeuge der Luftwaffe waren bewaffnet und konnten im Einsatz Bomben mitführen.

Wegen des langen Zeitraums, den Entwurf, Erprobung und Fertigung in Anspruch nahmen, um ein verbessertes, neues Flugzeugmodell einzuführen, begann die Luftwaffe bereits vor dem Kriege, Überlegungen anzustellen, welche neuen Flugzeugmuster die bisherigen ablösen könnten. Im Herbst 1937 beschäftigte man sich intensiv mit einem Nachfolger für die Bf 109. Sowohl Messerschmitt als auch Heinkel reichten Entwürfe ein, mit den Bezeichnungen Me 209 und He 100. Die Me 209 hatte mit ihrer Vorgängerin überhaupt keine Ähnlichkeit, sie war einzig und allein mit dem Hintergedanken geschaffen worden, ein schnellfliegendes Rekordflugzeug vorzustellen. Von beiden Typen flogen die Versuchsmuster 1938, wobei die Heinkel-Maschine bessere Leistungen erwarten ließ. Beide erzielten Weltrekorde, die He 100 im Juni 1938 und die Me 209 im April 1939. Es war jedoch ein ganz anderes Flugzeug, das die Aufmerksamkeit des RLM auf sich zog. Im Frühjahr 1938 war Focke-Wulf aufgefordert worden, Vorschläge für ein Jagdflugzeug zu unterbreiten. Dieser Entwurf, die Fw 190, erfreute sich aus mehreren Gründen der Fürsprache des Technischen Amtes. Zum einen versprachen die Leistungsangaben, sich auch in der Fertigung verwirklichen zu lassen, zum anderen war die Maschine von Kurt Tank entworfen worden, der im RLM einen hervorragenden Ruf besaß, und ferner war sie mit einem modernen luftgekühlten Flugmotor ausgerüstet. Diese Tatsache hatte um so mehr Bedeutung als die Nachfrage nach flüssigkeitsgekühlten Motoren ständig im Steigen begriffen war, was die Flugmotorenindustrie außerordentlich belastete, um den Liefererfordernissen gerecht zu werden. Mit der Wahl dieses Flugzeuges hatte das RLM einen guten Griff getan. Als Mitte 1941 das Muster frontreif war, erreichte die Version Fw 190 A-1 eine Höchstgeschwindigkeit von 630 km/h (sogar 660 km/h für die Dauer von einer Minute), war in niedrigen Höhen allen Bf 109-Typen überlegen, dasselbe galt für die Wendigkeit und das Lande- und Rollverhalten am Boden. Der neue Jäger litt aber leider mehr als üblich an Kinderkrankheiten, insbesondere die Motorkühlung betreffend. Einmal stand es auf des Messers Schneide, ob das Beschaffungsprogramm nicht überhaupt gestrichen werden sollte. Nur drastische Maßnahmen und technische Verbesserungen retteten das Flugzeug, dennoch wurde man der Kühlprobleme des Motors nie ganz Herr. Auch die Nachfolgemuster für Bombenflugzeuge wurden nicht vernachlässigt. Im Juli 1939 wurden die Forderungen für den »Bomber B« herausgegeben, von dem man sich einen erheblichen Schritt nach vorn in Sachen des mittleren Bombers erwartete. Die neue Maschine sollte eine Einsatzreichweite von 1800 km haben, womit der gesamte Raum der Britischen Inseln abgedeckt worden wäre, eine Höchstgeschwindigkeit von 600 km/h, die etwa der der seinerzeitigen Jäger gleichkam, und eine Bombenlast von 2000 kg. Sturzflugeigenschaften waren nicht gefordert, dafür sollte das Flugzeug in großen Höhen fliegen und im Horizontalwurf angreifen können. Die Abwehrbewaffnung sollte hauptsächlich aus fernbedienten Waffenständen bestehen, was eine Druckkabine für die Besatzung erforderte. Im Juli des nächsten Jahres legten die Flugzeugwerke Arado, Dornier, Focke-Wulf und Junkers ihre Konstruktionsentwürfe vor. Für zwei Flugzeugmuster, die Fw 191 und die Ju 288, wurden Entwicklungsaufträge erteilt.

Zur Verteidigung des Reichs gegen Luftangriffe glaubte man, am wirksamsten Flugabwehrgeschütze einsetzen zu können, die 1935 bei Aufstellung der Luftwaffe dieser unterstellt wurden. Man war davon überzeugt, daß alleine mit Hilfe der Flakartillerie jeder Eindringling, der den deutschen Luftraum verletzt, abgewehrt werden könne. Keinerlei Vorkehrungen wurden getroffen, um starke Jagdkräfte für diesen Zweck aufzustellen und bereitzuhalten. Auch dachte man nicht daran, einen Nachtjäger zum Abfangen feindlicher Bomber zu entwickeln. Die Nachtjagd sollte von Bf 109 und den veralteten Ar 68E durchgeführt werden, die letztere war ein Doppeldecker, der knapp 340 km/h schaffte. Es dauerte bis zum Sommer 1939, bevor man einige wenige Staffeln für diese besonderen Aufgaben vormerkte. In den Männern der Flakartillerie sah man eine Elitetruppe. Vor der Mobilmachung 1939 zählte sie 107 000 Mann. Bei Kriegsbeginn verlegten 2600 schwere und 6700 mittlere und leichte Geschütze zusammen mit 3000 Scheinwerfern unter der Führung des Chefs der Luftabwehr, General Rüdel, und des Inspekteurs der Flakartillerie, General Alfred Haubold, in ihre Stellungen. Die Flakbatterien unterstanden einsatzmäßig den Luftgaukommandos, die den Luftflotten nachgeordnet waren. An Waffen standen zur Verfügung das 2-cm-Geschütz mit einer wirksamen Schußweite von 1500 m, das 3,7-cm-Geschütz mit 1800 m, und das sehr leistungsfähige 8,8-cm-Flakgeschütz, das zwischen 2700 m und 9800 m wirken konnte. Die schwereren Flakgeschütze vom Kaliber 10,5 cm und 12,8 cm befanden sich noch in Entwicklung.

Die meisten Batterien lagen in Stellung um größere Städte wie Berlin und Hamburg, um empfindliche Industrieziele im Ruhrgebiet oder im Bereich der Luftverteidigungszone-West, die sich über etwa 600 km Länge entlang des Rheins hinter dem Westwall von Münster über Mannheim bis zum Bodensee erstreckte. Die Breite der Zone wechselte von etwa 20 km im nördlichen Abschnitt, 40-45 km zwischen Wesel und Köln und etwa 100 km im Raum südlich und südostwärts von Koblenz, was auch den Flakschutz von Mainz, Mannheim und Stuttgart mit einschloß. Außer dem Raumschutz für das rheinisch-westfälische Industriegebiet und die chemischen Fabriken und die Stahlwerke am Rhein sollte die Lv-Zone West einen lückenlosen Sperrfeuerriegel bilden und gleichzeitig wie ein Schutzschirm für die weiter im Osten liegenden Gebiete und möglichen Ziele wirken. Feindverbände, die beim Durchfliegen der Zone schon Verluste erlitten hatten, sollten gezwungen werden, größere Flughöhen aufzusuchen oder in Schlechtwettergebiete einzufliegen, um dem Flakfeuer zu entrinnen. Andererseits fanden eigene deutsche Flugzeuge, die vom Feindflug zurückkehrten, Schutz vor feindlichen Verfolgungsjägern, sobald sie die Reichsgrenze überflogen hatten. Im September 1939 hatte die Flakartillerie in der Lv-Zone 245 befestigte Flakstellungen, zu deren Unterstützung ein durchgehender Scheinwerferriegel aufgebaut war. Man hoffte, daß die Zone, sofern sie mit dem Plansoll von 250 Batterien (788 Rohre schwere und 576 Rohre leichte Flak) aufgefüllt war, in 7000 m Höhe einen dreifach überlagernden Sperrfeuerriegel legen konnte. Berücksichtigt man die damals üblichen Fluggeschwindigkeiten, so bedeutete das, daß jedes feindliche Flugzeug fünf Minuten lang dem Dauerfeuer von drei Batterien ausgesetzt war, oder mit anderen Worten, daß auf jedes Feindflugzeug 600 Flakgranaten abgefeuert wurden. Auf diese Weise wollte man sicherstellen, daß der Luftraum über dem Reich nicht angetastet wird. Göring drückte das mit seinen Worten im August 1939 so aus: *»Ich habe mich persönlich von den Maßnahmen überzeugt, die zum Schutz des Ruhrgebiets gegen Luftangriffe ergriffen worden sind. . . Wir werden das Ruhrgebiet nicht der Gefahr aussetzen, daß auch nur eine einzige Bombe von feindlichen Flugzeugen abgeworfen wird.«*

Der Flakartillerie mangelte es jedoch noch an beträchtlichen Einsatzmitteln. Die Zielerfassung einfliegender Luftgegner erfolgte mittels Auge und Ohr, also mit optischen und akustischen Meßgeräten, die sich bei Nacht oder Wolkenbedeckung als völlig unzureichend erwiesen. Um die Geschütze richten zu können, mußten Flughöhe, -geschwindigkeit und -richtung der Flugziele ganz genau angemessen werden können. Diese Werte ließen sich nur mit Hilfe von Funkwellen ermitteln, die vom Boden durch einen Sender abgestrahlt wurden, das Flugziel erfaßten und an einen Empfänger zurückgestrahlt wurden. Diese Meßgeräte hatten bei der Luftwaffe die Bezeichnung Funkmeßgerät, bei den Alliierten genannt Radar. Diese ist heute international im Sprachgebrauch üblich. Deutschland hatte auf diesem Gebiet schon einige Forschungsergebnisse aufzuweisen. Zu Kriegsbeginn gab es acht »Freya«-Radarstellungen im Einsatz, die feindliche Flugzeuge bis auf eine Entfernung von 150 km erfassen konnten. Sie deckten nur den relativ kurzen Küstenbereich zwischen der holländischen und dänischen Grenze ab und hatten ausschließlich die Aufgabe, Frühwarnung vor einfliegenden Flugzeugen zu geben. Für die Feuerleitaufgaben der Flak waren sie nicht geeignet. Auf diesem Gebiet gab es noch viel zu tun. Selbst wenn man über ein ausgebautes, weitentwickeltes Radarsystem verfügt hätte, mußten die Flakgeschütze immer noch treffen. Hier zeigten sich erst die richtigen Probleme, weil die Treffgenauigkeit der schweren Flakartillerie oberhalb 4500 m sich pro 1500 m um jeweils fünfzig Prozent verschlechterte. Nur Sperrfeuer oder das Schießen von sogenannten Flakwürfeln konnte dem abhelfen, die Treffererwartung aber nicht wesentlich verbessern. Professor A. V. Hill, ein britischer Flak-Experte, hat das untersucht: *»Ein Kubikkilometer Luftraum enthält eine Milliarde Kubikmeter Luft. Der Gefahrenbereich einer 8,8-cm-Flakgranate umfaßt wenige Tausend Kubikmeter, und das nur für den fünfzigsten Teil einer Sekunde! Das Verschießen von Flakgranaten in Form von Sperrfeuer ist also Unsinn. Das Wort muß aus dem militärischen Sprachschatz gestrichen werden, weil es falsche Hoffnungen erweckt. Nur gezieltes Feuer verspricht Erfolg.«* Daher konnte Deutschland mit seiner Planung, daß es auf jedes Feindflugzeug 600 Flakgranaten feuern würde, auch nichts erreichen. Die Erfahrungen der ersten Kriegsjahre sollten das bestätigen. Durchschnittlich mußten

3400 schwere Flakgranaten gegen jedes Feindflugzeug eingesetzt werden, um es über Deutschland zum Absturz zu bringen. Aus diesem Grunde konnte Deutschland, solange es noch kein unverwundbares Luftverteidigungssystem besaß, der Luftbedrohung nur nachhaltig begegnen, wenn es unmittelbar mit Kriegsbeginn einen vernichtenden Schlag gegen die feindliche Luftwaffe ausführte.

Mitte und Ende der dreißiger Jahre, als die Entscheidungen über die strategischen Grundsätze der Luftwaffe gefällt wurden, schienen die Ereignisse, die sich weit von Berlin entfernt abspielten, ihre Richtigkeit zu bestätigen. An Spaniens Himmel konnte sich die Luftwaffe davon überzeugen, daß der gewählte Kurs hinsichtlich der technischen und taktischen Planungen stimmte. In der Tat lag ein wesentlicher Grund für Deutschlands militärisches Engagement im Spanischen Bürgerkrieg zwischen der nationalen Seite General Francos und den Republikanern darin, das neue militärische Gerät zu erproben. Göring erklärte als Zeuge im Nürnberger Prozeß: »Als in Spanien der Bürgerkrieg ausgebrochen war, sandte Franco einen Hilferuf an Deutschland um Unterstützung, besonders in der Luft. . . Franco stand mit seinen eigentlichen Truppen in Afrika, konnte sie nicht herüberbekommen, da die Flotte in Händen der Kommunisten war . . . Das Entscheidende war, daß zunächst seine Truppen nach Spanien kamen . . . Der Führer überlegte sich, ich drängte lebhaft, die Unterstützung unter allen Umständen zu geben. Einmal um der Ausweitung des Kommunismus an dieser Stelle entgegenzutreten, zum zweiten aber, um meine junge Luftwaffe bei dieser Gelegenheit in diesem oder jenem technischen Punkt zu erproben.«

Die Verwicklung des Reichs in den Spanischen Bürgerkrieg begann am 25. Juli 1936, als deutsche und spanische Abordnungen nach Berlin reisten, um für die nationalspanische Seite militärische Hilfeleistung zu erbeten. Nach kurzer Beratung mit Göring und von Blomberg stimmte Hitler dem Ersuchen zu; tags darauf stellte die Luftwaffe den »Sonderstab W« unter General Wilberg auf, der den Einsatz leiten sollte. Lufthansapersonal und Freiwillige der Luftwaffe überführten am 27. Juli 20 Ju 52 nach Spanien, denen am 28. Juli im Schiffstransport sechs Jagdflugzeuge He 51 und zwanzig 2-cm-Flakgeschütze folgten. So begann das Unternehmen, das bis April 1939 dauern sollte. Unverzüglich wurden die Ju 52 zum Transport der nationalspanischen Truppen von Marokko nach Spanien eingesetzt. Bis zum 11. Oktober 1936 hatten die Deutschen 13 500 Mann und 270 Tonnen Kriegsmaterial im ersten großen Luftbrückenunternehmen der Kriegsgeschichte befördert. Zwei Ju 52 wurden während dieses Unternehmens zu Bombern umgerüstet, um einen feindlichen Zerstörer zu bekämpfen, der die Transportflüge behinderte. Am 14. August flog die neue deutsche Luftwaffe ihren ersten Bombenangriff, gegen eben dieses Schiff, das aus 450 m Höhe zwei Treffer erhielt und sich zurückziehen mußte. Hitler äußerte 1942 einmal: »Franco muß zum Ruhme der Ju 52 ein Denkmal errichten . Nur diesem Flugzeug verdankt die spanische Revolution ihren Sieg.«

Am 1. November übernahm General Sperrle das Kommando über die inzwischen auf 4500 Mann angewachsenen deutschen Freiwilligenverbände, die offiziell nunmehr »Legion Condor« genannt wurden. Der Personalumfang wuchs ständig, und hatte im Januar 1937 etwa 6000 Mann erreicht. Das Personal wurde in regelmäßigen Abständen ausgetauscht, um möglichst vielen Flugzeugführern und Besatzungen Fronterfahrungen vermitteln zu können. Zunächst bestand die »Legion Condor« aus einem Stab, einer Kampfgruppe (48 Ju 52, gegliedert in vier Staffeln), einer Jagdgruppe (48 He 51 in vier Staffeln), einer Aufklärerstaffel (12 He 70), je einer Kette Hs 123 und He 112, vier schweren Flakbatterien (16 Flakgeschütze 8,8 cm) und zwei leichten Batterien (acht 2-cm-Geschütze) und ferner einigen Luftnachrichten-, Wetterdienst-, Sanitäts- und Nachschubeinheiten. Hinsichtlich ihrer Flugzeuge war die Legion ihren Gegnern ganz erheblich unterlegen. Die Ju 52 gab wegen ihrer geringen Fluggeschwindigkeit, ihrer schlechten Wendigkeit, ihrer unzureichenden Funkausrüstung und der ungünstigen Verhältnisse der Besatzung an Bord einen bedauernswerten Bomber ab. Die He 51 war für die russischen Jagdflugzeuge I-15 und I-16 der Republikaner überhaupt keine Bedrohung. Die Mängelberichte, die Sperrles Chef des Stabes, Freiherr von Richthofen, früher Chef der Entwicklung im Technischen Amt, nach Berlin schickte, stellten sicher, daß im Laufe des Jahres 1937 die »Legion Condor« mit den neuesten deutschen Flugzeugmustern ausgerüstet wurde. Im Herbst 1938, als sich die Legion, seit November 1937 unter dem Kommando von General Volkmann, auf dem Höhepunkt militärischer Stärke befand, verfügte sie über 40 He 111, 5 Do 17, 3 Ju 87, 45 Bf 109, 4 He 45, 8 He 59 und 8 schwere und leichte Flakbatterien. Diese Kräfte konnten bemerkenswerte Erfolge verbuchen. Die He 111 und Ju 87 wurden ihren verschiedenen Einsatzaufgaben voll gerecht, während die Bf 109B, C und D allen gegnerischen Jagdflugzeugen, mit Ausnahme der I-16, überlegen waren. Die Legion konnte mit ihren 146 spanischen und 134 italienischen Flugzeugen die Luftherrschaft erringen. Durch Luftkampf gingen 277 feindliche Maschinen und durch Flak 58 verloren. Die Luftunterstützung nationalspanischer Heeresverbände trug wesentlich zu deren Erfolgen bei. Die Verluste der Legion betrugen 500 Gefallene, 3000 Verwundete und 96 Flugzeuge (davon 40 durch Feindeinwirkung), bei Einsatzkosten von etwa 354 Millionen Reichsmark.

Von allen Ereignissen im Spanischen Bürgerkrieg wurde am meisten über den im April 1937 erfolgten Bombenangriff auf Guernica geschrieben. Er verursachte einen wahren Aufschrei in allen Medien seinerzeit. Man sah darin nicht nur eine Bestätigung rücksichtslosen deutschen Vorgehens, sondern auch die Bedeutung und Wirksamkeit von Bombenflugzeugen. Durch den Angriff von He 111 und Ju 52 (und anderer, bisher nicht zu identifizierender Bombenflugzeuge; d. Ü.) wurde die dreißig Kilometer hinter der Front liegende Stadt Guernica zerstört, wobei etwa 1600 Menschen den Tod fanden und 900 verletzt wurden (die wohl nicht ernst zu nehmenden Schätzungen bewegen sich von 100 bis 6000!). Viel bedeutsamer für die Luftwaffe war ein Luftangriff Ende März 1937. Neun He 51, jede mit sechs 10-kg-Bomben beladen, bekämpften aus 150 m Höhe im Tiefflug befestigte Feindstellungen an der Nordfront mit erheblichem Erfolg. Demoralisiert durch die deutschen Flugzeuge und ihre Wirkung, ergriffen die Feindtruppen panikartig die Flucht. Derartige Erfolge beeinflußten die Planungen der Luftwaffe ganz wesentlich. Sie bestätigten nur, daß die strategischen und taktischen Grundsätze, die auf Grund theoretischer Überlegungen und von Manövererfahrungen in Deutschland entwickelt worden waren, vom Ansatz her richtig und überzeugend waren. Bestätigung fand auch die Tatsache, daß Bomber äußerst wirksam gegen feindliche Truppenansammlungen, Schwerpunkte und Nachschublinien eingesetzt werden konnten. General Wolfram von Richthofen, der seit 1. November 1938 der letzte Befehlshaber der Legion war, zählte zu einem der stärksten Befürworter engster Zusammenarbeit zwischen Luftwaffe und Heeresverbänden. Er hatte die Verfahren entwickelt, vorgeschobene Fliegerleitoffiziere in die vordersten Kampflinien zu schicken, um vom Boden aus die Luftangriffe über Funk zu leiten. Die Bedeutung guter Funkverbindungen (Bord-Boden-Bord), genauester Kartenunterlagen und Hilfsmittel für eine schnelle Zielerkennung wurde klar erkannt.

Hinzu kam, daß die Genauigkeit der Sturzangriffe mit der Ju 87 den Horizontalangriffen der He 111 weit überlegen war. Man hatte herausgefunden, daß die Erfolge der He 111 mehr im Tiefangriff mit hoher Geschwindigkeit zu suchen waren. Das rechtfertigte die Ansichten, daß ein »Wunderbomber« wie die Ju 88 gebraucht wurde, um so mehr als dieser über Sturzflugeigenschaften verfügte. Man versprach sich davon ein höheres Maß an Unverwundbarkeit von feindlichen Jägern und größere Treffgenauigkeit. Hinsichtlich der Jäger fand sich das RLM in seiner Ansicht bestätigt, daß sie offensiv und defensiv eingesetzt werden konnten. Die Bf 109 erwies sich als hervorragendes Flugzeug zur Bekämpfung von Bombern und zum Schutz eigener Verbände. Auf Grund der Fronterfahrungen hatte man eine Jägertaktik erarbeitet, die einen guten Kompromiß zwischen Feuerkraft und Beweglichkeit bot. Als sie in den späteren Feldzügen angewandt wurde, war sie den Taktiken der Feindmächte weit überlegen. Nachdem man festgestellt hatte, daß Bomber erstaunlicherweise gegen Beschuß relativ unempfindlich waren, entschied man sich für schwere und besser angeordnete Bordwaffen in den Jagdflugzeugen. Auf diese Weise erhielt die Bf 109 auch 2-cm-Bordkanonen. Die kurze Einsatzflugdauer hatte sich als Nachteil gezeigt, daher wurde mit Nachdruck die Serienfertigung des zweimotorigen Langstreckenjägers Bf 110 betrieben. So konnte die Luftwaffenführung voller Zuversicht zukünftigen kriegerischen Auseinandersetzungen entgegensehen, hatten sich doch das Konzept der Heeresunterstützung und der Sturzflugidee sowie die Entwicklung des »Wunderbombers« und des schweren Jägers/Zerstörers bestätigt. Sie hatte die militärischen Mittel und ihre operative Anwendung gefunden, um dem politischen Auftrag gerecht zu werden. Was noch fehlte, war die Entwicklung eines schweren Fernbombers, sofern dieser, wenn überhaupt, erforderlich war.

III. Der Kriegsbeginn

Bis 1937 vergrößerten sich alle Industriezweige, die am Aufbau der neuen deutschen Luftwaffe mitwirkten. *»Geld spielt keine Rolle»*, wie Göring im Oktober 1935 sagte, *»für die Rüstung ist der Kredit nach oben nicht limitiert«*. Innerhalb von drei Jahren hatte die Luftfahrtindustrie seit 1933 ihren Leistungsanteil an der gesamten deutschen Industrieproduktion, die sich insgesamt verdoppelt hatte, von 0,2 auf 1,6 Prozent gesteigert. Damit stand sie an 14. Stelle aller Industriebereiche. Etwa 125 000 Beschäftigte hatten Arbeit. In vier Jahren wuchs allein die Produktionsfläche der Flugzeughersteller von 30 000 auf über 1 Million Quadratmeter an. Seit der Machtübernahme durch die Nationalsozialisten wurden an die Luftwaffe bis November 1936 bereits 8778 Flugzeuge abgeliefert, 45 mehr als geplant. Dieser kometenhafte Aufbau konnte nicht von Dauer sein. Das Jahr 1937 weist eine auffallende Zurückhaltung bei der Aufstellung weiterer Verbände auf; 1938 nahm sogar die Flugzeugproduktion leicht ab. Zahlreiche Gründe waren dafür verantwortlich. Einerseits lag es an der Neubeschaffung und Umstellung von Werkzeugmaschinen für die neue Generation von Flugzeugen, andererseits an außergewöhnlichen, nicht vorhersehbaren technischen Verzögerungen im Rahmen der Flugzeugentwicklung. Das schwerwiegendste Problem war aber die volkswirtschaftliche Lage und die Knappheit finanzieller Mittel.

Bis zum Einmarsch in Polen hatte das »Dritte Reich« etwa 64 Milliarden Reichsmark für die Rüstung ausgegeben, das entsprach einem Siebtel des Bruttosozialprodukts. Für den Aufbau der Luftwaffe wurden von diesem Anteil ungefähr 40 Prozent verwendet, was einen überproportional hohen Betrag darstellte, zumal auch die anderen Wehrmachtteile erheblich vergrößert wurden. So nahm zum Beispiel der Personalumfang des Heeres in sieben Jahren etwa um 700 Prozent zu. Das Heer hingegen sah sich mangels verfügbarer Mittel gezwungen, sich nur schlecht vorbereitet den Anforderungen in einem modernen Bewegungskrieg zu stellen. Nur 14 seiner 103 Divisionen waren vollmotorisiert, der Rest mußte sich auf die Marschleistung der Infanteristen und auf ungefähr 450 000 Pferde verlassen. Die Standardwaffe war ein Gewehr, dessen Funktionsprinzip 1898 entworfen worden war. Dieser Sachverhalt läßt auf die Qualität auch der übrigen Ausrüstung schließen. Schwerwiegende Engpässe und Mängel waren durchaus üblich. Die Hälfte der Divisionen hatten beispielsweise weder Maschinenpistolen, leichte oder mittlere Granatwerfer, 2-cm-Flak noch schwere Infanteriegeschütze, während die Munitionsvorräte nur 70 Prozent des Solls betrugen. Wenn schon beim größten Wehrmachtteil, von dem das Schicksal des Reichs abhing, derartige Zustände herrschten, wie sollte es erst bei den anderen beiden aussehen?

Das Ringen um die Bereitstellung von Produktionsmitteln nahm scharfe Formen an. Insbesondere betraf das die Rohstoffe, die für die Wiederaufrüstung des Reichs bedeutsam waren: Eisen und Stahl, Zink, Kupfer, Aluminium, Mangan, Wolfram, Zinn, Gummi und Öl. Schon 1934 kam es zu Versorgungslücken, weil das Reich auf Grund fehlender Devisen die steigende Nachfrage nicht durch Importe befriedigen konnte. Das RLM blieb nicht untätig und forderte mit einigem Erfolg die Flugzeughersteller auf, ihre Forderungen nach Engpaßrohstoffen durch Ersatzmaterial zurückzuschrauben. So gelang es, den Anteil von Leichtmetallarten in der Flugzeugproduktion von achtzehn auf neun zu beschränken. Die Lage verschlechterte sich dennoch weiterhin, so daß das Technische Amt wegen der geringen Rohstoffanlieferung im Dezember 1936 der Herstellung neuer Kampf- und Einsatzflugzeuge höchsten Vorrang vor allen anderen Flugzeugtypen einräumen mußte. Von 4500 Tonnen Aluminium, die die Flugzeugindustrie in jedem Monat dringend benötigte, standen nur 50 Prozent zur Verfügung. Am 4. Februar 1937 notierte Jodl in seinem Tagebuch: ».. . *Der Satz »Geld spielt keine Rolle« hat sich bewahrheitet. Die Hauptrolle spielen die Rohstoffe* . . .«

Diese Engpaßlage führte innerhalb der politischen und wirtschaftlichen Führung des Reichs zu einer Vertrauenskrise. Es gab keine Gemeinsamkeiten mehr zwischen Großfinanz und Industrie, den Militärs und den Nationalsozialisten. Einige, vor allem auch die einflußreichsten, unter Führung von Hitler, Göring und hohen Parteifunktionären sowie zahlreiche Industrieführer wollten das Maß der Wiederaufrüstung nicht nur beibehalten, sondern sogar noch beschleunigen, während andere, wie der Reichsfinanzminister Hjalmar Schacht, der Kriegsminister von Blomberg und der Reichsminister für Wirtschaft und Handel, Kerrl, sich für eine deutliche Verminderung einsetzten. Wie immer die Argumente auch waren, niemand konnte an der Tatsache vorbeisehen, daß sich die Devisenlage des Reichs erheblich verschlechtert hatte. Mitte 1936 belief sich das Defizit auf eine halbe Milliarde Reichsmark! Und das alles nur, weil auf Kosten der Rüstung der Außenhandel sträflich vernachlässigt worden war und daher auch nur sehr wenige Rohstoffe eingeführt werden konnten, was zwangsläufig zur weiteren Verschlechterung der Rohstofflage beitrug. Deutschland hatte ganz einfach das Geld nicht, um diesen Mangel auszugleichen. Devisen konnte man nur erzielen, wenn man anstelle von Rüstungsgütern Konsumgüter produzierte, die sich im Ausland verkaufen ließen. Dies wiederum hätte den gesamten Plan der Wiederaufrüstung bedrohlich gestört, ganz abgesehen von den begeisterten, unbelehrbaren Nationalsozialisten, die aus politischen Gründen dem nie zugestimmt hätten.

Hitlers Antwort auf die verzweifelte Lage war die Verkündung des Vierjahresplans. Am 16. Oktober 1936 trat er in Kraft und sollte Deutschlands Wirtschaft, vor allem die Landwirtschaft, unverwundbar gegen Krisenlagen machen, insbesondere im Kriege, und weitgehend auf Selbstversorgung abgestellt sein sowie gleichzeitig die großen Bauprogramme und die Wiederaufrüstung unvermindert weiterverfolgen. Eine Verminderung der Konsumgüterindustie war seitens der Reichsführung nie in Erwägung gezogen worden, weil ihr allzusehr an der Erhaltung und Pflege ihrer Popularität gelegen war! Die Industrie wurde angehalten, nach synthetischen Ersatzmaterialien für kostbare Rohstoffe zu suchen. So kam es zur Entwicklung und Produktion synthetischen Öls und Gummis durch Kohlehydrierung. Jede nur mögliche Herstellung eigener Rohstoffe innerhalb des Reichsgebiets wurde untersucht, wie beispielsweise die Förderung von minderwertigem Eisenerz in Salzgitter, zu dessen Verarbeitung eine besondere Kommission Beraterfunktionen ausübte. Kontrollorgane für Import und Export werden geschaffen, die auch für die Bevorratung von Rohstoffen, die Rationalisierung innerhalb der Industrie und die Verbesserung landwirtschaftlicher Erzeugungsmaßnahmen verantwortlich sind. Mit Hilfe staatlicher Investitionsmaßnahmen in Höhe von drei Milliarden Reichsmark, gestreckt über vier Jahre, hoffte Hitler, eine halbe Milliarde Reichsmark an Devisen einzusparen und bis 1939 in der Lage zu sein, die gesamte Ölversorgung und die Hälfte des erforderlichen Gummis und Eisens, die für Deutschlands Mobilmachung erforderlich waren, aus eigenen Mitteln sicherstellen zu können. Kein anderer als Hermann Göring, wie er sich selbst bezeichnete, *»des Führers treuester Paladin«*, wurde als Beauftragter des Vierjahresplans eingesetzt.

Zweifellos nutzte Göring seine verantwortliche Stellung dazu aus, auf Kosten von Heer und Kriegsmarine die Luftwaffe zu bevorzugen. Blomberg war der Ansicht, daß Göring durch die Maßnahmen, die er in seinem neuen Amt ergriff, die Einheitlichkeit und Verfolgung der Ziele zum Aufbau und der Führung der Wehrmacht in erheblichem Maße in Frage stellte. Eine der ersten Entscheidungen betraf den Arbeitseinsatz bei den Flugzeugfirmen, wo man dringend darauf wartete, und die bevorzugte Zuweisung von Rohstoffen und Finanzmitteln an die Luftwaffe. Dennoch fehlte es der Luftwaffe an Vielem und an Dringendem. Als Göring am 4. Januar 1937 von der Luftfahrtindustrie den Plan zur Friedensmobilisierung vorgelegt wurde, sagte man ihm, daß seine Zukunftsprognosen völlig an der Wirklichkeit vorbeizielten. Der Engpaß in der Stahlversorgung war besonders schwerwiegend und veranlaßte die Industrie, den Kauf von Großgerät und Werkzeugmaschinen zur Einrichtung neuer Fertigungsstraßen für die künftige Generation moderner Flugzeuge zurückzustellen. Die Lage besserte sich auch nicht im Laufe des Jahres. Die jährliche Stahlproduktion verharrte bei ungefähr 19,8 Millionen Tonnen, während das Zuteilungsverfahren chaotische Verhältnisse annahm. Es wurden keine Prioritäten festgelegt, ganz zu schweigen von dem Versuch einer Einflußnahme auf wirtschaftliche und industrielle Abläufe. Der Mangel an Stahl nahm im Laufe des Sommers 1937 weiter zu. Die Auswirkungen für die Luftwaffe waren beträchtlich. Am 4. Juni 1937 meldete der Generalquartiermeister der Luftwaffe an Jeschonnek:

»Die jährliche Zuteilung von Eisen mußte von 290 000 auf 180 000 Tonnen gekürzt werden, von denen 40 000 für die Erweiterung von Produktionsanlagen bestimmt waren. Die Zuteilung von 63 000 Tonnen pro Jahr für Flakgeschütze wurden auf 30 000 Tonnen gekürzt, was zu einem Engpaß bei der entscheidenden Umstellung von Maschinengewehren auf 2-cm-Flakgeschütze geführt hat. Statt pro Jahr 80 000 Tonnen konnten für Flakmunition nur 41 000 erübrigt werden und statt 18 000 Tonnen für Bomben nur 2000 . . . Die Zuweisung für die Kraftfahrzeugproduktion wurde von 41 000 Tonnen pro Jahr auf 22 000 Tonnen beschnitten, wodurch die Flakbatterien unbeweglich werden. Dreiundzwanzig mittlere Flugzeugkraftstoff-Kolonnen mußten aufgelöst werden, ein gefährliches Omen für die Betankung von Flugplätzen, die nicht mit Gleisanschluß oder unterirdischen Tanks ausgerüstet sind.«

Die Engpaßlage nahm derartige Formen an, daß von den monatlich 1,8 Millionen Tonnen produziertem Stahl die Wehrmacht 750 000 Tonnen forderte, aber nur 300 000 Tonnen erhielt.

Zur selben Zeit als die wirtschaftlichen Verhältnisse maßgeblichen Einfluß auf die deutsche Rüstung ausübten, mußte Milch, die führende Persönlichkeit beim Aufbau der Luftwaffe, die entscheidend bei der Auswahl und Produktion von Flugzeugen Wege wies, seinen Posten räumen, er wurde überspielt. Wevers Tod, Keßelring als Nachfolger, die Berufung Udets, das kühle Verhältnis zu Göring, der zunehmend bestimmende Einfluß von Heinkel, Messerschmitt und Koppenberg, all dies zusammengenommen trug dazu bei, daß dem Staatssekretär die Kontrolle über die Luftrüstung aus den Händen glitt. Die straffe Hand und Führung gab es nicht mehr. Die Meinungsverschiedenheiten wuchsen, als der Generalstab der Luftwaffe, das Technische Amt, Göring, Milch und die Flugzeugkonstrukteure versuchten, das Machtvakuum wie in einem Wettstreit zu füllen. Letztendlich gelang es keinem. Anstelle klarer Richtlinien traten Durcheinander in der Planung und Chaos. Wie Generalingenieur Reidenbach, einer von Udets Mitarbeitern, nach dem Kriege äußern sollte: *»Im Falle Koppenberg zeigte sich, wie Dilettantentum, Druck und Gewalt und Improvisation zu unserem täglichen Geschäft zählten . . . «* Die Flugzeugfirmen waren bemüht, alle möglichen Flugzeugtypen herzustellen, vom Schulflugzeug bis zum Bomber, und hielten gegen die Bestrebungen des RLM, sich nur auf einen Typ zu beschränken, sich zu spezialisieren. 1938 lief bei der Firma Heinkel beispielsweise in Großserie die Produktion der He 111, nebenbei fertigte man dort elf andere Typen in Kleinserie oder als Prototyp, wovon nur drei jemals Truppenreife erreichten! Die wirtschaftlichen und technischen Probleme wurden noch durch dauernde Programmänderungen verschärft, die seitens des Technischen Amtes vorgenommen wurden, das seinerseits wiederum nur den ständig wechselnden taktisch-technischen Forderungen des Luftwaffengeneralstabs gerecht zu werden versuchte. Die Zusammenarbeit zwischen diesen beiden Dienststellen beschränkte sich auf das absolut Erforderliche. Unter diesen Bedingungen konnten keine klaren und zielweisenden Entscheidungen gefällt werden, um die zukünftige Ausrüstung und Bewaffnung der Luftwaffe zu planen. Baumbach faßte es kurz in die Worte: »*Der deutschen Luftwaffe und ihrer Luftrüstung fehlte der koordinierende Fachmann, der militärisch-technische Führer*«.

Die Entscheidung, ob ein schwerer Bomber entwickelt werden sollte, der mit großer Reichweite unabhängig von den Heeresoperationen eingesetzt werden konnte, muß vor diesem Hintergrund gesehen werden. Schon lange hatte man sich mit diesen Überlegungen befaßt. Bereits 1927 hatte die Reichswehr technische Forderungen für einen viermotorigen Nachtbomber aufgestellt. 1932 enthielt der Rüstungsplan für die Zeit von 1933-1938 die Aufstellung einer Flotte schwerer Bomber. Im Juli 1932 enthielten die taktisch-technischen Forderungen der Reichswehr an einen schweren Bomber eine Eindringtiefe von 1250 km und eine Bombenlast von 1100 kg, die später noch etwas erweitert wurden, um dann in endgültiger Fassung vom 1. Februar 1933 als Planungsgrundlage zu dienen. Bei den Dornier- und Junkers-Werken machte man sich an die Arbeit, das Projekt zu verwirklichen. Bis in die ersten Jahre nationalsozialistischer Regierung empfahl man weiterhin den Einsatz des schweren Bombers. Dr. Knauss forderte im Mai 1933 in einer umfangreichen Denkschrift die Schaffung einer »Risiko-Luftflotte« schwerer Bomber; auf technische Einzelheiten ging er nicht ein. Göring stimmte den Vorschlägen von Knauss zu, weil sie sich mit seinen eigenen beschränkten Kenntnissen vom Luftkrieg deckten. Natürlich hatte er Douhet gelesen und kannte die eifrigen Fürsprecher massiver Luftgeltung. Er unterstützte deren Ideengut. Dennoch scheint er keine tiefgehenden, klaren Vorstellungen von zukünftigen Aufgaben schwerer Bomber gehabt zu haben. Ähnlich wie Hitler, sah er in der Luftwaffe ein Mittel der Macht und des Ansehens. Ihnen ging es nur um Flugzeugzahlen und nicht um Qualität. Die Entscheidungen und einzelnen Maßnahmen zum Aufbau der Luftwaffe überließ er anderen, deren Ansichten er willens war zu folgen, sofern dadurch der schnellstmögliche Aufbau von Luftgeltung nicht in Frage gestellt wurde.

Von ganz anderer Art war Wever. Seine strategischen Überlegungen über den Einsatz der Luftwaffe waren durchdrungen von der Überzeugung, daß Luftmacht im Kriege allein und selbständig die Entscheidung herbeiführen kann. Er stimmte im allgemeinen mit dem seinerzeit in Europa weitverbreiteten strategischen Gedankengut überein. Anläßlich der Eröffnung der neuen Luftkriegsakademie führte er in seiner Rede aus:» *So wird auch im Kriege der Zukunft die Niederringung der Wehrmacht an erster Stelle stehen. Das kann sein: Die Niederringung der feindlichen Luftmacht, die Niederringung des feindlichen Heeres, die Niederringung der feindlichen Seestreitkräfte, die Niederringung der Quellen der feindlichen Wehrmacht, seiner Rüstungsindustrie . . . Nur der Staat, der über starke Bomberkräfte verfügt, kann von seiner Luftwaffe eine kriegsentscheidende Handlung erwarten.*« Wevers strategische Vorstellungen vom Luftkrieg wurden den Teilnehmern am Kriegsspiel in Salzbrunn im Frühjahr 1936 noch klarer. Es ging um eine mögliche kriegerische

Auseinandersetzung zwischen Deutschland und der Tschechoslowakei. Der geplante Ablauf beinhaltete die möglichst schnell zu erringende Luftüberlegenheit und die Unterstützung der Heeresoperationen beim Durchbruch durch die tschechischen Grenzbefestigungsanlagen. In letzter Minute verlangte Wever auch noch einen Großangriff der Luftwaffe auf wichtige Ziele von politischer und militärischer Bedeutung in und um Prag. Im Sinne eines massiven Angriffs, wie Douhet ihn forderte, sollte der Gegner davon überzeugt werden, weil Panik, Chaos und absolute Verzweiflung unter der Bevölkerung ausbrachen, daß jeder weitere Widerstand völlig sinnlos wäre, was wiederum zur schnellen Beendigung der Kriegshandlungen führen sollte.

Wever vertrat die Ansicht, daß das Reich sich zunächst darauf konzentrieren sollte, eine Luftwaffe zum Schutze Deutschlands und zur Abwehr eines feindlichen Einmarsches zu schaffen, damit das Rüstungsprogramm ungestört vollendet werden konnte. Gleichzeitig sollte sich die Wehrmacht auf einen Krieg mit der Sowjetunion vorbereiten. Wever, der dem nationalsozialistischen Regime keineswegs abgeneigt gegenüberstand, hatte Hitlers »Mein Kampf« mit Verstand gelesen und seine politischen Thesen sehr wohl zur Kenntnis genommen. Immer wieder hatte der »Führer« ausgeführt, daß er mit England und Frankreich keinen Krieg führen wolle und diese Länder nur daran hindern wollte, Deuschland anzugreifen. Das Britische Empire betrachtete er als Teil der Weltordnung und Großbritannien als natürlichen Verbündeten. Im Falle Frankreichs war er sogar bereit, für immer auf Elsaß-Lothringen zu verzichten, wenn er dadurch nur den Krieg verhindern konnte. Es gab nur einen Feind, den Deutschland ernst zu nehmen hatte, das war die Sowjetunion. Dem aggressiven Drang der Slawen, beflügelt vom »jüdisch durchsetzten Bolschewismus«, mußte irgendwann in der Zukunft Einhalt geboten werden. Darauf hatte sich die Luftwaffe vorzubereiten. Das führte Wever zu der Entscheidung, einen schweren Fernbomber zu fordern, der über eine große Reichweite verfügen mußte, um tief in die unermeßlichen Weiten Rußlands eindringen zu können.

Die Heeresführung war keineswegs begeistert von den Plänen zur Entwicklung eines derartigen Flugzeuges und sah auch keinen Bedarf für eine Maschine, die unabhängig von den Heeresoperationen eingesetzt werden sollte. Drei Gründe sprachen nach ihrer Ansicht dagegen. Einerseits benötigte man für die Entwicklung dieses schweren Bombers mindestens drei Jahre, bevor mit der Produktion begonnen werden konnte, andererseits hatte die Flugzeugindustrie nur beschränkte Fertigungskapazitäten, so daß dann nur noch wenig Freiraum zur Verfügung stand, um andere Flugzeugtypen zu bauen, und schließlich gäbe es keine Einsatzverwendung für dieses Flugzeug, selbst wenn man auf der Schaffung einer Fernbomber-Flotte beharren sollte. Außenpolitisch gab es für das Reich, wie es Hitler beurteilte, in absehbarer Zukunft nur Polen und Frankreich als mögliche Feindmächte. Diese Länder konnte man jedoch wirkungsvoll mit Mittelstrechen-Bombern bekämpfen. Selbst im Falle eines Feldzuges gegen Rußland glaubte man, daß die Flugzeuge der Luftwaffe über genügend Eindringtiefe zur Wahrnehmung ihrer Einsatzaufgaben verfügten, sofern sie von vorgeschobenen Feldflugplätzen operierten und auf diese Weise dem Vormarsch des Heeres folgten. In Anbetracht des Zwangs zum raschen Aufbau der Wehrmacht mit begrenzten Mitteln sollte der Luftwaffe die Aufgabe zufallen, die Heeresoperationen unmittelbar zu unterstützen. Alles andere wurde als Kräftevergeudung angesehen. Trotz der Ablehnung seitens der Heeresführung verfolgten die verantwortlichen Stabsoffiziere im RLM zielstrebig die Idee des Fernbombers weiter. Wever, Wimmer, Deichmann und Felmy vertraten mit Nachdruck den Standpunkt, daß die Luftwaffe sowohl in der Lage sein mußte, unabhängig und selbständig Luftkrieg zu führen, als auch im Rahmen verbundener Opera-

tionen mit dem Heere. Milch forderte einen Bomber, der von deutschen Fliegerhorsten reichweitenmäßig um ganz England herumfliegen sollte. Während die
Beschaffungsprogramme leichter und mittlerer Bomber weiterliefen, verlor
man nie das Ziel aus den Augen, einen Schnellbomber mit großer Reichweite
und schwerer Bombenlast zu entwickeln, der auch in großen Höhen eingesetzt
werden konnte. Deichmann, seinerzeit Chef der Führungsabteilung im Generalstab der Luftwaffe, führte aus:

> »Es bestand damals beim Generalstab eine ganz klare Auffassung über die Notwen-
> digkeit, daß der zukünftige Standardbomber der deutschen Luftwaffe ein Fernbom-
> ber sein müsse . . . Ich wies darauf hin, daß nach Auslandsnachrichten und nach
> den Berechnungen einer Anzahl maßgeblicher Ingenieure die Leistung von viermo-
> torigen Bombern gegenüber den zweimotorigen so gesteigert wäre, daß wir in vier-
> motorigen Bombern die Waffe der Zukunft erblicken müßten. Der viermotorige
> Bomber hätte eine weit größere Reichweite, als wie der zweimotorige jemals errei-
> chen könne. Nur mit dieser Reichweite sei es möglich, die voraussichtlichen kriegs-
> wichtigen Ziele in einem zukünftigen Kriege erreichen zu können. Der viermotorige
> Bomber sei in der Lage, solche Höhen aufzusuchen, daß er außerhalb des Haupt-
> wirkungsbereiches der Flakartillerie fliegen könne. Seine weit größere Tragfähigkeit
> erlaube die Mitnahme einer wesentlich größeren Bombenmenge und den Einbau ei-
> ner verbesserten Abwehrbewaffnung und Panzerschutz. Seine größere Geschwin-
> digkeit mache ihn unempfindlich gegen Jagdfliegerangriffe . . .«

Also sah man in der Schaffung einer Fernbomberflotte das Glanzstück einer
ausgereiften, allen Aufgaben gerecht werdenden und schlagkräftigen Luftwaffe.
Die dafür erforderlichen technischen Anforderungen an die Ingenieurkunst waren jedoch ungeheuer. Man mußte neue Wege der Flugzeugzellenherstellung be-
schreiten, hochgezüchtete Höhenladermotoren, Druckkabinen, elektro-opti-
sche Zielgeräte und neue Flugzeugfunk- und Navigationsanlagen großer Reichweite entwickeln, und diese neue Technologie mußte unter Einsatzbedingungen
noch einwandfrei funktionieren. Der schwere Bomber konnte frühestens in ausreichender Anzahl Ende der dreißiger Jahre zur Verfügung stehen. Zeit genug,
um ihn in einem zukünftigen Kriege einsetzen zu können, so glaubten die Planer.
Im Mai 1934, dem Jahr, in dem die Amerikaner mit dem Entwurf zweier
schwerer Bomber begannen, wovon einer die Boeing B-17 war, erhielt das deutsche Projekt, das im RLM wegen seiner Reichweite und seines möglichen Ein-
satzraumes »Uralbomber« genannt wurde, die höchste Dringlichkeitsstufe im
Entwicklungsprogramm der Luftwaffe. Bis Ende Juni mußte ein Holzmodell natürlicher Größe gefertigt, die Versuchsmuster bis Juli 1935 ausgeliefert und 1938
mit der Großfertigung begonnen werden. Der am 1. Januar 1935 von Milch her-
ausgegebene umfangreiche Produktionsplan beinhaltete zum ersten Male unter
der Bezeichnung »Langstrecken-Großbomber« den Bau von sieben Versuchs-
mustern eines schweren Bombers. Ende 1936 hatten die Firmen Dornier und
Junkers ihre Versuchsmuster Do 19 und Ju 89 für Erprobungsflüge fertiggestellt.
Sie waren mit vier 600-700 PS-Flugmotoren ausgestattet. Die Do 19 erreichte
eine Höchstgeschwindigkeit von 315 km/h, eine Eindringtiefe von 800 km und
konnte 3000 kg Bomben laden; die Ju 89 erzielte eine Höchstgeschwindigkeit
von 390 km/h und konnte 4000 kg Bomben zuladen, ihre Eindringtiefe entsprach
in etwa der der Do 19. Diese Leistungen waren unvergleichlich besser als die aller seinerzeit schon vorhandenen oder in Planung befindlichen deutschen
Kampfflugzeuge. Auch äußerlich ähnelten diese zwei Flugzeugmuster den späteren viermotorigen Standardbombern der RAF, die 1941 und 1942 im Kriege als
»Stirling«, »Halifax« und »Lancaster« über Deuschland auftauchten. Dennoch
befriedigten die Do 19 und Ju 89 die Luftwaffenführung nicht, weil man sie für

untauglich beurteilte. Denn sieben Monate zuvor, am 17. April 1936, waren neue taktische Forderungen erstellt worden, die die Handschrift Wevers trugen. Höchstgeschwindigkeit und Reichweite der neuen Bomber sollten verdoppelt werden, wodurch die beiden Versuchsmuster schon veraltet und überholt waren, bevor letzte Hand bei der Fertigung angelegt worden war.

Es wäre möglich gewesen, die Versuchsmuster der Do 19 und Ju 89 weiterzu-entwickeln, wenn man die in Erprobung befindlichen neuen, stärkeren Flugmo-toren der 1000-PS-Klasse verwendet hätte. Selbst wenn die Bomber dann nicht den Kenndaten, die seit dem 17. April 1936 galten, entsprochen hätten, wäre ihre Reichweite größer gewesen. So glaubte man, die Höchstgeschwindigkeit der Do 19 auf 370 km/h und ihre Eindringtiefe auf 1000 km steigern zu können. Doch es sollte anders kommen. Nachdem Keßelring Wever und Udet Wimmer ersetzt hat-ten, vollzog sich im Führungspersonal der Luftwaffe ein entscheidender Wech-sel. Diese beiden neuen Männer befürworteten, daß die Luftwaffe weiterhin und sogar in noch stärkerem Umfange für die unmittelbare Unterstützung des Heeres herangezogen werden sollte. Sie sprachen sich gegen die Schaffung einer Bomberflotte nach den Lehren Douhets aus. Ihren Argumenten konnte man sich nicht verschließen. Ihrer Ansicht nach brauchte Deutschland eine schlag-kräftige Luftwaffe, die innerhalb von neun Jahren buchstäblich aus dem Nichts aufgebaut werden mußte, um im Jahre 1942 für größere militärische Unterneh-mungen bereitzustehen. Entwicklung und Fertigung guter Flugzeuge hatten da-für im Vordergrund zu stehen. Der schwere Bomber paßte in dieses Konzept überhaupt nicht hinein.

Die technischen Fortschritte im Zusammenhang mit dem Aufbau der Luft-waffe waren beachtlich. Die deutsche Flugzeug- und Flugmotorenindustrie, dar-über war man sich völlig im klaren, mußte noch viel durch Forschung und Erfah-rung hinzulernen, bevor sie in der Lage war, wirklich einsatzbereite Erzeugnisse zu entwickeln und in ausreichender Anzahl zu fertigen. Die Entwicklungspro-bleme beim Fernbomber waren riesig. Ob man sie zeitgerecht überwinden konnte, stand wahrlich in den Sternen. Selbst wenn es gelungen wäre, so hätte man die Fertigung eines derartigen Flugzeuges für unmöglich gehalten, weil die Wirtschaftslage und die Zuweisung von Rohstoffen an die Luftwaffe es nicht er-laubt hätten. Wollte man die Schaffung einer allen Aufgaben gerecht werdenden Luftwaffe zugunsten eines Fernbombers nicht in Frage stellen, so mußte man etwa sechzig Prozent der Produktionskapazität der Flugzeugindustrie für Schul-, Aufklärungs-, See- und Jagdflugzeuge vorhalten und vierzig Prozent für die Bomberfertigung bereitstellen. Wenn dieses Verhältnis von 60:40 beibehalten werden sollte, und es gab Anzeichen dafür, daß die Jägerproduktion, insbeson-dere die der Langstreckenversionen, erhöht werden mußte, um Geleitschutz für die schweren Bomber zu fliegen, ließen sich nur zwischen 400 und 500 viermo-torige Bomber bis 1942 bauen, im Gegensatz zu grobgerechnet der zweieinhalbfachen Anzahl von zweimotorigen Kampfmaschinen. Die Erfahrung gab den Ein-wänden recht, daß bei einer Einsatzbereitschaft von 70 Prozent und weniger 500 Bomber einfach nicht ausreichten, um über längere Zeit schlagkräftig zu wirken. Weitere Probleme hätten sich bei der Umstellung der Werkzeugmaschinen und Fertigungsbänder der Luftfahrtindustrie ergeben, um anstelle von mittleren die schweren Bomber zu produzieren, ganz abgesehen von der zeitweiligen Unter-brechung der Auslieferung an die Truppe. In der Tat vollzog die Luftfahrtindu-strie schon in den Jahren von 1936-1939 einen derartigen Umstellungsprozeß, um die Fertigungsbänder für die neuen Maschinentypen der Luftwaffe anzupas-sen. Hinzu kam, daß die Herstellung von Werkzeugmaschinen zur Fertigung des schweren Bombers nicht angezeigt war, weil man sonst in erheblichem Maße auf die Engpaßrohstoffe hätte zurückgreifen müssen.

Weiterhin sprachen die mangelhaften Flugkraftstoffverhältnisse gegen den schweren Bomber, der pro Einsatz durchschnittlich sechs Tonnen Kraftstoff verbrauchte. Setzt man sechs Feind- und zwei Ausbildungsflüge im Monat an, so hätten 500 Bomber monatlich etwa 24 000 Tonnen Flugkraftstoff benötigt, was ungefähr einem Drittel der monatlichen Flugkraftstoffherstellung im Jahre 1940 entsprochen hätte. Ferner hätte es erhebliche Schwierigkeiten bedeutet, innerhalb kurzer Zeit die Besatzungen für diese Bomber auszubilden. Etwa 3500 Mann fliegendes Personal, nicht gerechnet der übliche Ersatz, wären erforderlich gewesen, um diese 500 Bomber unter Einsatzbedingungen dauernd flugbereit zu halten. Aus diesem Grunde folgerte Keßelring einige Jahre nach dem Kriege: *»Wenn man auch den strategischen Einsatz der Luftwaffe als das Ziel ansah, und auch dieses Ziel in wohldurchdachten Programmen angesteuert hätte, so wäre 1939 noch keine strategische Luftwaffe von entscheidender Bedeutung vorhanden gewesen.«*

Insbesondere im Hinblick auf die im April 1936 herausgegebenen Kenndaten entschieden Keßelring, Udet und Milch mit überzeugenden Argumenten gegen den viermotorigen schweren Bomber. Aus diesem Grunde enthielt das Entwicklungsprogramm vom 26. Oktober auch keinen Hinweis auf die weitere Fertigung der Do 19 und Ju 89. Sechs Monate später wurden sie in der Vorrangliste des Beschaffungsprogramms der Luftwaffe an letzter Stelle geführt. Am 29. April 1937 verfügte Göring auf Anraten seiner Mitarbeiter den Stop der Entwicklung dieser beiden Versuchsmuster. Er befahl sogar, daß das Technische Amt ohne seine ausdrückliche Zustimmung keinerlei weitere Maßnahmen im Zusammenhang mit dem schweren Bomber ergreifen durfte, obwohl er im Winter 1934 über das Gesamtproblem eingehend unterrichtet worden war und seinerzeit, typisch für seine Verhaltensweise, weder Ablehnung noch Zustimmung geäußert hatte. Die Versuchsmuster wurden also für übliche Erprobungsflüge im Zusammenhang möglicher, in ferner Zukunft liegender Projekte von Langstreckenflugzeugen verwendet. Die Ju 89 diente beispielsweise als Erprobungsträger und führte zur Entwicklung des großen Truppentransportflugzeuges Ju 90. Die Luftfahrtindustrie des Reichs hatte sich von nun an der Entwicklung und Produktion leichterer zweimotoriger Bomber zuzuwenden.

Jeschonnek unterstützte diese Richtung nachhaltig, als er Anfang 1938 Chef der Führungsabteilung im Generalstab der Luftwaffe wurde. Deichmann berichtet darüber:

»Oberst Jeschonnek antwortete mir darauf, . . . ich selbst hätte ja in einer Denkschrift über die Grundsätze für die Führung des operativen Luftkrieges gefordert, daß es hierbei darauf ankomme, mit möglichst wenig Flugzeugen und Bomben die entscheidenden Teile eines Zieles zu treffen. So hätte ich angeführt, daß bei einem Treffer in das Kesselhaus ein ganzes Industriewerk stillgelegt werden könnte. Eine solche Aufgabe ließe sich jedoch unmöglich durch Bombenabwurf aus größerer Höhe im Horizontalwurf lösen. Nur durch einen Sturzbomber, der mit größter Sicherheit seine Bombe in das Ziel werfen könne, sei dies möglich. Wir hätten nun in der Ju 88 ein solches Flugzeug, das zur Durchführung solcher Punktzerstörungen geeignet sei.

Ich machte hierauf den Einwand, daß in einem zukünftigen Kriege die Ziele, die von entscheidender Bedeutung sind, weitab liegen würde. Meines Erachtens hätte die Ju 88 nicht die erforderliche Reichweite. Außerdem werde aber ein auf Sturzfähigkeit gebautes Flugzeug nie die erforderliche Geschwindigkeit entwickeln können, um sich der Abwehr durch feindliche Jäger leichter entziehen zu können.

Oberst Jeschonnek lehnte daraufhin eine weitere Aussprache über dieses Problem mit mir ab, da ich ja lediglich aus theoretischen Überlegungen heraus darüber sprechen könne. Er selbst verfüge jedoch als bisheriger Kommandeur des Lehrgeschwaders über die notwendige praktische Erfahrung. Seiner Überzeugung nach sei

*der Sturzbomber Ju 88 allein das geeignete Bombermuster für die deutsche Luft-
waffe.«*

Die Einstellung der Entwicklungsprogramme der Do 19 und Ju 89 im April
1937 bedeutete jedoch nicht, daß die Luftwaffe jedes Interesse an der weiteren
Förderung von Großbomberprojekten verloren hatte. Im März 1937 empfahl
der Generalstab der Luftwaffe, daß zwei Geschwader, jeweils mit He 111 und Ju
86 ausgerüstet, durch den Einbau von zusätzlichen Kraftstoffbehältern in die
Lage versetzt werden sollten, Langstreckeneinsätze zu fliegen. Ferner zeigte das
Technische Amt Interesse an einer verbesserten Do 17. Es entwarf Kenndaten
für ein größeres Flugzeug, das mehr Bomben laden und über eine größere Reichweite verfügen sollte. Daraus entstand die Do 217, ein sogenannter schwerer
Bomber mit Sturzflugeigenschaften, der im August 1938 seinen Erstflug machte.
Mangelhafte Flugeigenschaften, die hauptsächlich auf Grund der Sturzflugfor-
derung auftraten, veranlaßten das RLM nach langem Zögern schließlich im
Sommer 1939, der Firma Dornier zuzugestehen, diese Forderung zunächst nicht
weiterzuverfolgen. Nach weiteren Erprobungen, die die Sturzflugeignung
schlecht beurteilten, entschloß man sich im Sommer 1941, endgültig darauf zu
verzichten. Ende 1940 wurde die Do 217 als Bomber in nur geringer Serie aufge-
legt. Die Do 217E-2 erreichte in 5200 m Höhe eine Höchstgeschwindigkeit von
515 km/h, mit 900 kg Bombenlast betrug ihre Eindringtiefe 720 km, mit der
höchstmöglichen Bombenzuladung von 4000 kg war die Reichweite entsprechend geringer.

Man hatte nie die Absicht verfolgt, aus der Do 217 ein besonderes Kampfflug-
zeug zu machen. Zur selben Zeit, als sich das Technische Amt näher mit dieser
Maschine befaßte, erteilte es der Firma Heinkel den Auftrag zur Erstellung einer
Entwicklungsstudie für einen völlig neuen schweren Bomber. Anfang 1938 gab
Udet die technischen Forderungen an eine solche Maschine heraus. Sie beruhten auf den taktischen Forderungen des Generalstabs der Luftwaffe aus dem
Jahre 1936, wonach ein Flugzeug benötigt wurde, das bei einer Höchstgeschwindigkeit von 500 km/h eine Bombenlast von 2000 kg bis zu 1600 km weit in Feindesland tragen sollte. Heinkel legte im Laufe des Frühjahrs 1938 seinen Entwurf,
Projekt 1014, vor. Im November stand das Holzmodell in natürlicher Größe bereit, und im Jahr darauf bestellte das Technische Amt sechs Versuchsmuster dieses Bombers, der die Bezeichnung He 177 erhielt.

Von Begeisterung für die He 177 konnte keine Rede sein. Viele zweifelten
daran, ob man sie überhaupt bauen sollte. Udet bemerkte Heinkel gegenüber:

*»Jeschonnek und der Generalstab sehen möglicherweise keine Verwendungsmög-
lichkeit mehr dafür. An einen Krieg mit England denkt kein Mensch . . . Der »Eiserne« (so bezeichnete Udet Göring; d. Ü.) hat, bevor die Entscheidungen für die
Konzentration all unserer Mittel für den zweimotorigen Stuka gefallen sind, noch
eingehende Unterredungen mit dem Führer gehabt. Ein Krieg mit England ist völlig
ausgeschlossen.*
*Es geht, wenn überhaupt, um eine Auseinandersetzung mit Polen oder der Tsche-
choslowakei. Der Führer wird es niemals zu einer Auseinandersetzung kommen lassen, die über das europäische Festland hinausgeht. Für die einzigen dadurch möglichen Konflikte genügt also ein mittlerer Bomber mit kleiner Reichweite, geringer
Bombenlast – aber umso höherer Stuka-Zielgenauigkeit, so wie wir ihn jetzt mit der
neuen Ju 88 haben und mit unseren Mitteln so zahlreich bauen können, wie es der
Führer wünscht, um damit gleichzeitig England und Frankreich so zu beeindrukken, daß sie uns auf jeden Fall in Frieden lassen. Die He 177 werden wir zu Studien-
zwecken weiterentwickeln, vielleicht als Fernflugzeug für die Marine . . .«*
So halbherzig ging das RLM an das Projekt heran! Es sah keine zwingenden

Gründe dafür, der ohnehin schon überlasteten Luftfahrtindustrie Rohstoffe zu entziehen, nur um den schweren Bomber zu bauen. Ganz abgesehen davon hätte es Abstriche und Einschnitte in bereits laufende Beschaffungsprogramme, die auch schon auf Grund der angespannten Rohstofflage dauernden Rationalisierungsmaßnahmen unterzogen wurden, gegeben. Es sei daran erinnert, daß man zu dieser Zeit, als man so hohe Stücke auf die Ju 88 hielt, den Bedarf nach einem weiteren Bomber nicht klar erkannt hatte. Erst im Juli 1939, als man einen Krieg mit England nicht mehr ganz ausschließen konnte, drängte das RLM Heinkel, den Bau eines Versuchsmusters zu beschleunigen und erteilte gleichzeitig den Bauauftrag für 20 Vorserienflugzeuge der He 177.

Um den technischen Forderungen gerecht zu werden, erhielt die He 177 besondere Neuerungen auf dem Gebiet des Flugzeugbaues. Am hervorstechendsten war die Triebwerkanordnung. Damit die geforderte Höchstgeschwindigkeit von etwa 500 km/h überhaupt erreichbar war, mußten die Triebwerke insgesamt um die 4000 PS leisten. Da keine 2000-PS-Motoren zur Verfügung standen, erst gegen Ende des Krieges gab es derart leistungsfähige Motoren, mußte auf vier 1000-PS-Motoren zurückgegriffen werden. Vier Motoren jedoch beeinträchtigten die Flugeigenschaften und vergrößerten den Luftwiderstand. Wie in dem Versuchsflugzeug He 119 wählte man die Lösung der Zusammenkopplung zweier Triebwerke, die auf eine Luftschraubenwelle wirkten. Auf diese Weise erzielte man die Vorteile, die ein zweimotoriges Flugzeug gegenüber einem viermotorigen hatte, ohne auf die erforderliche Antriebsleistung verzichten zu müssen. So gut dieses Ingenieurskonzept auf dem Reißbrett schien, so schlecht und ungeeignet ließ es sich in der Praxis des Flugdienstes an. Bei der Erprobung zeigte sich, daß die Triebwerkskopplung äußerst unzuverlässig arbeitete. Triebwerkheißläufer, die in der Luft nicht selten zu Motorbränden führten, waren die schlimmsten aller auftretenden Fehler. Zusätzlich erreichte das erste Versuchsmuster enttäuschend niedrige Geschwindigkeitswerte, sie betrugen 80 km/h weniger als gefordert. Infolgedessen bat Heinkel am 19. November 1938 das Technische Amt, die Versuche einstellen zu dürfen und das Flugzeug mit vier einzelnen Motoren auszurüsten. Das wurde abgelehnt, weil die He 177 über Sturzflugeigenschaften verfügen mußte und Sturzbomber nicht mit mehr als zwei Luftschrauben eingesetzt werden konnten.

Die Sturzflugfähigkeit hatte das RLM erst nachträglich gefordert. Als Udet und Jeschonnek im Frühjahr 1938 die Holzattrappe der He 177 besichtigt hatten, verlangten sie eine viermotorige Bauweise, verschlossen sich dann aber dem Wunsch Heinkels nicht, der begeistert für gekoppelte Doppelmotoren eintrat. Einige Monate später verlangte das Technische Amt einmütig mit dem Generalstab, daß die He 177 Sturzwinkel bis 60 Grad erreichen müßte. Als Udet von Heinkel forderte: *»Die He 177 muß auf jeden Fall sturzfähig werden«*, wandte er ein, *»solch ein Riesenflugzeug kann doch kein Sturzbomber werden«*. Udet antwortete nur:*» Die Maschine ist praktisch doch zweimotorig. Wenn die zweimotorige Ju 88 sturzflugfähig ist, warum sollte es die He 177 nicht auch sein?«*
Weil die Luftwaffenführung darauf beharrte, daß die He 177 Sturzflugeigenschaften haben mußte, mußten auch die besonderen Doppeltriebwerke eingebaut werden, die dann dazu beitrugen, daß dieses Flugzeug sehr bald im Fliegerjargon »Luftwaffenfeuerzeug« genannt wurde. Um dem hohen Lastvielfachen nach dem Abfangen aus dem Sturz widerstehen zu können, mußte die Maschine zellenseitig erheblich verstärkt werden. Die erste He 177, die noch nicht sturzfähig war, wog 13,75 Tonnen; die He 177, die später an die Truppe ausgeliefert wurden, wogen mit 18 Tonnen etwa ein Drittel mehr. Wie im Falle der Ju 88 opferte man auch hier Geschwindigkeit und Wendigkeit zugunsten der Sturzfähigkeit. Die ersten Serienmuster He 177A-1/R1 entsprachen den Forderungen des Tech-

nischen Amtes. Mit fünf Mann Besatzung erreichte die Maschine in 5800 m Höhe eine Höchstgeschwindigkeit von 485 km/h. Die Eindringtiefe betrug 1900 km bei einer Bombenlast von 900 kg (die höchstzulässige Bombenlast war 5400 kg). In Wirklichkeit war die He 177 aber nicht einsatzbereit, worüber später noch zu berichten sein wird. Bleibt nur zu erwähnen, daß während der Erprobung fast 50 Versuchsmuster entweder durch Feuer in der Luft oder durch »Abmontieren« bei der Sturzerprobung verlorengingen. Bis September 1942 hatte die Truppe nur 33 He 177 A-1 übernommen, von denen ganze zwei einsatzbereit waren.

Es ist heute allgemeine Ansicht, daß es ein großer Fehler der Luftwaffe war, weil es ihr nicht gelang, die Fertigung eines schweren Langstreckenbombers sicherzustellen. Nach dem Kriege mußte Milch zustimmen: »*Dies war einer der Gründe für den Fehlschlag der Luftoffensive gegen England und für das Unvermögen der Luftwaffe, unseren eigenen U-Booten angemessenen Schutz zu sichern.*« Immer wieder hört man, daß der deutsche Bombenkrieg gegen feindliche Geleitzüge, Nachschublinien und Industriezentren höchst wirkungvoll gewesen wäre. Die Lage der Dinge zeigt hingegen, daß die Deutschen über England nur drei Prozent der Bombentonnage abgeworfen hatte, die die Alliierten insgesamt alleine über dem Reich zum Einsatz brachten. Die Ju 88 A-1 konnte bei einer Eindringtiefe von 880 km nur 900 kg Bomben tragen, bei 400 km waren es 1500 kg. Dagegen schleppte die Avro »Lancaster« der RAF 1800 kg Bomben 1400 km tief ins Feindesland; mit verminderter Abwehrbewaffnung konnte sie bei Nacht sogar bis zu 3900 kg Bomben über dem Reich abwerfen. Die amerikanische B-17, der einzige viermotorige Bomber auf dem westliche Kriegsschauplatz zu Anfang des Krieges, schleppte bei einer Eindringtiefe von 1400 km eine Last von 900 kg Bomben und konnte bei Tag über dem Reich bis zu 1600 kg Bomben werfen. Die 1944 zum ersten Male eingesetzte B-29 »Superfortress«, die jedoch nicht über Deutschland flog, konnte 9000 kg Bomben schleppen, das entsprach dem Abfluggewicht einer Ju 88 A-1; bei einer Eindringtiefe von 2600 km waren es immerhin noch 5500 kg.

Dennoch mag sich das Fehlen einer sehr teuren Langstreckenbomberflotte selbst nicht so nachteilig auf die Luftwaffe ausgewirkt haben, wie viele Historiker meinen. Selbst wenn man der strittigen Frage nicht weiter nachgeht, ob die Bombardierung der feindlichen Wirschaftszentren angesichts der hohen Ungenauigkeit beim Bombenwurf, wie sie in den ersten Kriegsjahren noch üblich war, ein wirkungsvolles Mittel der Kriegsführung war, ist es wahrscheinlich, daß die Luftwaffe, hätte sie nach Zahl und Qualität etwas Ähnliches wie die amerikanische B-17 gehabt, nicht in der Lage gewesen wäre, ihre Kräfte entsprechend einzusetzen, weil ihr die geeigneten Langstrecken-Begleitjäger fehlten. Wegen der Mängel und Schwächen der Bf 110 und der Fehlkonstruktion der Me 210 hatte die Luftwaffe ganz einfach kein derartiges Flugzeug. Wie die Kriegsgeschichte lehrte, wäre es den Alliierten 1944 nicht möglich gewesen, Tagesangriffe ohne den Begleitschutz von »Mustang«- und »Thunderbolt«-Jägern durchzuführen. Bei Nachtangriffen mußte man sich in den ersten Kriegsjahren auf ungenaue Blindflugverfahren und Bombenzielgeräte abstützen, was wiederum nur die Flächenbombardierung von Städten zuließ. Wir erfolglos, aber auch wie furchtbar diese Art der Einsätze war, ist hinlänglich bekannt.

Gegen Großbritannien eingesetzte Langstreckenbomber, die ohne Begleitschutz hätten fliegen müssen, ob bei Tag oder Nacht, hätten mit großer Wahrscheinlichkeit keine operativen Erfolge erzielt. Nur im Falle der Sowjetunion, die über keine nennenswerte Luftverteidigung verfügte, hätte man vielleicht mit Bombern alleine etwas erreichen können. Mitte 1941, als der Rußlandfeldzug begann, wäre es Bombern unter Umständen gelungen, tief in das feindliche Hinterland einzudringen, ohne noch vertretbare Verluste zu erleiden. Aber die Luftwaffe hatte keine Fernbomberflotte, auch nicht in absehbarer Zukunft. Nur ein europäisches Land verfügte darüber, die Sowjetunion, die nur gerade 100 Bomber, die veralteten TB-3, und einige wenige der moderneren Type Pe 8, die sich in Einführung bei der Truppe befand, hatte. Nicht anders sah es bei den Amerikanern aus, wo nur wenige B-17 im Dienst der fliegenden Verbände standen. Erst 1943 begannen die schweren Nachtangriffe der Alliierten in größerem Umfang gegen Deutschland. So wirkungsvoll diese Angriffe auch gewesen sein mögen, kann man doch behaupten, daß das Reich den Krieg schon verloren hatte, und zwar auf Grund seiner Niederlagen auf den Schlachtfeldern Europas. Mit Sicherheit wären die langsamen Ju 89 und Do 19, die bis 1939 ohne weiteres hätten einsatzbereit sein können, nicht so wirksam wie die schweren Bomber der Alliierten gewesen, selbst wenn sie in ausreichender Anzahl bereitgestanden wären. Als erfolgreiches Kampfflugzeug für die Seezielbekämpfung, wie beispielsweise kleine Handelsschiffe bombardieren, kann man sich wohl kaum einen schweren Höhenbomber wie die »Lancaster« oder »Superfortress« vorstellen. Für derartige Einsatzaufgaben war ein kleinerer Bomber, wie die Ju 88, weit besser geeignet.

Wenn auch zuweilen die Meinung vertreten wird, daß der Fernbomber mit Begleitschutz durch Jäger von hohem strategischen Wert für das Reich gewesen wäre, so war doch die Entscheidung richtig und durchdacht, die weitere Entwicklung der Do 19 und Ju 89 einzustellen. Die technischen und wirtschaftlichen Beschränkungen und Probleme erlaubten seinerzeit einfach nicht den Aufbau einer Fernbomberflotte, wollte man nicht die Schaffung einer wohlausgewogenen Luftwaffe aus dem Nichts in Frage stellen, deren Hauptaufgabe es war, das Heer bei seinen Operationen zu unterstützen. Diese Unterstützung sollte sich im Kriege als höchst wertvoll erweisen und war mit Recht in Anbetracht der eingesetzten Mittel weit wirksamer als die Bombardierung des feindlichen Hinterlandes. Wenn von der He 177 nicht die verheerende Sturzeigenschaft gefordert worden wäre, so hätte dieser schwere Bomber in größeren Stückzahlen an die Truppe ausgeliefert werden können, wenngleich auch erst zwei Jahre nach Kriegsbeginn, einer Zeit, wo die deutsche Luftüberlegenheit bereits im Schwinden begriffen war. Dann allerdings wäre die He 177 über Feindesland auf sich allein gestellt gewesen, weil die Langstrecken-Begleitschutzjäger Bf 110 und Me 210 ihren Aufgaben nicht gerecht wurden. Über Großbritannien hätte die He 177 bei Tage nicht lange zum Einsatz kommen können, und bei Nacht hätte es ihr an der erforderlichen Abwurfgenauigkeit gefehlt. Daher war die Luftwaffe gezwungen, um den politischen Auftrag nach gewaltiger Wiederaufrüstung in kürzestmöglicher Zeit zu erfüllen, die Heeresunterstützung in erster Linie wahrzunehmen und die Flugzeugbeschaffung den technischen und wirtschaftlichen Möglichkeiten anzupassen sowie davon auszugehen, daß vor Mitte 1942 eine Fernbomberflotte nicht verfügbar wäre. Und schließlich sollte es überhaupt nicht dazu kommen. Es liegt im Bereich der Vermutungen, ob das der entscheidende Grund für die endgültige Niederlage war, wie Historiker es behaupten.

Der berauschende Optimismus, der in den ersten Jahren des Aufbaus von 1933-1936 in Luftwaffenkreisen vorherrschte, als sich die jährliche Flugzeugproduktion von 372 auf 5112 gesteigert hatte, war 1938 verflogen. Zu dieser Zeit war man sich im klaren darüber, daß selbst Göring in seiner Eigenschaft als Beauftragter für den Vierjahresplan die Luftwaffe nicht von den in beängstigendem Maße vorgenommenen Kürzungen bei der Rohstoffzuteilung ausnehmen konnte. Erste Anzeichen dafür gab es schon im November 1936, als mit Rücksicht auf die Fertigungs- und Versorgungsmöglichkeiten entschieden wurde, daß die Luftwaffe mit nur zwei Jagdflugzeugtypen, Bf 109 und Bf 110, ausgerüstet werden sollte. Die gleichzeitige Fertigung ähnlich gearteter Maschine mußte unterbleiben, weil weder Material noch Fertigungskapazität freigegeben wurden. Die Luftwaffe hing auf Gedeih und Verderb von dem Leistungsvermögen dieser zwei Jagdflugzeuge ab. Im Falle der Bf 109 ging die Rechnung auf; die Bf 110 ist eine Geschichte für sich.

Damals ließ sich der Oberbefehlshaber der Luftwaffe durch nichts erschüttern, wohl bestärkt durch »seinen Führer«, dessen Ziele expansionistischer Politik zum wiederholten Male erst am 5. November 1937 den militärischen Führungsspitzen erläutert wurden. Daraus ging hervor, daß für Deutschland spätestens 1943 die Notwendigkeit zum Handeln bestünde. Am 2. Dezember 1936 verfügte Göring, daß vom ersten Tag des Jahres 1937 an alle Fabriken der Luftfahrtindustrie mobilmachungsmäßig zu laufen hätten. Geld spiele keine Rolle, sagte Göring, und daß die Deutschen ursprünglich Ruhe bis 1941 gewünscht hätten: *»Wir können aber noch nicht wissen, ob schon vorher Verwicklungen kommen. Wir befinden uns bereits im Kriege – nur wird noch nicht geschossen.«* Um die Fertigungszahlen zu erhöhen, stimmte Göring jedoch zu, daß weniger Typen produziert wurden. Beispielsweise wurden alle Pläne verworfen, die die Entwicklung von Jagdflugzeugen für vier besondere Aufgaben betrafen. Am 16. Dezember gab das Technische Amt bekannt, die Entwicklung von neun Flugzeugmustern abzubrechen. Ferner wurde einige Tage später auch die Verringerung des Produktionstempos von bereits in Fertigung befindlichen Maschinen ins Auge gefaßt. Sehr schnell erwies sich Görings Hoffnung, daß die Produktion mobilmachungsmäßig laufen sollte, also mit höheren Fertigungszahlen, als völlig wirklichkeitsfremd. Der Produktionsplan Nr. 5 vom März 1937 enthielt niedrigere monatliche Ausstoßzahlen als der Vorläufer und schob die Beendigung des Programmes vom 31. März auf den 1. Oktober 1938 hinaus. Bis dahin, so hoffte man, sollte die Luftwaffe seit 1933 insgesamt 18 620 Flugzeuge übernommen haben, wohingegen es im Plan Nr. 4 sechs Monate vorher schon 18 000 hätten sein sollen. Auch das Fertigungsverhältnis von Jägern zu Bombern von ursprünglich 1:3 wurde auf 1:2 verändert, was darauf schließen läßt, daß man sich in zunehmendem Maße der Fähigkeiten ausländischer Luftstreitkräfte bewußt wurde, daß sie das Reich angreifen konnten und über Bomber verfügten, die es abzuwehren galt. Um einen einschneidenden Personalabbau in der Luftfahrtindustrie zu vermeiden, zu dem es zwangsläufig auf Grund er Produktionsverminderung und der Typenbereinigung gekommen wäre, trug der neue Plan zur Beschleunigung der Produktionsumstellung auf neuere Typen bei und vergrößerte den Umfang von Entwicklungs- und Forschungsaufträgen.

Weitere einschränkende Maßnahmen sollten für die Luftwaffenplanung folgen. Am 29. April 1938 wurde das Ju 86-Programm zusammengestrichen. Dem wurde keine Träne nachgeweint, weil die Maschine ihren Erwartungen nur in ganz geringem Maße gerecht wurde. Im Juni meldete das Technische Amt, daß die Fertigung neuer Flugzeugmuster nur zehn Prozent der geplanten Steigerungsrate entsprach. Das führte zur Verzögerung der Auslieferung bestimmter Flugzeugmuster und minderte die Beschaffung. Ein weiterer Produktionsplan, der im Laufe des Monats herauskam, umfaßte etwa 430 Flugzeuge weniger und verschob das Ende der Planungsperiode auf den 31. März 1939. Zum ersten Male plante das RLM eine Unterbrechung der bisher nur steil nach oben zeigenden Fertigungskurve der Luftfahrtindustrie, was sogar zur Kurzarbeit in einzelnen Bereichen führte.

Standardisierungsmaßnahmen wurden eingeführt. Nach einer Besprechung mit Industrieführern ordnete das RLM im Juli 1937 an, daß die Erprobungsverfahren verkürzt und weniger technische Änderungen am Luftfahrtgerät verlangt werden, daß man sich auf einige wenige Typen und Varianten davon sowie weniger Ausrüstung und Gerät beschränkten sollte und über einen längeren Zeitraum die Serienfertigung beibehalten wird. Nachhaltig wurde die Idee vom Mehrzweckflugzeug verfolgt. Man wollte damit erreichen, daß mit einem Flugzeugtyp mehrere Einsatzaufgaben, beispielsweise als Bomber oder Jäger, wie im Falle der Me 210, durchgeführt werden konnten. So sollten auf der Grundlage einer einheitlichen Flugzeugzelle, die man nur mit verschiedenen Flugmotoren und Gerätesätzen versah, Flugzeugmuster für zahlreiche Einsatzverwendungen entstehen. Das Bestreben, die Flugzeugentwicklung zu beschleunigen und zu vereinfachen, hatte jedoch verhängnisvolle Folgen. Unter Zeitdruck vorgenommene Erprobungen führten zu Fehlern und Fehlbeurteilungen, die sich in der Serienfertigung fortschleppten, wodurch sich die Ablieferung an die Truppe verzögerte und teure, zeitaufwendige technische Änderungen berücksichtigt werden mußten. Gleichzeitig wurden die Entwicklungs- und Konstruktionsbüros übertrieben vorsichtig. Sie stützten sich lieber auf vorhandene Fertigungsmethoden und Flugzeugmuster ab, als nach neuen Lösungsmöglichkeiten zu suchen. Der ständige Druck, soviel wie möglich in möglichst kurzer Zeit zu produzieren, war dem Aufbau einer wohlausgewogenen Luftwaffe nicht förderlich. Man opferte die Qualität zugunsten hoher Fertigungs- und Auslieferungszahlen.

Der Produktionsplan Nr. 6 vom September 1937 sah noch weniger Flugzeugmuster mit längeren Fertigungszeiten vor. Die schwerpunktmäßig zu fertigenden Flugzeugtypen waren die He 111 (mit 1202 zu bauenden Maschinen), Do 17 (1319), Bf 109 (1535), Bf 110 (520) und Ju 87 (499). Am 30. Oktober 1937 meldete Milch an Göring, daß die Produktionsziele für die Luftwaffe aus Gründen der schlechten Rohstofflage um 25 Prozent nach unten korrigiert werden müßten; bei der Flakproduktion betrug der Wert etwa 75 Prozent; und das Luftschutzprogramm mußte total gestrichen werden, sofern auf Stahlprodukte zurückgegriffen werden mußte.

Das Jahr 1938 brachte auch keine wesentlichen Verbesserungen. Die vorläufige Haushaltsmittelforderung des RLM für das Rechnungsjahr 1938/1939 belief sich auf 6,1 Milliarden Reichsmark. Der Reichsfinanzminister billigte jedoch nur 4,5 Milliarden zu. Weitere scharfe Beschränkungen mußten in Kauf genommen werden, was wiederum zu Entlassungen in der Luftfahrtindustie führte. Dem Zwang gehorchend, wurde im März der Produktionsplan Nr. 7 herausgegeben, der eine Laufzeit bis 30. Juni 1939 haben sollte. Man rechnete mit einer zunehmenden Verringerung der monatlichen Fertigungszahlen. Das Hinausschieben des Termins für den Ablauf des vorhergehenden Produktionsplans um drei Monate führte letztlich nur dazu, daß insgesamt gerade 489 Flugzeuge mehr produziert wurden. Die durchschnittliche monatliche Produktion gemäß Plan Nr. 7 sollte 455,8 Flugzeuge betragen. Es sei daran erinnert, daß Göring im Dezember 1936, als er von »mobilmachungsmäßiger Produktion« sprach, monatlich mit einem Ausstoß von 1179 Flugzeugen rechnete! Der Produktionsplan Nr. 7 ging davon aus, daß die Luftwaffe bis Frühjahr 1940 vollkommen auf die neuen Flugzeugtypen umgerüstet sein sollte. Herausragendstes Muster darunter war die Ju 88, die nach der Planung bis Oktober 1939 die He 111 und Do 17 aus der Flugzeugfertigung verdrängt haben sollte. Bis April 1940 schätzte man den Gesamtumfang der Luftwaffe auf 10 380 Flugzeuge, davon 2620 Bomber, 973 Stukas, 3048 Jäger, 2048 Transporter und 1727 Aufklärer.

Im Frühjahr 1938 besserte sich die Problemlage für die Luftwaffe ein wenig. Der »Anschluß« Österreichs, im März, trug zur Entspannung der kritischen Divisensituation bei. Österreich hatte etwa 230 Millionen Reichsmark Rücklagen und für 75 Millionen Barrengold und Girokonten, wohingegen Deutschland nur über 90 Millionen verfügte. Gleichzeitig verbesserte sich die Industriekapazität des Reichs auf dem Gebiet der Rohstoffe, wie Eisenerz und Kohle, und der

Elektrizitätsversorgung. Ein weiterer Vorteil waren die seit 1937 steigenden Eisen- und Erzimporte aus Spanien. Die sich drohend abzeichnende Kriese um die Tschechoslowakei, wo man befürchtete, daß es zum Krieg kommen würde, zeigte auch Auswirkungen. Die Ausgaben für die Wehrmacht stiegen anstelle der geplanten 11 Milliarden Reichsmark auf 14 Milliarden, wovon die Luftwaffe ihren angemessenen Teil erhielt. Am 8. Juli sprach Göring zu leitenden Vertretern der Luftfahrtindustrie, die er auf seinen Landsitz Karinhall geladen hatte, und erklärte ihnen, daß angesichts eines Krieges die unbedeutenden Probleme der Industrie untergeordneter Natur wären und gelöst werden müßten. Er forderte die Massenproduktion weniger Flugzeugmuster in großen Serien, die Förderung von Entwicklungsprogrammen für Höhenmotoren und Raketentriebwerke sowie Fernbomber. Die Fabriken sollten in Kriegsbereitschaft versetzt werden. Am 11. Juli begann die Luftwaffe unter der Tarnbezeichnung »Fall Grün« mit den Vorbereitungen eines Angriffs auf die Tschechoslowakei. Alle bisherigen Bedenken wurden in den Wind geschlagen, das RLM legte am 15. August 1938 den Produktionsplan Nr. 8 vor, der eine Laufzeit bis 1. April 1940 hatte. Verzeichnete der Plan Nr. 6 noch innerhalb von 18 Monaten die Fertigung von 2055 Jägern und 2521 Bombern, so forderte der Plan Nr. 8 schon 3744 Jäger und 3060 Bomber. Ehrgeizig wie der Plan war, konnte er nicht an der tatsächlichen Lage vorbeigehen. Im Oktober fehlten der Luftwaffe beispielsweise 366 000 Tonnen Stahl, der hauptsächlich für Erweiterungsbauten im Bereich der Luftfahrtindustrie vorgesehen war. 1938 fertigten deutsche Flugzeugwerke 5235 Flugzeuge, 371 weniger als im Jahr zuvor. Die durchschnittliche Monatsproduktion sank von 467 auf 436 Maschinen. Erst im Mai 1939 sollten wieder die Fertigungszahlen des März 1937 erreicht werden. Wären die optimistischen Schätzungen der Jahre 1934 und 1935 wahr geworden, so hätten im Jahre 1939 monatlich etwa 1200 Maschinen die Bänder der Flugzeugwerke verlassen sollen, also doppelt soviel wie tatsächlich nur produziert wurden in diesem Jahre. Statt dessen dauerte es noch bis Februar 1942, um diese Produktionszahlen zu erreichen.

Die Sudetenkriese im Herbst 1938 hatte bei Hitler und der Reichsführung tiefe Spuren hinterlassen. Am 21. April, einen Monat nach der erfolgreichen Rückführung Österreichs in das »Großdeutsche Reich«, beauftragte Hitler das OKW mit der Planung eines Einmarsches in die Tschechoslowakei, diesem zwar kleinen Land, das aber militärisch einige Bedeutung hatte. Wie er ausführte, könnte die ausgeprägte strategische Lage, in der Nähe des Herzens des Reichs, den sowjetischen Truppen als Ausgangsbasis dienen, wenn es zur endgültigen Abrechnung mit dem Bolschewismus käme. Diese Bedrohung müßte beseitigt werden. Wegen der Meinung der Weltöffentlichkeit lehnte Hitler dennoch die Absicht eines überfallartigen Angriffs ohne Anlaß ab und zog statt dessen die Lösung vor, auf Grund eines an den Haaren herbeigezogenen, fadenscheinigen Zwischenfalles, für den man die Tschechen verantwortlich machen konnte, eine Vergeltungsmaßnahme durchzuführen. Der Plan des OKW lag Hitler am 20. Mai zur Unterschrift vor. Er begann mit den Worten: »*Es liegt nicht in meiner Absicht, die Tschechoslowakei ohne Herausforderung schon in nächster Zeit durch eine militärische Aktion zu zerschlagen, . . .*« Die Pläne wurden jedoch schon bald durch den Ablauf der Ereignisse überrollt. Am selben Tage, dem 20. Mai, ordnete die tschechische Regierung, aufgeschreckt durch die Gerüchte um einen deutschen Angriff, die Teilmobilmachung ihrer Streitkräfte an. Die britische und französische Regierung richteten eine Warnung mit dem Hinweis an Deutschland, daß es möglicherweise zu einem Weltkrieg kommen könne, wenn in die Tschechoslowakei einmarschiert würde. Frankreich und die Sowjetunion bekräftigten ihr Versprechen der unmittelbaren Unterstützung der Tschechen. Eher außer sich und erregt als erschreckt über diese Reaktionen und nicht willens, sein Gesicht zu verlieren, fällte Hitler eine schicksalshafte Entscheidung: Die Lösung der tschechoslowakischen Frage noch im selben Jahr, auch auf die Gefahr hin, daß es zum Kriege in Europa kam. Der Einmarschplan wurde überarbeitet. Am 28. Mai unterschrieb Hitler die endgültige Fassung des «Fall Grün». Der erste Satz lautete: *»Es ist mein unabänderlicher Entschluß, die Tschechoslowakei in absehbarer Zeit durch eine militärische Aktion zu zerschlagen.«*

Als Angriffstermin wurde der 1. Oktober festgelegt. Die politischen Vorbedingungen wurden sorgfältig bereitet. Hitler forderte die Einbeziehung des Sudetenlands, dem Teil der Tschechoslowakei, wo die deutschen Volksanteile in der Überzahl waren, in das Deutsche Reich. Er stellte am 26. September ein diesbezügliches Ultimatum, das am 28. September, um 14 Uhr, ablaufen sollte. Gegenüber dem britischen Botschafter erklärte Hitler am 27. September: *»Ich bin auf alle Eventualitäten vorbereitet. Heute ist Dienstag, und am nächsten Montag werden wir uns eben alle miteinander im Kriege befinden!«* In Berlin paradierten Panzer die Wilhelmstraße hinunter, und in London hob man Schützengräben aus. Die Tschechen zogen ein gut ausgebildetes 800 000 Mann umfassendes Heer hinter starken Feld- und Grenzbefestigungen zusammen. Die Franzosen erreichten mit ihrer Teilmobilmachung, den zwölf deutschen Divisionen 65 eigene an der Grenze gegenüberzustellen. Die Briten versetzten ihre Flotte in Alarmzustand. Die Sowjetunion verkündete, daß sie ihren vertraglichen Bindungen nachkommen werde. Italien, Deutschlands einziger Verbündeter, tat gar nichts. Hitler sah sich einem Zweifrontenkrieg gegenüber. Seine Truppen waren den Franzosen und Tschechen alleine mit 2:1 unterlegen, und sein Volk stand bestenfalls einem Krieg teilnahmslos gegenüber. Für ihn, den »Führer«, wahrscheinlich keine hoffnungsvollen Vorzeichen. Als Europa am Rande des Krieges stand, kam aber dem »Führer« das Schicksal mit Fügungen zu Hilfe, die nicht nur die schon fast sichere Niederlage verhinderten, sondern auch einen Teil dessen erreichten, was er forderte, zumal mit Aussicht darauf, auch den endgültigen Rest noch zu erzwingen. Die Regierungen Frankreichs und Großbritanniens waren noch nicht von der Notwendigkeit eines Krieges überzeugt. Durch die Vermittlung Mussolinis gelang es, Hitler zu überreden, Chamberlains Vorschlag einer Viermächtekonferenz über die tschechoslowakische Frage anzunehmen. Das Treffen der vier Regierungschefs, Hitler, Mussolini, Chamberlain und Daladier, das am 29. September 1938 in München stattfand, bestätigte in jeder Hinsicht die unnachgiebigen Forderungen des »Führers«. Am 1. Oktober marschierten deutsche Truppen ohne jeden Widerstand im Sudetenland ein. Es war jedoch eine hochbrisante Angelegenheit, die militärisch nicht ohne kritische Lagen ablief.

Zwei Wochen nach der Konferenz von München verkündete Hitler am 14. Oktober ein größeres neues Rüstungsprogramm. Nie wieder wollte er sich veranlaßt sehen, Befürchtungen über die möglichen Folgen seiner Aktionen haben zu müssen, wie es ihm vor den Tagen von München ergangen ist. Höchsten Vorrang erhielt die Luftwaffe, die verfünffacht werden sollte, um in der Lage zu sein, einen Zweifrontenkrieg führen zu können. Anfang November beliefen sich die Schätzungen des Luftwaffengeneralstabes auf einen Gesamtumfang von 45 700 Flugzeugen bis Frühjahr 1942, damit die Luftwaffe 10 300 Maschinen im Dienst der Frontverbände hatte, mit 8200 in Reserve. Diese Maschinen sollten 58 Kampfgeschwader (Ju 88 und He 177), 16 Zerstörergeschwader (Me 210 und Bf 110), acht Stukageschwader und eine beträchtliche Anzahl von Aufklärungsstaffeln ausrüsten. Die Kostenschätzung belief sich auf ungefähr 60 Milliarden Reichsmark, ein Betrag, den man etwa zwischen 1933 und 1939 insgesamt für die Wiederaufrüstung ausgegeben hatte. Der vorläufige Produktionsplan Nr. 9, der auf Grund der Forderungen des Generalstabs am 15. November 1938 vom Technischen Amt herausgegeben wurde, verlangte bis zum 31. März 1942 die Fertigung von 703 He 177, 7327 Ju 88, 900 Do 17, 2000 He 111, 2002 Ju 87, 3320 Bf 110 und 4331 Bf 109. Im Laufe der Zeit wurden diese Zahlen, wenn auch nicht wesentlich, etwas nach unten angepaßt.

Am selben Tage besprachen Göring und Milch die Frage, wie die Ausbildung der Luftwaffe ausgeweitet werden könnte und wie ein Einsatz der Luftwaffe gegen Großbritannien geplant werden müßte. Das RLM begann sofort mit vorsorglichen Studien und Planungen diesbezüglicher Operationen. Mit Nachdruck untersuchte man auch den Bau von Fliegerhorsten, die Entwicklung von Fernbombern und Begleitjägern für den Englandeinsatz und darüber hinaus bis in den Atlantik. Dringende Maßnahmen kündeten sich an, als Göring am 24. Oktober Milch in Kenntnis setzte, daß die Einheiten der Luftwaffenbodenorganisation vollmotorisiert werden sollten, um den Vormarsch des Heeres folgen und Fliegerhorste im besetzten Gebiet näher an England herangezogen bauen und einrichten zu können. Zwei Tage darauf wurden bei einer Konferenz mit hohen Luftwaffenoffizieren in Karinhall die Erfordernisse des Luftkrieges gegen England erörtert, wobei es um den Bau von mindestens 500 Fernbombern bis 1942 und die Entwicklung einer 1000-kg-Panzerdurchschlagbombe für die Schiffsbekämpfung ging. Bei einer Besprechung mit Offizieren der Kriegsmarine wiederholte Jeschonnek im Monat darauf diese Pläne, aus denen ganz deutlich hervorging, daß der gemeinsame Feind Großbritannien hieß.

So begeistert die Luftwaffenführung über die Vergrößerung der Luftwaffe auch gewesen sein mag, kamen doch erhebliche Zweifel auf, ob Deutschland überhaupt in der Lage war, derartige ehrgeizige Pläne, wie sie Hitler verfolgte, in die Tat umzusetzen. Das Technische Amt stimmte diesen Plänen zwar zu, daß die Luftfahrtindustrie bei entsprechendem Einsatz von Finanzmitteln den neuen Anforderungen gerecht werden könnte, befürchtete aber, daß in der Praxis auf Grund fehlender Rohstoffe an eine Vergrößerung gar nicht zu denken wäre. Wegen Entwicklungsschwierigkeiten beim Bau der Ju 88, He 177 und Me 210 zeichneten sich im übrigen schon erhebliche Verzögerungen in der Auslieferung dieser Flugzeugmuster ab. Die He 177 beispielsweise sollte planmäßig erst 1942 den Verbänden zulaufen, so daß Mitte 1943 etwa 500 Fernbomber bereitstünden. Die bedeutendsten Bedenken betrafen die Rohstoffe und Devisen, die wohl kaum ausreichen würden, geschweige denn zu beschaffen sein würden. Alleine die erforderlichen Betriebsstoffe für den geplanten Umfang der Luftwaffe beliefen sich auf 85 Prozent der gesamten Weltproduktion, die nur über devisenträchtige Importe hätten abgewickelt werden können. Oberst Josef Kammhuber, Chef des Organisationsstabes im RLM, entwarf ein mehr der Wirklichkeit entsprechendes Programm, das Hitlers Forderungen um etwa zwei Drittel zusammenstrich. Milch und Stumpff hielten das für eine gute Lösung und empfahlen, es anzunehmen, bis man die Probleme mit dem »Führerprogramm«, wenn überhaupt, in den Griff bekam. Am 28. November fand im RLM, ohne Göring, eine Besprechung statt, um zu entscheiden, was weiter geschehen sollte. Milch erläuterte den Sachverhalt, führte den Anwesenden vor Augen, daß sogar der Produktionsplan Nr. 5 vom März 1937 noch lange nicht erfüllt war und empfahl die Annahme des Plans von Kammhuber. Alle stimmten zu, bis auf Jeschonnek, der erklärte: »*Ich bin dagegen! Meine Herren, ich stehe auf dem Standpunkt, daß es unsere Pflicht ist, dem Führer nicht in den Rücken zu fallen*«. Milch, der die Meinung eines derart einflußreichen Mannes nicht übergehen konnte, nahm ihn mit zu Göring, wo die beiden ihre gegensätzlichen Standpunkte erläuterten. Ängstlich bemüht, nicht in Gegensatz zu »seinem Führer« zu geraten, folgte der Reichsmarschall den Ansichten Jeschonneks. Milch kehrte zu der Besprechung zurück und erklärte den Teilnehmern, Göring habe sich für das »Führerprogramm« entschieden. Selbst wenn es nicht zu verwirklichen wäre, so sollte dennoch jeder Abteilungsleiter sein Äußerstes tun, um soviel wie möglich zu erreichen. Kammhuber fragte, woher denn die Mittel dafür genommen werden sollen, er erhielt keine Antwort darauf.

Die Zwanglage, in der sich die Luftwaffenführung befand, zwischen Hitlers Forderungen einerseits, und den wirtschaftlichen Möglichkeiten andererseits, wurde in der schon bald üblichen Weise gelöst. Man hatte sich daran gewöhnt, daß zwischen den politischen Zielen und den Mitteln, sie zu erreichen, tiefe Risse klafften. Am 13. Dezember 1938 fand eine Besprechung zwischen den Oberbefehlshabern der drei Wehrmachtteile statt, wobei es in erster Linie um die Probleme und Weisungen Hitlers im Zusammenhang mit dem neuen Rüstungsprogramm ging. Göring und Milch trugen über die Probleme der Luftwaffe vor und stützten sich dabei auf einen Bericht des Technischen Amtes ab, den dieses einige Tage zuvor erarbeitet hatte. Danach konnte die Luftfahrtindustrie bis zum 1. April 1942 43 000 Flugzeuge fertigen (der Generalstab verlangte 45 700), wovon 10 900 Bombenträger waren (davon 7700 He 177 und Ju 88) und 7500 Jäger (Bf 109, Bf 110 und Me 210). Die Flugbenzinproduktion mußte von 38 000 Kubikmeter monatlich auf 300 000 Kubikmeter gesteigert werden, ferner mußte die Lagerkapazität um 6,6 Millionen Kubikmeter erweitert werden, um die Planungszahl von 10,3 Millionen Kubikmeter zu erreichen. Nur um den Kraftstoff zu befördern, benötigte die Luftwaffe 9000 Eisenbahnkesselwagen, 7500 mehr als bereits in Betrieb standen. Um der »Verfünffachung« gerecht zu werden, mußte die Eisen- und Stahlzuweisungen an die Luftfahrtindustrie verdreifacht werden (von 100 000 Tonnen 1938 auf 290 000 Tonnen bis 1941), beim Aluminium bedurfte es fast einer Verdopplung (4800 Tonnen auf 8900 Tonnen), beim Kupfer einer Verdreifachung, beim Holz einer Vervierfachung. Die Munitionsfertigung für die fliegenden Verbände mußte jährlich von 1000 Tonnen auf 23 000 Tonnen steigen. Auch die Produktion von Flakgeschützen mußte verdoppelt werden. All das band 1940 ungefähr 45 Prozent aller Arbeitsreserven des Reichs in den Industrie- und Fertigungszentren. Die Vertreter von Heer und Kriegsmarine waren darüber verständlicherweise geradezu aufgeschreckt, zumal sie ihre eigenen umfangreichen Rüstungsprogramme berücksichtigen mußten. Sie verweigerten der Luftwaffe die Zustimmung, ihr eine Vorrangstellung einzuräumen. Nach außen hin billigten sie das »Führerprogramm« zwar, gestanden aber die Mittel zur Durchführung nicht zu. Seitens des RLM erfolgten darauf keine Maßnahmen. Hitler wurde nicht unterrichtet. Auch gibt es keine Dokumente oder Beweise, daß irgend jemand je versucht haben sollte, diese Unterrichtung vorzunehmen.

Ganz abgesehen von den ungeheuren Belastungen, die die Luftwaffe mit der Lösung ihrer materiellen Probelme hatte, verursachte Hitlers Weisung, den Umfang der Luftwaffe zu verfünffachen, erhebliches Durcheinander bei der Ausbildung der Männer, die die riesigen Zahlen von Flugzeugen fliegen sollten. Im Herbst 1938 gab es nur drei Kampfflieger-, eine Fliegerwaffenschule (See) und eine Jagdfliegerschule. Pläne für den Aufbau weiterer Schulen gab es nicht. »*Der Chef AW (Ausbildungswesen; d. Ü.)* «, so schreibt General Deichmann, dessen Chef des Stabes, »*hatte Anfang 1939 bei Bildung dieser Dienststelle dem Generalstab eine entsprechende Berechnung vorgelegt und um Bewilligung neuer Fliegerschulen gebeten. Der Generalstab lehnte diese Forderung ab, da alle Mittel technischer Art für die Neuaufstellung von Frontverbänden benötigt würden*«. Da die Dienststell Chef AW aus dem Bereich Jeschonneks ausgegliedert war und Milch unmittelbar unterstand, konnte der Generalstab keine Hilfe gewähren. Aus diesem Grund war die Dienststelle auch die Unterstützung des NSFK (Nationalsozialistisches Fliegerkorps, das im April 1937 den aufgelösten DLV – Deutschen Luftsportverband – ersetzte) angewiesen. Die Schulen wurden nach Art eines Fliegerclubs betrieben, waren über ganz Deutschland verteilt und hatten jede für sich ihre eigenen Schulungsmethoden. Selbst Gruppenkommandeure in den Frontverbänden waren gezwungen, ihren fliegerischen Ersatz zu schulen und gleichzeitig noch ihren Verband einsatzbereit zu machen. So ein Mangel herrschte an technischem Personal und Material in dieser fieberhaften Aufbauzeit, daß der Chef AW noch nicht einmal eine Unterdruckkammer für die Überprüfung des fliegenden Personals oder für luftfahrtmedizinische Forschungen bereitstellen konnte. Über die Auswirkungen aller dieser Maßnahmen äußerte sich Milch in Nürnberg:

> *Wir hatten für diese damals vorhandene, verhältnismäßig kleine Luftwaffe gerade ausreichenden Personalersatz. In dem Personalersatz lagen mit die größten Schwierigkeiten im Aufbau überhaupt. Von der Ausbildung des Personals war überhaupt die Terminfrage abhängig. Die Personalfrage war Schrittmacher. Es war möglich, schneller Flugzeuge zu bauen, es war aber nicht möglich, die Ausbildung des Personals zu beschleunigen. . . Piloten und technisches Fliegerpersonal haben nur dann einen Zweck, wenn sie richtig, daß heißt gut ausgebildet worden sind. Halbausgebildete Leute sind ein größerer Schaden als gar keine.*

So mußte Hitlers »Führerprogramm« scheitern. Gefangen zwischen wirtschaftlichen und militärischen Gegebenheiten und politischer Verantwortungslosigkeit einerseits, und den Forderungen des Generalstabs und der Unfähigkeit des Technischen Amts und des Chefs AW andererseits, lösten sich die Zielvorstellungen über die Verfünffachung der Luftwaffe schlicht und einfach in Wohlgefallen auf. Was blieb, war nicht anderes als das, was die Luftwaffe ohnehin schon geplant hatte. Nur die Aufstellung geplanter Verbände und die Flugzeugfertigung wurden etwas beschleunigt, was zu überhasteten Maßnahmen führte, die dem Aufbau von Streitkräften noch nie förderlich waren. Die Aufstellungsprogramme waren die eine Seite der Medaille, die tatsächliche Durchführung die andere. Wie es Kammhuber formulierte: *»Die Luftwaffe trieb so dahin, sie schwamm.«*

Die Probleme mit den Programmen der Luftwaffe hielten an. Am 24. Januar 1939 kam der Produktionsplan Nr. 10 heraus, der schon Rücksicht auf die Verzögerung in der Fertigung der He 177 und Ju 88 nahm, was die Verlängerung der Stehzeiten der He 111 und Do 17 in den Verbänden nach sich zog. Der Gesamtumfang der zu fertigenden Flugzeuge blieb jedoch unverändert. Weitere Verzögerungen verlangten ihren Tribut. Nur wenige Tage, nachdem die Resttschechei besetzt und das Memelland dem Reich eingegliedert worden waren, ohne daß die Weltöffentlichkeit aufbegehrte, kam der Produktionsplan Nr. 11 am 1. April 1939 heraus. Er setzte realistischere Ziele als seine Vorläufer. Die Laufzeit betrug drei Jahre. Nur 7748 Bomber wurden gefordert (etwa 2500 weniger als im Plan Nr. 10), davon noch 4419 He 177 und Ju 88, und auch die Zahl der Jäger wurde auf 5859 Einheiten zurückgenommen, davon sollten 3881 Bf 109 sein und der Rest sich auf die Bf 110 und Me 210 verteilen. Aber schon nach kurzer Zeit sollte sich diese Plananpassung als zu überzogen erweisen. Neun Tage nachdem Hitler die Vorbereitung von Plänen für einen Feldzug gegen Polen befohlen hatte, meldete das Technische Amt am 12. April, daß nur 40 Prozent der geforderten Bomben- und Munitionsmengen erreicht werden könnten. Am 5. Mai wies Milch Göring warnend darauf hin, daß die Flugzeugproduktion wegen ernsthafter Rohstoffmängel um 30 bis 40 Prozent verringert werden müßte. Arbeitskräftemangel verschärfte die Lage noch um so mehr. Jeschonnek, der neuernannte Chef des Generalstabes der Luftwaffe, wies die Befehlshaber der Luftwaffe ernst darauf hin, daß die Hälfte der Frontverbände nicht auf volle Kriegsstärke aufgefüllt werden könne, weil die Ablieferungszahlen der Flugzeugindustrie abgesunken seien. Am 12. Mai kündete der Generalquartiermeister Luftwaffe an, daß bei den fliegenden Verbänden mit erheblichen Versorgungsschwierigkeiten und -engpässen vor allem auf dem Gebiet der Flugzeugfunkgeräte, Bordinstrumente, dem Kraftstoff und der Munition zu rechnen sei. Am 15. Mai wurde gemeldet, daß die Luftwaffe nur über eine Flugbenzinreserve (sogenannte Reichweite; d. Ü.) von 2,8 Monaten verfüge.

Durch ungeheure Anstrengungen gelang es den Flugzeugwerken, die Zellenfertigung planmäßig vorzunehmen. Aber die Liefererwartung der Flugmotoren- und Flugzeugausrüstungswerke bewegten sich zwischen drei und 37 Prozent unter dem Plansoll. Die gesamte Luftfahrtindustrie litt unter dem Mangel an Arbeitskräften und unter dauernden Rohstoffengpässen. Mehrere Berichte des RLM offenbaren, daß im Juni trotz einer erhöhten Zuteilung die Industrie dennoch nur 70 Prozent der geforderten Eisen- und Stahl-, 73 Prozent der Aluminium-, 45 Prozent der Holz-, 30 Prozent der Kupfer- und 31 Prozent der Nickelzuteilung erhalten hatte. Die Fertigung von Flakgeschützen bewegte sich auf bedrohlich niedriger Ebene. Der Generalquartiermeister Luftwaffe warnte am 16. Juni davor, daß die Luftwaffe, sollte sich die Lage nicht bessern, bis zum April 1940 über 100 Batterien weniger als geplant verfügen werden. Daraufhin wurde im Juli 1939 der Produktionsplan Nr. 12 abgefaßt, der eine weitere Verringerung der Produktionsziele um etwa 20 Prozent beinhaltete.

Die Verbesserung der Flakgeschützproduktion war verhältnismäßig leicht zu erreichen. Als im Sommer 1939 die Kriegsgefahr zunahm, befürchtete Hitler, daß seine Beliebtheit beim Volke Schaden nehmen könnte, wenn das Reich von feindlichen Verbänden bombardiert werden würde. Er erteilte Genehmigung, die Fertigung von schweren 8,8-cm- und 10,5-cm-Flakgeschützen von monatlich 40 auf 150 zu steigern und verlangte die beschleunigte Entwicklung der 12,8-cm und 15-cm-Geschütze. Die Beschleunigung der Flugzeugproduktion erwies sich als weit schwieriger. Die Ju 88 verursachte immer noch Probleme. Am 22. Juli meldete Udet, daß eine Verzögerung von drei Monaten unabwendbar wäre. Mit der Produktion könne erst in neun Monaten begonnen werden. Bis April 1943 rechnete man mit einer Liefererwartung von 5000 Maschinen. Bis dahin mußte man eine Bomberlücke in Kauf nehmen, weil die He 111 und Do 17 aus den Verbänden wegen Überalterung abgezogen werden sollten, die wiederum nur durch eine unzureichende Anzahl von Ju 88 ersetzt werden konnten. Das war der Tropfen, der für Göring das Faß zum Überlaufen brachte. Diese Meldung in Verbindung mit all den zurückliegenden über die bestürzende Lage im Bereich der Entwicklungsprogramme schreckte ihn auf, so daß er am 5. August 1939, als die letzten Vorbereitungen für den Polenfeldzug getroffen wurden, Milch, Udet und Jeschonnek zu sich auf seine Jacht »Karin II« befahl, um ein neues Flugzeugbauprogramm mit ihnen zu besprechen.

Besorgt über die Aussichten eines allgemeinen europäischen Krieges, mit dem man in einigen Jahren, nicht Monaten, rechnete (selbst zum damaligen Zeitpunkt gingen die Planungsstäbe der Luftwaffe von einem Kriegsbeginn 1942 und nicht September 1939 aus), schlug Göring vor, das Schwergewicht auf eine Angriffsluftwaffe zu verlagern. Bis zum 1. April 1941 sollten Kampfgeschwader mit insgesamt 4300 Bombern aufgestellt werden, die Hälfte davon Ju 88, und 670 Maschinen als Reserve bereitstehen. Bis zum 1. April 1943 sollten 5000 He 177 gefertigt werden. Um dieses Programm druchziehen zu können, sollte sich die Luftwaffe auf die Entwicklung von vier Flugzeugen, die He 177, Ju 88, Me 210 und Bf 109, beschränken; dafür mußten die Hs 129 und Fw 189 aus dem Programm herausgenommen und die Produktion der Ju 87, Hs 126 und Ju 52 drastisch verkürzt werden. Göring und das Technische Amt stimmten überein, daß Vereinfachung der Produktion und die Mehrzwecknutzung einiger weniger Flugzeugmuster die Luftwaffe befähigen sollten, größere Feldzüge zu bestehen. Daraufhin legte das Technische Amt den Produktionsplan Nr. 13 vor, der genauso hinfällig werden sollte wie der Plan Nr. 14, an dem bereits gearbeitet wurde, weil sich die Ereignisse überschlugen. Am 3. September 1939 stand Deutschland im Krieg in Europa. Der Produktionsplan Nr. 11 hatte noch Gültigkeit, danach lieferte die Luftfahrtindustrie monatlich 700 Flugzeuge. Mit einer Weisung vom 12. September verfügte Udet eine beträchtliche Verminderung aller laufenden Entwicklungsprojekte und die Zusammenfassung aller Anstrengungen auf die Bf 109, Me 210, He 177 und Ju 88. Das war der logische und endgültige Abschluß einer Entwicklung, die sich seit dem Herbst 1936 anbahnte. Das Schicksal der Lufttwaffe beruhte auf nur vier Einsatzmustern.

Um eine schlagkräftige Streitmacht zu schaffen, muß man sich eher auf wohldurchdachte technische und militärische Entscheidungen stützen und sich nicht an politischer Zweckmäßigkeit und den schnell ablaufenden Ereignissen internationaler Politik ausrichten. Auf einen Krieg soll man sich nur einlassen und ihn ins Auge fassen, wenn man personell und materiell darauf vorbereitet ist, ihn auch führen zu können. Hitler mit seiner Vorstellung von zahlenmäßiger Stärke und seiner Besessenheit nach Landgewinn bewies, daß er unfähig war, das zu begreifen. Hitler beurteilte politische Einflußnahme nur nach Gesichtspunkten militärischer Macht, die sich für ihn allein an der Zahl der Soldaten unter Waffen, Panzer, Geschütze und Flugzeuge messen ließ, ohne Rücksicht auf die Qualität. Wie Göring zugeben mußte, der bedeutendste Faktor beim Aufbau der Luftwaffe war: ». . . *Hitler zu beeindrucken und Hitler wiederum in die Lage zu versetzen, die Welt zu beeindrucken*«. Daraus folgerte, daß wider besseren Rat aus Kreisen des RLM beständiger Druck ausgeübt wurde, den Umfang der Luftwaffe innerhalb kürzester Zeit zu vergrößern. Zu seiner Rechtfertigung wählte Göring häufig die Bemerkung: »*Der Führer fragt mich nicht, welche Bomber ich habe. Er fragt nur, wie viele ich habe*«.

Diese Politik verhalf Hitler in den Jahren von 1935 bis September 1939 zweifellos zu beachtlichen Erfolgen. Die Furcht vor den Fähigkeiten und dem Leistungsvermögen der Luftwaffe, ob sie tatsächlich vorhanden waren oder nur vorgetäuscht, spielt in diesem Zusammenhang eine untergeordnete Rolle, war ein entscheidender Grund dafür, wie sich die Feinde des Reichs verhielten. Bewußt wurde Deutschlands Luftmacht übertrieben stark herausgestellt. Ob bei großen Luftfahrtschaus, bei von den Nationalsozialisten veranstalteten Wettbewerbsrundflügen oder gar den Olympischen Spielen von 1936, die Luftwaffe nahm jede Gelegenheit wahr, um sich selbst und ihre Ausrüstung zur Schau zu stellen. Eine derartige Propaganda sollte sich besonders auszahlen beim Besuch ausländischer Politiker und hoher militärischer Vertreter. So unternahm man im August 1938 beim Besuch einer französischen Luftwaffendelegation unter Führung von General Vuillemin jede nur mögliche Anstrengung, um die Stärke der Luftwaffe darzustellen. Bei einer Gelegenheit wurde jedes in Deutschland verfügbare Jagdflugzeug auf einen süddeutschen Fliegerhorst beordert, wo Vuillemins Maschine »zufällig« zwischenlandete. In einem anderen Fall führte ein He 100-Jagdflugzeug einen Übungsangriff auf die Maschine des französischen Generals durch, und man unterrichtete ihn, daß das dritte Fertigungsband für diesen Typ kurz vor der Inbetriebnahme stünde (in Wirklichkeit wurde nur eine Handvoll dieser Maschinen je gebaut!). Die Einfältigkeit und Leichtgläubigkeit der ausländischen Besucher ließen die Deutschen ihrerseits wiederum nicht aus dem Staunen kommen. Knapp 15 Tage, nachdem im März 1935 die deutsche Luftwaffe enttarnt und als dritter Wehrmachtteil bestätigt worden war, war der britische Außenminister, Sir John Simon, bereit, den Prahlereien Hitlers Glauben zu schenken, daß die Stärke der Luftwaffe schon der der RAF entsprach. Zahlenmäßig ja, aber nur, wenn man unbewaffnete Schulflugzeuge auch als Einsatzflugzeuge mitzählte.

Trotz dieser propagandistischen Maßnahmen hatte die deutsche Luftfahrt dennoch echte technische Leistungen aufzuweisen. Beim Internationalen Flugmeeting in Zürich, im Juli 1937, gewann zum Beispiel eine hochgezüchtete Bf 109 den Wettbewerb für den Steig- und Sturzflug. Eine besonders ausgerüstete Do 17, in der Milch als zweiter Pilot flog, gewann den Alpenrundflug, wobei sie schneller war als jedes andere teilnehmende ausländische Jagdflugzeug (die RAF nahm nicht teil). Im November erzielte die Bf 109 einen neuen Geschwindigkeitsweltrekord, der im Juni 1938 von Udet mit einer He 100 überboten wurde. Im März und April 1939 folgten zwei weitere Geschwindigkeitsweltrekorde mit der He 100 und der Me 209, die eine Höchstgeschwindigkeit von 755,1 km/h erreichte. Um die Weltöffentlichkeit zu täuschen und in dem Glauben zu halten, die Luftwaffe verfüge tatsächliche in ihren Frontverbänden über diese Maschinen, erhielt die Me 209 offiziell die Bezeichnung Me 109R. Auch die He 100 wurde in dieses Täuschungsmanöver mit einbezogen und bei der Luftwaffe als He 112 geführt, wobei das Rekordflugzeug nur die Bezeichnung He 112U erhielt. Später liefen die wenigen gebauten He 100D unter der irreführenden Luftwaffentypisierung He 113, was bei den alliierten Nachrichtendiensten einige Jahre lang zu erheblicher Verwirrung führte. Der Firma Heinkel gelang es 1939 auch, mit der He 115, die seinerzeit gerade in den Verbänden zulief, acht Weltrekorde für Seeflugzeuge aufzustellen. Einer Luftfahrtindustrie, die solche Flugzeuge entwickeln und bauen konnte, und einer Luftwaffe, die diese Maschinen fliegen konnte, durften der Respekt und die Anerkennung nicht versagt bleiben.

Hinzu kam, daß die Luftwaffe im Rahmen deutscher politischer Maßnahmen in den dreißiger Jahren einen nicht unbeachtlichen Anteil hatte. Während der Rheinlandbesetzung, im März 1935, verlegte sie dorthin eine Stuka- und eine Jagdgruppe, die erst kurz zuvor aufgestellt worden waren und nicht gerade von hoher militärischer Schlagkraft zeugten, weil beispielsweise die Bordwaffen der Jagdmaschinen nicht justiert waren. Man vertraute in hohem Maße auf den Effekt des Bluffs. Die wenigen greifbaren Staffeln wurden von einem Flugplatz auf den anderen verlegt, wobei jedesmal die taktischen Kennzeichen überpinselt wurden, nur um den Eindruck einer viel stärkeren Luftmacht zu erwecken als tatsächlich vorhanden war. Die »Legion Condor« spielte im Spanischen Bürgerkrieg eine wichtige und in der Öffentlichkeit besonders herausgestellte Rolle. Sie bewies der Welt die Schlagkraft der Luftwaffe und ihrer Waffen. Im März 1938 gelang es der Luftwaffe, bei nur 48stündiger Vorwarnung, 400 Flugzeuge, hauptsächlich He 111, Ju 86 und Ju 52 für den Einsatz zum »Anschluß« Österreichs bereitzustellen und 2000 Mann vollbewaffneter Truppen nach Wien einzufliegen. Jäger und Aufklärer deckten den Einmarsch deutscher Soldaten, während Kampfflugzeuge Flugblätter über Wien abwarfen. Eine wesentliche Rolle spielte das Vorhandensein der Luftwaffe auch bei den Verhandlungen, die dem »Anschluß« vorangingen. Es war kein reiner Zufall, daß Hitler den martialisch aussehenden General Sperrle, Befehlshaber des Luftwaffenkommandos 3, in seiner Nähe wünschte, als er am 12. Februar 1938 zu Ehren des österreichischen Bundeskanzlers, Dr. Kurt Schuschnigg, ein Essen gab. Denn der 53jährige Hugo Sperrle, in Wirklichkeit ein warmherziger Mensch, trotz seines harten, fast brutal wirkenden Aussehens, vertrat die deutsche Luftwaffe, die schon zu einem fühlbaren Faktor militärischer Planungen fremder Mächte geworden war, die Achtung aber auch Furcht einflößte. Kurz nach Schuschniggs Besuch begannen das Heer und die Luftwaffe mit Manövern und Machtdemonstrationen entlang der bayerisch-österreichischen Grenze, um den Ergebnissen der Besprechungen von Berchtesgaden Nachdruck zu verleihen. Diese Demonstrationen hielten während der kritischen Tage an, die Schuschniggs Ankündigung folgten, daß über die Einbeziehung Österreichs in das Deutsche Reich eine Volksabstimmung abgehalten werden sollte, und dauerten, bis er schließlich am 11. März 1938 zurücktrat.

Während der Sudetenkrise im Herbst 1939 erwies sich die Luftwaffe in Friedenszeiten von größter Bedeutung. Gerade als sich die Wehrmacht in höchster Gefahr befand, in einen Zweifrontenkrieg gezogen zu werden, dem sie in keiner Weise gewachsen war, schreckten die Feinde des Reichs vor dem äußersten Risiko zurück, als sie auf der Münchner Konferenz Hitler zugestanden, was er forderte: Das Sudetenland. Das Nachgeben lag nicht darin begründet, das Verlangen des Diktators nach mehr Raum zu befriedigen, oder weil man einen Sieg des deutschen Heeres befürchtete, sondern einzig und allein in der Furcht vor der deutschen Luftmacht. Auf dem Höhepunkt der Spannungen im Zusammenhang mit der Sudetenfrage kabelte am 23. September 1938 der amerikanische Botschafter in London, Joseph Kennedy, den folgenden Bericht nach Washington:

> »Ich bin sicher, daß Deutschlands Luftstreitkräfte größer und stärker als die aller europäischen Staaten insgesamt sind. Deutschland ist bemüht, diesen Vorsprung weiter auszubauen. Ich glaube, daß die deutsche Luftfahrtindustrie nunmehr in der Lage ist, jährlich etwa 20 000 Flugzeug zu produzieren. Genauere Produktionszahlen lassen sich nicht feststellen oder schätzen. Die mir zugänglichen zuverlässigeren Meldungen sprechen von 500 bis 800 Flugzeugen pro Monat . . . Deutschland verfügt jetzt über die Mittel, London, Paris und Prag zu zerstören, wenn es dies wünscht. . . England und Frankreich sind luftwaffenmäßig viel zu schwach, um sich selbst zu verteidigen.«

Die Worte entsprachen ganz dem, was Oberst Charles Lindbergh vertrat, der berühmte und einflußreiche amerikanische Flieger, der wie Kennedy ein Befürworter der Richtung »Zuerst Amerika«, um Amerika aus den europäischen Problemen herauszuhalten, war. Er war absolut von der unwiderstehlichen Schlagkraft der deutschen Luftwaffe überzeugt. Diese Meinung verbreitete sich mit Windeseile in Kreisen der Politiker und Militärs Europas und heizte ihre Befürchtungen an. Einige Wochen zuvor hatte General Vuillemin nach seiner Rückkehr aus Deutschland erklärt, daß die französische Luftwaffe innerhalb von 15 Tagen zerschlagen sein würde. Dieser Ansicht schlossen sich die französischen Politiker kommentarlos an. An einen Krieg war gar nicht zu denken.

Die Engländer waren kaum weniger pessimistisch. Am 5. April 1938 schrieb Air Chief Marshal Newall an den Staatssekretär für Luftfahrt, Earl of Swinton: *»Im Augenblick befinden wir uns für einige Zeit gegenüber Deutschland in einem Zustand außerordentlicher strategischer Unterlegenheit. Meines Erachtens können wir einer Herausforderung Deutschlands zur Zeit überhaupt nichts entgegensetzen. Sollten wir dies versuchen, so glaube ich, daß wir mit einem Gegenschlag in die Knie gezwungen werden. . .«.* Im Juli schätzte der Generalstab der RAF, daß die Luftwaffe täglich, gutes Wetter vorausgesetzt, in den ersten Wochen einer Auseinandersetzung etwa 600 Tonnen Bomben auf England werfen könnte, wobei bei jedem Angriff mit mindestens 20 000 Luftkriegsopfern zu rechnen wäre. Churchills Warnungen vor der Bedrohung der deutschen Luftwaffe, die er seit 1934 immer wieder äußerte, fanden schließlich Beachtung. Malcom McDonald, Staatssekretär für Kolonialangelegenheiten, glaubte, *»der Krieg kommt einem Massaker von Frauen und Kindern in den Straßen Londons gleich. Keine Regierung darf einen Krieg wagen, solange sich unsere Verteidigungskräfte in einem derart absurden Zustand befinden«.* General Ismay, Geschäftsführer des Verteidigungskomitees und des Beraterstabes des Stabschefs, folgerte, daß durch Verhinderung eines Krieges wegen der Sudetenfrage England seine Luftverteidigung verstärken könnte und innerhalb eines

Jahres in der Lage wäre, »Deutschlands einzige Möglichkeit für rasche Entscheidungen« wesentlich abzuschwächen. Seinerzeit waren weder die hohen Militärs noch die Politiker davon überzeugt, daß es sich lohne, die Tschechoslowakei angesichts eines möglichen Krieges zu unterstützen. Daher stimmten die britischen und französischen Politiker in München Hitlers Forderung nach Eingliederung des Sudetenlandes in das Deutsche Reich zu. Am 1. Oktober überschritten deutsche Truppen, unterstützt von etwa 500 Flugzeugen, die Grenzen der Tschechoslowakei ohne nennenswerten Widerstand. Das Sudetenland wurde besetzt, dem im April des nächsten Jahres die Rest-Tschechoslowakei folgte. Kein Finger rührte sich, um das zu verhindern. Göring faßte es in einer Rede am 1. März 1939 in die folgenden Worte: »Bekümmert standen damals unsere Feinde vor der Tatsache, daß Deutschland die mächtigste Luftflotte der Welt besäße. Zweifellos hat diese Furcht dazu beigetragen, daß die Kriegshetzer nicht zum Kriege kamen; sie konnten den friedliebenden Staatsmännern den Weg zu unserem Führer und zu einer gerechten Verständigung nicht verbauen«. Unbefangenere, neutrale Kommentatoren dachten darüber anders: »Heute herrscht in Europa blanke Erpressung, und nichts weiter. Die Erpressung ist nur wegen der vorhandenen Luftmacht möglich«.

Die Stärke der Luftwaffe war in der Tat schreckenerregend in den Tagen von München. Sie war den Luftstreitkräften Frankreichs, Englands und der Tschechoslowakei insgesamt überlegen. Am 1. August 1938 verfügte die Luftwaffe über 2928 Frontflugzeuge, davon waren 1284 Bomber, 207 Stukas, 173 Schlachtflugzeuge und 643 Jäger. Die Briten hatten 640 Bomber und 566 Jäger, die Franzosen 859 Bomber und Jäger, während die Tschechen nur 566 Frontflugzeuge insgesamt hatten. Seinerzeit betrug die monatliche Flugzeugproduktion der Deutschen das Doppelte der Alliierten zusammengenommen. Diese Luftmacht war hingegen keineswegs so furchteinflößend und Tod und Verderben bringend, wie ihre Gegner vermuteten. Von den 2928 Flugzeugen waren nur 1669 (also 50 Prozent) einsatzbereit, weil die Bord- und Bodendienstgeräte qualitativ nicht ausreichten. Von den 1284 Bombern (eingeschlossen die Do 17-Fernaufklärer) waren 235 veraltete Ju 86, der Rest setzte sich aus den ersten Serienmustern Do 17 (479) und He 111 (510) zusammen. Wenngleich sie auch gut und oft besser als die vergleichbaren Typen der anderen europäischen Länder waren, entsprach ihr Leistungsvermögen noch lange nicht dem, was im Jahr darauf die Flugzeugmuster der Luftwaffe aufzuweisen hatten. Ganz sicher war eine derartige Flotte nicht in der Lage, auch nur annähernd täglich 600 Tonnen Bomben über England abzuwerfen, wenn man berücksichtigt, wie weit die Absprunghäfen in Deutschland entfernt lagen. Viel anders sähe es auch nicht aus, wenn von Flugplätzen in Nordfrankreich oder Belgien gestartet worden wäre, sofern diese Länder besetzt würden. Hinzu kommt, daß, ungeachtet der Verluste durch Feindeinwirkung, der geringe Flugzeugklarstand unter Einsatzbedingungen das Leistungsvermögen noch weiter eingeschränkt hätte. Nicht anders sah es mit den Jägern aus. Von den 643 Maschinen waren nur wenige Bf 110 und weniger als die Hälfte Bf 109, die zu den ersten Serienmustern zählten und keineswegs so bedrohlich waren wie die, mit denen die Luftwaffe in den Krieg zog.

Im Hinblick auf die vergleichbare Stärke verloren die britischen und französischen Luftstreitkräfte eher in der Gnadenfrist von einem Jahr, die ihnen das Münchner Abkommen eingeräumt hatte. Am 31. August 1939 verfügte die Luftwaffe über 4093 Frontflugzeuge, wovon 3070 (75 Prozent) einsatzbereit waren, mehr als doppelt soviel wie im Jahr zuvor. Nie wieder sollte dieser hohe Einsatzklarstand erreicht werden. Die Gesamtstärke umfaßte 1176 Bomber, 406 Stukas und 1179 Jäger. Dank der geplanten Einführung neuerer Flugzeugmuster hatte sich die Flugzeugqualität gegenüber dem vergangenen Jahr erheblich verbessert. Auch wurde die Atempause von einem Jahr ausgiebig und erfolgreich genutzt, den Ausbildungsstand zu heben. Die Feinde des Reichs hatten keinen wesentlichen Fortschritt gemacht, den Vorsprung der Luftwaffe aufzuholen, geschweige denn ihn auszugleichen, weil sie keinerlei langfristige Produktionsprogramme hatten. Aus der gemeinsamen Front hatten sie die Unterstützung der tschechischen Luftwaffe verloren, die im März zu großen Teilen von den deutschen Besatzungstruppen übernommen wurde, die ihre Maschinen in den deutschen Flugzeugpark eingliederten und nutzten. Somit standen den 4093 deutschen Frontflugzeugen 1660 britische Flugzeuge (536 Bomber, 608 Jäger, 96 Aufklärer, 216 Küstenflieger- und 304 Marinefliegermaschinen) gegenüber; die Franzosen boten 1735 Flugzeuge auf (463 Bomber, 634 Jäger, 444 Aufklärer und 194 Seeflugzeuge), insgesamt also 3395 Flugzeuge, wobei die in den Kolonien stationierten Maschinen nicht mitgerechnet sind. War die Luftwaffe im Jahr zuvor ihren Feinden zahlenmäßig noch knapp überlegen, so entsprach ihre Stärke im September 1939 fast der doppelten ihrer Gegner. Nur auf dem Gebiet der britischen Luftverteidigung hatte sich die Lage für die Deutschen etwas zu ihren Ungunsten verändert. Bis September 1939 war ein Großteil der Jagdstaffeln der RAF auf »Hurricane«- und »Spitfire«-Maschinen umgerüstet worden, die Zahl der Flakbatterien hatte wesentlich zugenommen, Radarstellungen überwachten fast den gesamten Bereich von Süd- und Ostengland, und die Flugzeugproduktion begann in einem Maße anzulaufen, so daß sie bald die deutsche Flugzeugproduktion übertreffen sollte.

Inzwischen waren die deutschen Flugzeuge und die dazugehörige Ausrüstung denen ihrer Gegner allgemein weit überlegen. Insbesondere alles weit hinter sich lassend, was Frankreich in die Luft bringen konnte, abgesehen von einigen wenigen Jägern vom Typ Dewoitine D 520, waren die Maschinen der Luftwaffe auch denen der RAF überlegen. 1939 besaß keine europäische Nation einen schweren Bomber, der mit dem amerikanischen viermotorigen B-17 Bomber verglichen werden konnte. Aus diesem Grunde wirkten sich die Verzögerungen bei der Entwicklung der He 177 nicht so schwerwiegend aus wie erst späterhin. Die He 111, Do 17 und Ju 88 waren den »Wellington«-, »Hampden«- und »Whitley«-Bombern des RAF Bomber Command knapp überlegen. Zwei Dritteln aller ausländischer Jagdflugzeuge flogen sie einfach davon. Die Bf 109E erachtete man weit besser als den britischen Jäger »Hurricane«; ob das auch bei der »Spitfire« so war, darüber läßt sich streiten. Über die besseren Leistungen und die stärkere Bewaffnung der Bf 110 im Vergleich mit der »Blenheim«, darüber gibt es keine Frage. Die RAF hatte nichts Vergleichbares zur Ju 87, wenngleich Frankreich in der LN 411 ein weit weniger leistungsfähiges Flugzeug aufzuweisen hatte. Nur im Bereich der Bomben und MG-Lafetten gab es bei den Deutschen technische Mängel. Die Bomben wiesen schlechtere ballistische Werte auf, weil man mehr Rücksicht auf einfache Fertigungsabläufe legte, während die MG-Lafetten hand- und nicht kraftgesteuert waren.

Angesichts dieser Vergleiche ist es nicht verwunderlich, daß sich in der Luftwaffenführung nur Optimismus breitmachte. Am 2. Mai 1939 legte Oberst Josef »Beppo« Schmid, Chef der Abteilung Ic im Luftwaffengeneralstab, seinen Bericht »Die Luftlage in Europa« vor. Er stellte die verhältnismäßige Überlegenheit der deutschen Luftwaffe heraus, der die friedliche Beilegung der Sudetenkrise zu verdanken war, und daß die Vorherrschaft Deutschlands als Luftmacht der entscheidende Faktor war, der den Alliierten ihre Schwäche und Unterlegenheit vor Augen führte. Man schätzte die britischen Luftstreitkräfte auf 5545 Flugzeuge, wovon 3600 in England selbst und der Rest verteilt im Empire vermutet wurden; etwa 20 Prozent rechnete man zu Flugzeugen 1. Klasse. Taktik und Ausbildung der RAF beurteilte man als primitiv, auch die Flakartillerie der britischen Armee sah man in keinem besseren Licht. Die britische Luftrüstung sollte nicht vor 1941 abgeschlossen sein, und selbst dann wäre die Bomberflotte noch veraltet. Die Lage Frankreichs, mit etwa 4650 Flugzeugen, stellte sich noch schlechter dar, obwohl Mitte 1940 mit der Einführung moderner Jagdflugzeuge und schwerer Flakartillerie zu rechnen sei, die qualitativ deutschen Verhältnissen gleichkamen. Über die Italiener wurde vermerkt, daß ihre Flugzeuge veraltet wären und die Industrie nicht in der Lage wäre, eine Umrüstung und Erneuerung durchzuführen. Die Sowjetunion, mit etwa 6000 Flugzeugen, wurde als Großmacht betrachtet, aber nur ein Drittel ihrer Maschinen sah man als modern an. Alle anderen europäischen Staaten beurteilte Schmid als unbedeutend. Zehn Tage später, am 12. Mai, legte der Generalquartiermeister Luftwaffe seinen Bericht »Luftrüstung der Westmächte« vor. Nach dem 1. April 1939 rechnete er damit, daß England 3730, Frankreich 2450 und die USA 2700 Flugzeuge fertigen würden, also insgesamt 8880 gegenüber den 9192 in Deutschland gebauten. Ein warnender Hinweis wurde jedoch gegeben. Obwohl das Reich mehr als die möglichen Gegner produzieren würde, so würde sich dennoch der Vorsprung hinsichtlich der Frontflugzeuge beträchtlich verringern. Mit Stichdatum 1. März 1939 schätzte man den Bestand der Engländer und Franzosen alleine auf 2010 Flugzeuge 1. Klasse, wohingegen bis zum 1. April 1940 mit 6400 gerechnet wurde. Nur kurze Zeit später folgte der Bericht des Technischen Amtes von 13. Mai, der wie all die anderen Berichte nur optimistisch angesichts der Feindlage über die Stärke der Luftwaffe sowohl in quantitativer als auch qualitativer Hinsicht schwelgte.

Aber überall in diesen Berichten schwang der warnende Hinweis mit, daß sich die augenblickliche Überlegenheit der Luftwaffe in einigen wenigen Jahren dem Punkte nähern würde, wo die technischen und zahlenmäßigen Vorteile verlorengehen könnten. Jeschonnek vermerkte in seinem Abschlußbericht über die letzten Luftwaffenmanöver vor dem Kriege, daß man sich nicht allzu sehr auf die technische Überlegenheit der Luftwaffe ihren Gegnern gegenüber verlassen dürfe. Sie mag nur kurzfristiger Natur sein, vielleicht nur sechs Monate vorhalten, bis der Gegner sie erreicht oder gar übertroffen habe. Wie die Luftwaffenführung es ganz richtig erkannt hatte, alles hing von der ständigen Vergrößerung der deutschen Luftfahrtindustrie ab. Und natürlich mußten auch insbesondere zeitgerecht und in ausreichender Zahl die neuen Flugzeugmuster Ju 88, He 177 und Me 210, auf die die Luftwaffe alle ihre Kampfkraft Anfang bis Mitte des Jahres 1940 abstützte, bei den Verbänden zulaufen. Trotz der Tatsache, daß für die Ju 88 seit 1936 geplant war, sie bis Ende 1938 den Verbänden zuzuführen, war keine einzige Ju 88 bis zum Frühjahr 1939 an die Truppe ausgeliefert worden. Für die He 177 galt noch der Termin Ende 1940, für die Me 210 der für Mitte 1941.

Der Bedarf für diese Maschinen wurde in Studien aus den Jahren 1938 und 1939 unterstrichen, die sich mit einem möglichen Luftkrieg gegen Großbritannien befaßten. Am 23. August 1938, mitten in der Sudetenkrise, wurde General Felmy, Kommandierender General und Befehlshaber des Luftwaffengruppenkommandos 2, und sein Stab beauftragt, die Möglichkeiten einer Luftoffensive gegen Großbritannien zu untersuchen. Die Ergebnisse ihrer Studien, vorgelegt am 27. September, waren nicht erhebend, sondern geradezu pessimistisch. Wegen der nur beschränkten Reichweite deutscher Bomber und Jäger wurden vorgeschobene Flugplätze in Belgien und Holland gefordert, bevor überhaupt an größere Angriffsunternehmungen gedacht werden konnte. Man wies besonders auf die Schwächen der He 111 hin. Felmy vermerkte: *»Es kann bei den bisher verfügbaren Mitteln nur mit einer störenden Wirkung gerechnet werden. Ob diese zur Zermürbung des englischen Kampfwillens führt, hängt zum Teil von unwägbaren, jedenfalls nicht vorhersehbaren Faktoren ab . . . Ein Vernichtungskrieg gegen England erscheint mit den bisher zur Verfügung stehenden Mitteln ausgeschlossen«.* Man schlug vor, viermotorige Luftverkehrsflugzeuge wie die Fw 200 »Condor« und die Ju 90 als Bomber umzurüsten. Dieser Vorschlag wurde verworfen, weil man abwarten wollte, bis die He 177 in ausreichender Zahl im Laufe des Jahres 1942 zulief, wenngleich man die Chance wahrnahm, dennoch einige Fw 200 in Langstreckenfernaufklärer für den Atlantikeinsatz und als Bomber umzurüsten. Sie enttäuschten mit ihren Leistungen die Führung nicht. In Einzelstudien wurden 1939 Angriffe gegen Frankreich (Studie Rot), Polen (Studie Grün) und Großbritannien (Studie Blau) untersucht. Im letzteren Fall äußerte Felmy: »*Ausrüstung, Ausbildungsstand und Stärke der Luftflotte 2 können im Jahre 1939 eine Kriegsentscheidung innerhalb kurzer Zeit gegenüber England nicht herbeiführen.*« Alles hing vom Aufbau der Luftwaffe ab, wie er sich anhand der verschiedenen Produktionsprogramme abzeichnete, die in den zurückliegenden Jahren entworfen worden waren; Produktionsprogramme, die Mitte 1942 auslaufen sollten. Zu dieser Zeit, so glaubte man, sollte die Luftwaffe über die richtigen Flugzeuge in ausreichender Menge verfügen, um einem größeren Krieg in Europa mit Aussicht auf Erfolg gewachsen zu sein.

Im Frühjahr 1939 sah das RLM keine Veranlassung, daran zu zweifeln, warum der Frieden nicht so lange erhalten bleiben sollte, bis diese Flugzeuge in ausreichender Menge zur Verfügung standen. In einem zuversichtlich klingenden Bericht legte das RLM am 16. März 1939 seine größeren Entwicklungsprojekte dar. Heinkel meldete, daß es mit der He 177 zügig voranginge, und plante ein neues Jagdflugzeug. Junkers arbeitete an einer Weiterentwicklung der Ju 88, mit der Typenbezeichnung Ju 188, und entwickelte einen neuen mittleren Bomber, die Ju 288, sowie das neue Transportflugzeug Ju 252. Messerschmitt versuchte sich an der Me 210 und Me 161 (einem schnellen Langstreckenflugzeug, über dessen Einsatzverwendung noch nicht entschieden war) und einem schnellen Jäger, der Me 209. Focke-Wulf war mit der Entwicklung des Jägers Fw 190, des Zerstörers Fw 187 und des Bombers Fw 191 beschäftigt, Henschel mit dem Schlachtflugzeug Hs 129 und dem Höhenbomber Hs 130 und die Arado-Werke mit dem Mehrzweckflugzeug Ar 240. Auf dem Gebiet der Flugmotoren, die in den Jahren zuvor so viele Probleme aufwarfen, zeichneten sich zusehends Fortschritte ab. Und sogar Turbinentriebwerke wurden gebaut. Am 30. Juni 1939 machte die He 176 als erstes raketengetriebenes Flugzeug der Welt ihren Jungfernflug, zwei Monate später folgte die He 178 als erstes Düsenflugzeug der Welt. Heinkel arbeitete an der Entwicklung des Düsenjägers He 280, während Messerschmitt im Auftrag des RLM den Düsenjäger Me 262 als Versuchsmuster baute, dessen Triebwerke die Firma Junkers fertigte.

Am 3. Juli 1939 kam es auf dem Flugplatz der Luftwaffenerprobungsstelle in Rechlin darauf an zu beweisen, ob die Ausführungen in dem Bericht des RLM vom 16. März Bestand hatten. Man stellte Hitler dort die neuesten Waffen und Flugzeuge vor. Vorrangige Absicht war, seine Unterstützung zu wecken, die wirtschaftlichen und finanziellen Mittel freizugeben, um der Luftwaffe das Programm der »Verfünffachung« zu ermöglichen. Der »Führer« sah die Ju 88, die Bf 110, die Me 209, die He 100 und auch eine Holzattrappe der Me 262, einen Luft-Boden-Flugkörper, ein Frühwarnradargerät, eine Druckkabine für Höhenflüge, eine leistungsfähige 3-cm-Bordkanone, Flugzeugstarts mit Starthilfsraketen und viele andere Dinge. Obwohl viele der gezeigten Geräte und Flugzeuge noch weiterentwickelt werden mußten, war Hitler dennoch in hohem Grade beeindruckt. Nicht anders erging es Göring, der auf Grund seiner Eindrücke am 20. Juli, selbst auf die Gefahr hin, daß andere Flugzeugmuster in der Produktion zurückgenommen werden müßten, befahl, daß das Ju 88-Programm so beschleunigt werden sollte, damit bis April 1943 wenigstens 5000 Maschinen zur Verfügung stünden. Göring kam im Mai 1942 noch einmal auf seine Eindrücke von der Luftwaffenvorführung zurück und bemerkte dazu: »*Der Führer hat auf Grund dieser Besichtigung schwerste Entschlüsse gefaßt*«, was nichts anderes bedeutet als den Einmarsch nach Polen und den Entschluß zum Kriege in Europa. Ob dem tatsächlich so war, ist nicht zweifelsfrei geklärt. General Schmid erinnerte sich daran, daß Hitler in Rechlin äußerte: »*Es ist mir nicht gelungen, meine politischen Ziele in Europa auf dem friedlichen Wege zu erreichen . . . Wir werden einen Krieg bekommen . . .*«. Andererseits versicherte Milch, daß Hitler erklärt hatte, er wünsche keinen allgemeinen Krieg und bluffe nur mit der ihm zur Verfügung stehenden Rüstung. Wahrscheinlich hat Hitler beides geäußert, weil ihm widersprüchliche Äußerungen aus seinem Munde völlig gleichgültig waren. Mit Sicherheit hielt er aber große Stücke auf seine Luftwaffe.

Wieviel Hitler 1939 über die Schwächen der Luftwaffe wußte, läßt sich nicht sagen. Milch stellt klar, daß er Hitler in Rechlin warnte, von den ausgestellten Waffen und Geräten sich nicht zuviel zu versprechen, weil es noch Jahre dauern würde, bis sie einsatzbereit sein würden. Einige Wochen früher, am 8. Juni, sprachen Milch und Udet sogar bei Rudolf Heß vor, dem Stellvertreter des »Führers«, um in nachdrücklichen Worten auf die unheilvollen Auswirkungen der besorgniserregenden Rohstoffknappheit hinzuweisen. Es gibt aber keinerlei Beweise dafür, daß Heß den »Führer« unterrichtete, oder wenn dem so gewesen wäre, daß sich irgend etwas diesbezüglich geändert hätte. Auch gibt es keinen Grund anzunehmen, daß Hitler eine der pessimistischen Denkschriften vorgelegt wurde, die Felmy ausgearbeitet hatte. Göring, der als einziger Vertreter der Luftwaffe unmittelbares Vortragsrecht bei Hitler hatte, scheint keine anderen Andeutungen gemacht zu haben, als daß sich seine Luftwaffe in höchster Einsatzbereitschaft befände. In der Tat erhebt sich die Frage, ob er selbst überhaupt anderer Beurteilungen fähig war. Anzeichen deuten darauf hin, daß er in einer Traumwelt lebte, wenn man seine Bemerkungen zum Ju 88-Projekt und die aus dem Jahre 1942 berücksichtigt, wo er sich beschwerte, daß die Neuentwicklungen, die ihm in Rechlin vorgeführt worden waren, sich an der Front in den Verbänden immer noch nicht ausgewirkt hatten: »*Ich habe wirklich einmal vor dem Kriege Vorführungen in Rechlin erlebt, gegenüber denen ich nur sagen kann: welche Stümper sind alle unsere Zauberer! Was mir da und vor allem auch dem Führer vorgezaubert wurde, ist überhaupt noch nie erreicht worden*«. Jeschonnek, der mit der herrschenden Lage keineswegs übereinstimmte, drängte Göring nicht, Hitler zu warnen, ja, indem er der »Verfünffachung« der Luftwaffe zustimmte, ließ er nichts unversucht, den Befehl des »Führers« in die Tat umzusetzen. Mit Sicherheit hielt das Versagen der Luftwaffe Hitler nicht davon ab, seine expansionistischen Ziele weiterzuverfolgen.

Genau läßt sich nicht mehr feststellen, wann Hitler entschieden hat, den Feldzug gegen Polen zu führen. Seine streng geheime Weisung vom 3. April 1939 kann nicht als endgültige Entscheidung gewertet werden. Es war eher eine Art Vorsichtsmaßnahme. Diese Weisung begann mit den Worten: »*Die gegenwärtige Haltung Polens (im Hinblick auf die deutsche Forderung der Rückkehr Danzigs und des »Korridors« ins Deutsche Reich; d. Ü.) erfordert es, . . . die militärischen Vorbereitungen zu treffen, um nötigenfalls jede Bedrohung von dieser Seite für alle Zukunft auszuschließen*«. Die militärischen Pläne mußten darauf abgestimmt werden, daß vom 1. September 1939 an ein Angriff möglich sein sollte. Am 23. Mai erklärt Hitler persönlich auf einer Geheimkonferenz mit den höchsten Offizieren des Reichs, woran auch Göring, Milch und Jeschonnek teilnahmen: »*Weitere Erfolge können ohne Bluteinsatz nicht mehr errungen werden . . . Danzig ist nicht das Objekt, um das es geht. Es handelt sich für uns um Arrondierung des Lebensraumes im Osten und Sicherstellung der Ernährung . . . Es entfällt also die Frage, Polen zu schonen, und bleibt der Entschluß, bei erster passender Gelegenheit Polen anzugreifen. An eine Wiederholung der Tschechei ist nicht zu glauben. Es wird zum Kampf kommen. Aufgabe ist es, Polen zu isolieren«.* Sollten England und Frankreich Widerstand leisten, so würden auch sie in die Knie gezwungen werden. Hitlers Zuhörern blieb der allgemeine Eindruck haften, daß er zwar nicht einen allgemeinen europäischen Krieg wünschte, es aber in der Zukunft möglicherweise unweigerlich dazu kommen könnte. Wie man glaubte, entsprach es wohl seiner Art, davor zu warnen, die Wiederaufrüstung allzu leichtzunehmen oder ihr gleichgültig gegenüberzustehen.

Ging man davon aus, daß ein Krieg mit Polen 1939, spätestens 1940, unweigerlich bevorstand, so schätzte die Luftwaffenführung die Ausweitung eines Konflikts in Europa für unwahrscheinlich ein. Die meisten deutschen Generale und Politiker glaubten, daß Polen genauso alleine und verlassen von seinen Alliierten dastehen würde wie die Tschechoslowakei. Hitler, der Gewinner so mancher außenpolitischen Glücksspiels, versicherte immer wieder, daß er sich nie in einen Zweifrontenkrieg hineinziehen lassen würde; er erklärte sogar, daß er sich um Danzig oder des »Korridors« willen nicht in einen Weltkrieg verwickeln ließe. In seiner Ansprache vor den Oberbefehlshabern erklärte Hitler am 22. August 1939: ». . . *Uns bleibt nichts anderes übrig, wir müssen handeln . . .«.* (Die vom englischen Verfasser zitierten Schlußworte Hitlers – *»Wer immer über die Weltordnung nachgedacht hat, weiß, daß ihre Bedeutung wesentlich auf dem Erfolg der Macht beruht«* – ließen sich in der deutschen Literatur nicht nachweisen; sie stammen möglicherweise aus sogenannten »Schlüsseldokumenten« des Nürnberger Prozesses; d. Ü.). Selbst als sich England und Frankreich eindeutig zu Polen bekannten, glaubten viele noch, daß es zu einer Regelung in letzter Stunde käme, auf Grund derer Polen einsam und verlassen einer Invasion ausgeliefert bliebe, während in Europa der Frieden dennoch erhalten werden könnte.

Die Luftwaffenführung machte bei der allgemein vorherrschenden Leichtgläubigkeit keine Ausnahme. Göring wollte das Wort Krieg nicht hören. Er glaubte an den Genius »seines Führers«, und daß dieser einen Sieg ohne Waffengang herbeiführen könnte. Er pflegte seinen üblichen Lebensstil, tat nur wenig im dienstlichen Bereich und verbrachte einen langen Urlaub auf seiner Jacht, wo er sich gelangweilt gelegentlich die Meldungen über die Verzögerungen im Ju 88- und He 177-Programm vorlegen ließ. Erst im August begann er sich zu rühren. Andere im RLM verhielten sich sogar noch ruhiger als Göring, weil sie glaubten, daß ein größerer Krieg nicht vor 1942 ausbrechen werde. Alle ihre Pläne richteten sich an diesem vermuteten Zeitraum aus, ohne Rücksicht auf die hektischen diplomatischen Vorgänge in den ersten sieben Monaten des Jahres 1939. Die Vorbereitungen für den Einmarsch in Polen, die unter der Bezeichnung »Fall Weiß« liefen, sah man als nichts anderes an als die üblichen Maßnahmen, die man ja schon seit den Zeiten der Rheinlandbesetzung von 1936 kannte. Da gab es den »Fall Rot«, Pläne für einen Zweifrontenkrieg gegen Frankreich und die Tschechoslowakei, den »Fall Grün«, den Angriff gegen die Tschechoslowakei, und zahlreiche Veränderungen dieser zwei Möglichkeiten. Aber keiner dieser militärischen Pläne wurde in die Tat umgesetzt. Man war überzeugt, daß der »Fall Weiß«, wie in all den anderen Fällen auch, nicht zum großen Brand in Europa führen würde. Keßelring sagte nach dem Kriege dazu: *»Wir hatten ein restloses Vertrauen zu unserem Reichsmarschall und wußten, daß er die einzige Persönlichkeit war, die auf Adolf Hitler einen bestimmenden Einfluß ausüben konnte. In dieser Richtung wußten wir, nachdem wir auch noch die friedliebende Einstellung vom Reichsmarschall kannten, uns absolut genügend gesichert und abgestützt«.* Mit Sicherheit lassen sich im RLM nachhaltige Kriegsvorbereitungen erst Anfang August nachweisen, als es die politischen Verhältnisse schließlich erforderten.

In der Tat sieht es so aus, nur eine Woche vor dem Einmarsch in Polen, daß Hitler nicht mit einem europäischen Krieg gerechnet hatte. Hitler führte aus: »*Da weder Frankreich noch Großbritannien entscheidende Erfolge im Westen erzielen können, und Deutschland auf Grund des Nichtangriffspaktes mit der Sowjetunion – vom 23. August – nach der Niederwerfung Polens seine Truppen im Osten frei zur Verfügung hat, scheue ich mich nicht, die Ostfrage zu lösen, selbst auf die Gefahr hin, daß es im Westen Verwicklungen geben könnte, denn wir haben ganz zweifellos die Luftüberlegenheit*«. (Rückübersetzter Text; ob und wo diese Worte gefallen sind, läßt sich nicht eindeutig klären; d. Ü.). Das können kaum die Worte eines Mannes gewesen sein, der bewußt einen Weltkrieg entfesseln wollte. Aber hier hatte der »Führer« falsch gepokert. Am 25. August verpflichtete sich Großbritannien, die Unabhängigkeit Polens zu garantieren, dem sich Frankreich alsbald anschloß. Unmißverständlich drückte das der britische Premierminister bereits in einer Rede am 17. März 1939 aus, daß »*. . . kein größerer Irrtum begangen werden könnte, als anzunehmen, daß unser Volk, weil es den Krieg für eine sinnlose und grausame Angelegenheit hält, derart viel von seinem Selbstbewußtsein eingebüßt habe, um nicht alles in seiner Kraft Stehende zu tun, um eine solche Herausforderung (als Versuch, die Welt zu beherrschen; d. V.), sollte sie jemals erfolgen, zurückzuweisen*«. Unbeeindruckt davon, entschied sich Hitler am 28. August für den Krieg und scheute auch das Risiko eines Zweifrontenkrieges nicht. Am 30. August 1939 wurde der Angriffsbefehl erteilt, und am 1. September 1939, um 4 Uhr 35, warf die Luftwaffe die ersten Bomben im Zweiten Weltkrieg. Zwei Tage später befand sich Deutschland im Kriege mit Frankreich und England. Der allgemeine europäische Krieg hatte begonnen.

Für die deutsche Luftwaffe kam der Kriegsbeginn zu früh. Wie Milch vor dem Tribunal in Nürnberg sagte: »*In den wenigen Jahren von 1935, . . . bis zum Jahre 1939 dürfte es wohl für jeden Soldaten in jedem Lande unmöglich gewesen sein, eine Luftwaffe aufzubauen, die den Aufgaben gewachsen gewesen wäre, wie sie vom Jahre 1939 ab an uns gestellt worden sind*«. Nach Keßelring wäre es »*ein Wahnsinn gewesen, innerhalb von drei bis vier Jahren eine optimale Luftwaffe herzustellen*«. Festzustellen bleibt jedenfalls, je länger Hitler nach 1939 gezögert hätte, territoriale Ansprüche zu stellen, um so mehr wären die Feinde des Reichs in der Lage gewesen, Deutschlands numerische Überlegenheit auf dem Gebiet der Rüstung in gemeinsamer Anstrengung fast einzuholen. Über diese Entwicklung waren sich die militärischen Führer voll im klaren. Die Annahmen des Lageberichts des RLM vom Mai 1939 über die Luftrüstung und Stärken der größeren Länder wurden vom Wehrwirtschafts- und Rüstungsamt des OKW voll unterstützt. Der Leiter dieses Amtes, Oberst Georg Thomas, hielt im ersten Halbjahr des Jahres 1939 mehrere Vorträge, in denen er stets herausstellte, daß Deutschland nur zwei Möglichkeiten hätte. Entweder sollte unverzüglich ein Krieg von kurzer Dauer geführt werden, um die noch vorhandenen militärischen Vorteile zu nutzen, oder aber müßte die gesamte Rüstungsplanung umgestellt werden, um sich auf einen langdauernden Krieg in den vierziger Jahren vorzubereiten. Thomas zog völlig richtig die letztere Lösung vor. Zahlenmäßig mag die Wehrmacht ihren Gegnern überlegen gewesen sein, aber alle drei Wehrmachtteile hatten schwerwiegende Schwächen aufzuweisen, die einen großen Krieg zu einem Vabanquespiel werden lassen mußten, bevor die Wiederaufrüstung abgeschlossen war. Dem Heer fehlten beispielsweise derartig viele Kraftfahrzeuge und Ersatzteile, daß es Anfang 1940 gezwungen war, aus der Truppe Fahrzeuge abzuziehen und sich in noch größerem Umfang als bisher auf Pferde zu verlassen. Ähnlich erging es der Luftwaffe. Trotz zahlenmäßiger und auch qualitativer Überlegenheit im Vergleich mit ihren Gegnern war sie schlicht noch nicht so einsatzbereit, in einen Krieg zu ziehen, der eher nach Jahren denn nach Monaten gezählt würde. Weil aber Hitler sich entschieden hatte, blieb ihr gar nichts anderes übrig, als zu kämpfen.

Einen Tag vor Kriegsbeginn, am 31. August 1939, verfügte die Luftwaffe über
3374 Einsatzflugzeuge (Bomber, Jäger, Aufklärer) zusammen mit 552 Transport-
und 167 Seeflugzeugen. Der durchschnittliche Klarstand betrug 75 Prozent, in
den Frontverbänden belief er sich auf 90 Prozent. Die Einsatzflugzeuge gehörten zu vier Luftflotten, denen sieben Fliegerdivisionen unterstanden (1. bis 6.
und die Lehrdivision, die 1938 für Truppenversuchszwecke gebildet wurde).
Zu den einzelnen Flugzeugmustern zählten:

257 Do 17	Fernaufklärungsflugzeuge,	
275 Hs 126		
67 He 46	} = 356 Nahaufklärungsflugzeuge,	
14 He 45		
366 Ju 87	Sturzkampfflugzeuge	
400 He 111 H		
349 He 111 P		
38 He 111 E		
212 Do 17 Z	} = 1176 Kampfflugzeuge,	
119 Do 17 E		
40 Do 17 M		
18 Ju 88		
40 Hs 123	Schlachtflugzeuge,	
552 Ju 52	Transportflugzeuge,	
68 Me 110 C		
27 Me 110 D		
36 Me 109 C	} = 408 Zerstörerflugzeuge,	
277 Me 109 D		
631 Me 109 E		
112 Me 109 D	} = 771 Tagjagd- und Nachtjagdflugzeuge	
28 Ar 68		

167 Seeflugzeuge beziehungsweise Flugboote der Typen He 60, He 59, He 115,
Do 18.
Zusätzlich hatte die Luftwaffe eine Flugzeugreserve, zwischen zehn und 25 Pro-
zent der Stärke der Frontverbände je nach Flugzeugmuster, etwa 2500 Schulma-
schinen und 500 Einsatzflugzeuge, die auf den Fliegerschulen für die Fortge-
schrittenenausbildung herangezogen wurden. Vor der Mobilmachung betrug die
Personalstärke der Luftwaffe 373 000 Mann, davon 208 000 in den fliegenden
Verbänden und Luftlandeeinheiten (alleine 1500 Fallschirmjäger), 107 000
Mann bei der Flakartillerie zur Bedienung von 2600 schweren und 6700 mittleren und leichten Flakgeschützen und 3000 Scheinwerfern, sowie 58 000 Mann
Luftnachrichtenpersonal. Die 20 000 Flugzeugführer machten gerade fünf Prozent der Gesamtstärke aus. Nach der Mobilmachung waren es dann 1 300 000
Mann, was einer Vermehrung von fast 350 Prozent entsprach.
So eindrucksvoll sich die Luftwaffe im Herbst 1939 darstellte, wies sie doch
schwerwiegende Mängel und Schwächen auf. Die Kriegsstärke von 4093 Maschinen war nur ein Sechstel dessen, was planungsgemäß bis Herbst 1942 erreicht
werden sollte. Das war der Termin, den sich die Luftwaffenführung setzte, um
für einen Krieg vorbereitet zu sein. Bis dahin rechnete man auch mit einer weit
besseren Qualität der Flugzeuge, denn statt 1158 Do 17 und He 111 sollte die
Luftwaffe 7700 He 177 und Ju 88, statt 1179 Bf 109 und Bf 110 nicht weniger als
7500 weiterentwickelte Muster dieser Typen und die Me 210 haben. Selbst wenn
diese Pläne angesichts der tatsächlichen wirtschaftlichen und technischen Möglichkeiten etwas zu weit gesteckt waren, so hätte es genügt, wenn nur die Hälfte
dieser Zahlen erreicht worden wäre, um die qualitative und quantitative Ausgangslage der Luftwaffe beträchtlich zu stärken. Aber im September 1939 ver-

fügte die Luftwaffe nicht nur über erheblich weniger Flugzeuge als geplant, sondern sie war auch mit den bereitstehenden Maschinen nicht richtig einsatzbereit. Die fliegenden Verbände befanden sich noch in Aufstellung, was sich aus der Tatsache ableitet, daß in den 13 Kampfgeschwadern nur 30 der erforderlichen 39 Gruppen volle Kriegsstärke erreicht hatten, ein Zustand, der seit November 1938 unverändert blieb. Ähnlich sah es bei anderen Luftwaffenverbänden aus. Die 5 Stukageschwader hatten 9 der 15, die 14 Jagdgeschwader 18 der 42 und die 6 Zerstörergeschwader nur 10 der 27 geforderten Gruppen. Die Kriegsgliederung der vielgerühmten Zerstörergeschwader entsprach nicht den Idealvorstellungen. Nur 95 Bf 110, noch nicht einmal die Stärke eines Geschwaders, standen zur Verfügung, die restlichen 313 Maschinen waren Bf 109. Auf dem Gebiet der Nachtjagd sah es bestürzend aus. Man hatte zwei Staffeln mit Ar 68 (Doppeldekker) und plante die Aufstellung von drei weiteren Staffeln, zwei mit Bf 109 und einer mit Bf 110, wobei in jedem Falle keinerlei besondere Blindfluginstrumentierung für den Nachtflug vorgesehen war. Auch das Lufttransportwesen der Luftwaffe wies erhebliche Mängel auf, trotz der über 500 Ju 52, die im Bestand waren. Nur ein Geschwader, mit etwa 150 Maschinen, war für Lufttransportaufgaben den Fallschirm- und Luftlandeverbänden zugeordnet worden; viele der übrigen Maschinen standen im Dienst der Fliegerschulen der Luftwaffe. Um genügend Lufttransportraum für Verlegungen von fliegenden Verbänden und Truppen der Bodenorganisation während eines Feldzuges freizumachen, gab es nur die einzige Möglichkeit, auf die Bestände der Fliegerschulen zurückzugreifen. So kurzfristig diese Kräfte auch zur Verfügung standen, langfristig ging es auf Kosten eines gut ausgebildeten Ersatzes in der Fliegertruppe, der einerseits Kampfverluste ausgleichen und andererseits für neue Aufstellungsvorhaben bereitstehen sollte, ganz abgesehen von den Materialverlusten dieser Schulmaschinen im Einsatz.

Die Zukunft der Luftwaffe ließ auch nichts Gutes erwarten. Von den vier Flugzeugmustern, auf die sich die Angriffsstärke der Luftwaffe abstützte, war nur die Bf 109 einsatzbereit und hatte ihre Frontverwendungsfähigkeit bewiesen. Bei den anderen sah es nicht so rosig aus. Die Ju 88 sollte erst mit einem Jahr Verspätung bei den Frontverbänden zulaufen, obwohl 18 Maschinen offiziell zur Kriegsstärke vom 31. August 1939 aufgeführt werden. Wegen der mit dieser Maschine verbundenen Kinderkrankheiten dauerte es noch einige Zeit, bis sie in angemessenen Zahlen einsatzbereit wurde. Im Februar 1940 waren nur drei der 40 Kampfgruppen mit der Ju 88 ausgerüstet. Die Einführung der He 177 und Me 210 lag noch in weiter Ferne. Die Entwicklungs- und Fertigungsschwierigkeiten ließen bezüglich ihrer Einsatzwertigkeit erheblichen Zweifel aufkommen. Aus diesem Grunde war ein Drittel der Bomberverbände nicht in der Lage, mehr als eine Tonne Bomben weiter als 330 km tief in Feindesland zu tragen, der Rest schaffte es knapp über eine Strecke von 880 km. Im Gegensatz dazu sollte die He 177 diese Bombenlast 1950 km weit schleppen, oder drei Tonnen Bomben über eine entprechend kürzere Entfernung. Ferner betrug die Fluggeschwindigkeit der deutschen mittleren Bomber weit weniger als die der neuen Jagdflugzeuge, die seitens der Gegner Deutschlands in Fertigung genommen wurden. Und was um so bedrohlicher war, es fehlte an geeigneten Begleitschutzjägern, weil die Bf 110 hinsichtlich Geschwindigkeit und Wendigkeit unterlegen war. Das Schlachtflugzeug Hs 123 war ein veralteter Doppeldecker, und der Stuka Ju 87 war einfach zu langsam, so daß beide Maschinen nur im Einsatz wirken konnten, wenn die Deutschen über dem Zielgebiet die Luftüberlegenheit hatten. Somit mußte die Luftwaffe, mit Ausnahme des einmotorigen Jägers Bf 109, mit Maschinen in den Krieg ziehen, die sie selbst als ungeeignet beurteilte, wohlwissend, daß die meisten davon innerhalb der nächsten zwei Jahre nicht durch bessere Flugzeugmuster ersetzt werden konnten.

Die fliegenden Verbände klagten über andere Schwierigkeiten, wie unzureichende Bombenzielgeräte und Mangel an Funkverbindung zwischen Bomberverbänden und Begleitschutzjägern. Am schwerwiegendsten war der Bomben- und Kraftstoffmangel. Man schätzte den Bombenvorrat auf nur vier Wochen unter Einsatzbedingungen. Trotz nachhaltiger Forderungen, sogar bei Hitler, hatte man nur geringe Hoffnungen, diese Lage zu beheben. Hitler äußerte: »*Niemand fragt danach, ob ich Bomben habe oder wieviel Munition ich habe; es kommt nur auf die Zahl der Flugzeuge und Geschütze an*«. Die Luftwaffe mußte ohne sie auskommen. Noch beängstigender war die Kraftstoffknappheit. Mitte August beliefen sich die Flugkraftstoffvorräte auf 690 000 Kubikmeter, was nur für knapp vier Kriegsmonate ausreichte. Nutzbar waren ohnehin nur 420 000 Kubikmeter, für den Rest fehlte es an Äthyl als Antiklopfmittel. Die materiellen Mängel deckten sich mit dem Fehl an Flugzeugführern. Die Anstrengungen beim Aufbau der Luftwaffe praktisch aus dem Nichts, die Befriedigung der Forderungen Hitlers nach umfangreichem Ausbau der Rüstung ließen nur wenig Zeit und Raum für ein ausreichendes Ausbildungsprogramm für das fliegende Personal. So fehlten der Luftwaffe bei Kriegsbeginn trotz der 3960 voll ausgebildeten Flugzeugführer noch 173 Flugzeugführer und 139 Jagdflieger. Zwar blieb deswegen keine Maschine auf dem Boden, weil zu Kriegsbeginn etwa zehn Prozent, später zwischen 20 und 25 Prozent nicht einsatzbereit waren, aber man hatte keinen Ersatz für die im Kampf gefallenen, verwundeten oder vermißten Besatzungen. Genauso schwerwiegend wirkten sich die qualitativen Ausbildungsmängel aus. Über Taktik und Ausbildung stellte Jeschonnek während der Generalstabsreise der Luftwaffe im Juni 1939 mit großer Sorge fest: »*. . . daß wir in der Weiterentwicklung in Taktik nur langsam vorwärts kommen. Daß wir nicht schneller vorangekommen sind, liegt an dem Fehlen an voll eingespielten Verbänden, mit denen die Entwicklung vorwärts getrieben werden könnte. Die Lehrdivision kann nicht allein (damit) fertig werden*«. General Ritter von Pohl fügte handschriftlich hinzu: »*Hoffentlich kommen wir dann nicht zu falschen Anschauungen! Kämpfen müssen wir jedenfalls mit mäßig ausgebildeten Verbänden*«.

Beim Ausbruch des Zweiten Weltkrieges bestimmten Material und Personal in bedeutendem Maße den strategischen Handlungsspielraum, dem die Luftwaffenführung unterlag. Theorie und Praxis stimmten jedoch weitgehend überein. Trotz aller Schwächen bewies die Luftwaffe, daß sie uneingeschränkt das Heer in einem Feldzug nach dem anderen wirkungsvoll unterstützen konnte. Sicherlich konnte die Luftwaffe überhaupt nicht im Sinne Douhets unabhängige, selbständige Luftoperationen tief in das feindliche Hinterland durchführen. Dafür blieb ihr die Hoffnung, die Luftüberlegenheit über die gegnerische Luftabwehr zu erringen. Gegen feindliche Luftangriffe auf das Reichsgebiet war sie nur schlecht gewappnet, wenngleich die Wahrscheinlichkeit dafür 1939 nur sehr gering war. Für keinen dieser Fälle hatte das RLM vorgesorgt. Abgesehen von den Plänen, mit Bomberverbänden die britischen Seeverbindungen abzuschnüren und zu unterbinden, gibt es keinerlei Hinweise dafür zu vermuten, daß man bei der Luftwaffe davon ausging, daß sich ihre Einsätze völlig unabhängig von denen der Heeresoperationen abspielen würden. Die Luftwaffenführung stimmte mit der des Heeres einmütig darin überein, daß der Sieg nur durch die Besetzung des Feindgebietes errungen werden könnte, was einzig durch die Unterstützung der Heeresverbände zu erreichen wäre.

Immerhin trug die Tatsache, daß die Luftwaffe zweieinhalb Jahre zu früh in den Krieg ziehen mußte, dazu bei, den Lauf der Ereignisse in den Feldzügen, an denen sie Anteil hatte, wesentlich zu bestimmen. Schnelligkeit war das Wesentliche bei den Operationen, nicht weil es der beste Weg zur Niederringung des Gegners war, sondern weil es der einzige Weg war, die Luftwaffe vor einer Niederlage zu bewahren. Weil es an Menschen und Material fehlte, um über einen längeren Zeitraum an einer Front, ganz zu schweigen von zwei Fronten, zu kämpfen, mußte die Luftwaffe alle ihre Kräfte zur Unterstützung des Heeres zusammenfassen, um in der kürzest möglichen Zeit einen Sieg zu erringen. Jede andere Maßnahme hätte tödliche Auswirkungen auf die Luftwaffe gehabt, zumal die Luftfahrtindustrie nicht in der Lage war, die Verluste von langandauernden Operationen auszugleichen und zu ersetzen. Daher mußten Einsätze gegen die feindliche Kriegswirtschaft und im Rahmen der Reichsluftverteidigung gegenüber der Unterstützung des Heeres zurückstehen. Aus demselben Grunde fielen auch langfristige Planungen der Luftwaffe diesen kurzfristigen Zielvorstellungen zum Opfer. Dazu äußerte sich Jeschonnek kurz vor dem Polenfeldzug in eindeutigen Worten: *»Wir müssen einen kurzen Krieg führen, da muß anfangs alles eingesetzt werden«*. Der Luftwaffenführung blieb, ob sie wollte oder nicht, gar nichts anderes übrig, als sich in dieses Vabanquespiel einzulassen. Weil der Krieg zu früh ausbrach, blieb der Luftwaffe keine andere Wahl, als dieser strategischen Richtung zu folgen, so gefährlich sie auch war, und wie sich noch zeigen sollte, so tödlich und verderbend noch dazu.

IV. Die ersten Feldzüge

Kurz vor dem Polenfeldzug verkündete Göring in einem Tagesbefehl (anläßlich der 25jährigen Wiederkehr des Kriegsbeginns des Ersten Weltkrieges; d. Ü.):

> »Ich habe in den wenigen vergangenen Jahren mein Bestes getan, um unsere Luftwaffe zur größten und mächtigsten der Erde zu machen. Die Schaffung des Großdeutschen Reiches ist weitgehend erst durch die Stärke und die stete Einsatzbereitschaft der Luftwaffe ermöglicht worden. Geboren aus dem Geiste der deutschen Flieger des großen Krieges, verschworen der Idee unseres Führers und Obersten Befehlshabers, so steht heute die deutsche Luftwaffe, bereit, jeden Befehl des Führers blitzschnell und mit ungeahnter Stoßkraft durchzuführen . . .«

Görings Worte sollten sich drei Wochen später, als in einem der schnellsten Feldzüge der Geschichte die polnische Armee zerschlagen worden war, bewahrheiten. Im Wehrmachtbericht des OKW heißt es über den Einsatz der Luftwaffe: »In engster Zusammenarbeit mit dem Heere . . . angegriffen. Durch ihre Todesverachtung haben sie (die Verbände der Luftwaffe; d. Ü.) dem Heere unendlich viel Blut erspart und zum Gesamterfolg in höchstem Maße beigetragen.« Hauptauftrag der Luftwaffe im Polenfeldzug war die Ausschaltung und Vernichtung der polnischen Luftstreitkräfte. Die Bedeutung dieses Einsatzauftrages wird in der LDv »Luftkriegführung« deutlich: »103. Die feindliche Luftwaffe ist von Kriegsbeginn an zu bekämpfen. Durch ihre Niederringung wird die feindliche Wehrmacht geschwächt, werden die eigene Wehrmacht, das eigene Volk und sein Lebensraum geschützt, wird die Angriffskraft der eigenen Luftwaffe frei zur Durchführung anderer kriegswichtiger Aufgaben.« In seiner Abschlußbesprechung ging Jeschonnek im Juni 1939 nach Beendigung der Generalstabsreise der Luftwaffe darauf noch einmal ein: »Was in den ersten zwei Tagen gegen das feindliche Heer erreicht werden kann, steht in keinem Verhältnis zu dem Schaden, den eine feindliche Fliegertruppe anrichtet, wenn sie voll aktionsfähig bleibt.« In der Tat vertrat die Luftwaffe den Standpunkt, daß Operationen gegen feindliche Luftstreitkräfte nicht nur eine Voraussetzung für die Unterstützung der Landstreitkräfte ist, sondern auch wesentlicher Teil derselben.

Für die Luftwaffe war es ein glücklicher Umstand, daß die zu vernichtenden feindlichen Luftstreitkräfte weder groß noch besonders schlagkräftig waren. Von den 800 polnischen Flugzeugen konnten nur etwa 463 als einsatzbereite Frontflugzeuge gewertet werden. Die 270 Bomber, vornehmlich vom Typ PZL P-23 »Kara«, waren ihren deutschen Gegenspielern ganz erheblich unterlegen, wenngleich die neueren PZL P-37B sich mit den Do 17 ohne weiteres messen konnten. Die 277 Jäger schlugen sich so, daß Keßelring sagen konnte, sie verlangten allen Respekt. Dennoch waren die PZL P-74 A und P-11 C, so robust sie auch gebaut waren, veraltet und keine Bedrohung für die Bf 109. Gegen diese schwachen Kräfte bot die Luftwaffe 1939 Flugzeuge auf, wovon etwa zehn Prozent bei Kriegsbeginn nicht einsatzbereit waren. 648 Bomber, 219 Stukas, 30 Schlachtflugzeuge, 210 Jäger und 474 Aufklärer und Transportflugzeuge unterstanden zwei Luftflotten, die von den Generalen Albert Keßelring und Alexander Löhr, dem 54jährigen Österreicher, einst Befehlshaber der österreichischen Luftstreitkräfte, befehligt wurden. Zusätzlich verfügten das OKL direkt über 133 Aufklärungs- und Transportflugzeuge, das Heer über 133 Nahaufklärer und Verbindungsflugzeuge sowie die Jagdverbände im Osten des Reichs über 216 Bf 109.

Keßelrings Luftflotte 1 unterstanden die 7. Fliegerdivision unter Führung von General Ulrich Grauert, die Lehrdivision unter General Förster und das Luftwaffenkommando Ostpreußen unter General Wilhelm Wimmer; diese Verbände kämpften in Nordpolen. Im Südabschnitt war Löhrs Luftflotte 4 verantwortlich, ihr unterstanden die 2. Fliegerdivision unter General Bruno Loerzer und der Fliegerführer z.b.V., General Wolfram von Richthofen.

Nach den offiziellen Verlautbarungen des OKW sollte die Weltöffentlichkeit glauben gemacht werden, daß die polnischen Luftstreitkräfte innerhalb der ersten 48 Stunden des Feldzuges zerschlagen worden wären. Aus dem Wehrmachtsbericht vom 1. September: *». . . Die deutsche Luftwaffe hat heute in wiederholten kraftvollen Einsätzen die militärischen Anlagen auf zahlreichen polnischen Flugplätzen angegriffen und zerstört . . ., (und) sich damit heute die Luftherrschaft über dem polnischen Raum erkämpft, . . .«* Tags darauf gab das OKW bekannt: *»Nach den Erfolgen des heutigen Tages ist damit zu rechnen, daß die polnische Fliegertruppe in ihrem Bestand aufs schwerste getroffen ist. Die deutsche Luftwaffe hat die uneingeschränkte Luftherrschaft über dem gesamten polnischen Raum und steht nunmehr für weitere Aufgaben zum Schutze des Reiches zur Verfügung.«* Auch am 3. September tönte es in ähnlichen Wendungen aus dem Radio. In der Tat hatte die Luftwaffe nachhaltige Anstrengungen unternommen, um ihren Gegner zu vernichten. Trotz der schlechten Wetterbedingungen, die am ersten Kriegstag die Einsatztätigkeit behinderten, gelangen erfolgreiche Angriffe gegen die Flugplätze Krakau, Lemberg, Radom, Wilna, Lublin, Warschau und viele andere. Es wurden sogar Flugzeugwerke in der polnischen Hauptstadt bombardiert. Aber, wie sich die Luftwaffenbefehlshaber fragten, wo blieb die polnische Fliegertruppe? Bis auf kurze Luftkämpfe über Warschau und die beim Vormarsch gefundenen ausgebrannten Flugzeugwracks einiger weniger Maschinen, *»Verbleib der feindlichen Luftwaffe zum großen Teil unbekannt«*, wie Keßelring in einer Abendmeldung schrieb. Der Führungsstab der Luftwaffe war besorgt über die Entwicklung und ordnete in einer Weisung an: *». . . Der Oberbefehlshaber befiehlt, den Verbleib der polnischen Kampfflugzeuge festzustellen . . . Startbereite Kampfgruppen sind zurückzuhalten, um mit diesen festgestellte polnische Kampfkräfte kurzfristig angreifen zu können . . .«* Der Generalstab war gewarnt worden, daß die Polen ihre Maschinen auf getarnte Flugplätze verlegt hatten und einen Gegenangriff planten. Um diese Maßnahme zu verhindern, mußten die Luftwaffe erhebliche Kräfte ihrer Bomberverbände für einen Angriff gegen diese Plätze ungenutzt in Bereitschaft halten. Bis zur Klärung der Lage über die feindlichen Flugzeuge war die Unterstützung der Heeresverbände zweitrangiger Natur.

Am 2. September wurden laufende Angriffe gegen polnische Flugplätze geflogen, wo es zu erheblichen Zerstörungen kam. Die polnischen Bomber konnten aber immer noch nicht ausgemacht werden. Darüber berichtet der polnische Fliegermajor F. Kalinowski: *»Die deutsche Luftwaffe tat genau das, was wir erwartet hatten: Sie griff die Flughäfen an und versuchte, die polnischen Luftstreitkräfte am Boden zu vernichten. Rückblickend erscheint es naiv, wenn die Deutschen glaubten, die polnischen Einheiten würden während dieser ganzen Tage politischer Hochspannung und offensichtlicher deutscher Angriffsabsichten auf ihren Friedensfliegerhorsten verbleiben. Tatsächlich hatten wir schon am 31. August 1939 kein einziges einsatzbereites Frontflugzeug mehr dort stationiert: In den 48 Stunden zuvor waren wir alle auf Feldflugplätze verlegt worden.«* Auf diese Weise überlebte die polnische Luftwaffe den ersten Angriffsschlag, blieb bis zum Anfang der zweiten Kriegswoche einsatzbereit, verursachte den Verlust von 126 deutschen Maschinen und konnte noch 200 Tonnen Bomben an den Feind bringen. In zahlreichen Fällen gelang es polnischen Bombern, die Spitzen deutscher Heeresverbände anzugreifen. Die technische und zahlenmäßige Unterlegenheit wirkte sich jedoch sehr bald aus. Die ohnehin nicht gerade hoch zu nennende Einsatztätigkeit der polnischen Luftstreitkräfte nahm von Tag zu Tag immer mehr ab. In den ersten fünf Kriegstagen verloren die Polen im Luftkampf 116 Jagdflugzeuge. Besonders schwerwiegend wirkten sich die vernichtenden Angriffe der Luftwaffe gegen die feindlichen Nachschublinien aus, was zur Lähmung der polnischen Führung beitrug und den Nachschub ihrer Luftwaffen- und Heeresverbände unterband. Kalinowski berichtet: »Der 8. September brachte den entscheidenden Wendepunkt. Die Versorgungslage wurde hoffnungslos. Immer mehr Flugzeuge lagen unbrauchbar herum. Ersatzteile gab es nicht mehr. Nur einzelne Bomber konnten noch bis zum 16. 9. Angriffe fliegen . . .« Nach dem Verlust von 330 Maschinen erhielt die polnische Luftwaffe am 17. September Befehl, sich nach Rumänien abzusetzen, wohin sie noch 116 Maschinen überführen konnte.

Unabhängig vom Verbleib der polnischen Luftwaffe, sah die Luftwaffe am 3. September in ihr keine Bedrohung mehr. Die uneingeschränkte Unterstützung des Vormarsches des deutschen Heeres konnte beginnen, was nicht heißt, daß es mit Beginn des Feldzuges keine derartigen Einsätze gegeben hat. In der Morgendämmerung des 1. September flog eine Gruppe Hs 123 des Fliegerführer z.b.V., von Richthofen, mit bedeutendem Erfolg den ersten unmittelbaren Heeresunterstützungseinsatz des Krieges, als sie knapp hinter der Grenze bei Panki polnische Feldstellungen angriff. Eingesetzt im Rahmen der 10. Armee, der stärksten und wichtigsten der fünf Armeen in diesem Feldzug, flogen die Hs 123 bis zu zehn Einsätze täglich, insbesondere zur Unterstützung des Vormarsches des XIV. Armeekorps. Die Flugzeugführer machten die Erfahrung, daß nicht die Bewaffnung ihrer Doppeldecker die feindlichen Truppen am meisten beeindruckten, sondern daß es das Motorengeräusch war, das sich bei einer bestimmten Drehzahl einstellte. Man fand heraus, daß die Luftschraube bei einer Drehzahl von 1800 U/min ein Geräusch abgab, das ähnlich dem eines schweren MG klang, was bei Mensch und Tier gleichermaßen Furcht und Schrecken verbreitet. Der Einsatz dieses taktischen Mittels bewährte sich besonders bei der Verwirrung und Auflösung vormarschierender Truppen oder solchen, die sich auf dem Rückzug befanden. Einen Haken hatte die Geschichte allerdings. Wählte man zur Erzielung dieses Geräusches die erforderliche Drehzahl, so konnte man nicht die Flugzeugbewaffnung bedienen, weil das Schießen mit ihr durch die Luftschraube nur bei geringerer Drehzahl möglich war.

Bei der Unterstützung des Heeres hatte sich die Luftwaffe außerordentlich bewährt. Der Oberbefehlshaber der 10. Armee, die in Südpolen eingesetzt war, General von Reichenau, schrieb an von Richthofen:

»Ihnen, lieber Herr General von Richthofen, und den Ihnen unterstellten Verbänden spreche ich meinen aufrichtigen Dank und Anerkennung aus für die wirksame Unterstützung, die die 10. Armee in der Schlacht von Sochaczew erfahren hat. Wiederholt habe ich mich auf dem Schlachtfeld persönlich überzeugen können von der ausgezeichneten Wirksamkeit und Treffsicherheit Ihrer Verbände. Ich bin der Überzeugung, daß die Schlacht ohne Sie nicht in diesem Umfange gewonnen worden wäre.«

Die mittelbare Unterstützung der Heeresverbände hatte vor der unmittelbaren Vorrang, das Verhältnis betrug 5:4. In den ersten fünf Kriegstagen wurden 4806 Einsätze gegen Verschiebebahnhöfe, Straßen und Nachschublager geflogen, im Gegensatz zu 3746 Einsätzen gegen feindliche Geschützstellungen, Stützpunkte und Truppen. In einer Generalstabstudie wurde später festgestellt, daß auf Grund der Angriffe gegen das Eisenbahnnetz die Polen nur 37 ihrer 45 Infanteriedivisionen, 11 ihrer 16 Kavalleriebrigaden und 7 Grenzschutzbrigaden, die sie bei der Mobilmachung aufgestellt hatten, an die Front zum Einsatz bringen konnten. Während der Kämpfe mit den bei Radom eingeschlossenen polnischen Truppen gelang es der Luftwaffe, den gesamten Eisenbahn- und Straßenverkehr in Nord- und Ostpolen zum Erliegen zu bringen, was die polnischen Anstrengungen für einen Gegenangriff im Raum Kielce zunichte machte. Bis zum 8. September war es gelungen, jede Bewegung auf den Hauptverbindungslinien Posen–Kutno–Warschau, Krakau–Radom–Deblin und Krakau–Tarnow–Lemberg zu unterbinden. Laufende Störangriffe und die Zerstörung wichtiger Brücken verhinderten einen geordneten Rückzug polnischer Truppen und den Aufbau einer Abwehrlinie und Front westlich der Weichsel. Der polnische Oberbefehlshaber der Armee Posen, General Kutrzeba, bestätigt die Wirkungen der Luftangriffe:

>»Gegen 10 Uhr begann ein wuchtiger Angriff der gegnerischen Luftwaffe auf die Übergänge von Witkowice. Hinsichtlich der Zahl der Flugzeuge, der Heftigkeit der Angriffe und der akrobatischen Kühnheit stellte er einen Rekord dar. Jede Bewegung, jede Ansammlung, alle Marschstraßen lagen unter dem zermalmenden Feuer aus der Luft... Die Hölle auf Erden hatte sich aufgetan. Die Brücken waren zerstört, die Furten waren verstopft, die Flak und ein Teil der Artillerie waren vernichtet... Die Fortsetzung der Schlacht wäre nur ein Ausharren gewesen; im Falle des Verbleibens an Ort und Stelle drohte nur der ›Friedhof‹ durch die Luftwaffe, da jede Fliegerabwehr fehlte.«*

Nur den Anstrengungen der Luftwaffe war es in erster Linie zu verdanken, daß die Armee Posen keine bedrohlichen Schläge gegen die Nachhuten der deutschen 8. und 10. Armee, die sich auf dem Vormarsch nach Warschau befanden, führen konnte. Am 19. September stellte die Armee Posen ihre Kampfhandlungen ein, 170 000 polnische Soldaten marschierten in Kriegsgefangenschaft. So erfolgreich war die Luftwaffe und so schnell liefen Heeresoperationen ab, daß schon am 12. September mit der Verlegung fliegender Verbände in den Westen begonnen wurde, 16 Tage bevor der Feldzug überhaupt erst beendet war.

Vor dem Abschluß des Feldzuges sollte die Luftwaffe jedoch noch einen letzten und entscheidenden Angriff fliegen: Zur Bombardierung Warschaus. Schon vom ersten Kriegstag an waren militärische Ziele, wie Flugzeugwerke, die in der polnischen Hauptstadt lagen, angegriffen worden. Die Luftwaffe hatte aber keinerlei Versuche unternommen, die Stadt selbst zu zerstören. In den deutschen Einsatzbefehlen war sogar ausdrücklich die wahllose Tötung von Zivilisten, die so nachdrücklich von Douhet und seinen Schülern gefordert wurde, untersagt worden. Am 2. September befahl der Generalstab beispielsweise den Angriff auf militärische Ziele innerhalb Warschaus, und selbst diese Ziele »sind in dichtbesiedelten Stadtteilen auszusparen«. Am 16. war Warschau von deutschen Truppen eingeschlossen und wurde von den Polen zur Festung erklärt. 100 000 polnische Soldaten errichteten Barrikaden und bereiteten sich auf hartnäckige Straßenkämpfe vor. Ein deutscher Offizier begab sich zum polnischen Militärgouverneur, um ihn zur Übergabe der Stadt aufzufordern, er wurde aber nicht empfangen. Fünf Tage lang wurden über der Hauptstadt Flugblätter abgeworfen, in denen die Bevölkerung aufgerufen wurde, durch Übergabe und Kapitulation sich einen sinnlosen Opfergang zu ersparen. Viermal drängte man die polnische militärische Führung, die Stadt zu übergeben. Ein Luftangriff, der für den 17. September angesetzt war, wurde abgesagt, als die Polen ankündigten, daß sie einen Parlamentär entsenden wollten, der über die Evakuierung der Zivilbevölkerung verhandeln sollte. Dieser Parlamentär erschien nicht. Am selben Tag marschierten die Russen in Ostpolen ein mit dem Ziel, Warschau bis zum 3. Oktober zu erreichen, in Übereinstimmung mit dem deutsch-russischen Nichtangriffspakt, der eine Teilung Polens entlang der Linie Narew–Weichsel–San vorsah. Hitler, der unbedingt die Grenze weiter nach Osten an den Bug verlegt haben wollte, befahl, daß Warschau in kürzestmöglicher Zeit in deutscher Hand zu sein habe. Daher fielen am 25. September aus den Rümpfen von mehr als 400 Kampfflugzeugen 500 Tonnen Spreng- und 72 Tonnen Brandbomben auf ausgewählte militärische Ziele im Westteil der Stadt. Diese Angriffe erstreckten sich fast über den ganzen Tag und wurden von Artilleriefeuer und Angriffen des Heeres begleitet. Verglichen mit den Bombenangriffen im weiteren Verlauf des Krieges waren diese Angriffe geradezu stümperhaft. Ein Teil der Bomberkräfte bestand aus 30 Ju 52, die mit Brandbomben beladen waren, die mit Kohlenschaufeln seitlich aus dem Rumpf geschaufelt wurden. Die Heeresgeneralität reagierte auf diese Bombenangriffe empört, weil die entstehenden Brände und der Qualm der Artillerie die Möglichkeit nahmen, ihre Ziele zu erkennen. Hitler bestand jedoch darauf, daß der Angriff weiter durchgeführt wurde. Tags darauf suchte der Befehlshaber von Warschau um Übergabebedingungen nach. In den frühen Morgenstunden des 28. September kapitulierte die Hauptstadt Polens. Darüber und über weitere Ereignisse unterrichtete der französische Luftattaché in Warschau, General Armengaud, seine Regierung in Paris: »*Ich muß unterstreichen, daß die deutsche Luftwaffe nach den Kriegsgesetzen gehandelt hat . . .*«

Der Feldzug in Polen war in jeder Beziehung für die deutsche Wehrmacht ein beachtlicher Erfolg. Flieger und Soldaten hatten sich gleichermaßen gut geschlagen. In 28 Tagen verlor die Luftwaffe 285 Flugzeuge als Totalverlust, 279 wurden mehr oder weniger stark beschädigt, wovon ein Viertel wieder repariert und den Frontverbänden zugeführt werden konnte. 539 Mann fliegendes Personal waren gefallen, verwundet oder vermißt. Dafür war die polnische Luftwaffe zerschlagen, und die Operationen des deutschen Heeres waren dadurch wesentlich erleichtert worden. Die Generale der Luftwaffe, die die Verbände geführt hatten, konnten zufrieden sein. Löhr äußerte: »*Die Luftwaffe sollte zum erstenmal in der Geschichte als selbständige Waffe zum Einsatz kommen. Dadurch eröffnete sie neue Gesichtspunkte in der Strategie, die im Grunde genommen im Laufe der Geschichte immer unverändert geblieben sind*«. Und Keßelring beurteilte den Feldzug als »*ein Prüfstein des Könnens der deutschen Luftwaffe und eine Lehrübung besonderer Art . . .*« Man bedenke aber, daß es ein Sieg über einen ganz erheblich unterlegenen Gegner war; Göring sollte 1943 zugeben: »*Das war kein Glanzstück dort.*«

Auf Grund der Erfahrungen der Luftwaffe im Spanischen Bürgerkrieg und in Polen war die Luftwaffenführung davon überzeugt, daß ihre strategischen Grundsätze richtig waren. Unbestritten hatte sich die Zerschlagung der feindlichen Luftstreitkräfte, selbst so geringer wie in Polen, schwieriger erwiesen als erwartet. Gleichermaßen mußte die Zusammenarbeit und Abstimmung der Operationen des Heeres und der Luftwaffe verbessert werden. Die Luftnachrichtenverbindungstrupps, die von Richthofen in vorderster Front bei den Heeresverbänden eingesetzt hatten, hatten sich voll bewährt. Anforderungen für die Unterstützung des Heeres konnten unmittelbar an seinen Gefechtsstand übermittelt werden, ohne den zeitraubenden Dienstweg Heeresverband-Division-Armeekorps-Luftflotte und dann zurück über die Fliegerdivision zu nehmen, so daß Entscheidungen für den Einsatz der fliegenden Verbände sofort gefällt werden konnten. Zusätzlich konnten die Fliegerverbindungsoffiziere den Truppenführern Hinweise geben, ob in einer bestimmten Lage Luftunterstützung angebracht war oder überhaupt zur Verfügung stand. Über diese Möglichkeiten waren sich seinerzeit viele Heeresoffiziere noch gar nicht im klaren. Kaum durch feindliche Abwehr gestört, hatten die Stukas ihre Wirksamkeit bewiesen, dasselbe galt auch für die im Rahmen der Luftunterstützung eingesetzten He 111 und Do 17. Natürlich wurden Fehler gemacht. In einem Falle zerstörten beispielsweise Stukas gerade in dem Augenblick eine Weichselbrücke, als eine Panzerdivision über den Fluß setzen wollte. Derartige Ereignisse gab es nur selten.

Sowohl Heer als auch Luftwaffe lernten den Wert der Luftunterstützung im Laufe des Feldzuges schätzen. In einer Zusammenfassung über den Polenfeldzug das OKW: *»In engster Zusammenarbeit mit dem Heere haben in ununterbrochenen Einsätzen Schlacht- und Sturzkampfflieger Bunkerstellungen, Batterien, Truppenansammlungen, Marschbewegungen, Ausladungen usw. angegriffen. Durch ihre Todesverachtung haben sie dem Heere unendlich viel Blut erspart und zum Gesamterfolg in höchstem Ausmaße beigetragen.«* Selbst Deutschlands Gegner lobten die Waffentaten der Luftwaffe in höchsten Tönen. General Armengaud stellte fest, daß die Rolle der Luftwaffe bei der Niederkämpfung Polens *»von größter Bedeutung«* gewesen sei; sie habe den Gegner seiner Bewegungsfähigkeit und die Führung *»der Übersicht und Möglichkeit der Befehlsübermittlung«* beraubt. Die Hinweise des Generals auf die großen Erfolge der Luftwaffe fanden eine Ergänzung in den Berichten des Deuxième Bureau, des französischen Nachrichtendienstes, in denen festgestellt wurde, daß die Luftangriffe *»zu einer fast völligen Lahmlegung des polnischen Oberkommandos führten, das nicht in der Lage war, die Mobilisierung abzuschließen, Truppen zusammenzufassen, Verstärkung und Nachschub heranzuführen oder überhaupt koordinierte Maßnahmen irgendwelcher Art zu ergreifen«.* Dieser Beurteilung schloß sich die gesamte Weltöffentlichkeit an.

Am 27. September 1939, dem Tag der Kapitulation Warschaus, sprach Hitler vor seinen Oberbefehlshabern in der Reichskanzlei. Er hatte sich dazu entschlossen, den eindrucksvollen Sieg Deutschlands im Polenfeldzug auszunutzen und im Westen anzugreifen, bevor die englischen und französischen Streitkräfte einsatzbereit waren. Göring und die gesamte militärische Führung waren entsetzt. Die Wehrmacht war einfach noch nicht vorbereitet auf ein derartiges militärisches Unterfangen. Der Luftwaffe mangelte es zum Beispiel besonders an Bomben, die Kriegsvorräte beliefen sich nur auf zwei Kampfwochen. Die Forderungen der anderen beiden Wehrmachtteile an die Rüstungsindustrie waren so hoch, daß Hitler erst nach dem 12. Oktober genehmigte, die Bombenproduktion zu steigern. Zu diesem Zeitpunkt war bereits klar, daß die Alliierten das deutsche Friedensangebot ausgeschlagen hatten. Sodann befahl Hitler eine angemessene Bombenbevorratung und erteilte Milch jede Vollmacht, unverzüglich ein Fertigungsprogramm auf die Beine zu stellen. Weil nicht genügend Stahl zur Verfügung stand, die Wehrmacht benötigte insgesamt 600 000 Tonnen im Monat, mußten sogar mit Splittern gefüllte Betonbomben produziert werden, so dringend benötigte die Luftwaffe Abwurfmunition.

Hitler beachtete weder die Einwände seiner Generalität noch die Befürchtungen seines Verbündeten, Italien; er war fest zum Angriff entschlossen. Er wollte den Konflikt beenden, solange Deutschland militärisch unschlagbar im Vorteil war; er glaubte, daß jeder Monat des Nichthandelns Deutschlands Stärke gegenüber den Alliierten abnehmen läßt. Am 23. November 1939 erklärte Hitler seinen Oberbefehlshabern: *»Mein Entschluß ist unabänderlich. Ich werde Frankreich und England angreifen zum günstigsten und schnellsten Zeitpunkt. Verletzung der Neutralität Belgiens und Hollands ist bedeutungslos. Kein Mensch fragt danach, wenn wir gesiegt haben . . . Ohne Angriff ist der Krieg nicht siegreich zu beenden.«* Der Diktator gab nur widerwillig zu, einen zweiten Weltkrieg entfesselt zu haben. Im Januar 1940 wies er die Kriegsmarine an, den Krieg als *»Der englische Krieg«* zu bezeichnen und legte fest, daß der Polen- und Frankreichfeldzug als *»Großdeutscher Befreiungskampf«* in die Kriegsgeschichte Eingang finden sollte. Er war sich seines Erfolges absolut sicher, was sich in den Worten an den italienischen Botschafter widerspiegelt: *»Das Jahr 1940 wird uns den Sieg bringen.«* Seine Truppen im Westen, zwei Millionen Mann, standen bereit, nach Frankreich, Belgien und Holland einzumarschieren; nur das Wetter konnte sie noch am Angriff hindern.

Der Plan für Hitlers Angriff im Westen, mit der Bezeichnung »Fall Gelb«, war im Oktober 1939 entworfen worden. Der Angriff, ursprünglich auf den 12. November angesetzt, sollte durch Belgien vorgetragen werden, um Nordfrankreich zu besetzen – Holland wurde später in der Führer-Weisung mit eingeschlossen –. Schlechte Wetterbedingungen führten zur großen Erleichterung der militärischen Führung jedoch zur Verschiebung des Angriffstermins. Am 9. November wurde der »A-Tag« auf den 19. verschoben; am 13. auf den 22.; am 16. auf den 26.; am 20. auf den 3. Dezember; am 27. November auf den 9. Dezember. Die ungünstigen Wettermeldungen der Luftwaffe waren der Grund dafür. Geduldig warteten die Generale in ihren Hauptquartieren auf die Durchgabe des Stichworts »Rhein« für den Angriffsbeginn; statt dessen erhielten sie nur das Stichwort »Elbe« (kein Angriff, Angriff verschoben). Und so zog es sich über den ganzen, extrem kalten Winter 1939/40 hin. Der »A-Tag« wurde weiter hinausgezögert vom 9. Dezember auf den 11., den 17. und schließlich auf den 1. Januar 1940. Endgültig entschloß man sich am 27. Dezember, den Angriff im Zeitraum zwischen dem 9. und 14. Januar anzusetzen, weil Hitler sich dann klare, kalte Wintertage, gefrorenen Boden, tragfähiges Eis und gute Flugbedingungen erhoffte. Sollte bis dahin weiter schlechtes Wetter vorherrschen, mußten die Operationen bis nach Abschluß der Tauperiode in das Frühjahr verschoben werden.

Am Nachmittag des 10. Januar 1940 berief Hitler eine Besprechung mit seinen Oberbefehlshabern und dem Chef des Generalstabes des Heeres, Halder, ein, um mit ihnen den Ablauf des bevorstehenden Feldzuges durchzusprechen. Die Luftwaffenmeteorologen hatten zehn bis vierzehn Tage klaren Winterwetters vorhergesagt. Aus diesem Grunde war der Angriffstermin auf den 17. Januar, 15 Minuten vor der Morgendämmerung, angesetzt worden. Die Luftwaffe sollte in den vier bis fünf Tagen zuvor mit schweren Luftangriffen französische Luftwaffenanlagen bombardieren. An jenem Abend gab das OKH an alle Truppenkommandeure die Vorwarnung durch: Der Feldzug steht unmittelbar bevor. Hitler war außerordentlich zuversichtlich. Am darauffolgenden Tag jedoch, dem 11. Januar, kurz vor Mittag, erhielt der »Führer« in Berlin eine bestürzende Nachricht. Nur wenige Stunden vor der Besprechung, bei der die Angriffszeit festgelegt worden war, mußte eine Kuriermaschine, die streng geheime Einsatzbefehle, sogenannte Chefsachen, an Bord hatte, mit diesen »Plan Gelb«-Dokumenten in Belgien bei Mechelen-sur-Meuse, etwa 20 Kilometer nördlich von Maastricht, notlanden. Hitler tobte, *»solche Dinge können uns um den Sieg bringen!«*. Tags darauf schrieb Jodl in sein Tagebuch: *»Wenn die Papiere den Belgiern unversehrt in die Hände gefallen sind, ist die Lage ungeheuerlich.«*

Das war die sogenannte Affäre Mechelen, die, wie viele Historiker behaupten, endgültig dazu beitrug, den Feldzug auf Mai zu verschieben. Das führte zur Ausarbeitung eines neuen Aufmarschplans, der dem vorherigen weit überlegen war. Auf diesen waren die englischen und französischen Truppen eingestellt. Nur durch die Änderung der Aufmarschplanung, so wird allgemein angenommen, konnten die Deutschen den Feldzug siegreich beenden. Sogar Generale, die von der Affäre Mechelen unmittelbar betroffen waren, vertreten diesen Standpunkt. General Student, Befehlshaber der Luftlandetruppen, äußerte nach dem Kriege, daß Hitler, nachdem er vom Verlust der Pläne gehört hatte, *»zunächst sofort angreifen wollte, dann aber glücklicherweise davon absah und sich entschloß, den ursprünglichen Plan ganz fallen zu lassen und ihn durch den Plan Mansteins zu ersetzen«*. General Warlimont, Jodls Vertreter im OKW, bestätigte auch, daß sich Hitler entschloß, *»Plan Gelb« zu ändern, »hauptsächlich wegen des Luftzwischenfalls«*. Die Generale waren hingegen nicht richtig im Bilde. Die Affäre Mechelen löste nicht derartige Folgen aus. »Plan Gelb« wäre sogar verschoben und geändert worden, selbst wenn der Zwischenfall nicht passiert wäre.

Was hatte sich ereignet? Major Helmut Reinberger war als Verbindungsoffizier zum Stab eines Ju 52-Transportgeschwaders im Verband der von Student geführten 7. Fliegerdivision kommandiert, um an der Ausarbeitung von Plänen für Luftlandeunternehmen in Holland und Belgien mitzuarbeiten. Er fuhr mit der Bahn zu einer Dienstbesprechung nach Köln zur 22. Infanteriedivision (Luftlandeverband) und führte mit sich die Einsatzpläne der Luftflotte 2 für die Westoffensive, den Hinweis, daß sie unmittelbar bevorstünde, und Einzelheiten über ein Luftlandeunternehmen zwischen Maas und Sambre. Verzögerungen des Eisenbahnverkehrs im Ruhrgebiet veranlaßten ihn, seine Dienstreise in Münster zu unterbrechen, wo er im dortigen Offizierskasino den Abend des 9. Januar 1940 verbrachte. Er traf dort Major Hönmanns, den Fliegerhorstkommandanten des nahegelegenen Fliegerhorstes Münster-Loddenheide. Hönmanns war alter Weltkriegsflieger, der sich seine Freude am Fliegen über all die Jahre erhalten hat. Wie es sich so ergab, war er erpicht darauf, seine Frau in Köln, dem Reiseziel Reinbergers, zu besuchen. Er bot Reinberger den Mitflug in einer Kuriermaschine an. Der Offizier der Fallschirmtruppe wußte nur zu gut, daß es verboten war, Aufmarschpläne und Karten als Kurier in einem Flugzeug mitzuführen. Seine Ungeduld, rechtzeitig in Köln einzutreffen, ließ ihn alles dies vergessen. Er nahm das Angebot an, und tags darauf flogen die beiden am frühen Morgen mit einer Kuriermaschine Bf 108 »Taifun« ab.

Schon bald nach dem Start verlor Hönmanns wegen dichter Wolken die Orientierung, er kam zu weit nach Westen mit seinem Flugkurs. Und dann machte er einen verhängnisvollen Fehler! Beim Umschalten der Kraftstofftanks schaltete er versehentlich die Kraftstoffversorgung ab (das Flugzeug dieses Typs hatte er erst einmal geflogen). Der Motor blieb stehen, er mußte notlanden. Zunächst glaubten sich die zwei Offiziere in der Nähe des Rheins, mußten aber bald feststellen, daß es die Maas war und sie sich auf belgischem Boden befanden. Reinberger begann mit der Vernichtung seiner Papiere und machte ein Feuer. Belgische Soldaten jedoch erschienen auf der Szene, bevor die Pläne brannten. Die beiden Majore wurden zur örtlichen Polizeidienststelle abgeführt, wo Reinbergers zweiter Versuch, die Dokumente zu verbrennen, er warf sie in einen Ofen des Vernehmungszimmers, durch einen belgischen Offizier verhindert wurde, der mit nackter Hand die kohlenden Reste aus dem Feuer riß. Die deutschen Offiziere wurden in militärischen Gewahrsam der Belgier genommen, gerieten später in Gefangenschaft und beendeten den Krieg als Kriegsgefangene in Kanada. Es mutet wie ein Treppenwitz der Geschichte an, denn in dem Augenblick, als die Maschine notlanden mußte, wurde Milch vom belgischen Botschafter mit einem hohen Orden ausgezeichnet!

Auf diplomatischem Wege wurde Berlin am nächsten Morgen von dem Zwischenfall in Kenntnis gesetzt und die Reichskanzlei unverzüglich informiert. Hitler war natürlich über die Luftwaffe außerordentlich aufgebracht, was Göring verbitterte. Keßelring erinnerte sich: »*Ich habe Göring nie vorher und nachher in einer solchen seelischen Depression gesehen, was immerhin bei dem Temperament Görings etwas besagen will*«. Göring sagte später: »*Der Führer machte mir als dem Obersten Chef des unglücklichen Kuriers furchtbare Vorwürfe, da ein wesentlicher Teil des Westaufmarsches und die Tatsache solcher deutschen Pläne überhaupt verraten war. Sehen Sie, es ist eine entsetzliche Nervenbelastung für mich, zu wissen, daß meine Luftwaffenoffiziere in den Augen des Führers diesen Lebenskampf des deutschen Volkes in Gefahr gebracht haben.*« Als Folge von »seines Führers« Ärger entließ Göring den dienstlichen Vorgesetzten der beiden Majore, General Felmy, den Befehlshaber der Luftflotte 2 und berief an dessen Stelle Keßelring. Auch der Chef des Stabes,

Oberst Josef Kammhuber, mußte gehen und wurde als Kommodore des Kampf-geschwaders 51 nach Bayern versetzt. Kammhuber war später General der Nachtjagdverbände und nach dem Kriege Inspekteur der Luftwaffe der Bundes-wehr. Auf den Rat seiner Frau hin ließ sich Göring von einem Hellseher bestäti-gen, daß die Dokumente tatsächlich vernichtet worden waren; diese »hochgradi-gen« Erkenntnisse wurden sofort Hitler gemeldet, die nur bestätigten, was der Diktator schon selbst auch glaubte. Alle belgischen Zeitungen, bis auf eine Aus-nahme, hatten nach der Affäre Mechelen berichtet, daß es den deutschen Offi-zieren gelungen wäre, alle ihre Geheimpapiere zu vernichten. Ohne Zweifel hatte der belgische Nachrichtendienst entsprechende Hinweise an die Redaktio-nen gegeben. Am 12. Januar unterrichtete der Militärattaché in Brüssel, Gene-ral Wenninger, das OKW, daß die beiden Majore, die er befragen konnte, ihm be-stätigt hätten, daß sie alle Papiere, bis auf einige wenige unwesentliche, vernich-tet hätten. In der Tat waren die Papiere nur zu drei Vierteln verbrannt. Am näch-sten Tag meldete er sich persönlich zum Vortrag bei Hitler. Jodl vermerkte in sei-nem Tagebuch: »*Ergebnis: Kuriertasche mit Sicherheit verbrannt.*« Hitler war erleich-tert, denn wären die Pläne in Feindeshand gefallen, so wäre die Lage, wie es Jodl mit Nachdruck vortrug, wahrhaftig sehr ernst gewesen. Man hätte die deutschen Absichten vollkommen durchschaut.

Die Affäre Mechelen beeinflußte also Hitlers weitere Absichten nicht. Am 11. Januar, um 3 Uhr 15 nachmittags, noch bevor er mit Sicherheit wußte, ob die Ge-heimpapiere vernichtet worden waren, behielt er einen kühlen Kopf und bestä-tigte seinen Entschluß zum Angriff im Westen. Erst am 13. Januar, ein Uhr mit-tags, nach den Gespräch mit Wenninger, ließ er den Angriff abblasen, und nur aus dem Grunde, weil die Wettervorhersagen zwischen dem 16. und 19. Januar 1940 dichten Nebel ankündigten. Der Westfeldzug wurde wieder verschoben, diesmal auf den 20. Januar. Aber die Wetteraussichten verschlechterten sich zu-sehends; die Tauperiode stand bevor. Am Nachmittag des 16. Januar verschob der »Führer« endgültig die Offensive bis in das Frühjahr hinein.

Die Affäre Mechelen beeinflußte weder den Beginn noch das Fallenlassen des Angriffstermins, aber auch in keiner Weise die Planungen nach der Verschiebung des Feldzuges. Spätestens am 16. Januar war es den Deutschen klar, daß die Alli-ierten um ihre Aufmarschpläne wußten und daß Major Reinbergers Dokumente nicht vollständig vernichtet worden waren. Der deutsche Militärattaché meldete aus Den Haag, daß der belgische König am Abend des 10. Januar ein längeres Te-lefongespräch mit der holländischen Königin geführt habe. Am 11. Januar gaben die Belgier Kopien der Überreste der Papiere an englische, französische und hol-ländische Dienststellen weiter. Die alliierten Armeen wurden in Alarmzustand versetzt. Am Nachmittag des 14. Januar verlegte Gamelin, der französische Oberbefehlshaber, zusätzliche Divisionen an die belgische Grenze. Am selben Tage stieß eine französische Kavallerieschwadron auf luxemburgisches Gebiet vor. Es wurde beschlossen, nicht nach Belgien einzumarschieren, bevor es deutscherseits dazu kam, denn man befürchtete immer noch, insbesondere sei-tens der Belgier, daß die bei Mechelen erbeuteten Dokumente möglicherweise nur eine nachrichtendienstliche Falle waren, um die Alliierten von der wirklich beabsichtigten Einbruchstelle abzulenken. Belgien vollzog keine Mobilma-chung, verstärkte aber seine Grenzbefestigungen gegenüber dem Reich, wäh-rend sie sie gegenüber Frankreich öffneten, um freien Durchmarsch zu gewäh-ren, sollten es die Ereignisse erfordern. Die Alliierten waren bereit zu kämpfen; der Alarm blieb jedoch aus. Gamelin schrieb: »*Was mich betrifft, hatten die nach-richtendienstlichen Erkenntnisse von den deutschen Fliegeroffizieren keinen Einfluß auf unsere Entscheidungen! Plan D (zur Abwehr einer deutschen Invasion) blieb unverän-dert.*« Churchill bemerkte in seiner Geschichte des Zweiten Weltkriegs: »*Trotz der*

Dokumente des deutschen Majors wurden weder von den Alliierten noch von den bedrohten Ländern irgendwelche Maßnahmen getroffen.«

Dem deutschen Nachrichtendienst und den Abwehrdienststellen blieben die alliierten Vorbereitungen nicht verborgen. Fernerhin konnten sie den belgischen Geheimkode brechen und aus dem darüber abgewickelten Schriftverkehr viele Schlüsse ziehen. Am Abend des 13. Januar warnte der belgische Militärattaché in Berlin Brüssel davor, daß der Einmarsch am nächsten Tage beginnen sollte. Am 17. Januar bat der belgische Außenminister, Paul-Henri Spaak, den deutschen Gesandten in Brüssel zu sich und erklärte ihm, wie aus seinem Bericht nach Berlin hervorging: »*. . . das Flugzeug, das am 10. Januar notlanden mußte, hat Belgien Dokumente von außerordentlicher und ernstzunehmender Natur in die Hände gespielt, die eindeutige Angriffsabsichten offenbarten. Es waren nicht nur Aufmarschanweisungen, sondern genau ausgearbeitete Angriffsbefehle, bei denen nur noch die Angriffszeit einzusetzen war.«* Deutscherseits war man sich nicht sicher, ob Spaak nur bluffte. Seine Äußerungen stimmten zumindestens mit dem überein, was man selbst über die Ereignisse wußte. Obwohl die Affäre Mechelen weit mehr aufgedeckt hatte, als man zunächst annahm, tat man nur wenig, um die Grundzüge des »Plan Gelb« abzuändern. Hitler sagte am 16. Januar zu Jodl, daß er die gesamte Aufmarschplanung auf eine »*neue Basis*« stellen wolle, um »*Geheimhaltung und Überraschung*« sicherzustellen. Das erforderte nicht die völlige Überarbeitung des Planes. Vielmehr wurde die viertägige Aufmarschdauer, von der die Alliierten wußten, aufgegeben und den Truppen nur 24 Stunden Zeit gegeben, um in die Bereitstellungsräume entlang der Grenze zu ziehen. Auf einer Besprechung, die am 20. Januar zwischen Hitler, Göring, von Brauchitsch, Halder, Jeschonnek, Keitel, Jodl und anderen wenigen eingeweihten Offizieren stattfand, und auf der der »Führer« mit Nachdruck seiner Forderung nach strikter militärischer Geheimhaltung Ausdruck verlieh, wurde diese »*neue Basis*« bestärkt. Mehr noch, der Zeitraum von der Entschlußfassung bis zum Angriffsbefehl sollte auf nur drei Tage beschränkt werden. Auf diese Weise hoffte man, den Feind überraschen zu können, zumal er sich auf eine viertägige Vorwarnung eingestellt hatte, wie man annahm, und somit die Überraschung gelänge. Die endgültige Fassung des Planes des OKH vom 29. Oktober 1939, die diese Auflagen beinhaltete, wurde am 30. Januar vorgelegt. Dieser Planung gemäß, die 20 Tage nach der Notlandung des Major Reinberger abgeschlossen herausgegeben wurde, war die Wehrmacht darauf vorbereitet, den Westfeldzug im Frühjahr zu beginnen. Die Affäre Mechelen hat überhaupt keinen Einfluß auf die Änderung der strategischen Planungen in Sachen des »Plan Gelb« genommen.

Einen bedeutenden und für alle Zukunft gültigen Einfluß hat dieses Ereignis nicht nur im Hinblick auf den Westfeldzug, sondern auch auf die gesamte weitere Kriegsführung dennoch gehabt. Zeitlich traf es mit Hitlers schon lange vorhandenen Sorgen über die allzu lasche Handhabung der Geheimhaltungsbestimmungen zusammen. Zwei weniger bedeutende Zwischenfälle, bei denen auch Luftwaffenoffiziere beteiligt waren, waren ihm zu Ohren gekommen. In einem Falle hatte ein Offizier seine Kuriertasche aus dem fahrenden Zug geworfen, im anderen Falle hatte ein Adjutant einer Luftflotte einen Aktenordner mit Geheimpapieren verloren. Diese Fälle waren aber in keiner Weise mit dem zu vergleichen, was sich in Mechelen ereignet hatte. Aus diesem Grunde gab Hitler am 15. Januar 1940 entsprechende Weisungen, die im »*Grundsätzlichen Befehl Nr.1*« zusammengefaßt wurden. Dieser die Geheimhaltung betreffende Befehl sollte in jedem Stabsquartier am schwarzen Brett ausgehängt werden. Von nun an durfte niemand Geheiminformationen erhalten, die nicht unmittelbar mit seiner Tätigkeit zu tun hatten, auch in diesem Fall durfte er nur so rechtzeitig davon erfahren, wie es absolut erforderlich war. Der Befehl lautete:

Grundsätzlicher Befehl.
1. Niemand, keine Dienststelle, kein Offizier dürfen von einer geheimzuhaltenden Sache erfahren, wenn sie nicht aus dienstlichen Gründen unbedingt davon Kenntnis erhalten müssen.
2. Keine Dienststelle und kein Offizier dürfen von einer geheimzuhaltenden Sache mehr erfahren, als für die Durchführung ihrer Aufgabe unbedingt erforderlich ist.
3. Keine Dienststelle und kein Offizier dürfen von einer geheimzuhaltenden Sache bzw. dem für sie notwendigen Teil früher erfahren, als dies für die Durchführung ihrer Aufgabe unbedingt erforderlich ist.
4. Das gedankenlose Weitergeben von Befehlen, deren Geheimhaltung von entscheidender Bedeutung ist, laut irgendwelchem allgemeinen Verteilerschlüssel ist verboten.

Auf den ersten Blick mag dieser Befehl nur wie eine erwünschte Geheimhaltungs- und Sicherheitsmaßnahme erscheinen, seine Auswirkungen waren verheerend. General Nielsen schrieb in einer Studie nach dem Kriege:
». . . – niemand in der militärischen Führung ist in Auswirkung dieses Befehls über die letzten Absichten des Führers unterrichtet gewesen und niemand – auch nicht im OKW – hat sich ein letztes Bild über die wahre Lage zu machen vermocht. Jeder militärische Führer aber, jeder Generalstabsoffizier und jeder Führer anderer kriegswichtiger Funktionen, der nicht über die Absichten der Führung im großen und über die Lage unterrichtet ist, kann keine fruchtbare Führungsarbeit leisten, – er ist wie ein Huhn, welches im Dunkeln tappt und dabei gelegentlich auch ein Korn findet.«
So hatte sich die Affäre Mechelen ausgewirkt. –

Bevor Hitler »Plan Gelb« durchführen sollte, bezog er auch Norwegen und Dänemark in seine Absichten an der Westfront mit ein. Am 2. September 1939 hatte er noch die Unverletzbarkeit Norwegens erklärt, solange es nicht von dritter Seite bedroht werden sollte. Am 13. Dezember erteilte er dem OKW die Weisung, wie das Land am besten besetzt werden könnte. Es war eine Vorsichtsmaßnahme, weil die Alliierten zunehmend den Schiffsverkehr mit schwedischem Eisenerz, das durch Norwegen angeliefert wurde, störten. Diese Erzlieferungen waren für die deutschen Produktionsstätten unverzichtbar. Der britische Außenminister, Lord Halifax, erklärte am 6. Januar 1940, daß Großbritannien deutsche Handelsschiffe daran hindern werde, norwegische Hoheitsgewässer zu nutzen, selbst auf die Gefahr hin, daß die Royal Navy Kampfhandlungen innerhalb derselben vornehmen müßte. Einen Monat später entschlossen sich die Alliierten, Anfang des Frühjahrs vier Divisionen in dem wichtigen norwegischen Hafen Narvik anzulanden, von dort aus auf die schwedischen Erzminen von Gallivare vorzustoßen, um sie zu besetzen und auf diese Weise Zugang zu Flugplätzen zu gewinnen, von denen Einsätze gegen das Reich durchgeführt werden konnten. Obwohl die Deutschen von diesen Plänen nichts wußten, lag ihnen außerordentlich viel daran, keine Zeit zu verlieren, um einem möglichen Eingreifen der Alliierten zuvorzukommen.

Mitte Januar hatte das OKW seine ersten Untersuchungen abgeschlossen und vorgeschlagen, daß alle weiteren Maßnahmen von einem Stab unter Leitung von Milch verfolgt werden sollten. Ihm zur Seite sollte als Chef des Stabes ein Offizier der Kriegsmarine und als Ia ein Heeresoffizier stehen. Der Plan erhielt die Deckbezeichnung »Auster«. Hitler war damit jedoch nicht einverstanden. Die Arbeitsgruppe, die am 14. Januar ihre erste und zugleich letzte Besprechung abhielt, wurde aufgelöst, weil Hitler im Hinblick auf die Affäre Mechelen befürchtete, daß die Luftwaffe unfähig war, die Geheimhaltung sicherzustellen. Statt dessen übertrug er die Planungsaufgaben dem OKW, das er am 27. Januar anwies, daß die Unternehmen in Skandinavien unter »*seinem persönlichen und unmittelbaren Einfluß*« durchgeführt werden. Der Planungsstab des OKW erwies sich jedoch als unfähig, die umfangreichen, alle drei Wehrmachtteile betreffenden Planungen für den »Fall Weserübung«, wie die Deckbezeichnung dafür war, vorzunehmen. Aus diesem Grunde wurde am 21. Februar 1940 das AOK XXI des Heeres unter Führung des Generals von Falkenhorst dem OKW für die Planung des Einmarsches nach Dänemark und Norwegen verantwortlich gemacht. Dem Kommandierenden General von Falkenhorst unterstanden auch alle Luftwaffenverbände, die im X. Fliegerkorps des Generals Hans Geisler zusammengefaßt waren. Göring, der stets außerordentlichen Wert auf seinen Führungsanspruch legte, reagierte heftig auf diese Maßnahme. Nach kurzen und harten Auseinandersetzungen wurde der Luftwaffe zugestanden, ihre eigenen Verbände unmittelbar zu führen. Falls erforderlich sollten die Anforderungen zur Luftunterstützung, soweit es möglich war, über den Generalstab der Luftwaffe abgewikkelt werden. Görings Erfolg, sich seine Rechte im Hinblick auf den Einsatz der Luftwaffe herauszunehmen, stand in krassem Gegensatz zum Versagen der Heeresgeneralität, die verbittert darüber war, daß ihr vom OKW die Kontrolle über das XXI. Armeekorps entzogen worden war.

Am 20. März 1940 gingen die Einsatzbefehle des X. Fliegerkorps an die fliegenden Verbände heraus. Während das Heer Dänemark und Norwegen besetzte, führten die Verbände der Luftwaffe Machtdemonstrationen und Überflüge durch, um die Bevölkerung und die Regierungen der betroffenen Staaten zur friedvollen Übergabe aufzufordern. Nur bei Gegenwehr sollte gekämpft werden. Im Gegensatz zu der moralischen Wirkung, die die Bomber und Jäger erzielen sollten, sollten die Ju 52 das Heer unterstützen, indem sie Luftlandetruppen und Fallschirmjäger an bestimmten Punkten in Dänemark und Norwegen absetzten. Unsicherheit herrschte darüber, wie sich die kleine norwegische Luftwaffe, die hauptsächlich im Raum Oslo lag, und die RAF verhalten würden. Man ging jedoch davon aus, daß die norwegischen Flugzeuge auf dem Boden zerstört werden konnten, während die RAF, mit Teilen weit entfernt in Schottland stationiert, nicht vor Mittag des ersten Tages der Besetzung über dem Gefechtsfeld erscheinen würde, zu einer Zeit, da eigene Jäger und Flak sich ihrer annehmen könnten, nachdem sie schon auf besetzten Flugplätzen in Stellung waren. Nach den ersten Maßnahmen der Besetzung oblag der Luftwaffe die Hauptaufgabe, alliierte Landungsversuche zu verhindern und den Nachschub sowie die Verstärkung deutscher Truppen aufrechtzuerhalten. Für diesen Auftrag standen Geißler etwa 1000 Flugzeuge zur Verfügung, zu gleichen Teilen bestehend aus Kampf- und Transportverbänden. Die mittleren Bomber, hauptsächlich He 111, überwiegten zahlenmäßig gegenüber den Stukas Ju 87 (290:40), weil nur sie über eine ausreichende Reichweite verfügten, um frei über Norwegen und den angrenzenden Gewässern operieren zu können. Zusätzlich hatte das X. Fliegerkorps 30 Bf 109, 70 Bf 110, 40 Aufklärer, 30 Seeflieger und 500 Transporter, die mit Masse Ju 52 waren, aber auch einige Ju 90 und Fw 200 (zivile Verkehrsflugzeuge) und zwei Prototypen des schweren Bombers Ju 89 umfaßten. Etwa 340 Transportmaschinen hatte man von den Flugzeugführerschulen abgezogen, die Truppen und Ausrüstung auf die Flugplätze einfliegen sollten, nachdem sich diese in deutscher Hand befanden. Die 160 Ju 52 der 7. Fliegerdivision sollten hingegen Fallschirmjäger und Luftlandetruppen unmittelbar an ihre Einsatzorte befördern.

Den Deutschen gelang es, einer alliierten Besetzung Norwegens zuvorzukommen. Planmäßig begann das Unternehmen »Weserübung« am 9. April 1940, um 05.00 Uhr, mit dem Einmarsch nach Dänemark und der Anlandung auf den däni-

schen Inseln und in norwegischen Häfen. In Dänemark begann der Luftwaffeneinsatz neunzig Minuten später mit dem Absetzen von Fallschirmjägern über
den beiden Flugplätzen von Aalborg und dem Einfliegen von Infanterie mittels
Ju 52. Die Flugplätze wurden ohne Widerstand genommen, in einem Falle von
ein paar Bf 110. Innerhalb eines Tages befand sich Dänemark in deutscher Hand.
Ganz anders liefen die Ereignisse in Norwegen ab. Dort folgten den Besetzun-
gen der Häfen durch die Kriegsmarine nach dreieinhalb Stunden Luftangriffe
durch Bf 110 auf die Flugplätze Stavanger-Sola und Oslo-Fornebu, die bald darauf von Fallschirmjägern und Luftlandetruppen eingenommen werden konnten.
Der Flugplatz von Oslo wurde von Bf 110 eingenommen, wo durch die Bruchlan-
dung einer Maschine der Platz gesperrt werden mußte und wegen schlechten
Wetters keine Fallschirmjäger abgesetzt werden konnten. Weitere Flugplätze
wurden eingenommen und die norwegische Luftwaffe, mit Ausnahme von neun
»Gladiator«-Doppeldeckern, am Boden zerstört. Diese wenigen Flugzeuge
stellten keine Bedrohung dar und wurden abgeschossen, bevor der Tag sich
neigte. Der norwegische Widerstand war aber noch lange nicht gebrochen. Es
sollte zwei Monate dauern, bis der Feldzug endgültig siegreich beendet werden
konnte.

Das norwegische Heer leistete erheblichen Widerstand und wurde zwischen
dem 15. und 19. April durch drei Landungsunternehmen der Alliierten unterstützt. Die Lage hatte sich derart zugespitzt, daß Hitler zum ersten Male in panischen Schrecken versetzt wurde. General Jodl, dem Chef des Wehrmachtsfüh-
rungsstabes im OKW, gelang es, Hitler zu überreden, davon abzulassen, den Befehl zur Evakuierung des kriegswichtigen Hafens von Narvik zu geben. Um den
Widerstand am Boden zu brechen und britische Schiffe davon abzuhalten, ihre
Ladungen in norwegischen Häfen zu löschen, wurde das X. Fliegerkorps verstärkt. Auf dem Höhepunkt der Kämpfe, Anfang Mai 1940, waren die mittleren
Bomber um 70, die Ju 87 um 10, die Bf 109 um 20, die Aufklärer um 20 und die
Küstenflieger um 90 Maschinen verstärkt worden, so daß die Einsatzmaschinen
insgesamt 710 Flugzeuge umfaßten. Gleichzeitig hatte man die Transportflieger-
kräfte erheblich verringert und sie schrittweise nach Deutschland zurückverlegt,
weil sie für die Vorbereitungen für den Westfeldzug benötigt wurden. Sie hatten
beim Unternehmen »Weserübung« aufsehenerregende Leistungen vollbracht.
Bei 3018 Transportflügen waren 29 280 Soldaten, 2376 Tonnen Nachschubgüter
und über 1,2 Millionen Liter Kraftstoff an strategisch wichtige Punkte in Norwegen befördert worden. Im Norwegenfeldzug erwiesen sich die Aufgaben der
Luftwaffe als weitreichender als zunächst erwartet, so daß das Kommando eines
Fliegerkorps überfordert war. Aus diesem Grunde wurde am 15. April der Stab
Luftflotte 5 in Hamburg aufgestellt, der am 24. April 1940 nach Oslo verlegte
und dem alle Luftwaffenverbände in Norwegen unterstanden. Milch, der seine
Dienststellung als Staatssekretär beibehielt, wurde Chef dieser Luftflotte. Er
nahm seine neue Tätigkeit voller Schwung auf, trieb den Bau neuer Flugplätze
voran und steigerte die Einsätze in seinem Befehlsbereich bis auf das äußerste.

Während der Krisenlage um Narvik zeigte sich Milch als besonders hartnäckiger militärischer Führer, als sogar von Falkenhorst einen Rückzug befürwortete.
An diesem Krisenort hatte sich die Bedeutung der Luftunterstützung, ob durch
Transporter oder Bomber, wieder einmal bewährt und als entscheidender Faktor
zum deutschen Sieg beigetragen. Besonders richtungsweisend war der Luftwaffeneinsatz gegen die feindliche Flotte. Schon am 8. April war die Britische Home
Fleet vor Bergen von 88 Bombern angegriffen worden. Ein Zerstörer wurde versenkt, drei Kreuzer durch Nahtreffer beschädigt und ein Schlachtschiff erhielt einen Volltreffer. Am 17. April wurde ein Kreuzer der Royal Navy schwer getroffen. Weit größere Bedeutung am Ausgang des Feldzuges hatte der Einsatz des X.

Fliegerkorps gegen die alliierte Landung bei Namsos und Andalsnes. Dort griffen am 20. April 150 Bomber und 60 Ju 87 so wirkungsvoll feindliche Schiffsbewegungen an, daß es ihnen unmöglich gemacht wurde, Nachschubgüter zur Verstärkung der schon auf norwegischem Boden befindlichen alliierten Truppen anzulanden, wodurch die feindlichen Pläne durchkreuzt wurden. Der britische Kommandeur meldete nach London: *»Ich sehe nur noch geringe Chancen, entscheidende – oder überhaupt irgendwelche – Operationen auszuführen, wenn die feindliche Lufttätigkeit nicht erheblich eingeschränkt werden kann.«* Ohne den Einsatz der Luftwaffe, so kann man mit Fug und Recht behaupten, hätte der deutsche Feldzug mit einer Niederlage enden können. Im Abschlußbericht des OKW ist vermerkt: *»Die Luftwaffe erwies sich in Norwegen als der ausschlaggebende Faktor für das Gelingen der Operation. Sie hat die Hauptlast des Kampfes gegen die unserer Kriegsmarine zählenmäßig weit überlegene feindliche Flotte getragen, . . . Sie hat den für die zukünftige Entwicklung entscheidenden Beweis erbracht, daß keine noch so starke Flotte im nahen Wirkungsbereich einer überlegenen feindlichen Luftwaffe auf Dauer operieren kann . . .«*

Während die Kämpfe in Norwegen noch andauerten, begannen die Deutschen mit dem Einmarsch im Westen. Der Plan, der zur Durchführung kam, unterschied sich wesentlich von dem, auf den man sich einige Monate zuvor geeinigt hatte. Anstelle eines frontalen Angriffs durch Belgien und Nordfrankreich, mit Vorstoß zum Ärmelkanal, sollte die deutsche Wehrmacht mit einem starken linken Flügel, gebildet von der Heeresgruppe A unter von Rundstedt, durch die Ardennen vorstoßen, einer Stelle, an der die Alliierten am schwächsten waren und am wenigsten einen Angriff erwarteten. Im Norden sollte General von Bock mit einer Heeresgruppe B frontal angreifen, während im Süden General Ritter von Leeb mit seiner Heeresgruppe C gegenüber der Maginot-Linie halten sollte. Der entscheidende Durchbruch sollte in der Mitte stattfinden, wo die Heeresgruppe von Rundstedt, unterstützt von starken Panzerkräften, bei Sedan die Maas überschreiten und nach Westen bis zur Somme-Mündung am Kanal vorstoßen sollte. Von dort aus befand sie sich in hervorragender Ausgangslage, um die Hauptkräfte des Feindes, die durch die Heeresgruppe B gebunden waren, von hinten aufzurollen, einzukreisen und zu vernichten.

Im Rahmen des Operationsplanes waren der Luftwaffe zwei Hauptaufgaben zugewiesen worden, die sich aus der Luftkriegstheorie der Vorkriegszeit und den Erfahrungen aus dem Polenfeldzug herleiteten. Schon im Oktober 1939 befahl Hitler, daß die Luftwaffe nicht nur die feindlichen Luftstreitkräfte vernichten oder zumindest kampfunfähig machen, sondern in erster Linie auch die feindliche Führung stören oder hindern sollte, ihre Entschlüsse in die Tat umzusetzen. Auf zwei Luftflotten verteilt, standen etwa 4000 Flugzeuge für den Angriff bereit. Im Norden unterstützte die Luftflotte 2 unter Keßelring die Heeresgruppe B. Zu dieser Luftflotte zählten das I. Fliegerkorps (General Ulrich Grauert), IV. Fliegerkorps (General Kurt Pflugbeil) und das VIII. Fliegerkorps (General Wolfram von Richthofen), die 7. Fliegerdivision als Luftlandedivision (General Kurt Student) und die 9. Fliegerdivision für den See-Einsatz (General Joachim Coeler). Die Heeresgruppen B und C unterstützte im Süden die Luftflotte 3 unter Sperrle; zu ihr zählten das II. Fliegerkorps (General Loerzer) und das V. Fliegerkorps (General Ritter von Greim), die über das Gros der im Westen liegenden 14 Kampfgeschwader verfügten. Beide Luftflotten hatten 1120 Bomber (He 111, Do 17, Ju 88), 324 Stukas (Ju 87), 42 Schlachtflieger (Hs 123), 1106 Jäger (Bf 109) und 248 Zerstörer (Bf 110) sowie 600 Aufklärer und 500 Transportmaschinen. Demgegenüber hatten die Franzosen, Engländer, Holländer und Belgier nur insgesamt 1151 Jäger, wovon zwei Drittel langsamer waren als die Flugzeuge, die sie hätten abfangen und bekämpfen sollen, und zusätzlich noch 1045 Bomben- und Schlachtflugzeuge. In England standen der RAF 1200 Einsatzflugzeuge zur Verfügung, davon mußte aber die Masse für Zwecke der Heimatluftverteidigung zurückgehalten werden. Keines der französischen Jagdflugzeuge konnte es mit der Bf 109E aufnehmen. Die Bloch 152, Morane-Saulnier 406 und Curtiss 75 A »Hawk« waren zwischen 80 und 120 km/h langsamer als ihre deutschen Gegner, und von der neuen Dewoitine 520, die nur knapp 25 km/h langsamer war, gab es noch keine ausreichende Anzahl.

Getreu ihren Grundsätzen begann die Luftwaffe den Feldzug mit schweren Angriffen gegen die feindliche Luftwaffe. Mehr als 300 He 111 und Do 17 von sechs Kampfgeschwadern griffen mit dem ersten Licht des 10. Mai 1940 in Holland, Belgien und Nordfrankreich 22 Flugplätze an. Am Abend desselben Tages war die holländische Luftwaffe kampfunfähig. In den Tagen danach konnte sie nie mehr als 12 Flugzeuge in die Luft bringen, um sich dem Gegner zu stellen. Nicht anders war die mißliche Lage bei der belgischen Luftwaffe. Auch den französischen Staffeln erging es schlecht. Nur die Engländer kamen am ersten Kriegstage mit einem blauen Auge davon, sie verloren nach den Angriffsschlägen eine »Blenheim«-Staffel mit 18 Maschinen, die am Boden vernichtet wurden. Die folgenden Tage forderten ihren Tribut. Mit Ablauf des 12. Mai hatte die RAF die Hälfte ihrer auf dem Festland stationierten Maschinen verloren, dasselbe galt für die französische Armée de l'Air im Norden mit annähernd denselben Verlusten. Deutsche Jäger und Flak wehrten äußerst wirkungsvoll alle alliierten Angriffe ab. Am 10. Mai, beispielsweise, griffen 32 Fairey »Battle« deutsche Marschkolonnen an, 13 Maschinen wurden abgeschossen, der Rest beschädigt. Von 6 »Blenheim«, die den Flugplatz Waalhaven angriffen, wurden 5 Maschinen von Bf 110 abgeschossen. Tags darauf wurden 7 von 8 »Battle« vom Himmel geholt, als sie deutsche Infanteristen in Luxemburg zu bekämpfen versuchten, und so ließen sich noch viele Beispiele anfügen. In den ersten 48 Stunden hatte sich die Anzahl der Bomber der RAF-Expeditionsstreitkräfte von 135 auf 75 Flugzeuge verringert. Am 20. Mai 1940, als die Niederlage der alliierten Armee in Nordfrankreich und Flandern unausweichlich war, flog die letzte Maschine der RAF nach England zurück. Nur 66 von den ursprünglich 261 auf dem Festland stationierten Jagdflugzeugen konnten nach England zurückgeführt werden.

Der tägliche Wehrmachtsbericht (»*Das Oberkommando der Wehrmacht gibt bekannt . . .*«) verzeichnete mit Regelmäßigkeit den Niedergang der alliierten Luftstreitkräfte. Im Laufe des Tages des 10. Mai 1940 wurden nicht weniger als 72 Flugplätze bombardiert, wobei zwischen 300 und 400 Flugzeuge am Boden zerstört worden waren. Tags darauf waren es schätzungsweise 300 Maschinen, am 12. Mai 320, am 13. Mai 150, 200 am 14., 98 am 15., 59 am 16., 108 am 17., 147 am 18., 143 am 19., 47 am 20. und 120 am 21. Mai (insgesamt mehr als 2000 Flugzeuge). Wenngleich diese Zahlen möglicherweise übertrieben sein mögen, der Wehrmachtbericht spricht von 3391 feindlichen Flugzeugen, die zerstört worden sein sollen, so geben sie doch immerhin einen Hinweis darauf, welchen überwältigenden Erfolg die Luftwaffe zu verzeichnen hatte. Nach Beendigung des Feldzuges gab es keine französischen, belgischen und holländischen Luftstreitkräfte mehr, sie waren ausgelöscht. Die RAF hatte 474 Jäger, 334 Bomber und 46 Seeflugzeuge verloren, knapp etwas weniger als die Hälfte ihrer Frontflugzeuge (1873) insgesamt, die sie vor Beginn der Feindseligkeiten in England und auf dem europäischen Festland im Bestand hatten. Demgegenüber verlor die Luftwaffe etwa 1130 Flugzeuge aller Typen, davon alleine 539 Maschinen innerhalb der ersten sechs Tage des Feldzuges.

Im Nordabschnitt der Westfront führte die Luftwaffe ein kühnes Unternehmen zur Unterstützung des Heeres durch. Zur selben Zeit, als die Kampfflieger ihre Angriffe gegen die feindliche Luftwaffe flogen, beförderten die Ju 52 Fallschirmjäger und Luftlandetruppen in ihre Zielgebiete nach Holland und Belgien. Man ging davon aus, daß der holländische Widerstand besonders hartnäckig an Maas und Yssel sowie im Raum nördlich von Rotterdam, bekannt als »Festung Holland«, sein würde und daß in Belgien entlang der Festungen an Maas und Albert-Kanal, die sich nördlich von Lüttich um das Fort Eben-Emael gruppierten, mit heftiger Abwehr zu rechnen sei. Blitzschnelles Vorstoßen war kriegsentscheidend für die Deutschen, daher mußte jeder Widerstand gegen den Vormarsch der Heeresgrupe B gebrochen werden. Maßnahmen aus der Luft wurden daher als die beste Möglichkeit angesehen. Aus diesem Grunde setzten die Deutschen auf ihre Luftlandeverbände, die aus fünf Bataillonen (4500 Mann) Fallschirmjägern und einer Infanteriedivision (12 000 Mann) Luftlandepersonal, die mit Lufttransport eingeflogen werden konnten; einige von ihnen waren schon kampferprobt. Bei der Besetzung Norwegens war ein Fallschirmjäger-Bataillon bei der Einnahme von zwei Flugplätzen beteiligt gewesen. Bei Narvik setzte man sie ab, um eingeschlossene Truppen zu verstärken; und auch bei Donbas, um norwegischen Truppen die Vereinigung mit Alliierten abzuschneiden. Bei der Besetzung Dänemarks setzte man eine Kompanie ein zur Einnahme einer Brücke, die zwei Inseln verband, in einem anderen Fall, um eine Küstenbatterie auszuschalten. Im Westfeldzug wurden diese Kräfte mit weit größerem Effekt eingesetzt. In Holland nahmen vier Fallschirmjäger-Bataillone und ein Luftlanderegiment drei kriegswichtige Brücken ein und verhinderten dadurch die Überflutung von Geländeteilen, so daß die vormarschierende Wehrmacht ungehindert vorstoßen konnte. Auch vier Flugplätze konnten auf diese Weise erobert werden. Zur selben Zeit versuchten ein Fallschirmjäger-Bataillon und zwei Luftlanderegimenter die Einnahme von Den Haag, dieser Versuch war ein Mißerfolg. In Belgien nahmen 60 Fallschirmjäger, die mit Lastenseglern einflogen, im Handstreich die Festung Eben Emael, während 400 andere zwei Brücken über den Albert-Kanal in ihre Hand brachten und somit den deutschen Truppen den Weg nach Belgien freimachten. So erfolgreich diese Unternehmen auch waren, sie gingen mit schweren Verlusten zu Lasten der Luftwaffe. Von den 430 eingesetzten Ju 52 mußten 109 als Totalverlust abgeschrieben werden, nur 53 Maschinen konnten wieder für die Frontverbände repariert werden. Ein Geschwader verlor beispielsweise 90 Prozent seiner Maschinen beim Versuch der Einnahme von Den Haag. Diese Verluste an Flugzeugen und Besatzungen betrafen mit Masse Kräfte, die von den Fliegerschulen für den Einsatz abkommandiert worden waren. Sie wirkten sich schwerwiegend insbesondere auf die Ausbildung von Kampffliegerbesatzungen aus. Die Folge war eine besorgniserregende Verminderung frischer Besatzungen, die in die Frontverbände abgegeben werden konnten.

Am 13. Mai 1940 war der Widerstand in Holland fast gebrochen, mit Ausnahme der niederländischen Kräfte, die Rotterdam hielten, und die einen deutschen Vorstoß nach Norden wirkungsvoll abriegeln konnten. Für die Wehrmacht war der Faktor Zeit von entscheidender Bedeutung. Wenn man hier aufgehalten werden sollte, wäre der Vorstoß durch Belgien und Nordfrankreich verpufft. Fernerhin befürchtete man, daß eine Landung der Engländer in Holland bevorstand, die den Vormarsch der Heeresgruppe von Bock in der Flanke hätte bedrohen können. General von Küchler, Kommandierender General der 18. Armee in Holland, befahl daher am Abend des 13. Mai, daß der Widerstand Rotterdams am nächsten Morgengrauen zu brechen sei. Vor dem Angriff sollten Artillerie und Luftangriffe die feindliche Abwehr zermürben. Die Kampfflieger sollten ihre Bomben in ein Dreieck nördlich der Maasbrücken, im Bereich der Altstadt, werfen, wo man Erkenntnisse hatte, daß der Feind eine seiner Hauptabwehrriegel errichtet hatte. Das Unternehmen war nicht darauf ausgerichtet, die Übergabe durch Terrormaßnahmen zu erzielen, sondern nur als Unterstützungsvorhaben für den Angriff des Heeres. Wie von Küchler deutlich machte, *»nichts unversucht zu lassen, um unnötiges Blutvergießen unter der holländischen Zivilbevölkerung zu vermeiden«*. Der Abwurf von Brandbomben wurde ausdrücklich untersagt. In der Tat wurde vorher der Versuch unternommen, die holländischen Vertreter zur Übergabe zu überreden. Parlamentäre wurden unverzüglich mit diesem Auftrag nach Rotterdam entsandt.

Der Stadtkommandant sah aber keinen Grund zur sofortigen Übergabe der Stadt und hielt die Deutschen mit einer Antwort hin. Am 14. Mai, um 13.00 Uhr, gab General Schmidt, der in diesem Abschnitt verantwortliche deutsche General, mit Funkspruch an die Luftflotte 2 durch: *»Angriff wegen Verhandlungen verschoben!«* Die Verhandlungen dauerten an. Der Luftangriff, der für 15.00 Uhr geplant war, mußte abgesagt werden. Unglücklicherweise erreichte der Funkspruch die beteiligten Kampfgeschwader 45 Minuten zu spät. Die He 111 überflogen bereits die holländische Grenze, als die Gespräche einen guten Ausgang zu nehmen schienen. Alle Versuche, die in der Luft befindlichen Maschinen zu erreichen, schlugen fehl. Vorsichtshalber hatten die Deutschen aber für einen solchen Fall Leuchtsignale vereinbart. Rote Leuchtkugeln, die von der Maasinsel abgeschossen würden, bedeuteten, daß der Angriff abzubrechen sei. Die Truppen am Boden konnten nur hoffen, daß die Kampffliegerbesatzungen durch all den Dunst, Qualm und das Flakfeuer, was über Rotterdam lag, diese Signale auffassen konnten. Es kam wie es kommen mußte, nur ein Verband der zwei Kampfgeschwader machte die Leuchtkugeln aus und drehte ab; der andere flog unbeirrt mit 57 Maschinen in 600 Meter Höhe an und warf 97 Tonnen Sprengbomben ab. Die entstehenden Feuersbrünste vernichteten den größten Teil der Altstadt, die meist aus Holzhäusern bestand. Die mit veraltetem Gerät ausgerüsteten Feuerwehren waren machtlos. 900 Menschen verloren ihr Leben. Zwei Stunden später kapitulierte Rotterdam, ohne daß auch nur ein Schuß gefallen war. So erfolgreich der Luftangriff gewesen war, so tief bedauerten es die Deutschen, daß es dazu gekommen war. Die Alliierten schlachteten diesen Angriff natürlich für Propagandazwecke weidlich aus.

In den ersten Tagen des Feldzuges galten die Luftangriffe dem feindlichen Eisenbahnverkehrsnetz, um insbesondere im Raum Charleville-Sedan, wo die Hauptstoßrichtung der Wehrmacht hinzielte, den feindlichen Nachschub und Truppenverstärkungen abzuriegeln. Nachdem das OKW davon überzeugt war, daß die Luftherrschaft errungen worden war, war es üblich, daß nach dem 13. Mai Luftangriffe bis zu 80 km hinter der Front gegen Eisenbahnnetze und Truppenbewegungen durchgeführt wurden. Am 13. Mai kam es auch durch die Spitzen der Heeresgruppe von Rundstedt zu dem entscheidenden Übergang des Heeres über die Maas bei Sedan. Ein Mißlingen hätte den gesamten deutschen Operationsplan gefährdet. Luftunterstützung durch die Luftflotte 3 (Sperrle) war der wichtigste Einsatzauftrag für die fliegenden Verbände. In dem Befehl der 1. Panzerdivision wird die Bedeutung des Luftwaffeneinsatzes herausgestellt:

»Der Schwerpunkt der Schlacht im Westen liegt am 13. 5. bei Gruppe v. Kleist. Ihr Ziel ist das Erzwingen des Maasüberganges zwischen Montherme und Sedan. Hierzu werden fast die gesamten deutschen Luftwaffenverbände eingesetzt. Sie werden in rollendem achtstündigen Einsatz die französische Maasverteidigung zerschlagen. Sodann tritt XIX. A. K. um 16.00 Uhr zum Übergang über die Maas an.«

Das II. Fliegerkorps (Loerzer) flog im unmittelbaren Raum von Sedan 310

Bomber- und 200 Stukaeinsätze, so daß der Übergang der Panzerspitzen gelang. Weiter im Norden wurde das VIII. Fliegerkorps (von Richthofen), das über Ju 87, Hs 123 und Jäger verfügte, aus der Luftflotte 2 herausgelöst und der Luftflotte 3 unterstellt, um dem Vorstoß des Heeres weitere Luftunterstützung zu gewähren. Über diese unmittelbare Heeresunterstützung bei Sedan wird in den Ic-Berichten der Luftwaffe gesagt:

>*Durch rollende Angriffe starker Kräfte auf engem Raum wurde die feindliche Verteidigung niedergehalten, das Heranführen von Feindkräften zum Gegenstoß verhindert und damit den Spitzen zweier Panzerdivisionen und einer Schützenbrigade an verschiedenen Stellen zwischen Charleville und Sedan der Übergang über die Maas ermöglicht . . . Der bei Mezieres und Sedan geführte Stoß durch das dort befindliche System von Befestigungen ständiger Bauart wurde bis zu einer Tiefe von 20 km weiter nach Süden vorgetragen und der Ardennenkanal nach Westen überschritten. Unter der Mitwirkung des deutschen Vorstoßes mit starker Unterstützung der Luftwaffe ist der Feind hier in fluchtartigem Zurückgehen nach Süden und Südwesten . . .*«*

Am folgenden Tage, dem 14. Mai, der von den Deutschen »Tag der Jagdflieger« genannt wurde, warfen die Franzosen und Engländer alle Flugzeuge, derer sie habhaft werden konnten, in den Einsatz gegen den deutschen Durchbruch. Am Abend dieses Tages lagen 89 Wracks alliierter Bomber und Jäger verstreut im Raum Sedan. 60 Prozent der englischen Bomber kehrten vom Einsatz nicht zurück; nie wieder erlitt die RAF derartig hohe Einsatzverluste! Frankreich hatte seine letzten Reserven an Bombenflugzeugen geopfert. Der französische Ministerpräsident Reynaud konnte am nächsten Morgen Churchill nur mitteilen: »*Wir sind geschlagen. Wir haben die Schlacht bei Sedan verloren!*«

Während der nachfolgenden Tage riegelte die Luftflotte 3 das Operationsgebiet der Heeresgruppe A gleichsam aus der Luft ab. Mit rollenden Einsätzen unterstützte sie das Heer im Raum Fumay, Chalons-sur-Marne, Revigny-sur-Ornain, Metz und Longuyon. Am 15. und 16. Mai wurden weitere 69 Feindflugzeuge im Gebiet von Sedan-Charleville abgeschossen. Alle Bewegungen feindlicher Truppen, die dem Vorstoß auf den Ärmelkanal gefährlich werden konnten, wurden unterbunden. Auch die Verbände der Luftflotte 2 wurden in die im Süden von ihr entbrannte Entscheidungsschlacht geworfen. Besonders erfolgreich waren die Luftangriffe gegen das französische Eisenbahnnetz. Am 19. Mai beispielsweise wurden 33 Transportzüge zwischen Revigny-sur-Ornain und Bar-le-Duc an der Weiterfahrt gehindert. Unablässig wurden die Verbindungswege an den Flanken der deutschen vorstoßenden Verbände bombardiert. Die Alliierten waren unfähig, irgendeinen Gegenangriff zu unternehmen. Bei der einzigen Möglichkeit, die sich den Franzosen am 19. Mai bot, den deutschen Vormarsch in irgendeiner Weise zu stören, als Panzerkräfte unter der Führung des Oberst Charles de Gaulle aus der Ebene bei Laon tief in die Flanke der Heeresgruppe A stießen, vernichteten deutsche Stukas fast alle französischen Panzer. Weitere alliierte Versuche, den deutschen Vormarsch am Südflügel zu stoppen, wie am 22. Mai bei Cambrai, Arras und Amiens, wurden durch die Luftwaffe und Flakverbände, die im Erdkampf zur Panzerbekämpfung eingesetzt wurden, abgewehrt. Nicht nur die Luftflotte 2 bewährte sich in der Panzerbekämpfung, auch im Norden hatte die Luftflotte 3 seit dem 14. Mai Erfolg bei der Zerschlagung von Panzerangriffen der Franzosen.

Als die Wehrmacht jedoch den großen Erfolg vor Augen hatte, die Einkesselung der Alliierten in Nordfrankreich, eingeschlossen das britische Expeditionsheer mit 250 000 Mann, verzeichnete die Luftwaffe ihren ersten Mißerfolg. Am 24. Mai, kurz bevor die Panzerspitzen der Heeresgruppe A nach Dünkirchen einrücken und den letzten Hafen einnehmen wollten, der dem fast schon eingekesselten Feind noch zur Verfügung stand, kam der Halt-Befehl für das Heer. Der Vormarsch des Heeres wurde unterbunden. Der Luftwaffe wurde die Aufgabe übertragen, den Hafen von Dünkirchen unbrauchbar zu machen. Diese Entscheidung war nach dem Kriege heiß umstritten. Einige vertreten den Standpunkt, daß Hitler den Ruhm für die endgültige Zerschlagung des Gegners an die Fahnen der Luftwaffe, deren Aufbau dem Nationalsozialismus zu verdanken war, heften wollte, andere wiederum vermuten, daß es Hitlers Absicht war, dem britischen Expeditionskorps den Rückzug zu eröffnen, um die Engländer vor einer erniedrigenden Niederlage zu bewahren und Großbritannien den Weg für ehrenvolle Friedensverhandlungen freizuhalten. Das Anhalten der Panzerdivisionen vor Dünkirchen sollte jedoch nicht nur als Einzelmaßnahme für sich betrachtet werden, sondern auch als Folge der Befürchtungen und des Zögerns der deutschen militärischen Führung, und auch Hitlers, die sie seit dem Durchbruch bei Sedan neun Tage zuvor bewegten. Verzögerungen beim Vormarsch, um gewonnenes Terrain zu festigen, Flanken zu sichern, die Infanterie nachrücken zu lassen und mit Schützenregimentern gleichzuziehen, hatte man schon zuvor beachtet. Am 24. Mai hielt man es auf Grund der Lage für erforderlich, der Truppe wiederum eine Ruhepause zugestehen. General von Rundstedt und seine Befehlshaber befürchteten, daß ihre Truppen zu weit auseinandergezogen, die Schützendivisionen zu weit gefächert und die Flanken durch feindliche Gegenangriffe vom Norden und Süden allzu sehr bedroht waren. Ferner war die Truppe einfach erschöpft. Die Panzereinheiten litten unter hohen Ausfallquoten. Ruhepausen und Reparaturmöglichkeiten waren lebensnotwendig, bevor sich die Armee wieder in der Lage befand, das Unternehmen »Rot«, die Besetzung von Mittel- und Südfrankreich, durchzuführen. Aus diesem Grunde befahl von Rundstedt am 23. Mai, daß seine Vorhuten am Aakanal, 25 km vor Dünkirchen, halten und keinen Kilometer weiter vorstoßen sollten.

Weit von der Front entfernt, ereignete sich am 23. Mai etwas, was für den weiteren Lauf der Geschichte von Bedeutung war. Zum ersten Male überhaupt in diesem Feldzug meldete sich der Oberbefehlshaber der Luftwaffe zu Wort. General Warlimont erinnert sich daran:

»... Am späten Nachmittag des 23. Mai saß Göring mit seinem Chef des Generalstabes (General Jeschonnek) und seinem Chef des Nachrichtendienstes abseits seines Befehlszuges an einem schweren Eichentisch beisammen, als die Nachricht von der bevorstehenden Kesselbildung in Flandern eintraf. Göring reagierte blitzartig. Mit seiner schweren Hand auf den Tisch schlagend, rief er: ›Das ist eine glänzende Aufgabe für die Luftwaffe. Ich muß sofort den Führer sprechen. Verbinden Sie mich.‹ In dem anschließenden Ferngespräch redete er beschwörend auf Hitler ein, daß hier eine einzigartige Aufgabe für seine Flieger gegeben sei. Wenn der Führer ihm nur den Auftrag als eine allein der Luftwaffe zu überlassende Operation gebe, könne er uneingeschränkt die Versicherung abgeben, daß er mit den Resten des eingeschlossenen Gegners fertig werden würde. Er brauche lediglich freie Bahn, d. h. die Tanks müßten auf der Westseite des Kessels genügend weit zurückgenommen werden, damit sie nicht durch die eigenen Bomben gefährdet würden. – Hitler benötigte kaum mehr Zeit als Göring, um den Plan ohne weiteres zu billigen. Jeschonnek und Jodl erledigten noch schnell die Einzelheiten einschließlich der Zurücknahme einiger Panzereinheiten und des genauen Zeitpunktes für den Beginn der Luftangriffe.«

General Schmid war zugegen, als Göring auf die Idee kam, das britische Expeditionsheer mit »seiner« Luftwaffe zu schlagen:

»Ich war Zeuge, wie Göring auf dem normalen Meldewege erfuhr, daß die deut-schen Panzer den Stadtrand von Dünkirchen, sowohl von Westen als auch von Osten kommend, erreicht haben. Daraufhin entschloß er sich ohne lange Überle-gung zur Bekämpfung des britischen Expeditionskorps aus der Luft. Ich habe da-nach ein Telefongespräch mitangehört, das Göring mit Hitler führte. In diesem Tele-fongespräch schilderte er Hitler die Lage vor Dünkirchen derart, daß es dringend geboten wäre, die in Dünkirchen eingeschlossenen Teile des britischen Expeditions-korps durch seine Luftwaffe zu zerschlagen. Er bezeichnete diese Aufgabe als vor-nehmste Spezialaufgabe der Luftwaffe, und wies darauf hin, daß es den vorgeprell-ten, schwachen Heeresteilen doch nicht gelingen werde, den Abzug der Briten zu verhindern. Er bat fernerhin darum, daß die bis an den Stadtrand von Dünkirchen vorgedrungenen Panzer einige Kilometer zurückgezogen würden, um das Schlacht-feld für die Luftwaffe frei zu machen. Hitler sagte – ebenso wie Göring sich ent-schlossen hatte – ohne lange Überlegung dem Oberbefehlshaber der Luftwaffe zu . . .«

Im Führerhauptquartier war Jodl gegen diesen Vorschlag; er konnte Göring nicht überzeugen, der gegenüber Milch triumphierend äußerte:*»Wir haben es ge-schafft! Die Luftwaffe vernichtet die Engländer dort am Strand . . . Der Führer will, daß sie ordentlich einen Denkzettel bekommen.«* Das war in der Tat Hitlers Absicht. Es fiel ihm wie ein Stein vom Herzen, daß die Luftwaffe der Heeresgruppe A eine Atempause verschaffte. Wie alle war auch Hitler besorgt über die offenen Flan-ken und die alliierten Gegenangriffe, daher stimmte er auch anläßlich eines Trup-penbesuches am 24. Mai im Hauptquartier von Rundstedts dem Halt-Befehl zu. Im Laufe des Tages verfügte Hitler in seiner Weisung Nr. 13: »*. . . Aufgabe der Luftwaffe ist es hierbei, jeden Feindwiderstand der eingeschlossenen Teile zu brechen, das Entkommen englischer Kräfte über den Kanal zu verhindern und die Südflanke der Hee-resgruppe A zu sichern.«*
So begeistert Göring über das Vorhaben auch gewesen sein mag, so wenig wa-ren es hochrangige Generale der Luftwaffe. Milch hatte allerhöchste Zweifel, und Keßelring, dessen Luftflotte den Auftrag hatte, den Gegner zu schlagen, war entsetzt. Nach dem Kriege schrieb er darüber:
»Der Oberbefehlshaber der Luftwaffe mußte die Auswirkung der fast dreiwöchigen pausenlosen Feindeinsätze meiner Flieger gut genug kennen, um nicht Einsätze zu befehlen, die kaum mit frischen Kräften zu leisten waren. Ich brachte dies Göring gegenüber auch sehr deutlich zum Ausdruck und bezeichnete die Aufgabe selbst mit Unterstützung durch das VIII. Fliegerkorps als nicht lösbar. Generaloberst Jeschon-nek sagte mir, daß er genau so denke, daß aber Göring aus unverständlichen, über-heblichen Gründen sich dem Führer anheischig gemacht habe, die Engländer durch seine Luftwaffe zu zerschlagen. Daß Hitler damit einverstanden war, kann man ihm im Hinblick auf die noch vor ihm liegenden operativen Aufgaben weniger verdenken, als Göring mit seinem der Wirklichkeit widersprechenden Angebot. Ich machte den Oberbefehlshaber der Luftwaffe darauf aufmerksam, daß seit kurzer Zeit die modernen ›Spitfire‹ aufgetreten wären, die unsere Angriffsflüge erschwer-ten und verlustreich machten; letzten Endes waren sie es, die die Räumung der Bri-ten und Franzosen über See ermöglichten.«

Obwohl die Luftwaffe unverzüglich ihre Einsätze gegen Dünkirchen auf-nahm, hatte sie mit erheblichen Schwierigkeiten zu kämpfen. Für ein erfolgrei-ches Wirken mangelte es ihr an ausgebauten Flugplätzen, frischen und kampf-kräftigen Besatzungen, der Fähigkeit an ausreichender Treffgenauigkeit in der Zielbekämpfung und der geeigneten Wetterverhältnisse. Während der neun Tage, die den Briten zum Abzug aus Dünkirchen zur Verfügung standen, konnte die Luftwaffe nur an zweieinhalb Tagen in vollem Umfang zum Einsatz kommen. Und dann mußte sie sich den schweren Angriffen der Jäger der RAF noch stellen, die von den Fliegerhorsten Südostenglands starten konnten, wenngleich auch 177 britische Flugzeuge während dieser Operationen verlorengingen. Die Deutschen trafen zum ersten Male auf die »Spitfire«. Die Luftüberlegenheit war zeitweise nur knapp zu wahren. Hinzu kam, daß Luftwaffenverbände laufend zum Schutz der Flanken der Heeresverbände eingesetzt werden mußten, weil der Feind in zunehmendem Maße versuchte, aus der Einkreisung auszubrechen. Auch bei Calais, Lille und Amiens mußte der Feind angegriffen werden. Erst am Nachmittag des 26. Mai konnte die Luftwaffe Dünkirchen zu ihrem Hauptangriffsziel erklären. Fast zur selben Zeit gab die britische Admiralität den Befehl zur Durchführung der »Operation Dynamo«, der Rückführung und Rettung der britischen Expeditionskräfte. Der erste Tag der Evakuierung, der 27. Mai 1940, hatte für die Engländer verheerende Auswirkungen. Unter heftigsten Luftangriffen, die den gesamten Tag über andauerten, konnten sie nur 7669 Soldaten retten. Während der nächsten 36 Stunden erlaubte ihnen schlechtes Wetter über dem Zielgebiet eine Ruhepause in der Kampftätigkeit, so konnten am 28. Mai 17 804 und am 29. Mai 47 310 Soldaten evakuiert werden. Nachdem das Wetter am Nachmittag des 29. sich verbessert hatte, schlug die Luftwaffe wieder zu. Schon am 30. Mai verhinderte das Wetter wiederum den Luftwaffeneinsatz, so daß sich 58 823 Mann einschiffen konnten. Der Vormarsch des deutschen Heeres, der im Laufe des 26. Mai wiederaufgenommen wurde, kam nicht so richtig voran, weil die Alliierten in der Lage waren, hartnäckigen Widerstand zu leisten. Sie hatten die Zeit nach dem Halt-Befehl gut genutzt. Trotz schwerer Luftangriffe, die nach Aufklaren des Wetters am 1. Juni folgten, gelang die Rettung von 64 429 alliierten Soldaten. Hohe Verluste mußten jedoch in Kauf genommen werden. Vierzehn Schiffe, darunter vier Zerstörer waren versenkt worden. Daraufhin entschloß man sich, die Evakuierung nur noch bei Nacht durchzuführen. So wunderten sich die deutschen Kampffliegerbesatzungen, als sie am nächsten Tag kein einziges Schiff vor Dünkirchen antrafen. Die Nachtverschiffung dauerte bis in die Morgendämmerung des 4. Juni an, als die »Operation Dynamo« beendet wurde. Über 50 000 Militärfahrzeuge verstopften die Straßen und Strände von Dünkirchen, 235 Schiffe waren versenkt worden, und etwa 40 000 französische Soldaten, die Dünkirchen geschützt hatten, um die Rettungsaktion zu decken, gerieten in Kriegsgefangenschaft. Für die Deutschen war es jedoch nur ein Pyrrhussieg. Nicht weniger als 338 226 britische und französische Soldaten waren nach England in Sicherheit gebracht worden. Obwohl das britische Expeditionskorps 2700 Geschütze und 120 000 Kraftfahrzeuge in Frankreich und Belgien verloren hatte, hatten genügend Truppenkontigente überlebt, die den Kern für eine neu aufzustellende Armee bildeten. Die Luftwaffe, die vom Wetter nicht begünstigt war, hatte versagt und dabei noch etwa 200 Flugzeuge verloren.

Nach Beendigung der Kampfhandlungen im Norden wandte sich die Wehrmacht dem Südabschnitt der Front zu. Während die Heeresgruppen A und B umgruppiert wurden, um für das Unternehmen »Rot«, dem Einmarsch nach Mittel- und Südfrankreich, anzutreten, bereitete sich die Luftwaffe darauf vor, diese Kräfte zu unterstützen. In den vier Tagen der Eröffnung der Offensive, am 5. Juni, flog sie Einsätze gegen Einrichtungen der französischen Luftwaffe in Südfrankreich. Am 3. Juni beispielsweise, nach Berichten des OKW, sollen 72 Flugzeuge in der Luft und zwischen 300 und 400 am Boden zerstört worden sein. Zur Vorbereitung des bevorstehenden Angriffs wurden Flugzeugwerke im Raum Paris und Öllager in Marseille bombardiert. Am 14. Juni 1940 marschierten die Deutschen in Paris ein. Die Luftwaffe verlagerte ihre Angriffsschwerpunkte auf die französischen Häfen, die für den Abtransport britischer und französischer Truppen genutzt wurden. Am 25. Juni war der Feldzug siegreich beendet.

Im Westfeldzug hatte die Luftwaffe anerkennenswerte Leistungen vollbracht. Die Erringung der Luftüberlegenheit und der rollende Einsatz zur Unterstützung des Heeres wurden erkauft mit dem Verlust von 1389 Flugzeugen (521 Bomber, 122 Ju 87, 367 Jäger, 213 Transportmaschinen und 166 Aufklärer). Nach Quellen des OKW sollen nicht weniger als 4233 feindliche Flugzeuge vernichtet worden sein, 1850 davon am Boden. Das herausragende Charakteristikum dieses Feldzuges war die enge Zusammenarbeit zwischen Luftwaffen- und Heeresverbänden. Wenngleich die Zerstörungen, die Bomber und Stukas verursachten, nicht gerade groß waren, so waren die Auswirkungen auf die Kampfmoral der feindlichen Truppen und Führungsgefechtstände doch beachtlich. Der Abschlußbericht des OKW stellte heraus, daß ohne die Mitwirkung der Luftwaffe die Erfolge am Boden nicht so vollständig und mit Sicherheit nicht so schnell erzielt worden wären. Bei der Siegesfeier verteilte Hitler Orden und sprach Beförderungen in Hülle und Fülle aus. Am 19. Juli 1940 beförderte er Göring zum Reichsmarschall des »Großdeutschen Reiches«, womit er ihn gegenüber allen anderen Generalen der Wehrmacht besonders herausstellte, und verlieh ihm das Großkreuz des Eisernen Kreuzes, auch dies eine einmalige Sonderschöpfung. Drei Luftwaffengenerale, Milch, Keßelring und Sperrle, wurden Feldmarschall, andere wurden zum Generaloberst und zu weiteren Generalsrängen befördert. Der Ruhm, der der Luftwaffe wie auch dem Heer zufiel, sollte nie wieder größer sein.

V. Der Kampf um England

Die Luftwaffe hatte vor dem Jahre 1938 keinerlei Vorstellungen darüber, in einen Krieg mit England verwickelt zu werden. Mitte Februar dieses Jahres erteilte jedoch das RLM General Felmy (Luftwaffengruppenkommando 2), dessen Verantwortungsbereich die gesamte deutsche Nordseeküste mit einschloß, den Auftrag, eine Operationsstudie für den Fall zu erarbeiten, daß sich England bei einem Krieg im Westen einmischen sollte. Im Herbst wurden zwei Denkschriften vorgelegt, aus denen eindeutig hervorging, daß Einsätze der Luftwaffe gegen Großbritannien nur in Form von Störangriffen möglich wären und keinesfalls von entscheidender Bedeutung sein könnten. Klar wurde herausgestellt, daß mit den verfügbaren Bombern auf Grund ihrer geringen Reichweite von den norddeutschen Fliegerhorsten kein Luftkrieg gegen England geführt werden konnte. Dafür waren Flugplätze in Holland und Belgien unerläßlich. Gleichzeitig untersuchte der Luftwaffenführungsstab des Generalstabs der Luftwaffe auch dasselbe Problem. Er kam zu dem Schluß, daß unter den gegebenen Bedingungen keine Aussicht auf entscheidenden Erfolg bestand, die britische Kriegswirtschaft mit zusammengefaßten Kräften der Luftwaffe und Kriegsmarine in die Knie zu zwingen. Hauptaufgabe der Luftwaffe mußte es sein, den Heeresverbänden operativen Handlungsspielraum zu verschaffen und zu erhalten.

In einer weiteren Studie des Luftwaffenführungsstabes vom Mai 1939 war vermerkt, daß Stärke, Ausrüstung und Ausbildung der Luftflotte 2 nicht ausreichten, um mit ihr einen schnellen und entscheidenden Schlag gegen die britischen Luftstreitkräfte führen zu können; auch waren keine Angriffe gegen Englands Nachschublinien aus Übersee möglich, weil alle Häfen im Westen und Südwesten der Insel außerhalb der Reichweite lagen. Wegen der zunehmenden Verstärkung der englischen Luftverteidigung hätten auch Terrorangriffe gegen London keine Entscheidung herbeiführen können, zumal derartige Angriffe eher noch den nationalen Widerstandswillen gestärkt hätten. Die Studie äußerte Zweifel, ob der Kampf gegen die englischen Jagdfliegerkräfte als Vorbedingung für einen allgemeinen Angriff zu einem späteren Zeitpunkt überhaupt Erfolg haben würde. Die Bedingungen sprachen für die englische Luftverteidigung, so daß man davon ausgehen mußte, daß die Verluste der angreifenden Verbände unverantwortlich hoch sein würden. Dieser Art von Luftkrieg stand man allgemein mißtrauisch und ablehnend gegenüber, weil er den Gegner begünstigte und die Luftwaffe von ihrer Schwerpunktaufgabe ablenkte, die Ziele zu bekämpfen, die lebens- und kriegswichtig für Großbritannien waren. Vorzugsweise boten sich als Ziele für Luftangriffe die Werke der englischen Flugzeugindustrie an; auch Angriffe gegen Häfen, Docks und Öllager versprachen Erfolg. Am 9. Juli 1939 erhielt die Luftflotte 2, in Übereinstimmung mit den Ergebnissen dieser Studie, entsprechende Weisungen. Zu den wichtigsten Zielen zählten die Kriegsindustrie und Nachschubzentren.

Schließlich legte »Beppo« Schmid, Chef der 5. (Feindlage-) Abteilung im Generalstab der Luftwaffe, Göring im Juli 1939 eine genaue Beurteilung über die Luftrüstung Englands vor. Insbesondere wies er darauf hin, daß die RAF, sollte sie weiter wie im bisherigen Umfang rüsten, bis 1940 die Stärke der Luftwaffe erreicht haben würde. Vorbedingung für einen erfolgreichen Luftkrieg gegen Großbritannien müßte die Vernichtung der Royal Air Force und der sie unterstützenden Flugzeugindustrie sein; erst dann könnte man sich der Bekämpfung britischer Häfen, Liegeplätze und Schiffahrt widmen. Ferner würden solche großen Zielbereiche große Angriffsverbände erfordern. Die Aufgaben wären äußerst schwierig, so daß sich die Beendigung der Kampfmaßnahmen unmöglich voraussagen ließen. Weil man von der hervorragenden Improvisationskunst und der allgemeinen harten Kampfmoral der Briten wußte, wurde darauf hingewiesen, daß sie Luftangriffe allein nicht zur Kapitulation zwingen könnten. Um das zu erreichen, müßten die Britischen Inseln eingenommen und besetzt werden.

Vor dem Einmarsch in Polen war sich die Luftwaffe sehr wohl ihrer Fähigkeiten und Möglichkeiten gegenüber Großbritanniens bewußt. Seit Beginn des Krieges befand sie sich auf Hitlers Befehl genau in der Lage, die zu lösen sie sich ursprünglich außerstande sah: Wirtschaftsblockade Großbritanniens! Obwohl diesbezügliche Vorbereitungen beim Aufbau der Luftwaffe nie eine Rolle gespielt hatten, wurden sie im Mai 1939 Teil deutscher Politik, falls es zu einem europäischen Krieg kommen sollte. Am 23. Mai hatte Hitler mit höchsten Offizieren der Wehrmacht, zu denen auch Göring, Milch, Jeschonnek und Bodenschatz zählten, eine Besprechung, auf der er seinen Entschluß zum Angriff Polens bekanntgab. Dieses könne, so gab der »Führer« zu, ohne weiteres zum Krieg gegen Frankreich und England führen. Frankreich könne mit üblichen militärischen Mitteln erledigt werden (d. h. Vernichtung seiner Streitkräfte und Teil- oder Gesamtbesetzung des Landes), aber England könnte am besten auf Grund seiner geographischen Lage durch gemeinsame Anstrengungen von Luftwaffe und Kriegsmarine von seinen Lebensadern abgeschnitten werden; dazu Hitler wörtlich: »*Im Augenblick, wo England von seiner Zufuhr abgeschnitten ist, ist es zur Kapitulation gezwungen*«. Die täglichen Angriffe von Kriegsmarine und Luftwaffe, deren Kampfverbände von Plätzen im besetzten Holland, Belgien und Nordfrankreich aufsteigen sollten, würden sämtliche Lebensadern Englands zerschneiden; aus diesem Grunde erübrige sich dann eine Anlandung in England.

Diese Strategie wurde am 31. April 1939 festgeschrieben, als Hitler seine Weisung Nr. 1 für die Kriegführung erließ: Im Osten war der Angriff gegen Polen zu führen; im Westen kam es darauf an, die Verantwortung für die Eröffnung der Feindseligkeiten eindeutig England und Frankreich zu überlassen, in diesem Falle oblag der Wehrmacht im Rahmen dieser Aufgaben, »*die feindlichen Streitkräfte und deren wehrwirtschaftliche Kraftquellen nach Kräften zu schädigen*«. Für die Luftwaffe galt: »*Bei der Kampfführung gegen England ist der Einsatz der Luftwaffe zur Störung der englischen Seezufuhr, der Rüstungsindustrie, der Truppentransporte nach Frankreich vorzubereiten*«. Die Royal Navy sollte bei jeder sich bietenden Gelegenheit angegriffen werden. Die Weisung schloß mit den Wendungen: »*Die Angriffe gegen das englische Mutterland sind unter dem Gesichtspunkt vorzubereiten, daß unzureichender Erfolg mit Teilkräften unter allen Umständen zu vermeiden ist.*« Luftangriffe gegen London blieben seiner unmittelbaren Entscheidung vorbehalten. Alle diese Grundsatzentscheidungen finden sich in den Weisungen Nr. 2 (vom 3. 9. 39), Nr. 3 (vom 9. 9. 39) und Nr. 4 (vom 30. 9. 39) wiederum bestätigt. Während der Seekrieg nach Prisenordnung, sofern es sich nicht um Passagierdampfer und mit Passagieren besetzte Handelsschiffe handelte, geführt werden durfte, waren Angriffe auf das englische Mutterland ausdrücklich untersagt.

Nach der Niederringung Polens wandte sich Hitler wieder dem Widerstand und der ablehnenden Haltung Großbritanniens zu. Am 9. Oktober 1939 bekräftigte er in der Weisung Nr. 6 für die Kriegführung seine Absicht, »*möglichst starke Teile des französischen Operationsheeres und die an seiner Seite fechtenden Verbündeten zu schlagen, und gleichzeitig möglichst viel holländischen, belgischen und nordfranzösischen Raum als Basis für eine aussichtsreiche Luft- und Seekriegsführung gegen England . . . zu gewinnen.*« Mit einer ergänzenden Denkschrift begründete er ausführlich seinen Entschluß:

» . . .

Die Luftwaffe:

Sie kann zu einem wirkungsvollen Einsatz gegen das industrielle Zentrum Englands und gegen die im Krieg an Bedeutung gewinnenden südlichen und südwestlichen Häfen erst dann gelangen, wenn sie nicht mehr gezwungen ist, von unserer derzeitigen kleinen Nordseeküste aus auf ungeheuren Umwegen und damit langen Anflügen anzugreifen. Sollte das holländisch-belgische Gebiet in englisch-französische Hände kommen, so werden die Luftstreitkräfte unserer Gegner, um in das industrielle Herz Deutschlands vorstoßen zu können, kaum den sechsten Teil des Weges zurücklegen müssen, den der deutsche Bomber benötigt, um wirklich wichtige Ziele zu fassen.

Wenn wir Holland, Belgien oder gar das pas de Calais als Ausgangsbasen deutscher Luftangriffe besitzen würden, so könnte damit ohne Zweifel auch unter Aufnahme stärkster Repressalien Großbritannien in das Herz getroffen werden.

Für Deutschland würde eine solche Verkürzung der Anflugwege um so wichtiger sein, als die Brennstoffversorgung bei uns schwieriger ist. Je 1000 kg Brennstoff-Ersparnis kommen nicht nur der nationalen Wirtschaft zugute, sondern sie bedeuten für das Flugzeug als Nutzlast 1000 kg mehr Sprengstoff, das heißt also statt 1000 kg Transportleistung 1000 kg Wirkung. Ebenso führt dies zu einer Einsparung an Flugzeugen, zu einer Schonung der Maschinen und vor allem zu einer Erhaltung kostbaren Soldatenblutes.

Gerade diese Tatsachen sind Gründe für England und Frankreich, unter allen Umständen sich dieser Gebiete zu versichern, wie sie umgekehrt uns zwingen, eine solche Inbesitznahme durch Frankreich und England zu verhindern.«

Am 29. November 1939 faßte Hitler seine Überlegungen zusammen in der Weisung Nr. 9: Richtlinien für die Kriegführung gegen die feindliche Wirtschaft: *». . . England niederzuringen ist die Voraussetzung für den Endsieg. Das wirksamste Mittel hierzu ist, die englische Wirtschaft durch Störung an entscheidenden Punkten lahmzulegen.«* Sobald es dem Heer gelungen ist, Holland, Belgien und Nordfrankreich zu besetzen, *»tritt die Aufgabe der Kriegsmarine und Luftwaffe, den Kampf gegen die englische Wirtschaftskraft zu führen, in den Vordergrund«*. In der Reihenfolge ihrer Bedeutung kamen der Kriegsmarine und Luftwaffe folgende Aufgaben zu: Hauptumschlaghäfen (Verminen der Zufahrtswege, Zerstören der lebenswichtigen Hafenanlagen), Kampf gegen den englischen Tonnageraum und die ihn schützende Flotte, Venichtung der englischen Vorräte, Störung der englischen Truppentransporte nach dem französischen Festland, Zerstörung von kriegswichtigen Industrieanlagen, wie Flugzeug-, Munitions- und Sprengstoffwerke. Solange der Westfeldzug noch nicht beendet war, blieb der Handelskrieg auf weit entfernte Seeräume und die Küstengewässer von Großbritannien beschränkt.

Die Luftangriffe der Luftwaffe gegen England begannen in der zweiten Kriegswoche, als am 10. September 1939 den deutschen Fliegerverbänden die Bekämpfung englischer Seestreitkräfte gestattet wurde, sofern sich diese in die Nähe von Häfen oder Minenfeldern der Kriegsmarine vorwagen sollten. Am 18. Oktober erweiterte man diesen Befehl auf die Liegeplätze der Kriegsschiffe der Royal Navy, und am 1. November bezog er auch die Bekämpfung feindlicher Geleitzüge mit ein. Für die Wahrnehmung dieser Aufgaben war die Luftwaffe jedoch nur schlecht gewappnet. Vor Beginn des Krieges hatte man in Kreisen der Luftwaffe diesen besonderen Aufgaben nur wenig Aufmerksamkeit gewidmet. Man hatte zwar Versuche mit dem Abwurf von Minen aus der Luft angestellt und 1939 Lehrgänge für die Schiffsbekämpfung durchgeführt, in beiden Fällen waren keine bedeutenden Erfolge zu verzeichnen gewesen. Mit Seeflugzeugen waren Versuche mit Torpedoangriffen gemacht worden, aber wegen der Ablehnung

Udets und der Nichteignung der Torpedos der Kriegsmarine für derartige Zwecke blieb die Entwicklung auf diesem Gebiet stecken. Außer bei den Seeaufklärern gab es bei der Luftwaffe kaum Besatzungen, die über Erfahrung in der Navigation über See verfügten. Fast alle Luftwaffenverbände, die für den See-Einsatz vorgesehen waren, standen der Kriegsmarine zur Verfügung und unterstanden unmittelbar dem General der Luftwaffe beim Oberkommando der Kriegsmarine. Bei Ausbruch des Krieges verfügte er über 228 Flugzeuge, so veraltete Maschinen wie den Doppeldecker He 59 mit Schwimmern, der als Minenleger und Torpedoflugzeug eingesetzt wurde, das alte Seeflugzeug He 60 für die Kurzstreckenaufklärung über See, dazu noch einige Schwimmerflugzeuge vom Typ Ar 95 und He 114. Für die Langstreckenaufklärung hatten die Küstenfliegerverbände die Do 18, ein schon 1939 veraltetes Flugboot; von den am 1. September 1939 verfügbaren 63 Maschinen lagen nur 36 an der Nordseeküste. Dennoch befanden sich einige neuere Maschinen im Zulauf oder in der Erprobung. Seit Beginn August 1939 wurden die ersten Schwimmerflugzeuge He 115 als Torpedobomber ausgeliefert, das vielversprechende Langstreckenflugboot BV 138 befand sich in Flugerprobung. Einige wenige der schnellen und gut bewaffneten Schwimmerflugzeuge vom Typ Ar 196 standen als Bordflugzeuge ausschließlich den großen Schlachtschiffen zur Verfügung. Ferner plante man den Einsatz besonderer Muster der Bf 109 und Ju 87 zusammen mit dem Doppeldecker Fi 167 als Torpedoflugzeug als Bordflugzeuge für die im Bau befindlichen Flugzeugträger. Der erste, die »Graf Zeppelin«, lief im Dezember 1938 vom Stapel, der zweite war schon auf Kiel gelegt worden. Aber keiner dieser Träger wurde jemals zu Ende gebaut und ausgerüstet.

In den ersten Kriegsmonaten unterstanden die meisten dieser Verbände dem Führer der Seeluftstreitkräfte, General Coeler. Sie führten im Auftrag der Kriegsmarine die Verminung englischer Häfen und Küstengewässer durch. Die He 59 legten ihre Minen im Mündungsgebiet der Themse, vor der englischen Südküste, im Clyde, im Firth of Forth, vor Plymounth, Liverpool, Belfast und Sheernees, also in Gewässern, die meist außerhalb der Reichweite der Kriegsmarine lagen. Im Laufe des Septembers 1939 begann man, die He 59 gegen He 111 auszutauschen, was Hinweis für die zunehmende Bedeutung der Seeluftstreitkräfte war. Obwohl die Einsatzverluste hoch waren, konnten beträchtliche Erfolge erzielt werden. In den ersten vier Monaten des Krieges konnten durch unmittelbaren Flugzeugeinsatz nur 2200 BRT englischen Schiffsraums versenkt werden, während durch Minen, von denen viele von der Kriegsmarine gelegt wurden, immerhin über 99 400 BRT erreicht wurden. Mitte Dezember trug Coeler bei Göring über die bisherigen Einsatzergebnisse vor. Überzeugt von der Wirksamkeit des Minenlegens aus der Luft, stellte das RLM im Februar 1940 als Spezialverband die 9. Fliegerdivision auf, die in vollem Umfang der Luftwaffe unterstand und einen ersten Hinweis darauf gab, daß die Seeluftstreitkräfte wieder aus dem Befehlsbereich der Kriegsmarine herausgelöst werden sollten.

Wenngleich die Seefliegerverbände anfangs nicht sehr stark waren, so waren doch Planungen für eine erhebliche Verstärkung derselben schon vor dem Kriege im Gange. Im April 1939 nahm in Kiel General Hans Geisler als General zbV beim Luftflottenkommando 2 seine Tätigkeit auf. Er sollte Verbände für die Seezielbekämpfung aufstellen, die der Luftwaffe und nicht der Kriegsmarine unterstanden. Der Generalstab der Luftwaffe wollte Kampfverbände haben, die in der Lage waren, feindliche Flottenverbände in deutschen Gewässern oder in ihren heimatlichen Liegeplätzen anzugreifen, wohin die Kriegsmarine möglicherweise nicht hätte vorstoßen können. 1938 versprach Göring, daß bis 1942 mindestens 13 Kampfgeschwader für diese Einsatzaufgaben bereitstehen würden. Der Krieg brach jedoch früher als erwartet aus, und es standen nur zwei Geschwader zur Verfügung, die noch nicht voll ausgerüstet waren. Eines mit 65 He 111 und das andere mit 18 Ju 88. Dieser Verband war der erste, der überhaupt mit diesem neuen Flugzeugmuster in Dienst gestellt wurde. Die Einsätze wurden sofort bei Kriegsbeginn aufgenommen. Die britische Flotte, die zum Schutze der englischen Seeverbindungen bereitstand, wurde in Scapa Flow, im Firth of Forth und in der Nordsee angegriffen. Während eines dieser Angriffe verlor die Luftwaffe am 28. Oktober ihr erstes Flugzeug, das auf englischem Boden niederging, eine He 111. Im Luftkampf mit der RAF hatte die Luftwaffe bis Ende 1939 schon 46 Flugzeuge verloren. Die Ju 88 flogen zum ersten Male am 26. September Kriegseinsätze, wobei der Flugzeugträger HMS »Ark Royal«, das Schlachtschiff HMS »Hood« und zahlreiche andere Kriegsschiffe bekämpft wurden. Die Erfolge waren nicht überzeugend, obwohl man einige Zeit geglaubt hatte, die HMS »Ark Royal« versenkt zu haben. Sehr bald kam man zu der Einsicht, daß Angriffe gegen die Royal Navy weit weniger erfolgversprechend waren als gegen Schiffe der Handelsmarine. Der Generalstab war beeindruckt von den Einsatzerfolgen gegen feindliche Geleitzüge, so daß er im Dezember 1939 beschloß, den Stab des General Geisler aufzuwerten. Mit Zuführung weiterer Flugzeuge wurde die 10. Fliegerdivision gebildet, die im Februar 1940 umgegliedert wurde und fortan die Bezeichnung X. Fliegerkorps erhielt.

Im Frühjahr 1940 erhielten die Seeluftstreitkräfte mit der Fw 200 »Condor«, die als Langstreckenfernaufklärer und Bomber neu bei der Fliegertruppe eingeführt wurde, eine erhebliche Verstärkung ihrer Einsatzmittel. Weil es bei Kriegsbeginn an einem derartigen Flugzeug mangelte, schlug das X. Fliegerkorps Jeschonnek vor, als Aushilfsmaßnahme das zivile Verkehrsflugzeug Fw 200 für den Einsatz umzurüsten und so lange zu verwenden, bis die He 177 verfügbar war. Mit einer Bombenlast von knapp 1000 kg betrug die Eindringtiefe der Maschine 1600 km, mit 250 kg Bombenladung etwa 2250 km. Die ersten Muster dieser Seeaufklärer konnten zwischen 14 und 16 Stunden in der Luft bleiben. Die Fw 200 war jedoch ein langsames Flugzeug, erreichte nur 360 km/h Höchstgeschwindigkeit, war gegenüber Flakbeschuß sehr empfindlich und in der Flugzeugzelle zu schwach ausgelegt, was unter anderem dazu führte, daß der Rumpf eine Tendenz zum Bruch zeigte. Diese Maschinen erzielten beachtliche Erfolge, nicht umsonst hatten sie sich den furchteinflößenden Ruf »Plage des Atlantiks« erworben. Zusammengefaßt in einer Gruppe, flogen seit September 1940 von Bordeaux aus 15 Fw 200 ihre Fernkampfeinsätze. Sie bewährten sich nicht nur als »Augen« der U-Boote, die von ihnen an geeignete feindliche Opfer herangelotst wurden, sondern auch als wirksame Bedrohung der Handelsschiffahrt. So versenkte diese Gruppe mit ihren Fw 200 in der Zeit vom 1. August 1940 bis 9. Februar 1941 beispielsweise 85 Handelsschiffe mit einem Gesamtschiffsraum von 363 000 BRT. Leider wurden für die Aufgaben der Seekampfkräfte nur viel zu wenige »Condor«-Maschinen gebaut. Gleichzeitig befanden sich nie mehr als 60 Maschinen bei den Frontverbänden. Diese geringe Anzahl wurde noch weiter abgeschwächt durch die Tatsache, daß der Flugzeugklarstand selten mehr als 25 Prozent betrug.

Während des Norwegenfeldzuges, an dem das X. Fliegerkorps beteiligt war, und auch während des Frankreichfeldzuges wurden von einigen Spezialverbänden Angriffe gegen die in ihren Häfen liegenden Schiffe der britischen Kriegsmarine und die feindliche Handelsschiffahrt ununterbrochen durchgeführt. Nach der Besiegung Frankreichs verstärkte man den Mineneinsatz und unterstellte der 9. Fliegerdivision ein weiteres Kampfgeschwader mit 100 He 111. Die Einsatzerfolge bewertete man hoch. Dennoch konnten die Einsätze nur wie Nadelstiche in die Flanken des britischen Löwen wirken. Man hatte im RLM erkannt, daß mit den verfügbaren Kräften die Luftwaffe nicht in der Lage war, mit durchschlagendem Erfolg einen entscheidenden Sieg über Großbritannien zu erringen. Diese Beurteilung deckte sich mit der Hitlers, der am 23. Mai 1939 seinen Oberbefehlshabern erklärte: »*. . . Ein Land ist durch die Luftwaffe nicht niederzuzwingen . . . Der Angriff der Luftwaffe . . . zwingt England nicht an einem Tag zur Kapitulation . . . Wichtig ist der rücksichtslose Einsatz aller Mittel.*« Es gibt keinen Anlaß, davon auszugehen, daß Hitler seine Meinung geändert hatte, als er die Weisung Nr. 6 (und Nr. 9) für die Kriegführung erließ. In beiden Fällen ging er von einem längeren Zeitraum der Kampfhandlungen aus, woran Kriegsmarine und Luftwaffe gleichermaßen Anteil hätten. Notwendige Voraussetzungen für den Erfolg mußte die Besetzung der Kanalküste sein, damit die Verbände der Luftwaffe weniger als 30 Minuten Flugzeit bis London hatten. Diese strategischen Überlegungen wurden in einer Weisung des OKW vom 17. Januar 1940 wiederholt, als dort auf besondere Maßnahmen in Zusammenhang mit dem Westfeldzug eingegangen wurde: »*Im Interesse der Gesamtkriegführung ist es nicht erwünscht, den Krieg gegen England zu verstärken, solange nicht geeignete Absprunghäfen und ausreichende Kräfte für diesen Fall zur Verfügung stehen*«, (Rückübersetzung aus dem Englischen, d. Ü.). Nachdem am 24. Mai 1940 an dem siegreichen Ausgang des Westfeldzuges kein Zweifel mehr bestanden hatte, verkündete Hitler in der Weisung Nr. 13; »*. . . der Luftwaffe – sobald ausreichende Kräfte zur Verfügung stehen – (ist) die Kampfführung gegen das englische Mutterland in vollem Umfang freigegeben.*« Die Angriffsziele sollten den Richtlinien entsprechend, die in der Weisung Nr. 9 gegeben wurden. Die Kampfführung war »*mit einem vernichtenden Vergeltungsangriff für die englischen Angriffe gegen das Ruhrgebiet einzuleiten*«. Hitler befahl nur, daß man ihm Zeitpunkt und beabsichtigte Kampfführung gegen das englische Mutterland meldete. Der Ausweitung des Krieges stimmte er bedenkenlos zu. In einer Ergänzung zur Weisung Nr. 9 verfügte das OKW am 26. Mai 1940: »*. . . wird es im Zuge der Westoperationen vordringliche Aufgabe der Luftwaffe sein, die englische Luftrüstung zu zerschlagen, um damit der englischen Luftwaffe als letzte unmittelbar gegen uns wirksame Waffe ihre Lebensgrundlage zu nehmen.*«

In der Nacht des 5. Juni 1940, zwölf Stunden nach Beginn der 2. Phase des Westfeldzuges, starteten zum ersten Male Kampfflugzeuge der Luftwaffe zum Angriff gegen Landziele in England. Etwa 50 He 111 warfen ihre Bomben auf Flugplätze und andere militärische Einrichtungen. Die Treffgenauigkeit war gering. Es wurde kein nennenswerter Schaden angerichtet. Auch in den nächsten zwei Nächten wurden die Angriffe fortgeführt. Nach längerer Pause wurden sie dann am 18. Juni wiederaufgenommen. In jener Nacht fiel, wenn auch versehentlich, erstmals eine Bombe auf das Stadtgebiet von London bei Addington, etwa 15 km vom Stadtkern entfernt. Je Einsatz flogen nie mehr als 70 Bomber, weil es in der Luftwaffe zu wenige Kampfbesatzungen gab, die über entsprechende Nachtflugausbildung verfügten. Die Einsatzwirkung war kaum der Rede wert. Im Laufe des Monats wurden 13 Flugplätze, 16 Industriewerke und 14 Häfen angegriffen, wobei die Deutschen 11 Bomber verloren. Hinzu kamen 54 700 BRT versenkten Schiffsraumes, was in etwa der Tonnage entsprach, die durch Einsätze der Luftwaffe seit Kriegsbeginn erzielt wurde. So wirkungsvoll sich die Angriffe gegen den feindlichen Schiffsraum anließen, so wenig versprechend sah es im Falle der englischen Industriezentren aus. Wie schwach die Wirkung der Luftwaffenangriffe war, beweist allein die Tatsache, daß die Fabriken trotz Luftalarms voll weiterarbeiten durften, weil die Produktionsstörungen, die durch Arbeitsunterbrechung auftraten, wenn die Belegschaft die Luftschutzkeller aufsuchte, weit schwerwiegender waren als die deutschen Bombenangriffe. Die dadurch in Kauf genommenen Verluste an Menschen und Material waren gering.

Welche Absichten die Deutschen mit diesen Angriffen verfolgt haben, bedarf bis heute einer Klärung. Eines wurde jedoch mit Sicherheit getan. Man erprobte neue Navigationsverfahren, um die Bomber in die Lage zu versetzen, unabhängig von Wetter- und Sichtbedingungen ihre Ziele zu finden. Insbesondere stellten die Deutschen Versuche mit dem sogenannten »Knickebein«-Funknavigationsverfahren an, wobei man sich zweier scharfgebündelter Leitstrahlen bediente, die sich über dem Zielgebiet kreuzten und den Kampffliegerbesatzungen die Orientierung erleichterten. Nachdem der Frankreichfeldzug beendet worden war, gab es im Juli 1940 für die Besatzungen eine Verschnaufpause. Die Verbände wurden auf Flugplätze verlegt, die näher dem zukünftigen Einsatzgebiet waren. Die Kampftätigkeit der Luftwaffe gegen England lebte mit neuer Kraft wieder auf. Ob diese Angriffe Erfolg haben würden, daran kamen in der Luftwaffenführung jedoch Zweifel auf. Der oberste Richter der Luftwaffe, Freiherr Dr. Christian von Hammerstein, erinnerte sich nach dem Kriege:

»Am Ende des Frankreichfeldzuges saßen wir im Speisewagen von Görings Zug, und es wurde über die bevorstehenden Angriffe auf England gesprochen. Da wandte sich Göring an Jeschonnek und fragte ihn, ob er an einem Erfolg dieser Angriffe glaube. Jeschonnek sagte darauf mit aller Bestimmtheit: ›Das glaube ich entschieden!‹ Ein andermal hörte ich, wie er zu Göring sagte: ›Ich rechne nur noch mit 6 Wochen!‹ Göring bezweifelte es und betonte, daß, wenn der Deutsche gewiß weiterkämpfen würde auch bei einer Zerstörung von Berlin, der Engländer nicht weicher als der Deutsche sein würde und selbst nach einer Zerstörung von London den Kampf weiterführen würde.«

Seinerzeit waren sich sogar die Kampfbesatzungen der Luftwaffe ihrer Grenzen bewußt. So schrieb zum Beispiel Werner Baumbach, der später zeitweise General der Kampfflieger war:

»Wir wissen es, daß England die härteste Nuß ist, die in diesem Krieg geknackt werden muß. Wir von der Front, wir wissen es, daß die endgültige Entscheidung gegen England nur in einem planvollen Zusammenwirken aller Wehrmachtteile fallen kann, durch die kompromißlose Verwirklichung des elementaren Grundsatzes von der Zusammenfassung der Kräfte auf die strategischen Schwerpunkte. Diese Schwerpunkte sind nicht unbedingt identisch mit den stärksten Punkten des Gegners. Wenn auch die Luftwaffe im totalen Kriege die wichtigste Waffe ist, allein kann sie die Entscheidung, kann sie den Endsieg nicht herbeiführen.«

Um nach England einzufliegen, mußten die Kampfflieger fünfzehn Minuten und mehr über Wasser fliegen (was im Fliegerjargon zur »Kanalkrankheit« führen konnte). Hinzu kamen die schlechten Wetterverhältnisse und die Abwehr seitens der RAF. Alles das waren wesentliche Hindernisse, die zunächst überwunden werden mußten, bevor die Angriffsziele ausgemacht und zerstört werden konnten, und das war alleine schwer genug, sogar an einem klaren Tag mit bester Flugsicht. Die Begeisterung und die Hochstimmung über die zurückliegenden Siege und Erfolge lebten fort, wurden aber gedämpft angesichts der tatsächlichen Verhältnisse und Schwierigkeiten, die sich in der zukünftigen Auseinandersetzung abzeichneten.

Am 30. Juni 1940 hatte Göring an die drei beteiligten Luftflotten die »Allgemeine Weisung für den Kampf der Luftwaffe gegen England« herausgegeben. Es waren dies die Luftflotte 5 in Norwegen unter dem Befehl von General Stumpff, die Luftflotte 2 im Raum nördlich von Le Havre und die Luftflotte 3 im Raum von Paris. Die Aufträge entsprachen denen der Führer-Weisung. Die Luftwaffe hatte in gemeinsamer Kampfführung mit der Kriegsmarine vornehmlich die feindliche Handelsschiffahrt, die sie schützende Flotte, die Hauptumschlaghäfen und deren Anlagen anzugreifen, um England von seinen Überseeverbindungen abzuriegeln. Gleichzeitig galt es, die RAF zu vernichten und die Schlüsselpunkte der englischen Flugzeugindustrie zu zerstören. Über den Schwerpunkt führte Görings Weisung aus: »*Solange die feindliche Luftwaffe nicht zerschlagen ist, ist oberster Grundsatz der Luftkriegführung, die feindlichen Fliegerverbände bei jeder sich bietenden Gelegenheit, bei Tag und Nacht, in der Luft und am Boden, anzugreifen – ohne Rücksicht auf anderweitige Aufträge.*« Bis alle Verbände auf ihre neuen Flugplätze verlegt und Vorkehrungen für die vollständige Versorgung und den Einsatz der Truppe getroffen worden waren, sollten sich die Angriffe gegen England beschränken auf »*Störangriffe mit geringen Kräften gegen Zielgruppen der Industrie und RAF*«. Während dieser Zeit sollten schwere Verluste in Kreisen der Zivilbevölkerung weitgehend vermieden werden. Am 11. Juli 1940 folgte die »Weisung zur Verstärkung des Luftkrieges gegen England«. Als Voraussetzung für den erfolgreichen Abschluß der Blockade Englands mußte die RAF sobald wie möglich zerschlagen und vernichtet werden.

Diese vorbereitenden Störangriffe dauerten während des Monats Juli bis in den August an. Hier und dort verursachten die weiterhin laufenden Nachtangriffe bei der englischen Bevölkerung Verunsicherung, schwerwiegende Folgen hatten sie nicht. Die Kampffliegerverbände hatten die Lehren aus den Erfahrungen des Vormonats gezogen und flogen fortan ihre Ziele in größeren Höhen an, was die Gefahren durch feindliches Flakfeuer und Jägerangriffe zwar verringerte, aber auch die Treffgenauigkeit verschlechterte. Die schwersten Verluste wurden am 12. 8. in Aberdeen verursacht, als über 50 Menschen den Tod fanden oder schwer verletzt wurden. Die am 1. August 1940 aufgenommenen Tagesangriffe verursachten weitaus schlimmere Zerstörungen. Man wendete dabei zwei Taktiken an. Entweder flogen die Bomber einzeln oder in kleinen Verbänden nach England ein und nutzten als Schutz vor Entdeckung die Wolken, oder aber griffen größere Verbände mit bis zu 20 Bombern, die über Jagdbegleitschutz verfügten, nachhaltig die Häfen unmittelbar an. In den ersten neun Tagen wurden fünf englische Häfen und sieben Geleitzüge im Kanal bei Tage angegriffen. Am 2. August wurde bei der Luftflotte 2 die Befehlsstelle eines Kanalkampfführers eingerichtet, dessen Hauptauftrag darin bestand, den Ärmelkanal für die feindliche Schiffahrt abzuriegeln. Oberst Johannes Fink, Kommodore des Kampfgeschwaders 2 (75 Do 17), wurde mit dieser Tätigkeit betraut. Sein Gefechtsstand befand sich auf den Klippen am Cap Blanc Nez, das unmittelbar gegenüber von Dover und Folkestone liegt und etwa 40 km von diesen beiden Städten entfernt ist. Zwei Gruppen mit insgesamt 65 Ju 87 und ein Zerstörergeschwader mit 100 Bf 110 waren ihm unterstellt. Weiter im Südwesten, in der Nähe von Le Havre, das etwa 170 km von Portsmouth entfernt liegt, beauftragte die Luftflotte 3 das VIII. Fliegerkorps (von Richthofen), das hauptsächlich über Ju 87 verfügte, mit denselben Aufgaben. Das X. Fliegerkorps (Coeler) führte ununterbrochen Angriffe gegen die feindliche Schiffahrt durch und meldete bis 31. Juli 1940 insgesamt 950 000 BRT feindlichen Schiffsraumes als versenkt.

Im Rahmen der Gesamtkriegführung der Luftwaffe erhielten die angreifenden Kampfverbände auch den Auftrag, die Jäger der RAF zum Angriff herauszufordern, damit sie von den Begleitschutzjägern BF 109 und Bf 110 in Luftkämpfe verwickelt werden konnten. Ende Juli 1940 begannen die Deutschen damit, eine Reihe von Jagdvorstößen über Südostengland vorzutragen, um ihre Gegner in Kämpfe hineinzuziehen. Aber das Fighter Command der RAF nahm diese Herausforderung nicht an, so daß die Luftwaffe recht freizügig im englischen Luftraum operieren konnte. Keßelring äußerte sich darüber nach dem Kriege:

»Nach verlustreichen Anfangskämpfen wichen die englischen Jagdflieger den überlegenen deutschen Kräften aus . . . Durch Einsatz von kleinen Bombereinheiten, die als Köder für die englischen Jagdflieger dienten, konnten sie wieder zum Kampf gestellt werden, bis auch diese Kampfmöglichkeit durch den ausdrücklichen Befehl

an die englischen Jagdflieger, sich nicht mehr in den Kampf mit deutschen Jagdflie-
gern einzulassen, so zusammenschrumpfte, daß keine Entscheidung in der Luft her-
beigeführt werden konnte. Das Schwierige war nicht, die feindlichen Flugzeuge ab-
zuschießen – wir hatten wirkliche Asse (Galland, Mölders, Oesau, Balthasar etc.),
die großen Abschußzahlen bewiesen dies ebenfalls –, sondern sie zum Kampf zu
stellen.«

Nur wenn Ziele im englischen Mutterland bedroht oder Geleitzüge angegriffen wurden, stellte sich die RAF zum Kampf. Die englischen Jagdflieger nahmen
sich dann stets die deutschen Bomber vor und vermieden nach Möglichkeit Luftkämpfe mit deutschen Jägern. Das Fighter Command der RAF zog es vor, seine
Kräfte für die große Auseinandersetzung, von der man glaubte, daß sie noch bevorstünde, zu schonen. Der materielle Schaden, den die Luftwaffe in dieser
Phase der Luftkriegführung, auch Kanalkampf bezeichnet, verursachte, war
nicht unbeträchtlich. Innerhalb eines Zeitraumes von sechs Wochen, beginnend
am 1. Juli 1940, hatte die Luftwaffe mit 7000 Einsatzflügen der Kampfflieger
1900 Tonnen Sprengbomben abgeworfen und zahlreiche Schiffe, Häfen und Industrieanlagen angegriffen. Ungefähr 70 000 BRT Schiffsraum wurden versenkt,
ein Großteil davon zwischen Land's End und Nore. Die Luftwaffe konnte 142 Jäger der RAF abschießen und 51 schwer beschädigen, sie selbst verlor 279 Maschinen und 71 kehrten mit Schäden zurück. Von den 142 RAF-Jägern, die abgeschossen worden waren, waren nur 14 eindeutig Opfer deutscher Bomber, Seeflugzeuge und Zerstörer, so daß der Rest von 128 englischen Jägerverlusten von
Bf 109 im Luftkampf erzielt wurde, wobei 85 Bf 109 als Verlust abgeschrieben
werden mußten.
    Kaum waren die Luftkriegsoperationen der Luftwaffe gegen die RAF und die
englischen Nachschubwege richtig ins Rollen gekommen, die in Zusammenarbeit mit der Kriegsmarine das »perfide Albion« in die Knie zwingen sollten, erhielt die Luftwaffe von Hitler einen neuen Auftrag. Völlig unerwartet wies er am
25. Juni 1940 das OKW an, Aufmarschpläne für ein Landungsunternehmen aus-
zuarbeiten. Daraufhin kam Hitler zu der Überzeugung, daß die Besetzung des
englischen Mutterlandes erfolgversprechend schien, so daß das OKW den drei
Wehrmachtteilen befahl, entsprechende Einsatzpläne vorzubereiten. Am 13.
Juli legte das Heer seine Pläne dem »Führer« vor, der sodann den Entschluß zur
Durchführung eines Landungsunternehmens faßte. Seine Weisung Nr. 16 über
die Vorbereitung einer Landungsoperation gegen England, vom 16. 7. 1940, begann mit den Worten: »*Da England, trotz seiner militärisch aussichtslosen Lage, noch*
keine Anzeichen einer Verständigungsbereitschaft zu erkennen gibt, habe ich mich ent-
schlossen, eine Landungsoperation gegen England vorzubereiten und wenn nötig,
durchzuführen.« Hitler war nicht mehr gewillt, sich allein auf Maßnahmen im
Rahmen der Wirtschaftsblockade zu verlassen. Er wollte schnellere Erfolge sehen, die nur eine militärische Lösung versprachen. Aus diesem Grunde mußte
die Luftwaffe ihre Aufgaben im Zusammenhang mit der Kriegführung gegen die
feindliche Wirtschaft gerade zu der Zeit aufgeben, als sich erste Auswirkungen
bemerkbar machten und man einige Erfahrungen auf diesem Gebiet gesammelt
hatte. Man wies ihr ihre ursprüngliche Rolle wieder zu: Die Unterstützung der
Truppenverbände des Heeres.
    Hitlers Weisung Nr. 16 wies der Luftwaffe beim Landungsunternehmen »See-
löwe« unmißverständlich die Aufgabe zu, »*das Eingreifen der feindlichen Luftwaffe*
zu verhindern, Küstenbefestigungen, die gegen die Landungsstellen wirken können, nie-
derzukämpfen, den ersten Widerstand feindlicher Erdtruppen zu brechen und im An-
marsch befindliche Reserven zu zerschlagen sowie feindliche Seestreitkräfte anzugrei-
fen«. Mit anderen Worten, die Luftwaffe sollte den Schutzschirm bilden, unter

dem von See her ohne Bedrohung durch feindliche Luft- und Seestreitkräfte der Angriff vorgetragen werden konnte. Grundsätzlich unterschied sich dieser Auftrag nicht von denen im Polen-, Norwegen- und Westfeldzug, nur zählten zum ersten Male nunmehr feindliche Flottenverbände zu den hauptsächlichen Zielen. Alle mit der Planung und Vorbereitung befaßten Dienststellen glaubten, daß die Luftwaffe für diese Aufgaben wohl gewappnet war, wenn man die Erfolge gegen die Royal Navy in Norwegen und bei der Evakuierung britischer Truppen von Dünkirchen mit berücksichtigte, was als Beweis für die Schlagkraft der Luftwaffe gegen Seestreitkräfte ins Feld geführt wurde. Die Wetterlage wurde als der schwerwiegendste Unsicherheitsfaktor angesehen. Bis Mitte August sollte die Luftwaffe die englische Luftwaffe so weit niedergekämpft haben, »daß sie keine nennenswerte Angriffskraft dem deutschen Übergang gegenüber mehr zeigt«. In den zurückliegenden Feldzügen hatte die Luftwaffe zur selben Zeit mit der Bekämpfung der feindlichen Luftstreitkräfte begonnen, als das Heer die Grenzen beim Vormarsch überschritt. Beim Unternehmen »Seelöwe« war dies jedoch Voraussetzung für jede weitere militärische Maßnahme. Erst wenn die Luftherrschaft errungen war, sollte das Heer marschieren beziehungsweise übersetzen. Für die Luftwaffe war das nichts Neues, zumal auch in den anderen Feldzügen die Erringung der Luftüberlegenheit über dem Feindgebiet unabhängig vom Vormarsch des Heeres erfolgte. Die endgültige Beherrschung des Luftraumes über den gesamten Britischen Inseln, darüber war man sich im klaren, konnte erst nach der Besetzung sichergestellt werden. Darüber machte man sich aber zunächst weiter keine Gedanken. Angesichts der begrenzten Eindringtiefen und Bombenzuladung der Flugzeuge der Luftwaffe konnte ohnehin nur über dem Kanal und Südostengland die Luftüberlegenheit garantiert werden; mehr brauchte man auch gar nicht, um mit annehmbaren Erfolgsaussichten das Landungsunternehmen zu versuchen.

Ganz in Übereinstimmung mit Hitlers Kriegszielen, befahl Göring am 21. Juli, daß die Luftwaffe auch britische Kriegsschiffe angreifen sollte, wenn diese nicht Geleitschutz für Handelsschiffe fuhren. Am 1. August 1940 erließ Hitler die Weisung Nr. 17 für die Führung des Luft- und Seekrieges gegen England. Darin wurde der Auftrag für die Luftwaffe erweitert: »Um die Voraussetzungen für die endgültige Niederringung Englands zu schaffen, beabsichtige ich, den Luft- und Seekrieg gegen das englische Mutterland in schärferer Form als bisher weiterzuführen . . . Die deutsche Fliegertruppe hat mit allen zur Verfügung stehenden Kräften die englische Luftwaffe möglichst bald niederzukämpfen. Die Angriffe haben sich in erster Linie gegen die fliegenden Einheiten, ihre Bodenorganisation und Nachschubeinrichtungen, ferner gegen die Luftrüstungsindustrie einschließlich der Industrie zur Herstellung von Flakgerät zu richten.« Nach Erringung der Luftüberlegenheit sollte die Luftwaffe den Krieg gegen die feindlichen Häfen und die Bevorratung des Landes weiterführen, dabei aber jederzeit kampfkräftig zur Unterstützung von Kriegsmarine und Heer zur Verfügung stehen, falls das Unternehmen »Seelöwe« durchgeführt werden sollte. Hitler befahl ausdrücklich, »Angriffe gegen die Häfen der Südküste mit Rücksicht auf eigene beabsichtigte Operationen in möglichst geringem Maße anzusetzen«, also nach Möglichkeit sogar auszusparen. Die Verschärfung des Luftkrieges sollte am 5. August 1940 beginnen, oder sobald die Luftwaffe ihre Vorbereitungen abgeschlossen hatte. Aus der Weisung geht hervor, daß Hitler noch keineswegs fest entschlossen war, England zu besetzen. In der Tat hatte er am Tage, bevor die Weisung herausgegeben wurde, noch darüber gesprochen, zunächst Rußland anzugreifen, nach dessen Niederlage auch Englands letzte Hoffnungen verflogen wären. Der Entschluß, die RAF niederzuringen, fiel Hitler nicht schwer, weil er in seinen Plan zur Blockade Englands paßte und weil die Zerschlagung der RAF für den Erfolg des Unternehmens unbedingt erforderlich

war. Wenn die Luftwaffe den erhofften Sieg davontragen sollte, so konnte er endgültig entscheiden, welche Maßnahme er ergreifen wollte: Die Wirtschaftsblok-
kade oder die Besetzung. Für beide Fälle mußte die englische Luftverteidigung
über Südostengland ausgeschaltet werden.

Am 2. August erläßt Göring den endgültigen Befehl für den »Adlerangriff«,
die Vernichtung der RAF. Erstes Ziel der gemeinsam angreifenden Luftflotten 2
und 3 sollen die Kräfte des Fighter Command in Südostengland sein: Die Jagdflugzeuge, ihre Flugplätze, die Radarstellungen an der Küste und die gesamte
Bodenorganisation. Dieser Auftrag sollte in drei Phasen durchgeführt werden.
Während der ersten fünf Tage galten die Angriffe Zielen, die innerhalb eines
Halbkreises, der sich westlich von London beginnend über Süden nach Osten
zog und einen Radius von 100–150 km bestrich. In den folgenden drei Tagen
sollte der Radius auf 50–100 km eingeengt werden, um während der letzten fünf
Tage nur noch 50 km um London herum zu liegen. General Otto Stapf, der Hee-
resverbindungsoffizier zum RLM, meldete Halder, daß die Luftwaffe glaubte,
das Angriffsvorhaben innerhalb von zwei bis vier Wochen abschließen zu können. Die geringe Eindringtiefe der Bf 109, die über höchsten 90 Minuten Gesamtflugzeit verfügte, führte dazu, daß sie sich nur eine halbe Stunde über dem
englischen Mutterland aufhalten konnte. Das beschränkte die Tagesangriffe auf
ein verhältnismäßig kleines Gebiet über Südostengland, London eingeschlossen, weil jedes weitere Vordringen deutscher Kampfverbände ohne Jagdschutz
nicht vertretbare hohe Einsatzverluste nach sich gezogen hätte. Das betrachtete
man aber als nicht so schwerwiegenden Nachteil, weil nicht nur die starke
Bodenorganisation der RAF im südlichen Vorfeld der britischen Hauptstadt erhebliche Angriffsschläge einstecken mußte, sondern auch die Luftangriffe auf
London insbesondere RAF-Jagdverbände von weiter entfernt liegenden Plätzen in die Luftkämpfe mit hineinzogen, wo sie von den Bf 109 angegriffen werden konnten. Keßelring äußerte sich nach dem Kriege: *»Für uns Luftwaffenführer
war auch klar, daß wir zwar vorübergehend die Lufterrschaft erringen würden, daß
aber eine Dauerherrschaft ohne Inbesitznahme des Landes schon deswegen nicht möglich war, weil wir mit unseren Kampfflugzeugen einen erheblichen Teil der britischen
Luftbasis, der Flugzeug- und Motorenwerke gar nicht erreichen, die Seehäfen aus demselben Grund nur zum geringsten Teil angreifen konnten.«* (In der Tat lagen diese
Ziele in Reichweite deutscher Bomber, die dann jedoch ohne Jagdschutz hätten
fliegen müssen; d. Ü.). Die vorübergehende Lufterrschaft über dem Landungsgebiet mochte für das Unternehmen »Seelöwe« ausreichen. Der Beginn
dieses Unternehmens lag noch nicht fest, und bis dahin setzte die Luftwaffe ihren Kanalkampf fort.

Soweit also die Zielsetzung für den »Adlerangriff«, an deren Durchführbarkeit niemand zweifelte. Die Angriffsplanung war jedoch eine ganz andere Sache.
Während der Angriffe sollten die Kampfverbände nicht nur die Bodenorganisation der RAF und die englischen Flugzeugwerke ausschalten, sondern den Jagdverbänden der RAF auch noch als Köder dienen. Wie die Erfahrung gelehrt hat,
genügte die Anwesenheit deutscher Bf 109 im englischen Luftraum keineswegs,
um das RAF Fighter Command in den Kampf zu locken. Es bedurfte der unmittelbaren Bedrohung militärischer, industrieller und die Zivilbevölkerung betref-
fender Ziele, was nur durch Bomberverbände zu erreichen war. Waren die englischen Jäger erst einmal gestartet, um sich dem Luftkampf zu stellen, so waren
die deutschen Jäger in ihrem Element und konnten den Kampf suchen, wo immer sie wollten. So gut sich das in der Theorie, am grünen Tisch der Stäbe auch
anhörte, in der Praxis kamen doch Zweifel daran auf, wie sie von Sperrle und Keßelring vorgetragen wurden. Nach den Aufzeichnungen des Jagdfliegerführers
(Jafü), Theo Osterkamp, fand am 1. August 1940 in Anwesenheit von Göring in

Den Haag eine Besprechung der Luftwaffenführung statt, wobei es um die weiteren Luftkriegsoperationen ging: *»Die beiden Chefs der Luftflotten, General Sperrle und General Keßelring, hatten Bedenken, vor der Niederkämpfung der englischen Jäger mit den Bombern (bei Tage; d. Ü.) anzugreifen. Sie schlugen vernünftigerweise vor, zunächst die Bodenorganisation, Flugplätze usw. der Jäger und die Jägerrüstungsfabriken in pausenlosen Nachtangriffen zu bekämpfen. Erst, wenn durch die Jagd- und Zerstörerkräfte die englische Luftwaffe erheblich geschwächt sei, sollten dann massierte Angriffe (bei Tage; d. Ü.) auf die Jägerplätze um London erfolgen. Göring erklärte diese Einwände als lächerlich.«* Er glaubte, wie auch viele Vertreter des RLM, daß das RAF Fighter Command nicht nur schon wesentlich geschwächt war, sondern auch an die Fähigkeit der Luftwaffe, es mit Tagesangriffen in die Knie zu zwingen.

So beeinflußte Görings Entscheidung die Einsatzverfahren und Taktiken im Verlaufe des »Adlerangriff«. Die geringe Eindringtiefe der Bf 109 erlaubte diesen Maschinen, nur höchstens zwanzig Minuten über den in Südostengland liegenden Zielen der Kampfverbände zu verweilen, und das nur, wenn sie geradewegs über den Kanal flogen, anstatt im Zickzackkurs, um mit den langsamer fliegenden Bombern, die sie schützen sollten, Schritt zu halten. Daher waren sie weder ausreichend in der Lage, den Bombern lange genug Begleitschutz zu geben, noch sich in Luftkämpfe mit den »Hurricane« und »Spitfire« einzulassen. Hinzukam, daß die Begleitschutz fliegenden Jäger immer im Nachteil waren, sobald sie auf den Feind trafen. Osterkamp bemerkte darüber: *». . . sie konnten weder den Zeitpunkt des Angriffs bestimmen noch den Höhenvorteil oder den Angriff aus der Sonne nutzen.«* Die Bomber flogen normalerweise zwischen Höhen von 4000 m und 4500 m, während die günstigste Kampfhöhe der Bf 109 bei 6000 m lag, wo sie gegenüber der »Spitfire« überlegen war. Die niedrige Marschgeschwindigkeit (310 km/h) der Bomber gefährdete die Begleitschutzjäger so lange, bis sie auf ihre Kampfgeschwindigkeit von 480 km/h beschleunigt hatten. Sobald aber die Jäger unabhängig operierten, mußten die Kampfverbände mit hohen Verlusten rechnen, was nicht nur unannehmbar war, sondern sie auch zum vorzeitigen Abbrechen des Kampfauftrages veranlaßte und somit die Jäger ihrer Köderfunktion entblößte. Mitte August 1940 hatte die Luftwaffe zu einer operativen Kompromißlösung gefunden. Jedem Kampfgeschwader wurde eine Jagdgruppe als enger Begleitschutz beigegeben, der das Geschwader während des gesamten Einsatzes deckte. Eine weitere Jagdgruppe gewährte den sogenannten erweiterten Jagdschutz, indem sie sich mit dem Kampfverband vor Einflug in die englischen Luftverteidigungsbereiche traf und dem Verband in überhöhter Position vorausflog, damit der Luftkampf jederzeit mit feindlichen Jägern aufgenommen werden konnte.

Die am »Adlerangriff« beteiligten Kräfte bestanden aus Verbänden der Luftflotten 2, 3 und 5. Die Luftflotte 5 (Stumpff) – Norwegen – war nur mit dem X. Fliegerkorps (Geisler) beteiligt, das über vier Geschwader mit jeweils Ju 88, He 111, Bf 110 und Bf 109 sowie Küstenflieger- und Aufklärungsstaffeln verfügte. Der Luftflotte 3 (Sperrle), mit Gefechtsstand in Paris, unterstanden das VIII. Fliegerkorps (v. Richthofen) mit Ju 87- und einem Bf 109-Geschwader sowie Aufklärungsstaffeln, das V. Fliegerkorps (v. Greim) mit zwei Ju 88- und einem He 111-Geschwader, das IV. Fliegerkorps (Pflugbeil) mit drei Geschwadern mit jeweils Ju 88, He 111 und Ju 87, einer Kampfgruppe Ju 88 und einer Aufklärungsstaffel, ferner der Jagdfliegerführer 3 (Oberst Werner Junck) mit drei Geschwadern Bf 109 und einem Geschwader Bf 110. Der Luftflotte 2 (Keßelring), mit Gefechtsstand in Brüssel, oblag die Schwerpunktbildung; ihr unterstanden: I. Fliegerkorps (Grauert) mit zwei Geschwadern aus He 111, Ju 88 und Do 17 und zwei Fernaufklärerstaffeln, II. Fliegerkorps (Loerzer) mit zwei Do 17- und einem He 111-Geschwader, zwei Ju 87-Gruppen und der Erprobungsgruppe 210 (Bf 109, Bf 110), 9. Fliegerdivision (Coeler) mit einem Kampfgeschwader, bestehend aus He 111 und Ju 88, einer in Aufstellung befindlichen Kampfgruppe mit Fw 200, verschiedenen Küstenfliegerstaffeln und einer Kampfgruppe He 111,die »Pfadfinder-Aufgaben« hatte, Jagdfliegerführer 2 (Kurt von Döring) mit fünf Geschwadern und einer Gruppe Bf 109 und zwei Geschwadern Bf 110 sowie die Nachtjagddivision (Kammhuber) mit einem Geschwader Bf 110. Am 10. August 1940 hatten alle diese Verbände insgesamt 3196 Flugzeuge, von denen 2485 Maschinen einsatzbereit waren. Von allen Flugzeugen, die beim »Adlerangriff« eingesetzt werden konnten, verfügte die Luftflotte 5, außer den nur für in Norwegen und dem Vorfeld einsetzbaren Bf 109, über 138 He 111 und Ju 88 (davon 123 einsatzbereit) und 37 Bf 110 (– 34 –), während die Luftflotten 2 und 3 insgesamt 1232 He 111, Ju 88 und Do 17 (– 875 –), 406 Ju 87 (– 316 –), 282 Bf 110 (– 227 –) und 813 Bf 109 (– 702 –) verfügbar (– einsatzbereit –) hatten, wahrlich eine furchteinflößende Luftstreitmacht!

Trotz der schweren Schläge, die die RAF in Belgien und Frankreich von der Luftwaffe einstecken mußte, war das RAF Fighter Command immer noch ein harter, ernst zu nehmender Gegner. Sein Befehlshaber, der 59jährige Air Chief Marshal Sir Hugh C. T. Dowding, war ein hochgeachteter Offizier, der trotz seiner zurückhaltenden Art über außerordentliche Führungsfähigkeiten verfügte. Das RAF Fighter Command, mit seinem Hauptquartier in Bentley Priory bei Stanmore nordwestlich von London, hatte 59 Staffeln, die vier Groups unterstanden, die territorial das englische Mutterland abdeckten. Die Group-Bereiche gliederten sich in sogenannte (Luftverteidigungs-)Sektoren, die die taktische Koordination der gesamten Luftabwehr und des raumbezogenen Jägereinsatzes vornahmen. Die bedeutendste war die 11. Group, befehligt von Air Vice Marshal Keith Park, die für den Raum Südostengland, einschließlich London, verantwortlich war und etwa 40 Prozent aller Kräfte des RAF Fighter Command führte. Am 1. August 1940 gab es in den englischen Staffeln 570 »Hurricane« und »Spitfire«, davon alleine zwei Drittel »Hurricane«, 203 dieser Maschinen waren nicht einsatzbereit; ferner acht Maschinen älterer Bauart wie die »Fulmar« und »Defiant«, diese ohne nach vorne feuernde Waffen; somit hatten die Luftflotten 2 und 3 alleine mit ihren Bf 109 gegenüber den »Spitfire« und »Hurricane« des RAF Fighter Command eine zweifache Überlegenheit. Nimmt man alle Flugzeuge, die die Luftwaffe im Westen aufbieten konnte (ohne die der Luftflotte 5), so verschob sich das Kräfteverhältnis sogar auf 6 : 1 zuungunsten der RAF. Der Luftabwehr im englischen Luftraum standen etwa 1200 schwere und 650 leichte Flugabwehrkanonen zur Verfügung. Eine vergleichsweise geringe Zahl, wenn man an die 2000 schweren und 4500 leichten Flakgeschütze denkt, die im Deutschen Reich im Einsatz standen. In der bevorstehenden Luftschlacht um England sollten diese wenigen Flakkräfte dennoch immerhin zu ungefähr zwölf Prozent aller Verluste der Luftwaffe beitragen.

Wenngleich zahlenmäßig das für Englands Luftverteidigung verfügbare Gerät nicht gerade sehr eindrucksvoll war, so kann an der Qualität nicht gezweifelt werden. Die »Hurricane« und die »Spitfire« waren hervorragende Flugzeuge, die bis auf die Bf 109, ihren hauptsächlichen Luftgegner, allen anderen deutschen Flugzeugen im Luftkampf mit Abstand überlegen waren. Beide waren im Kurvenkampf besser als das deutsche Jagdflugzeug Bf 109, dessen Tragflächen nicht so belastbar waren, sie konnten enger kurven, womit ihre Vorteile aber auch schon erschöpft waren. Die Bf 109 erreichte größere Flughöhen (bis zu 10 500 m) als beide gegnerischen Flugzeuge, hatte wie auch die Bf 110 höhere Kampfgeschwindigkeiten als die »Hurricane« in allen Höhen, und die »Spitfire« oberhalb von 6000 m; ihre Sturzflugeigenschaften waren besser als die von beiden ihrer Gegner. Auch die Bordwaffen waren überlegen, weil sie stärkere Kaliber hatten. Insbesondere hatten die deutschen Flieger weit wirksamere Luftkampftaktiken entwickelt, die denen der RAF hinsichtlich Beweglichkeit und gegenseitigem Schutz im Gefecht erheblich überlegen waren. So hatte man beispielsweise den RAF-Piloten in der Ausbildung eingebleut, vor allem den engen Verbandsflug einzuhalten und nicht den Kurvenkampf zu suchen. In der Vorkriegsausbildung der RAF wurde immer wieder nachdrücklich auf die schwere Abwehrbewaffnung der Bomber verwiesen, was im Luftkampf dann dazu führte, daß die Jäger ihren Angriff zu früh abbrachen, bevor sie überhaupt erst in wirksame Reichweite ihrer eigenen Bordwaffen gerieten.

Zwei einzigartige Vorteile hatte die RAF allerdings. Sie kämpfte über ihrem eigenen Mutterland, so daß die Verluste an Flugzeugführern und Flugzeugen in Grenzen zu halten waren und die reine Kampfzeit im Luftgefecht sehr lange war. Ferner gab es eine Kette von 29 Radarstellungen, die sogenannten RDF (Radio Directional Finder – »Peilstellen«; diese Bezeichnung wählten die Engländer zur Täuschung der Deutschen; d. Ü.), die sich entlang der Süd- und Ostküste Englands bis Schottland erstreckten. Sie konnten einfliegende Flugzeuge schon in einer Entfernung von 65–160 km auffassen und ihren Flugkurs verfolgen, was dem RAF Fighter Command eine beträchtliche Vorwarnzeit gab. Das von den Deutschen besetzte Europa lag nur 20 Flugminuten von jedem Ziel in Südostengland entfernt, und ein englisches Jagdflugzeug benötigte alleine die Hälfte dieser Zeit, um auf Kampfhöhe steigen und feindliche Bomber angreifen zu können. Im Hinblick auf Flugstunden, fliegendes Personal und Gerät konnte es sich das RAF Fighter Command mangels Kräften nicht erlauben, in ausreichender Stärke, in der erforderlichen Höhe und über allen möglichen zu schützenden Gebieten dauernd Jagdpatrouillen fliegen zu lassen. Dank der Radarstellungen ließ sich das Problem weitgehend lösen, so daß das RAF Fighter Command in der Lage war, seine gering bemessenen Kräfte in bestmöglicher Weise einzusetzen. Es erhielt nicht nur rechtzeitig Angaben über Richtung und Stärke angreifender Feindverbände, sondern konnte auch seine Staffeln solange am Boden in Bereitschaft halten, bis der Feind und seine Absicht erkannt waren, um sie dann mit Hilfe der Sektorgefechtsstände an die feindlichen Verbände heranzuführen.

Seinerzeit hatten die Deutschen über das englische Radarsystem keine nennenswerten Erkenntnisse. Dennoch waren sie mit ihren Vermutungen darüber auf dem richtigen Wege, denn im September 1940 hatten sie bereits Störmaßnahmen und -mittel entwickelt, die einsatzbereit waren und den englischen Radarbedienern erhebliche Schwierigkeiten bereitet hätten. Glücklicherweise setzte man diese Mittel erst ein, als Verlauf und Entscheidung der Luftschlacht um England nicht mehr in Frage standen. Daß sich die Deutschen nicht eindeutig über den Wert der englischen Radargeräte im klaren waren, läßt sich aus der Feindlagebeurteilung vom 7. August 1940 entnehmen, die besagte: ». . . *die englische Führung bindet ihre Jäger an ihre Bodenstation und verhindert kurzfristige Zusammenziehungen von Jägern an entscheidenden Punkten . . .*« Aber genau das konnte die englische Radarführung erreichen!

Trotz aller seiner Stärken hatte das Radarführungssystem der RAF eine wesentliche Schwäche, weil es sehr verwundbar war. Wegen ihrer Bauart waren die Radarantennenmasten sicherlich nur schwer zu zerstören; die am Fuße dieser Masten befindlichen Empfängerhütten waren es hingegen genauso wenig wie die Sektorgefechtsstände, die auf den wichtigsten Flugplätzen standen, und die Flugplatzeinrichtungen selbst. Die Fernmeldeverbindungen waren über Postkabel geschaltet, die dafür erforderliche Stromversorgung erfolgte über das öffentliche Netz oder das der RAF, die beide ungeschützt Bombenangriffen ausgesetzt waren. Massierte Angriffe der Deutschen gegen diese Ziele hätten verheerende

Folgen gehabt. Auch noch andere schwerwiegende Mängel zählten zu den Schwächen des Führungssystems. Die Radarstellungen konnten weder die genaue Einflughöhe feindlicher Verbände anmessen noch sehr tief oder sehr hoch anfliegende erfassen, und die Geräte waren »blind«, sobald die deutschen Flugzeuge die Küste überflogen hatten. Dann zählte nur noch die Auge-Ohr-Erfassung durch das Royal Observer Corps, die hinsichtlich der Genauigkeit über Stärke und Angriffsrichtung eines Verbandes vor allem bei bewölktem Himmel zu wünschen übrigließ. Für die Luftwaffe wäre es ein leichtes gewesen, durch Täuschungsmanöver und wechselseitige Hoch- und Tiefflüge beim Zielangriff selbst ein funktionsfähiges Radarführungssystem an die äußerste Grenze seines Leistungsvermögens zu belasten, wenn nicht gar auszutricksen. Daß es die Luftwaffe versäumte, irgendeinen ernstgemeinten Versuch zu unternehmen, das englische Radarsystem zu täuschen oder auszumanövrieren, war ihr Kardinalfehler in der Luftschlacht um England. Wie später noch näher erläutert werden wird, wäre diese Erklärung zu einfach, wenn nicht auch andere Faktoren eine Rolle gespielt hätten.

Außer den Jagdflugzeugen verfügte die RAF noch über etwa 500 Bomber, die hauptsächlich die zweimotorigen Typen »Hampden«, »Wellington« und »Whitley« umfaßten und alle ihren deutschen Gegnern leistungsmäßig unterlegen waren. Für den Luftkampf gegen feindliche Maschinen waren sie nicht geeignet. Sie stellten aber für die Flugplätze auf dem europäischen Festland eine Bedrohung dar, die die Luftwaffe davon abhielt, alle ihre Kräfte gleichzeitig zu Feindflügen nach England zu schicken. Die Chefs der Luftflotten hatten stets den Schutz ihrer eigenen Flugplätze im Auge und stellten sicher, daß ausreichende Jagdfliegerkräfte in Bereitschaft gehalten wurden, um Platzschutz zu geben. Während des Höhepunktes der Luftschlacht um England hatte das RAF Bomber Command in der Tat keine derartigen Einsätze unternommen, obwohl es einige Bombereinsätze im September 1940 gegen vorbereitende Maßnahmen der Kriegsmarine im Zusammenhang mit dem Unternehmen »Seelöwe« durchführte. Alleine diese Bedrohung reichte aus, daß die Bf 109 der Luftflotte 5 in Norwegen zurückbehalten wurden und die Luftflotten 2 und 3 nie alle ihre Jagdkräfte gleichzeitig in den Einsatz schickten. Laufende, wenn auch nur mit geringen Flugzeugstärken versehene Bombereinsätze gegen Ziele im Deutschen Reich sorgten dafür, daß 300 deutsche Jagdflugzeuge dem Kampfgeschehen über England entzogen und im Rahmen der Reichsverteidigung eingesetzt werden mußten.

Die Luftwaffe über- und unterschätzte zugleich in ihren Feindlagebeurteilungen die Kampfkräft der RAF. In der »Beurteilung der Schlagkraft der britischen Luftwaffe im Vergleich zur deutschen Luftwaffe«, vom 16. 7. 1940, schrieb der Luftwaffenführungsstab, daß das RAF Fighter Command etwa 900 »Hurricane« und »Spitfire«, davon insgesamt 675 einsatzbereit, und das RAF Bomber Command 1150 Bomber, davon 75 Prozent einsatzbereit, hätten. Diese Zahlenangaben erwiesen sich als übertrieben und falsch. Im Falle der englischen Jäger schätzte man etwa ein Drittel, bei den Bombern mehr als doppelt zuviel. In anderen Bereichen unterschätzte der Feindlagedienst der Luftwaffe seinen Gegner. Zollte man den englischen Jagdfliegern hohen Respekt, so schätzte man andererseits ihre Führung als unbeweglich und schwach ein. Auch die Flugzeuge wären geringerwertig als die deutschen. Wie selbstverständlich nahm man an, daß die Bf 110 der »Hurricane« ebenbürtig, wenn nicht sogar überlegen war. Man traute der englischen Flugzeugindustrie nur zu, monatlich zwischen 180 und 300 Jagdflugzeugen zu produzieren und daß die Produktion wegen Versorgungsschwierigkeiten mit Rohstoffen und wegen Störungen durch Luftangriffe und dergleichen weiter absinken würde. Aus diesem Grunde, so wurde behaup-

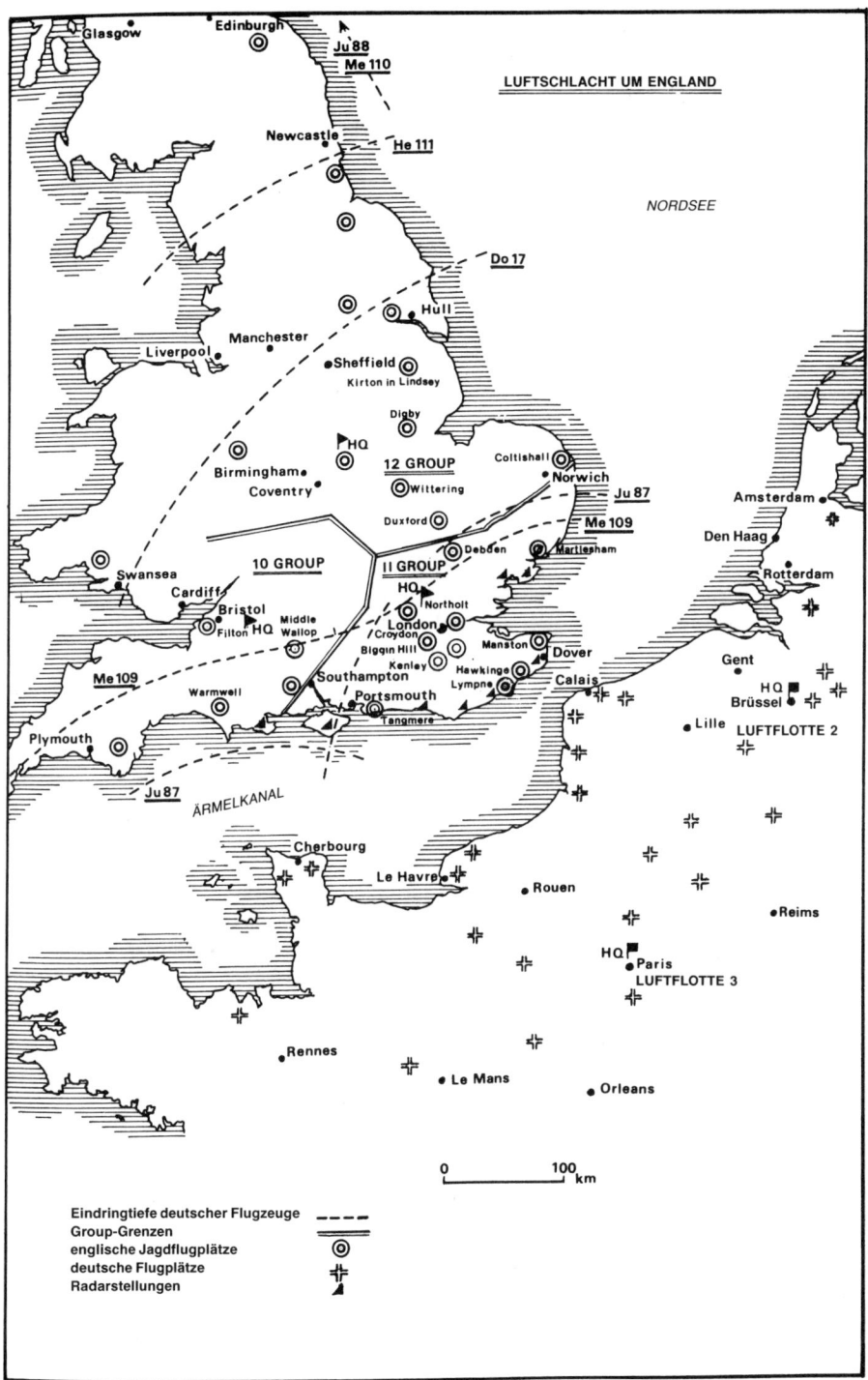

LUFTSCHLACHT UM ENGLAND

Glasgow

Edinburgh

<u>Ju 88</u>
<u>Me 110</u>

NORDSEE

Newcastle

<u>He 111</u>

<u>Do 17</u>

Hull

Manchester

Liverpool

Sheffield

Kirton in Lindsey

Digby

Birmingham
Coventry

HQ

12 GROUP

Wittering

Coltishall

Norwich

<u>Ju 87</u>

<u>Me 109</u>

Amsterdam

Den Haag

Rotterdam

Duxford

Debden

Martlesham

Swansea

Cardiff

Bristol

Filton HQ

Middle Wallop

10 GROUP

II GROUP

HQ

Northolt

London

Croydon

Biggin Hill

Kenley

Southampton

Manston

Dover

Hawkinge

Lympne

Calais

Gent

HQ
Brüssel

Lille

LUFTFLOTTE 2

Me 109

Warmwell

Portsmouth

Tangmere

Plymouth

<u>Ju 87</u>

ÄRMELKANAL

Cherbourg

Le Havre

Rouen

Reims

HQ Paris

LUFTFLOTTE 3

Rennes

Le Mans

Orleans

0   100 km

Eindringtiefe deutscher Flugzeuge
Group-Grenzen
englische Jagdflugplätze
deutsche Flugplätze
Radarstellungen

tet, würde jede Verstärkung des Luftkrieges zum schnellen Zusammenbruch der RAF führen. Tatsächlich verließen im Monat Juli 1940 nicht weniger als 448 »Hurricane«, »Spitfire«, »Blenheim« und »Defiant« die englischen Flugzeugfabriken. Nur in der Beurteilung der Anzahl der Flakgeschütze näherte sich die deutsche Feindlagebeurteilung den wahren Verhältnissen; man hielt sie für *»in keiner Weise angemessen zur Verteidigung der Inseln«.* Zusammenfassend wurde festgestellt: *»Die Luftwaffe ist der RAF hinsichtlich Stärke, Ausrüstung, Ausbildung, Führung und Lage ihrer Flugplätze eindeutig überlegen. Sollte der Luftkrieg verstärkt werden, so fühlt sich die Luftwaffe, im Gegensatz zur englischen Luftwaffe, in jeder Hinsicht in der Lage, noch in diesem Jahr entscheidende Wirkungen im Luftkrieg zu erzielen . . .«*

Wie die Geschichte lehrte, bewegte sich die quantitative und qualitative Beurteilung sehr nahe an der geschichtlichen Wahrheit. Gegenüber 467 einsatzbereiten »Spitfire« und »Hurricane«, unterstützt von 25 einsatzbereiten »Blenheim«, »Defiant« und »Gladiator« (veralteten Typen), standen 702 einsatzbereite Bf 109, die, gelinde gesagt, leistungsmäßig ebenbürtig und zahlenmäßig überlegen waren und zudem noch von 261 einsatzbereiten Bf 110, wenn auch nur unzureichend, und der Abwehrbewaffnung und Bombenlast von 998 Bombern und 316 Stukas gestärkt wurden. Das war eine nicht zu unterschätzende Überlegenheit. Angesichts der ungefähren ähnlichen Verhältnisse von Reserven und Ersatz im Vergleich zwischen Luftwaffe und RAF und der Voraussetzung, daß die Luftkriegsoperationen nicht mehr als höchstens einen Monat dauern sollten, ist es nicht schwer verständlich, daß sich in den höheren Kreisen der Luftwaffenführung eigentlich nur Zuversicht verbreiten konnte. General Stapf meldete am 29. Juli 1940 an Halder: *»Unsere Luftwaffe glaubt, daß sie den Engländern hinsichtlich Ausrüstung, Führung, Planung und geographischer Faktoren überlegen ist. Entscheidende Ergebnisse werden sich noch vor Ablauf dieses Jahres zeigen.«*

Am 6. August 1940 legte Göring den Beginn des »Adlerangriffs« auf den 10. August fest. Die sehr schlechten Wettervorhersagen vom 7. August verursachten eine weitere Verschiebung des Angriffszeitpunktes, der dann am 12. August endgültig auf Dienstag, den 13. August 1940, angesetzt wurde. Bis dahin führte die Luftwaffe weiterhin Angriffe gegen die englische Luftverteidigung durch, die sogar erheblich verstärkt worden waren, obwohl das Wetter für die Durchführung des »Adlerangriffs« für zu ungeeignet erachtet wurde. Nachdem es nach dem 30. Juli eine Kampfpause gegeben hatte, nahm die Luftwaffe am 8. August mit ungeheurem Kräfteansatz den Kanalkampf wieder auf, als sie den alliierten Geleitzug CW 9 zerschlug, wobei sie sieben der zwanzig Handelsschiffe versenkte und sechs schwer beschädigte, wie auch vier Kriegsschiffe des Begleitschutzes. Hatte die Luftwaffe an diesem Einsatztag 31 Flugzeuge verloren, so erlitt die RAF bei den Luftkämpfen erheblich höhere Verluste. Sechzehn »Hurricane« und »Spitfire« wurden abgeschossen, während nur elf Bf 109 zerstört und drei beschädigt wurden. Drei Tage später, am 11. August, kam es über dem Kanal zu heftigen Luftgefechten, wobei die RAF 29 Jäger verlor und sieben Maschinen mit Schußschäden in Kauf nehmen mußte; die Luftwaffe verlor 35 Maschinen, davon 15 Bf 109 sowie 10 Maschinen mit Beschußschäden. Am 12. August änderte die Luftwaffe offensichtlich ihre Angriffsverfahren, wenngleich sie dennoch in das gesamtstrategische Konzept der Wirtschaftskriegführung paßten. Zusätzlich zu den üblichen Hafenzielen in Portsmouth und den Schiffszielen in der Themsemündung wurden Flugplätze und Radarstellungen der RAF angegriffen. Die deutschen Kampfverbände unternahmen, unterstützt von starkem Begleitschutz, sechs größere Angriffe, wobei diese zeitlich so abgestimmt waren, daß gleichzeitig oder kurz darauf an anderer Stelle Ablenkungs- oder Täuschungsangriffe erfolgten, so daß die Kräfte des RAF Fighter Command über ihr Leistungsvermögen hinaus überdehnt und überfordert wurden. Die vorgeschobenen, an der Straße von Dover liegenden Plätze Manston, Hawkinge und Lympne wurden schwer getroffen, tags darauf waren sie aber wieder einsatzbereit. Bei den sechs angegriffenen Radarstellungen bekamen fünf nur geringe Schäden ab, obwohl in einem Falle alle Gebäude, bis auf drei der einsatzwichtigsten, zerstört worden waren. Die sechste Stellung, Ventnor auf der Insel Wight, fiel für einige Tage total aus, hauptsächlich wegen des Einsatzes von Langzeitzünderbomben. Diese Angriffe gegen die Radarstellungen der RAF waren die ersten und schwersten im gesamten Luftkrieg gegen England. Sie waren im Rahmen der Vorbereitung für den am nächsten Tag beginnenden »Adlerangriff« angesetzt worden. Am Abend des 12. August 1940 mußte die Luftwaffe 26 Maschinen, davon elf Bf 109, als Verluste abbuchen und acht mit Beschußschäden hinnehmen. Auf seiten der RAF schlugen 22 abgeschossene und vier beschädigte Jäger zu Buche. Im bevorstehenden, alles entscheidenden Kampf Jäger-gegen-Jäger neigte sich die Waagschale zuungunsten der RAF.

Die Morgenstunden des 13. August 1940, der als »Adlertag« in die Luftkriegsgeschichte eingehen sollte, zeigten diesiges Wetter mit bedecktem Himmel. Aus diesem Grunde wurden die ersten Angriffe der Luftflotte 2 abgeblasen. Nur das Kampfgeschwader 3 (Fink) erreichte der Befehl nicht mehr, so daß es wie geplant den Flugplatz des RAF Coastal Command, Eastchurch, angriff. Auch Verbände der Luftflotte 3 starteten zum Angriff auf die englische Bodenorganisation, die aber erstaunlicherweise nichts mit dem RAF Fighter Command zu tun hatte. Die Verbände erreichten ihr Zielgebiet nicht. Absicht aller dieser Angriffe war es nicht so sehr, Schäden zu verursachen, als vielmehr die Reaktion der englischen Luftabwehr in Südostengland zu erproben und »abzuklopfen«. Im Laufe des Nachmittags verbesserten sich die Wetterbedingungen, so daß die beiden Luftflotten nunmehr massierte Angriffe fliegen konnten. Die Angriffe galten den Flugplätzen Detling (Coastal Command), Andover (Bomber Command) und dem Hafen von Southampton sowie dem Schiffsverkehr im Kanal. Zusätzlich wurden wahllos und verstreut Bomben über englischen Ortschaften und Gebieten abgeworfen. Drei der Hauptziele, die Flugplätze Odiham, Farnborough und Rochford, waren verfehlt worden. Bei dem Nachtangriff gegen die »Spitfire«-Werke in Castle Bromwich bei Birmingham fanden nur vier der neun eingesetzten He 111 ihr Ziel. Der dabei angerichtete Schaden reichte nicht aus, die Flugzeugproduktion in irgendeiner Weise zu stören. Bomben fielen auch auf Bristol, Cardiff, Swansea, Liverpool, Sheffield, Norwich, Edinburgh, Aberdeen und Belfast. Lediglich bei den Short Brothers-Werken, wo die neuen viermotorigen »Stirling«-Bomber gebaut wurden, konnte nennenswerter Schaden angerichtet werden. In dieser Nacht fanden nur knapp über 100 Menschen den Tod. In den ersten 24 Stunden des »Adlertages« hatte die Luftwaffe 1485 Einsatzflüge gegen England geflogen, zwei Drittel davon alleine mit Jagdflugzeugen, gegenüber 727 Einsatzflügen seitens der RAF Fighter Command. Die Verluste der Luftwaffe: 20 abgeschossene und 14 schwer beschädigte Bomber, 15 abgeschossene und 6 beschädigte Bf 110 sowie 9 abgeschossene Bf 109. Außer 14 abgeschossenen und 6 beschädigten Jägern hatte das RAF Fighter Command am »Adlertag« keine weiteren Verluste in Kauf zu nehmen.

Der Ablauf der Ereignisse des 13. August machte insbesondere deutlich, welchen entscheidenden Fehler in der Beurteilung der Lage die Luftwaffe während der Luftkriegsphase, die als »Luftschlacht um England« in die Kriegsgeschichte eingehen sollte, gemacht hatte: Sie hat es versäumt, sich voll und ganz, ohne Abstriche, dem Hauptgegner – dem RAF Fighter Command – zu widmen. Schon mit Beginn der Angriffsunternehmen der Luftwaffe war offenkundig, wenn man die Zielauswahl betrachtete, daß sie keine genauen Kenntnisse über die feindliche Bodenorganisation mit ihrer fein abgestimmten und ineinandergreifenden Verflechtung von Gefechtsständen, Flugplätzen, Auge-Ohr-Beobachterstellungen und Radarstellungen hatte, die alle nur über die üblichen Postkabel miteinander verbunden waren. So konnte es geschehen, daß die Luftflotten, die für die Zielauswahl verantwortlich zeichneten, Flugplätze wie Eastchurch, Worthy Down und Upavon einbezogen, auf denen in den letzten zehn Jahren keine Jagdflugzeuge für längere Zeit stationiert waren (vielleicht mit Ausnahme von Eastchurch, das seinerzeit nur kurzfristig Fliegerhorst einer Jagdstaffel war). Ferner führte die Nichtbeachtung der Flugzeugwerke, die Jäger produzierten, – oder war es Ignoranz? – dazu, daß man die Woolston-Werke in Southampton als Produktionsstätten von Bombern bewertete, obwohl sie eine Schlüsselfunktion in der »Spitfire«-Produktion hatten. Selbst wenn die einzigen zwei Ziele, die auf der Zielliste für den »Adlertag« standen und zum Bereich der feindlichen Luftverteidigung zählten (Flugplatz Rochford und Middle Wallop), bombardiert und zerstört worden wären, wäre zu keiner Zeit die Einsatzbereitschaft des RAF Fighter Command gefährdet gewesen. Mit Sicherheit haben auch die Schäden, die auf den angegriffenen Flugplätzen angerichtet worden waren, zu keinerlei Störungen in der operativen Führung von Dowding beigetragen. Die Luftwaffe hatte nicht nur keine genauen Vorstellungen vom geplanten Ansatz der Kräfte der RAF, sondern sie verzettelte auch noch ihre eigenen Kräfte auf Ziele wie Southampton und die Schiffahrt im Kanal, obwohl sie genau wußte, daß sie im Rahmen der englischen Luftverteidigung überhaupt keine Rolle spielten. Um in Zukunft die 11. Group (Park) als wirkungsvolle Luftverteidigungsorganisation in Südostengland auszuschalten, hätte die Luftwaffe ein Großteil der Sektorflugplätze (Northolt, Tangmere, Debden, North Weald, Biggin Hill, Kenley und Hornchurch), die die Jäger führten, und zahlreiche der wichtigsten Ausweichplätze (Manston, Croydon, Westhampnett, Hawkinge, Gravesend, Rochford und Martlesham) lahmlegen müssen. Auch die zwei Flugplätze Middle Wallop und Warmwell, die im Bereich der 10. Group den Raum Südwestengland abdeckten, waren wichtige Ziele. An wesentlichen Angriffszielen mangelte es wahrlich nicht.

Die Luftwaffe war hingegen von ihrer Leistungsfähigkeit restlos überzeugt. Am 13. August meldete sie, daß sie 134 englische Flugzeuge zerstört hätte, bei nur 34 eigenen Verlusten. Tags darauf gab das RLM bekannt, nach den vier schweren Kampftagen (8., 11., 12., 13. August): ». . . das Hauptziel, die Verringerung der feindlichen Jägerstärke in Südengland, entsprach dem erwarteten Erfolg. Abschußverhältnis 1:3 . . . eigene Bomber- und Jägerverluste drei Prozent, Verluste des Feindes 15 Prozent. Jägerverluste 1:5 zu unseren Gunsten . . . Engländer wahrscheinlich nicht in der Lage, eigene Verluste auszugleichen . . . acht wichtige Flugplätze für dauernd ausgeschaltet.« Leider lag das RLM mit seiner Beurteilung erschreckend falsch. Das Verhältnis der Verluste zwischen Luftwaffe und RAF betrug 136:96, während es bei den einmotorigen Jägern nur 1:2 zugunsten der Luftwaffe war (46 Bf 109 zu 93 »Spitfire« und »Hurricane«); zählt man die 35 abgeschossenen Bf 110 noch hinzu, so hätte sich dieses Verhältnis noch verschlechtert.

Während der nächsten fünf Tage führte die Luftwaffe ihre Angriffsunternehmen im selben Rahmen wie zu Beginn des »Adlertag« fort. Am 14. August herrschten schlechte Wetterbedingungen, so daß nur 489 Einsatzflüge durchgeführt werden konnten. Als zum ersten und einzigen Male am 15. 8. Verbände der Luftflotte 5 an den Kämpfen teilnahmen, zählte man 2000 Einsatzflüge, tags darauf sogar noch 1715. Am Samstag, dem 17. 8., wurde nur geringer Flugbetrieb gemeldet; am 18. 8., dem letzten Tag in der ersten Angriffsphase, kam es dafür zu um so stärkerer Luftkampf- und Einsatztätigkeit. In der Zeit vom 13. bis 18. August hatte die Luftwaffe 247 Flugzeuge verloren und das RAF Fighter Command

131. Die für das RAF Fighter Command wichtigen Flugplätze Biggin Hill, Tangmere und Kenley wurden einmal, die großen Flugplätze Manston und Middle
Wallop dreimal, Croydon zweimal angegriffen, ferner die weniger bedeutenden
Plätze wie Lympne, Hawkinge und Martlesham sowie die zwei Flugzeugwerften
in Sealand und Colerne. In fast den meisten Fällen war der angerichtete Schaden
nur gering und in wenigen Stunden behebbar. Wenige Plätze erlitten beträchtliche Schäden, so daß sie längere Zeit ausfielen. West Malling beispielsweise war
ein Flugplatz, der mehr als 24 Stunden lahmlag und bei dem die Schadensbehebung einige Tage in Anspruch nahm. Der Gefechtsstand von Croydon wurde am
15. 8. schwer getroffen; in Tangmere wurden am 16. 8. viele Gebäude und 14
Flugzeuge am Boden zerstört oder beschädigt, die Elektrizität und Wasserversor-
gung fiel dort zeitweilig aus; die von der Luftwaffe am 18. 8. in Kenley angerichteten schweren Schäden waren so umfangreich, daß anstelle von drei nur noch
zwei Staffeln auf diesem Platz liegen konnten. Die Angriffswirkung gegen die
Radarstellung Ventnor war so stark, daß sie vom 16. bis 23. 8. wegen der erforderlichen Reparaturen nicht einsatzbereit war. Auch die Stellung Poling in West
Sussex fiel nach dem Angriff vom 18. 8. zeitweilig aus.

Die Angriffe gegen Flugplätze des RAF Fighter Command machten nur einen
kleinen Teil aller Angriffe der Luftwaffe gegen England aus. Am 15. August 1940,
dem Tag mit der größten Anzahl von durchgeführten Feindflügen, für die Luftwaffe der »schwarze Donnerstag«, weil sie an keinem anderen Tag wieder so
hohe Verluste erleiden sollte, verlor sie fast 50 von 70 Flugzeugen, ganz zu
schweigen von den 80 schwer beschädigten Maschinen, bei Angriffen gegen
Ziele, die mit der Einsatztätigkeit des RAF Fighter Command überhaupt nichts
zu tun hatten. Der englischen Luftverteidigung kam der bedeckte Himmel zu
Hilfe, so daß die deutschen Bomber zahlreiche Jagdflugplätze nicht finden konnten. Dieser Tag war insbesondere für die Luftflotte 5 enttäuschend, um es gelinde auszudrücken. Sie verlor ein Achtel ihrer Bomber (15 He 111 und Ju 88,
ferner 3 schwer beschädigt) und ein Fünftel ihrer Zerstörer (7 Bf 110), während
sich die Einsatzwirkung nur bescheiden ausnahm: Zehn »Whitley«-Bomber auf
dem Flugplatz Driffield, ein Munitionslager und etwa 30 Gebäude in Sunder-
land und Bridlington zerstört. Das RAF Fighter Command »beklagte« eine einzige beschädigte »Hurricane«! Während dieser vier Augusttage wurden viele
Flugplätze, die im Rahmen der englischen Luftverteidigung nur eine ganz untergeordnete Rolle spielten, wenn überhaupt, angegriffen: Lee-on-Solent (Coastal
Command), Harwell, Brize Norton, Farnborough, Ford, Gosport und Thorney
Island (Royal Navy), Worthy Down, Eastchurch, Linton-upon-Ouse, Dishforth
und Andover. Wichtige Flugplätze des RAF Fighter Command blieben von Angriffen verschont. Die bedeutendsten waren Hornchurch und Northolt, weitere
Debden, North Weald, Gravesend und Westthampnett, die alle im Bereich der
11. Group (Park) lagen. Die Luftwaffe richtete auch einige ihrer Schläge gegen
die englische Flugzeugindustrie und versuchte damit, den Flugzeugnachschub
für die RAF zu unterbinden. Die Flugzeugwerke in Filton, Rochester und Croydon wurden getroffen, letzteres ziemlich schwer, aber alle anderen kamen ungeschoren davon. Neunmal versuchte man, die Westland-, Rolls-Royce- und Glo-
ster-Werke anzugreifen, aber nur zweimal fielen dort Bomben – in der Nähe, in
einem Umkreis von acht Kilometern –. Die Angriffswirkung war derart gering,
daß es noch nicht einmal zu einer leichten Produktionsstörung in der Flugzeugindustrie kam. Diese Angriffe liefen fast genauso ins Leere wie alle anderen gegen
den Schiffsverkehr, das Eisenbahnnetz und die militärischen Ziele zwischen
Southampton und Birmingham. Selbst das Feuerschiff Varne fand seitens der
Luftflotte 2 keine Aufmerksamkeit im Rahmen der Zielplanung.

Nach der ersten Kampfphase in der Luftschlacht um England standen die Anstrengungen der Deutschen in keinem Verhältnis zum erreichten Einsatzerfolg. Die Luftwaffe mußte in der Zeit vom 13. bis 18. 8. 1940 350 Flugzeuge von ihrem Bestand abschreiben; sie gingen durch Abschüsse, Bruchlandungen und andere Gründe verloren. Beim RAF Fighter Command waren es 171 Maschinen (oder fast 250, wenn man alle Verluste, wie beispielsweise die 46 Schulmaschinen von Brize Norton, mitzählt). Dennoch konnten die Engländer immer noch genügend Jagdflugzeuge für Luftkämpfe aufbieten, so daß sie eine gefährliche Bedrohung darstellten. Die Luftwaffe hingegen mußte ihre Angriffsführung eindeutig überdenken. In der ersten Kampfphase gab es schon Anzeichen dafür, daß Angriffsschläge gegen bestimmte und eindeutig eingegrenzte Zielkomplexe geplant wurden. In der Nacht des 13. August befahl Göring, daß sich die Luftkriegführung auf die Bekämpfung der Bodenorganisation der RAF beschränken sollte. Diesen Befehl untermauerte er am 15. 8., als er die Chefs seiner drei Luftflotten zu sich zu einer Besprechung rief: »Bis auf weiteres sind ausschließlich die feindliche Luftwaffe und die Flugzeugindustrie zu bekämpfen . . .« Göring zweifelte auch daran, ob es sinnvoll wäre, weiterhin die englischen Radarstellungen anzugreifen, zumal die Deutschen glaubten, daß keine dieser Stellungen auf Grund der Angriffe vom 11. August 1940 ausgefallen war.

Görings Befehle wurden sofort in die Tat umgesetzt. Die Radarstellungen wurden nur noch zweimal mit geringen Kräften angegriffen. Von nun an konzentrierte die Luftwaffe alle ihre Anstrengungen auf die Bekämpfung der englischen Luftwaffe, die sie dennoch nicht in die Knie zwingen konnte. Die Feindlagebeurteilung vom 18. 8. 40 schätzte, daß die Engländer im Zeitraum vom 1. Juli bis 16. August 770 Jäger verloren und nur noch 300 einsatzbereit hätten. In Wirklichkeit waren nur 214 Maschinen abgeschossen worden, 71 hatten Beschußschäden erlitten, und mehr als 600 waren noch einsatzbereit. Den deutschen Fliegern, die tagtäglich nach England einflogen, war es eindeutig klar, daß das RAF Fighter Command weit davon entfernt war, den englischen Luftraum nicht mehr verteidigen zu können. Der 18. August 1940 war der Tag mit den höchsten Verlusten auf beiden Seiten in der Luftschlacht um England. 68 englische und 69 deutsche Flugzeuge waren abgeschossen worden. Tags darauf berief Göring eine weitere Besprechung mit seinen Kommandeuren nach Karinhall ein, wo er die neue, zielgerichtetere Strategie der Luftwaffe erläuterte: »Wir haben die entscheidende Phase im Luftkrieg gegen England erreicht. Die wichtigste Aufgabe ist, alle uns zur Verfügung stehenden Kräfte einzusetzen, um die feindliche Luftwaffe zu zerschlagen. Unser erstes Ziel gilt der Vernichtung der feindlichen Jäger. Wenn sie sich nicht mehr zum Luftkampf stellen, müssen wir sie am Boden treffen oder sie zum Kampf zwingen, indem wir unsere Kampfverbände Ziele angreifen lassen, die in Reichweite unserer Jäger liegen.« So weit, so gut. Die Hauptaufgabe der Luftwaffe war deutlich ausgesprochen worden. Die Tagangriffe dienten der Vernichtung des RAF Fighter Command. Die deutschen Bomber sollten in erster Linie die englischen Jäger zum Luftkampf mit Bf 109 anlocken, erst dann galt es, die englischen Flugplätze zu zerstören. Die Luftflotte 2, deren Plätze näher gegenüber Südostengland lagen, sollte die Hauptlast der Tagesangriffe tragen, während der Luftflotte 3 die Nachtangriffe oblagen. Die Flugplätze der 11. Group (Park), die ringförmig London abschirmten, wurden zum wichtigsten Zielkomplex erklärt. In dieses für England so entscheidende Gebiet sollten die Jagdkräfte des RAF Fighter Command hineingezogen werden, damit sie durch die Verbände der Luftflotte 2, die jedes eigene Bombenflugzeug nunmehr durch drei oder vier Jagdflugzeuge schützen ließ, vernichtet werden konnten. Wenn man hier einen Sieg und die Luftherrschaft im Luftraum über der größten Hauptstadt der Welt erringen konnte, so hätte man in der Luft den Kampf um England gewonnen, wenn auch nur für eine bestimmte Zeit, und die Anlandung in England wäre möglich gewesen.

Anläßlich der Besprechung vom 19. August fielen auch bestimmte operative Entscheidungen. In den vorhergehenden sechs Tagen waren 44 Ju 87 zerstört und sieben beschädigt worden, was zwölf Prozent des Gesamtbestandes dieser Maschinen im Bereich der Luftflotten 2 und 3 entsprach. Von nun an sollten sie zurückgehalten werden, um im Falle der Anlandung in England für die unmittelbare Unterstützung der Heerestruppen zur Verfügung zu stehen. Nur zwei Stuka-Staffeln sollten noch bei Einsätzen gegen die RAF für Zwecke der Punktzielbekämpfung eingesetzt werden, sofern örtlich die Luftüberlegenheit gegeben sein sollte. Die geringe Wendigkeit der schweren Bf 110 hatte in den Reihen der ruhmreichen Zerstörerverbände zu erheblichen Verlusten geführt. 67 Maschinen als Totalverluste und 11 beschädigte, entsprechend 24 Prozent des Gesamtbestandes der Luftflotten 2, 3 und 5, konnten Göring nicht davon überzeugen, sie aus dem Einsatz zu ziehen. Statt dessen befahl er den Bf 109-Jagdverbänden zusammen mit den Bf 110, von denen einige sogar als leichte Bomber eingesetzt wurden, Begleitschutzeinsätze zu fliegen.

Sodann fuhr der Reichsmarschall in seinen Ausführungen fort und warf vor allem den Jägerpiloten vor, daß sie ein gerüttelt Maß der Schuld am Versagen der Luftwaffe treffe. Trotz der Tatsache, daß ihnen die meisten der Abschüsse englischer Jäger zu verdanken waren, bei nur 54 eigenen Abschußverlusten und sieben beschädigten Maschinen, entsprechend sieben Prozent der Luftflotten 2 und 3, bestand er darauf, ihnen mangelnden Angriffsschwung vorzuwerfen. Das habe zu den hohen Verlusten bei den Kampfverbänden beigetragen (82 zerstört und 28 beschädigt, was acht Prozent des Bestandes aller drei Luftflotten ausmachte). Ohne Rückkehr auf die Schwierigkeiten, mit denen sich die Jäger beim Aufnehmen des Kampfverbandes, dessen Abschirmung über dem Zielgebiet und dem Begleitschutz der langsamer fliegenden Maschinen, so daß die feindlichen Jäger den Vorteil der überlegenen Geschwindigkeit und das Überraschungsmoment hatten, abplacken mußten, bestand Göring darauf, den Auftrag für den engen Begleitschutz unter allen Umständen beizubehalten. Ihm war offensichtlich nicht klar, daß man mit Begleitschutz allein den Gegner nicht schlagen konnte.

So wurden in den folgenden Wochen zahlreiche ältere Jagdverbandsführer abgelöst und durch jüngere ersetzt, in der Hoffnung, daß diese den mangelnden Kampfgeist in den Jagdverbänden wieder heben und beflügeln könnten. Osterkamp wurde zum Beispiel seines Kommandos enthoben, um Jagdfliegerführer im Bereich der Luftflotte 2 zu werden. Sein Geschwader übernahm der an Jahren jüngere Werner Mölders. Auch Adolf Galland wurde mit der Führung eines Geschwaders betraut. So jung diese Männer auch waren, erwiesen sie sich doch sehr bald ihrer neuen Verantwortung voll gewachsen. Unmut und Verstimmung in den Reihen der Jäger gegenüber der Art und Weise der Behandlung durch die Luftwaffenführung waren beträchtlich. Wie Galland nach dem Kriege über die Entstehung der deutschen Jagdwaffe schrieb: »*Zur strategischen Luftwaffe rechnete die Jagdfliegerei nicht. Sie galt als taktische Waffe. Als die deutschen Jagdflieger dann im Verlauf der Schlacht um England vor strategische Aufgaben gestellt wurden, wunderte man sich, daß sie ihnen nicht gewachsen waren und sprach von ›Versagern‹ . . . Wir fühlten uns als Stiefkind der Luftwaffe und wir waren es auch.*«

Schließlich wurde auf der Besprechung beschlossen, daß die englischen Radarantennenmasten auf Grund ihrer nur schwer zu zerstörenden Bauweise kein Ziel mehr für die Luftwaffe sein sollten. Göring erhob Zweifel an der Wirksamkeit der Bekämpfung der Radarstellungen, »*weil nicht eine einzige von allen angegriffenen bisher ausgefallen ist*«. In der Tat war er falsch unterrichtet, denn die Stellung auf der Insel Wight war ausgeschaltet worden. Sein Befehl wurde jedoch befolgt. Mit Ausnahme von zwei Angriffen gegen einzelne Stellungen wurde kein

Versuch unternommen, das englische Radarsystem zu zerschlagen. Das änderte sich erst, als mit den Stör- und Täuschmaßnahmen begonnen wurde. Es war seitens der Luftwaffe in ihrer Kriegsführung in der ersten Phase der Schlacht um England ein schwerwiegender Fehler. Gerade die Radarerfassung in Zusammenwirkung mit dem britischen Nachrichtendienst, dem es gelungen war, in den deutschen Geheimschlüssel einzubrechen, so daß man alle deutschen militärischen Maßnahmen »mitlesen« konnte, die Erkenntnisse wurden unter der höchsten Geheimhaltung mit dem Stichwort »Ultra« verteilt, vermittelte dem RAF Fighter Command höchst wertvolle Informationen. Trotz aller Täuschmaßnahmen der Deutschen, die Stör- und Ablenkungsangriffe ansetzten, waren die englischen Jäger immer häufiger zur richtigen Zeit, am richtigen Ort und in der richtigen Flughöhe, um sich den Angreifern entgegenzuwerfen, was den Anflug deutscher Bomber ohne Begleitschutz unterband. In der zweiten Phase der Schlacht, als die Luftwaffe tatsächlich das strategische Ziel verfolgte, das ihr zum Sieg hätte verhelfen können, waren Radar und »Ultra« eher eine Hilfe denn ein Schaden für die Angreifer. Die englischen Jäger mußten vernichtet werden, unter allen Umständen, ob auf dem Boden oder in der Luft. Die deutschen Bomber wurden hauptsächlich als Köder verwendet, um die »Spitfire« und »Hurricane« vor die MG der Bf 109 zu locken. Deichmann, seinerzeit Chef des Stabes des II. Fliegerkorps, begründete es damit, daß jede Vorwarnung, die das RAF Fighter Command, das es ja zu vernichten galt, erhielt, nur von Vorteil sein konnte. In einem derartigen »Kampf der Gladiatoren«, wie es die zweite und teilweise auch dritte Phase der Schlacht um England zu sein schien, gab es für keinen der Kontrahenten Vorteile.

Die zweite Phase der Schlacht um England schloß nicht unmittelbar an die erste an. Vom 19. bis 23. August 1940 folgte eine Kampfpause mit verringerter Kampftätigkeit. Zum einen lag es an den ungünstigen Wetterbedingungen, zum anderen daran, daß die Luftwaffe ihre gegenüber England liegenden Jagdkräfte umgruppierte. Das Gros wurde im Pas-de-Calais unter dem Befehl der Luftflotte 2 zusammengefaßt, damit die Verbände kürzere Wege in die Zielgebiete hatten. Um der RAF nur eine möglichst kurze Verschnaufpause zu gewähren, ließ man kleine Bomberverbände (in Form der sogenannten »Zerstöreinsätze«; d. Ü.) überall an wechselnden Orten, wie Nadelstiche, Ziele in England bekämpfen. Das RAF Fighter Command kam nicht zur Ruhe. So wurden die Plätze Manston und Tangmere angegriffen. In den fünf Tagen relativer Kampfruhe verlor die RAF 15 Jäger durch Abschuß, 17 wurden im Luftkampf beschädigt; die Luftwaffe verlor 27 Maschinen (nur eine Bf 109) und mußte sieben kampfbeschädigte in Kauf nehmen. Am 24. August begann die Luftwaffe die zweite Kampfphase mit 1030 Einsatzflügen über Südengland. Der Flugplatz Manston wurde zweimal angegriffen und erlitt derartige Schäden, daß alle dort liegenden Maschinen abgezogen werden mußten. Auch Hornchurch und North Weald wurden bombardiert, wobei North Weald erhebliche Schäden abbekam. Trotz allem schien sich die Luftwaffe dennoch nicht voll auf die Bekämpfung des RAF Fighter Command zu konzentrieren. Ein Tagesangriff galt Southampton; nachts griffen 170 Bomber zahlreiche Ziele in England an, wozu Flugzeugwerke, Öllager und Flugplätze zählten. Die Angriffswirkung war gering. Am Abend der Luftkämpfe hatte das RAF Fighter Command 23 Maschinen verloren, sechs waren mit Beschußschäden gelandet; die Luftwaffe verlor 35 Maschinen, bei vier beschädigten. Beide Seiten hatten erkannt, daß der jeweilige Gegner seine Taktik geändert hatte. Die Engländer stellten fest, daß die deutschen Verbände weniger Bomber und dafür mehr Jäger hatten, was sich allein anhand der Verluste zeigte – 14 abgeschossene Bomber gegenüber 17 abgeschossenen Bf 109 –, und daß der Begleitschutz seine Aufgaben außerordentlich ernst nahm. Die Deutschen vermerkten, daß sich die englischen Jäger zurückhielten, den Luftkampf zu suchen, dafür aber sich eher den deutschen Bombern zuwanden. Das war in der Tat eine neue Strategie von Park, der an die Erhaltung seiner Kräfte dachte. Nur wenn die für das RAF Fighter Command so lebenswichtigen Radarstellungen und Sektorgefechtsstände angegriffen werden sollten, durften die englischen Jägerpiloten den Kampf mit deutschen Jägern und Bombern gleichermaßen suchen.

Die neue Zielwahl der Deutschen bedeutete für die englischen Jäger, daß sie sich den starken Bomberverbänden, die die Luftflotte 2 am Tage nach England schickte, entgegenwerfen mußten. Am 25. August 1940 wurde der Flugplatz Warmwell angegriffen, wobei dort die gesamten Fernmeldeverbindungen für 18 Stunden ausfielen; am 26. 8. wurde der Flugplatz Debden verwüstet; die Luftflotte 3 flog ihren letzten Tagesangriff, wiederum gegen Southampton. Am 27. 8. erlitt Rochford leichte Bombenschäden, während Eastchurch schwer getroffen wurde. Der zweimalige Angriff auf Biggin Hill richtete am 29. 8. die bisher schwersten Schäden an. Am 31. 8. flogen Maschinen der Luftflotte 2 ihren größten Angriff in der Phase II: Mit 1450 Einsatzflügen bekämpften sie die fünf Flugplätze Biggin Hill, Debden, Hornchurch, Croydon und Eastchurch. Tags darauf, am 1. September, mußte Biggin Hill innerhalb von drei Tagen den sechsten Angriff über sich ergehen lassen. Es folgten die Plätze Lympne und Hornchurch (2. 9.), North Weald und West Malling (3. 9.), wiederum Lympne und Eastchurch (4. 9.) und Biggin Hill (5. 9.). Die Schäden in Biggin Hill waren derart schlimm, daß nur noch eine von ursprünglich drei Jagdstaffeln dort verbleiben konnte. Ähnlich sah es in Kenley, Manston, Lympne und Hawkinge aus, deren Einsatzbereitschaft außerordentlich eingeschränkt war, dasselbe galt für den dem RAF Coastal Command gehörenden Platz Eastchurch, auf dem auch Jagdstaffeln zu liegen pflegten. Die RAF war drauf und dran, den Krieg in der Luft zu verlieren. Tagtäglich griff die Luftwaffe die Sektorstellungen des RAF Fighter Command an. Diese Gefechtsstände waren das wichtigste Mittel der Führung, gleichsam die Schalt- und Führungszentralen, über die alles lief, was den Einsatz der Jäger gegen die einfliegenden Feindflugzeuge betraf. Immer wieder gelang es den Flugzeugführern der »Spitfire« und »Hurricane«, die Angreifer von ihren Zielen abzudrängen; das gelang insbesondere am 26. 8., als die Luftwaffe gehindert wurde, Hornchurch, North Weald und Manston anzugreifen. Doch darauf kam es den Deutschen gar nicht so sehr an. Alleine die Bedrohung der Gefechtsstände reichte aus, um die englischen Jäger in den Kampf zu zwingen. Und gerade das war die Absicht der deutschen Luftwaffenführung.

In der Zeit vom 24. August bis 6. September, dem letzten Tag der Phase II in der Luftschlacht um England, war die Luftwaffe nicht mehr weit davon entfernt, ihr Kriegsziel zu erreichen. Das RAF Fighter Command hatte in dieser Phase der Auseinandersetzung 273 Maschinen durch Abschuß und 49 Maschinen wegen Beschußschäden verloren; bei der Luftwaffe beliefen sich die Zahlen auf 308 abgeschossene und 66 beschädigte Maschinen. Wie man sieht, waren die Verlustzahlen beider Seiten im Vergleich zur Phase I fast ausgeglichen. In der Tat verloren in den letzten acht Tagen der Phase II, vom 30. August bis 6. September, beide Seiten die gleiche Anzahl von Maschinen, wobei die Luftwaffe weniger durch Abschuß als durch Beschußschäden abschreiben mußte. In den ersten drei Septembertagen hatte die Luftwaffe sogar erheblich weniger Verluste im Vergleich zum RAF Fighter Command (Luftwaffe: 43 abgeschossene und 13 beschädigte Maschinen; RAF: 62 abgeschossene und 13 beschädigte Maschinen). Im Luftkampf waren die Deutschen trotz aller Nachteile des Einsatzes über Feindgebiet deutlich überlegen. Sie verlor im Kampf gegen die englischen Jäger 146 Bf 109 durch Abschuß und 27 auf Grund von Beschußschäden; den Bf 109 gelang es, 208 »Spitfire« und »Hurricane« abzuschießen und 31 zu beschädigen.

Am Ende der ersten Septemberwoche sah es für das RAF Fighter Command so aus, als ob es den Kampf in der Luft und am Boden verloren hatte. Der Jafü 2, von Döring, meldete am 29. August 1940, daß die Luftwaffe die *uneinge-schränkte Jagdüberlegenheit* habe. Es fehlte nicht mehr viel, daß die RAF den englischen Luftraum überhaupt nicht mehr auch nur andeutungsweise verteidigen konnte. Zu hoch waren die im Durchschnitt Tag für Tag abgeschossenen 20 englischen Jägerverluste, um diesen Aderlaß über einen längeren Zeitraum durchzustehen. Auf Grund aller möglichen Einflüsse, wozu auch die alltäglichen Bruchlandungen gehörten, hatte die RAF in der Zahl vom 8. August bis 6. September 657 Jagdflugzeuge verloren; 18 Prozent davon waren als beschädigt gemeldet worden. Vorerst standen noch ausreichende Reserven an Jagdflugzeugen zur Verfügung. Am 1. September 1940 entsprach die Einsatzstärke des RAF Fighter Command noch fast der des Vormonats: 650 Flugzeuge, wovon 244 nicht einsatzbereit waren, aber immerhin waren 358 »Spitfire« und »Hurricane« in dieser Zahl als einsatzbereit enthalten. Dennoch schwanden die Reserven erschrekkend dahin. Am 6. Juli standen noch 518 »Spitfire« und »Hurricane« in Luftparks und Depots, am 7. September war diese Zahl auf 292 zurückgegangen, mit der Aussicht, daß sie bis zum 14. September auf 254 schrumpfte. Somit überstiegen die Verlustzahlen bei weitem die Fertigungserwartung. In der Produktionswoche, die am 31. August endete, wurden beispielsweise nur 91 »Spitfire« und »Hurricane« gefertigt, während 137 Maschinen als Totalverluste abgebucht werden mußten und elf Maschinen wegen schwerster Schäden für lange Zeit ausfielen. Angesichts dieser Verlustraten konnte man sich ausrechnen, daß die Reserven an Jagdmaschinen innerhalb von drei Wochen aufgezehrt wären. Danach mußte der laufende Abbau der Frontstärke des RAF Fighter Command in Kauf genommen werden. Rein rechnerisch bedeutete dies, daß in etwa vier Wochen alle »Spitfire« und »Hurricane«, die bei den Jagdstaffeln im Dienst standen, abgeschossen oder durch Bruch ausgefallen wären, ganz abgesehen davon, daß die Staffeln schon lange nicht mehr einsatzbereit gewesen wären. Sollte es der Luftwaffe noch durch einen Glückszufall gelingen, eine Jagdflugzeugfabrik schwerwiegend zu treffen, so wäre der Zusammenbruch noch beschleunigt worden. Wie die Lage war, unter Beibehaltung der augenblicklichen Produktionsrate und der Fähigkeiten der Luftwaffe, ihre Kampftätigkeit durchzuhalten, war es eine Angelegenheit von vier bis fünf Wochen, bis die Luftüberlegenheit von der Luftwaffe errungen war. Sollte sich das bewahrheiten, so wäre dem RAF Fighter Command nichts anderes übriggeblieben, als die 11. Group aus Südostengland abzuziehen; dadurch wäre die wesentliche Voraussetzung für die Anlandung in England weit früher geschaffen worden.

Der RAF drohte auch noch von einer anderen Seite der Zusammenbruch. Es war der Verlust von Jagdflugzeugführern. Einige Zeitlang hatte die RAF schon einen Mangel an fliegendem Personal zu verkraften, zumal sie im Mai 1940 in Frankreich und Belgien 300 Piloten verloren hatte. Seither hatte man eine stete, wenn auch geringe Zahl an Abgängen zu verzeichnen, die durch frischen, unerfahrenen Ersatz aus den Fliegerschulen ausgeglichen wurde. In der ersten Phase der Luftschlacht um England hatte man einen hohen Blutzoll zahlen müssen. Zwischen dem 8. und 18. August waren 154 Flugzeugführer entweder gefallen, schwer verwundet oder vermißt, während nur 63 Jagdflieger von den Waffenschulen als Ersatz nachkamen. Am Ende der Kampfphase I wären 350 neue Jagdflugzeugführer erforderlich gewesen, um die aktiven Jagdstaffeln wieder auf volle Einsatzstärke zu bringen, hingegen schlossen nur weniger als 80 im Laufe der nächsten neun Tage ihre Ausbildung ab. In der Phase II verschlechterte sich die Lage noch. Vom 24. August bis 1. September waren 231 Piloten gefallen, verwundert oder vermißt, was alleine in einer Woche mehr als 20 Prozent der Einsatzstärke des RAF Fighter Command ausmachte. Ende August verfügte das RAF Fighter Command über 1023 Jagdflieger, ungefähr ein Drittel weniger als im Monat zuvor (1434). In der ersten Septemberwoche hatten die Staffeln von Dowding im Durchschnitt nur 16 einsatzbereite Jagdflieger von 26 kriegsstärkemäßig erforderlichen pro Staffel. Dowding erinnert sich an diese Zeit: ». . . *die Verluste schlugen derart zu Buche, daß die Frontstaffeln stärkemäßig so absanken und erschöpft und ausgeblutet waren schon zu einer Zeit, bevor die in Auffrischung und Auffüllung befindlichen Staffeln in der Lage waren, ihre Aufgaben zu übernehmen.*« Genauso bestürzend wie das Absinken der Einsatzstärke erwies sich der Mangel an Einsatzerfahrung des durchschnittlichen Jagdfliegers seinerzeit. Im Juli und August 1940 waren nicht weniger als 11 der 46 Staffelkapitäne und 39 der 97 Schwarmführer gefallen oder schwer verwundet, während 7 Schwarmführer die Aufgaben eines Staffelkapitäns übernehmen mußten. Dieser Aderlaß an erfahrenem Führungspersonal bürdete dem überlebenden alten Stamm gestandener Jagdflieger, es waren noch knapp 500, fast unlösbare Probleme auf. Der Rest waren junge Jagdflieger, die häufig kaum mehr als 20 Flugstunden auf Jagdflugzeugen geflogen waren, bevor sie in die Jagdstaffeln an der Front abgegeben wurden. Sogar die Freiwilligen, die aus anderen Verbänden der RAF hinzustießen, hatten keine Ahnung vom Luftkampf und den erforderlichen Jagdtaktiken. Nicht selten mußten die englischen Jagdflieger der 10. und 11. Group drei- oder gar viermal am Tag zum Einsatz gegen deutsche Verbände starten. Welche körperlichen und seelischen Belastungen dabei zu meistern waren, bedarf wohl keiner weiteren Erklärungen. Die 85. (RAF)Staffel, die in Croydon lag, mußte miterleben, daß innerhalb von zwei Wochen 14 ihrer 18 Flugzeugführer abgeschossen worden waren, zwei von ihnen sogar zweimal. In der ersten Septemberwoche 1940 ging es um Leben oder Tod der RAF Fighter Command.

Was viele jedoch nicht wissen, ist die Tatsache, daß das RAF Fighter Command mit seiner Bodenorganisation in höchstem Maße bedroht war. Die Angriffe gegen die Flugplätze zeigten letztendlich Wirkung. Alle die Schwierigkeiten, die die 11. Group im Einsatz hatte, ließen sich irgendwie mittels Ausweichmaßnahmen auffangen. Jagdstaffeln konnten auf andere Flugplätze verlegt, von Kratern zerpflügte Startbahnen konnten relativ leicht wieder planiert und Ausweichhäfen konnten auf Einsatzbereitschaft gebracht werden. Die dauernde Bekämpfung der Sektorgefechtsstände im Raum London, die den Einsatz der Jagdkräfte steuerten und führten, konnten jedoch nur schwerste und nachhaltigste Folgerungen nach sich ziehen. Der Flugplatz Manston war so schwer getroffen, daß er nur noch als Ausweichhafen benutzt werden konnte; West Malling, Lympne und Hawkinge waren mehr oder weniger unbenutzbar; Biggin Hill stand auf der Kippe, ob es überhaupt je wieder einsatzbereit werden würde, dasselbe galt für die Plätze Hornchurch und Debden, wo es dazu nicht mehr viel fehlte. Es bedurfte nur einiger weniger zusammengefaßter Angriffe auf Kenley und Tangmere sowie Croydon, Westhampnett und Gravesend, um sie alle auszuschalten und damit ihrer Funktion als Ausweichgefechtsstände zu berauben. Die 11. Group wäre dann nicht mehr in der Lage gewesen, Südostengland von Plätzen südlich von London zu verteidigen. Park äußerte sich darüber nach dem Kriege:

»*Großer Schaden war an fünf der vorgeschobenen Flugplätze der Group und an den sechs unserer sieben Sektorgefechtsstände angerichtet worden. Die Schäden, die bis zum 5. September angerichtet worden waren, hatten schwerwiegende Auswirkungen auf die Kampfkraft . . . der Ausfall vieler Fernmeldeverbindungen, die Improvisation der Führung aus den Ausweichgefechtsständen und das allgemeine Durcheinander der Bodenorganisation wirkten sich in höchstem Maße nachteilig auf die Führung der Staffeln aus . . . Wenn der Feind seine schweren Angriffe gegen Biggin Hill und die benachbarten Sektorgefechtsstände fortgesetzt und ihre Führungsstellen und Fernmeldeverbindungen zerschlagen hätte, wäre vielleicht die gesamte Luftverteidigung Londons in höchstem Maße gefährdet gewesen . . .«*

Die RAF stand kurz davor, ihre Kräfte nördlich von London in einen Raum zurückzuziehen, der gleichermaßen weit vom Kanal und den Räumen entfernt lag, die die Deutschen für eine Landung vorgesehen hatten, so daß Engländer und Deutsche gleiche Anflugentfernungen zu überwinden hätten. Zumindest für ein oder zwei Wochen lag für die Luftwaffe die Luftüberlegenheit über Kent und Essex in greifbarer Nähe. Das erwünschte Kriegsziel des »Adlerangriff« stand ganz kurz vor seiner Verwirklichung.

Wie stand es seinerzeit um die Luftwaffe? Auch sie hatte mit Sicherheit mit Schwierigkeiten zu kämpfen. Das fliegende Personal war erheblich überanstrengt. In der Luftwaffe war es nicht üblich, wie bei der RAF das fliegende Personal regelmäßig auszutauschen, um ihm eine gewisse Erholungspause vom Fronteinsatz zu gewähren. Wochenlang mußten die deutschen Jagdflieger zweimal täglich Begleitschutzeinsätze für die Kampfverbände fliegen. Die Verluste beim fliegenden Personal waren hoch. Auf einen Feindverlust kamen fünf eigene Flieger, so daß Göring sich gezwungen sah zu befehlen, daß nur noch ein Offizier jeweils an Bord mitfliegen durfte. Das Jägerpersonal reichte nicht aus, um alle einsatzbereiten Bf 109 zu fliegen. Der Personalmangel bei den Jägern betrug drei Prozent, während die Kampfflieger 18 Prozent Überhang hatten. Auch die Flugzeugverluste waren hoch. In den zwei Wochen nach dem 24. August 1940 hatte die Luftwaffe im Westen aus vielfältigen Gründen 545 Maschinen durch Absturz oder Beschädigung verloren, das waren etwa 200 Flugzeuge mehr, als die RAF an Verlusten zu verzeichnen hatte. Dennoch ließ die Schlagkraft der Luftwaffe nicht nach. Am 7. September, dem Ende der Phase II, verfügten die Luftflotten 2 und 3 über 1158 Bomber (davon 772 einsatzbereit), 232 Bf 110 (129 einsatzbereit) und 787 Bf 109 (620 einsatzbereit). Abgesehen von dem Abzug der Ju 87-Verbände und einer Bf 110-Gruppe, die im Rahmen der Vorbereitung der Landung in England für die Erdzielbekämpfung umgerüstet worden war, hatten die vergangenen Monate bei beiden Luftflotten die Einsatzbereitschaftsstärken bei den Bombern um etwa ein Siebentel und bei den Bf 109 um etwa ein Achtel absinken lassen. Die Nachschublage an Flugzeugen sowie die Ergänzung an fliegendem Personal war zwar angespannt, reichte aber insgesamt aus. Nur die niedrigen Fertigungszahlen an Bf 109, im Durchschnitt monatlich nur 109 Maschinen, was der Hälfte der englischen Produktion an »Spitfire« und Hurricane« entsprach, gaben Anlaß zur Sorge. In dem Monatszeitraum vom 8. August bis 6. September beliefen sich die Verluste bei den Bf 109 auf insgesamt 289 Maschinen, also etwa das Eineinhalbfache der Produktion; hinzu kamen acht beschädigte Maschinen, von denen zwei reparaturfähig waren. Der Ersatz reichte noch aus. Die Kampfverbände verfügten über 86 Prozent und die einmotorigen Jagdverbände über 80 Prozent ihrer Kriegsstärkenachweisung. Die beiden Luftflotten hatten nicht nur 620 einsatzbereite Bf 109 gegen die 350 einsatzbereiten englischen Jäger aufzubieten, sondern auch noch 891 Bomber und Bf 110, die zwar kein ernst zu nehmender Gegner für die Engländer waren, aber immerhin innerhalb von zwei Wochen 60 englische Maschinen abschießen konnten, was 20 Prozent der Abschußleistung der Bf 109 entsprach. In dem Maße wie die Kampferfahrung in den Staffeln der RAF sank, stieg die Erfolgsrate der deutschen Bomber und Zerstörer an, deren Besatzungen leichter mit erfahrenem Personal aufgefüllt werden konnten.

Trotz der Abnutzungserscheinungen in den Reihen der Flugzeugführer und des fliegenden Personals gab es selten so günstige Voraussetzungen für die Deutschen bei den Einsätzen wie in den vergangenen vierzehn Tagen. In der Phase I der Schlacht um England hatte man je Kampftag durchschnittlich 41 Maschinen verloren, in der Phase II ging diese Zahl auf 22 zurück. In gleichem Maße verringerten sich die Einsatzverluste bezogen auf die Gesamtzahl eingesetzter Flugzeuge. In der Phase I rechnete man mit einem Verlust je 58 eingesetzter Flugzeuge, in der Phase II war es nur ein Verlust bei 76 eingesetzten Maschinen. Die Anzahl verlorener Bomber ging erheblich zurück. In den vierzehn Tagen, die am 6. September endeten, waren nur 94 Totalverluste und 25 durch Beschädigung zu verzeichnen. Lediglich beim Einsatz der Bf 110 mußten die Deutschen traurige Fehlschläge in Kauf nehmen. In der Zeit vom 24. August bis zum 6. September verloren sie 59 Bf 110 durch Abschuß, und 17 erlitten Beschußschäden. So hoch die Verluste bei den Bf 109 auch waren, so waren sie nur unwesentlich höher als in der Phase I, nämlich durchschnittlich täglich 11 im Vergleich zu 9 Maschinen. Mit Sicherheit waren sie geringer als die dem Gegner zugefügten Verluste, die das Eineinhalbfache betrugen. Die Einsatzberichte deuteten an, daß die englische Verteidigung zum erstenmal versagte, was auch vom Feindnachrichtendienst der Luftwaffe bestätigt wurde. Am 3. September leitete das RLM dem OKW einen zusammengefaßten Bericht über die Einsatztätigkeit vom 5. August bis 1. September 1940 zu, in dem vermerkt war, daß, außer den beträchtlichen Schäden in der Bodenorganisation der RAF, das RAF Fighter Command nur noch 600 Flugzeuge hatte, davon 420 einsatzbereit und 100 in Reserve. Die Liefererwartung aus der Flugzeugproduktion wurde mit monatlich 300 Maschinen geschätzt. So ungenau diese Zahlen auch waren, gaben sie doch ein unverfälschtes Bild der Lage. Tatsächlich verfügte das RAF Fighter Command über weit weniger einsatzbereite Maschinen, als die Luftwaffe glaubte. Insgesamt waren es 404 Flugzeuge, von denen man die für den Einsatz fast unbrauchbaren »Defiant« und »Blenheim« abziehen konnte, somit verblieben gerade noch 358 einsatzbereite Maschinen. Hingegen übertrafen die Reserven, wozu auch die in Grundüberholung und Reparatur befindlichen Flugzeuge zählten, die aber nicht in dem RLM-Bericht berücksichtigt worden waren, die geschätzten Werte um fast 200 Maschinen, dasselbe traf auf die Fertigungszahlen der »Spitfire« und »Hurricane« zu, die monatlich um 90 Maschinen höher lagen. Berücksichtigt man den besorgniserregenden Zustand des RAF Fighter Command in der ersten Septemberwoche des Jahres 1940, so kann man sich der zusammenfassenden Wertung der deutschen Feindlagebeurteilung doch nicht verschließen: »*Die englische Jagdabwehr ist stark angeschlagen. Werden die deutschen Angriffe auf die englischen Jäger im Laufe des September bei günstiger Wetterlage fortgesetzt, so ist anzunehmen, daß die gegnerische Jagdabwehr so geschwächt wird, daß unsere Luftangriffe auf Produktionsstätten und Hafenanlagen erheblich gesteigert werden können.*« Der Bericht hätte ohne weiteres hinzufügen können, daß im Falle eines Sieges in der Luft das Unternehmen »Seelöwe« hätte begonnen werden können. Leider wandte sich die Luftwaffe, als ein Sieg in greifbarer Nähe lag, neuen Aufgaben zu.

Wenngleich in der Phase II das RAF Fighter Command auch das Hauptziel der Deutschen war, so war es dennoch nicht das einzige. In der Tat stellte Görings Befehl vom 19. August ganz deutlich heraus: »*Gleichzeitig – mit der Zerschlagung der englischen Jagdkräfte – müssen wir in verstärktem Maße den Luftkrieg gegen die Bodenorganisation der englischen Bomberkräfte führen. Überraschungsangriffe gegen die feindliche Flugzeugindustrie müssen bei Tag und bei Nacht durchgeführt werden.*« Zusätzlich mußte der Bekämpfung englischer Hafenanlagen mehr Aufmerksamkeit geschenkt werden. Zwei Gründe gab es dafür: Die Luftwaffe wollte den Boden bereiten für eine Landung in England oder für eine Wirtschaftsblockade, sofern diese Anlandung abgeblasen worden wäre, und die RAF von ihrem Nachschub abschnüren, damit sie nicht mehr weiterkämpfen konnte. Auf Grund dieser Befehlsgebung flog die Luftflotte 3 am 24. August ihren letzten großen Tagesangriff gegen Portsmouth. Nachts griff sie Liverpool, Sheffield, Bristol, Birmingham, Exeter, Coventry und zahlreiche andere Orte und Städte in England an. Zu den Zielen zählten die »Spitfire«-Fabrik in Castle Bromwich bei Birmingham und die Docks von Merseyside, die in der Nacht vom 28. auf 29. August den bisher schwersten Nachtangriff im Luftkrieg über sich ergehen lassen mußten. Das war der Beginn einer unerhörten Belastung und Zerreißprobe, die sich über weitere vier Nächte hinzog. Nach den zwei Wochen, die am 6. September zu Ende gingen, hatte die Luftflotte 3 etwa 2500 Einsatzflüge geflogen, was ungefähr einem Fünftel aller zwischen dem 18. August und 6. September geflogenen Einsätze entsprach. Sie störten die Bevölkerung zwar, hatten aber keine nachhaltigen Auswirkungen zur Folge. Genauso wie es später den Alliierten im Verlaufe des Krieges erging, war es für einen Bomberverband, der oberhalb der Flakabwehr aus 7500 m Flughöhe im Horizontalangriff eine Fabrik zu treffen trachtete, äußerst schwierig, bei Tage, geschweige denn bei Nacht, seinen Auftrag zu erfüllen. Selbst wenn man das Ziel getroffen hatte, blieb noch die Frage, ob man es auch zerstört hatte. Im weiteren Verlaufe des Luftkrieges wurden beispielsweise am 26. September die »Spitfire«-Werke in Woolston und Itchin bei Southampton getroffen. Obwohl die Werksgebäude schwere Schäden davontrugen, war es bei den Werkzeugmaschinen und Vorrichtungen nicht der Fall. Die Fertigung wurde unter dem Schutz von Zeltplanen fortgeführt, ohne daß wesentliche Nachteile und Abstriche in der Monatsproduktion auftraten. Später lagerte man die Fertigung auf 35 kleinere Fabriken im Umkreis von knapp 100 km von Southampton aus, was die Produktion fast unverwundbar gegenüber Luftangriffen machte. Mit Sicherheit hatten die deutschen Nachtangriffe in der Phase II keinerlei schädigenden Auswirkungen auf die Einsatz- und Abwehrbereitschaft des RAF Fighter Command. Der englischen Kriegswirtschaft fügten sie auch keinen nennenswerten Schaden zu.

Brachten die Nachtangriffe der Luftwaffe schon keine Vorteile, so richteten sie auch keinen großen Schaden an. Die Bombeneinsätze ohne Jagdbegleitschutz begannen zu einer Zeit, als sich die deutsche Luftkriegsführung bei Tage mehr auf die Bf 109 als auf die He 111, Do 17 und Ju 88 abstützte. Die Luftflotte 2 verfügte über eine ausreichende Zahl darüber, um ihren Hauptauftrag, die Bombardierung der RAF-Flugplätze und die Köderfunktion für die englischen Jäger, bei Tage wahrnehmen zu können, während sich die Luftflotte 3 ganz den Nachtangriffen widmen konnte. Aber es dauerte nicht lange, daß die deutschen Bomber den Befehl zum Zielwechsel vom Tagesangriff gegen Ziele der RAF-Flugplätze auf Zielkomplexe erhielten, die eigentlich mehr den Spezialisten für Nachtangriffe zufielen. Am 30. August durchbrachen 30 He 111 den englischen Jagdschirm und drangen bis nach Luton vor, wo sie Stadt und Flugplatz bombardierten, dasselbe traf für die Flugzeugwerke Vauxhall zu. 113 Tote waren zubeklagen. Am 1. September traf es die Docks von Tilbury; in den folgenden Tagen zählten zu den Zielen die Flugzeugwerke in Medway und Weybridge. Die Angriffe gegen Flugplätze der RAF gingen immer mehr zurück. Nach dem 3. September waren keine nennenswerten Schäden mehr zu melden. Schließlich wurden noch am 6. September die Öllager bei Thameshaven schwer bombardiert. Die Luftwaffe war auf dem Wege, sich neuen Zielen zuzuwenden.

London war in Kreisen der obersten Luftwaffenführung immer das bevorzugte Ziel gewesen. Dem konnte sich Jeschonnek auch nicht verschließen. Das II. Fliegerkorps hatte bei der Vorlage seines Operationsplanes für den »Adlertag« die britische Hauptstadt zum Hauptziel erklärt. Ihm war klar, daß es unmöglich war, bei Tage Bomber ohne Begleitschutz tief nach England einfliegen zu lassen unsd daß die englische Jagdabwehr in erster Linie nur durch die Bf 109 bezwungen werden kann. Angriffe gegen London hätten das RAF Fighter Command gezwungen, alle Reserven aufzubieten, um die Stadt zu verteidigen. Hier könnte man die Luftüberlegenheit gewinnen, so daß die deutschen Kampfverbände an anderer Stelle im englischen Luftraum jeden Spielraum hätten, um alle erdenklichen Kampfaufträge durchzuführen. Der bekannte Jagdflieger, Adolf Galland, schrieb darüber in seinen Erinnerungen: ».

. . Daß London im Bereich der deutschen jagdgestützten Tages-Bombenangriffe lag, mußte, so unzulänglich und benachteiligt die deutsche Offensive auch war, als deren positive Seite betrachtet werden. Wir Jagdflieger, die wir jetzt an einer unserer Kräfte übersteigenden Aufgabe fast verzweifelten, sahen daher dem Beginn der Bombenangriffe (auf London; d. Ü.) mit Spannung und Ungeduld entgegen. Damit erst schien uns auch der Augenblick gekommen, in dem die englischen Jäger aus ihrer Reserve herauszutreten und sich uns wieder zum offenen Kampf zu stellen gezwungen sein würden.« Der Luftwaffengeneralstab hatte dieses Vorgehen bereits in seinen Planungsstudien für den »Adlerangriff« vorgeschlagen, mußte aber davon Abstand nehmen, nachdem Hitler jeden Angriff gegen London untersagt hatte. Der Zielwechsel vom 19. 8. 1940 beruhte in der Tat auf Überlegungen, sich auf die Bekämpfung eines bedeutenden Zielkomplexes zu konzentrieren, um die feindlichen Jäger zum Kampf herauszufordern. Wenngleich es auch nicht die Stadt London war, die das Ziel bildete, so doch die englischen Jäger, die größtenteils der 11. Group unterstanden, die zur Verteidigung Londons eingesetzt wurden.

In der ersten Septemberwoche war man mit den Einsatzergebnissen der Phase II außerordentlich unzufrieden. Immer noch hielten sich die englischen Jäger sehr zurück, sich mit den Bf 109 in Luftkämpfe einzulassen. Die deutschen Flieger, die glaubten, daß der Sieg unmittelbar bevorstünde, wurden zunehmend verbitterter, weil die Kräfte des RAF Fighter Command in stetiger Stärke und ständig zur richtigen Zeit in der Luft waren. Das hatten die Engländer nicht ihren unversiegbaren Reserven, sondern dem Einsatz der Radarstellungen zu verdanken. Die höheren Führungsstäbe stellten fest, daß der Gegner an Kampfkraft verlor, und glaubten, daß es nur noch eine Sache der Zeit sein konnte, bis ihnen der Sieg zufiel. Wesentlichster Faktor war die Zeit. Mitte August 1940 hatte das OKW den 15. September als Beginn der Anlandung in England festgelegt, am 3. September wurde dieser Termin auf den 21. 9. verschoben. Die Luftüberlegenheit, die man dafür für unabdingbar hielt, mußte noch errungen und bis dahin auch gehalten werden. Angesichts dieser Voraussetzung forderte Keßelring, anläßlich einer Besprechung mit Göring und Sperrle, am 3. September: *»Wir haben keine Möglichkeit, die englischen Jäger am Boden zu vernichten. Wir müssen sie zwingen, sich uns mit ihren letzten Reserven . . . in der Luft zum Kampf zu stellen.«* Mit Sicherheit würden die Engländer ihre Führungsgefechtsstände in den Sektoren unter Inkaufnahme schwerer Verluste verteidigen. Ihre letzten Reserven, so hieß es, würden sie aber nur aufbieten, wenn es galt, die Hauptstadt zu schützen. Ferner würde sich das Kampfgeschehen über einem weit kleineren Gebiet als bisher abspielen, in dem sich die deutschen Jäger ihrer Beute sicher sein konnten. Sperrle lehnte dies ab, weil er befürchtete, daß die englischen Jäger immer noch eine erhebliche Bedrohung darstellten, was sie tatsächlich auch für einige Wochen noch waren. Er wollte weiter die Flugplätze angreifen. Göring und Keßelring waren jedoch einer Meinung, so daß Keßelrings Vorschlag angenommen wurde. In Zukunft galt es, nicht nur die englischen Jäger zu bekämpfen, sondern auch die Hafen- und Dockanlagen von London, die der bedeutendste Wirtschaftszweig der Stadt waren. Gelänge es, diese auszuschalten, davon war man überzeugt, *»so würde es die Beendigung des Krieges beschleunigen«.* Die Luftwaffe sah in dieser Aufgabenstellung eine vorteilhafte Angriffstaktik. Inwieweit sie richtig war, wird sich zeigen.

Ob die Entscheidung, London anzugreifen, militärisch gerechtfertigt war oder nicht, blieb solange eine rein theoretische Angelegenheit, solange Hitler diesbezüglich seinen Einfluß geltend machte. In allen seinen Weisungen, die den Luftkrieg betrafen, drückte der »Führer« in aller Deutlichkeit aus, daß er und nur er alleine sich die Entscheidung vorbehielt, wann die britische Hauptstadt aus der Luft anzugreifen sei. Seine Haltung in dieser Frage hatte politische und militärische Gründe. Er wollte weder die Meinung der Weltöffentlichkeit gegen sich aufbringen noch England zu einer Zeit unnötig reizen, wo ihm noch an einem ehrenvollen Friedensschluß gelegen war, oder Vergeltungsmaßnahmen des RAF Bomber Command heraufbeschwören. Mit der Genehmigung, daß die Luftwaffe Nachtangriffe über England durchführen durfte, spielte Hitler hingegen schon mit dem Feuer. Eines Nachts ereignete sich das Unvermeidliche. Am 24. August verfehlten einige Bomber ihre Ziele, die östlich von London gelegenen Öllager von Rochester und Thameshaven, und warfen ihre Bomben auf das Stadtgebiet von London. Es lag ein eindeutiger Navigationsfehler vor. Das konnten die Engländer jedoch nicht wissen. Zur Vergeltung flogen in der folgenden Nacht 81 Bomber des RAF Bomber Command nach Berlin; nur zehn Maschinen trafen ihr Ziel. Noch dreimal wurden nachts in demselben Monat diese Angriffe wiederholt. Der angerichtete Schaden war unbedeutend, aber der »Führer« tobte. Er war nicht nur darüber aufgebracht, daß der Feind ungehindert die Reichshauptstadt angegriffen hatte und rücksichtslos seine Bomben irgendwo im Stadtgebiet abwarf, sondern er fürchtete auch um seine Beliebtheit beim eigenen Volk. Die Berliner waren erschüttert und wie gelähmt, hatte man ihnen doch versichert, daß sie nie eine Bombe treffen würde. Dieser Vergeltungsmaßnahme mußte unumstößlich mit Vergeltung begegnet werden. Am 31. August erteilte Hitler die Genehmigung, mit starken Verbänden Vergeltungsangriffe gegen London zu fliegen, und befahl am 3. September, die Produktion der 1000-kg-Bombe, die für den Einsatz gegen Wohngebiete entworfen worden war, zu steigern. Am 4. September 1940 verkündete er öffentlich: *»Wenn sie unsere Städte angreifen, dann werden wir ihre Städte ausradieren.«* In der Nacht vom 5. auf den 6. September wurde der erste Angriff gegen London geflogen. Der »Blitz« – wie die Engländer es nannten – begann.

Selbst wenn Hitlers Entscheidung, London zu bombardieren, ohne Hintergedanken für eine Vergeltung gefallen wäre, so hätte er der Luftwaffe wahrscheinlich dennoch über kurz oder lang den Befehl erteilt, mit diesen Angriffen zu beginnen. Denn Hitler hatte immer schon, wie auch seine höheren militärischen Führer und Berater, Zweifel an der Durchführbarkeit einer groß angelegten Landung in England. Im wesentlichen beruhten sie darauf, daß die Kriegsmarine nicht in der Lage war, in ausreichendem Maße Truppen zu verschiffen und diese Truppen während der entscheidenen Wochen der Bildung eines Brückenkopfes, der immerhin eine Frontlänge von 240 km haben sollte, zu versorgen. Ende August hatte man die Pläne für das Unternehmen »Seelöwe« grundsätzlich überarbeitet. Nicht nur das Landungsgebiet sollte kleiner ausfallen, sondern man ging nunmehr davon aus, daß es schließlich den Engländern den Todesstoß versetzen sollte, nachdem sie ohnehin schon durch den Einsatz der Luftwaffe in die Knie gezwungen worden waren. Hitler fürchtete den verbissenen gegnerischen Widerstand bei einer Landung und sah in der Luftwaffe das Mittel, das Inselvolk an den Rand des Zusammenbruchs zu bringen. Anfang September glaubten Hitler und die oberste Luftwaffenführung daher die Zeit für gekommen, im Sinne Douhets, unabhängig von den anderen beiden Wehrmachtteilen, durch Luftangriffe alleine den Sieg zu erringen. Nur bei der Zielauswahl gab es unterschiedliche Meinungen. Die Luftwaffenführung wollte Wohngebiete angreifen, um unter der Bevölkerung panischen Schrecken auszulösen, aber Hitler wollte davon nichts hören. Seiner Ansicht nach sollten nur die Bevölkerungsteile unter den Luftangriffen leiden, die in der Nähe militärischer Ziele in Städten lebten. Erst nach Beginn der Anlandung in England wollte der »Führer« die Bombardierung der Hauptstadt mit der Absicht billigen, die Stadtbevölkerung so zu terrorisieren, daß sie den Stadtbereich verläßt und auf diese Weise die Straßen blockiert, so daß dem Feind jede Bewegungsmöglichkeit genommen wird. Dennoch war London trotz aller unterschiedlicher operativer Meinungen am Ende der ersten Septemberwoche das Hauptziel der Luftwaffe, die versuchte, die englische Verteidigungsfähigkeit nur mittels Luftangriffen zu brechen.

Nachdem Göring am 7. September zeitweilig persönlich die Führung des Luftkrieges übernommen hatte, starteten am späten Nachmittag 650 Bomber und weit über 1000 Jäger zum ersten Tagesangriff gegen Docks und Hafenanlagen von London. Diese Angriffe dauerten die Nacht über an. Damit begann die Phase III im Kampf um England. Daß die Deutschen überhaupt in der Lage waren, Tagesangriffe gegen London zu fliegen, weist auf die Bedeutung hin, die sie dem neuen Angriffskonzept nach den Lehren Douhets widmeten, um England nur mit Mitteln des Luftkrieges zu bezwingen. Während des elf Stunden dauernden Angriffs wurden 660 Tonnen Sprengbomben und Tausende von Brandbomben abgeworfen, wobei 448 Londoner den Tod fanden und über 1500 schwer verletzt wurden. Die materiellen Schäden waren beträchtlich im Dockbereich beiderseits der Themse nahe der Tower Bridge, im Marinearsenal Woolwich sowie in den Öllagern und Fabriken weiter flußabwärts. Die ungeheuren Feuersbrünste dienten stundenlang als Wegweiser und Navigationshilfen für die in der Nacht folgenden Bomber. Im Rahmen der Verteidigung der Hauptstadt hatte die RAF 28 Jagdflugzeuge durch Abschuß und elf durch Beschußschäden als Verlust zu beklagen, die Luftwaffe verlor 36 Maschinen durch Abschuß, elf Maschinen konnten mit Beschußschäden zurückkehren. Wiederum kamen die Bf 109 dank besserer Leistungen glimpflich davon. Sie konnten 25 »Hurricane« und »Spitfire« abschießen und zehn beschädigen, ihrerseits verloren sie nur 14 durch Abschuß und zwei wegen Beschußschäden. Aber im Zusammenhang mit den gesamtstrategischen Bedingungen war es nur ein Tropfen auf den heißen Stein.

Nach dem Kriege schrieb Churchill über die Wende im Kriege:

»Wenn der Feind die schweren Angriffe gegen die benachbarten Sektoren fortgesetzt und ihre Führungsgefechtsstände und Nachrichtenverbindungen beschädigt hätte, so wäre unter Umständen die gesamte Führungsorganisation des Fighter Command zusammengebrochen ... Mit einem Gefühl der Erleichterung merkte darum das Fighter Command, daß sich am 7. September der deutsche Angriff gegen London zu richten begann, und man schloß daraus, daß der Feind seinen Plan geändert habe. Göring hätte sicher auf seinem Angriff gegen die Flugplätze beharren sollen ... Indem er von den klassischen Grundsätzen der Kriegführung ... abwich, beging er einen sehr törichten Fehler.«

Dennoch hatte die Luftwaffe ihre Hoffnungen auf einen Erfolg noch nicht aufgegeben. War das Fighter Command zwar der Vernichtung auf dem Boden entgangen, so konnte es in der Luft immer noch zerschlagen werden. Um das zu erreichen, mußten zwei Bedingungen gegeben sein: Der unermüdliche Wille der Deutschen zum Durchhalten des einmal eingeschlagenen Weges und gutes Flugwetter, und das für mindestens einen Monat. Bis zum Herbstbeginn waren es nur noch drei Wochen, womit zumindest der Wetterfaktor schon ein fragliches Element war.

In den folgenden Tagen wurden am 9. und 15. September mit jeweils mehr als 200 Kampfflugzeugen zwei größere Tagesangriffe und am 11. und 14. September zwei Angriffe geringerer Stärke gegen London geflogen. Weitere Tagesangriffe galten Southampton (zweimal), Portland, Brighton, Eastbourne, Canterbury, Great Yarmouth und Norwich. In jeder Nacht flogen auch deutsche Bomber nach London. In der Zeit vom 8. bis 15. 9. waren 1000 Tonnen Sprengbomben und Tausende von Brandbomben bei Nacht abgeworfen worden, zusätzlich zu den 500 Tonnen Bomben, die bei Tage die Stadt trafen. Überzeugt davon, daß der Zusammenbruch des RAF Fighter Command bevorstand, wies der Luftwaffengeneralstab am 9. September seine Verbände an, London systematisch zu zerstören. Die Luftflotte 2 sollte bei Tage wichtige militärische und Wirtschaftsziele im Großraum London angreifen, während die Luftflotte 3 das Regierungsviertel und die Hafenanlagen bombardieren sollte. Ziel war weniger der Hafenbereich als die Hauptstadt selbst, obwohl die Angriffe ausdrücklich nicht die Zivilbevölkerung treffen durften. Nach Görings Ansicht hatte London eine weit größere Bedeutung als die Zerschlagung der englischen Jägerabwehr oder gar die Vorbereitungen zum Unternehmen »Seelöwe«. Anzeichen dafür gibt es, weil am 9. September der Befehl erteilt wurde, daß die Jäger in erster Linie den Begleitschutz der Bomber sicherzustellen hatten und sich nicht dem Kampf der englischen Jäger stellen sollten. Im Falle starker gegnerischer Abwehr wurde den deutschen Jägern empfohlen, lieber auf ein Luftgefecht zu verzichten oder sich daraus zu lösen als Verluste zu riskieren.

Der Bodenorganisation des RAF Fighter Command wurde weit weniger Aufmerksamkeit gewidmet als noch in den Wochen zuvor. Nur selten wurde sie angegriffen. Nennenswert wäre lediglich ein Angriff der Ju 88, der am 14. September gegen Radarstellungen an der Südküste Englands stattfand. Während der neun Tage der Phase III in der Luftschlacht um England, die am 15. September endete, hatte die RAF 131 Jagdflugzeuge durch Abschuß und 37 durch Beschußschäden verloren. Das bedeutete, daß täglich 14½ Jäger verlorengingen, das entsprach dem täglichen Ausstoß in den Flugzeugwerken. Teilweise trug auch die Führung der RAF Schuld daran, weil sie Angriffsverbände unbehelligt bis an ihre Ziele fliegen ließ. Dennoch waren die Verluste bedeutend geringer als in der Phase II, in der man mit durchschnittlich 19½ »Spitfire« und »Hurricane« pro Tag rechnen mußte. Im Luftkampf war die Bf 109 immer noch überlegen, die Gesamtverluste in der Luftwaffe waren aber höher als in den Reihen der RAF; sie hatte durch Abschüsse 174 und durch Beschußschäden 69 Maschinen verloren. Die Gesamtverluste auf Grund aller anderen Einflüsse verschob das Mißverhältnis zuungunsten der Luftwaffe noch mehr. Die Luftflotten 2 und 3 hatten durch Abschuß oder Beschußschäden 321 Maschinen verloren, während es beim RAF Fighter Command nur 178 Maschinen waren. Die Verbände von Dowding konnten sich sogar einer Verschnaufpause erfreuen. Trotz des schweren Angriffs in den Nachmittagsstunden des 8. September auf London war es für die 11. Group (Park) das erste Mal seit zehn Tagen, daß sie während der Tagesstunden nicht in Alarmbereitschaft versetzt worden war. Die Bedrohung der Deutschen hatte sich offensichtlich einem anderen Ziel zugewandt. Bis zum 15. September waren die englischen Jagdflieger in der Tat nie so stark beansprucht wie in der Phase II. An vier der neun Kampftage beliefen sich die Flugzeugverluste dank der bewölkten Wetterlage, die die deutsche Einsatztätigkeit einschränkte, auf vier oder weniger. Das hatte es nur einmal in den vergangenen vierzehn Tagen gegeben. Zum ersten Male seit Mitte Juli gab es bei der 11. Group keine »abgeflogenen« und »verschlissenen« Staffeln mehr. Die meisten von ihnen konnten tagelange Ruhe- und Einsatzpausen genießen, ohne jeden Einsatzbefehl. Man konnte sogar wieder Eingewöhnungsflüge mit neuen, unerfahrenen Flugzeugführern anberaumen. In den Reihen des RAF Fighter Command wuchs und gedieh ein neuer kraftvoller Kampfgeist, der sich am 15. September, dem Tag, der heute alljährlich als »Battle of Britain Day« gefeiert wird, bewähren sollte. Die Luftwaffe wollte mit ihrem Angriff auf London am 15. September die Entscheidung erzwingen. Am Tage zuvor waren Hitler, Göring, Keßelring und die Spitzen des RLM äußerst zuversichtlich. Sie glaubten, daß das RAF Fighter Command am Boden zerstört war. Es hatte den Angriffen vom 11. und 14. 9. nur erbärmlich geringen Widerstand entgegengestellt, was vornehmlich Führungsfehlern der RAF zuzuschreiben war. Man war auf deutscher Seite überzeugt davon, daß noch eine beträchtliche Anzahl englischer Jäger im Luftkampf vernichtet werden würde. Die Angriffswirkung der Luftwaffe stand kurz davor, den durchschlagenden Erfolg zu erringen, daran zweifelte niemand in der deutschen Führung, genausowenig wie an der Tatsache, daß die Engländer durch die Luftwaffe alleine bezwungen werden könnten. Am 5. September erklärte Göring, daß eine Landung in England wahrscheinlich nicht mehr erforderlich sei, während Hitler am nächsten Tag verlauten ließ, daß England auch ohne ein Landungsunternehmen bezwungen werden kann. Am 10. 9. vermerkt das Kriegstagebuch der Kriegsmarine, die ihre Zweifel an den neuen Operationszielen der Luftkriegführung hatte: »... *Der Führer vertritt die Ansicht, daß der Großangriff auf London die Entscheidung herbeiführt.*« Seinerzeit war Hitler von der Notwendigkeit einer Anlandung in England überzeugt, im Gegensatz zu seiner Ansicht in den Monaten Juli und August; das Unternehmen »Seelöwe« sollte nur noch den von der Luftwaffe errungenen Sieg in der Luft endgültig besiegeln. Am 10. September war sich Hitler seiner Sache so sicher, daß das Unternehmen »Seelöwe« am 24. 9. stattfinden sollte. Er ließ verlauten, daß er seinen endgültigen Entschluß am 14. 9. treffen werde. Meldungen aus den USA deuteten darauf hin, daß die englische Durchhaltefähigkeit und Kampfmoral niedrig wären und die Kampfschäden beträchtliche Ausmaße angenommen hätten. So verbreitete beispielsweise das OKH am 14. 9. 40 eine Denkschrift, die sich auf eine sehr zuverlässige Quelle aus Washington berief, daß sich die englische Flugzeugproduktion in äußerst kritischer Lage befände. Der Militärattaché an der deutschen Gesandtschaft meldete am gleichen Tage, daß maßgebliche Offiziere des US-Generalstabes davon ausgingen, »*England wird nicht in der Lage sein, die deutschen Luftangriffe durchzustehen*«. Am 14. 9. 40 erklärte Hitler seinen Oberbefehlshabern: »... *Einsatz der Luftwaffe über alles Lob erhaben. Vier bis fünf Tage gutes Wetter nötig, um zur entscheidenden Wirkung zu kommen ... Chance, den Engländer total niederzuringen, groß.*« Angesichts dieses zu erwartenden Luftsieges verschob Hitler seine Entscheidung das Unternehmen »Seelöwe« betreffend. Jodl vermerkte an diesem Abend in seinem Notizbuch: »... *Vielmehr käme der Übergang über den Kanal nach wie vor nur dann in Frage, wenn es sich darum handle, einem durch den Luftkrieg bereits niedergekämpften England den Fangstoß zu geben.*« Ob sich England tatsächlich in einem derart hoffnungslosen Zustand befand, ist an dieser Stelle nicht so bedeutsam, vielmehr zählt die Tatsache, daß Deutschland und seine Führung glaubten, dem wäre so. Die nächsten Tage mußten die Entscheidung bringen. Am Erfolg zweifelte niemand, und mit ihm mußte es zur Anlandung kommen.

Am 15. September setzte die Luftwaffe gegen London insgesamt 1300 Flugzeuge ein, davon 300 Kampfflugzeuge und 1000 Jagdflugzeuge. Weitere 30 Maschinen bombardierten Portland und Flugzeugwerke bei Southampton. Weil die Luftflotte 2 keine der üblichen Ablenk- und Täuschangriffe flog, um die Hauptstoßrichtung der Kampfverbände zu verschleiern, was ein übertriebenes Selbstvertrauen bewies, war die 11. Group in der Lage, ihre Staffeln rechtzeitig und am richtigen Ort einzusetzen und die 12. Group zur Unterstützung anzufordern. Den deutschen Verbänden warf sich eine ungeheuer starke Jagdabwehr mit etwa 170 »Spitfire« und »Hurricane« entgegen, die den Vorteil hatten, in der Nähe von oder gar über ihren eigenen Einsatzplätzen zu kämpfen, die erstaunlicherweise nicht angegriffen wurden. Am Ende des Kampftages hatte die RAF 26 Jäger durch Abschuß und 8 durch Beschußschäden verloren, dafür aber 58 deutsche Maschinen abgeschossen und 25 beschädigt. Es war der drittschlimmste Verlusttag für die Luftwaffe in der Luftschlacht um England. Wie die Geschichte zeigt, war es der letzte Tag mit derart hohen Verlusten. Der Ausgang des Kampfes am 15. September erschütterte das Selbstvertrauen der Deutschen zutiefst. Ließen sich die materiellen Verluste noch meistern, so hatten Stärke und Kampfgeist, die das RAF Fighter Command, das man kurz vor dem totalen Zusammenbruch sah, zeigte, ganz erhebliche psychologische Auswirkungen. Insbesondere bestürzt war man in Kreisen der Luftwaffe über die hohen Verluste bei den Kampffliegern. 35 Maschinen waren abgeschossen und 22 beschädigt worden. Diese Verluste übertrafen die Zahlen des »schwarzen Donnerstag«, des 15. August 1940, bei den Abschüssen um 5 und bei den beschädigten Maschinen um 16. Im Verlaufe des vergangenen Monats beliefen sich die durchschnittlichen täglichen Verluste bei den Bombern auf 8 abgeschossene und 3 beschädigte Maschinen. Wie das RLM an das OKW meldete, waren die Einsätze an diesem Tage »außerordentlich verlustreich«. Die Kampffliegerbesatzungen warfen den Jagdfliegern vor, ihre Begleitschutzaufgaben nicht ordnungsgemäß wahrgenommen zu haben. Dieser Vorwurf fand im RLM rege Zustimmung. Am nächsten Tage, dem 16. September, macht Göring seinem Ärger Luft: »*Die Jäger haben versagt!*« Immer wieder gelang es den englischen Jägern, den Jagdschutz der Bf 109 trotz aller Abwehrbemühungen zu durchbrechen und die Kampfverbände anzugreifen, sie zur Aufgabe des engen Verbandsfluges zu zwingen, so daß sie häufig ihre Bomben schon vor dem Ziel im Notwurf abwerfen mußten. Vergeblich versuchten Osterkamp und Milch, der einzige Verbündete der Jagdflieger im RLM, taktische Einwände zu erheben. Der enge Begleitschutz für langsam fliegende, schwer beladene Bomber war kein geeignetes Verfahren für die Bf 109, weil sie sich dadurch gegenüber ihrem englischen Luftgegner nur Nachteile einhandelten. Sie verfügten auch nicht über ausreichende Kraftstoffvorräte, um über dem Zielgebiet lange genug ihren Jagdschutzauftrag durchzuführen. Jede Störung, die bei der Versammlung von Bomber- und Jägerverbänden auftrat, führte bei diesen dazu, daß die Kraftstoffvorräte aufgebraucht waren und sie auf Heimatkurs gehen mußten, bevor sie ihren Auftrag erfüllt hatten.

Wo immer der Schuldige zu suchen war, Nachkriegsauswertungen deuten eher in den Bereich der Luftwaffenführung denn in die Reihen der Flieger, die Auswirkungen der Ereignisse vom 15. 9. 1940 auf die Kampfmoral der Luftwaffe waren beträchtlich. Trotz der vielen Tage und Wochen härtester Kämpfe war der Gegner ganz eindeutig weit davon entfernt, geschlagen zu sein. In der Tat hatte man ihn nie zuvor in größerer Stärke im Luftkampfgeschehen gesehen. Zum Sieg des RAF Fighter Command hatte auch das RAF Bomber Command beigetragen, das einige Zeitlang die Kanalhäfen bombardierte, wo die deutsche Landungsflotte zusammengestellt wurde. Bis Ende September waren 20 Prozent aller vor Anker liegenden Lastkähne versenkt oder schwer beschädigt worden. Am 10. September hatten englische Bomber bei einem Angriff gegen einen deutschen Flugplatz in Holland neun He 111 zerstört und zwei weitere beschädigt. All das bestätigte um so mehr, der Bedeutung der Luftüberlegenheit für die erfolgreiche Durchführung des Unternehmens »Seelöwe« hohen Wert beizumessen. Aber genau das war es, was für die Luftwaffe am 15. September 1940 offensichtlich wurde, daß das Ziel der Luftkriegführung noch lange nicht erreicht war. Anläßlich der Besprechung vom 16. 9. erging sich Göring noch darin, daß das RAF Fighter Command innerhalb von vier bis fünf Tagen durch deutsche Kampfverbände zerschlagen werden würde. Doch seine Worte waren nur leere Versprechungen. Wenn er schon die tatsächlichen Bedingungen des Krieges nicht mehr sah, seinen Luftwaffenbefehlshabern und Flugzeugführern entgingen sie mit Sicherheit nicht. Sogar Hitler war sich dessen bewußt. Am 17. September, nach zwei Tagen geringer Kampftätigkeit auf Grund schlechten Wetters, während der die RAF acht Jäger durch Abschuß und drei durch Beschußschäden verlor, die Luftwaffe zwölf beziehungsweise sechs Maschinen, entschloß sich der »Führer«, das Unternehmen »Seelöwe« bis auf weiteres zu verschieben. Das Kriegstagebuch des Oberkommandos der Marine vermerkt darüber am 17. 9.: *»Die feindliche Luftwaffe ist immer noch nicht geschlagen; sie zeigt vielmehr zunehmende Kampftätigkeit. Die Gesamtwetterlage erlaubt uns nicht, mit einer Kampfpause zu rechnen. Der Führer hat daher entschieden, das Unternehmen ›Seelöwe‹ bis auf weiteres zu verschieben.«* Das bedeutete nichts anderes als die Beendigung und Einstellung aller Bemühungen der Luftwaffe, die Luftüberlegenheit als Voraussetzung für eine Landung in England zu erringen.

Obwohl Ermüdungserscheinungen beim fliegenden Personal, wechselhaftes Wetter und Veränderungen in der Prioritätensetzung der Luftkriegführung die Einsatztätigkeit nach dem 15. September zurückgehen ließ, wurden zahlreiche Tagesangriffe gegen Ziele in Südengland in dem vergeblichen Bemühen durchgeführt, den Gegner abzunutzen und insbesondere seine Jäger abzuschießen entsprechend den Weisungen, die bei der Besprechung am 16. 9. von Göring gegeben wurden. Größere Angriffe wurden am 18., 25., 26., 27. und 30. September 1940 geflogen. Am 18. 9. wurde London bombardiert. Am 25. 9. warfen etwa 70 Kampfflugzeuge, begleitet von starken Jagdverbänden, ihre Bomben auf Plymouth, Portland und die Bristol-Flugzeugwerke in Filton, das Hauptziel des Tages, das schwerwiegenden Schaden nahm, der für Wochen die Flugzeugproduktion erheblich einschränkte. Am nächsten Tage wurden die »Spitfire«-Werke in Woolston schwer getroffen. Beflügelt durch ihre Erfolge, schickte am 27. 9. die Luftflotte 2 einen Verband mit 55 Ju 88 nach London und die Luftflotte 3 einen mit 30 He 111 nach Bristol. Für die Luftwaffe war es ein bitterer Kampftag. In 24 Stunden hatte sie 52 Maschinen durch Abschuß und 6 durch Beschußschäden verloren; die RAF verlor hingegen nur 28 Jäger durch Abschuß und hatte 13 Ausfälle durch Beschußschäden. Am 30. September 1940 fand der letzte größere Tagesangriff gegen England im Verlaufe des Krieges statt. Die Luftwaffe konnte 173 Bomber- und 1000 Jagdeinsatzflüge melden. London und die Westland-Flugzeugwerke in Yeovil waren die Schwerpunktziele, wobei letztere keine Schäden erlitten. Der Preis betrug für die Luftwaffe dafür 43 abgeschossene und 11 beschädigte Maschinen, die RAF verlor nur 16 Jagdflugzeuge und konnte 17 beschädigte Flugzeugwerften zur Reparatur zuführen. An diesem Tage konnten die »Spitfire« und »Hurricane« zum erstenmal gegenüber der Bf 109 triumphieren. Sie schossen 24 der deutschen Maschinen ab und beschädigten vier, hatten aber selbst nur 7 Maschinen durch Abschuß und 9 durch Beschußschäden verloren.

Seit dem 15. September hatte sich nicht nur erwiesen, daß das RAF Fighter Command noch einsatzbereit, sondern sogar noch in der Lage war, seine Kampfkraft zu steigern. Anfang des Monats konnte die Luftwaffe relativ ungestört ihre massiven Angriffe gegen fast jedes Ziel fliegen, sofern es in der Kampfreichweite der Bf 109 lag. Am Ende des Monats war das nicht mehr möglich. Die RAF hatte die Luftüberlegenheit wiedergewonnen. Galland, der kurz zuvor seinen 40. englischen Luftgegner bezwungen und abgeschossen hatte, trug Göring am 27. 9. vor: *».. . daß trotz der schweren Verluste, die wir den englischen Jägern zufügten, ein entscheidendes Absinken ihrer Zahl und Kampfkraft nicht festzustellen sei. Selbst wenn man vielleicht die deutschen Abschuß-Ansprüche für übertrieben hielt . . . konnte die offenbar unverminderte Kampfkraft der englischen Jäger nur daran liegen, daß England . . . die entstandenen Verluste unter Zusammenfassung aller Energie wieder wettmachte.«* Obwohl an den vier Kampftagen, dem 20., 26., 28. und 29. 9., die RAF bei Tage insgesamt 13 Maschinen mehr als die Luftwaffe verlor, waren die Gesamtverluste bezogen auf die letzte Monatshälfte für die Engländer entschieden geringer als bei den Deutschen. Im Zeitraum vom 16. bis 30. September 1940 verlor das RAF Fighter Command 115 Jäger durch Abschuß und 51 durch Beschußschäden, die Luftwaffe hingegen 199 durch Abschuß und 46 durch Beschuß. Die Gesamtverluste auf Grund aller möglichen Ereignisse (Abschuß, Bruchlandungen, Beschuß) beliefen sich beim RAF Fighter Command auf 202 Maschinen und bei den Luftflotten 2 und 3 auf insgesamt 362 Maschinen. Auch die Verluste in den Reihen erfahrener Verbandsführer waren hoch. In den 30 Kalendertagen des September 1940 verlor die Luftwaffe 4 Geschwaderkommodore, 13 Gruppenkommandeure und 28 Staffelkapitäne, die entweder gefallen, vermißt oder in Gefangenschaft geraten waren. Ein Kampfgeschwader hatte in 15 Tagen 40 Ju 88, entsprechend 30 Prozent des Bestandes, mit 160 erfahrenen Besatzungsangehörigen verloren! Was hatte dieser blutige Aderlaß erreicht? Mit Sicherheit nicht den Zusammenbruch der RAF und die Zerschlagung der englischen Kriegsindustrie. Im April 1942 blickte Hitler auf diese Zeit zurück: »... *die Munitionsindustrie* ... *kann durch Luftangriffe nicht wesentlich gestört werden. Wir mußten das zur Kenntnis nehmen, als wir im Herbst 1940 die englische Rüstungsindustrie bombardierten. Häufig wurden die bezeichneten Ziele gar nicht getroffen, die Flieger warfen ihre Bomben auf Äcker, die Scheinanlagen von Fabriken darstellten. Und ... die Rüstungsindustrie ist derart dezentralisiert, daß man das Rüstungspotential überhaupt nicht treffen kann.«* Wollte man die Tagesangriffe weiterhin durchführen, so mußten unbedingt neue Angriffsverfahren entwickelt werden.

Seit Mitte August hatte die Luftwaffe versuchsweise Bf 110 und Bf 109 in der Rolle als Jagdbomber (Jabos) eingesetzt. Im Oktober, als die Bomber zunehmend von Tagesangriffen entbunden wurden, fiel die Hauptaufgabe des Luftkrieges den Bf 109 zu, die als Jäger oder Jabo zum Einsatz kamen. Etwa 250 dieser Maschinen wurden in dieser neuen Rolle eingesetzt, entweder beladen mit einer 50-kg-Bombe, oder wie im Falle der neueren Version der Bf 109E-4 mit einer 250-kg-Bombe. Gelegentlich flogen auch einige Ju 88 oder, wie am 29. Oktober gegen Portmouth, sogar Ju 87 im Verband mit diesen »umfunktionierten« Jägern mit. Auch die italienische Luftwaffe flog zweimal Tagesangriffe, am 29. 10. und 11. 11., gegen Ziele an der englischen Küste. Ihre Einsatzergebnisse waren überhaupt nicht der Rede wert.

Während dieser Zeit verursachten die deutschen Tagesangriffe keine nennenswerten Schäden, wenn man einmal von der Stör- und Abnutzungswirkung beim RAF Fighter Command absieht. Die Jabos, die in Höhen zwischen 7500 m und 10 000 m flogen, konnten von den »Hurricane« nicht mehr erreicht werden und zwangen die »Spitfire« in Höhen, wo sie den ohne Bomben fliegenden Begleitjägern Bf 109 deutlich unterlegen waren. In diesen Flughöhen war es für die Angreifer ein leichtes, der Entdeckung durch Radar und Auge-Ohr-Beobachter zu entkommen. Selbst wenn sie erfaßt worden wären, hätten die englischen Jäger höchstens 20 Minuten Vorwarnzeit gehabt, bevor die Jabos London erreichten. Mitte Oktober waren die deutschen Verbände in der Luft geradezu unverwundbar. In der Tat gelang es ihnen, innerhalb von sechs Tagen dem Gegner mehr Verluste zuzufügen, als sie selbst erlitten. Das RAF Fighter Command war wieder einmal bis an die Grenze seiner Leistungsfähigkeit belastet. Am 27. Oktober mußte es 1007 Einsatzflüge aufbieten, um ganze neun deutsche Flugzeuge abschießen zu können. Vergleichsweise dazu gelang es ihm am 15. August, dem »schwarzen Donnerstag« der Luftwaffe, bei nur 974 Einsatzflügen 67 deutsche Maschinen abzuschießen. Ließ sich Mitte August noch ein feindliches Flugzeug mit dem Ansatz von durchschnittlich 14 Einsatzflügen abschießen, so verschlechterte sich bis Ende Oktober dieser Ansatz auf 112 Einsatzflüge, um ein Feindflugzeug zu vernichten. Während der 31 Kalendertage des Oktober 1940 hatte die Luftwaffe bei Tagesangriffen nur 200 Maschinen verloren, etwas mehr als die Hälfte davon waren Bf 109; die RAF mußte hingegen 133 Flugzeuge abschreiben; 60 deutsche und 36 englische Jäger kehrten mit Kampfschäden zurück. Die Gesamtverluste durch Abschuß, Bruch und Schäden auf Grund aller möglichen Einflüsse bei Tag- und Nachteinsätzen beliefen sich auf 603 Maschinen bei der Luftwaffe und 272 beim RAF Fighter Command.

Die verhältnismäßig leichten Einsatzbedingungen bei Tage für die deutschen Jäger einerseits, und die Belastungen für die RAF andererseits, waren für sich genommen von geringer Bedeutung. Bombenabwürfe gab es auf zahlreiche Ziele, zu denen die Hauptstadt London genauso zählte wie Flugplätze. Die Gesamteinsatzwirkung war gering. Die Bombenlast eines Jabos betrug im günstigsten Fall einem Viertel der einer He 111. Der Abwurf erfolgte aus großen Höhen mit keiner besseren Treffererwartung als die der schweren, langsamer fliegenden Bomber. Es wurde kein bedeutender materieller Schaden angerichtet. Ferner fand der Einsatz der Jabos, die bei der Truppe anstelle des offiziellen Begriffs »leichte Bomber« nur »leichte Keßelringe« genannt wurden und etwa ein Drittel aller im Westen eingesetzten Bf 109 umfaßten, in den Kreisen der Jagdflieger überhaupt keine Gegenliebe und Einsatzfreude. Sie glaubten, daß sie nur als Sündenböcke und Lückenbüßer dienen sollten. Die Verluste nahmen bei den langsameren und schwerfälligeren Jabos zu, was den verzweifelten Osterkamp veranlaßte, Jeschonnek zu melden: ». . . durch diese sinnlosen Einsätze werden sie bald völlig am Boden liegen . . .« Es kam, wie es kommen mußte. Im Oktober, als die Anzahl der Einsatzflüge gegenüber den vergangenen zwei Monaten erheblich abgesunken war, waren nicht weniger als 103 Bf 109 abgeschossen und 23 beschädigt worden. Gleichzeitig konnten die deutschen Flieger sehen, daß das RAF Fighter Command dabei war, seine Kampfkraft zu steigern. Im Oktober hatte es nur halb soviel seiner Flugzeugführer durch Tod oder Verwundung und seiner Flugzeuge verloren wie im September. Ende Oktober waren die Reserven an »Spitfire« und »Hurricane« höher als zu jeder Zeit seit dem Monat August. Flugzeugführer gab es mehr als genug. Anfang November hatte sich die Lage für die RAF so günstig entwickelt, daß zwölf neue Jagdstaffeln bereitstanden, um sich dem Feind zu stellen. In seinem bombastischen Tagesbefehl an die Luftwaffe, vom 18. Oktober 1940, hatte Göring jedes Verhältnis zur tatsächlichen Lage verloren: »In den vergangenen wenigen Tagen und Nächten habt ihr dem englischen Weltfeind dank eurer ständigen vernichtenden Schläge verheerende Verluste zugefügt . . . Diese Verluste, die ihr der vielgerühmten Royal Air Force mit eurem entschiedenen Jagdeinsatz beigebracht habt, sind unersetzbar.« Die wirklichen Verhältnisse stellten sich ganz anders dar. Nur sechs Tage zuvor, am 12. 10., hatte sich Hitler entschieden, sein Vorhaben für eine Landung in England noch im Jahre 1940 aufzugeben. Weit davon entfernt, über Südostengland die Luftüberlegenheit zu erringen oder gar das englische Volk durch Bombenangriffe in die Knie zu zwingen, war es der Luftwaffe in drei Monaten heftigster Kämpftätigkeit bei Tage nur gelungen, kleine Verbände von Bf 109, die sich durch die Lücken in der englischen Luftverteidigung schlichen, einzusetzen mit dem bitteren Ergebnis, ein oder zwei Gebäude zu bombardieren, einige Menschen zu töten, englische Jagdflieger zu stören und zu ermüden, ansonsten aber nichts zu erreichen. Mit Sicherheit trugen diese Angriffe nicht dazu bei, die englische Luftverteidigung zu zerschlagen, geschweige denn, ihre Fähigkeit zur Fortsetzung des Krieges zu schwächen. Es gab wenig Grund dafür, diese Art des Luftkrieges fortzusetzen. Im November flog die Luftwaffe nur noch wenige Angriffe, meist gegen Ziele im Küstenbereich, die Anfang Dezember vollends eingestellt wurden. Auf diese Weise liefen die Tagesangriffe gegen England mehr und mehr aus.

Welches waren die Gründe für die Niederlage der Luftwaffe und die zielstrebige Rückgewinnung der Luftherrschaft der RAF über den englischen Luftraum bei Tage? Allgemein werden sie den heldenhaften Bemühungen des RAF Fighter Command, dem schöpferischen und bestimmten Vorgehen und Durchhalten seines Führungspersonals, insbesondere Dowding und Park, der fliegerischen Fähigkeit und dem Mut und der Tapferkeit seiner jungen Jagdflieger, seinen vorzüglichen Flugzeugen »Spitfire« und »Hurricane«, dem unermüdlichen Bodenpersonal und den im Verborgenen wirkenden Waffen, Radar und Feindnachrichtendienst, zugeschrieben. Wie es Winston Churchill am 20. August ausdrückte: »Niemals in der Geschichte menschlicher Konflikte waren so Viele so Wenigen so sehr verpflichtet.« Dieser Aussage ist nichts hinzuzufügen. Ob die taktischen Verfahren, die von der Führung verfolgt wurden, wie beispielsweise die Frage hinsichtlich des Einsatzes von Staffel- oder Gruppenverbänden, richtig oder falsch waren, darüber wird es zweifellos auch in Zukunft nicht ohne Diskussionen bleiben, aber die heldenhaften Erfolge und Leistungen der englischen Jagdflieger sind heute schon, ganz mit Recht, als eine der vorbildlichsten militärischen Taten in die Annalen der Geschichte eingegangen. Ohne dieses Heldentum und die kämpferische Beharrlichkeit und Ausdauer dieser Männer wäre der Luftwaffe ein leichter Sieg zugefallen. Dennoch darf man sich der letzten Wahrheit um die Luftschlacht um England nicht verschließen. Abgesehen vom heldenhaften Einsatz und der Führungsfähigkeit wäre es dem RAF Fighter Command alleine nicht gelungen, die Luftwaffe daran zu hindern, das Ziel der Erringung der Luftüberlegenheit, zumindest über Südostengland, zur Sicherstellung einer seegestützten Anlandung zu erreichen. Die Schwächen der Luftwaffenführung waren es, die letztendlich dazu führten, daß der Luftwaffe der in greifbarer Nähe liegende Sieg vorenthalten wurde.

Die Leistungen deutscher Flieger im Verlaufe der Schlacht waren denen ihrer Gegner ohne jede Frage ebenbürtig und verdienen allerhöchste Anerkennung. Dennoch gab es zweifellos Fehler im Einsatz der Luftwaffe. General Deichmann wies darauf hin, daß nach der Aufteilung der deutschen Jäger in drei Bereiche nur die des Jafü 2 am Pas-de-Calais in der Lage waren, ihr Einsatzgebiet über London zu erreichen. Auch das Fluggerät, mit dem die Luftwaffe in den Kampf zog, war unzureichend. Die Kampfflugzeuge waren gegenüber feindlichem Jägerbeschuß verwundbar und konnten nur verhältnismäßig geringe Bombenlasten tragen. Die Stukas und Zerstörer waren ungenügend ausgerüstet, um sich gegen feindliche Angreifer verteidigen zu können. Den Bf 109 mangelte es an ausreichender Kampffreichweite, sie waren den Begleitschutzaufgaben für Kampfverbände nicht gewachsen. Ferner mußten die Deutschen den Nachteil in Kauf nehmen, jenseits des Kanals über Feindgebiet kämpfen zu müssen. Natürlich gab es seitens der Luftwaffe auch Vorteile, ohne Frage. Sie war der RAF-Jagdabwehr zahlenmäßig weit überlegen, ihre Kampfflugzeuge übertrafen bei weitem die der Engländer, und sie konnten im zusammengefaßten Einsatz beträchtliche Mengen von Bomben abwerfen. Ihre einmotorigen Jagdflugzeuge waren denen der RAF überlegen, wenngleich sie auch durch ihren doppelten Einsatzauftrag des Begleitschutzes und der freien Jagd kräftemäßig bis an den Rand ihres Leistungsvermögens gefordert wurden. Der wichtigste taktische Gesichtspunkt war aber für die Luftwaffe, daß London, der Schwerpunkt der englischen Jagdabwehr, glücklicherweise in Kampffreichweite der Bf 109 lag. Wäre London nicht gewesen, so hätte das RAF Fighter Command seine Kräfte etwas weiter ins Inland der englischen Insel verlegen können, um sich der Bedrohung deutscher Bf 109 zu entziehen, damit sie die deutschen Kampfverbände hätten packen können, die sich über die Reichweite ihres Begleitschutzes vorgewagt hätten, ganz abgesehen davon, daß sie bereitstünden für den Tag, an dem die

160

Reichsmarschall Hermann Göring

Hitler und Göring, 1938

Generalfeldmarschall Erhard Milch

General Walther Wever

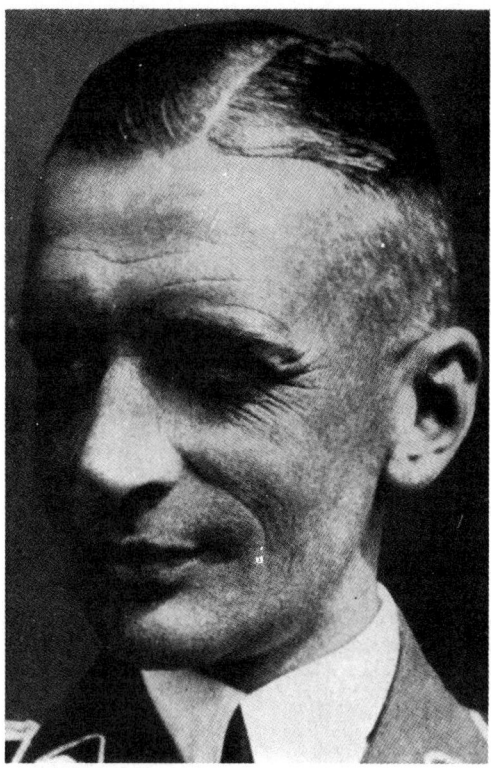

General Hans Jeschonnek

General Ernst Udet

General Hans-Jürgen Stumpff

Generalfeldmarschall Albert Keßelring

Generalfeldmarschall Hugo Sperrle

General Otto Rüdel

Milch mit dem italienischen Luftmarschall Valle, 1938

Göring überreicht die Luftwaffenfahne an einen Verband der ehemaligen österreichischen Luftstreitkräfte, 1938

Der Fahnenträger der Legion Condor, 1939

Generalfeldmarschall Wolfram von Richthofen

General Hans Keller

General Otto Deßloch

General Alexander Löhr

General Bruno Loerzer

General Kurt Student

General Hans Grauert

General Joachim Coeler

Bomber Ju 86

Jäger He 51

Bomber He 111

Bomber Do 17

Schlachtflugzeug Hs 123

Bomber Ju 88

Sturzkampfbomber »Stuka« Ju 87

Zerstörer Bf 110

Jäger Bf 109

Bomber Do 217

Jäger Fw 190

Bomber Ju 388

Bomber He 177

Fernaufklärungsbomber Fw 200

Mehrzweckflugzeug Me 210 (Me 410)

Schlachtflugzeug Hs 129

Düsenjäger Me 262

deutsche Landungsflotte gen England Anker gelichtet hätte. Das verhinderte die geographische Lage der englischen Hauptstadt. London mußte unter allen Umständen verteidigt werden. Dadurch war die 11. Group (Park) gezwungen, im Kampfbereich der deutschen Jäger zu bleiben. Sie mußte wie ein Strudel wirken, der alle Kräfte des RAF Fighter Command ansog, um sie entweder zu vernichten oder geschlagen zum Rückzug zu zwingen. Nachdem sich das Kampfgebiet auf den kleinen Bereich von Südostengland beschränkte, das zufälligerweise auch das vorgesehen Landungsgebiet war, und die Luftwaffe vornehmlich die feindliche Luftverteidigung bekämpfte, hatte die Luftwaffe an und für sich nur Vorteile. Für diesen Kampfauftrag reichten ihre Kräfte unter diesen Bedingungen aus. Sogar die feindlichen Radarstellungen entpuppten sich als Verbündete der Luftwaffe.

In der ersten Septemberwoche 1940, als die Deutschen, die ihre Angriffe gegen die Jäger und die Bodenorganisation des RAF Fighter Command zusammenfaßten, fast die Luftüberlegenheit über Südostengland erkämpft hatten, entschied sich die Luftwaffenführung – leider – für den Zielwechsel auf London. Diese deutsche Führungsentscheidung half der RAF seinerzeit nicht nur, ihre Führungs- und Bodenorganisation, vor allem der 11. Group, die kurz vor dem Zusammenbruch stand, zu erhalten und sie südlich von London weiter bereitstehen zu lassen, sie trug auch dazu bei, die Einsatzbelastung zu mindern. Wenngleich die englischen Jagdflieger während der Bombardierung von London schweren Belastungen ausgesetzt waren, so nahmen dennoch die Personal- und Flugzeugverluste bemerkenswert ab. Das RAF Fighter Command konnte neue Kraft schöpfen und war am 15. September in der Lage, der Luftwaffe schwerste materielle und die Kampfmoral betreffende Schäden zuzufügen. Danach erwies es sich, nachdem die Luftwaffe davon Abstand genommen hatte, große Bomberverbände bei Tage einzusetzen, daß ihre Jäger als Jabos trotz der Luftüberlegenheit über Südostengland keinerlei Erfolge erzielten.

Was geschehen wäre, wenn die Luftwaffe ihre Angriffe nur gegen Einrichtungen des RAF Fighter Command gerichtet und nicht mit Schwerpunkt auf London und Industrieziele gewechselt hätte, unterliegt nur Vermutungen. Jede Schlußfolgerung darüber wäre nur Spekulation. Am Wendepunkt der Schlacht um England waren die Verluste der Luftwaffe hoch. Welche operativen Ziele sie auch verfolgen sollte, für die Luftwaffe gab es kein Entrinnen, daß die Verluste noch weiter ansteigen würden. Selbst wenn sich die Verlustrate des RAF Fighter Command im selben Umfange wie in der Phase II der Schlacht fortgesetzt hätte, wären die Engländer noch in der Lage gewesen, für mindestens drei Wochen Kampfzeit durchzuhalten. Auch unter der Voraussetzung, daß die Wetterlage die Einsätze nicht behinderte, was zumindest im September der Fall war, hätte die Luftwaffe ihre großen Anstrengungen im Luftkrieg für diesen für die RAF entscheidenden Zeitraum ohne weiteres aufrechterhalten können. Vom 13. August bis 15. September 1940 verlor die Luftwaffe (die entsprechenden Zahlen für das RAF Fighter Command werden in Klammern nachgestellt) insgesamt 1216 (688) Maschinen, davon 729 (535) durch Abschuß und 185 (120) durch Beschädigung. Das entsprach in etwa der Hälfte der Verluste, die in den vier Monaten vom 1. Juli bis 31. Oktober zu verzeichnen waren: 2848 (1486) Maschinen waren auf Grund aller möglichen Ereignisse nicht mehr frontverwendungsfähig, davon gingen durch Abschuß 1446 (935) Flugzeuge verloren und weitere 370 (261) auf Grund von Beschußschäden. Für jedes abgeschossene englische Jagdflugzeug verlor die Luftwaffe 1,5 Flugzeuge. Im Verlaufe der Schlacht verringerte sich die Verhältniszahl sogar noch auf 1 : 1,3. Berücksichtigt man alle Ausfallgründe bei den Frontflugzeugen, so beliefen sich die Verlustzahlen (RAF Fighter Command im Verhältnis zur Luftwaffe) im Viermonatszeitraum auf 1 : 1,9 und zur Wende der

Schlacht auf 1:1,7. In den ersten Septembertagen hatte sich die Luftwaffe genauso fähig erwiesen wie die RAF, wenn auch nur für einen kurzen Zeitraum, diese Verluste zu verkraften. Bei den alles entscheidenden Luftkämpfen zwischen Jägern gelang es der Luftwaffe, für jeden eigenen Flugzeugverlust zwei feindliche Flugzeuge abzuschießen.

Abgesehen von den allgemeinen Abnutzungs- und Ermüdungserscheinungen beim fliegenden Personal und möglicher Schlechtwetterlagen, gab es seitens der Luftwaffe keine materiellen Gründe dafür, die Angriffe gegen das RAF Fighter Command nach und nach einzustellen. Daß es dazu kam, ist jedoch inzwischen Geschichte. Daß dadurch die Luftüberlegenheit über Südostengland verlorenging, ist eine unbestrittene Schlußfolgerung. Zusammenfassend kann festgestellt werden, daß die Luftkriegsstrategie, die die Luftwaffe in der letzten Phase der Luftschlacht um England angewendet hatte, das RAF Fighter Command vor der Niederlage bewahrte und es nach nur kurzer Zeit der Unterlegenheit wieder in die Lage versetzte, über Südostengland die Luftüberlegenheit zurückzugewinnen, was alle Pläne der Deutschen zerschlug, im Herbst 1940 mit einem Landeunternehmen England zu besetzen. Erfolg oder Mißerfolg über eine Entscheidung in der Luft lag in Händen der Luftwaffe. Eine falsche Führungsentscheidung reichte aus, um letztendlich die RAF siegen zu lassen.

Rückschauend betrachtet kann man sagen, daß das Versagen der Luftwaffe über Südostengland im Sommer 1940 und der Entschluß, sich vor der Niederringung Englands nach Osten dem Angriff Rußlands zuzuwenden, zum schicksalhaften Wendepunkt nicht nur der Luftwaffe, sondern auch des »Dritten Reiches« geworden sind. Mit der Luftüberlegenheit über dem Ärmelkanal und den vorgesehenen Landegebieten hätte eine Anlandung in England, sofern sie versucht worden wäre, schon Erfolg haben können. Hatte das deutsche Heer erst einmal englischen Boden betreten und die Luftwaffe Flugplätze in Frontnähe belegt, so hätte eine geringe Möglichkeit bestanden, daß den Deutschen der Sieg zugefallen wäre. Ein Mißerfolg hätte keineswegs dazu geführt, daß die Engländer ihrerseits eine Landung im besetzten Europa versucht hätten, andererseits aber wahrscheinlich Hitler davon abgehalten, die Besetzung Rußlands ins Auge zu fassen. Hätten die Deutschen aber einen Sieg davongetragen, so hätten sie sich danach mit aller Kraft dem Unternehmen im Osten zuwenden können, frei von allen ablenkenden Kriegsereignissen im Westen und im Mittelmeerraum. In diesem Falle, selbst wenn man keinen totalen Sieg über die Sowjetunion errungen hätte, wäre es militärpolitisch mindestens zu einer Patt-Situation gekommen. Aber wie bekannt, entwickelten sich die Dinge ganz anders. Zurück blieb ein trotziges und herausforderndes England, im Rücken und an den Flanken der Deutschen. Mit dem Kriegseintritt der USA Ende 1941 nahm diese Bedrohung noch zu, weil die Insel als Absprungbasis für die alliierte Bomberoffensive und die Invasion diente. Dieser Bedrohung zu trotzen, war die Luftwaffe absolut überfordert, gleiches galt für das Deutsche Reich. Der Zusammenbruch an allen Fronten des Krieges war das Endergebnis. Mit hoher Wahrscheinlichkeit führte das einmalige Versagen im Sommer 1940 zu diesen Konsequenzen. Heute kann man mit Fug und Recht behaupten, daß die wenigen August- und Septemberwochen des Jahres 1940 die entscheidenden und bedeutsamsten Wochen im gesamten Kriegsverlauf waren.

VI. »Blitz« und Gegenschlag

Nahmen die deutschen Tagesangriffe nach dem 15. September immer mehr an Bedeutung ab, so setzte die Luftwaffe ihre Nachtangriffe nicht nur ungemindert fort, sondern verstärkte sie sogar ganz erheblich und trug somit die Hauptlast des Krieges gegen England. Die Deutschen hatten nur die Möglichkeit, ihre Offensive unter dem Schutz der Dunkelheit durchzuhalten, zumal es ihnen an Begleitjägern mit ausreichender Kampfeindringtiefe und der Luftüberlegenheit über Südostengland mangelte. Natürlich hatte die Luftwaffe schon regelmäßig seit dem 5. Juni 1940 Nachtangriffe geflogen, bis Ende August fehlte aber jede Planmäßigkeit. Die abgeworfenen Bombenmengen waren gering, denn selten wurden je Nacht mehr als 60 bis 70 Kampfflugzeuge aufgeboten, häufig sogar noch weniger, so daß die Einsatzergebnisse sehr unbefriedigend waren. Seit dem 24. August nahmen die Einsatzflüge bedeutend zu; bis zum 6. September flogen die deutschen Bomber pro Nacht durchschnittlich 190 Einsätze. Zuweilen faßte die Luftflotte 3 über Liverpool und Birkenhead mehr als 150 Bomber zusammen. Die Ergebnisse waren jedoch außergewöhnlich unbeeindruckend. Nur wenige Bomber trafen die vorgesehenen Ziele. Die Nachtangriffe hatten kaum Zusammenhang mit den strategischen Absichten der Kämpfe, die am Tage ausgefochten wurden, wenn man einmal davon absieht, daß auch Flugzeugwerke angegriffen wurden. Am 7. September begann eine neue Phase im Luftkrieg, in der die Absichten der Kriegführung bei Tage und bei Nacht nur einem Ziel galten: Der Zerschlagung militärischer und kriegswirtschaftlich wichtiger Ziele in London sowie der Verminderung des Widerstandswillens der Zivilbevölkerung.

Nach den verheerenden Verlusten vom 15. September, die zur Einstellung der Tagesangriffe führten, nahmen die Nachtangriffsoperationen der Luftwaffe eigene Formen an. Bis Ende Oktober 1940 war die durchschnittlich bei Nacht abgeworfene Bombenmenge sechsmal so hoch wie bei Tage, und bis auf vier Kampfgruppen (100 Maschinen, meist vom Typ Ju 88) wurden alle nunmehr für die Nachtangriffe bereitgestellt. Zusammen mit den zehn Kampfgeschwadern und zehn Kampfgruppen, die in Holland, Belgien und Frankreich lagen, belief sich die Gesamtstärke auf 1150 Kampfflugzeuge. Im Oktober und November unterstützten 80 mittlere Bomber der italienischen Luftstreitkräfte die Luftwaffe, indem sie Tagesangriffe gegen Ziele in Südostengland flogen. Die Einsatzwirkung war nicht bestechend.

Seit dem 7. September war London das Hauptziel der Luftwaffe, das ungefähr die Hälfte aller Einsatzflüge über sich ergehen lassen mußte. In den 68 Nächten zwischen dem 7. September und dem 12. November konnte die Luftwaffe nur an zehn keinen sogenannten »Großangriff« (das bedeutete nach Luftwaffenkriterien den Abwurf von mindestens 100 Tonnen Bomben) fliegen. Nur in einer Nacht blieb die englische Hauptstadt überhaupt von Bomben verschont. In dieser Zeit wurden 11 117 Einsatzflüge (durchschnittlich 163 pro Nacht) gegen London durchgeführt, wobei 13 651 Tonnen Sprengbomben (201 Tonnen pro Nacht) und 12 586 Abwurfbehälter (durchschnittlich 182 pro Nacht), die jeweils 72 Brandbomben enthielten, abgeworfen wurden. Eine derartige langandauernde, ununterbrochene Zerreißprobe wurde nie wieder im Verlauf des Krieges von beiden kriegführenden Parteien erreicht. Diese Feststellung bezieht sich nicht auf das Maß der erzielten Zerstörung. In der Tat dauerten diese nervenzermürbenden Angriffe, mit Unterbrechungen, bis zum 10. Mai 1941. London war 86

Nächte lang bombardiert worden. Bei insgesamt 15 744 Bombereinsätzen wurden 19 141 Tonnen Sprengbomben und 36 568 Brandbombenbehälter, also ein Gesamtgewicht von 21 774 Tonnen Bomben, über der britischen Hauptstadt abgeworfen.

Es gab mehrere Gründe, warum die Luftwaffe gewillt war trotz des Versagens bei der Tagesoffensive, die Großangriffe fortzusetzen. Erstens, und das alleine war schon Begründung genug, wollten weder Hitler, der sich öffentlich zu den schweren Bombenangriffen bekannt hatte, noch die oberste Luftwaffenführung das Gesicht verlieren, indem sie den Abbruch der Luftschlacht befohlen hätten. Die Niederlage bei den Luftkämpfen bei Tage sollte durch einen Sieg über die feindlichen Städte bei Nacht wiedergutgemacht werden. Für den »Führer« und die Luftwaffe war es eine reine Prestigeangelegenheit. Zweitens glaubte man, mit zusammengefaßten Luftangriffen auf London das wirtschaftliche Gefüge der Hauptstadt, die das Herz aller britischen Kriegsanstrengungen bildete, zu zerstören. Drittens hoffte man, daß die schweren Bombenangriffe zusammen mit der Wirtschaftsblockade den Widerstandswillen der Bevölkerung brechen würden, so daß die Regierung gezwungen wäre, um Frieden nachzusuchen. Nicht daß die Luftwaffe mit Absicht die Zivilbevölkerung bombardieren wollte, denn das hatte Hitler am 14. September ausdrücklich untersagt. Solche Angriffe, so räumte er ein, »sind aber unsere letzte Repressalie«. Bombenangriffe, »um die Bevölkerung in Panik zu versetzen«, mußten das allerletzte Mittel sein. Wirft man einen Blick auf die Zielauswahl der folgenden Monate, so gibt es keinen Hinweis dafür, daß die wahllose Bombardierung der Zivilbevölkerung beabsichtigt war. Nicht auszuschließen war es, daß bei der Bekämpfung von Fabriken, Hafenanlagen, dem Regierungsviertel von Whitehall sowie von Handelshäusern und Banken im Zentrum von London eine große Anzahl von Menschen getötet und ihre Häuser in Schutt und Asche gelegt wurden, weil es einfach bei Tag oder Nacht unmöglich war, Bomben mit ausreichender Treffgenauigkeit auf ausgesprochen militärische Ziele zu werfen, ohne die umliegenden Wohngebiete zu gefährden oder auch zu treffen. Das wußten Hitler und die Luftwaffenführung, und sie waren willens, es zu dulden und in Kauf zu nehmen. Ja, wegen der erhofften Wirkung auf das englische Volk, sie begrüßten es sogar. Göring bestätigte diese Haltung in seinem Tagesbefehl vom 18. Oktober 1940, in dem er seinen fliegenden Besatzungen in höchsten Tönen lobte: »Eure unermüdlichen, heldenhaften Einsätze gegen das Herz des Britischen Reiches, die Stadt London, mit achteinhalb Millionen Einwohnern, haben die englische Plutokratie in Furcht und Schrecken versetzt«.

Anfang November schon mußten sich die Deutschen eingestehen, daß Görings Zuversicht fehl am Platze war. Im September und Oktober betrugen die Verluste unter der englischen Bevölkerung 13 000 Tote und fast 20 000 Verletzte, ganz abgesehen von den vielen, vielen Obdachlosen. Der Widerstandswille hatte darunter kaum gelitten. Sicherlich gab es in offiziellen englischen Regierungskreisen Befürchtungen und auch Unsicherheiten, wie sich wohl die Bevölkerung vom East End, dem Londoner Hafenviertel, verhalten würden. Hier in den Elendsquartieren machte sich auf Grund der Arbeitslosigkeit schon vor dem Kriege allgemeine Unzufriedenheit breit, die durch die ununterbrochenen Luftangriffe, denen die Engländer keine nennenswerte Abwehr entgegenstellten, nur noch weiter genährt wurde. Gerüchte über außergewöhnlich viele Luftkriegsopfer, Flakgeschütze, denen die Munition ausging, und die Unfähigkeit und das Versagen der Regierung waren weit verbreitet. Das unermeßliche menschliche Leid verschlimmerte zweifellos die Abneigung gegenüber dem englischen Gesellschaftssystem. Aber der Wille zum Durchhalten brach nicht. Die Veröffentlichungen des britischen Innenministeriums, demnach es nur gute Berichte über die Haltung der Londoner Bevölkerung erhielt, müssen mit gebotener Vorsicht gelesen werden. Abgesehen von einzelnen Zwischenfällen, wurde der Widerstandswille, den die acht Millionen Einwohner von London zeigten, durch die deutschen Luftangriffe ohne Zweifel eher bekräftigt als geschwächt, was sich auch am bedeutenden Ansteigen der Moral im übrigen England feststellen ließ. *»Wenn London das aushält, dann können auch wir das aushalten«,* das war die Haltung, die die erste Phase des »Blitz« unter der Bevölkerung förderte. Diese Haltung sollte sich noch in den kommenden Monaten von hohem Wert erweisen.

Die Londoner Bevölkerung hatte den Luftangriffen standgehalten, ihre Gebäude hingegen nicht. Die angerichteten Schäden waren insbesondere in den Wohnvierteln beiderseits der Themse beträchtlich. Die englische Hauptstadt bildete ein riesiges Flächenziel, das die Luftwaffe mit ihren verfügbaren Kräften niemals hätte »ausradieren« können. Churchill erklärte am 8. Oktober vor dem Unterhaus:*»Statistiker mögen ihre Freude daran haben, wenn sie unter Anwendung des Gesetzes der abnehmenden Wirkung berechnen können, daß es zehn Jahre dauern würde, bis unter den augenblicklichen Bedingungen die Hälfte der Bebauung von London zerstört sein wird, weil Häuser oft doppelt und dreifach getroffen werden. Später wird natürlich das Maß der Zerstörung noch viel langsamer vor sich gehen«.* Doch Häuser zählten nicht zu den Hauptzielen der Luftwaffe. Es hätte noch Jahre gedauert, bis ihre Zerstörung zum Stillstand des Wirtschaftslebens in London geführt hätte. Anders sah es bei den Hafenanlagen und den Eisenbahnverbindungen aus. Obwohl sie schwersten Luftangriffen ausgesetzt waren, blieben sie weiterhin betriebsbereit. Über den Zustand der Docks berichtete das britische Innenministerium:*»Die Schäden sind zwar schwerwiegend, aber keineswegs lähmend«.* Die dazugehörenden Hafenbecken, Kaianlagen und -ausrüstungen sowie die Gleisanlagen bleiben im wesentlichen intakt. Am schwersten waren die Lagerhäuser betroffen, sie waren aber für den Dockbetrieb nicht lebenswichtig. Die Fähigkeit des Londoner Hafens, die Güter umzuschlagen, die für das Leben der Hauptstadt und das englische Mutterland erforderlich waren, war nur unwesentlich eingeschränkt. Gleichermaßen kam es zu Unterbrechungen im städtischen Ver- und Entsorgungsnetz von unterschiedlicher Dauer. Die Schadensbehebung wurde unter der Leitung eines Sonderbeauftragten in bewundernswerter kurzer Zeit vorgenommen. Die Bombenräumdienste waren unermüdlich im Einsatz, um die Gefahr von Blindgängern und Zeitzünderbomben zu bannen. Nur bei den Angriffen gegen das Eisenbahnnetz konnte die Luftwaffe, wenn auch nur zeitweilig, gute Erfolge verbuchen. Einmal konnten nur vier von üblicherweise 50 bis 60 Zügen pro Tag auf der Nord-Süd-Strecke verkehren. Im September standen die Räder von 5000 bis 6000 Güterwagen wegen Blindgängergefahr still. Auch außerhalb der Hauptstadt wurde das Eisenbahnnetz bekämpft, so zum Beispiel im September, als in 667 Fällen Treffer erzielt wurden. Durch geschickte Umleitungen, sofort eingeleitete Maßnahmen zur Schadensbehebung und die Abstützung auf den Straßentransport konnten die Störungen in den kriegswirtschaftlich Anstrengungen auf ein sehr geringes Maß verringert werden.

Während London Nacht für Nacht beträchtliche materielle Schäden erleiden mußte, kam die Luftwaffe selbst recht ungeschoren davon. Man war sich bald darüber klar, daß Nachtangriffe ein sicherer Weg waren, um den Krieg gegen England fortzusetzen. Weil die Engländer fast keine Nachtjäger hatten, die zudem noch für den Einsatz höchst ungeeignet waren, hatten die Deutschen in der Zeit vom 7. September bis 13. November auf Grund aller möglichen Einflüsse nur rund 100 Flugzeuge verloren. Diese Verluste konnten angesichts der durchschnittlichen Monatsproduktion von 333 Bombern im Jahr 1940 bis auf weiteres ohne Schwierigkeiten in Kauf genommen werden. Es gab mehrere Gründe für diese relativ geringen Verluste. Waren die Angriffsverbände erst einmal über dem Kanal, gab es keine Radarstellungen, die ihren Kurs mitkoppeln konnten.

Es war, wie es Churchill später einmal bemerkte, ein Schritt zurück vom 20. Jahrhundert in die Steinzeit. Die englische Flak war zur Ortung feindlicher Verbände auf Horchgeräte angewiesen. Das bedeutete, daß ein in 6100 m Höhe mit 480 km/h fliegendes Flugzeug schon 2400 m weitergeflogen war, bevor der Schall am Boden meßbar war, und 8 bis 9 km mehr Flugstreck zurückgelegt hatte, bis überhaupt die erste Flakgranate detonierte. Es war fraglich, ob ein Flugzeugführer in dieser Zeit auch nur annähernd seinen Flugkurs beibehalten hatte. Selbst wenn ein Verband geortet werden konnte, mühten sich die englischen Flakbatterien mit erheblichen Schwierigkeiten ab. Ihre Scheinwerferstellungen waren nicht in der Lage, weder ein Flugzeug für einen ausreichenden Zeitraum zu beleuchten, noch oberhalb 3600 m zu wirken, wo die Deutschen vorzugsweise aus Sicherheitsgründen zu fliegen pflegten. Nur wenige Abwehrgeschütze standen zur Verfügung (am 11. September standen gerade 235 schwere Flakgeschütze in und um London). Denn nur die schweren Geschütze konnten Flugzeuge wirksam zwischen 1800 m und 7600 m Flughöhe bekämpfen. Das war der Grund dafür, daß die englische Flak im September und Oktober 1940 nur 54 deutsche Bomber über England abschießen konnte.

In so kläglichem Zustand sich die englische Flakabwehr bei Nacht auch befand, die Nachtjägerkräfte waren in noch erbärmlicher Verfassung. Die »Blenheim« flog langsamer als der Feindbomber, den sie bekämpfen sollte. Im September gab es noch zu wenige der sie ersetzenden »Beaufighter«, um irgendeinen Einfluß auf das Kampfgeschehen zu nehmen. Auch der Einsatz von »Hurricane«- und »Spitfire«-Staffeln, die weder über die Ausbildung noch die Ausrüstung für den Nachteinsatz verfügten, brachten keinen Erfolg. Die wenigen Flugzeuge, die ein Bordradargerät hatten, konnten nichts Wesentliches ausrichten. Die ersten Bordradargeräte konnten nur zwischen 3200 m und 250 m Entfernung ein Ziel auffassen und verfolgen. Die neueren Gerätesätze vom Typ AI Mk IV, die zwischen 6400 m und 180 m Entfernung vom Ziel wirken konnten, befanden sich noch in Entwicklung. Wie unterlegen die englischen Nachtjäger waren, erhellt aus der Tatsache, daß sie in der ersten Phase des »Blitz« nur acht Feindflugzeuge abschießen konnten . Bezieht man diese Zahl in die der von der Flak abgeschossenen mit ein, addiert die vier durch Fesselballone und 15 durch andere Einflüsse bezwungenen Maschinen, so ergibt das insgesamt 81 deutsche Flugzeugverluste, die im September und Oktober bei Nacht von der englischen Luftverteidigung erzielt wurden. Die deutschen Kampfverbände, die bei Tage so verwundbar waren, hattem im Herbst 1940 bei Nacht nichts mehr zu befürchten.

Blieb man beim Nachtangriff fast unbehelligt von englischen Nachtjägern, so verursachte die Zielfindung bei Nacht doch erheblich mehr Schwierigkeiten, weil die Engländer es insbesondere darauf abgesehen hatten, das zu erschweren. Beachtenswert ist die Tatsache, daß sich Schätzungen darauf belaufen, daß nur ein Viertel aller Bomben, die die Deutschen während des »Blitz« abgeworfen hatten, in die Nähe der vorgesehenen Ziele gefallen sind. Man legte Scheinflughäfen, -fabriken und sogar -städte an. Als im Januar 1941 diese täuschend ähnlichen Scheinbefeuerungen in Betrieb genommen werden konnten, veranlaßten sie die deutschen Verbände, ihre Bomben auf unbedeutendes Gelände zu werfen. In einem Falle wurden etwa 400 Tonnen Bomben bei einem Angriff über Moor- und Ackergelände abgeworfen, obwohl die Deutschen am nächsten Tag behaupteten, sie hätten Derby und Nottingham erfolgreich angegriffen. Um die Zielgenauigkeit zu verbessern, setzten die Deutschen als Navigationshilfe das sogenannte Leitstrahlverfahren ein. Als man erstmals Mittelwellenfunkfeuer zur Peilung der eigenen Position verwendete, kamen die Engländer bei Beginn des Krieges dahinter und unterliefen diese Verfahren mittels geeigneter Störmaßnahmen. Das zweite Verfahren war jedoch weit gefährlicher für die englische Abwehr. Das sogenannte »Knickebein«-Verfahren nutzte einen Leitstrahl mit Kennsignalen von weniger als 800 m Breite, der vom europäischen Festland ausgestrahlt wurde und dem Flugzeugführer den Kurs wies. An einem vorbestimmten Punkt schnitt der Leitstrahl einer anderen Funkstelle den Hauptstrahl und änderte die Kennsignale. Dieses Verfahren erlaubte eine Genauigkeit von ungefähr 2,6 Quadratkilometer. Konnte man damit auch nicht eine einzelne Fabrik treffen, so reichte die Treffgenauigkeit doch aus, um ein Industriegebiet zu bombardieren.

Wenn die Luftwaffe gleich mit dem »Knickebein«-Verfahren in die Nachtoffensive voll eingestiegen wäre, hätte sie erheblich bessere Trefferergebnisse erzielen können. Dank des englischen Feindnachrichtendienstes, der den deutschen Funkschlüssel brechen konnte, und des Scharfblickes der wissenschaftlichen Abteilung des RAF-Nachrichtendienstes konnten die deutschen Leitstrahlen schon gepeilt werden, als die Luftwaffe damit begann, seit 21. Juni 1940, sie bei kleineren Nachtangriffsunternehmen gegen England zu erproben. Die Engländer entwickelten Gegenmaßnahmen, indem sie die »Knickebein«-Leitstrahlen entweder mit Störsignalen überlagerten, breitbandig störten, bis sie ihre Leitcharakteristik verloren, oder einen Peilstrahl einblendeten, der vor dem von deutscher Seite geplantem lag. Durch diese Maßnahmen wollten die Engländer die Deutschen daran hindern, ihre Leitstrahlen zu nutzen, oder sie veranlassen, ihre Bomben dort abzuwerfen, wo sie das beabsichtigte Ziel nicht mehr bedrohten. Weil man die Leitstrahlen zunächst peilen mußte, bevor man sie stören konnte, war das keine leichte Aufgabe. Unmöglich war es jedoch nicht, weil man sich der Hilfe von »Ultra« bedienen konnte. Mit Sicherheit spielten die Engländer ihre Trumpfkarte mit der Funkstörung derart geschickt aus, daß die Deutschen in der ersten Phase der Nachtangriffsunternehmungen, Mitte November, ihr »Knickebein«-Verfahren nur zögernd einsetzten. Dumm waren sie nicht. Sie hatten ein neues Verfahren entwickelt, ein hochentwickeltes Bordgerät, das unter dem Namen »X«-Gerät bekannt wurde. In diesem Falle flog das Flugzeug entlang eines feingebündelten Leitstrahls, der von einem sogenannten Marschleitstrahl ummantelt war. Nicht weniger als drei Querleitstrahlen mußten vor Erreichen des Zieles gepeilt werden. Der erste Querleitstrahl diente als Vorwarnsignal, der zweite als Vorsignal und der dritte als Hauptsignal, bei dem eine Abwurfautomatik in Gang gesetzt wurde, die die Bomben an einer vorberechneten Wurfentfernung auslöste. Im Gegensatz zum »Knickebein« verlangte das »X«-Verfahren die Einrüstung besonderer Geräte, die üblicherweise nicht an Bord der Kampfflugzeuge vorhanden waren. Aus diesem Grund entschloß man sich dazu, nur wenige Verbände damit auszurüsten, die als »Pfadfinder« einzeln zur Zielmarkierung und Beleuchtung den Großverbänden vorausfliegen sollten. Derart ausgerüstet, war die Luftwaffe sehr wohl in der Lage, den »Blitz« fortzusetzen.

Die Luftwaffenführung bewegte Anfang November weniger, ob sie die Nachtangriffe gegen England weiter fortführen sollte, als die Frage, welchen Zielen sie sich zuwenden sollte. Wenngleich sich das RLM mehr optimistisch als realistisch darin erging, die materiellen und moralischen Schäden, die man London zugefügt hatte, zu beurteilen, sah es dennoch ein, daß die Anstrengungen der Luftwaffe nicht den erhofften Erfolg erbracht hatten. Die hohen Erwartungen der obersten Luftwaffenführung hatten doch einen Dämpfer erhalten. Neue strategische Ziele mußten gesetzt werden, ohne Zweifel. Nach dem Kriege äußerte sich Göring, wie es zu dem Zielwechsel kam:

»Während der Nachtangriffsoffensive gelang es mir schließlich, vom Führer die Genehmigung zu erwirken, daß außer London auch andere Ziele angegriffen werden

dürfen, weil es immer mein Standpunkt war, daß Angriffe gegen die englische Kriegsindustrie weitaus nützlicher wären. Ich begründete es damit, daß es uns wenig nütze, noch ein paar Hundert Häuser in Brand zu setzen. Ich wollte Angriffe auf die Flugzeugwerke in Südengland und im Raum Coventry, die Schiffswerften, Glasgow, Birmingham und die Häfen .... Immer wieder sagte ich dem Führer, daß wir das englische Volk, das ich so gut wie mein eigenes kannte, mit der Bombardierung Londons nie in die Knie würden zwingen können.« (Rückübersetzung aus dem Englischen; d. Ü.).

Vor dem Beginn der neuen Phase des »Blitz« hatte es sowohl Zerstörangriffe von einzeln fliegenden Bombern auf alle möglichen Ziele als auch relativ starke Angriffe größerer Verbände gegen bedeutende Wirtschaftszentren gegeben. So wurden Birmingham (Abwurf von 217 Tonnen Sprengbomben), Liverpool und Manchester (220 Tonnen) und Coventry (17 Tonnen) bombardiert. Im Oktober waren auf englische Flugplätze etwa 190 Tonnen Sprengbomben geworfen worden, auf die Flugzeugindustrie 63 Tonnen und auf Häfen und den Schiffsverkehr insgesamt 352 Tonnen. Bis November waren Yarmouth in East Anglia 72mal und Falmouth in Cornwall 33mal angegriffen worden, wobei es auch zum Brandbombeneinsatz kam. Im Oktober begann ein Fernnachtjagdverband mit der Bekämpfung englischer Flughäfen, um die Aufstellungsvorhaben des RAF Bomber Command zu beeinträchtigen. Die Engländer drehten ihrerseits den Spieß um und flogen entsprechende Störangriffe gegen Plätze der Luftflotten 2 und 3. Diese Unternehmen waren jedoch in keiner Weise vergleichbar mit dem, was noch kommen sollte. Anfang November erteilte der Generalstab der Luftwaffe den Chefs der Luftflotten die neuen Anweisungen für die Kampfführung. London blieb das Hauptziel, aber auch die Industriezentren, wie Birmingham und Coventry, sollten so wenig ausgeschlossen bleiben wie die gesamte englische Flugzeugindustrie. Die Verminung der Themse, des Bristol-Kanal, des Mersey und des Manchester-Kanal oblag dem IX. Fliegerkorps. Die Schiffahrt im Ärmelkanal und auf der Themse zählte auch zu den Angriffszielen. Die Kriegführung gegen die englische Wehrwirtschaft sollte durch Bombardierung der englischen Kriegsindustrie und der über See zugeführten Nachschubgüter fortgesetzt werden.

Der neue Abschnitt des »Blitz« begann in der Nacht vom 14. auf 15. November 1940, als in einem zehnstündigen Angriff 449 deutsche Bomber die Stadt Coventry angriffen und dabei 502 Tonnen Sprengbomben und 881 Abwurfbehälter mit Brandbomben abwarfen. Ein Drittel aller Wohngebäude lag in Trümmern, das Stadtzentrum mit seinen aus dem Mittelalter stammenden Häusern war völlig ausgebrannt, alle Eisenbahnverbindungen waren unterbrochen. 554 Menschen fanden den Tod, 865 wurden schwer verletzt. Zwölf wichtige Flugzeugwerke und neun andere große Industriebetriebe, die eigentlichen Ziele der Kampfverbände, wurden durch Bombentreffer oder dadurch verursachte Brände schwerstens getroffen, ferner verursachten die Schäden an der Wasser- und Gasversorgung insbesondere bei den meisten anderen Betrieben Produktionsunterbrechungen. Der Luftangriff war verheerend. Die Flugzeugproduktion erhielt einen ernst zu nehmenden Rückschlag. Dennoch gelang es in erstaunlich schneller Zeit, die Schäden zu beheben, so daß selbst die am schlimmsten getroffenen Werke innerhalb von zwei Wochen ihre Fertigung wiederaufnehmen konnten. Den Engländern war es voll bewußt, daß weitere Großangriffe den Produktionsausstoß für einen erheblich längeren Zeitraum einschränken würden. Merkwürdigerweise ließ sich die Luftwaffe in der Nacht darauf diese günstige Gelegenheit entgehen. Weniger als die Hälfte der 16 Bomber, die die Stadt noch einmal angreifen sollten, fanden nur ihr Zielgebiet. Statt dessen wandte man sich wieder mit Masse der Kräfte London zu, über dem in den nächsten drei Nächten insgesamt 578 Tonnen Sprengbomben und 1274 Brandbombenbehälter abgeworfen wurden. Es dauerte in der Tat bis zum 8. April 1941, bis Coventry wieder einen Großangriff über sich ergehen lassen mußte. Zu dieser Zeit waren die wichtigen kriegswirtschaftlichen Betriebe aber längst ausgelagert worden. Coventry, das in der britischen Propaganda eine große Rolle spielte, war in Wirklichkeit das Beispiel für eine verpaßte Chance.

Immerhin setzte dieser Angriff das Zeichen für den Beginn einer neuen Phase in der Luftkriegführung der Luftwaffe, die bis Ende Februar 1941 andauern sollte. In dieser Zeit wurden Hafenanlagen und Rüstungsbetriebe an vierzehn geographischen Schlüsselpunkten mit schweren Luftangriffen überzogen. Von den 48 Luftangriffen – 31 davon wurden als »Großangriffe« im Sinne der Luftwaffe bezeichnet – galten London 12, Birmingham 6, Southampton und Bristol je 5, Liverpool, Manchester und Swansea je 3, Plymouth, Portsmouth, Sheffield und Avonmouth je 2 und je einmal Coventry, Cardiff und Derby. Mit den Tausenden von Brandbombenabwurfbehältern und 7760 Tonnen Sprengbomben belief sich die Gesamtmenge abgeworfener Bomben auf 10 500 Tonnen. Die Luftwaffe faßte in jeder Nacht nunmehr alle ihre Kräfte über einem einzigen Ziel zusammen. Sie hatte wahrscheinlich aus dem taktischen Fehler Coventry ihre Lehren gezogen und griff neuerdings zwei- oder dreimal in kurzen Abständen dieselbe Stadt an, in der Hoffnung, daß die Schadensbehebung oder Auslagerung erschwert werden würde. Die Angriffswucht und -wirkung wurde jedoch wesentlich durch den Einfluß der Wetterlage gemindert, so daß sich die Zahl der Einsatzflüge von 6000 im November 1940 auf gerade 1200 im Februar 1941, in dem keine Großangriffe geflogen wurden, verringerte. Auch der Luftwaffe kam die Abnahme der Einsatztätigkeit zugute, denn die Belastungen dauernder Einsätze, denen die Luftflotten 2 und 3 ausgesetzt waren, waren erheblich. Zu Beginn des neuen Jahres verfügten beide Luftflotten über 551 einsatzbereite Kampfflugzeuge, bei einem Verfügungsbestand von 1291 Maschinen, das waren etwa 250 weniger als noch im September des Vorjahres. Innerhalb von vier Monaten hatte sich der Flugzeugklarstand (d. h. der Prozentsatz einsatzklarer Flugzeuge bezogen auf den gesamten Verfügungsbestand; d. Ü.) bei den Kampfverbänden von 61 Prozent auf 43 Prozent verschlechtert. Den relativ ruhigen Monat Februar nutzten die Bodendienste der Luftwaffe weidlich für Reparatur- und Instandsetzungsarbeiten, ganz abgesehen von der Verschnaufpause, die allen zugute kam.

Bis zu diesem Zeitpunkt des »Blitz« hatten die Deutschen geringe Verluste. In den vier Monaten vom November 1940 bis Ende Februar 1941 konnte die englische Luftverteidigung nicht mehr als 75 Flugzeuge von weit über 12 000 durchgeführten Feindflügen der Luftwaffe herausschießen. Zwei Drittel dieser Abschüsse wurden der englischen Flak und ein Drittel den englischen Nachtjägern zugeschrieben. Diese Verluste beunruhigten die Luftwaffe nicht, dagegen aber die Störung ihrer »X«-Geräte. Sie hatte derartige Formen angenommen, daß die Luftwaffe ihre Leitstrahlen erst unmittelbar vor einem Nachteinsatz zu richten pflegte und damit Gefahr lief, Peilungenauigkeiten in Kauf zu nehmen, wenn ihre Bomber zum Einsatz starteten. Abgesehen von dem belästigendem und ablenkendem Einfluß, den die englische Abwehr ausübte, den die Luftwaffe aber gut verkraften konnte, hielten sich die Zweifel an der Wirksamkeit der Nachtangriffe nicht nur in Kreisen des RLM. Keitel und Jodl sprachen sie genauso aus wie Raeder, der Hitler am 4. Februar 1941 deutlich machte, daß die Angriffe der Luftwaffe weder die englische Produktion gelähmt noch den Widerstandswillen der Bevölkerung erschüttert hätten. Er drang darauf, daß sich die Luftwaffe wieder ihrem Hauptziel im Luftkrieg zuwenden sollte, bis die Voraussetzungen für das Unternehmen »Seelöwe« geschaffen wären. Damit wollte er nichts anderes ausdrücken, als daß die Luftwaffe mit der Kriegsmarine zusammenarbeiten sollte, um die hauptsächlichen Schwächen des Gegners, seine Abhängigkeit von Einfuhren und seinen Mangel an Schiffsraum, auszunutzen für die Kriegführung. Hitlers Weisung Nr. 23, vom 6. Februar 1941, ging auf diesen Vorschlag ein: »Im Gegensatz zu unseren früheren Auffassungen ist die stärkste Wirkung im Kampf gegen die englische Wehrwirtschaft durch die hohen Verluste an Handelsschiffen durch See- und Luftkrieg eingetreten. Diese Wirkung wurde durch die Zerstörung von Hafenanlagen und die Vernichtung großer Vorräte, sowie durch die geringe Ausnutzung der Schiffe, wenn sie im Geleit fahren müssen, noch erhöht.« Hitler stellte fest: »Die Auswirkungen der Luftangriffe unmittelbar gegen die englische Rüstungsindustrie ist schwerer abzuschätzen. Infolge der Zerstörung zahlreicher Werke und der entstandenen Unordnung in der Organisation der Rüstungsindustrie ist aber sicher mit einem erheblichen Rückgang der Erzeugung zu rechnen. Am wenigsten ist bisher die Wirkung gegen die Moral und die Widerstandskraft des englischen Volkes von Außen erkennbar.« Er hatte in der Tat erkannt, daß »von planmäßigen Terrorangriffen auf Wohnviertel . . . kein kriegsentscheidender Erfolg zu erwarten« ist. Aus diesen Gründen und wegen der Aufgaben auf anderen Kriegsschauplätzen (im Mittelmeer und später im Osten) mußten Teile der Luftwaffe aus dem Einsatz gegen die Britischen Inseln herausgelöst werden. »Deshalb wird es erforderlich, die Luftangriffe in Zukunft noch schärfer zusammenzufassen und vorwiegend gegen solche Ziele zu richten, deren Zerstörung sich in derselben Richtung auswirkt, wie der Seekrieg. Nur dadurch ist in absehbarer Zeit ein kriegsentscheidendes Ergebnis zu erwarten.« Diesen Grundsätzen gemäß befahl Hitler, daß die Luftwaffe alle Anstrengungen unternehmen sollte, die feindliche Zufuhr von Gütern zu unterbinden und gleichzeitig der englischen Luftrüstungsindustrie noch stärkeren Abbruch zu tun. Die Blockade Englands wurde wieder zur Hauptaufgabe der Luftwaffe. Man befand sich also von neuem dort, wo man einmal angefangen hatte. Man hoffte auf den Sieg mittels einer Blockade des englischen Mutterlandes, woran Luftwaffe und Kriegsmarine gleichermaßen beteiligt sein sollten.

Mit Beginn der günstigeren Wetterbedingungen machte sich die Luftwaffe für die Frühjahrsangriffe bereit. Zwischen dem 19. Februar 1941 und 12. Mai flog sie 61 Angriffe mit mehr als 50 Kampfmaschinen, davon 46 gegen englische Häfen, insbesondere diejenigen, die den lebenswichtigen Güterumschlag der Atlantikroute abwickelten. Portsmouth, Plymouth, Bristol, Avonmouth, Swansea, Merseyside, Belfast und Clydeside wurden wiederholt schwer getroffen. Auch die Schwerpunkte der Luftrüstung mit den Werken in Nottingham (ein Angriff), Coventry (zwei Angriffe) und Birmingham (fünf Angriffe) litten schwer. Plymouth mußte heftigste Angriffe hinnehmen. Die Großangriffe vom 20. und 21. März, bei denen 18 000 Häuser zerstört oder beschädigt wurden, wurden einen Monat später, am 21., 22., 23., 28., und 29. April, wiederholt, wo die Schäden an Wohngebäuden die der insgesamt vorhandenen übertrafen, weil viele mehrfach getroffen worden waren. London, als Hafen und Schwerpunkt der Rüstungsindustrie, mußte sieben Großangriffe über sich ergehen lassen, wobei die letzten drei zu den verheerendsten zählten, die jemals eine englische Stadt trafen. Schlimmste Schäden wurden besonders beiderseits des Themseufers angerichtet. Am 16. und 19. April 1941 schlug die Luftwaffe derart hart zu, daß diese Tage als der »Mittwoch« und der »Samstag« in die englische Luftkriegsgeschichte eingingen. In jeder dieser Nächte fanden 1000 Menschen den Tod, und 148 000 Häuser wurden in Trümmer gelegt oder beschädigt (in den Vorjahresmonaten September und Oktober belief sich im Durchschnitt die Zahl auf 40 000 pro Woche). Der einschneidendere und damit der schwerste Angriff, der jemals im Verlaufe des Krieges gegen irgendein Ziel in England geflogen wurde, war der vom 19.

April, als 712 deutsche Kampfflugzeuge 1026 Tonnen Sprengbomben und 4252 Brandbombenbehälter abwarfen, um London als Hauptumschlagplatz für Güter aller Art auszuschalten. Die schlimmste Nacht erlebte London jedoch am 10. Mai 1941, als 1436 Menschen den Tod fanden und 1792 schwer verletzt wurden. Ein Drittel aller Straßen im Raum Großlondon waren unpassierbar und bis auf einen Großbahnhof waren alle anderen wochenlang unbenutzbar. Einige der Großbrände konnten erst nach elf Tagen gelöscht werden. Bei diesen drei Luftangriffen hatte die Luftwaffe 1904 Bomber eingesetzt, die 2627 Tonnen Sprengbomben und 10 845 Brandbombenbehälter abwarfen.

Aber gerade in dem Augenblick, als sich die Folgen der Nachtangriffe voll auf das englische Volk auszuwirken begannen, bereitete sich die Luftwaffe darauf vor, ihre Unternehmungen zu beenden. Im April wurden etwa 150 Bomber vom Westen abgezogen und im Balkanfeldzug eingesetzt. Im Mai 1941 begannen die Verlegungen in den Osten. Die Luftflotte 2 und viele Verbände der Luftflotte 3 (so das IV. und V. Fliegerkorps) mußten im Rahmen der Vorbereitungen des Rußlandfeldzuges herausgelöst werden. Am 21. Mai war Sperrle der einzige Luftwaffenbefehlshaber im Westen. Von den 44 Bombergruppen, die während des »Blitz« gegen England eingesetzt waren, blieben nur ganze vier zurück. Um diese Kräfteverschiebungen zu tarnen, bediente man sich sogenannter Funkspiele und verstärktem Flugbetrieb der verbleibenden Verbände zum Zwecke der Täuschung des Gegners. Auch Hitler verlangte ausdrücklich, daß alle Anstrengungen zu machen wären, »... um den Anschein eines in diesem Jahre bevorstehenden Angriffs gegen die britischen Inseln vorzutäuschen«. Nach dem 10. Mai 1941, dem Angriff auf London, kam es nur noch zu vier Angriffen, bei denen mehr als 100 Tonnen Bomben abgeworfen wurden. Ende Juni war die Zerreißprobe für England vorbei. Die gelegentlichen Störangriffe, nach dem Motto: »Wir sind noch da!«, nahmen die Engländer voller Gleichmut hin.

Die Luftwaffe zog sich gerade zu dem Zeitpunkt aus dem Westen zurück, als die Engländer mit ihrer Nachtabwehr daran gingen, eine Antwort auf die Herausforderung durch den Gegner zu finden. Die Verbesserung des »X«-Gerätes, das »Y«-Gerät, das sich nur noch auf einen Leitstrahl in Verbindung mit einem Entfernungsmesser abstützte, war der RAF bereits vor seiner einsatzmäßigen Verwendung bekannt, so daß es schon beim ersten Einsatz, Anfang 1941, gestört werden konnte.

Die sechs englischen Nachtjägerstaffeln, die seinerzeit zumeist mit »Beaufighter« ausgerüstet waren und über das Bordradargerät AI Mk IV verfügten, konnten durch die Radarstellungen bis auf 1000 m an die Feindbomber herangeführt werden. Ferner gab es noch acht nachtflugerfahrene »Hurricane«- und »Defiant«-Staffeln, die noch von zwei »Havoc«-Staffeln unterstützt wurden. Flugzeugführer und Jägerleitoffiziere entwickelten sehr schnell die erforderliche Fähigkeit und Erfahrung für den Nachteinsatz. Die Ergebnisse dieser Zusammenarbeit fordern alle Hochachtung ab. Im Mai 1941 waren 196 Feindkontakte zu verzeichnen, eine Verhältnis von einem pro 20 Feindeinflügen, das im Januar noch 1:218 betrug, so daß nicht weniger als 96 Feindmaschinen abgeschossen werden konnten. Auch die englische Flak konnte ihre Trefferwirkung verbessern. Mußte man im September 1940 noch 20 000 Flakgranaten aufwenden, um einen deutschen Bomber abzuschießen, so waren es im Februar 1941 nur 3000. Auch Raketen wurden eingesetzt. Im April konnte die englische Flak 39 deutsche Maschinen und im Mai, als die deutschen Angriffe abnahmen, sogar 31 Feindflugzeuge abschießen. Im letzten Monat des »Blitz« gingen über England 138 deutsche Bomber verloren, was 3,5 Prozent aller durchgeführten Feindflüge entsprach. Aus jedem Kampfverband mit 30 Maschinen wurde ein Flugzeug herausgeschossen, im Dezember 1940 war es nur eine Maschine bei 326 eingesetzten Bombern. Air Vice-Marshal W. S. Douglas, der im Führungsstab der RAF vornehmlich für Belange der Luftverteidigung zuständig war, äußerte sich darüber: »*Hätte sich der Gegner nicht gerade in diesem Augenblick aus dem Kampfgeschehen zurückzogen, so wären wir sehr bald in der Lage gewesen, ihm bei seinen Nachtangriffen derartige Verluste zuzufügen, daß er seine Nachtoffensive im gegebenen Umfange nicht mehr hätte fortführen können.*«

Als sich die Luftwaffe nach Osten gegen die Sowjetunion wandte, hatte sie in England beträchtlichen Schaden hinterlassen. Mit Stand vom 19. Juni 1941 waren über zwei Millionen Häuser zerstört oder beschädigt worden, alleine 60 Prozent davon in London, oder auf ganz England bezogen 15 Prozent. Sieben Prozent dieser Häuser ließen sich nicht mehr reparieren. Zwanzig Prozent aller Schulen hatten Bombenschäden zu verzeichnen. 40 000 Menschen hatten den Tod gefunden, 86 000 waren schwer und über 150 000 leicht verletzt worden. Erst nach drei Jahren Kriegsdauer überstieg die Zahl der von deutschen den englischen Truppen zugefügten Verluste die der Zivilbevölkerung. Die oben erwähnten Zahlen sind eher ein zufälliges Ergebnis, das die Luftwaffe mit dem »Blitz« erreichte. Nur in der kurzen Zeit von September bis Mitte November 1940 sollte die Erschütterung des Widerstandswillens der Zivilbevölkerung als Nebenergebnis der Bombardierung militärischer Ziele, wie Flugzeugfabriken und Häfen, erzielt werden. In erster Linie sollte die Luftwaffe die englische Kriegswirtschaft zerschlagen, was ihr nicht annähernd gelang. Das soll nicht heißen, daß es nicht auch einzelne Erfolge gegeben hat. Beim Angriff auf Coventry, am 14. November 1940, verloren die Deutschen ein Kampfflugzeug und konnten die englische Flugzeugproduktion kurzfristig um zwanzig Prozent absinken lassen, was deutscherseits sogar zu einer gewissen Siegeszuversicht Anlaß gab. Insgesamt betrachtet waren aber die Auswirkungen der acht Monate andauernden Luftangriffe doch gering. Die Produktion von Flugzeugen und anderen wichtigen Kriegsgütern war niemals ernsthaft gefährdet. Der Ausstoß an Kriegsflugzeugen nahm stetig zu; im ersten Quartal 1940 betrug er 2381 Maschinen, im entsprechenden Quartal 1941 schon 4515. Natürlich gab es auch Engpässe und Probleme. Nach der Bombardierung der englischen Thomson-Houston-Werke verzögerte sich die Produktion von Zündmagneten und damit auch die von Flugmotoren für einige Monate. Die Ausfälle konnten erst nach knapp einem Jahr ausgeglichen werden. Sie waren aber nicht bedrohlich, zumal man schon im Herbst 1940 mit der Auslagerung von Industriebetrieben begonnen hatte. Der Güterumschlag in den Seehäfen, der seit Kriegsbeginn abgesunken war, wurde nur unwesentlich beeinflußt. Ja, als die Luftwaffe in zweiten Quartal 1941 insbesondere die Seehäfen zum Ziel hatte, stieg die die Hafenanlagen passierende Schiffstonnage noch an, von dem niedrigsten Wert 5 886 000 Tonnen im ersten Quartal auf 6 270 000 Tonnen im zweiten Quartal. Diese steigende Tendenz hielt bis zum Ende des Krieges an. Während der fünf Monate dauernden Angriffe auf Hafenanlagen und Seehäfen im Jahre 1941 wurden nur 70 000 Tonnen Nahrungsmittelvorräte und ein halbes Prozent der Ölvorräte vernichtet. Die lebenswichtigen Importe erreichten immer noch das englische Mutterland. Zwar wurde das Eisenbahnverkehrsnetz laufend getroffen, die Schäden wurden aber schnell behoben und hielten sich in Grenzen, so daß sie die englische Kriegswirtschaft kaum eingeschränkt hatten. Gleichermaßen gering wirkten sich die Schäden in der öffentlichen Wasser- und Energieversorgung aus. Der »Blitz« führte natürlich zu manchen Schwierigkeiten und Erschwernissen im Leben der Bevölkerung, aber dennoch hörte London nie auf, hinsichtlich Verwaltung und Wirtschaft die Hauptstadt des britischen Weltreichs zu sein. Portsmouth und Plymouth dienten der Royal Navy immer noch als Arsenale und Häfen, die Docks von Liverpool blieben betriebsfähig wie die auch aller anderen Hafenstädte, die unter Luftangriffen zu leiden hatten, und sogar Coventry behielt seine vorherrschende Rolle im Rahmen der englischen Kriegsproduktion.

In den neun Monaten vom 7. September 1940 bis Ende Mai 1941 hatte die Luftwaffe über England 46 500 Tonnen Sprengbomben und 110 000 Brandbombenbehälter, also insgesamt 54 420 Tonnen Bomben, abgeworfen und dabei etwa 600 Flugzeuge aus allen möglichen Gründen (Abschuß oder Bruch- und Notlandungen) verloren. Es war ein Unternehmen, wobei man noch mit einem blauen Auge davongekommen war, leider aber auch keinen dauerhaften Erfolg erzielt hatte. Ob es den Deutschen gelungen wäre, die englische Kriegswirtschaft entscheidend zu schwächen, wenn sie sich gleich zu Beginn der Auseinandersetzung mit aller Kraft ein oder zwei bedeutenden Hauptzielkomplexen gewidmet hätten, wie es Hitler in seiner Weisung vom 6. Februar 1941 befohlen hatte, ist eine offene Frage. Unbestritten ist, daß im späteren Verlauf des Krieges, als die Alliierten im dritten Quartal 1944 alleine in einem Monat durchschnittlich zweieinhalbmal mehr Bomben über dem Reichsgebiet abwarfen als während der gesamten Einsatzdauer des »Blitz« über England abgeworfen wurden, offenkundig geworden ist, wie schwierig es war, nur durch Luftangriffe eine Entscheidung erzwingen zu wollen. Selbst wenn ein Sieg für beide kriegführenden Parteien in greifbarer Nähe schien, so bleibt festzustellen, daß die Luftwaffe dafür ungewöhnlich schlecht gerüstet war. Während des neun Monate dauernden »Blitz« führte sie etwa 40 000 Einsatzflüge gegen England durch, wobei pro Feindflug durchschnittlich 1,1 Tonnen Sprengbomben und 2,75 Brandbombenabwurfbehälter, pro Monat also 6046 Tonnen Bomben, geworfen wurden. Im Gegensatz dazu, in den 28 Monaten von Januar 1943 bis zum Kriegsende, warfen die alliierten Bomber 1 888 871 Tonnen Bomben auf Ziele in Deutschland und im besetzten Europa, was im Monatsdurchschnitt 67 459 Tonnen Bomben ausmachte. Die meisten alliierten Bomber konnten bis zu elf Tonnen je Feindflug laden. Auf dem Höhepunkt der Bomberoffensive verfügten die Alliierten über 3500 einsatzbereite Bomber, die Deutschen während des »Blitz« hingegen über höchstens 700, wovon jeder nur bis zu einer Tonne Bomben an sein Zeil schleppen konnte. Alles, was derartige Kräfte ohnehin nur hätten erreichen können, wäre eine leichte Abschwächung der englischen Kriegswirtschaftsentwicklung gewesen, die von so kurzer Dauer gewesen wäre wie die Offensive selbst.

Nachdem sich Deutschland in der zweiten Jahreshälfte 1941 und im Jahre 1942 voll den Ereignissen im Osten widmen mußte und in zunehmenden Maße im Mittelmeerraum gebunden war, ergab es sich zwangsweise, daß der Westen zu einem bloßen und dazu noch störend empfundenen Nebenkriegsschauplatz wurde. In den folgenden Jahren hielt die Luftwaffe nur widerwillig in Norwegen und Westeuropa Verbände bereit, die durch ihre ständigen, wie Nadelstiche wirkenden Angriffe den Engländern vor Augen halten sollten, was sie noch zu erwarten hätten, wenn Rußland erst einmal erobert war. Ende Juni 1941 standen der Luftflotte 3 und 5 nur 780 Einsatzflugzeuge zur Verfügung, von denen nie mehr als 50 Prozent einsatzbereit waren. Damit ließ sich weiß Gott nicht derselbe Auftrag erfüllen, woran schon eine viermal so starke Streitmacht gescheitert war. Dennoch setzte die Luftwaffe ihre Versuche halbherzig und aufs Geratewohl fort, England wirtschaftlich abzuschnüren, indem sie bei Tag und Nacht den Schiffsverkehr und bei Nacht einige Häfen und Schlüsselindustrien angriff. Welche geringe Bedeutung man diesen Einsätzen beimaß, läßt sich alleine daraus ersehen, daß, wo immer es auf den anderen beiden Kriegsschauplätzen zu Krisenlagen kam (zum Beispiel an der Ostfront Ende 1941 und 1942, oder im Mittelmeerraum im November 1942), der Westen seiner Reserven entblößt wurde. So kam es Ende 1942 dazu, daß dort der stärkemäßige Anteil der Luftwaffe erheblich niedriger als noch 18 Monate zuvor war: 16 Prozent im Vergleich zu ursprünglich 23 Prozent. Im günstigsten Falle ist anzuführen, daß der Einsatz der Luftwaffe gegen England während dieser Zeit mit relativ schwachen Kräften starke Feindkräfte band, die anderenfalls für den Einsatz im Mittelmeer bereitgestanden hätten. Im Jahre 1942 flogen die in England zurückgehaltenen Jäger der RAF beispielsweise nicht weniger als 73 000 reine Abwehreinsätze, wozu auch Schutzflüge für Geleitzüge zählten. Das war eine beachtliche Herausforderung, die die relativ wenigen, im Westen liegenden deutschen Flugzeugen dem Gegner aufzwangen.

Nach dem Fehlschlagen des »Blitz« versuchte man, die englische Kriegswirtschaft durch Bekämpfung ihrer Schiffszufuhr zu treffen. Gelegentlich wurden nachts mit kleinen Kampfverbänden Häfen wie Hull oder Portsmouth, Industriezentren wie Birmingham, oder gar, wie in der Nacht des 28. Juli 1941, mit 60 Bombern London als Vergeltung für einen Angriff auf Berlin bombardiert. Aber jeder wußte, daß die Angriffswirkung unwesentlich bleiben mußte. Mehr erwartete man sich von der Bekämpfung der Schiffswege, die auch während der Luftschlacht um England nie vernachlässigt worden war. Bei diesen Einsätzen spielte die Luftwaffe eine wesentliche Rolle, weil sie den U-Booten genaue Wege in ihre Jagdgründe wies. Die Kimm der U-Boote betrug höchstens 32 km. Nur mit Hilfe der Fernaufklärer Fw 200, die 16 Stunden lang in 4600 m Höhe fliegen konnten, war es möglich, den Kampf um die Überwachung der Schiffswege über den Atlantik zu gewinnen. Im Januar 1941 bekräftigte dies die Seekriegsleitung noch einmal: »*Die systematische Aufklärung nur für Zwecke der Seekriegführung im Atlantik durch Marine-Führungsstellen ist notwendig*«. Aber die Luftwaffe wurde nicht nur als das »verlängerte Auge« der Kriegsmarine eingesetzt. Mit Stand vom 30. August 1940 meldete die Luftwaffe bereits 1 376 813 BRT versenkten feindlichen Schiffsraum seit Kriegsbeginn. Die englischen Zahlen sind abweichend davon, sie sprechen von 201 300 BRT, versenkt durch die Luftwaffe, obwohl diese Zahlen nicht die Tonnage berücksichtigen, die durch Minen verursacht worden war, die anteilmäßig auch von Flugzeugen gelegt worden waren. Das X. Fliegerkorps in Norwegen und die 9. Fliegerdivision in Holland, die im Oktober zum Fliegerkorps umgegliedert wurde, hatten regelmäßig ihre Einsatzaufträge durchgeführt, wenngleich einige ihrer Verbände auch zur Bombardierung des englischen Mutterlandes mit herangezogen wurden. In der Tat wurde es fast üblich, daß Verbände von der Blockadekriegführung abgezogen wurden. Ende 1940 verlegte das X. Fliegerkorps in den Mittelmeerraum. Im März 1941 kam es zur Umgliederung der Seefliegerverbände. Die Verbände der Luftflotte 5 in Norwegen wurden zur taktischen Führung dem Fliegerführer Nord, später untergliedert in Fliegerführer Nord und Fliegerführer Nord-Ost, und dem Fliegerführer Lofoten unterstellt, denen nicht nur die Schiffs- und Geleitzugbekämpfung, sondern auch die Fernaufklärung oblag. Der Gefechtsabschnitt der Luftflotte 5 lag nördlich des 58. Breitengrades, der der Luftflotte 3 südlich des 52. Breitengrades. Ihr unterstanden das IX. Fliegerkorps, das weiterhin für das Minenlegen in englischen Küstengewässern zuständig war, und der Fliegerführer Atlantik, mit Gefechtsstand in der Bretagne, der für die Aufklärung und Bekämpfung der von Westen kommenden Schiffahrtswege bis in den Bereich der Ostküste Englands verantwortlich war. Unabhängig von der Luftflotte 3 war der Führer der Seeluftstreitkräfte, der seine Weisungen von der Kriegsmarine erhielt und dessen Seeaufklärer an der Westküste Jütlands lagen für Zwecke der Aufklärung über der Nordsee.

Obwohl die Auseinandersetzungen zwischen Luftwaffe und Kriegsmarine, wer für den Einsatz der Seeluftstreitkräfte letztendlich verantwortlich sein sollte, durch den Entscheid Hitlers im März 1941 zugunsten der Luftwaffe geregelt worden war, hat die Tatsache, daß die Führung des Seekrieges in der Verant-

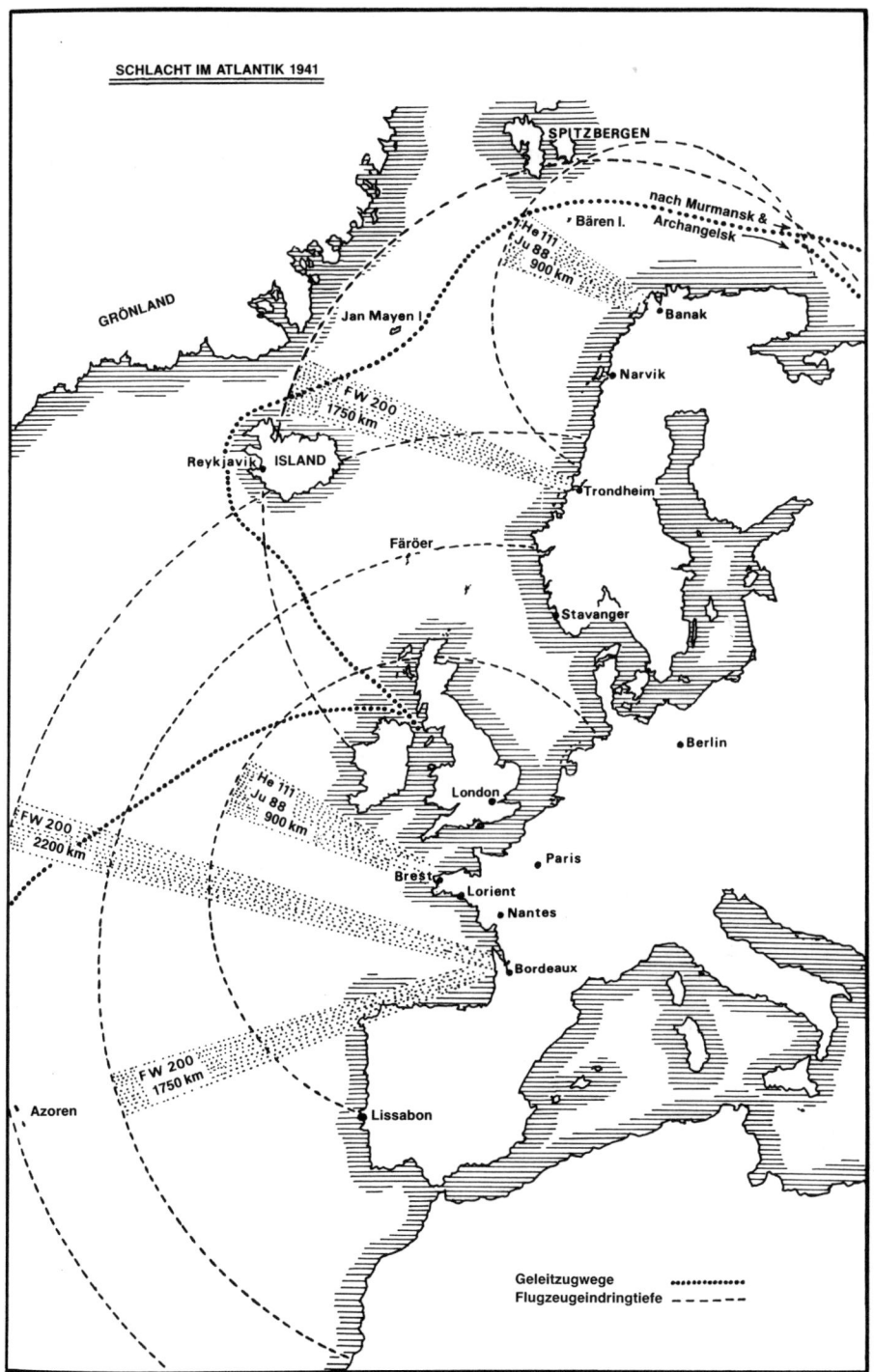

SCHLACHT IM ATLANTIK 1941

SPITZBERGEN

nach Murmansk &
Bären I.   Archangelsk

He 111
Ju 88
900 km

GRÖNLAND

Jan Mayen I.

Banak

Narvik

FW 200
1750 km

Reykjavik ISLAND

Trondheim

Färöer

Stavanger

Berlin

He 111
Ju 88
900 km

London

FW 200
2200 km

Paris

Brest

Lorient

Nantes

Bordeaux

FW 200
1750 km

Azoren

Lissabon

Geleitzugwege   ●●●●●●●●●●●●●
Flugzeugeindringtiefe ─ ─ ─ ─ ─

191

wortung auf Luftwaffe und Kriegsmarine aufgeteilt wurde, nicht gerade dazu geführt, die Zusammenarbeit beider Wehrmachtteile zu fördern, die zumindest bei Kriegsbeginn als gut zu beurteilen war. Ein weit entscheidender Faktor war jedoch der Mangel einer ausreichenden Anzahl von Flugzeugen nicht nur für die Schiffsbekämpfung, sondern auch entscheidend für die Aufklärung zur Unterstützung der U-Boote. Nach der Verlegung eines Großteils der Luftwaffe nach dem Osten blieben nur noch wenige Flugzeuge für die Blockadekriegführung gegen England. Die Luftflotte 5 verfügte mit ihren etwa 20 He 111 und 24 Ju 88 über eine wahrhaft kleine Kampfkraft und war hauptsächlich mit Fernaufklärungseinsätzen für die U-Bootwaffe befaßt. Das IX. Fliegerkorps mit seinen annähernd 250 Flugzeugen stand weiterhin im Einsatz zur Verminung, während die Verbände des Fliegerführer Atlantik, dem Oberst Martin Harlinghausen, einem begnadeten Schöpfer neuer Schiffsbekämpfungsverfahren, die Hauptlast der Angriffe gegen Geleitzüge aus den USA, dem Südatlantik und von Gibraltar her, die so wichtig für Englands Überleben waren, trugen. Mit Fliegerhorsten in Westfrankreich, verfügte er im April 1941 über nur 21 Fernaufklärer Fw 200, acht davon lagen in Norwegen, ganz zu schweigen von der geringen Klarstandsrate, 26 He 111, 24 He 115, die als Seeflugzeuge Bomben oder Torpedos tragen konnten, und 12 Bf 110 und Ju 88 als Aufklärer mit kurzer Reichweite. Nach sechs schweren, verlustreichen Einsatzwochen mußten die He 111 abgezogen und durch verbesserte Versionen ersetzt werden. Bis zum Juli war Harlinghausens Flugzeugverfügungsbestand von 83 auf 155 Maschinen angewachsen: 29 Fw 200, 31 He 111, 45 Ju 88 und 20 Do 217, ferner 18 He 115 und 12 Nahaufklärer. Auf Grund ihrer Störanfälligkeit standen selten mehr als acht Fw 200 für den Einsatz über dem Atlantik bereit. Admiral Dönitz, der Befehlshaber der U-Boote (BdU), hatte 20 Maschinen gefordert. Niemals standen derart viele Maschinen bereit, weil das RLM angesichts der Entwicklung der He 177 diese Maschine nur als Lückenbüßer betrachtete und keine besonderen und aufwendigen Anstrengungen unternahm, um Fertigungskapazitäten dafür bereitzustellen. 1941 wurden monatlich nur vier bis fünf Fw 200 »Condor« gefertigt.

Als die Luftwaffe 1941 besondere Anstalten traf, ihre wenigen Flugzeuge zusammenzufassen, um England von seiner Versorgung abzuschnüren, waren die Voraussetzungen für einen Erfolg bei diesen Einsätzen schon nicht mehr gegeben. Mitte 1941 war die Abwehrbewaffnung sowohl der hochseefähigen als auch der in Küstennähe fahrenden Handelsschiffe, auch dank der mit Schiffskatapult startenden Jagdflugzeuge, so erheblich verbessert worden, daß die Fw 200 im Spätsommer ihre Angriffsflüge einstellen mußten, weil anderenfalls die Verlustrate gefährlich angestiegen wäre. Die Verteidigungsmaßnahmen der Geleitzüge waren verstärkt worden. Der Fliegerführer Atlantik hatte zu wenig einsatzbereite Flugzeuge, um noch Großangriffe gegen im Geleit fahrende Schiffe durchführen zu können. Im Küstennähe wurde es für deutsche Flugzeuge höchst unsicher zu operieren, weil das RAF Fighter Command die Überwachung übernommen hatte. In der zweiten Jahreshälfte 1941 flog es 28 000 Einsätze zum Schutz der Schiffahrt. Die Zahl versenkter Schiffe vor der englischen Küste hatte sich von 98 in der ersten Jahreshälfte 1941 auf gerade 34 in der zweiten Jahreshälfte verringert. Im Dezember rüstete eine Gruppe He 111 auf die Fw 200 um, weil die Schiffsbekämpfung in Küstennähe zu gefährlich wurde. Seinerzeit wurde die neue Version Fw 200C-3 bei der Truppe eingeführt. Sie konnte 2100 kg Bomben tragen und verfügte über eine bessere Abwehrbewaffnung. Immer noch wartete man sehnlichst auf die Einführung der He 177. Mitte 1941 war die Einsatzfähigkeit der Fernaufklärerverbände in der Tat in Frage gestellt. Durch weiträumige Patrouilleneinsätze der RAF wurden die deutschen U-Boote gezwungen, außerhalb der Einsatzreichweite der Fw 200 zu jagen, was zwangsweise ihre Erfolge minderte. Wenn es andererseits möglich gewesen wäre, die He 177 einzusetzen, so hätte sich die Einsatzreichweite der Fernaufklärer um 480 km erweitert, ganz abgesehen von einem schnelleren und besser bewaffneten Flugzeug, das sich wirkungsvoller gegen die Maschinen des RAF Coastal Command hätte durchsetzen können. Es kam zu Spannungen und Reibungen zwischen Luftwaffe und Kriegsmarine. Verbittert stellte der Fliegerführer Atlantik fest, daß man seinen Verbänden zu wenig Aufmerksamkeit schenkte. Währendessen machte die zunehmende feindliche Lufttätigkeit über dem Atlantik die Fernaufklärungseinsätze der Fw 200 zu einem immer risikoreicheren Geschäft. Im Dezember 1941 führten sie nur 23 Feindflüge durch, was nur etwa einem Drittel dessen entsprach, was sie noch einige Monate zuvor in der Lage waren zu leisten.

Ende 1941 war es deutlich, daß der Fliegerführer Atlantik die Blockadekriegführung gegen England verlieren würde. Bei Beginn der Kriegführung rechnete er mit einem Flugzeugverlust je 30 000 Tonnen versenkten feindlichen Schiffsraums, mit Ablauf des Jahres hatte sich die Zahl auf ein verlorenes Flugzeug je 10 000 Tonnen eingependelt. Von Juli 1940 bis Dezember 1941 hatten die Deutschen 4 986 000 Tonnen alliierten und neutralen Schiffraums im Atlantik versenkt, daran hatte die Luftwaffe mit 287 500 Tonnen Anteil. Ein Anzeichen dafür, wie geringschätzig die Luftwaffenführung die Einsatztätigkeit des Fliegerführers Atlantik bewertete, läßt sich aus der Tatsache ablesen, daß nach Harlinghausens Versetzung zur Erprobungsstelle des Lufttorpedoeinsatzes, Anfang 1942, General Kessler sein Nachfolger wurde, der bis dahin nur wenige bedeutende Dienststellungen bekleidet und in der Seekriegsführung mit Luftstreitkräften keine Erfahrung hatte. Um etwa dieselbe Zeit wurde eine Gruppe Fw 200 nach Norwegen abgezogen, um bei der Bekämpfung von Geleitzügen nach Rußland mitzuwirken. Auch das IX. Fliegerkorps enthielt nur oberflächliche Beachtung seitens des RLM. Es mußte seine Verbände teils zum Einsatz an der Ostfront oder im Mittelmeer abstellen, teils für Luftangriffe gegen das englische Mutterland. Alle Proteste, daß ein derartiger Mißbrauch von Sonderverbänden den Kriegsanstrengungen zuwiderliefen, wurde einfach übergangen. Der Westen galt nicht länger mehr als entscheidender Kriegsschauplatz.

Die Blockademaßnahmen gegen England wurden 1942 ähnlich wie in der zweiten Jahreshälfte von 1941 fortgesetzt. Auf waffentechnischem Gebiet verbesserte sich die Lage durch Einführung eines wirksamen Lufttorpedos für die Kampfverbände. Interessanterweise widersetzte sich die Kriegsmarine vehement einer diesbezüglichen Entwicklung seitens der Luftwaffe. Mit Hilfe dieser neuen Waffe konnten Schiffe bekämpft werden, ohne der feindlichen Schiffsflak zu nahe zu kommen. Leider kamen sie im Westen in nur geringer Zahl zum Einsatz. Ende April lagen die ersten ausgebildeten Torpedoflieger in Nordnorwegen, und im Juni stand eine Gruppe mit 42 He 111 bereit, um Torpedoeinsätze fliegen zu können. Auch eine Gruppe mit etwa 30 Ju 88 konnte im Juli in Frankreich ihre Sonderausbildung abschließen. Nachdem sie bisher nicht ihren Fähigkeiten gemäß zur Bombardierung von Birmingham eingesetzt worden war, konnte sie endlich am 3. August 1942 ihren ersten großen Torpedoeinsatz gegen einen feindlichen Geleitzug nahe der Scilly-Inseln fliegen. Aber ihr Einsatz unter der Leitung des Fliegerführers Atlantik war nur von kurzer Dauer. Ab September flogen die Ju 88 zusammen mit Verbänden der Luftflotte 5 Angriffe im Nordmeer gegen Geleitzüge der Alliierten, die Nachschubgüter nach Rußland transportierten. Die Luftflotte 5 (Stumpff) war schon seit dem Frühjahr mit diesen Aufgaben betraut. Nachdem die Alliierten am 8. November 1942 in Nordafrika gelandet waren, wurden die Torpedofliegerverbände von Norwegen ans Mittelmeer verlegt. Damit war der Fliegerführer Atlantik seiner wirksamsten Waffe beraubt, die, hätte man sie früher eingesetzt, im Jahre 1941 bei der

Schlacht im Atlantik sicherlich mit großem Einsatzerfolg hätte rechnen können. Bedauerlicherweise konnten der Fliegerführer Atlantik und das IX. Fliegerkorps am Ende des Jahres 1942 trotz aller Anstrengungen keine Erfolge vorweisen. Der versenkte feindliche Schiffsraum betrug nurmehr die Hälfte des im Jahr zuvor erreichten. Das hing einerseits mit der verbesserten Abwehrfähigkeit des Feindes zusammen, zum anderen aber auch, weil Verbände an die Ostfront und ans Mittelmeer verlegt worden waren. Als das Mittelmeer im November entscheidender Kriegsschauplatz wurde, zog man zeitweilig fünf Kampfgruppen nach Südfrankreich ab und verlegte eine Staffel Fw 200 nach Italien. Einige Wochen später, Anfang 1943, mußten 18 Fw 200 zur Unterstützung der Luftversorgung von Stalingrad abgestellt werden. Nur eine »Condor«-Staffel Fw 200 verblieb am Atlantik. Das Kommando des Führers der Seeluftstreitkräfte wurde im Juli 1942 aufgelöst, das IX. Fliegerkorps übernahm zusätzlich zu seinen Aufgaben des Minenlegens die der Schiffsbekämpfung. Im Sommer standen dem Fliegerführer Atlantik etwa 40 Ju 88 zur Verfügung, dem IX. Fliegerkorps etwa 90 Do 217, die gleichermaßen für Luftangriffe gegen England wie auch für Einsätze im Rahmen der Schiffsbekämpfung geeignet waren. Hauptauftrag der Fernaufklärer Fw 200 war es in diesem Jahr, die Biskaya zu überwachen, um die von und zu ihren an Frankreichs Küste gelegenen Häfen marschierenden U-Boote, die aus Gründen schnellerer Marschgeschwindigkeit aufgetaucht liefen, vor Feindbedrohung zu warnen. Die Engländer waren ihrerseits eifrig darum bemüht, den Luftraum über diesem Gebiet zu beherrschen und zu überwachen, um den deutschen U-Booten eine einschneidende Niederlage zu bereiten. Im Juni konnten die Deutschen über der Biskaya nur drei RAF-Flugzeuge abschießen. Nachdem im Juli aber 24 Ju 88C – Zerstörer – als Verstärkung eintrafen, verbesserte sich die Abwehrbereitschaft zugunsten der Deutschen, so daß schon im Oktober 16 Maschinen der RAF verlorengingen, bei nur 12 Verlusten der Luftwaffe. Zwar nicht für die Kriegsmarine, so doch für die Luftwaffe endeten die Einsätze am Atlantik mit dem Abzug der Fw 200 in den Mittelmeerraum und an die Ostfront. Der planlos geführte Kampf wurde vergebens fortgesetzt. Die U-Boote hatten ihren besten Verbündeten verloren.

Wie die Akten der Geschichte bekunden, hat die Luftwaffenführung nach Beendigung des »Blitz« keine klare und dauerhafte Strategie entwickelt, was die Unterbrechung der lebenswichtigen Schiffahrtswege nach England betraf. Nachdem sich die beuteträchtigen Jagdgründe der U-Boote außerhalb der Einsatzreichweite der Fw 200 befanden, spielte die Luftwaffe in der Schlacht um den Atlantik keine bedeutende Rolle mehr. Das wird bestätigt durch englische Unterlagen, die den von U-Booten 1941 und 1942 versenkten Handelsschiffsraum mit 4 323 000 BRT angeben. Durch die Luftwaffe sollen hingegen 973 000 BRT, vielleicht noch weitere 50 000 BRT auf Grund von Minen, die von Flugzeugen gelegt worden waren, versenkt worden sein. Das untermauert die Annahme, daß 1941 von Flugzeugen 574 600 BRT englischen Schiffsraumes durch Volltreffer versenkt worden waren, verglichen mit den 398 700 BRT im Jahre 1942, was nur noch knapp 70 Prozent entsprach. Ende 1942 bewegte sich das Maß der Schiffsangriffe auf der Ebene der Angriffe in den ersten Monaten des Jahres 1940. Nur im Nordmeer verfolgte die Luftwaffe zielstrebig die Schiffsbekämpfung, wenngleich sie auch dort nur von kurzer Dauer blieb und den Kampf um England lediglich indirekt beeinflußte.

Der Kriegsschauplatz im Westen, auf dem die Deutschen ursprünglich den Schwerpunkt ihrer Offensive sahen, war im Jahre 1942 auf den Rang eines Abwehrraumes abgesunken. Am 4. September 1939 flog die RAF ihren ersten Angriff gegen Deutschland. Sie griff bei Tage Kriegsschiffe im Nord-Ostsee-Kanal an. In den Folgemonaten überwogen die Flugblatteinsätze zur Beeinflussung der Zivilbevölkerung die der Bombereinsätze gegen militärische Ziele. In den letzten Monaten des Jahres 1939, in denen nur acht Tonnen Bomben über dem Reichsgebiet abgeworfen wurden, flog die RAF ganze drei Luftangriffe gegen Häfen der Kriegsmarine. Der angerichtete Schaden war nicht nennenswert. Jagdverbände und Flakbatterien der Luftwaffe konnten 24 Feindflugzeuge, ein Drittel aller eingesetzten, abschießen. Natürlich kamen Tagesangriffe auf Dauer für die RAF nicht in Frage. Eine Lehre, die später durch das Versagen der Luftwaffe während der Schlacht um England ihre Bestätigung fand. Die Theorie, daß der schwer bewaffnete, im Verband fliegende Bomber alle Abwehrriegel überwinden könne, hatte sich als falsch erwiesen. Von nun an sollten die Angriffe gegen das Deutsche Reich nur noch bei Nacht stattfinden. In der Nacht vom 15. auf den 16. Mai 1940, als die deutsche Wehrmacht zum Ärmelkanal vorstieß, wurden die ersten Ziele im Reichsgebiet, die nicht ausschließlich militärischer Natur waren, angegriffen. 99 RAF-Bomber bombardierten im Ruhrgebiet Ölraffinerien und das Eisenbahnverkehrsnetz. Das war der Beginn der alliierten Bomberoffensive; in fünf Jahren wurden 1 899 979 Tonnen Bomben über Europa abgeworfen, davon 63 Prozent, 1 206 022 Tonnen, alleine über Deutschland. Im Vergleich dazu warfen die russischen Luftstreitkräfte, deren Hauptaufgabe in der Heeresunterstützung lag, über dem Reichsgebiet gerade 7394 Tonnen Bomben ab.

Die alliierte Bomberoffensive ließ sich im Vergleich zu dem, was noch kommen sollte, anfänglich recht gelinde an. 1940 waren über Deutschland und seinen besetzten Gebieten 13 547 Tonnen Bomben, 1941 schon 37 106 Tonnen abgeworfen worden, was insgesamt gerade 93 Prozent der von der Luftwaffe während des neun Monate dauernden »Blitz« abgeworfenen Menge entsprach. 1940 zählten zu den Zielen der RAF Öl- und Aluminiumproduktionsstätten und Flugmotorenwerke. Am Ende des Jahres hatte man eingesehen, daß die schlechten Einsatzergebnisse einen Wechsel der Taktik erforderlich machten. Zwar hatte man schon gelegentlich Verschiebebahnhöfe im Ruhrgebiet angegriffen, aber erst im Sommer 1941 wurden sie zum Hauptziel erklärt. Wiederum stellte man dabei nur unbefriedigende Trefferergebnisse fest, weil während des Einsatzes die erforderliche Abwurfgenauigkeit nicht zu erreichen war. Die Navigations- und Peilhilfen waren schlicht und einfach primitiv. Man mußte sich auf die grobe Koppelnavigation, die Astro- und Funknavigation abstützen. Die Angriffsverbände schätzten sich glücklich, überhaupt ihr Zielgebiet zu finden, geschweige denn ihr Ziel zu treffen. 1941 warf nur jeder dritte Bomber eines alliierten Verbandes seine Bomben in weniger als 8 km Entfernung vom Ziel, während es über dem Ruhrgebiet, dem Industriezentrum des Reiches, gar nur jeder zehnte alliierte Bomber schaffte, diese »Treffgenauigkeit« zu erreichen. Mit anderen Worten, knapp ein Viertel aller abgeworfenen Bomben ging in der Nähe der Ziele nieder. Eine so angesetzte Offensive gab keinen Grund dafür, daß die Luftwaffe in Alarmstimmung versetzt wurde.

Dennoch durfte die Luftwaffe der Herausforderung der RAF nicht gleichgültig gegenüberstehen. Die Luftwaffe mußte unter allen Umständen im Luftraum über Europa die Luftüberlegenheit wahren. Die Produktion von Flakgeschützen war gesteigert worden, so daß 1942 im Westen schon 3500 schwere und 8000 mittlere und leichte Flakgeschütze standen, was 23 Prozent mehr als der Gesamtbestand der Luftwaffe bei Kriegsbeginn war. Von größerer Bedeutung war jedoch die Entwicklung der Nachtjagdkräfte. Bei Beginn des Krieges standen nur 30 Nachtjagdflugzeuge zur Verfügung. Von Februar bis Juni 1939 hatte das RLM versuchsweise 11 Nachtjagdstaffeln mit Bf 109 und Ar 68 aufgestellt, wovon aber schon Mitte Juli neun in die Tagjagd überstellt wurden, so daß nur zwei Staffeln mit Ar 68-Doppeldeckern der Nachtjagd verblieben. Kurz nach Aufnahme der

Feindseligkeiten wurden drei weitere Nachtjagdstaffeln (zwei mit Bf 109 und eine mit Bf 110) aufgestellt. Es sollte noch bis Juni 1940 dauern, als die Engländer die ersten Angriffe gegen die deutsche Kriegsindustrie aufgenommen hatten, bis das RLM die Aufstellung des ersten Nachtjagdgeschwaders befahl; bis Ende November waren es zwar schon drei Nachtjagdgeschwader, die stärkemäßig aber nur fünf Gruppen und eine Staffel umfaßten (üblicherweise bestand ein Geschwader aus mindestens drei Einsatzgruppen, häufig mit noch einer vierten sogenannten Ergänzungsgruppe; d. Ü.). Diese Verbände wurden unter dem Kommando einer Nachtjagddivision zusammengefaßt, das im Juli unter Führung des General Josef Kammhuber, im Jahr darauf General der Nachtjagd, gebildet wurde. Ende des Jahres 1940 umfaßte diese Division 164 Flugzeuge, meistens Bf 110 und einige Ju 88, wovon etwa 60 Prozent einsatzbereit waren. Diese Flugzeuge unterschieden sich von denen der Tagjagd nur durch ihren nachtschwarzen Tarnanstrich und zusätzliche Funkgeräte. Ein insbesondere für die Nachtjagd entwickeltes Flugzeug gab es nicht, man machte sich auch keine ernsthafte Mühe, ein derartiges zu schaffen. Das größte Problem für die Nachtjäger war es, die Feindbomber zu finden, die irgendwo im unermeßlichen Luftraum in pechschwarzer Nacht in 4000 m bis 6000 m Flughöhe ihren Kurs flogen. Zunächst glaubte man, ihnen mit Hilfe des Einsatzes von Scheinwerferbatterien Herr zu werden. Zu diesem Zwecke wurde westlich von Münster eine etwa 20 km breite besondere Nachtjagdzone eingerichtet, die anstelle von Flakgeschützen vollgepackt mit Scheinwerfereinstellungen war. Die Engländer erkannten die deutschen Absichten und umflogen entweder dieses bekannte Nachtjagdgebiet, oder durchflogen es mit höchster Marschgeschwindigkeit innerhalb von drei Minuten. Die Nachtjäger konnten keine befriedigenden Erfolge verbuchen, so daß es Kammhuber nötigte, nach einer besseren Lösung der Luftverteidigungsprobleme im Westen zu suchen. Er begann gegen Ende des Jahres 1940 mit dem Aufbau einer Reihe von Nachtjagdriegeln, die Engländer nannten sie »Kammhuber-Linie«, der bis zum Jahresende 1941 abgeschlossen war.

Ein wesentliches Element im neuen deutschen Luftverteidigungssystem bildete das Radar (seinerzeit wurde dafür im deutschen Sprachgebrauch der Begriff Funkmeßverfahren verwendet; zum besseren Verständnis wird der heute allgemein verbreitete Ausdruck Radar gewählt; d. Ü.). Von Dänemark bis zur Grenze der Schweiz standen »Freya«-Geräte, die den Anflug in den deutschen Luftraum überwachten. Sie alleine reichten aber nicht aus, weil sie nur eine Vorwarnung über einfliegende Feindverbände geben konnten. Um den Flakbatterien Richtwerte zur Erfassung von Flugzeugen in ihrem Wirkungsbereich übermitteln zu können, brauchte man Geräte kürzerer Reichweite. Seit Mitte 1940 stand das kleine, zuverlässige und verlegbare »Würzburg«-Gerät zur Verfügung, das auf der 53-cm-Grundwelle arbeitete und zwischen 10 km und 50 km Entfernung messen konnte. Der erste von einem »Würzburg«-Gerät geleitete Nachtabschuß wurde im September 1940 von einer Flakbatterie erzielt. Auch für die Nachtjäger waren die neuen Radargeräte von beträchtlichem Wert. Es war jetzt möglich geworden, alle Luftverteidigungskräfte abgestimmt und zusammengefaßt zum Einsatz zu bringen. Im Oktober legte Kammhuber den das Ruhrgebiet anfliegenden RAF-Bombern drei Nachtjagdräume quer über ihren Anflugweg. Jeder dieser Nachtjagdräume war 90 km lang und 20 km breit und wurde von zwei »Würzburg«-Geräten und einer Scheinwerferabteilung besetzt. Die Nachtjäger konnten einzeln überall im jeweiligen Nachtjagdraum bis auf 50 m an ihren Luftgegner herangeführt werden, weil sie die Zielinformationen der »Würzburg«-Geräte über ihre Nachtjagdfechtsstände laufend durchgesprochen bekamen, während die Scheinwerferstellungen dank dieser Messungen gezielt eine Feindmaschine beleuchten konnten. Dieses Einsatzverfahren war die sogenannte »Helle Nachtjagd« (Henaja). Andererseits gab es entlang der Küste Nachtjagdriegel ohne Scheinwerfereinsatz, in diesen Räumen wurden die Verfahren der »Dunklen Nachtjagd« (Dunaja) angewendet.

Das neue Abwehrsystem hatte viele Schwächen. Sechs Zehntel Wolkenbedeckung bereiteten den Verteidigern schon erhebliche Schwierigkeiten. Die kurze Meßreichweite des »Würzburg«-Gerätes sowie das Unvermögen, zwischen Freund oder Feind zu unterscheiden, taten ein ihriges. Nicht selten kam es vor, daß Radarstellungen und Horchposten ein eigenes Nachtjagdflugzeug als Feindziel ausmachten, so daß die Bodenleitstelle eine Bf 110 zur Bekämpfung darauf ansetzte. Im Gegensatz zu England gab es bei den Deutschen keine zentralen Kommando- und Führungsstellen, die die von den verschiedenen Radarstellungen einlaufenden Meldungen entgegennahmen und auswerteten und die erforderlichen Einsatzbefehle an die Nachtjäger oder Flakstellungen erteilten. So lief der Informationsfluß der »Freya«-Geräte an Kriegsmarine und Luftwaffe gleichermaßen. Im Luftwaffenbereich waren die Luftflottenkommandos, als zuständig für die Führung der fliegenden Verbände, und die Luftgaukommandos, zuständig für den Einsatz der Flak, sowie das RLM in Berlin daran beteiligt. Trotz derartiger Mängel und der Kritik, die bei den Verbandsführern und Flugzeugführern laut wurde, sie hatten eine Abneigung gegen die sogenannte geführte Nachtjagd, war Kammhuber mit den Ergebnissen seines Versuches zufrieden. Ende 1940 gelang es den Nachtjägern, 42 Feindbomber, und der Flak, 30 Feindmaschinen dank Kammhubers Einsatzverfahren abzuschießen. Der weitere Ausbau des Systems wurde vorangetrieben. Im Spätjahr 1940 gab es schon zahlreiche Henaja-Jagdräume mit jeweils 32 km Breite, die bis zum März 1941 sich in einer Länge von 700 km von der dänischen Grenze bis nach Maubeuge in Frankreich erstreckten. Dem folgte kurz darauf noch ein zusätzlicher, 72 km langer Riegel zwischen Frankfurt und Mannheim. Jeder Scheinwerferabteilung waren drei »Würzburg«-Geräte zugeteilt, so daß man in der Lage war, Feindbomber und Nachtjäger zu orten, sobald sie in den Nachtjagdraum einflogen. Kammhuber richtete ferner noch weitere Dunaja-Jagdräume ein, in denen die Nachtjäger ohne Scheinwerfereinsatz geführt wurden. Diese Räume lagen nicht nur entlang der Nordküste Frankreichs und Hollands, sondern auch um den Großraum Berlin. Die Flakverbände, die nicht der Führung von Kammhuber unterstanden, wurden wie bisher im Reich und in den besetzten Gebieten zum Objektschutz wichtiger Ziele eingesetzt.

Im Herbst 1941 liefen die ersten verbesserten »Würzburg«-Geräte mit einer Meßreichweite von 80 km der Truppe zu. Gleichzeitig wurden die sogenannten Seeburg-Tische geliefert, auf deren Glasplatte unter Verwendung verschiedenfarbiger Fettstifte Angreifer und Verteidiger bis zu einem Umkreis von 35 km mitgekoppelt werden konnten. Jetzt konnte Kammhuber endlich bedeutende organisatorische Änderungen vornehmen. Die Breite der Hellen Nachtjagdräume wurden von 40 km auf 96 km erweitert, sowie Dunaja-Räume mit 35 km Radius diesen vorgelagert. Die Einführung von Dunaja-Räumen hinter dem Hauptriegel der Henaja war geplant. Die vor und hinter dem Henaja-Riegel eingesetzten »Freya«-Geräte übernahmen die Frühwarnung. Eine Anzahl von Scheinwerferstellungen, die als Hauptbeleuchter dienten, ergänzten die neuen Radargeräte. Im September war dieses Einsatzverfahren, das häufig oft fälschlicherweise als »Himmelbett«-Verfahren bezeichnet wird, einsatzbereit. Es war aber derartig kompliziert, daß die Zahl der Feindabschlüsse zurückging. Erst im Frühjahr 1942 konnte man, nachdem der Scheinwerfergürtel zunächst auf 10 km Tiefe zurückgenommen und dann auf 20 km erweitert worden war, mit diesem Verfahren taktisch arbeiten. Zusätzlich zu den Henaja- und Dunaja-Verfahren gab es das der »kombinierten Nachtjagd« (Konaja), mit dem man den seit Anfang 1941 bei der RAF eingeführten viermotorigen Bombern, die den Bf 110 im wahrsten Sinne davonflogen, zu begegnen hoffte. Denn beim Zielanflug mußten die Feindbomber stur auf geradem Kurs in einer vorher festgelegten Höhe, zumeist nicht über 5500 m, anfliegen. Sie waren dann besonders verwundbar, so daß Nachtjäger, Flak und Scheinwerfererstellungen im zusammengefaßten Einsatz gut wirken konnten. Außer dem Großraum Berlin gab es noch fünf Konaja-Räume über den größeren Städten. Das Einsatzverfahren bewährte sich nicht, weil die Gefahr, von eigener Flak abgeschossen zu werden, für die Nachtjäger zu groß war.

Trotz aller aufgetretenen Schwierigkeiten war das Jahr 1941 doch recht zufriedenstellend für die deutsche Luftabwehr verlaufen. Die Abschußrate aller über Europa eingesetzter englischer Bomber hatte sich von knapp unter drei Prozent 1940 auf 3,6 Prozent gesteigert, weitere Verbesserungen dieser Zahlen deuteten sich an. So wurden zum Beispiel bei dem Angriff vom 7. auf den 8. November 1941 von den 169 Bombern nicht weniger als 12,4 Prozent abgeschossen. Berücksichtigt man alle Einsätze und rechnet noch alle die Schäden hinzu, die bei Bruchlandungen und durch Feinbeschuß auftraten, so bewegte sich der Wert der Einsatzausfälle um 11 Prozent im Jahresdurchschnitt. Die Wirksamkeit der Nachtjäger zeigte immer besser werdende Erfolge. Im Westen hatten sie schon 422 Feindflugzeuge abgeschossen. Neun Nachtjagdgruppen und eine -staffel standen im November 1941 im Einsatz. Am 10. August wurde die Nachtjagddivision in XII. Fliegerkorps umbenannt, dem eine weitere Nachtjagddivision, unter Führung des General von Döring, eingegliedert wurde. Ferner unterstanden ihm zwei Scheinwerferdivisionen, drei Luftnachrichtenregimenter und die wenigen Jagdverbände im Reich. Die Kommandostruktur der Luftverteidigung im Westen war nicht gerade zu ihren Gunsten geändert worden. Die Luftflotte 2 war im April vom Westen nach dem Osten verlegt worden, so daß die Luftflotte 3 alleine den Luftkrieg gegen England führen mußte. Sperrle unterstanden alle Jagdverbände in den besetzten Westgebieten, wenngleich Kammhuber in diesem Bereich die Führung und das Recht zur Inspizierung der Nachtjäger oblag. In Norwegen war die Luftflotte 5 (Stumpff) für die Luftverteidigung verantwortlich. Im Reich bildete man am 21. März das Kommando des Luftwaffenbefehlshaber Mitte, geführt von dem Flakartilleristen General Hubert Weise, der die Luftverteidigung im Reichsgebiet sicherzustellen hatte. Ihm unterstanden alle im Reichsgebiet liegenden Jagdverbände, also auch Kammhubers XII. Fliegerkorps, und die Flakverbände der Luftgaue; ausgenommen blieben die der Luftgaue in München und Wiesbaden, die der Luftflotte 3, und die in Ostpreußen, die der Luftflotte 1 weiterhin unterstellt blieben.

Trotz aller Anstrengungen zum Aufbau einer Reichsluftverteidigung in den ersten zwei Kriegsjahren schätzte die Luftwaffenführung die Kampffähigkeit des Feindes doch recht geringfügig ein. So gut man diese gewisse Selbstgefälligkeit auf Grund der schlechten Einsatzergebnisse der RAF auch verstehen kann, sollte sie sich für die weitere Zukunft doch als geradezu Unheil verkündend erweisen. Selbst der Kriegseintritt der USA im Dezember 1941, diesem Land mit seinen unermeßlichen Kraftquellen und Langstreckenbombern, änderte an dieser Meinung nichts. Im Frühherbst des Jahres 1941 hatte Udet seinen Befürchtungen Ausdruck gegeben: *»Wenn wir die Jägerei nicht erheblich vergrößern, und uns nicht auf die Defensive umstellen, und es nicht bis 1942 schaffen, ist der Krieg verloren«.* Leider blieb er seinerzeit innerhalb des RLM ein einsamer Warner. Über Jeschonnek sagte Schmid diesbezüglich: *»Er beschäftigte sich ungern mit der Luftteidigung. In der Luftverteidigung handelte er nur ›nachziehend‹, improvisierend«.* Die vorherrschende Meinung faßte Göring als Antwort auf Gallands Forderung nach einer leistungsfähigen Luftverteidigung für das Reich so zusammen: *»Dieser* *ganze faule Zauber erübrigt sich, wenn ich erst meine Geschwader nach dem Westen zurückführen kann«.* Es glich fast einer Bestätigung seiner Worte, als in den Wintermonaten 1941 auf Grund ungünstiger Wetterbedingungen für Großeinsätze die feindliche Lufttätigkeit abnahm. Im letzten Jahresquartal sank die abgeworfene Bombenmenge auf knapp unter 7600 Tonnen, im Vergleich zu den 13 550 Tonnen im dritten Quartal. Dieser Trend hielt auch im ersten Quartal 1942 an, als nur 6753 Tonnen Bomben geworfen wurden. Diese Anzeichen waren aber nichts anderes als die berüchtigte Ruhe vor dem Sturm, einem Sturm, dem die überbeanspruchte Nachtluftverteidigung wegen ihrer schwachen Ausstattung kaum in der Lage war zu trotzen.

Bis 1942 beschränkte sich die englische Bomberoffensive auf wenige Tagesangriffe gegen militärische Ziele im besetzten Gebiet, während sie bei Nacht in stärkerem Maße die Kriegswirtschaft im Reich traf. Leider konnte die RAF Ziele wie kleine Fabriken oder Eisenbahnknotenpunkte weder bei Tag geschweige denn bei Nacht mit der erforderlichen Punktzielgenauigkeit bekämpfen. Von den 10 000 Spreng- und 5900 Brandbomben, die im Oktober und Dezember 1941 abgeworfen worden waren, fielen fast die Hälfte irgendwo auf unbebautes Gelände und weitere 17 Prozent auf Scheinanlagen. Die RAF wußte um ihre Schwächen und glaubte, einer Lösung der Probleme nur mit der Flächenbombardierung Herr zu werden, insbesondere nach Einführung der schweren Langstreckenbomber bei ihren Verbänden. Man ging davon aus, daß man die deutsche Kriegsproduktion wesentlich schwächen könnte, wenn man ihr Sozialgefüge zerschlägt – die Wohnungen und Häuser der Arbeiterschaft, die der Kleinkommunen und Großstädte –. Erste Anzeichen für eine Änderung der Angriffsstrategie zeigten sich in der Nacht vom 16. auf 17. Dezember 1941, als 134 Bomber die Wohngebiete von Mannheim bombardierten. Am 14. Februar 1942 verfügte das britische Kriegskabinett, daß die Bomberoffensive zunächst für die Dauer von sechs Monaten zu verstärken sei. Und am 20. Februar übernahm dann Air Marshal Sir Arthur Harris als Befehlshaber die Führung des RAF Bomber Command. Seine Weisungen, die ganz seinem eigenen Standpunkt entsprachen, enthielt die Bombing Directive No. 22, vom 14. Februar 1942, wo es unter anderem hieß: »... *zum Hauptziel der Angriffe soll die Moral der feindlichen Zivilbevölkerung, insbesondere die der Industriearbeiter werden«.* Von den 1942 über Europa abgeworfenen 50 456 Tonnen Bomben (über ein Drittel mehr als im Jahr zuvor) wurden nicht weniger als 77 Prozent bei Flächenangriffen über Deutschland eingesetzt.

Der erste größere Einsatz im Rahmen dieser neuen Strategie wurde in der Nacht vom 28. auf 29. März 1942 geflogen, als 191 Bomber 300 Tonnen Bomben – zur Hälfte Brandbomben – auf die alte Hansestadt Lübeck warfen. Über 1000 Häuser wurden zerstört und weitere 4000 beschädigt. Die Innenstadt mit ihren zahlreichen Fachwerkhäusern blieb als ein schwelender Trümmerhaufen zurück. Stadt und Hafen fielen für die nächsten drei Wochen als Güterumschlagplatz aus. 320 Menschen fanden den Tod, 785 wurden schwer verletzt. Zum erstenmal fiel das Wort »Terrorangriff«. Der Angriff auf Lübeck war jedoch erst ein Vorgeschmack dessen, was bald in Form von Tod und Zerstörung vom Himmel über dem Reichsgebiet fallen sollte. Der nächste Schlag galt Rostock, wo auch die Heinkel-Werke getroffen wurden. Diesmal waren es 468 Bomber, zumeist schon vom neuen Typ »Lancaster«, die bis zu sechs Tonnen Bomben tragen konnten, in vier aufeinanderfolgenden Nächten: vom 24. bis zum 27. April. 60 Prozent der Altstadt brannten aus. Und zur Untermauerung dessen, was die RAF in Zukunft zu tun beabsichtigte, starteten in der Nacht vom 30. auf 31. Mai 1042 Bomber von England mit dem Ziel Köln. 900 Maschinen erreichten ihr Ziel (erfahrungsgemäß mußten durchschnittlich zehn Prozent aller gestarteten Maschinen auf

Grund technischer Mängel den Einsatz abbrechen und zum Heimatplatz zurückkehren oder notlanden). Diesmal waren schon fast zwei Drittel der 1455 Tonnen
Bomben Brandbomben. 12 000 Brände schlossen sich zu einer gewaltigen Feu-
ersbrunst zusammen. 18 432 Wohnungen, Häuser, Fabrikräume und öffentliche
Amtsgebäude waren zerstört, 9516 schwer beschädigt und 31 070 leicht beschädigt. 486 Menschen fanden den Tod, 5027 wurden verletzt und 59 100 waren obdachlos. Die Engländer hatten ihre Erfahrungen gesammelt und ihr Einsatzkonzept bestätigt gefunden. 1942 warfen feindliche Bomber insgesamt 50 000 Tonnen Bomben bei 100 Angriffen, wobei in 17 Prozent aller Fälle jeweils mehr als
500 Tonnen zum Einsatz kamen. Auf Flächenbombardierungen entfielen 77 Prozent aller geworfenen Bomben, im Jahr zuvor waren es von den insgesamt 37 000
Tonnen für diesen Zweck nur 39 Prozent. Über diese Wende der Ereignisse war
die deutsche Führung verständlicherweise bestürzt. Nach dem zweiten Nachtangriff auf Rostock schrieb Goebbels in sein Tagebuch: »*Er ist auch ziemlich verheerend gewesen . . . Allerdings ist der Führer außerordentlich übel gelaunt wegen der
schlechten Flakabwehr in Rostock, . . . Die Luftwaffe hat hier nicht genügend vorgesorgt.*«

In der Tat war die Luftwaffe mit ihren Abwehrmitteln unzureichend gerüstet,
um der verstärkten feindlichen Lufttätigkeit und der neuen Angriffsverfahren
des RAF Bomber Command Herr zu werden. Die Jagdkräfte im Westen waren
zugunsten der Vorhaben im Osten sehr verringert worden. Im Sommer 1941
hatte die Luftflotte 3 nur zwei Jagdgeschwader mit Untersollbestand zum Kü-
stenschutz, im Dezember wurden zwei Nachtjagdgruppen des XII. Fliegerkorps
als schlichter Bf 110-Zerstörerverband an die Ostfront verlegt. Im Mai 1941
wurde eine Staffel ans Mittelmeer beordert, ihr folgte im November die einzige
Ju 88-Gruppe. Somit verblieben Kammhuber im Januar 1942 im Westen nur
noch sechs Jagdgruppen. Es wurden nicht nur Verbände aus der Luftverteidigung abgezogen, auch die Verluste auf Grund der harten Kämpfe an der Ostfront
sowie in zunehmendem Maße im Mittelmeerraum, die ausgeglichen werden
mußten, ließen die Einsatzstärke der im Westen liegenden Verbände absinken.
Das führte Anfang Februar 1942 dazu, daß von der festgesetzten Kriegsstärke
von 367 Maschinen die deutschen Nachtjagdverbände gerade 265 hatten, wovon
nur 50 Prozent einsatzbereit waren und zehn Prozent überall woanders, bloß
nicht im Westen stationiert waren.

Im Westen erlitt die Luftwaffe einen weiteren Rückschlag ihrer Abwehrbereitschaft, als Hitler im Oktober 1941 die Nachtzerstör- und -jagdeinsätze über England untersagte. Als 1940 die Nachtjagddivision aufgestellt worden war, verfügte
sie über eine Gruppe mit Zerstörern vom Typ Ju 88C, deren Aufgabe es war, die
Flugplätze des RAF Bomber Command anzugreifen, bevor die dortigen Maschinen zum Angriff nach Deutschland starteten. So beeindruckt war Göring von
den Begründungen des General der Nachtjagd, Kammhuber, daß er ihm im Dezember den Befehl gab, drei Fernnachtjagdgeschwader aufzustellen: »*Wenn man
einen Wespenschwarm unschädlich machen will, ist es besser, das Nest mitsamt den Wes-
pen zu zerstören, als zu warten, bis der Schwarm ausgeflogen ist und dann hinter jeder
Wespe herzujagen*«, pflegte Kammhuber anschaulich zu argumentieren. Der taktische Ansatz war zwar gut, seine Verwirklichung machte aber Schwierigkeiten,
weil es in erster Linie nicht genügend für diese Aufgaben geeignete Flugzeuge
gab. 1940 wurden nur 60 Ju 88C gefertigt, die kaum ausreichten, die Verluste der
Fernnachtjagdgruppen auszugleichen. An die Aufstellung von drei neuen Geschwadern war gar nicht zu denken. Anfang 1941 hatte die Gruppe 24 Maschinen
im Verfügungsbestand, davon waren gerade sieben einsatzbereit. In den Folgemonaten besserte sich die Lage etwas, so daß Ende Juli von 57 Flugzeugen immerhin 29 einsatzbereit waren. Die Zahlen schließen jedoch auch eine Staffel

Do 17Z-10 »Kauz« mit ein. Diese Flugzeuge waren seit Oktober 1940 mit gleichem Auftrag wie die Ju 88C eingesetzt. Waren sie als Nachtjäger im Rahmen der
Reichsverteidigung zwar zu leistungsschwach gegenüber feindlichen Bombern,
so bewährten sie sich als Fernnachtjäger, wo sie bei Nacht ihrer Beute in England
auflauern konnten.

Die Fernnachtjäger erzielten beachtliche Erfolge. Bis Ende November 1941
waren 144 sichere und 30 wahrscheinliche Abschüsse sowie 222 Luftkämpfe gemeldet worden. Ferner waren 52 Feindbomber mit Sicherheit und 58 wahrscheinlich am Boden zerstört worden, hinzu kamen 440 Tonnen abgeworfener
Bomben. Fast genauso bedeutend wie die materiellen Schäden, die über ein Viertel aller von den Nachtjägern gemeldeten Abschüsse ausmachten, war die psychologische Wirkung auf das fliegende Personal der RAF. Die Besatzungen wurden insbesondere dadurch verunsichert, daß sich deutsche Maschinen in die zurückkehrenden englischen Verbände einschleusten, bis zum Heimatplatz mitflo-
gen, um die völlig unbedarften englischen Flieger dann über ihrem eigenen Platz
abzuschießen. Viele englische Flieger machten Bruchlandungen, weil sie ihre
Maschine mit zu hoher Geschwindigkeit anschwebten oder der Landung einfach
zu wenig Aufmerksamkeit widmeten, nur um dem möglichen Angriff eines unbekannten Fernnachtjägers zu entgehen. In den von den deutschen Fernnachtjä-
gern bevorzugten Gebieten East Anglia, Yorkshire und Lincolnshire wurde sogar die Nachtflugausbildung völlig eingestellt. So erfolgreich diese Art des Einsatzes von Jagdkräften auch war, Kritiker gab es genug. Jeschonnek mißbilligte
beispielsweise, daß alle Ju 88C bei diesen Nachteinsätzen gebunden waren, während Sperrle ungehalten darüber war, daß ein Verband im Englandeinsatz stand,
über den er nicht verfügen konnte. Hitler beurteilte diesen Einsatz äußerst skeptisch und wies darauf hin, daß die Bomberoffensive seither eher zu- als abgenom-
men habe. Das deutsche Volk, so sagte er, wollte die englischen Bomber lieber
über Deutschland als irgendwo weit entfernt in ihrem Heimatland abgeschossen
sehen. Als am 13. Oktober ein hochdekorierter Nachtjäger über East Anglia vermißt wurde, erteilte Hitler den Befehl, die Fernnachtjagdeinsätze einzustellen.
Im nächsten Monat verlegte die Ju 88-Gruppe ans Mittelmeer. So wurde ein Einsatzverfahren beendet, das, hätte man es weiter verfolgt und ausgebaut, dem
RAF Bomber Command wahrscheinlich noch unüberwindliche Schwierigkeiten
bereitet hätte. Wie sich die Lage jetzt darstellte, ließ man dem Gegner drei Jahre
lang die Freiheit, von seinen Absprunghäfen ungestört zu operieren. Die offizielle Geschichtsschreibung der RAF vermerkt darüber: »*Das war ein wesentlicher
Faktor, der schließlich zum Zusammenbruch Deutschlands beitrug*«. Generalmajor
Walter Grabmann, einer der Erfahrensten in Sachen Luftverteidigung, äußerte
sich darüber noch genauer: »*Angesichts der außerordentlich komplizierten und luft-
empfindlichen Start- und Landemanöver der RAF für ihre sich ständig verstärkenden
Nachtoperationen lagen in einer stark ausgebauten Fernnachtjagd außergewöhnliche
Möglichkeiten. Daß die deutsche Luftwaffe sie freiwillig aus der Hand gab, muß als einer
der folgenschwersten Fehler in der Organisation der Nachtjagdabwehr angesehen werden*«.

Außer dem Mangel an einsatzbereiten Flugzeugen machte dem XII. Fliegerkorps im Frühjahr 1942 auch noch ein Wechsel in der Angriffstaktik der RAF zu
schaffen. Dieser Wechsel wurde durch die Einführung des neuen Navigationssy-
stems »Gee« möglich. Dieses System stützte sich auf drei Bodenstationen an der
Ostküste Englands ab, die Peiltöne abstrahlten, die es den Bomberbesatzungen
ermöglichten, ihre Ziele besser zu finden. Wennleich die Peilgenauigkeit noch
relativ ungenau war, gelang es immerhin damit, ein Drittel aller Bomben in Ziel-
nähe abwerfen zu können, ganz abgesehen von den neuen taktischen Variations-
möglichkeiten. Früher mußten sich die Bomber ihren Weg auf verschiedenen An-

flugkursen zum Ziel bahnen, so daß sich die Angriffe über viele Stunden hinzogen. Die Bomberbesatzungen waren sogar davon überzeugt, daß gerade diese Unabhängigkeit in der Wahl der Anflugwege der Hauptgrund ihrer Überlebensfähigkeit war. Nunmehr konnte man mit Hilfe des »Gee«-Systems die Kampfflugzeuge in Bomberströmen zusammenfassen, die an der Stelle die »Kammhuber-Linie« durchstoßen konnten, wo nur ein oder zwei Nachtjäger gegen sie angesetzt werden konnten, ferner verkürzte sich die eigentliche Abwurfdauer über dem Ziel um ein Beträchtliches gegenüber früher. Bei dem 1000-Bomber-Angriff aus Köln betrug die Angriffsdauer und damit die Zeit der höchsten Verwundbarkeit für den Großverband nur noch zweieinhalb Stunden. Die deutschen Luftverteidigungsriegel wurden in einer Frontbreite von knapp 30 km durchflogen, was gerade den Ansatz von 25 Nachtjägern, einem Neuntel aller einsatzbereiten, zuließ. Auf diese Weise hatten die Engländer die entscheidende Schwäche der deutschen Nachtjagd für ihre Zwecke ausgenutzt. Denn nur ein Nachtjäger konnte je Nachtjagdraum jeweils auf nur einen Feindbomber von der Bodenleitstelle geführt werden. Zwängte man den gesamten Angriffsverband gleichzeitig durch ein engbegrenztes Gebiet, so traf es nur zwei bis drei »arme Hunde« von Bomberbesatzungen, denen deutsche Nachtjäger im Nacken saßen. Hatte man diese Riegel erst einmal durchbrochen, so konnte über Nord- und Mitteldeutschland unbehindert von Jägern der Kurs gewählt werden. Nur die deutsche Flakabwehr bildete dann noch eine Bedrohung. Mit einem Male betrugen die Verluste an abgeschossenen Bombern der RAF, die sich 1941 im Durchschnitt auf 3,6 Prozent beliefen, nur noch 3 Prozent. Beim Angriff auf Köln kehrten beispielsweise 44 Feindbomber, gerade 4,2 Prozent aller eingesetzten, vom Einsatz nicht zurück. Nimmt man alle Verluste, wie auch Beschußschäden und Bruchlandungen, so verlor die RAF je Einsatz im Durchschnitt 12 Prozent aller eingesetzten Maschinen in jenem Jahr. Ein Drittel war reparaturfähig; somit war die RAF in der Lage, eine derartige Verlustrate noch über Jahre hinweg zu verkraften.

Die Deutschen bewiesen jedoch, daß sie der Bedrohung gewachsen waren. Ende 1942 war das XII. Fliegerkorps umgegliedert worden, nachdem man schon am 1. Mai aus der immer schwerer zu führenden umfänglichen Nachtjagddivision drei Jagddivision gebildet hatte. Mitte Februar 1943 betrug der Verfügungsbestand der deutschen Nachtjagdverbände 477 Flugzeuge, verglichen mit den gemäß Kriegsstärkennachweisung festgelegten 653 Maschinen; einsatzbereit waren 330, doppelt soviel wie noch Anfang 1942. 90 Prozent aller Kräfte lagen im Westen. Neu kam hinzu, daß 95 Prozent dieser Flugzeuge mit dem Bordradargerät »Lichtenstein« ausgerüstet waren, das über eine Mindestmeßentfernung von 20 m und eine Höchstmeßentfernung von 3000 m verfügte, so daß sich der Jäger seinem Opfer auf Schußentfernung nähern konnte, sobald ihn die Bodenleitstelle bis auf 3000 m herangeführt hatte. Hauptnachteil des »Lichtenstein«-Gerätes war seine umfangreiche Antenne (im Landserjargon Hirschgeweih genannt!), was bei der Bf 110 einen Geschwindigkeitsverlust von mindestens 40 km/h verursachte. Dieser Nachteil wurde mehr als nur ausgeglichen durch den Vorteil, das Ziel für den Angriff eindeutig ausmachen zu können. Die Abschußerfolge nahmen sehr schnell in beträchtlichem Maße zu. Man war in der Tat der Auffassung, daß die Nachtjäger ohne die Unterstützung der Scheinwerfer ihren Auftrag erfüllen könnten, so daß sie aus den Henaja-Räumen abgezogen und ins Reich verlegt wurden, wo sie die Flakverbände bei der Verteidigung deutscher Städte unterstützten. Deutschen Wissenschaftlern gelang es zudem, die »Gee«-Peiltöne zu stören, was die RAF im August veranlaßte, das Navigationssystem nur noch über der offenen See zu nutzen.

Die Organisation der deutschen Nachtjagd wurde den veränderten Umstän-

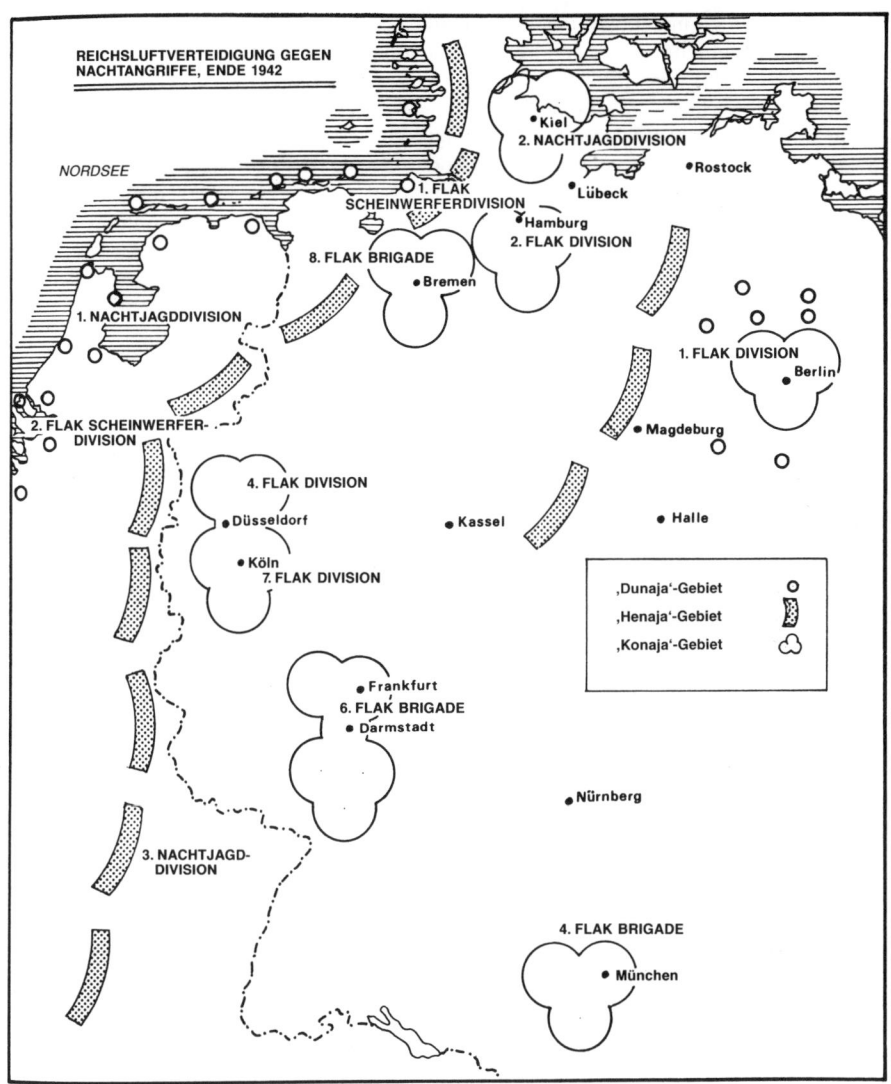

REICHSLUFTVERTEIDIGUNG GEGEN
NACHTANGRIFFE, ENDE 1942

NORDSEE

2. NACHTJAGDDIVISION

• Kiel

• Rostock

1. FLAK
SCHEINWERFERDIVISION

• Lübeck

• Hamburg

2. FLAK DIVISION

8. FLAK BRIGADE

• Bremen

1. NACHTJAGDDIVISION

1. FLAK DIVISION

• Berlin

2. FLAK SCHEINWERFER-
DIVISION

• Magdeburg

4. FLAK DIVISION

• Düsseldorf

• Kassel

• Halle

• Köln

7. FLAK DIVISION

,Dunaja'-Gebiet

,Henaja'-Gebiet

,Konaja'-Gebiet

• Frankfurt

6. FLAK BRIGADE

• Darmstadt

• Nürnberg

3. NACHTJAGD-
DIVISION

4. FLAK BRIGADE

• München

den angepaßt. Bis Juni war die »Kammerhuber-Linie« im Süden bis nach Paris
und im Norden bis zum Skagerrak erweitert worden, mit Planungen zum Ausbau
bis Südnorwegen. Kammhuber lehnte jede Idee von einer »freien Nachtjagd« genauso ab wie die bei der Tagjagd übliche Bildung von Hauptabwehrräumen, dafür gestaltete er den Einsatz in den Abwehrriegeln beweglicher. Bevor die hellen
Nachtjagdräume aufgelöst wurden, vergrößerte Kammhuber die Dunaja-
Räume auf 200 km Durchmesser und nutzte in vollem Umfang die verbesserten
Meßreichweiten der neuen »Freya«- und Würzburg«-Geräte. Nach dem Abzug
der Scheinwerferverbände wandte man das »Himmelbett«-Verfahren an, wobei
in jedem Dunaja-Raum ein »Würzburg«-Gerät den Flugkurs des Feindflugzeu-
ges und ein anderes den des Nachtjägers mitkoppelten. Wie üblich wurde der
Nachtjäger von einer Bodenleitstelle geführt, bis er selbst mit seinem »Lichtenstein«-Gerät den Endanflug zum Angriff durchführen konnte. Grundsätzlich
konnte jeder Nachtjagdraum immer noch nur einen Nachtjäger führen, aber

durch eine 50prozentige flächendeckende Überlappung konnten in einem Nachtjagdraum drei Jäger geführt werden, sofern die jeweiligen Hälften der anderen beiden Räume nicht bedroht waren. Dennoch blieben trotz dieser neuen organisatorischen Maßnahmen wesentliche Probleme ungelöst. Große Gebiete in Deutschland waren ganz ohne Nachtjägerschutz, und die feindlichen Bomberströme, die weiterhin in engstem Verband auf schmaler Front die Luftverteidigungsbereiche durchbrachten, wurden immer noch nur von wenigen Nachtjägern unter Kammhubers Führung gestellt. Diese Einschränkungen verhinderten es, die Abschüsse über einen bestimmten Prozentsatz hinaus zu steigern. Die diesbezüglichen Schätzungen betrugen etwa sechs Prozent der feindlichen Einflüge.

Dank erheblicher Bemühungen um die Verstärkung der Nachtjagd im Jahre 1942 war es den Deutschen gelungen, das Abschußverhältnis gegenüber der RAF zu verbessern. 65 Prozent aller Nachtjagdeinsätze führten zu einem Abschuß des Gegners, was im Westen immerhin 687 Feindflugzeuge ausmachte. Das war verglichen zum Vorjahr eine Steigerung von 63 Prozent. Die eigenen Kampfverluste betrugen 97 abgeschossene Nachtjäger und 189 beschädigte. Am 10. September 1942 feierte das XII. Fliegerkorps seinen 1000. Feindabschuß, davon entfielen 648 Feindbomber auf die Dunkle Nachtjagd, 200 auf die Helle Nachtjagd, 141 auf die Fernnachtjagd und 11 Abstürze durch Scheinwerferblendung. In der Tat schossen Flak und Nachtjäger zusammen im Herbst 1942 etwa 5,6 Prozent aller über Deutschland im Einsatz befindlichen englischen Bomber ab, wobei die Flak sogar noch erfolgreicher war. Im Zeitraum von Juli bis August meldete die RAF 696 Bomber als vom Feindflug nicht zurückgekehrt, davon wurden wahrscheinlich 169 von Jägern und 193 von Flak abgeschossen, 334 stürzten aus unbekannten Gründen ab. Von den während dieser Zeit 1394 im Einsatz beschädigten Maschinen lag die Ursache in 153 Fällen beim Jagd- und in 941 Fällen beim Flakeinsatz, alle anderen waren nicht auf unmittelbare Feindeinwirkung zurückzuführen.

Die Luftwaffe versuchte nicht nur mit reinen Luftverteidigungsmaßnahmen der Bomberoffensive der RAF Herr zu werden. Außer den gewissermaßen dürftigen Versuchen einer Wirtschaftsblockade nahm die Luftwaffe 1942 eine neue Art der Kriegführung gegen England auf: Vergeltungsangriffe. Das war etwas völlig Neues und nur zwingende Folge auf Grund des Verlustes der Luftüberlegenheit in Europa. Als die RAF in der Nacht des 28./29. März 1942 ihren ersten Großangriff auf eine deutsche Stadt flog und Lübeck bis auf die Grundmauern niederbrannte, sahen sich Hitler und seine engsten Berater einem Dilemma ausgesetzt. Sollten sie weiterhin Krieg gegen das englische Mutterland führen, als wäre nichts geschehen, oder sollten sie mit gleicher Münze mit den wenigen ihnen zur Verfügung stehenden Kräften zurückschlagen, in der Hoffnung, daß die Engländer dann ihre neue Strategie aufgaben? Man entschied sich für die Vergeltung. Am 14. April erging Weisung aus dem Führerhauptquartier: *»Der Führer wünscht, . . . bevorzugt solche Ziele anzugreifen, deren Zerstörung die größtmöglichen Auswirkungen auf die Lebensführung der Zivilbevölkerung hat. Neben den auch weiter beizubehaltenden Angriffen auf Hafen- und Industrieanlagen sind daher auch Vergeltungsangriffe gegen englische Städte mit Ausnahme von London durchzuführen. Zur Freimachung von Kräften sind die Mineneinsätze entsprechend einzuschränken.«* Ein Anzeichen dafür, welche Bedeutung Hitler diesen Angriffen beimaß, ist die Tatsache, daß die Luftwaffe das »Pfadfinder«-Geschwader aus dem Osten zurückverlegte und zwei Kampfgruppen aus Sizilien abzog, die im Einsatz gegen Malta standen. Zusammen mit den Torpedoverbänden konnte so eine Streitmacht von etwa 350 Kampfmaschinen gebildet werden.

Die sogenannten »Baedeker«-Angriffe, wie sie von beiden Seiten nach dem bekannten Reiseführer genannt wurden, weil man die darin befindlichen Angaben für die Zielplanung heranzog, begannen in der Nacht des 25. April mit der Bombardierung von Exeter. In den folgenden sieben Monaten fanden noch 38 Angriffe dieser Art statt, die militärisch so unbedeutende Ziele wie Bath (2×), Norwich (6×) und Canterbury (4×) gleichermaßen trafen wie die altbekannten Ziele Birmingham und Southampton. Die Angriffswirkung war jedoch gering, zumal die Anzahl der eingesetzten Maschinen immer mehr abnahm, sei es durch Einsatzverluste (etwa 80 Flugzeuge), sei es durch Verlegung auf andere Kriegsschauplätze. Über die Hälfte der abgeworfenen Bombenmenge insgesamt (2979 Tonnen) kam in den ersten zwei Monaten zum Einsatz. Der schwerste Angriff traf Bath in der Nacht des 25. April mit 210 Tonnen Bomben, der schwächste Colchester am 26. August mit nur 6 Tonnen. Durchschnittlich wurden je Einsatz 76 Tonnen abgeworfen, von denen nur 26 Prozent tatsächlich das Ziel trafen. Die englische Luftverteidigung konnte ungefähr 80 deutsche Bomber abschießen.

Während die »Baedeker«-Angriffe in recht planloser Weise fortgesetzt wurden, ging die Luftflotte 3 bei ihren Tagesangriffen mit Jagdbombern zielstrebiger vor. Diese Art von Einsätzen wurde am Weihnachtstag 1941 wiederaufgenommen. Anfang 1942 zählte eine besondere Jabo-Gruppe, mit zwei Staffeln, zur Kräftegliederung der Luftflotte. Seit März tauchten regelmäßig zwei- bis dreimal wöchentlich kleine Verbände mit bombentragenden Bf 109 überraschend über Häfen und Städten am Kanal auf. Im Juli wurden die Bf 109 durch Fw 190 ersetzt und die Einsätze zugleich verstärkt. Zwischen März und August wurden nur zehn Jabos abgeschossen und dennoch eine durchschnittliche Einsatzbereitschaft von 30 Jabos gehalten. Im Oktober flogen die Deutschen sogar einen Großangriff mit ihren Jabos gegen Canterbury. 60 Bf 109 flogen Begleitschutz für 68 Jabos. 31 Bomben trafen ihr Ziel, nur drei Maschinen kehrten vom Einsatz nicht zurück. Einzeln oder im kleinen Verband fliegende Bomber führten Tagesangriffe überall in England durch. Als an einem Tage im Juli tiefhängende Wolken über England lagen, schwärmten dreißig deutsche Eindringlinge im Tiefstflug über England aus und zerstörten vier Fabrikanlagen, zwei Flugplätze und vier Bahnanlagen. Die Engländer konnten sich glücklich schätzen, daß diese Art von Einsätzen auf ein Minimum beschränkt blieb, weil es den Deutschen an ausgebildeten Besatzungen mangelte. Als Beispiel mag ein Kampfgeschwader gelten, das im Januar 1942 noch 88 Besatzungen hatte, im September waren es nur mehr 23. Im Sommer verlegten einige Ju 86R, aus dem alten Bomber der Luftwaffe entwickelte Höhenaufklärer, in den Einsatzraum, um zahlreiche Angriffe aus 12 000 m Höhe mit 250 kg Bomben über England zu fliegen, die erzielte Einsatzwirkung war geradezu nichtssagend. Ende August flogen die ersten Me 210 als Jagdbomber Einsätze über England. Innerhalb kürzester Zeit waren vier von ihnen abgeschossen, womit erwiesen war, daß sie als Einsatzflugzeuge nichts taugten. So sahen die Einsätze der Luftwaffe aus. – Im ganzen Jahr 1942 hatte die Luftwaffe, die »Baedeker«-Angriffe eingeschlossen, 6500 Tonnen Bomben über England abgeworfen, das entsprach der Abwurfmenge eines einzigen Monats während des Höhepunktes des »Blitz«. Die Abschreckungs- und Vergeltungswirkung war gleich Null.

Gleichzeitig mit den Nachtangriffen, die Tod und Zerstörung über Deutschland brachten, setzten die Engländer bei Tage mit Jägern und leichten Bombern ihre Angriffe gegen Ziele in Frankreich und Holland fort. Ursprünglich mit der Absicht begonnen, die Vorbereitungen für das deutsche Unternehmen »Seelöwe« zu stören, wollte man den Jägern der Luftflotte 3 Verluste zufügen, die Einsatzbereitschaft des RAF Fighter Command aufrechterhalten und seinen Fliegern Fronterfahrung vermitteln und insbesondere der Bevölkerung in den besetzten

Gebieten beweisen, daß England immer noch in der Lage war zu kämpfen. So waren zwischen März und Juni 1942 beispielsweise nicht weniger als 22 000 englische Jäger und 700 leichte Bomber auf Feindflug jenseits des Ärmelkanals; 303 englische Jäger und 11 Bomber kehrten von diesen Flügen nicht zurück. Es war ein ungleicher Kampf, denn die Deutschen verloren nur 90 ihrer Jäger, die zu den zwei Geschwadern und der einen Gruppe im Bereich der Luftflotte 3 gehörten. Insgesamt verloren die Deutschen von Mai 1941 bis Ende 1942 durch Abschuß 350 und auf Grund aller Einflüsse 450 Jäger im Westen. Von besonderer Bedeutung während dieses Zeitraumes im Bereich der Luftflotte 3 waren die zwei Unternehmen, die einmal den Durchbruch deutscher Schlachtschiffe durch den Kanal, und zum anderen die Abwehr des Kommandounternehmens von Dieppe betrafen. Zwischen dem 26. und 28. Mai 1941 versuchten die Kampfverbände der Luftflotte 3 vergeblich, die »Bismarck« vor der Verfolgung durch die englische Flotte zu retten, während es am 12. Februar 1942 deutschen Jägern gelang, den Durchbruch der »Scharnhorst«, »Gneisenau« und »Prinz Eugen« durch den Kanal erfolgreich zu schützen. Etwas später, am 19. August 1942, kam es zu einer bedeutenden Auseinandersetzung, als englische und kanadische Truppen in großem Umfang den Landungsversuch bei Dieppe unternahmen. Eine der Feindabsichten war es, alle Verbände der Luftflotte 3 über den Landekopf zu locken, um sie dort vernichtend schlagen zu können. Das Unternehmen war sowohl zu Lande als auch in der Luft ein Fehlschlag. Das Kommandounternehmen konnte weder Schlüsselstellungen nehmen noch den Widerstand in der Stadt brechen. Die RAF verlor 108 Flugzeuge und konnte nur 48 deutsche Maschinen abschließen sowie 24 beschädigen, das waren knappe 9 Prozent aller Flugzeuge des Generalfeldmarschall Sperrle. Im Luftraum über dem besetzten Europa blieb die Luftwaffe der eindeutige Sieger.

Ende 1942 hatte die Luftwaffe allen Grund, mit ihren Abwehrleistungen im Westen zufrieden zu sein. Bei den seit Kriegsbeginn durchgeführten 77 500 Feindflügen hatte sie 2859 feindliche Flugzeuge (3,6 Prozent) zerstört und viele mehr beschädigt. Die RAF ihrerseits erlitt bei Angriffen auf bestimmte Ziele Verluste von 12 Prozent und mehr. Bei Tagesangriffen über Europa hatte der Gegner 627 Bomber (4,2 Prozent aller eingesetzten Flugzeuge) verloren, und die Verlustrate stieg weiter an. Noch 1940 kam auf jeden 32. Feindflug ein Bomberverlust durch Abschluß oder Absturz; 1942 kam schon auf jeden 20. Feindflug ein Totalverlust. Das Ausmaß der englischen Bomberoffensive bewegte sich in relativ bescheidenen Grenzen, was einerseits der Kampfbereitschaft der Luftwaffe, und andererseits den schwachen Kräften des RAF Bomber Command zuzuschreiben war. Bis Anfang 1943 hatten die Deutschen über England etwa 67 000 Tonnen Bomben abgeworfen, die Engländer hingegen 78 579 Tonnen über dem Reichsgebiet und 22 537 über dem besetzten Europa.

Die deutsche Kriegswirtschaft und die Wehrmacht waren durch die Bomberoffensive nur geringfügig gestört worden. Die Produktionsunterbrechungen und -ausfälle waren nicht der Rede wert. Auswertungen, die von den Alliierten nach dem Kriege vorgenommen wurden, schätzten die Produktionsausfälle für das Jahr 1942 zum Beispiel auf 0,7 bis 2,5 Prozent. Verglichen damit mußte England zur Durchführung seiner Bomberoffensive etwa ein Drittel der gesamten Kriegswirtschaft für diesen Zweck binden. Auch die Auswirkungen auf die moralische Widerstandskraft des deutschen Volkes waren unbedeutend. Die durch die Angriffe verursachten Erschwernisse in den Reihen der Zivilbevölkerung führten eher dazu, das Volk noch enger zusammenrücken zu lassen bei der Bewältigung der Kriegsanstrengungen und den Übergang zum totalen Kriegseinsatz zu erleichtern. Im Laufe der ersten Phase der alliierten Bomberoffensive setzte das Reich sogar die Mobilisierung aller Wirtschaftskräfte fort und steigerte die Produktion. Die Leistungen der Flugzeugindustrie, ein bevorzugtes Ziel der RAF, sind ein typischer Fall dafür. Zwischen September 1939 und Dezember 1942 konnten die monatlichen Fertigungszahlen an Flugzeugen von 700 auf 1548 erhöht werden. Geringe Fertigungseinbußen mußten nach den Angriffen auf die Heinkel-Werke in Rostock und die Focke-Wulf-Werke in Bremen hingenommen werden. Die auf Grund der Bombenangriffe gegen Produktionsstätten veranlaßten Maßnahmen zur Auslagerung von Fertigungsanlagen versetzten die Industrie in die Lage, die später erfolgenden schweren Luftangriffe besser zu verkraften.

Wie die Luftwaffe auf die englische Bomberoffensive reagierte, beweist, daß sie ihr nicht gleichgültig gegenüberstand. Ende 1942 wurden erheblich größere Mengen an Mensch und Material für die Reichsverteidigung aufgeboten als bei Kriegsbeginn. Es mangelte jedoch in erschreckendem Maße an jedweder langfristiger Planung und Lagebeurteilung. Nur wenige Vorkehrungen wurden getroffen. Man verlegte sogar noch im Dezember 1942 zur Stärkung der italienischen Luftabwehr 150 Flakbatterien aus dem Reichsgebiet nach Italien. Die Vernachlässigung der Jägerproduktion war weit bedeutender. Im Anschluß an einen Lagevortrag über das Leistungsvermögen der alliierten Bomberstreitkräfte bemerkte Jeschonnek im Juli 1942: *»Ich freue mich über jeden viermotorigen Bomber, der bei den Westalliierten gebaut wird, denn wir werden diese viermotorigen Bomber genauso herunterholen wie die zweimotorigen, und der Abschuß eines viermotorigen Bombers bedeutet für den Gegner jeweils einen viel höheren Verlust«.*

Als einziger im Kreise der höheren Luftwaffenführung machte sich Milch Sorgen über die Entwicklung. 1942 waren letztendlich von den Alliierten im Westen genauso viele Tonnen Bomben abgeworfen worden wir in den zwei vorangegangenen Jahren insgesamt. Ihm war klar, daß der viermotorige Bomber die Schlagkraft der feindlichen Bomberstreitmacht wesentlich steigern würde, hatte sich doch Ende 1942 die mögliche Bombenzuladung um 70 Prozent verbessert. Milch erkannte, welche Bedeutung die Alliierten der strategischen Luftkriegführung beimaßen. Wenn erst einmal die US-Bomber mit denen der RAF zusammenwirken, würde die bestehende deutsche Luftabwehr einfach erdrückt werden. Für ihn gab es keinen Zweifel, daß die 1000-Bomber-Angriffe über dem Reichsgebiet – 1942 waren drei derartige durchgeführt worden – nur Vorboten viel schlimmerer Zerstörung waren, die, so befürchtete er, schließlich die deutsche Kriegswirtschaft lähmen und die Wehrmacht zur Einstellung der Kampftätigkeit zwingen würden. Voller Sorge betrachtete er die 27 Tagesangriffe, die die 8. USAAF über Frankreich und Holland mit B-24 und B-17, die zwischen zwei und vier Tonnen Bomben jeweils tragen konnten, geflogen haben. Es waren nicht die geringen angerichteten Bombenschäden, was ihn bedrückte, sondern die bösen Omen, die sich am Horizont des Krieges zeigten. Der Angriff auf Lille vom 9. Oktober, bei dem 108 US-Bomber 300 Tonnen abwarfen und nur vier Verluste erlitten, hätte den Deutschen als drohende Warnung dienen können. Aber Milch war leider ein Prophet, der im eigenen Lande nichts galt. Bei einer Besprechung mit Göring und Jeschonnek forderte er am 21. März 1942 die Schaffung eines »Jägerschirms« über Deutschland: *»Herr Reichsmarschall, Ihre Gesamtforderung beträgt 360 Jagdflugzeuge pro Monat. Ich verstehe das nicht. Wenn Sie 3600 Jagdflugzeuge gesagt hätten, dann müßte ich erwidern, daß Amerika und England zusammen ... daß 3600 zu wenig seien!«* Jeschonnek, der nicht einsehen konnte, warum und wie die feindliche Bomberoffensive im Jahre 1943 zunehmen sollte, erhob heftige Einwände und verkündete: *»Ich wüßte nicht, was ich mit mehr als 360 Jagdflugzeugen pro Monat anfangen sollte«.* Damit ist der Fall erledigt. Als Milch nach dem Kriege gefragt wurde, welche Kardinalfehler der Luftwaffe er nennen könne, erwiderte er, daß er nur einen kenne: *»140 000 nichtgebaute Jäger«*

VII. Kampfraum Mittelmeer

Hitler hatte Mitte 1940 außer den noch groben Vorstellungen eines Vorstoßes an den Persischen Golf und einer Einnahme Gibraltars keine Absichten, den Mittelmeerraum in seine Eroberungspläne mit einzubeziehen. Nunmehr, im Jahre 1943, waren neun deutsche Divisionen und 1200 Flugzeuge dort eingesetzt. Das waren beträchtliche Kräfte, die dringend an der Ostfront, wo es für den Kriegsausgang um Sieg oder Niederlage ging, benötigt worden wären. Die Änderung von Hitlers Plänen hatte Italiens Diktator, Benito Mussolini, verursacht, dessen Streitkräfteumfang in keinem Verhältnis zu seinen hochtrabenden außenpolitischen Abenteuern stand. Am 10. Juni 1940 hatte Italien noch Frankreich und England den Krieg erklärt und seine Truppen in Südfrankreich einmarschieren lassen, um auch am Sieg teilhaben zu können. Am 17. September überschritten italienische Truppen die Grenzen ihrer nordafrikanischen Kolonie Cyrenaika und fielen in Ägypten ein. Sie besetzten die 640 km von Kairo entfernte Stadt Sidi Barrani. Am 28. Oktober unternahmen die Italiener ihr drittes Abenteuer in diesem Kriege: Die Besetzung Griechenlands. Doch bevor das Jahr sich neigte, befanden sie sich in erheblichen Schwierigkeiten. Ihre Truppen blieben beim Vormarsch in Griechenland stecken. Auf Grund des griechischen Gegenstoßes nach Albanien hinein mußten die Italiener manche Schlappe hinnehmen und Verluste erleiden. Die Engländer hatte Kreta besetzt und die Italiener wieder aus Ägypten hinausgeworfen. Sie befanden sich jetzt auf dem Vormarsch in der Cyrenaika und waren Anfang Januar 1941 bis auf 640 km vor der Hauptstadt Tripolis vorgestoßen. Es war nur eine Frage der Zeit, bis die italienische Kolonie in Nordafrika verloren sein würde.

Hitler befand sich in einer Zwangslage. Obwohl er nicht in einen weiteren Feldzug verwickelt werden wollte, führte das italienische Unternehmen in Griechenland, von dem er vorher keine Kenntnis hatte, zu einer Bedrohung der deutschen Südflanke, der man nicht gleichgültig gegenüberstehen durfte. Von Engländern in Griechenland belegte Flugplätze hatten die für die Deutschen so lebenswichtigen rumänischen Ölfelder bei Ploesti in Reichweite der Bomber der RAF gebracht. Aus diesem Grunde mußte insbesondere Kreta eingenommen oder zumindest ausgeschaltet werden. Das konnte am besten dadurch erreicht werden, daß die deutsche Wehrmacht das griechische Festland nördlich der Ägäis besetzte, damit die Luftwaffe in der Lage war, englische Flugplätze anzugreifen, die für Rumänien eine Bedrohung darstellten. Im Zweifelsfalle hätte man immer noch ganz Griechenland besetzen können. Am 13. Dezember erließ Hitler seine Weisung Nr. 20, in der er seine Absichten darlegte. Drei Tage zuvor hatte sich Hitler, als Hilfe für Italiens Einsatz in Nordafrika, verpflichtet, deutsche Luftwaffenverbände für eine befristete Zeit nach Süditalien zu verlegen. um englische Schiffseinheiten im Mittelmeer oder, falls erforderlich, im Ionischen und Ägäischen Meer anzugreifen. Am 11. Januar 1941 verfügte Hitler in seiner Weisung Nr. 22, daß deutsche Truppen zur Verteidigung Tripolitaniens nach Nordafrika zu verlegen hätten. Im Juni standen zwei deutsche Panzerdivisionen zusammen mit Panzerabwehr- und weiteren Verbänden als Deutsches Afrikakorps unter Führung von General Erwin Rommel, dem italienischen Heer unterstellt, bereit.

Schon im Juli 1940 war die Luftwaffe im Mittelmeerraum vertreten. Unter Führung von General Maximilian Ritter von Pohl war in Rom der Verbindungsstab Italuft gebildet worden, dem zunächst hauptsächlich feindnachrichten-dienstliche Aufgaben oblagen. Später nahm er die Interessen der Luftwaffe im Mittelmeer wahr. Anfang Dezember, als der »Blitz« gegen England noch lief, wurde der erste fliegende Verband mit Ju 52 verlegt, dessen Aufgabe es war, italienische Truppen nach Albanien zu fliegen, um der griechischen Gegenoffensive Einhalt zu gebieten. Innerhalb von 50 Tagen flogen diese Maschinen nicht weniger als 30 000 Soldaten und 4700 Tonnen Nachschubgüter nach Albanien und hatten dabei keinen einzigen Verlust. Ende des Jahres wurde das X. Fliegerkorps unter Geisler mit seinem Chef des Stabes, Oberst Harlinghausen, von Norwegen nach Süditalien verlegt. Den ersten Angriff flogen neun Ju 87 am 9. Januar 1941 gegen englische Schiffe in der Schirokko-Bucht von Malta. Mitte Januar waren auf Sizilien etwa 330 Frontflugzeuge zusammengezogen, davon 120 Kampfflugzeuge, 150 Ju 87, 40 Bf 110 und 20 Aufklärer. In der Weisung Nr. 22 hieß es für das X. Fliegerkorps:

»Seine wichtigste Aufgabe liegt in der Bekämpfung der englischen Seestreitkräfte und der englischen Seeverbindungen zwischen westlichem und östlichem Mittelmeer. Daneben sind mit Hilfe von Zwischenlandeplätzen in Tripolitanien auch die Voraussetzungen zu schaffen, um durch Bekämpfung der englischen Ausladehäfen und Nachschubbasen an der Küste von West-Ägypten und der Cyrenaica die Heeresgruppe Graziani unmittelbar zu unterstützen«.

Das Mittelmeer zwischen Sizilien und der nordafrikanischen Küste wurde für neutrale Schiffe zum Sperrgebiet erklärt, um dem X. Fliegerkorps seine Aufgabe zu erleichtern.

Während die Luftwaffe drauf und dran war, in Operationen auf einem neuen Kriegsschauplatz verwickelt zu werden, blieb sie nicht müßig, sich auf dem Balkan zu betätigen. Vor dem Einmarsch der Italiener in Griechenland war im September 1940 in der rumänischen Hauptstadt Bukarest eine Deutsche Luftwaffen-Mission gebildet worden, die vordergründig einen Ausbildungsauftrag für die rumänische Luftstreitkräfte hatte. Dahinter Stand naürlich die Absicht Hitlers, sich gegen Rußland zu wenden. Im Dezember waren einige fliegende und Flakverbände nach Rumänien verlegt worden mit dem Hauptauftrag, die rumänischen Ölfelder zu schützen. Man betrieb Vorbereitungen für die bevorstehenden Unternehmen gegen Griechenland und Rußland und vergewisserte sich der Treue Rumäniens für die deutsche Sache. Ähnliche Entwicklungen zeichneten sich in Bulgarien ab. Im Dezember traf deutsches Luftwaffenpersonal, zunächst in Zivil, dort ein. Nachdem im März 1941 Bulgarien auch formell der deutsch-italienischen Achse beigetreten war, stand einer offenen Verlegung von Luftwaffenverbänden nichts mehr entgegen. Ende März standen in beiden Ländern 490 deutsche Flugzeuge bereit, mit Masse in Bulgarien, zur Vorbereitung auf den Angriff gegen Griechenland, der für den April vorgesehen war. Die 490 Maschinen umfaßten 40 Kampfflugzeuge, 120 Ju 87 (alle in Bulgarien), 120 Bf 109, 40 Bf 110 sowie 50 Fern- und 120 Nahaufklärer. Das VIII. Fliegerkorps unter von Richthofen wurde vom Westen verlegt und ihm alle diese Flugzeuge eingegliedert, so daß es im Rahmen der Luftflotte 4 (Löhr) zum Einsatz kommen konnte. Wie üblich hatte die Luftwaffe den Auftrag, die Luftüberlegenheit zu erringen und die Heeresverbände, in diesem Falle die 12. Armee, zu unterstützen.

Kurz bevor Hitler den Einmarsch nach Griechenland befehlen wollte, ereignete sich das völlig Unerwartete. Am 26. März 1941 kam es in Jugoslawien, das sich gerade erst den Achsenmächten angeschlossen hatte, zu einem Putsch, der eine Regierung an die Macht brachte, die den Absichten des »Dritten Reichs« nicht traute. Weil nunmehr die rechte deutsche Flanke bloßlag, erklärte Hitler, daß die Unzuverlässigkeit der neuen jugoslawischen Regierung den Einmarsch sowohl nach Griechenland als auch nach Rußland gefährdete, daher gäbe es keine andere Wahl, als Jugoslawien zu besetzen. Am Tage des Putsches in Belgrad, dem 26. März, wurden Löhr weitere Luftwaffenverbände unterstellt. Es waren dies fünf Kampfgruppen (drei aus Frankreich, eine aus Nordwestdeutschland und eine aus Nordafrika), sechs Jagdgruppen Bf 109 (aus Frankreich) und eine Zerstörungsgruppe Bf 110 (aus Nordwestdeutschland) mit insgesamt etwa 600 Flugzeugen. Am 6. April traten ein Großteil dieser Verbände zum Angriff gegen Jugoslawien und Griechenland an. Es war eine außergewöhnliche Führungsleistung, alle die Kräfte, die den Umfang eines verstärkten Fliegerkorps hatten, in zwölf Tagen über eine Entfernung von 1600 km von Plätzen wie Wittmund in Ostfriesland bis nach El Machina in Nordafrika zu bewegen.

Seit dem 6. April 1941, als die Invasion Griechenlands und Jugoslawiens begann, traf die Luftflotte 4 mit ihrer überwältigenden Stärke von 1090 Flugzeugen zusammen mit dem 660 Maschinen der italienischen Luftstreitkräfte zu keiner Zeit auf entscheidenden Widerstand. In der Luft warfen sich nur 400 jugoslawische und 80 griechische Flugzeuge veralteter Typen dieser Luftmacht entgegen. Hierzu stellt der Abschlußbericht des OKW fest: *»Zur Auflösung des serbischen Heeres hat die Luftwaffe . . . durch ständige Einwirkung auf die feindlichen Verbindungs- und Nachschubwege in hohem Maße beigetragen«.* Im Abschlußbericht über den Einsatz in Griechenland urteilte das OKW:

»Die Luftwaffe unter der obersten Führung des Reichsmarschalls machte dem Gegner durch rasches Niederkämpfen seiner Fliegertruppen und Behauptung der Luftherrschaft während des ganzen Feldzuges unmöglich, den planmäßigen Verlauf der Operationen aus der Luft zu stören. In vorbildlicher Zusammenarbeit unterstützte sie das Heer durch unausgesetzte Nah- und Fernaufklärung, erleichterte ihm durch den Einsatz von Sturzkampfverbänden den Durchbruch durch die feindlichen Hauptwiderstandslinien und beschleunigte durch Tag- und Nachtangriffe auf den weichenden Feind und seine rückwärtigen Verbindungen die Auflösung des Gegners . . . Besonders große Erfolge errangen Kampf- und Sturzkampfverbände durch fortgesetzten Einsatz auf die feindlichen Transportschiffe im Seegebiet um Griechenland. Der planmäßige Abzug der Briten wurde hierdurch verhindert, der englische Schiffsraum aufs schwerste getroffen.«

Während des Feldzuges schrieb die Luftwaffe einen weiteren umstrittenen Angriff in die Annalen ihrer Geschichte, in denen die Angriffe auf Warschau, Rotterdam und London schon verzeichnet waren. Es war der Angriff auf Belgrad, das in den ersten drei Tagen des Feldzuges bombardiert wurde, der den Tod von 17 000 Menschen der Zivilbevölkerung nach sich zog. Wiederum wurden die Deutschen bezichtigt, unschuldige Zivilisten terrorisiert zu haben. Zweifellos war ein Ergebnis dieser Angriffe auch die Terrorwirkung, wenngleich sie nicht beabsichtigt war. Wie auch im Falle der Angriffe auf Warschau und Rotterdam, so war auch dieser nur angesetzt worden, um die Heeresoperationen, wo es insbesondere auf Schnelligkeit des Handelns ankam, zu unterstützen. So sicher man sich über den Ausgang war, war es doch außerordentlich wichtig, den Feldzug so schnell wie möglich abzuschließen, damit die Truppen, die man nach Griechenland abzweigte, weil dort britische Verbände einrückten, alsbald wieder ihrer Haupaufgabe zugeführt werden konnten. Ferner mußte jede Möglichkeit einer Verzögerung oder Niederlage auf dem Balkan unter allen Umständen vermieden werden, damit die Deutschen alle ihre Truppen für den Rußlandfeldzug, der in wenigen Wochen beginnen sollte, bereit haben konnten. Für diesen Zweck mußte die Südflanke unbedingt gesichert sein. Vor diesem Hintergrund läßt sich verstehen, warum die Deutschen Belgrad als rein militärisches Ziel betrachteten. Die jugoslawische Hauptstadt bildete ein wichtiges militärisches Ziel. War es erst einmal ausgeschaltet, mußte dies zu schwerwiegenden Störungen für den jugoslawischen Truppenaufmarsch führen und somit den deutschen Vormarsch begünstigen. In fünf Großangriffen warfen deutsche Kampfverbände ihre Bomben auf die feindlichen Hauptquartiere, das Kriegsministerium und den Generalstab, auf den Hauptbahnhof, der im gering ausgebauten jugoslawischen Eisenbahnnetz eine Schlüsselrolle einnahm, sowie auf zahlreiche andere Ministerialgebäude. Alle diese Ziele zählten zu den Aufgaben der mittelbaren Unterstützung der Wehrmacht. Das sie überall in der dichtbesiedelten Hauptstadt verteilt lagen und viele davon noch in Holzbauweise erstellt waren, war lagebedingt und nicht beabsichtigt. Die Angriffe wurden durchgeführt, das militärische Ziel erreicht und die Weltöffentlichkeit hatte wieder einmal Grund, über die Luftwaffe herzufallen und sie zu verdammen.

Als sich der Balkanfeldzug auf seinem Höhepunkt befand, machte Löhr am 15. April Göring den Vorschlag, den Einsatz in Griechenland mit einer Luftlandung auf Kreta krönend abzuschließen. Das zu erreichen, sollten Fallschirmjäger- und Luftlandeverbände des XI. Fliegerkorps (General Student), das aus einem Luftlande-Sturmregiment mit vier Bataillonen, der 7. Fliegerdivision mit drei Fallschirmjäger-Regimentern, der 22. (Luftlande-) Division sowie weiteren Divisions- und Korpstruppen bestand, eingesetzt werden. Am 20. April beauftragte Göring Student und Jeschonnek, den »Führer« über die Absichten der Luftwaffe in Kenntnis zu setzen. Das OKW war anderer Ansicht, weil es das XI. Fliegerkorps lieber für die Besetzung Maltas eingesetzt sehen wollte. Es hielt diese englische Absprungbasis für weit gefährlicher für die Absichten der Achsenmächte in Nordafrika als Kreta, weil sie auf halben Wege der Nachschublinien nach Südeuropa lag. Die Luftwaffenführung wies jedoch darauf hin, daß Kreta nicht nur eine Basis für die englischen Luftoperationen war, sondern daß die Insel auch ein Sprungbrett nach Zypern und an den Sueskanal bildete. Das leuchtete Hitler ein, der ohnehin vor einiger Zeit schon geäußert hatte, daß Kreta für eine Luftlandeoperation und nachfolgende Besetzung anfällig war. Nach Rücksprache mit Mussolini vefügte Hitler am 25. April 1941 seine Weisung Nr. 28 und billigte das Unternehmen »Merkur«. Als Angriffsdatum wurde der 16. Mai festgelegt. Das XI. Fliegerkorps begann sofort mit der Verlegung von seinen Plätzen in Mitteldeutschland nach Athen, wo es der Luftflotte 4 unterstellt wurde. Wegen der erheblichen Schwierigkeiten, die diese Verlegungen beeinträchtigten, insbesondere die Zerstörungen der Straßen und Eisenbahnverbindungen in Griechenland, wurde der Zeitpunkt des Angriffs auf den 20. Mai verlegt. Transportprobleme hielten die 22. (Luftlande-) Division in Rumänien auf. Die Vorbereitungen der Wehrmacht für den Einmarsch nach Rußland am 22. Juni 1941 verhinderten die weitere Verlegung in den Süden. Die 5. Gebirgsdivision, die schon in Griechenland stand, übernahm die ihr zugewiesenen Aufgaben. Dem XI. Fliegerkorps gab die Luftwaffenführung das VIII. Fliegerkorps mit 650 einsatzbereiten Maschinen zur Einnahme Kretas bei. Es verfügte über 280 Kampfflugzeuge, 150 Ju 87, 90 Bf 109, 90 Bf 110, und 40 Aufklärer, denen 24 »Hurricane«, »Gladiator« und »Fulmar«, davon gerade zwölf insgesamt einsatzbereit, gegenüberstanden. Aus Ägypten wurden ketten- und schwarmweise Verstärkungen eingeflogen. 700 Ju 52 und 80 Lastensegler waren zusammengezogen worden, um die Luftlandetruppen an ihre Ziele zu befördern. Als vorbereitende Maßnahmen wurden Angriffe auf Schiffe in der Suda-Bucht und auf englische Flughäfen in Kreta geflogen. Die strikte Luftblockade der Insel führte dazu, daß von den zwischen dem 1. und 20. Mai von Ägypten nach Kreta in Marsch gesetzten 27 000 Tonnen Nachschubgütern nur zehn Prozent ihren Bestimmungsort erreichten.

Die Luftlandung auf Kreta begann am 20. Mai, um 6.00 Uhr, mit schweren

Luftangriffen auf englische Stellungen am Flugplatz Malemes und in Chania, der Inselhaupstadt. Zunächst galt es, die Flakabwehr zum Schweigen zu bringen. Zu dieser Zeit gab es keine feindlichen Jäger mehr auf Kreta. 38 waren zerstört worden, und die wenigen Überlebenden hatten sich nach Ägypten abgesetzt. Um 7.15 Uhr landeten de ersten deutschen Truppen nahe Malemes. Bis zur Mittagszeit befanden sich etwa 5000 deutsche Soldaten auf Kreta, die auf harten Widerstand größerer englischer und Commonwealth-Truppen stießen, mehr als erwartet. Sie standen mit ihren 28 000 Mann unter dem Befehl von General Freyberg und waren gerade auf diese Art Einsatz wohl vorbereitet. Die Kämpfe tobten unerbittlich. Am Abend des 20. Mai berichtete er voller Besorgnis: »*Heute war ein schwerer Tag. Wir sind hart bedrängt worden. Bis jetzt, glaube ich, haben wir noch die Flugplätze Rethymnion, Iraklion und Malemes und die zwei Seehäfen in Besitz. Aber wir können sie nur mit knapper Not halten. Es wäre unrecht von mir, ein optimistisches Bild zu entwerfen . . .*«. Am 21. Mai wurde die 5. Gebirgsdivision nach Kreta eingeflogen, die Waage neigte sich zugunsten der Deutschen. Es fehlten nur noch die Truppen und schweren Waffen, die über See nachgeführt werden mußten, die als Verstärkung für den Sieg unabdingbar waren. Diesen Absichten stellte sich jedoch die Royal Navy mit aller Kraft entgegen.

In der Nacht vom 21. auf den 22. Mai 1941 wurden die ersten deutschen Truppen auf dem Seewege nach Kreta in Marsch gesetzt. Vierzehn englische Kreuzer und Zerstörer, die vor der Nordküste der Insel auf der Lauer lagen, schossen die Transportschiffe unter Wasser und hinderten dadurch 4000 so dringend benötigte Soldaten zusammen mit ihrer Ausrüstung und schweren Waffen daran, ihre Ziel zu erreichen. Damit ein weiteres derartiges Fiasko vermieden werden konnte, kam es zum ersten Male in der Geschichte unter Führung des VIII. Fliegerkorps zu einer großen Luft-Seeschlacht, die einige Tage anhielt und mit einem klaren Sieg der Luftwaffe endete. Trotz aller Durchhaltebefehle von höchsten Stäben in London war die englische Flotte in den frühen Morgenstunden des 23. Mai nach der Versenkung von zwei Kreuzern und vier Zerstörern und der Beschädigung zahlreicher anderer Schiffe gezwungen, nach Alexandria zurückzulaufen. Jetzt konnten deutsche Truppenverstärkungen ungestört über die Ägäis nachgeführt werden, und das Schicksal der englischen Truppen auf Kreta war besiegelt. Bis zum 27. Mai waren 27 000 Mann, davon 4000 Italiener, auf der Insel angelandet worden. Am 28. Mai begann der Gegner seine bis zum 1. Juni dauernde Truppenevakuierung, bei der es ihm gelang, 14 500 Soldaten nach Ägypten zu verschiffen. Im Verlaufe dieser Maßnahmen wurde die englische Mittelmeerflotte von der Luftwaffe wiederum bombardiert, wobei einige mit Truppen beladene Kreuzer und Zerstörer versenkt oder beschädigt wurden. Nunmehr beliefen sich die Verluste der Engländer im Zusammenhang mit dem Kreta-Unternehmen auf drei versenkte Kreuzer und sechs versenkte Zerstörer; beschädigt wurden ein Schlachtschiff, ein Flugzeugträger, ein Versorgungsschiff, sechs Kreuzer und acht Zerstörer. Die schlechten Erfahrungen, die die Royal Navy mit dem VIII. Fliegerkors gemacht hatte, lassen nur erahnen, zu welcher Schlagkraft die Luftwaffe bei einem Unternehmen »Seelöwe« fähig gewesen wäre, wenn es nach einem erfolgreichen Abschluß des »Adlerangriff« tatsächlich zu einer Landung in England gekommen wäre.

Der Sieg über Kreta hatte der Luftwaffe schwere Wunden geschlagen. In dem zehn Tage währenden Kampf waren von den ursprünglich 13 000 Fallschirm- und Luftlandejägern 5140 gefallen, verwundet oder vermißt. Zwischen dem 14. Mai und 1. Juni hatte die Luftwaffe 220 Flugzeuge verloren, davon 119 Ju 52; 148 Maschinen wiesen Kampfschäden auf, alleine 119 davon waren Ju 52. Insbesondere die Verluste und Ausfälle an Transportflugzeugen bereiteten der Luftwaffenführung ernste Sorgen, zumal sie erhebliche Folgen für die Ausbildung hatten. Ob-

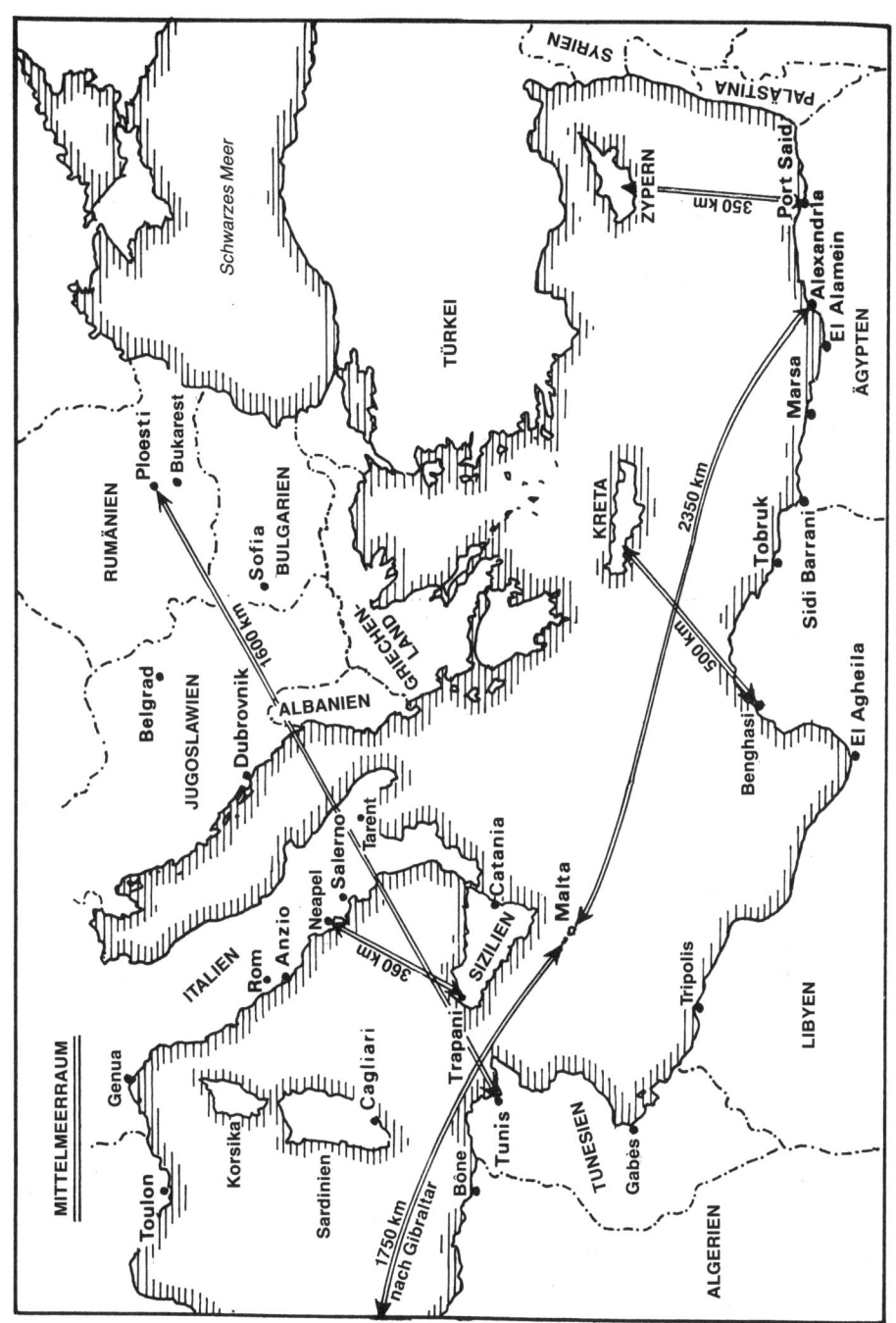

MITTELMEERRAUM

Schwarzes Meer

TÜRKEI

SYRIEN

PALÄSTINA

ZYPERN

350 km

Port Said

Alexandria
El Alamein

ÄGYPTEN

Marsa

RUMÄNIEN

Ploesti
Bukarest

Sofia
BULGARIEN

1600 km

GRIECHEN-
LAND

KRETA

2350 km

Tobruk

Sidi Barrani

Belgrad

JUGOSLAWIEN

Dubrovnik

ALBANIEN

500 km

Benghasi

El Agheila

LIBYEN

Tarent

Catania

Neapel
Salerno

Malta

Anzio

Rom

SIZILIEN

ITALIEN

360 km

Genua

Trapani

Tripolis

Korsika

Cagliari

Tunis

Sardinien

Böne

TUNESIEN

Gabès

Toulon

1750 km
nach Gibraltar

ALGERIEN

213

wohl die Einnahme von Kreta das letzte größere Luftlandeunternehmen der Luftwaffe war, hatte es dennoch bedeutende Folgerungen für den weiteren Kriegsverlauf im Mittelmeer. Der Verlust dieser strategischen Ausgangsposition war für die Engländer ein schwerer Schlag, denn von hieraus hätten sie den »weichen Unterleib« des von den Achsenmächten beherrschten Europas bedrohen können. Durch die Besetzung der Insel stand der Luftwaffe das Operationsgebiet des östlichen Mittelmeers offen. Nach der Einnahme Kretas lag Malta immer noch wie unberührt im Mittelmeer. Das sollte sich für die Deutschen als unheilvoll erweisen.

Der Sieg über Kreta kam für die Deutschen zu spät, um den deutschfreundlichen Aufstand im Irak, der am 3. April Raschid Ali an die Macht brachte, für ihre Zwecke zu nutzen. Dieser Aufstand berührte die englischen Interessen in Nahost unmittelbar. Wäre es den Deutschen gelungen, Raschid Ali zu unterstützen, so hätte der Feind nicht nur den Zugang zu den irakischen und persischen Ölfeldern verloren, er hätte sich auch der neuen Lage gegenüber gesehen, daß die Achsenmächte möglicherweise aus einer völlig neuen Richtung einen Vorstoß auf Ägypten machen würden. Da Hitler keine starken Truppen abstellen konnte, entsandte er den Sonderstab F unter Führung des General Felmy, um den irakischen Streitkräften mit Rat und Tat zur Seite zu stehen und alle Vorbereitungen zu treffen für den Fall, daß später einmal deutsche Truppen in diesen Raum verlegt werden sollten. Die Luftwaffe unterstützte die aufständischen Soldaten Raschid Alis bei der Abwehr englischer Angriffe. Nur einige wenige He 111 und Bf 110, die in Mossul stationiert waren, kamen zum Einsatz. Als englische Streitkräfte am 30. Mai Bagdad besetzt hatten, floh Raschid Ali ins Ausland. Der Besetzung des Irak folgte die von Syrien, seinerzeit noch eine Kolonie Vichy-Frankreichs, die bis zum 14. Juli abgeschlossen war. Diese Maßnahme war erforderlich, weil die dort liegenden Flugplätze von der Luftwaffe zur Unterstützung der irakischen Aufständischen benutzt wurden. Genauso wie das Unternehmen gegen Kreta jede nennenswerte Unterstützung für Raschid Ali ausschloß, so verhinderte der am 22. Juni 1941 begonnene Einmarsch nach Rußland jede Hilfe für die Vichy-Franzosen in Syrien. Schon vor Beendigung des Kreta-Unternehmens hatte das VIII. Fliegerkorps seine Verlegebefehle an die Ostfront erhalten, wo es wie auch die Luftwaffe zu seinem fünften Feldzug im Kriege antreten sollte.

Der erfolgreiche Abschluß des Balkanfeldzuges, übrigens der letzte überwältigende Sieg, den die Deutschen im Kriege erringen konnten, bedeutete nicht, daß die Luftwaffe nicht mehr im Mittelmeerraum anwesend blieb. Das X. Fliegerkorps (Geisler), das den Kampfraum Süditalien, Sizilien, Teile von Sardinien, Griechenland und Teile von Nordafrika umfaßte, hatte die Stärke und den Verantwortungsbereich einer Luftflotte erreicht. Mit seinen 390 Flugzeugen gemäß Stärkemeldung vom Juli 1941 unterstand es für den Einsatz unmittelbar dem RLM. Im Januar 1941 waren ihm drei Hauptaufgaben zugewiesen worden: Die Ausschaltung der britischen Luft- und Seebasis Malta, um die Nachschublinien der Achsenmächte von Italien nach Nordafrika zu sichern; die Unterbindung der britischen Nachschubwege nach Ägypten; die unmittelbare Heeresunterstützung für Achsentruppen in Nordafrika. Von besonderer Bedeutung war Malta, das Symbol britischer Seeherrschaft im Mittelmeer. 90 km südlich von Sizilien und 360 km östlich von Tunis gelegen, bot es mit seinen nur 238 Quadratkilometern Bodenfläche der englischen Flotte und Luftwaffe Schutz und Versorgung. Von hier aus konnten nicht nur die Geleitzüge, die Truppen und Material nach Ägypten fuhren, geschützt werden, sondern auch der Nachschubfluß der Achse nach Nordafrika bedroht werden. Die Ausschaltung der Insel hätte den Wüstenkrieg wesentlich beeinflußt und die Siegeschancen der Achsenmächte sehr verbessert. Ein Sieg hätte den Deutschen auf dem Weg über die nordafrikanische Wüste das Tor zu den unerschöpflichen Ölvorräten im Mittleren Orient eröffnet und die Wehrmacht von einer länger anhaltenden Bindung im Kampfraum des Mittelmeers entlastet. Malta war ganz besonders verwundbar gegenüber Luftangriffen, weil Truppen, Verpflegung und Munition einzig und allein über den Seeweg zugeführt werden mußten. Es hatte nur wenige Kräfte zur Luftverteidigung und lag knapp einige Flugminuten von deutschen und italienischen Flugplätzen entfernt. Wenigstens hier hätte die Luftwaffe ihre Fähigkeiten zeigen können, unabhängig von den anderen beiden Wehrmachtteilen zu kämpfen und bedeutenden Einfluß auf den weiteren Verlauf des Krieges zu nehmen. Sieg oder Niederlage des Afrikafeldzuges hingen davon ab, ob der Kampf um die Luftherrschaft über dem Mittelmeer gelang oder nicht.

Im Januar 1941 begann das X. Fliegerkorps mit seinen Angriffen. Am 9. Januar wurde der erste Angriff gegen Schiffe in der Marsa Scirocco Bay geflogen. Tags darauf griffen 60 Ju 87 und He 111 einen von Gibraltar nach Malta laufenden Geleitzug an, wobei der Flugzeugträger HMS »Illustrious« schwer beschädigt wurde. Am 11. Januar wurden zwei Kreuzer so schwer getroffen, daß die HMS »Southampton« aufgegeben werden mußte. Nachdem zwei Nächte lang RAF-Bomber deutsche Flugplätze in Sizilien bombardiert hatten, schlug die Luftwaffe am 16. mit einem Angriff auf Maltas großen Hafen Valetta zurück. Dabei erhielt die HMS »Illustrious« erneut Treffer, ein Handelsschiff wurde beschädigt und ein Dock zeitweise außer Betrieb gesetzt. Viele zivile Gebäude wurden schwer in Mitleidenschaft gezogen. Am 18. Januar flog die Luftwaffe erstmals nur Angriffe auf die Flugplätze der Insel. Sofern es die Wetterlage erlaubte, wurden diese Art Angriffe ununterbrochen bis zum März 1941 durchgeführt. Im Mai wurden zur Vorbereitung des Balkanfeldzuges Fliegerkräfte aus Sizilien abgezogen, so daß Malta eine erste Kampfpause hatte.

Warum es dem X. Fliegerkorps mit etwa 250 Kampfflugzeugen und der Unterstützung einiger italienischer Flugzeuge nicht gelungen ist, Malta zu bezwingen, wird den nicht ausreichenden Nachschubgütern und der unzureichenden Bodenorganisation in Sizilien zugeschrieben. Die Insel lag nicht nur am äußersten Ende langer Nachschubwege, sondern die Luftwaffe war auch noch mit stärksten Kräften in den »Blitz« gegen England verstrickt und mit einer Umgliederung im Zusammenhang mit dem Einmarsch nach Griechenland belastet. Ferner war das X. Fliegerkorps gezwungen, zur Unterstützung der italienischen Truppen, die harte Rückschläge verkraften mußten, eine große Anzahl von Flugzeugen nach Nordafrika abzustellen. Nach Beendigung des Balkanfeldzuges und der Lagebereinigung zugunsten der Achsenmächte in Nordafrika dank des Eingreifens von Rommels Truppe machte man sich daran, die Luftlage im Mittelmeerraum neu zu beurteilen. Geisler brachte es dar, daß die östliche Hälfte des Mittelmeers der richtige Einsatzraum für das X. Fliegerkorps wäre, weil die natürlichen Nachschubwege der Deutschen über Griechenland und Kreta nach Nordafrika verliefen. Die Italiener forderten hingegen, daß der Haupteinsatzraum über den Nachschubwegen von Italien in die Cyrenaika gelegt werden sollte, da es den italienischen Luftstreitkräften unmöglich wäre, diese Seewege alleine zu schützen. Geißlers Lagebeurteilung wurde vom RLM und OKW gleichermaßen gebilligt. Bis zum Juli hatten die letzten Staffeln Sizilien mit Ziel in den östlichen Mittelmeerraum verlassen. Von den 390 Flugzeugen des X. Fliegerkorps lagen 240 in Griechenland, auf Rhodos und Kreta; die 150 Maschinen in Nordafrika, hauptsächlich vom Typ Ju 87 und Bf 109, wurden taktisch dem unter General Stefan Fröhlich neu gebildeten Stab Fliegerführer Afrika unterstellt.

Im Sommer und Herbst 1941 richtete die Luftwaffe ihr Hauptaugenmerk auf den Einsatz in Nordafrika, am Sueskanal und im Raum Rotes Meer. Aus Griechenland und von Kreta starteten die Verbände zum Minenlegen und Torpedo-einsatz. Heeresunterstützungseinsätze wurden fast täglich durchgeführt. Mehr und mehr erkannte man, daß die Einsatztätigkeit den Achsenmächten in Nord-afrika nur unbedeutende Entlastung bot und den Feind nicht daran hinderte, seine Truppen zu verstärken. So kam es, daß die Engländer am Ende des Jahres die deutschen und italienischen Truppen bis nach Marsa el Brega zurückgewor-fen hatten, auf die Stellung, die sie schon zu Beginn des Jahres einmal eingenom-men hatten. Die feindlichen Luftstreitkräfte hatten sich als furchtbare Waffe er-wiesen. Während des englischen Vormarsches hatten die RAF und die englischen Flakkanoniere 326 deutsche und eine ähnliche Anzahl italienischer Flugzeuge vernichtet und dabei selbst 575 eigene Flugzeuge verloren. Die italienische Re-gia Aeronautica war im wahrsten Sinne des Wortes in Nordafrika ausgelöscht worden. Zweifellos benötigte man für den Wüstenkrieg nicht nur mehr Flug-zeuge, auch in Malta mußte die Anwesenheit englischer Kräfte beendet werden.

Seit Mai 1941 bildete die Insel Rückhalt für starke Flotteneinheiten, die die Seewege der Achsenmächte in einem derartigen Maße angriffen, daß bis Novem-ber nicht weniger als 77 Prozent der gesamten beförderten Tonnage versenkt worden war. In den letzten sechs Monaten des Jahres 1941 waren mehr als 280 000 Tonnen militärischer Güter für immer in die Tiefen des Mittelmeers ge-zwungen worden. Die sich daraus ergebenden Engpässe an Truppen, Ausrüstung und Munition wirkten sich auf die im Wüstenkrieg stehenden Truppen der Achse besonders einschneidend aus. Sie beeinflußten wesentlich die Niederlage, die ih-nen von den englischen und Truppen des Commonwealth zugefügt wurde. Aus diesem Grunde entschloß sich Hitler im Oktober, das X. Fliegerkorps zu verstär-ken. Dieser Entschluß schlug sich in der Weisung Nr. 38, vom 2. Dezember 1941, nieder. Seinerzeit glaubte man auf Grund der Entwicklungen an der Ostfront, sich einige Umgliederungen erlauben zu können. Das II. Fliegerkoprs (Loerzer) wurde nach Sizilien verlegt, die Luftflotte 2 (Keßelring) vom Mittelabschnitt vor Moskau im Dezember nach Italien abgezogen, um die Führung des sich im Mit-telmeerraum verstärkenden Luftkriegs zu übernehmen. Das X. Fliegerkorps verlor seine Selbständigkeit und wurde, wie auch der Fliegerführer Afrika, dem Luftflottenkommando 2 unterstellt. Im Januar 1942 war die Umgliederung abge-schlossen. Keßelring standen etwa 650 einsatzbereite Flugzeuge, davon 260 in Afrika, zur Verfügung. Um seinen dreifachen Auftrag erfüllen zu können (Aus-schaltung Maltas und Sicherstellung der Nachschubwege nach Nordafrika; Un-terstützung der Heerestruppen der Achsenmächte; Unterbindung feindlicher Nachschubwege ins Mittelmeer), wurde Keßelring zum Oberbefehlshaber Süd ernannt, dem auch die Befehlsgewalt über die Kriegsmarine in diesem Bereich zukam.

Keßelring machte sich mit der ihm eigenen Entschlossenheit unverzüglich ans Werk. Mitte Januar 1942 wurden die Luftangriffe gegen Malta wieder aufgenom-men. Sie begannen zunächst in kleinem Umfang mit etwa 65 Feindflügen täglich mit allen möglichen Flugzeugen, nahmen aber in ständig wachsendem Umfang zu. Im Februar wurden fast 1000 Tonnen Bomben vornehmlich auf und um die Flugplätze der RAF abgeworfen. Bis Mitte März waren alle Vorbereitungen für größere Angriffsunternehmungen getroffen. Das II. Fliegerkorps stand mit 425 Flugzeugen, 190 Bombern und 115 Bf 109, auf Fliegerhorsten in Sizilien bereit. Man hatte einen neuen Angriffsplan entwickelt. Bisher hatte man mehr oder we-niger wahllos militärische Ziele bombardiert. Jetzt hieß es, zunächst in zusam-mengefaßten Angriffen die Luftverteidigung der Insel zu schwächen, um dann die Häfen als Ausgangsbasis für die Flottenangriffe auszuschalten. Die Punkt-zielgenauigkeit der Stukas war nicht gefragt, man wollte sich lieber auf Flächen-bombardements zur Zerstörung der Ziele abstützen. Mit einem Überraschungs-

216

angriff auf den Flugplatz Ta Kali sollten zuerst die englischen Jäger am Boden zerstört werden. Als nächstes die Bomber und Torpedoflieger in Luca, Hal Far und Kalafrana, um sich dann voll den Dock- und Hafenanlagen zuzuwenden.

In der Nacht des 20. März fand ein Großangriff gegen den RAF-Flugplatz Ta Kali statt, wobei besondere 1000-kg-Boben mit Raketenantrieb gegen vermutete unterirdische Flugzeughallen zum Einsatz kamen. Tags darauf wurde dieser Angriff wiederholt. Man konnte erhebliche Erfolge verbuchen und die Luftherrschaft über Malta erringen. Am 22. März wandte sich die Offensive den anderen Flugplätzen auf der Insel zu. Dafür waren einige Tage angesetzt, bevor die Seeverbindungswege nach Malta unter Feuer genommen werden sollten. Der 23. März störte die Pläne des II. Fliegerkorps insofern, als ein Geleitzug gemeldet wurde, dessen Bekämpfung so erfolgreich war, daß 80 Prozent der Ladung versenkt werden konnte. Nach wenigen Tagen der Bombardierung der feindlichen Bomberplätze begann das Fliegerkorps mit ununterbrochenen Angriffen gegen die Hafenstadt Valetta und ihre Flotteneinrichtungen. Am Ende des Monats waren bei mehr als 2800 Feindflügen etwa 2200 Tonnen Bomben über der Insel abgeworfen worden. 60 deutsche Flugzeuge kehrten vom Einsatz nicht zurück. Im April hatten die Angriffe derartige Ausmaße angenommen, daß die Engländer gezwungen waren, Malta als Luft- und Seebasis aufzugeben. Bei 4900 Feindflügen fielen 6700 Tonnen Bomben auf die Insel. An zwei Tagen des Monats, dem 7. und 20. April 1942 waren es sogar mehr als 300 deutsche Feindflüge. Welche ungeheure Wirkungen die deutschen Luftangrife hatten, beweist der 20. April, an dem 47 fabrikneue »Spitfire« nach Malta eingeflogen wurden. Innerhalb von zwanzig Minuten nach ihrer Landung schlug das II. Fliegerkorps zu, und es blieben nur noch 27 englische Maschinen einsatzbereit übrig. Diese Zahl nahm im Laufe der folgenden Tage mehr und mehr ab.

Ende April waren die Deutschen ihrer Sache recht sicher. In einem Tagesbefehl verkündete Loerzer: »*In der Zeit vom 20. März bis 28. April 1942 wurde Malta als Flotten- und Luftstützpunkt völlig ausgeschaltet . . . Insgesamt waren eingesetzt: 5807 Kampfflugzeuge, 5667 Jäger und 345 Aufkärer. 6557231 Kilogramm Bomben wurden abgeworfen . . .*« In der Tat wurden von Anfang 1942 bis Ende April nicht weniger als 10 000 Bomben über Malta abgeworfen, das war die Hälfte der gesamten Bombenmenge, die über einen viel längeren Zeitraum hinweg während des »Blitz« auf London fiel. Die Folgen blieben nicht aus. Im Mai gab es in Malta keine U-Boote und Kriegsschiffe mehr. Die Seewege der Achsenmächte nach Nordafrika waren bar jeder Feindstörung benutzbar. Die Versenkungsrate nahm stetig ab. Rommel vermerkt darüber: »*Insbesondere trugen die schweren Luftangriffe der Achse auf Malta viel dazu bei, . . . eine verstärkte Zufuhr von Nachschubgut . . . zu ermöglichen. Die Auffrischung und Bevorratung der deutsch-italienischen Truppen wurden daraufhin mit allem Nachdruck betrieben*«. Im Juli hatte sich die Lage so gut entwickelt, daß Rommels Chef des Stabes melden konnte, daß zum ersten Male die Ziele und Forderungen der Truppe erfüllt werden konnten. Auf Malta gab es keine Flugzuege mehr; sie waren alle zerstört worden. Die Flakbatterien befanden sich in erbärmlichem Zustand. Nur die Inselbesatzung hatte keine Verluste erlitten, weil sie sich in die riesigen Kreidehöhlen retten konnten. Dennoch blieben die Verhältnisse für die Verteidiger der Insel mehr als trostlos. Der RAF-Befehlshaber, Air Vice-Marshal Lloyd, schrieb: »*Unsere ›Diät‹ bestand aus eineinhalb Scheiben äußerst schlechten Brotes mit Marmelade zum Frühstück, Fleischkonserven mit einer Scheibe Brot zum Mittagessen und nochmals zum Abendessen. Selbst Trinkwasser, Licht, Heizung waren rationiert . . . Malta stand vor der unerfreulichen Tatsache, ausgehungert und durch Mangel an Ausrüstung und Munition zu Übergabe gezwungen zu werden*«.

So erfolgreich diese Offensive auch war, überforderte sie doch die Luftwaffe, sie über Mitte Mai hinaus durchhalten zu können. Zur Aufrechterhaltung des Einsatzdruckes mußten die Maschinen bis zu dreimal täglich zum Feindflug bereitgestellt werden. Obwohl die Verluste durch Feindeinwirkung äußerst gering waren (Keßelring rühmte sich, fälschlicherweise, daß nur elf Flugzeuge abgeschossen worden wären), bewegte sich die Verschleißrate auf Grund der Einsätze alleine im April auf 250-300 Maschinen. Mitte Mai war gemeldet worden, daß etwa 500 Flugzeuge wegen Bruchlandungen auf schlecht vorbereiteten Plätzen, Zusammenstößen und allgemeinen Verschleißerscheinungen nicht mehr einsatzbereit und frontverwendungsfähig waren. Im selben Monat kamen die fast schon üblichen Befehle aus dem RLM (mangels klarer Lagebeurteilung; d. Ü.) zur Verlegung der Verbände von Loerzer auf andere Kriegsschauplätze. Einziger Grund dafür waren die außerordentlichen Erfolge! Die Luftwaffe konnte es sich wegen ihrer überdehnten Fronten nicht erlauben, ihre Verbände in Kampfräumen einzusetzen, wo sie nicht laufend bis an die Grenze ihrer Leistungsfähigkeit gefordert wurden. Nachdem man Malta, wie man so schön sagt, im Griff hatte, war das II. Fliegerkorps einfach »dran« für eine Verlegung an andere Brennpunkte! Ein Kampfgeschwader und zwei Jagdgruppen wurden nach Rußland verlegt, wo die Vorbereitungen für eine Großoffensive getroffen wurden; eine Kampfgruppe wurde zur Verstärkung des X. Fliegerkorps für den Einsatz im östlichen Mittelmeer abgestellt; vier Gruppen, jeweils bestehend aus einer Gruppe Ju 87, Bf 110, Bf 109 und Nachtjägern, wurden dem Fliegerführer Afrika unterstellt. Loerzer blieben nur 150 Flugzeuge für den Einsatz gegen Malta. Keßelring schreibt: . . . »Selbstverständlich blieben so viele Kräfte im Mittelmeer, daß Malta noch überwacht, der feindliche Geleitzugverkehr bekämpft und die eigenen Geleitzüge geschützt werden konnten, ohne die Kräfte des Fliegerführer Afrika in Anspruch nehmen zu müssen. Diese Kräfte aber waren im weiteren Verlauf zu schwach, um den Aufbau von Malta und den Nachschub für die Inselfestung auf die Dauer unterbinden zu können«.

Nach Mitte Mai gingen die Bombardierung von Malta und die Angriffe gegen die dorthin führenden Seewege weiter, zwar nicht mehr ganz so nachhaltig, dennoch aber mit beachtlichem Erfolg. Die Erringung der Luftüberlegenheit war auch der Tatsache mit zu verdanken, daß Rommel bei seinem Vormarsch in der Wüste Ende Januar die Cyrenaika bis auf Höhe von Gazala zurückerobert hatte. Dadurch gelangten Luftwaffenverbände in Nordafrika bis an den Rand des östlichen Mittelmeeres gegenüber Kreta. Das II. und X. Fliegerkorps sorgten dafür, daß das Mittelmeer für britische Kriegsschiffe sogar zu einem gefährlichen Gewässer wurde. So wurden am 11. Mai in der sogenannten »Bomberallee«, dem 320 km breiten Seefahrtsstreifen zwischen Kreta und Nordafrika, von einem kleinen Ju 88-Verband vier Zerstörer angegriffen und drei davon versenkt. Die Geleitzüge nach Malta versuchten unermüdlich, die immer noch in englischer Hand befindliche, strategisch wichtige Insel am Leben zu erhalten; dafür mußten sie schwer bluten. Wenn es britischen Versorgungsschiffen gelang, in den ersten vier Monaten des Jahres 1942 nach Malta durchzukommen, fand das Löschen der Ladung unter ständigen Störangriffen der Luftwaffe statt. Nicht selten wurde das Ladegut aus dem Hafenbecken von Valetta geborgen, nachdem das Schiff versenkt worden war. Die Royal Navy war gezwungen, die Geleitzüge mit ungeheurem Aufwand zu schützen. Beispielsweise wurden im März vier Handelsschiffe auf dem Wege von Alexandria nach Malta von vier Kreuzern, 18 Zerstörern und einem Flakschiff begleitet. Das war für einige Zeit der letzte Versuch, mit größeren Schiffseinheiten die Insel zu versorgen. Einige Nachschubgüter wurden mit U-Booten gebracht. Es dauerte bis Juni, bevor wieder ein größerer Versorgungsversuch gemacht werden sollte. Um die feindliche Luftwaffe kräftemäßig zu zersplittern, setzten sich gleichzeitig ein Geleitzug mit sechs

Handelsschiffen von Gibraltar und einer mit elf Handelsschiffen von Ägypten aus in Marsch. Schließlich wurde der von Alexandria laufende Geleitzug gezwungen, abzudrehen und in seinen Ausgangshafen zurückzukehren, nur zwei Handelsschiffe kamen von Gibraltar nach Malta durch. Der nächste Geleitzug lief im August von England aus. Seine vierzehn Handelsschiffe wurden von drei Flugzeugträgern (mit 72 Jägern bestückt), zwei Schlachtschiffen, sechs Kreuzern, 24 Zerstörern und einem Flakschiff begleitet. Nach den Passieren der Straße von Gibraltar stürzten sich nicht weniger als 700 Flugzeuge der Achsenmächte, davon 270 deutsche, die in Sizilien und Sardinien stationiert waren, auf den Geleitzug. Zwischen dem 10. und 15. August 1942 wurde er ununterbrochen beschattet und angegriffen. In Malta liefen von den vierzehn Handelsschiffen nur fünf ein, der Rest war versenkt worden.

Trotz dieses Erfolges, der wieder einmal die Überlegenheit von Flugzeugen und Luftstreitkräften gegenüber Kriegsschiffen bewies, war Malta nicht besiegt. Sogar in ihren dunkelsten Stunden, in den Tagen Anfang Mai, gelang es den einfallsreichen Verteidigern, den Eindruck zu erwecken, immer noch fähig zu sein, die Insel zu halten. Am 9. Mai landeten 61 »Spitfire« auf Malta, die sofort in bombensichere Kavernen gezogen wurden; am 10. Mai konnte ein schneller Minenleger nach Valetta durchstoßen, um die dringend benötigte Flakmunition zu löschen. Diese Ziele waren der Luftwaffe entgangen. Gerade als Keßelring am 10. Mai an das Führerhauptquartier meldete:»*Malta ist als See- und Luftstützpunkt ausgeschaltet*», erlitten die Kräfte des II. Fliegerkorps ihre schwersten Verluste im Rahmen dieser Offensive. Bei den Angriffen vom 10. bis 12. Mai verloren die Luftstreitkräfte der Achse mehr Flugzeuge, vor allem Bomber, als in den vorangegangenen fünf Wochen. Nach der kurze Zeit später erfolgten Auflösung des II. Fliegerkorps (Loerzer) lebte über Malta die englische Lufttätigkeit wieder auf. Sie sollte auch nie wieder beeinträchtigt werden. Es gab gar keine Frage, um Malta als Bedrohung auszuschalten, reichte die Bombardierung der Insel nicht aus, sie mußte unter allen Umständen besetzt werden.

Dieser Plan war nicht neu, obwohl die Ereignisse jetzt zweifellos in aller Deutlichkeit seine Richtigkeit bestätigten. Als Keßelring seinerzeit, Ende 1941, seinen neuen Kommandobereich übernommen hatte, war seine erste Reaktion, daß zunächst Malta besetzt werden mußte, bevor die Achsenmächte sich zuversichtlich an die Beherrschung des Nahen und Mittleren Osten machen konnten. Anläßlich einer Besprechung im Februar trug er Hitler und Mussolini seine Gedanken vor. Sie gaben ihm ihre grundsätzliche Zustimmung. Am 11. März legte Keßelring dem OKW seine Operationsstudie vor, aus der hervorging, daß die Einnahme Maltas durch italienische Truppen weitaus einfacher wäre als die Luftlandung auf Kreta zehn Monate zuvor. Die Italiener äußerten jedoch Bedenken. Einige Tage darauf erklärte der italienische Marschall Cavallero, daß eine Besetzung unter keinen Umständen vor August 1942 stattfinden könne. Nach hartnäckigen Beratungen stimmten die Italiener einem früheren Angriffsdatum unter der Bedingung zu, daß die Luftwaffe vorher die Verteidigungsfähigkeit der Insel ausgeschaltet hatte. Man bildete unter dem italienischen General Gaudin einen Sonderstab, der die Planungen für den Einsatz erarbeiten sollte. Die Vorbereitungen nahmen ihren Lauf. Bei der am 29. April auf dem Obersalzberg bei Berchtesgaden stattfindenden Besprechungen zwischen Hitler, Mussolini, Cavallero und Keßelring fiel die endgültige Entscheidung für die Einnahme der Insel. Der Oberbefehlshaber Süd machte ausdrücklich darauf aufmerksam, daß das Unternehmen erst stattfinden sollte, nachdem Rommel seinen Plänen gemäß die ägyptische Grenze erreicht hatte. Er sollte dort verharren, um die Umgliederung der Luftwaffenverbände für die Einnahme Maltas zu erlauben. Die Luftflotte 2 war einfach auf Grund ihrer Kampfstärke nicht in der Lage, gleichzeitig zwei große militärische Unternehmungen zu unterstützen. Dieser Plan wurde angenommen und das späteste Datum für die Einnahme der Insel auf den 18. Juli 1942 festgelegt.

Für das Unternehmen »Herkules«, die Einnahme Maltas, war in erster Linie die Luftwaffe verantwortlich. Die Luftwaffe mußte nicht nur die Luft-, See- und Landverteidigung der Insel ausschalten sondern auch noch den Großteil der Transportflugzeuge (500 Ju 52 und 500 Lastensegler) stellen, die die Sturmtruppen des XI. Fliegerkorps (Student) und von zwei italienischen Fallschirmjägerdivisionen, insgesamt etwa 30 000 Mann, das entsprach der Garnisonsstärke englischer Truppen auf der Insel, einfliegen sollten. Über See sollten noch 70 000 italienische Soldaten zur Verstärkung nachgeführt werden. Student sagte darüber: *»Gegen Malta war dies eine erdrückende Streitmacht, fünfmal soviel wie gegen Kreta«.* Um der Gefahr vorzubeugen, daß die englische Flotte den Inselverteidigern zu Hilfe kam, zog die Luftflotte 2 alle verfügbaren Kräfte im Mittelmeerraum zusammen. Man brachte es auf etwa 510 Flugzeuge, davon 240 Bomber; die Italiener boten eine ähnliche Anzahl von Flugzeugen auf. Angesichts der Erfolge, die das VIII. Fliegerkorps (von Richthofen) seinerzeit vor Kreta gegen die Royal Navy erzielt hatte, konnte die Luftwaffe guten Mutes sein, auch in diesem Falle ihren Auftrag erfolgversprechend durchzuführen.

Alle deutschen Offiziere, die an der Vorbereitung des Unternehmens beteiligt waren, waren überzeugt, daß es nur siegreich enden konnte. Einige Italiener waren jedoch nicht so sicher. Der italienische Außenminister, Graf Ciano, notierte in seinem Tagebuch zum 28. April: *» . . . ob das Unternehmen überhaupt stattfinden wird und wann, ist eine andere Sache . . .«* Er notiert am 31. Mai nach Rücksprache mit dem General Carboni, der die Angriffsdivisionen führen soll: *»Er ist ganz entschieden gegen sie (die Einnahme der Insel). Er ist überzeugt, daß wir schwere Verluste haben werden und nichts dabei herauskommen wird«.* Es waren jedoch weniger diese Zweifel, die zuungunsten der Besetzung Maltas sprachen und die Entscheidung beeinflußten, es war der Erfolg des Vorstoßes von Rommel auf Tobruk. Ironischerweise beruhte dieser Erfolg vornehmlich darauf, weil es der Luftwaffe gelungen war, Malta auszuschalten und die Luftherrschaft über den kriegswichtigen Seenachschubwegen nach Nordafrika zu erringen. Am 26. Mai trat Rommel zum Angriff an. Nach dem großen Sieg bei Gazala nahm er Tobruk am 21. Juni. Sodann wurde mit der Umgliederung der fliegenden Verbände des Fliegerführer Afrika im Rahmen des Unternehmen »Herkules« begonnen. Der frischbeförderte Feldmarschall Rommel sollte absprachegemäß seine Truppen halten, damit die Luftwaffe den Angriff auf Malta unternehmen konnte, bevor er den Vormarsch weiter nach Osten gegen Kairo durchführte. Rommel hielt sich jedoch nicht an die Weisung und ließ seine Panzer weiter auf die ägyptische Grenze zurollen. Gleichzeitig setzte er ein persönliches Fernschreiben an den »Führer« und an den »Duce« ab, man möge ihm doch den ungehinderten Vorstoß gestatten. Keßelring, das OKM und sogar General von Rintelen, der Verbindungsoffizier des OKH zum italienischen Generalstab, bedrängten Hitler, Rommel den Haltbefehl zu erteilen, damit er seinen Truppen Ruhe zur Wiederauffrischung und Neuausstattung mit Gerät gönne und Malta besetzt werden konnte. Hitler entschloß sich jedoch, den Haltbefehl nicht zu geben. Er sah Rommel sein vorschnelles Handeln nach und schrieb pathetisch an Mussolini: *»Die Göttin des Schlachtenglücks nähert sich den Führern nur einmal«.* Von Rintelen erinnerte sich später noch an die Verhaltensweise des italienischen Diktators: *»Er war Feuer und Flamme für den sofortigen Angriff auf Ägypten zur Besetzung von Kairo und Alexandria. Mussolinis Vertrauen in Hitlers Strategie war zu dieser Zeit noch unbegrenzt. Cavallero konnte mit seinen Gegenargumenten nichts ausrichten. Das Malta-Unternehmen wurde auf den September verschoben, und damit war es endgültig abgetan«.*

Rommels Wunsch kam Hitler zupaß, denn er hatte immer ein ungutes Gefühl angesichts der Aussichten für eine Einnahme Maltas. Er befürchtete insbesondere, daß den Luftlandetruppen die Verstärkungen über See nicht folgen könnten. In einem Gespräch mit General Student äußerte er Anfang Juni seine Bedenken:

>>*Ich garantiere Ihnen aber folgendes: Wenn dieser Angriff beginnt, läuft natürlich sofort das Gibraltar-Geschwader aus, und auch von Alexandrien kommt die britische Flotte. Sie sollen da mal sehen, was die Italiener machen. Schon, wenn die ersten Funksprüche kommen, läuft alles in den Hafen von Sizilien zurück, die Kriegsschiffe und Transporter. Und dann sitzen Sie mit Ihren Fallschirmern allein auf der Insel*<<.

Auch Göring fühlte sich nicht so wohl in Sachen Unternehmen >>Herkules<<. Keßelring berichtete darüber: >>*Hitler hatte in Göring einen treuen Gefolgsmann in der inneren Ablehnung eines Angriffs auf Malta. Göring befürchtete ein zweites kostspieliges* >>*Kreta*<<, *mit* >>*riesigen*<< *Verlusten, obwohl beide Unternehmungen überhaupt nicht zu vergleichen waren*<<.

Nachdem die Einnahme Maltas nunmehr bis September verschoben worden war, setzte man alles Vertrauen auf Rommels Vormarsch an den Nil. Am 30. Juni war er bis El Alamein vorgestoßen. Von dort waren es noch 100 km bis Alexandria und 200 km bis Kairo. Er mußte aber bei El Alamein halten, seine Truppen waren erschöpft, von seinen ursprünglich 332 Panzern waren knapp 20 einsatzbereit. Alle Anstrengungen, die Offensive wieder aufzunehmen, verliefen im Sande. Ende Oktober zwangen englische und Commonwealthtruppen die Streitkräfte der Achsenmächte zu einem langen Rückzug, der sieben Monate später mit dem vollständigen Abzug aus Nordafrika endete. So kam es, daß die Wegnahme Maltas nie stattfinden konnte. Das hatte schwerwiegende Auswirkungen zur Folge. Die Kräfteanspannung der Luftwaffe an allen Fronten in Europa hatte den Rand ihres Leistungsvermögens erreicht. In der Ukraine lief eine Großoffensive, die die Ereignisse in Nordafrika wie ein Nebengeplänkel erscheinen ließen. Die Luftflotte 2 war unfähig, genügend Verbände für die ununterbrochenen Luftangriffe zur Ausschaltung Maltas aufzubieten. Dieses Unvermögen trat besonders zutage, als die Achsenmächte im Wüstenkrieg in die Defensive gezwungen wurden. Die zunehmende Luft- und Seetätigkeit von der Inselfestung führte zu steigenden Versenkungen von Nachschubschiffen der Achesmächte. Ende des Jahres 1942 beliefen sie sich bereits wieder auf 52 Prozent aller auslaufenden Schiffe. Die Niederlage in der Wüste zeichnete sich daher mit Sicherheit ab.

Im gleichen Maße wie die Stoßkraft von Rommels Truppen im Juni 1942 nachließ, so nahm auch die deutsche Luftüberlegenheit über der Wüste ab. Bis dahin verfügte der Fliegerführer Afrika im Durchschnitt noch über 190 Einsatzflugzeuge, die trotz ihrer zahlenmäßigen Unterlegenheit das Luftkriegsgeschehen bestimmten. Für die zweite Offensive 1942, die Ende Mai anlief, als drei deutsche und drei italienische Divisionen über 600 km hinweg bis El Alamein vorstießen, konnten mit Hilfe der Verstärkungen durch das II. Fliegerkorps nicht weniger als 260 Flugzeuge aufgeboten werden, hinzu kamen zusätzlich 240 italienische Maschinen. Hitze, Dreck und Sandstürme verursachten in immer stärkerem Umfang außergewöhnlich hohe Ausfallraten, die zeitweise bis zu 60 Prozent erreichten. In der ersten Woche des Angriffs konnten täglich bis zu 300 oder gar 350 Feindflüge durchgeführt werden, die in der zweiten Woche etwas abnahmen, um dann in der dritten sogar noch die der ersten zu übertreffen. Neun Tage lang flogen die Achsenmächte 1400 Feindflüge gegen Bir Hacheim, die von den Frei-Franzosen gehaltene, so bedeutende Festung. Ihre Bezwingung am 11. Juni war hauptsächlich den Fliegerkräften zu verdanken. Die wahre Bedeutung von Bir

Hacheim faßte ein Offizier der kriegswissenschaftlich Abteilung der Luftwaffe so zusammen: »*Das bedeutete neun Tage Zeitgewinn für den Gegner und für unsere Wehrmacht und Luftwaffe neun Tage Verluste an Material, Personal, Panzern und Kraftstoff. Diese neun Tage waren nicht wiedergutzumachen*«. Dieser Schlacht folgte unmittelbar darauf der verbittert geführte Kampf um Tobruk. Am 20. Juni wurden innerhalb von 28 Stunden etwa 600 Feindflugzeuge gegen gegnerische Feldstellungen angesetzt, die zusammen mit einem Panzerangriff zur Übergabe des Hafens führten. Dieses Unternehmen trug jedoch zur weiteren Schwächung der Luftwaffe bei. Nach der Schlacht von Tobruk hatte sich die Luftwaffe über der Wüste erschöpft, ihre Einsatzstärke war auf unter 100 Flugzeugen abgesunken, die Kraftstoffversorgung bewegte sich an der kritischen untersten Genze, und ihre vorgeschobenen Flugplätze befanden sich weit hinter der schnell vorrückenden Front. Keßelring mußte Rommel in aller Bestimmtheit klarmachen, daß er ihm mit seinen Verbänden keinen wirksamen Schutz mehr geben könne, wenn er weiter vorstoßen wolle. Die Verbände brauchten einfach Ruhe zur Wiederauffrischung. Während des Vormarsches auf El Alamein, das am Ende des Monats erreicht wurde, erwies sich die Luftwaffe als unfähig, in die Kämpfe einzugreifen. In den drei Tagen, die der Gegner für den Rückzug von Gazala nach El Alamein benötigte, fielen ganze sechs Soldaten auf Grund von Lufttätigkeit der Achsenmächte.

Es war zu diesem Zeitpunkt des Krieges in Nordafrika, daß die Versorgungsprobleme die Luftwaffe und die Heerestruppen der Achse an Erfolgen hinderten und die außerordentliche Bedeutung Maltas zutage trat. In der Tat war seit den ersten Tagen, als deutsche Truppen in der Wüste Nordafrikas kämpften, für das OKW die Versorgung das Hauptproblem. Zwei Gesichtspunkte spielten dabei eine Rolle. Die militärischen Kräfte des Reichs waren aufs äußerste angespannt und zudem noch in einem schweren Feldzug in Rußland gebunden, so daß weder das OKH noch das RLM Reserven für ihre Verbände im Mittelmeer freimachen konnten. Ferner mußten angesichts der Bedeutung Maltas verfügbarer Nachschub und Verstärkungen per See- oder Lufttransport über das Mittelmeer gebracht werden. Alleine die Länge der Versorgungswege stellte ein großes Problem dar. Zunächst mußten Soldaten, Gerät und Munition, waren sie erst einmal in Italien, auf Schiffe verladen werden, die ihren Weg entlang der Westküste Siziliens bis östlich von Tunis und dann an der Küste bis Tripolis nahmen, ein Umweg von etwa 950 km. Von dort ging es entweder mit Lkw oder Kümo weiter an die Front, die im Falle von Gazala noch einmal eine Entfernung von 1800 km ausmachte. Die Ausschaltung von Malta im April und Mai 1942 verkürzte die Seeverbindungswege. Als El Alamein erreicht war, konnte der Hafen von Benghasi, der nur 1200 km hinter der Front und nicht in Reichweite feindlicher Luftstreitkräfte lag, genutzt werden.

Der Transport von Truppen über den Seeweg dauerte lange und setzte sie auch über längere Zeit der Gefahr von Angriffen aus. Um dieser Gefahr zu begegnen, flog die Luftwaffe Truppen und Nachschubgüter von Sizilien oder Kreta unmittelbar nach Nordafrika, auf alle möglichen Plätze und sogar bis nach Tobruk. Im Februar 1941 wurde dem in Sizilien liegenden X. Fliegerkorps eine Gruppe mit 25 Ju 52 unterstellt, deren einzige Aufgabe darin bestand, Luftwaffenverbände in Nordafrika zu versorgen. Auf den Rückflügen wurden Verwundete und Kranke, reparaturfähiges Material und dergleichen nach Sizilien zurückgebracht. Im März und April übernahm eine weitere Transportgruppe gleichgeartete Aufgaben. Sehr bald bürgerte es sich ein, daß auch für Heeresverbände dringend benötigte Nachschubgüter geflogen wurden. Diese in kleinem Umfange durchgeführten Flüge umfaßten nie mehr als 65 Flugzeuge gleichzeitig und verursachten erstaunlich wenige Verluste. Nur an sieben Einsatztagen, zwischen dem 7. Februar und 10. Dezember 1941, trafen die Ju 52 auf feindliche Lufttätigkeit. Die zunehmend hohen Verluste, die der Gegner dem Seenachschub vornehmlich von Malta aus zufügte, veranlaßten die größeren Anstrengungen für die Luftversorgung gegen Ende 1941. Da Transportverbände von anderen Fronten nicht abgezogen werden konnten, kämmte man die Fliegerschulen wieder einmal durch und konnte somit 150 Ju 52 für den Einsatz im Mittelmeer bereitstellen. Einige davon verblieben jedoch nur für kurze Zeit im Einsatzraum, weil im Januar 1942 eine Gruppe dringend an der Ostfront benötigt wurde. Die Einsätze wurden unter vermehrtem Feinddruck fortgesetzt. Im ersten Halbjahr 1942 hatte die Luftflotte 2 etwa 150 Ju 52 und 10 BV 222, sechsmotorige Flugboote, die dem Transportfliegerführer Mittelmeer in Rom unterstellt waren. Jedes einsatzbereite Flugzeug mußte bis zu drei Feindflüge am Tag durchführen. Trotz allem erhielten die Truppen der Achsenmächte nicht genügend Truppenverstärkungen und Material. Nach der Einnahme Tobruks im Juni 1942 standen 250 Transportmaschinen zur Verfügung, von denen 50 – 60 Prozent einsatzbereit waren. Damit konnten täglich 1000 Soldaten und 25 Tonnen Material eingeflogen werden. In den drei Monaten Juli, August und September, als die Entscheidung im Wüstenkrieg auf der Kippe stand, konnten etwa 46 000 Mann (2600 Versorgungsflüge mit je 18 Mann pro Maschine) und 4000 Tonnen Versorgungsgüter (1900 Versorgungsflüge mit je zwei Tonnen Material pro Flugzeug) nach Nordafrika geflogen werden.

Aber all der getriebene Aufwand erwies sich als unzureichend. Mit der zunehmenden Störung der Seewege litten Heer und Luftwaffe unter schwerwiegenden Versorgungsengpässen. Besonders ernst wirkte sich der Kraftstoffmangel auf den Einsatz der 200 Flugzeuge aus, so daß Rommels letzter, schließlich fehlgeschlagener Angriff, der vom 31. August bis zum 5. September 1942 lief, kaum durch die Luftwaffe unterstützt werden konnte. Bei der Schlacht von Alam el Halfa beherrschte die RAF den Himmel und warf, nach deutschen Schätzungen, innerhalb von sechs Tagen etwa 1300 Tonnen Bomben. Obwohl Rommel früher schon an Wunder grenzende Erfolge fast ohne Luftunterstüzung erzielt hatte, sah er sich jetzt einer neuen Lage gegenüber. Wie nie zuvor waren seine Truppen ununterbrochen Bombardierungen ausgesetzt. Dazu Rommel: »... weil ununterbrochen schwerste Angriffe der RAF, die praktisch den Luftraum beherrschte, meine Armee buchstäblich am Boden festnagelten und jeden reibungslosen Aufmarsch, jeden zeitgerechten Vorstoß unmöglich machten ... Derjenige, der selbst mit modernen Mitteln gegen einen in der Luft völlig überlegenen Gegner ankämpfen muß, kämpft wie ein Buschneger gegen moderne europäische Truppen, mit denselben Chancen und unter den gleichen Bedingungen ... Die Stärke der anglo-amerikanischen Luftstreitkräfte war in allen kommenden Kämpfen der entscheidende Faktor ...«* Zu Beginn der Schlacht um El Alamein war der Gegner der in der Wüste kämpfenden Luftwaffe einem Verhältnis von 3:1 überlegen.

Selbst gegen Malta konnte die Luftwaffe von nun an nichts mehr ausrichten. Am 10. Oktober wurde mit 600 in Sizilien liegenden Flugzeugen ein weiterer und diesmal letzter Angriffsversuch unternommen. Waren noch im Monat zuvor durchschnittlich 25 Feindflüge täglich geflogen worden, so waren es jetzt mehr als 120. Aber die Abwehr der RAF war derart stark geworden, daß nicht eine einzige Bombe auf Malta fiel. Am 11. Oktober wurden 216 Feindflüge durchgeführt, danach waren es täglich bis zum 19. durchschnittlich zwischen 200 und 270. Bald nahm die Stärke der Angriffe ab. Der angerichtete Schaden auf der Insel war gering. Die Verteidiger Maltas hatten einen leichten Sieg errungen. Bei einem Verlust von 30 »Spitfire« konnten sie 46 deutsche und eine ähnliche Anzahl italienischer Flugzeuge abschießen. Keßelrings Eingeständnis der Niederlage wird durch den am 18. Oktober erfolgten Abzug der wertvollen Ju 88 aus dem Kampfgeschehen bestätigt. Die späteren Jagdvorstöße mit Bf 109 waren kein Ersatz für die schweren Bombenangriffe. Ende Oktober befahl Göring, Malta innerhalb von acht Tagen kampfunfähig zu machen. Keßelring antwortete darauf, daß nur mit der Wegnahme der Insel dieses Ziel erreicht werden könne. Die Luftwaffe alleine konnte es nicht mehr schaffen, sie hatte sich im Kampfraum des Mittelmeers an den Rand der Erschöpfung geflogen. Von nun an war dort das Wirken der Achsenmächte zum Scheitern verurteilt.

Für diesen Stand der Dinge war nur ein Mann verantwortlich zu machen: Hitler. Er war es, der Deutschland in Nordafrika zu einer Zeit eingreifen ließ, als die verfügbaren Kräfte nicht ausreichten, um einen erfolgreichen Abschluß dieses Unternehmens sicherzustellen. Er gestattete Rommel, ungestüm vorzustoßen ohne Rücksicht auf eine gesicherte und angemessene Nachschuborganisation im Rücken der Truppen. Und er war es auch, der die Einnahme von Malta aufzugeben befahl und lieber darauf setzte, daß Rommels ausgepumte Kräfte vielleicht doch noch Kairo erreichen würden. Keßelring, dem häufig ein Großteil der Verantwortung an der Niederlage nachgesagt wird, mag man ankreiden, daß er die Möglichkeiten für die Versorgung der Truppen in Nordafrika überschätzt hatte. Zweifellos tat er alles in seinen Kräften, um die Truppen der Achsenmächte mit dem erforderlichen Nachschub zu versorgen. Man beachte, daß ihm nicht die gesamte Verantwortung für den Nachschub nach Nordafrika anvertraut worden war. Ihm unterstanden einzig und allein die deutschen Lufttransportverbände. Die italienische Kriegsmarine war für die gesamte Seeversorgung zuständig und wachte eifersüchtig über dieses Vorrecht. Keßelring wußte genau um die Gefahr, die von Malta drohte, und tat alles, diese Gefahr zu bannen. Immer wieder warnte er Rommel davor, seinen Vormarsch zu weit vorzutragen, weil dadurch die Nachschubwege und -organisation in einem Maße überfordert wurden, so daß sie ihren Aufgaben nicht mehr gerecht werden konnten. Rommels Chef des Stabes, General Siegfried Westphal, schrieb darüber: »*Ich bin überzeugt, daß Keßelring in seinem Bestreben, dem Heer zu helfen, von keinem anderen deutschen Luftwaffenbefehlshaber jemals erreicht, geschweige denn übertroffen worden ist. Daß seine Kräfte häufig nicht ausreichten und weit verstreut lagen, ist eine andere Sache*«.

Sicherlich war Rommels Verhältnis zu den Luftwaffenkommandeuren im Mittelmeerraum nicht gut. Spannungsgeladen war das Verhältnis zu Keßelring, der Rommels Führungsfähigkeiten nicht sonderlich einschätzte. Der erste Fliegerführer Afrika, General Fröhlich, hatte bei der Zusammenarbeit mit dem Heerführer solche Schwierigkeiten, daß er es vorzog, den persönlichen Kontakt mit ihm zu meiden (merkwürdigerweise äußerte sich Rommel über Fröhlich ganz anders, er fand ihn liebenswürdig und hilfsbereit). Im März 1942 wurde Fröhlich von Hoffmann von Waldau, früher Chef der Führungsabteilung bei Jeschonnek im Generalstab der Luftwaffe, abgelöst. Sein aufrechtes Wesen und seine zupackende Art haben ihn weder bei Göring noch beim Chef des Luftwaffengeneralstabes beliebt gemacht. Er entpuppte sich als fähiger Mann und sorgte für eine reibungslose Zusammenarbeit zwischen den beiden Wehrmachtteilen Heer und Luftwaffe. Ihm gelang es insbesondere, der Verzettelung seiner Luftwaffenkräfte vorzubeugen, indem er nicht jeder Unterstützungsforderung des Heeres nachgab. Die erfolgreiche und schlagkräftige Luftunterstützung während des Vormarsches im Mai und Juni 1942 sprach nur für seine Führungsfähigkeiten. Jedoch auch von Waldau konnte nichts gegen die schlechte Versorgungslage ausrichten, die Ende Juni dazu führte, daß seine Verbände bei größeren Luftoperationen nicht mehr einsetzbar waren. Nachdem es den Truppen der Achsenmächte Ende September bei Alam El Halfa nicht gelungen war, die Initiative zurückzugewinnen, begann ein Wettlauf mit der Zeit, um Truppen und Material zu sammeln und den unausweichlichen feindlichen Gegenschlag aufzufangen. Die

Lufttransportverbände waren besonders gefordert, zumal der Kraftstoffmangel in Nordafrika ernste Formen annahm, nachdem die britische Kriegsmarine ihren Kampf im Mittelmeer wieder aufgenommen hatte und Tanker versenkte. Nur wenige zusätzliche Transportflugzeuge, so auch Fw 200 von der Atlantikküste, konnten bereitgestellt werden. Dennoch wurden im Durchschnitt täglich nur 250 bis 275 Tonnen Nachschubgüter nach Nordafrika überflogen. Das reichte überhaupt nicht aus, um irgendwelche Reserven für die Angriffsführung aufzubauen. Die feindliche Gegenoffensive, die Schlacht von El Alamein, begann am 24. Oktober. Die englischen und die Commonwealthtruppen hatten eine erhebliche materielle Überlegenheit. Die vorgeschobenen Feldflugplätze der Luftwaffe, die schon seit einigen Tagen von der RAF unter Feuer genommen worden waren, wurden schlagartig schwerstens bombardiert, ein unmißverständliches Zeichen für den Beginn des Gegenangriffs. Die Luftangriffe verminderten die Einsatzbereitschaft und Schlagkraft der Verbände, die ohnehin wegen des Kraftstoffmangels kaum zum Einsatz gelangten, so daß von Waldau mit seinen 290 Flugzeugen weder geeigneten Widerstand leisten noch Luftunterstützung gewähren konnte. In ähnlich ernster Lage befanden sich die Heerestruppen. Am 4. November begann der Rückzug. Der Gegner hatte in entscheidender Weise die Abnutzungsschlacht gewonnen.

In Nordafrika war für die Luftwaffe der Einsatz noch keineswegs vorüber. Gegen Ende Oktober spürten die Deutschen eine bedeutende Zunahme der See- und Lufttätigkeit von Gibraltar aus, woraus man den Schluß zog, daß die Alliierten möglicherweise den Krieg auf das westliche Mittelmeer ausdehnen wollten. Man wußte nur nicht wo, ob in Südfrankreich, in der Syrte, im Rücken der Achsentruppen irgendwo in der Wüste oder in Tunesien. Teils aus diesen Gründen, teils wegen der Rückschläge, die Rommel erlitten hatte, wurde die Kampfstärke der Luftwaffe im Mittelmeerraum erhöht; Anfang November betrug sie 940 Einsatzflugzeuge, 220 mehr als im Vormonat. 375 Flugzeuge, davon zwei Drittel Bf 109, standen im Wüstenkrieg in Nordafrika. Am 8. November landeten amerikanische und englische Truppen ganz überraschend in Algerien und marschierten in Richtung Tunesien. In den darauffolgenden vier Wochen erreichte die Luftwaffe in diesem Kampfraum eine Stärke von 1220 Flugzeugen, mit Stand vom 12. Dezember 1942, 850 davon lagen in Sizilien, Sardinien und Tunesien, 120 in Südfrankreich. Mitte November hatte man 250 Kampfflugzeuge dorthin verlegt, um Landungsversuche zu unterbinden. Von den Plätzen in Südfrankreich konnte die Luftwaffe weit mehr Schiffsangriffe im westlichen Mittelmeer fliegen als zuvor. Als man im Dezember erkannt hatte, daß Südfrankreich nicht vom Gegner für eine Landung vorgesehen war, wurden 130 dieser Flugzeuge auf ihre ursprünglichen Fliegerhorste zurückverlegt.

Am 15. November wurde unter General Harlinghausen das neue taktische Kommando des Fliegerführer Tunesien gebildet, das die Führung der Jagd- und Stukaverbände übernahm, die seit den Tagen der alliierten Landung in diesem Bereich stationiert waren. Seine Aufgabe war die Unterstützung der deutschen Heerestruppen, die unter der Führung von General von Arnim zusammengefaßt worden waren. Nach der ersten Woche standen mindestens 100 Einsatzflugzeuge in Tunesien bereit, die bereits am Ende der dritten Woche täglich bis zu 120 Feindflüge durchführten. Einschränkungen gab es jedoch für Harlinghausen auf Grund von Nachschubengpässen, geeigneten Flugplätzen und wegen des schlechten Wetters, das dem Gegner weit mehr zu schaffen machte, so daß er seine Anstrengungen ganz auf die Verteidigung der Häfen, der Seeversorgung und der Lufttransportverbände lenkte. Man versuchte erst gar nicht, Kampfverbände nach Tunesien zu verlegen, was nicht nur ein Hinweis auf die geringen Bomberbestände, sondern auch auf die rein defensive Natur deutscher Absichten war. Dennoch starteten deutsche Bomber von Sardinien und Sizilien zur Unterstützung der Truppen in Tunesien. Jäger und Stukas beherrschten zusammen mit den unverzichtbaren Aufklärern das Kampfgeschehen in Tunesien.

Die deutschen und alliierten Luftstreitkräfte hielten sich in diesem Raum in etwa die Waage, wobei die alliierten erhebliche Nachschubprobleme zu verkraften hatten. Sie hatten nicht nur die längeren Versorgungswege, sondern sie waren auch weit anfälliger gegenüber Luftangriffen. Die Deutschen hatten alle nur erdenklichen, in der Schiffsbekämpfung erfahrenen Kampfverbände im Mittelmeerraum zusammengezogen und auf letzte Reserven zurückgegriffen. Zunächst faßte man die Angriffe auf den Schiffsverkehr in Algier und Geleitzüge in diesem Gebiet zusammen. Aber wegen der großen Entfernung dieser Ziele von Sizilien (etwa 1100 km) und der unzureichenden Plätze und Bodenorganisation auf Sardinien (450 km näher zu Algerien gelegen), weshalb es nicht als Hauptabsprungbasis in Frage kam, wurde das Kampfvermögen der Luftwaffe erheblich behindert. Als die Alliierten jedoch mit ihrem Vormarsch begannen und Häfen nutzten wie Phillippeville, Bougie und Bône, die der deutschen Front näher lagen, nahm die Luftwaffe jede sich bietende Gelegenheit war, ihre Versorgung zu stören. Zwar unter hohen Verlusten, konnten doch beachtliche Erfolge erzielt werden. Am Jahresende war der durchschnittliche Verfügungsbestand der Kampfverbände auf 75 Prozent der Kriegstärkenachweisung abgesunken, vom Verfügungsstand waren nur 50 Prozent einsatzbereit. Auf deutscher Seite kamen noch erhebliche Versorgungsschwierigkeiten hinzu. Wieder einmal wurde die Bedeutung Maltas hervorgehoben. Weil die Insel nicht im Sommer 1942 eingenommen wurde, mußte es zu den hohen Verlusten an Mensch und Material, die nach Tunesien geschafft wurden, kommen. Wäre Malta genommen worden, wie es das Unternehmen »Herkules« vorsah, so wäre die Möglichkeit nicht auszuschließen gewesen, daß Rommel seinen Feldzug nicht nur siegreich abgeschlossen, sondern daß sich auch die Landung der Alliierten in Nordafrika, wenn sie überhaupt versucht worden wäre, in den Bergen Algeriens totgelaufen hätte.

Ende 1942 war die Lage für die Luftwaffe im Mittelmeerraum bedrohlich. In der Cyrenaika konnte sie den Rückzug Rommels kaum decken und war trotz aller Anstrengungen nicht fähig, die erforderlichen Nachschubgüter mittels Lufttransport dem Heer zuzuführen. Alle Versuche schlugen fehl. Ob es die hohen Verluste waren, die man während des Wettlaufes zum Aufbau von Versorgungsreserven in den vier Monaten vor der Schlacht von El Alamein in Kauf nehmen mußte, ob es der Lufttransport von Nachschub nach Tunesien war, oder ob es der Verlust der Landeplätze für den Gegner an der nordafrikanischen Küste war, weil die östlichen Seewege südlich von Kreta für ihn verlorengingen dank der Einsatztätigkeit der Luftwaffe. Wäre der Kraftstoff nicht eingeflogen worden, so hätte es Rommel zweifellos nicht geschafft, seine Truppen von El Alamein über 2250 km hinweg bis auf die Mareth-Linie, die am 15. Februar 1943 erreicht wurde, zurückzuführen. Die Luftwaffenkräfte von von Waldau waren erheblich geschwächt worden. Am 1. Januar 1943 hatte er nur noch 150 Flugzeuge, alleine 100 Bf 109, wovon 30 als Jabos eingesetzt waren. Sie konnten jetzt jedoch im Gegensatz zu früher von befestigten und gut ausgestatteten Flugplätzen im Raum Tripolis operieren. Günstig wirkten sich auch die kürzeren Landversorgungswege aus. Andererseits mußte die British Desert Air Force darunter leiden, daß die Versorgungswege sehr lang waren und nur schlechte Feldflugplätze zur Verfügung standen. Ähnlich erging es dem Kommando Harlinghausens, daß 140 Flugzeuge, davon 105 Jäger, hatte. Nachdem der erste Stoß der Alliierten auf Tunis mißlungen war, mußten sie auch noch in sehr unwirtlichem Gelände eine Bodenorganisation aufbauen, die nur ungenügend versorgt werden konnte. Die Deutschen waren besser dran. Sie konnten sogar ihr neuestes Jagdflugzeug, die

Fw 190, zum Einsatz bringen, wodurch sie in der Luft einen entscheidenden Vorteil hatten. Von außen her erhielten die Fliegerführer Afrika und Fliegerführer Tunis die Unterstützung von 390 Einsatzflugzeugen des II. Fliegerkorps, die in Sizilien und Sardinien lagen. Von den 390 Flugzeugen waren alleine 270 Bomber, ferner standen noch etwa 400 Transportflugzeuge bereit. Trotz des Absturzes von zahlreichen Ju 52 im Dezember an die Ostfront, wo die 6. Armee um ihr Überleben kämpfte, und trotz schwerer Einsatzverluste, die hauptsächlich durch die RAF verursacht wurden, gelang es dennoch, 170 Maschinen aus Fliegerschulen in Deutschland herauszulösen. Außer den Ju 52 gab es 20 Me 323, wovon jede 10 Tonnen Last laden konnte. Diese Kräfte setzten im Dezember 1942 und Januar 1943 19 000 Mann und 4500 Tonnen Nachschub im Lufttransport nach Tunesien über. Im östlichen Mittelmeer lagen 120 Einsatzmaschinen des X. Fliegerkorps, so daß insgesamt 800 Einsatzflugzeuge und 400 Transportflugzeuge im Mittelmeerraum zur Verfügung standen.

Die Dislozierung der Verbände im Mittelmeerraum zeigt deutlich, welche Strategie Keßelring und sein Stab verfolgten. In Nordafrika lagen Jagd- und Stukaverbände (u. a. 40 Ju 87 und 35 als Jabos eingesetzter Bf 109). Diese Verbände konnten natürlich keine Entscheidungen erzwingen, sondern im besten Falle nur eine Patt-Situation herbeiführen helfen. Alle Hoffnungen der in Nordafrika stehenden Achsentruppen galten den Kräften des II. und X. Fliegerkorps, die den feindlichen Geleitzugverkehr anzugreifen und den eigenen Seetransport zu sichern hatten. Die Beherrschung der feindlichen Nachschubwege bildete den Schwerpunkt der Kämpfe. Das Problem Nordafrika, darüber waren sich alle schon immer im klaren, konnte nur gelöst werden von dem, der über dem Mittelmeer die Luftherrschaft hatte.

So erfolgreich die Luftwaffe aus der Sicht ihrer Verbandsführer in Nordafrika auch operierte, so blieben doch die Ereignisse auf dem dortigen Kriegsschauplatz nur zweitrangiger Natur. Bis Mitte April belief sich der Verfügungsbestand an Einsatzmaschinen auf 300-330 Flugzeuge. Mit Ausnahme der Rückzugsoperationen war die Einsatzbereitschaft hoch. Erst in der zweiten Aprilwoche, als sich die Luftwaffenverbände nur noch auf die wenigen Flugplätze östlich und südöstlich von Tunis abstützen konnten, gelang es den Alliierten wieder, wie auch in der zweiten Jahreshälfte 1942, die Luftüberlegenheit über der Wüste zu erringen. Erst im Januar, nach dem Verlust Tripolitaniens und der Auflösung der Dienststelle des Fliegerführer Afrika, als der Fliegerführer Tunis der alleinige Verantwortliche für den Einsatz der Luftwaffe in Nordafrika wurde, konnte die Luftwaffe wieder besser den von Osten und Westen vorgetragenen feindlichen Vorstößen gegen deutsche Stellungen begegnen. Dies erlaubte den beweglicheren Einsatz der Luftwaffenverbände auch zu den Flanken hin. Ein Vorteil, der sich besonders Mitte Februar auszahlen sollte. Zu dieser Zeit drohte ein alliierter Durchbruch in Mitteltunesien, die Armeen von Arnim und Rommel zu trennen. Den Gegenangriff unterstützte der Fliegerführer Tunis schon am ersten Tag mit 375 Feindflügen. Im Verlaufe dieser Kämpfe unterstützten die Verbände des Fliegerführer Tunis in der Tat die hart bedrängten Heerestruppen in einer so wirksamen Weise, wie sie besser nicht sein konnte. Es war ein klassisches Beispiel dafür, was schlagkräftige, zahlenmäßig unterlegene Fliegerverbände mit hoher Kampfmoral und Einsatzerfahrung zu erreichen in der Lage waren. Erst gegen Ende des Afrikafeldzuges, als Ende Mai der Verfügungsbestand des Fliegerführer Tunis auf 200 Flugzeuge abgesunken war, diese Zahl sollte sich in den folgenden Tagen noch weiter vermindern, konnte er keinen Einfluß auf den Ausgang der Schlacht mehr nehmen.

Das hohe Leistungsvermögen der Luftwaffe in Nordafrika war leider im übrigen Mittelmeerraum nicht zu finden. Die schlachtenentscheidenden Kampfverbände, auf die sich alle Hoffnungen stützten, befanden sich in schlechter Verfassung. Nach den schweren Verlusten, die bei den harten, ununterbrochenen Einsätzen Ende 1942 zu verzeichnen waren, war am 1. Januar 1943 der Verfügungsbestand von ursprünglich 310 auf 270 Flugzeuge abgesunken, wovon nur 55 Prozent einsatzbereit waren. Eine weitere Schwächung der Kräfte war zu erwarten. Auf Grund des Herauslösens so vieler Ju 52 aus den Fliegerschulen kam es zu erheblichen Personalengpässen bei den für den Torpedoeinsatz benötigten Besatzungen. Dieses Problem und die große Zahl nicht einsatzbereiter Flugzeuge führten bei den Torpedofliegern, der Hauptwaffe zur Bekämpfung feindlicher Geleitzüge, dazu, daß von den einst 90-100 Maschinen Anfang April knappe fünf oder zehn übriggeblieben waren. Alle anderen Kampffliegerverbände litten nicht weniger stark unter ähnlichen Schwierigkeiten. Ferner machte es der Mangel an Flugzeugen für die Geleitsicherung, die hauptsächlich von Bf 110 und Me 210, von diesen standen am 1. Januar 1943 erst 45 zur Verfügung, durchgeführt wurde, erforderlich, daß auch Bomber für diese Aufgaben mit herangezogen werden mußten, die dafür etwa ein Drittel aller Feindflüge stellten. Besonders im März und April flogen Bomber nach Nordafrika zur Bekämpfung von Bodenzielen ein, weil die Ju 87 und Hs 129 auf Grund der schweren Feindabwehr wegen ihrer Verwundbarkeit dafür nicht in der Lage waren. Hinzu kam, daß die Alliierten Ende März die Luftwaffenplätze in Sardinien mit schwersten Bombenangriffen belegten, die erhebliche Verluste verursachten. Der Einsatzklarstand sank daraufhin noch weiter ab, und man sah sich gezwungen, die Verbände aufs italienische Festland zurückzuverlegen. Alle diese Faktoren zusammen wirkten sich auf die Kampffähigkeit aus, die man über längere Zeit hätte durchhalten können. Flogen das IX. und X. Fliegerkorps im Januar täglich noch 11 Angriffe im Durchschnitt gegen feindliche Geleitzüge, so waren es im April noch zwei. Die Zahl der Angriffe gegen Häfen schwankte und war äußerst klein. Im Januar pro Tag etwa 5, im Februar 2, im März 4 und im April wieder 5. In den ersten vier Monaten des Jahres 1943 entfielen von den an und für sich schon wenigen 39 pro Tag geflogenen Feindflügen nur zwölf auf die Bekämpfung feindlicher Schiffsverkehrswege. Die Anzahl der Feindflüge allein gibt nur ein unvollständiges Bild der tatsächlichen Ereignisse wieder. Wegen der hohen Verluste in den Reihen der fliegenden Besatzungen, vor allem im Dezember 1942, und der Verschlechterung der Ausbildungsqualität sank die Wirksamkeit der Bomberangriffe beträchtlich ab. Nicht selten kam es vor, daß unerfahrene Besatzungen ihr Ziel überhaupt nicht fanden. Angesichts dieser Verhältnisse ist es nicht verwunderlich, daß den feindlichen Nachschubwegen kein nennenswerter Schaden zugefügt worden ist.

Genauso wenig die Luftflotte 2 gegen feindliche Geleitzüge ausrichten konnte, genauso gering war die Möglichkeit, den eigenen Schiffsverkehr zu sichern. Die wenigen Bf 110 und Me 210 konnten dem nach Tunis laufenden Nachschub der Achsenmächte keinen Schutz gewähren. Auch die Kampffliegerverbände waren zahlenmäßig so schwach und für die Aufgabe nicht ausgerüstet, so daß sie fast keine Hilfe bedeuteten. Seitdem die englische Flotte und die alliierten Luftstreitkräfte das Mittelmeer beherrschten, stieg die Versenkungsrate von Schiffen der Achsenmächte von 41 Prozent zu Jahresbeginn 1943 auf 75 Prozent im April. Die großartigen Leistungen der Lufttransportverbände konnten die fehlenden Nachschubgüter nicht wettmachen. Im Laufe der Zeit, als flugunklare Maschinen und der Feind Lücken schlugen, nahm auch ihre Leistung immer mehr ab. Seit dem 25. April 1943 hatte sich die Lage der Achsentruppen dermaßen verschlechtert, daß von Arnim melden mußte, er habe nur noch drei Tageskampfsätze (Munition und Kraftstoff) für 27 km Marschstrecke. Weil die Luftwaffe versagt hatte, das Mittelmeer zu beherrschen, um auf diese Weise den

Nachschub sicherzustellen, wurde die militärische Lage für die Deutschen in Nordafrika völlig unhaltbar. Der alliierte Vormarsch rollte unerbittlich. Am 13. Mai 1943 waren die Truppen der Achsenmächte bei Tunis eingekreist, sie mußten kapitulieren.

VIII. Der Rußlandfeldzug

Schon Mitte Juli 1940, bevor die Luftwaffe überhaupt begonnen hatte, über Südostengland die Luftherrschaft zu erringen, befaßte sich Hitler mit dem Gedanken, Rußland in seine strategischen Überlegungen einzubeziehen. Nachdem sich die Luftschlacht um England eindeutig als Fehlschlag erwiesen hatte und der »Blitz« begann, erließ das OKW am 28. September eine Weisung, in der Vorbereitungen für einen Angriff gegen Rußland befohlen wurden. Während die Luftwaffe im Westen gegen England in unermüdlichem, schweren Einsatz im Rahmen der Nachtangriffe stand, unterzeichnete Hitler am 18. Dezember seine Weisung Nr. 21: Fall »Barbarossa«. Der erste Satz dieser Weisung lautete: »*Die deutsche Wehrmacht muß darauf vorbereitet sein, auch vor Beendigung des Krieges gegen England Sowjetrußland in einem schnellen Feldzug niederzuwerfen.*« Ziel war es, die Rote Armee im westlichen Teil Rußlands zu vernichten und ein Gebiet bis zur allgemeinen Linie Wolga–Archangelsk zu besetzen, etwa 1600 km tief von den eigenen Vormarschlinien entfernt. Dort sollte eine Abschirmung gegen das »asiatische Rußland« erfolgen, damit das besetzte Gebiet für deutsche Zwecke genutzt werden konnte. Der Feldzug, der im Mai 1941 beginnen sollte, sollte kurz und vor Einbruch des Winters siegreich beendet sein. Danach sollte die Luftwaffe alle ihre Kräfte wieder gegen Englands Nachschub einsetzen, was schon in der Weisung Nr. 18 bekräftigt worden war. Diesbezügliche Abstriche wurden nicht gebilligt.

Die Luftwaffenführung war außerordentlich abgeneigt, einen Feldzug im Osten zu führen, der die Aufstellung von 40 neuen Heeresdivisionen erforderlich machte. Zusammen mit der benötigten Munitionsbevorratung und der zusätzlichen militärischen Ausrüstung für eine derartige Ausweitung des Krieges wurde der deutschen Industrie eine äußerst schwere Last aufgeladen. Für die Verstärkung der Luftwaffe blieb dabei nur wenig Raum. Der Ausstoß an Ersatz reichte knapp, die Verluste im Luftkrieg gegen England, gegen das englische Mutterland und beim Einsatz im Mittelmeer, auszugleichen. Zu dieser Zeit brauchte die Luftwaffe, nach dem Polen-, Norwegen- und Frankreichfeldzug, ganz abgesehen von den Einsätzen über England, unbedingt eine Auffrischungsphase und Ersatz für erlittene Verluste. Statt dessen sah sie sich einem Zwei- oder sogar Dreifrontenkrieg gegenüber, ohne nur halbwegs angemessene Verstärkung zu bekommen. Nirgends konnten ausreichende Kräfte zum Kampf zusammengefaßt werden. Zudem mußte jedes Nachlassen im Kampf gegen England dazu führen, daß die Engländer ihrerseits wiederum in die Lage versetzt worden wären, eine Luftoffensive gegen das Deutsche Reich zu beginnen. Göring, Milch und Udet waren gleicher Ansicht, unterstützt von Männern wie Schmid und von Seidel, das Unternehmen abzulehnen. Welche Haltung Jeschonnek einnahm, ist nicht bekannt. Aber sein Stellvertreter, von Waldau, hatte allerhöchste Befürchtungen, falls sich der Feldzug als Fehlschlag erweisen sollte. Ganz abgesehen von den schwerwiegenden Folgen. Als Milch hörte, daß der Rußlandfeldzug vor Beginn des Winters beendet sein sollte, sagte er voraus, daß er vier Jahre dauern würde. Er befahl, alle im Osten liegenden und kämpfenden Luftwaffenverbände mit Winterbekleidung und -ausrüstung zu versehen. Das Heer griff diesen Gedanken, leider, nicht auf.

Zum erstenmal befand sich Göring in offenem Widerspruch zu seinem »Führer«. Darüber war er betrübt, wenn nicht gar sehr belastet. Er war derartig aufgebracht über die Feldzugsabsichten, daß ihm keine Ausweichvorschläge zur Hand waren. Er trug Hitler vor: »*Wenn Sie jetzt eine neue Front bilden und zum Angriff gegen Rußland aufmarschieren, müssen erhebliche Kräfte, weit über die Hälfte, zwei Drittel, nach Osten herumgeworfen werden . . . die bisher gebrachten Opfer sind umsonst; England kann seine heruntergedrückte Flugzeugindustrie in Ruhe wieder reorganisieren und aufbauen . . . Wir würden die im Mittelmeer verhältnismäßig sichere Sache gegen eine noch unsichere aufgeben, würden hingegen durch Erfolg im Mittelmeer viel eher zu einem Arrangement mit England kommen.*« Bei anderer Gelegenheit versuchte Göring, Hitler klarzumachen, daß die ökonomischen Gründe für die Besetzung der reichen landwirtschaftlichen Gebiete im Osten irrig waren. Er begründete es: »*Mein Führer, die letzte Entscheidung liegt bei Ihnen. Gott möge Ihnen den Erfolg geben. Mögen Sie recht behalten gegen die Auffassung der andern! Ich habe zwar eine sehr konträre Ansicht. Möge der Herrgott Sie schützen! Machen Sie mir aber keinen Vorwurf, wenn ich meinen Luftwaffenaufbau nun nicht mehr durchführen kann.*« Als Hitler geantwortet hatte: »*In sechs Wochen können Sie den Krieg gegen England weiterführen*«, hatte Göring erwidert: »*Mein Führer, die Luftwaffe ist der einzige Wehrmachtteil, der seit Beginn des Krieges noch nicht zur Ruhe kam. Ich habe Ihnen vor Ausbruch des Krieges gesagt, daß ich mit meinen Ausbildungskadern in den Krieg gehe, diese sind praktisch zerschlagen. Ich weiß nicht, ob Sie, mein Führer, in sechs Wochen die Russen bezwungen haben. Die Erdtruppen kämpfen nicht mehr ohne Luftwaffenunterstützung. Immer wird nach der Luftwaffe geschrieen werden. Ich werde mich gerne von Ihnen besiegt erklären, aber ich bezweifle es.*« Gegen Hitlers Unnachgiebigkeit blieb Göring nichts anderes, als sich dem Unausweichlichem zu fügen. Milch gegenüber äußerte er: »*Wir andern alle, wir kleineren Menschen, können nur hinter ihm marschieren, erfüllt von grenzenlosem Vertrauen zu ihm. Dann kann uns nichts passieren.*« Auf die Vorhaltung hin, daß es seine Pflicht im Sinne Deutschlands gewesen wäre, Hitler zur Räson zu rufen, antwortete Göring: »*Der Führer hat sich entschlossen. Keine Macht der Welt kann ihn von seinem Entschluß abbringen.*«

Für die Luftwaffe kam es darauf an, nach Hitlers Weisung Nr. 21, »*so starke Kräfte zur Unterstützung des Heeres freizumachen, daß mit einem raschen Ablauf der Erdoperationen gerechnet werden kann . . .*«. Sie war damit schlicht überfordert. Von den insgesamt 3340 Frontflugzeugen, die die Luftwaffe im Juni 1941 hatte (34 weniger als am 1. September 1939), standen im Einsatz im Westen 780 Flugzeuge (660 bei der Luftflotte 3 und 120 bei der Luftflotte 5 in Norwegen), im Mittelmeerraum 370 (X. Fliegerkorps und Fliegerführer Afrika) und in der Reichsverteidigung 190. Somit blieben für den Einsatz an der Ostfront 58 Prozent des Verfügungsbestandes der Luftwaffe, also gerade 1945 Flugzeuge. Zusammen mit 150 Transportflugzeugen, 80 Verbindungs- und Kurierflugzeugen und 700 Aufklärern im Bereich des Heeres waren das insgesamt 2875 Maschinen. Von den 880 Kampfflugzeugen (hauptsächlich Ju 88, einige He 111 und wenige Do 17), 280 Stukas Ju 87, 600 Jägern Bf 109, 60 Zerstörern Bf 110 und 120 Fernaufklärern waren etwa ein Drittel nicht einsatzbereit. 60 Hs 123 sollten noch vom Balkan später zugeführt werden. Zusätzlich wurden rumänische, ungarische, finnische, italienische und kroatische Verbände mit 980 Maschinen verschiedenster Typen unterschiedlichster Qualität gegen die Sowjets aufgeboten, womit sich die Gesamtzahl aller Flugzeuge auf 3915 Maschinen erhöhte. Diese Kräfte mußten Heerestruppen unterstützen, deren anfängliche Frontlänge 1600 km, im weiteren Vormarsch 2000 km zusätzlich zu den 1000 km Front an der finnischen Grenze umfaßte. Das Vormarschgebiet, das Ende 1941 vom Heer eingenommen worden war, deckte eine Fläche von 1,5 Millionen Quadratkilometer, was für die Luftwaffe bedeutete, daß auf jedes ihrer einsatzbereiten Flugzeuge, ob Jäger oder Bomber, 1200 Quadratkilometer Feindland entfielen. Im Frankreichfeldzug, im Mai 1940, standen der Luftwaffe für ein weit kleineres

Gebiet insgesamt 3850 Flugzeuge (2750 Bomber und Jäger, 600 Aufklärer und 500 Transporter) zur Verfügung. Und mit dieser Kampfstärke trat sie ein Jahr später gegen das flächenmäßig viel größere Rußland an.

Über den Einsatz der Luftwaffe beim Unternehmen »Barbarossa« ließ Hitlers Weisung Nr. 21 keinen Zweifel zu: »*Ihre Aufgabe wird es sein, die Einwirkung der russischen Luftwaffe soweit wie möglich zu lähmen und auszuschalten sowie die Operationen des Heeres in ihren Schwerpunkten . . . zu unterstützen. Die russischen Bahnen werden je nach ihrer Bedeutung für die Operationen zu unterbrechen bzw. in ihren wichtigsten nahegelegenen Objekten (Flußübergänge!) durch kühnen Einsatz von Fallschirm- und Luftlandetruppen in Besitz zu nehmen sein.*« Das hieß nichts anderes, als daß die Luftwaffe genau dasselbe Einsatzkonzept verfolgen sollte, das sich im Polen- und Frankreichfeldzug so bewährt hatte. Mit Ausnahme der Fallschirm- und Luftlandeoperationen, die auf Grund der schweren Verluste, die in Kreta erlitten worden waren, nicht möglich waren, erfüllte die Luftwaffe ihren Auftrag so gut, wie es ihre eingeschränkte Kampfkraft zuließ. Um die erforderliche Stoßkraft zu erhalten, untersagte Hitler in Übereinstimmung mit dem RLM jeden Versuch, während des Vormarsches die russische Rüstungsindustrie anzugreifen. Man wollte sichergehen, daß das Heer innerhalb von vier Monaten seine gesteckten Ziele erreichte. Aus diesem Grunde mußte die Luftwaffe alles in ihrer Macht Erdenkliche aufbieten, um das Heer zu unterstützen. Es war ein Risiko, das man auf Grund Hitlers Entscheidung, den Einmarsch nach Rußland zu wagen, eingehen mußte. Es gab keine andere Wahl.

Zur Unterstützung der Heeresverbände, die in drei Heeresgruppen gegliedert waren, waren die fliegenden Verbände gleichermaßen drei Luftflotten zugeordnet. Die Luftflotte 1 (General Keller) unterstützte die Heeresgruppe Nord (von Leeb), Luftflotte 2 (Generalfeldmarschall Keßelring) die Heeresgruppe Mitte (von Bock) und die Luftflotte 4 (General Löhr) die Heeresgruppe Süd (von Rundstedt). Ferner wurden einige Verbände der Luftflotte 5 unter dem Fliegerführer Kirkenes (Oberst Nielsen) zusammengefaßt, um die Operationen an der finnischen Front zu unterstützen. Die Luftflotte 2 (Keßelring), die die stärkste Heeresgruppe unterstützte, war mit 910 Einsatzmaschinen und 90 Transport- und Verbindungsflugzeugen die zahlenmäßig überragende. Sie deckte mit dem II. Fliegerkorps (Loerzer) und dem VIII. Fliegerkorps (von Richthofen) eine Frontlänge von 300 km. Im Süden stand die Luftflotte 4 mit dem V. Fliegerkorps (von Greim) und dem IV. Fliegerkorps (Pflugbeil) mit 600 Einsatzflugzeugen und 90 Maschinen für Transport- und Verbindungszwecke entlang einer Front von 1100 km Länge, gefolgt von der Luftflotte 1, die etwa halb so stark wie die Luftflotte 2 war, mit 430 Einsatz- und 50 Unterstützungsmaschinen, die unter dem I. Fliegerkorps (Förster) und dem Fliegerführer Ostsee (Wild) entlang einer Front von 200 km standen. Der Fliegerführer Kirkenes befehligte 60 Flugzeuge. Allen diesen Kommandobehörden unterstanden Flakbatterien, die auch für den Einsatz beim Heer als unterstützende Artillerie dienten. Jeder Luftflotte war ein Flakkorps, dem Fliegerführer Kirkenes eine Flakabteilung unterstellt.

Die deutsche Feindlagebeurteilung schätzte die Flugzeuge der Russen an deren Westfront auf etwa 7500 Flugzeuge, mit weiteren 2500 im feindlichen Hinterland jenseits des Ural. Trotz dieser hohen Zahlen ging man davon aus, daß über 80 Prozent der Flugzeuge der Luftstreitkräfte der Roten Armee veraltet waren und die Einführung neuerer Typen seit 1940 nur langsam voranging. Man wußte, daß die schweren Bomberverbände mit den viermotorigen TB-3 ausgerüstet waren, die nicht schneller als 260 km/h flogen, und daß nur die wenigen, moderneren Pe-8 eine Höchstgeschwindigkeit von 430 km/h hatten. Ein Großteil der Bomber mittlerer Reichweite bestand aus Typen der SB-2 und einigen DB-3, die 450 km/h beziehungsweise 400 km/h erzielten. Zu den leichten Aufklärern zählten die Doppeldecker R-5 (R-Z) und wenige der neueren Eindecker Su-2 (450 km/h) und Yak-4 (530 km/h). Das Einheitsjagdflugzeug war die I-16, die »Rata«, die eine Höchstgeschwindigkeit von 530 km/h erreichte, unterstützt von den Doppeldeckern I-15bis und I-153, die nur 370 km/h oder 425 km/h erreichten. Obwohl alle diese Maschinen eine weit bessere Wendigkeit aufwiesen, hatten sie gegenüber den Bf 109 und Bf 110 im Luftkampf keine Chance.

Die zahlreichen neuen russischen Jäger Yak-1 (590 km/h) und MiG-3 (630 km/ h), die seit Juni 1941 im Einsatz standen, waren ihren deutschen Widersachern leistungsmäßig ebenbürtig, litten jedoch noch unter den üblichen Kinderkrankheiten, die bei der Einführung bei der Truppe in Kauf zu nehmen waren. Das zweimotorige Mehrzweckflugzeug Pe-2 (550 km/h), das der Truppe zulief, schien den deutschen Maschinen ebenbürtig. Nur einem russischen Flugzeug hatten die Deutschen nichts entgegenzustellen, es war die schwer gepanzerte BSh(Il-2) »Stormowik«, das Schlachtflugzeug der Russen, das anfänglich sehr verwundbar war, weil es über keinen Heckabwehrstand verfügte. Ferner gab es noch die sowjetischen Marinefliegerkräfte, die mit etwa 1400 veralteten Seeflugzeugen und Langstreckenbombern vom Typ DB-3F am Nordmeer, an der Ostsee und am Schwarzen Meer ihre Stützpunkte hatten. Die Flugzeugtypen R-5, SB-2, DB-3, I-15 und I-16 kannte man schon vom Spanischen Bürgerkrieg und dem finnischen Kriegsschauplatz her; auch die neueren Typen bedeuteten keine Bedrohung. Die neue Bf 109F, mit einer Höchstgeschwindigkeit von 630 km/h in 6000 m Flughöhe, hatte üblicherweise eine Kampfreichweite von 360 km und war eine deutliche Verbesserung gegenüber der Bf 109E. Sie war jedem russischen Flugzeug gewachsen, zumal die deutschen Jagdflieger über eine bessere Ausbildung und verfeinerte Einsatzverfahren und -taktiken verfügten.

Im Juni 1941 hatte die Luftwaffe ihre Vorbereitungen für den Einmarsch abgeschlossen. Die Bodenorganisation war seit Oktober 1940 in Aufbau begriffen und im Mai 1941 bereit, die Einsatzverbände zu betreuen. Innerhalb von drei Wochen war das Gros der fliegenden Verbände vom Westen auf ihre neuen Absprunghorste verlegt worden. Wegen der Kämpfe im Mittelmeerraum konnten die Verbände der Luftflotte 4 erst am 17. Juni, vier Tage vor dem Angriffsbeginn, in den Osten überführt werden. Der überraschend geführte Balkanfeldzug verursachte keine nennenswerte Verzögerung des Aufmarsches gegen Rußland, da auf Grund der außergewöhnlich spät einsetzenden Tauperiode im Osten die schlammigen Geländeverhältnisse keine Operationen und die Einrichtung und den Bau von Flugplätzen zuließen.

Am 22. Juni 1941 trat die Wehrmacht zum Vormarsch nach Rußland an. Auf Grund von Luftbilderkundungen, die von Höhenaufklärern zuvor erflogen worden waren, faßte die Luftwaffe alle ihre Kräfte zusammen, um in einer drei Tage währenden Angriffsphase die russische Luftwaffe zu bekämpfen. Die ersten Einsätze zur Unterstützung des Heeres wurden am 22. 6. um 3.30 Uhr auf Befehl des OKW geflogen. Am Nordabschnitt war es schon hell genug, so daß die Luftflotte 1 mit allen verfügbaren Kräften angreifen konnte. Weiter im Süden war es noch dunkel. Die Luftflotte 2 befürchtete, daß durch den Angriff des Heeres die russischen Luftstreitkräfte mindestens 40 Minuten Vorwarnung erhielten, bevor die Sichtverhältnisse ausreichten, um zum ersten Angriffsschlag starten zu können. Um dem Feind diesen Vorteil zu nehmen, setzte die Luftflotte 2 gegen jeden russischen Jägerflugplatz jeweils drei Bomber ein, die mit Besatzungen flogen, die Nachtflugerfahrung beim Einsatz über England gesammelt hatten. Dadurch erhoffte man sich eine derartige Störung des Feindes, daß er den Start seiner Flugzeuge verzögerte und daran gehindert wurde, die später anfliegenden Großverbände zu bekämpfen. Die Luftangriffe waren ein voller Erfolg. Die feindlichen Jagdflugzeuge auf dem einzigen Jägerplatz, die startbereit waren, wurden vor dem Start zum Einsatz schon zerschlagen.

Nach den ersten Scharmützeln begann mit aller Wucht der Vormarsch. In den nächsten Tagen flogen, abhängig von der Entfernung ihrer Absprunghäfen zum Ziel, innerhalb von 24 Stunden die He 111, Ju 88 und Do 17 zwischen vier und sechs Feindflüge, die Ju 87 sieben bis acht und die Bf 109 und Bf 110 fünf bis acht. Alleine das I. Fliegerkorps flog zwischen dem 22. und 25. Juni 1600 Feindflüge gegen 77 Flugplätze. Bei ihren ersten Feindflügen fanden die deutschen Kampfflieger die russischen Flugzeuge ungeschützt am Boden stehen, oft wie zur Parade aufgereiht. Dadurch waren sie äußerst verwundbar gegenüber den neuen 2-kg-Splitterbomben vom Typ SD 2, die die Bomber und Jabos in großen Mengen abwarfen. Die damit erzielten Erfolge schienen die russischen Fliegerverbände für Tage lahmzulegen. Nur wenige Russen flogen über der deutschen Hauptkampflinie ungeordnete und planlose Angriffe, sie waren für die angriffsfreudigen deutschen Jagdflieger eine leichte Beute. In der ersten Angriffswelle, an der 637 Bomber (auch Ju 87) und 231 Jäger (teilweise als Jabos eingesetzt) beteiligt waren, wurden bei nur zwei eigenen Flugzeugverlusten angegriffen: 31 Flugplätze, drei Führungsgefechtsstände, zwei Kasernenanlagen, zwei Artilleriestellungen, ein Bunkersystem, ein Öllager und Anlagen im Hafen von Sewastopol. Im Verlaufe des ganzen Tages waren 1800 feindliche Maschinen zerstört worden, so daß das OKW am 29. 6. melden konnte, daß bei nur 150 deutschen Verlusten 4017 russische Flugzeuge vernichtet werden konnten, also ein Verlustverhältnis von 1:27. Die Luftwaffe hatte die uneingeschränkte Luftherrschaft errungen, die Heeresoperationen konnten ungehindert von russischen Fliegerverbänden durchgeführt werden. Es war ein nachhaltiger Sieg. Die Siegesmeldungen der Luftflotten waren derartig überwältigend, daß die Luftwaffenführung sie nur schwer glauben wollte. Göring wollte beispielsweise Keßelring nicht abnehmen, daß alleine im Mittelabschnitt 2500 russische Maschinen vernichtet worden wären. Er ordnete eine genaue Untersuchung an, die dann ergab, daß Keßelring die Erfolge seiner Flugzeugführer eher zu niedrig als zu übertrieben hoch angesetzt hatte. Die tatsächlichen Erfolgswerte lagen zwischen zwei- und dreihundert Maschinen höher als gemeldet. Der deutsche Sieg in der Luft hatte so verheerende Auswirkungen, daß sich die russischen Bomberkräfte davon nie wieder erholten und im weiteren Verlauf des Feldzuges nur selten über deutschen Linien aufkreuzten.

So entscheidend die russischen Luftstreitkräfte auch in den ersten 72 Stunden des Feldzuges geschlagen worden waren, bedeutete es dennoch nicht, daß keine russischen Flugzeuge mehr über der Front auftauchten. Viele Flieger blieben am Leben, weil ihre Flugzeuge am Boden zerstört wurden, und die Flugzeugwerke setzten die Produktion neuer Flugzeuge fort, die nur darauf warteten, von diesen Fliegern geflogen zu werden. Wie ein Signal, dem Feind zu trotzen, flogen russische Flieger einzeln oder in kleinen Verbänden über Ostpreußen hinweg und besetzten polnisches Gebiet. Nur vier Tage dauerte dieser Spuk, dem Bf 109 und deutsche Flak schnell ein Ende bereiteten. Die Russen verloren bis zu 70 Prozent ihrer Maschinen in einem Einsatz. Nicht selten kam es vor, daß ganze Verbände mit bis zu vierzig Bombern komplett abgeschossen wurden. In der Nacht vom 8. auf den 9. August erreichten drei russische Bomber die Vororte von Berlin, schweres Flakfeuer zwang sie zum Abdrehen. Schon am 30. Juni tobten im Raum Bobruisk heftige Luftkämpfe, als die Russen versuchten, die Deutschen am Überschreiten der Beresina zu hindern. Bei diesen Kämpfen, wie auch bei allen anderen, wurden sie von deutschen Jägern zurückgeworfen und mußten 110 Verluste hinnehmen. Immerhin mußten die deutschen Verbände, vor allem die Jagdverbände, ständig auf der Hut vor russischen Fliegern sein und bleiben. Das I. Fliegerkorps konnte beispielsweise in den ersten drei Tagen des Feldzuges etwa 400 Feindflugzeuge abschießen und 1100 am Boden zerstören. In den nächsten zwei Monaten kamen noch einmal 1000 dazu. Kampfverbände bekämpften ununterbrochen russische Flugplätze. So sehr sich deutsche Bomber gegen die Feindluftwaffe auch abmühten, immer mehr russische Flugzeuge zeigten sich am Himmel anstelle der zerstörten. Vom 22. Juni bis zum 10. Juli konnten die russischen Verbände 47 000 Feindflüge aufbieten und 10 000 Tonnen Bomben auf die vormarschierenden deutschen Truppen abwerfen.

Die Tatsache, daß die Feindluftwaffe immer noch Einsätze fliegen konnte, verunsicherte die Luftwaffenführung immerhin derart, daß sie sich nicht einzig und allein der Unterstützung des Heeres zuwandte. Die von den russischen Fliegerkräften verursachten Verluste waren wirklich minimal, die von den Deutschen gegen die angesetzten Feindflüge hingegen nicht unbeträchtlich; zuweilen betrugen sie ein Viertel aller Feindflüge. Trotz der großen Zahl vernichteter Feindflugzeuge (mit Stand vom 30. August meldete das II. Fliegerkorps 1380 abgeschossene und 1280 am Boden zerstörte Maschinen) blieben immer noch genügend russische Flieger übrig, die die neuen Maschinen aus den Flugzeugwerken fliegen konnten. Der Luftwaffe ist es nie gelungen, die einzeln oder zu zweit einfliegenden russischen Tieffieger, die bei Störangriffen ihre Bomben warfen und sofort wieder abdrehten, bevor man überhaupt ihre Anwesenheit bemerkt hatte, von ihren Einsatzvorhaben abzubringen. Weil sie zu wenig Jagdflugzeuge hatten, konnten die Deutschen auch nie in angemessener Form die feindlichen Jagdvorstöße in ihren Luftraum an überdehnter Front abwehren. Galt dies schon zu Beginn des Feldzuges, um so mehr zeichnete sich dies nach einigen Monaten ab, als die Erschöpfung auf Grund dauernder Kampftätigkeit bei den deutschen Verbänden ihren Tribut forderte. Mitte August standen zum Beispiel dem V. Fliegerkorps (von Greim) nur noch 44 einsatzbereite Jäger zur Verfügung, die einen Frontabschnitt von etwa 800 km Länge decken mußten. Nachdem fast alle Jäger an den Mittelabschnitt verlegt worden waren, hatte das V. Fliegerkorps an manchen Tagen Ende September weniger als zehn Bf 109 einsatzbereit. Damit konnte man sich nicht mit den Russen messen, ganz zu schweigen von der Erringung einer örtlich begrenzten Luftüberlegenheit über eigenen Frontabschnitten. Nur die Schwächen des Gegners verhinderten es, daß es zu brenzligen Lagen kam.

Dank der wirkungsvollen Einsätze der Luftwaffe in den ersten 72 Stunden des Feldzuges waren die russischen Luftstreitkräfte 1941 keine wirkliche Bedrohung. Tagelang konnte man über weiten Gebieten Rußlands kein russisches Flugzeug sehen. Und wenn eines auftauchte, brauchte man sich nicht zu fürchten. Die Ju 87 und Bf 110, die in der Luftschlacht um England noch so verwundbar waren, konnten sich nunmehr leicht mit ihren Gegnern messen. Die Ju 88 und He 111 waren 1941 den meisten russischen Jägern, die ihren Kurs kreuzten, weit überlegen. Sobald erforderlich, konnten die Deutschen über jedem Abschnitt ihrer Wahl an der Ostfront die Luftüberlegenheit herstellen. Nur mangels Masse an Flugzeugen konnten sie nicht überall gleichzeitig die Luftüberlegenheit erreichen. Ein gutes Beispiel dafür bietet der Einsatz des IV. Fliegerkorps (Pflugbeil) auf der Krim. Im Oktober rang die 11. Armee um die Einnahme der Krim. Ihr Befehlshaber, von Manstein, sprach von einer absoluten Beherrschung des Luftraums durch die Russen. Russische Bomber und Jäger konnten jedes Ziel ihrer Wahl am Boden bekämpfen, aber nur so lange, bis Werner Mölders, der begnadete Jagdflieger und General der Jagdflieger, vom Mittelabschnitt abberufen und mit der Führung der Jagdflieger im Südabschnitt betraut wurde. Es dauerte nur eine Woche, bis seine Jagdverbände mit Jagdvorstößen bei Tage die Luftüberlegenheit errungen hatten. Lediglich nachts wagten es die feindlichen Bomber noch, ihre Angriffe zu fliegen.

Trotz aller Bemühungen der russischen Fliegerkräfte gelang es den Deutschen, innerhalb der ersten drei Tage die Luftüberlegenheit zu erringen. So meldete das II. Fliegerkorps (Loerzer), daß alle feindlichen Flugzeuge, die auf Flugplätzen im Umkreis von 300 km lagen, zerstört worden waren. Bis Ende 1941 wurde die Lufttätigkeit der Deutschen in keiner Weise ernsthaft behindert. Zwischen dem 22. Juni und 26. Juli hatten die Bf 110 des Schnellkampfgeschwaders des II. Fliegerkorps 1574 Feindflüge gemacht und dabei nur 12 Maschinen im Einsatz verloren, also eine Maschine auf je 131 Feindflüge. Am 25. Juni war sich die Luftwaffe ihrer beherrschenden Rolle in der Luft so sicher, daß sie die Masse ihrer Verbände für die Unterstützung des Heeres freistellte. Auch auf diesem Gebiet war die Luftwaffe zweifellos äußerst erfolgreich. Ihre Schlagkraft wurde nur eingeschränkt, weil ihr nicht genügend Flugzeuge zur Verfügung standen.

In der ersten Vormarschphase, die bis Anfang August 1941 dauerte, erzielte das deutsche Heer beträchtlichen Landgewinn. Im Nordabschnitt waren die baltischen Staaten besetzt worden, bis nach Leningrad waren es nur noch 100 km. Im Südabschnitt hatte man den Dnjepr erreicht und nach der Kesselschlacht von Uman 103 000 russische Gefangene gemacht. Im Mittelabschnitt, wo die heftigsten Kämpfe tobten, gelang es bei den großen Kesselschlachten bei Minsk und Smolensk, 630 000 russische Soldaten gefangenzunehmen und zahllose Panzer und Geschütze zu erbeuten. Bei diesen Schlachten hatte die Luftwaffe entscheidenden Anteil. Sie bildete nicht nur einen Schutzschirm für deutsche Truppen gegen feindliche Luftangriffe, sondern sie unterstützte das Heer auch unmittelbar mit Angriffen gegen feindliche Truppen und Panzeransammlungen. Insbesondere durch die systematische Bekämpfung der russischen Verkehrswege hinderte sie den Gegner daran, den deutschen Vormarsch zu stören.

Zu gleichen Teilen widmete sich die Luftwaffe den Aufgaben der unmittelbaren und mittelbaren, also indirekten Unterstützung der Heerestruppe. Dazu General Hermann Plocher: *»Der Westfeldzug hatte eine weitere Verlegung in der Aufgabenstellung gebracht. Die unmittelbare Unterstützung des Heeres auf dem Gefechtsfeld war ebenso wichtig geworden, wie die mittelbare Unterstützung . . ., die bisher als vornehmliche Aufgabe der Luftwaffe galt«.* In den weiten Räumen Rußlands, wo an mehreren Fronten mit wechselnden Schwerpunkten gekämpft wurde, konnte man sich nicht länger nur auf ein einziges, das VIII. Fliegerkorps (von Richthofen) abstützen, das vor allem für die Unterstützung des Heeres gebildet worden war. Nunmehr sollten alle Fliegerkorps in der Lage sein, unmittelbare und mittelbare Unterstützung fliegen zu können. Das VIII. Fliegerkorps erhielt zusätzlich zu seinen zwei Stuka-Geschwadern und den Geschwadern mit Bf 110 und Bf 109 ein Kampfgeschwader unterstellt, so daß es auch im Rücken des Feindes mittelbar unterstützend wirken konnte. Die verhältnismäßig schwachen Kräfte, mit denen das Heer gegen Rußland antrat, es hatte nur 15 Divisionen mehr als seinerzeit zu Beginn des Westfeldzuges, und der stete Mangel an geeigneten Panzerabwehrkanonen und anderen schweren Waffen führten in zunehmendem Maße dazu, die Luftwaffe zur Unterstützung auf dem Gefechtsfeld anzufordern. So wich die Luftwaffe immer mehr von ihren Grundsätzen ab, die in der Vorschrift »Luftkriegführung« festgeschrieben waren, nämlich das Schwergewicht der Einsätze der mittelbaren Unterstützung zu widmen. Waren es in den zurückliegenden Feldzügen nur 25 Prozent aller Feinflüge, die zur unmittelbaren Unterstützung des Heeres geflogen worden waren, so stieg dieser Wert mit Beginn des Rußlandfeldzuges auf 60 Prozent an. Nicht alle Luftwaffenbefehlshaber waren über diese Verschiebung der Schwerpunkte glücklich, wenngleich sie sich angesichts der besonderen Umstände, die die Wehrmacht im Osten bewältigen mußte, in das Unabänderliche fügten. Keßelring erinnerte sich: *»Aus dieser Einstellung heraus habe ich meine Flieger- und Flakgenerale angewiesen, unbeschadet der*

*alleinigen Unterstellung unter mich, die Wünsche des Heeres als meine Befehle anzuse-
hen . . . Alle meine Führer und ich sahen unseren Stolz darin, im Mitgehen mit den Kam-
pfereignissen den Wünschen des Heeres voraus zu handeln und in der Lageentwicklung
begründete Forderungen des Heeres so rasch und umfassend wie möglich zu erfüllen«.*

Welche Bedeutung die unmittelbare Unterstützung des Heeres gewonnen
hatte, erhellt aus der Tatsache, daß Heereskommandeure ihre Angriffsplanung
unter Einbeziehung des Luftwaffeneinsatzes vornahmen. So schien es nicht
mehr als recht und billig, daß Hitler im Herbst 1941 befahl, die Luftwaffe dürfe
erst dann mit operativen Großeinsätzen beginnen, wenn die vornehmliche Unterstützung des Heeres sichergestellt war.

Trotz der Bedeutung, die die unmittelbare Heeresunterstützung gewonnen
hatte, war die Luftwaffe für den Feldzug im Osten hauptsächlich gerüstet für den
mittelbaren Einsatz. Mit gerade 880 zweitmotorigen Kampfflugzeugen zur Bekämpfung des feindlichen Hinterlandes und der Verkehrswege, den einzig für
die Heeresunterstützung geeigneten 340 Ju 87 und Bf 110, etwa 30 Jabos und den
in einigen Wochen zu erwartenden 60 Hs 123 war es abzusehen, daß die Ju 88, He
111 und Do 17 Einsätze fliegen mußten, für die sie weniger geeignet waren. Das
dichte Abwehrfeuer über dem Gefechtsfeld bereitete den zweimotorigen Flugzeugen, die für die Verteidiger ein großes Ziel abgaben, erhebliche Schwierigkeiten. Während sich die Verluste noch im Rahmen hielten, so waren die Beschußschäden teilweise so stark, daß die Flugzeuge auf Grund erforderlicher Reparaturen über längere Zeit nicht einsatzbereit waren. Vor dem Juni 1941 pflegte man
Kampfflugzeuge über dem Gefechtsfeld nur einzusetzen, wenn die Wolkenunter-
grenze weniger als 800 m betrug, so daß Stukas nicht stürzen konnten, oder bei
Beginn einer Großoffensive. Nach dem ersten Schlag zu Anfang des Rußlandfeldzuges gewöhnte man sich daran, sie überall und ständig über dem Gefechtsfeld zu sehen.

1941 hatten sich die Begriffe »unmittelbare« und »mittelbare« Unterstützung
bezogen auf die Einsatzaufgaben bei den fliegenden Verbänden noch nicht ver-
wischt. Sofern es die Umstände erlaubten, hielt man sich immer noch an die Ar-
beitsteilung für die Art der Einsätze, die ein- oder zweimotorige Kampfflugzeuge zu fliegen hatten. Vom 22. Juni bis 9. September zerstörte ein Kampfgeschwader (Ju 88) des II. Fliegerkorps bei mittelbaren Unterstützungseinsätzen
356 Eisenbahnzüge (davon 7 sogenannte Panzerzüge) und 14 Brücken, unterbrach 332mal Eisenbahnlinien, flog 200 Feindflüge gegen Truppenansammlungen, Kasernenanlagen und Nachschublager sowie unmittelbare Unterstützung
des Heeres, wobei es 30 Panzer und 448 Kfz zerstörte, und mit 90 Feindflügen gegen 27 Artillerie- und Feindstellungen zum Einsatz kam. Die Einsätze im Rük-
ken des Feindes hatten eindeutig Vorrang. Ganz anders stellt sich das bei dem
schon erwähnten Schnellkampfgeschwader dar, dessen Bf 110 vom 22. Juni bis
27. September nur 50 Eisenbahnzüge (davon ein gepanzerter) und vier Brücken
zerstörten, hingegen aber 148 Panzer, 166 Artilleriegeschütze und 3280 Kfz. Sogar die Bf 109, die in erster Linie die russischen Fliegerkräfte zu bekämpfen hatten, wurden zur Bekämpfung von Bodenzielen herangezogen. Bis zum 10. September hatte beispielsweise ein Jagdgeschwader am Mittelabschnitt 1655 Flugzeuge in der Luft und am Boden zerstört, dazu noch 142 Panzer, 16 Artilleriegeschütze, 44 Lokomotiven, 432 Lkw und einen Panzerzug. Wie man sieht, erhielten die Luftwaffenverbände im Rußlandfeldzug auch andere Aufträge als die ihnen ursprünglich einmal vom »grünen Tisch« zugewiesenen.

Die Unterbrechung des russischen Verkehrsnetzes wurden von Hitler und dem
OKW einhellig als wichtigste Aufgabe betrachtet, um den Vormarsch des Heeres
führen zu können. Die Lahmlegung oder zeitweilige Unterbindung des Verkehrs
auf Straße und Schiene würden die Russen nicht nur daran hindern, Nachschub

und Verstärkung an die Front zu bringen, sondern sie auch davon abhalten, eigene Truppen zusammenzufassen, um sich den deutschen Vorstößen entgegenzustellen. Trotz der unermeßlichen Weiten, denen sich die Luftwaffe auf diesem Kriegsschauplatz gegenübersah, hatte sie einen »Verbündeten« bei der Erfüllung ihres Auftrages. Es war die primitive Art der russischen Verkehrswege. Nur drei Prozent aller russischen Straßen verfügten über irgendeine Art befestigter Straßendecke. Daher waren die Schienenwege die einzig zuverlässgen Transportwege, vor allem während der Regen- oder Tauwetterperioden. In der 21 637 877 Quadratkilometer großen Sowjetunion (das entspricht etwa einem Siebtel der Erdoberfläche) gab es 1941 ein Schienennetz von nur 83 200 km Länge. Die Unterbrechung einiger weniger Eisenbahnlinien im westlichen Teil Rußlands verursachte keine unüberwindlichen Probleme und bot den wirkungsvollsten Weg, den Vormarsch der eigenen Truppen zu unterstützen, weil man den Gegner daran hinderte, Truppen und Gerät nach eigenen Vorstellungen zu verschieben. Vom 26. Juni an griffen Verbände der Luftflotte 2 im Mittelabschnitt erfolgreich das im Frontbereich liegende und zur Front führende Eisenbahnverkehrsnetz an, insbesondere die Verschiebebahnhöfe. Im Raum Brjansk operierte die Luftwaffe 675 km vor den Spitzen deutscher Truppen. Am 9. Juli kam der Eisenbahnverkehr westlich des Dnjepr völlig zum Erliegen, und die russischen Truppen litten schwer unter dem Mangel an Nachschubgütern. Am 11. vermerkte Halder, Generalstabschef des Heeres, in seinem Tagebuch: »*Es scheint nunmehr der Luftwaffe gelungen zu sein, die russischen Bahnen auch im rückwärtigen Gebiet zu unterbrechen. Die Zahl der mit stehenden Zügen belegten Strecken mehrt sich erfreulich*«. Am folgenden Tage schrieb Halder, daß die Bahnen südlich von Kiew, im Raum südlich Orsha-Smolensk und zwischen Witebsk und Smolensk blockiert seien. Am 13. Juli meldete das OKW, daß es der Luftwaffe durch Zerstörung der feindlichen Schienenwege gelungen wäre, einer größere feindliche Gegenoffensive zu verhindern. Es war aber nicht nur das. Die Einsätze der Luftwaffe führten auch dazu, daß der Feind seine Truppen nicht rechtzeitig abziehen konnte und damit Gefahr lief, eingekesselt zu werden.

Leicht war die Zerstörung der Eisenbahnen und Brücken jedoch keineswegs. Trotz 46 Bombentreffern auf sechs Brücken über den Dnjepr war es zum Beispiel Anfang Juli nicht gelungen, auch nur eine zum Einsturz zu bringen. Die russischen Pioniere und Arbeiter taten ein übriges, die Einsatzaufträge zu erschweren. Bei einer Gelegenheit, wo die wichtige Eisenbahnbrücke über die Beresina bei Bobruisk zerstört worden war, benötigten 1000 Arbeiter nur 36 Stunden, sie wieder so weit herzustellen, daß der Verkehr rollen konnte. Ähnlich sah es bei den Reparaturen der Schienenwege aus. Dank der Anstrengungen russischer Arbeitskommandos betrug die durchschnittliche Ausfallzeit für den Eisenbahnverkehr je unterbrochenem Streckenabschnitt nur 5 Stunden und 48 Minuten. Aus diesem Grunde mußten zahllose Angriffe geflogen werden. Bis Ende des Jahres 1941 waren es 5939 Angriffe auf Eisenbahnlinin alleine in Frontnähe. Auch die Angriffe gegen die Hauptstraßenverbindungen machten Schwierigkeiten. Im Mai 1940, im Westfeldzug, erzielte man damit große Erfolge. Im Osten gelang das nicht. Die Ortschaften und Dörfer der Sowjetunion lagen wie planlos und weit zerstreut in der Landschaft und bestanden zumeist aus Holz- oder Lehmhütten. Es erwies sich als sinnlos, Straßen und Wege zu unterbrechen, weil die vormarschierenden russischen Truppen einfach um die Bombenkrater herum ihres Weges zogen. Nur an Flußübergängen zeigten Angriffe Erfolg. Diese Angriffe führte die Luftwaffe mit aller Macht durch, ferner gegen Truppenansammlungen und Nachschublager im feindlichen Hinterland. Am 27. Juni griffen 20 deutsche Kampfflugzeuge ein Nachschubdepot in Orsha, etwa 300 km hinter der Front gelegen, an. Man vermutete dort 2000 Panzer und Militärflugzeuge. Als Orsha später eingenommen wurde, stellte es sich heraus, daß man nur Ausrüstungsgegenstände der Kavallerie und Pferdefuhrwerke zerstört hatte.

Noch bevor die russischen Fliegerkräfte ausgeschaltet worden waren, wurden Verbände der Luftwaffe zur Unterstützung des Heeres abgestellt; für so entscheidend hielt man ihren Einsatz. Im Mittelabschnitt wurde das II. Fliegerkorps (Loerzer) zur engsten Zusammenarbeit mit der 4. Armee und insbesondere der Panzergruppe 2 (Guderian) verpflichtet. Im Morgengrauen des 22. Juni begann es mit der Bekämpfung feindlicher Artilleriestellungen bei Brest-Litowsk, das die Hauptübergänge über den Bug, der Grenze zwischen Rußland und dem von Deutschland besetzten Polen, beherrschte. Auf Guderians Anforderungen hin kreisten Ju 87 ununterbrochen über dem Gefechtsfeld, um jederzeit in der Lage zu sein, feindliche Feuerstellungen zu bekämpfen, die das Feuer eröffneten. Dadurch erreichte man, daß kein feindliches Geschütz zum Schuß kam, so daß die deutschen Truppen ungehindert vorstoßen konnten. Die Zitadelle von Brest-Litowsk blieb jedoch standfest. Sie hielt noch einige Tage aus, nachdem die Deutschen den Bug schon überschritten hatten, und behinderte die Versorgung der vorpreschenden Truppen empfindlich. Die Ju 87, die mit 500-kg-Bomben die Festung aufzubrechen versuchten, scheiterten. Am 28. Juni mußten Ju 88 eingesetzt werden, die mit 1800-kg-Panzerdurchschlagbomben die meterdicken Mauern »knacken« konnten. Nach diesem Angriff kapitulierte die Besatzung der Zitadelle. Das II. und VIII. Fliegerkorps setzten die Unterstützung des Vormarsches fort und bewährten sich besonders bei der Schließung des Kessels bei Bialystok und später bei Minsk. In der Tat gab Generalfeldmarschall von Bock in einem Tagesbefehl bekannt, daß die Einkesselung nur durch die Unterstützung der Luftflotte 2 möglich gewesen war. In zahlreichen Fällen, wo sich kritische Lagen ergaben, weil eingeschlossenen russische Truppen den anfänglich noch schwachen Einschließungsring zu durchbrechen versuchten, konnte nur die Luftwaffe die Lage bereinigen. So gelang es dem VIII. Fliegerkorps, das die 9. Armee und die Panzergruppe 3 unterstützte, am 24. und 25. Juni einen feindlichen Ausbruchversuch bei Grodno zu verhindern, 105 Panzer zu vernichten und Kavallerieschwadronen in die Flucht zu schlagen. Um die Zusammenarbeit zwischen dem Heer und den Kräften des II. Fliegerkorps weiter zu verbessern, wurde die Funktion eines Nahkampfführers geschaffen, der die Verbände zur Unterstützung der Panzergruppe 2 führte. Das VIII. Fliegerkorps (von Richthofen), das von Hause aus schon als Nahkampffliegerkorps geschaffen worden war, brauchte derartige Umgruppierungen nicht vorzunehmen. Trotz anfänglicher Schwierigkeiten, wie Ausfall der Fernmeldeverbindungen, war Keßelring der Meinung, daß der Nahkampffliegerführer des II. Fliegerkorps, Oberst Martin Fiebig, sich so gut bewährt hatte, daß er den Vergleich mit von Richthofen nicht zu scheuen brauchte. Einige Wochen später schuf auch die Luftflotte 4 zwei ähnliche Kommandobereiche, den Nahkampfführer Nord und den Nahkampfführer Süd.

Nicht anders als bei den Kesselschlachten bei Bialystok und Minsk lief es bei Smolensk. Die Unterstützungseinsätze der Luftflotte 2 erwiesen sich für das Heer als unschätzbar. Anfang August wurde jedoch das VIII. Fliegerkorps in den Nordabschnitt verlegt, um den Angriff gegen Leningrad zu unterstützen. Das II. Fliegerkorps mußte die letzten Tage der Schlacht bei Smolensk alleine bestreiten. Die folgenden Wochen, die erlittenen Verluste, die personelle und materielle Ermüdung auf Grund der ununterbrochenen Einsätze während der vergangenen zwei Monate und die Last der Schwerpunkteinsätze im Mittelabschnitt forderten die fliegenden Verbände des II. Fliegerkorps bis an den Rand der Erschöpfung. Die Verbände konnten einfach nicht mehr alle geforderten Aufgaben erfüllen. Sie konnten am Südflügel der Heeresgruppe Mitte im Raum

Roslawl-Rogatschew, westlich von Gomel, einer wichtigen Ausgangsposition für weitere Operationen, zwar noch Heeresunterstützung fliegen, aber nur auf Kosten der hart bedrängten Truppen im Brückenkopf bei Jelnja an der Rollbahn nach Moskau. Am 5. September mußte dieser Frontvorsprung aufgegeben werden. Den Deutschen gelang es jedoch, den russischen Gegenangriff westlich von Gomel aufzufangen und ihre Front zu halten, womit sie die nächste größere Operation im Osten einleiteten: Die Kesselschlacht bei Kiew.

Ohne die unmittelbare Unterstützung des Heeres durch die Luftwaffe wären die deutschen Linien an vielen Stellen durchbrochen worden, die entscheidenden Kesselschlachten hätten viel ihrer Wirkung verloren. Alleine hätten es die zu wenigen Luftwaffenverbänden nicht geschafft, die Truppen der Roten Armee am Ausbruch zu hindern, vor allem in der Schlacht bei Smolensk. Nur in der Zusammenarbeit mit dem Heer bewiesen sie ihren unschätzbaren Einsatzwert. Die Erfolge im Mittelabschnitt wiederholten sich am Nord- und Südabschnitt, obwohl die dort kämpfenden Luftflotten anfänglich weder über die Stukas Ju 87 noch über die für den Erdeinsatz geeigneten Zerstörer Bf 110 verfügten. Außer den regelmäßig durchgeführten Feindflügen mußte die Luftflotte 1 am Nordabschnitt schon seit dem 23. Juni Nachschub für deutsche Truppen einfliegen. Die einzige Rollbahn, die zur 16. Armee führte, wurde wiederholt von russischen Truppen, die aus den schier undurchdringbaren Wäldern operierten, unterbrochen. Das führte dazu, daß bis Mitte August alle Nachschubgüter mit Ju 52 und Ju 88 eingeflogen werden mußten. Im Südabschnitt konnte man im Rahmen der Heeresunterstützung mit spektakulären Ergebnissen glänzen. So bekämpfte das V. Fliegerkorps (von Greim) am 26. Juni beispielsweise im Tiefflug starke russische Panzeransammlungen, die die offene Flanke der Panzergruppe 1 bedrohten. Der Befehlshaber dieser Panzergruppe, von Kleist, lobte in höchsten Tönen diesen Luftwaffeneinsatz, weil er ein gesamtes russisches mechanisiertes Korps aufhielt und der Panzergruppe 1 ungehinderten Vormarsch verschaffte. Am 1. Juli ereignete sich ein ähnlicher Fall. Die Gefahr, daß ein starker russischer Gegenangriff im Rücken der Panzergruppe 1 zu deren Einkesselung führte, konnte nur durch den Einsatz der Luftwaffe abgewendet werden, weil Ju 88 und He 111 des V. Fliegerkorps 40 Panzer und 180 Kfz vernichteten und zahlreiche andere außer Gefecht setzten, wodurch der Feind aufgehalten wurde. Dennoch mußten viele Anforderungen für die unmittelbare Heeresunterstützung zurückgewiesen werden. Bestätigung und Ablehnung hielten sich in etwa die Waage. Die Luftflotte 4, die nur über zwei Drittel der Kräfte ihrer Nachbarluftflotte verfügte, konnte auf Grund mangelnder Flugzeuge einfach nicht den Bedürfnissen der Front nachkommen. Insbesondere die 6. Armee (Paulus) mußte darunter leiden, als Löhr entschied, daß seine Verbände die 17. Armee und die Panzergruppe 1 bei der Kesselschlacht um Uman unterstützen sollten. In diesem Falle bewährte sich der Entschluß des Luftflottenchefs, weil die Angriffe der Luftwaffe zum Erfolg führten. Feindliche Ausbruchsversuche wurden unterbrochen, und im Verlaufe der Schlacht wurden 58 Panzer, 420 Lkw und 22 Artilleriebatterien zerstört.

Nach dem Kessel von Uman preschte die Panzergruppe 1 auf Dnjepropetrowsk und Nikolajew vor, um die Dnjeprbrücken zu nehmen, von wo aus in Zusammenarbeit mit der Heeresgruppe Mitte ein weiterer Kessel um Kiew gebildet werden konnte, was sich zur größten Kesselschlacht aller Zeiten entwickelte. Bevor dieses Ziel jedoch erreicht wurde, begann im Süden der Stadt ein russischer Gegenangriff Formen anzunehmen, genau dort, wo sich die 6. Armee mit der Panzergruppe vereinigen wollte, der den gesamten deutschen Vormarsch durcheinanderzubringen drohte. Schnell zusammengestellte Einheiten wie Bäckerei- und Veterinärkompanien, wurden ins Gefecht gegen die Rote Armee geworfen, ohne jeden nennenswerten Erfolg. Und jetzt griff das V. Fliegerkorps in die Kämpfe ein. Nur mit dem allgemeinen Auftrag versehen, starke Panzer- und Kavallerieverbände im Raum Kanew-Boguslaw zu vernichten, die sich später als eine ganze Armee entpuppten, wurden trotz sehr schlechten Wetters am 7. August von den fliegenden Verbänden in ununterbrochenen, pausenlosen Tiefflugeinsätzen die Feindstellungen angegriffen. In den ersten drei Tagen konnten 94 Panzer und 148 Lkw zerstört und Dnjepr-Brücken ausgeschaltet werden. Am zweiten Tage trafen Verstärkungen für das Heer ein, dennoch setzte die Luftwaffe ihre Angriffe fort, die nach Wetterverbesserung noch mehr Wirkung zeigten. Als am 13. August der russische Rückzug begann, wurden die Truppen aus der Luft bekämpft und erlitten besonders schwere Verluste, als sie versuchten, den Dnjepr nach Osten zu überschreiten. Nach General von Schwedler, dessen Truppen am härtesten bedrängt worden waren, habe der Einsatz des V. Fliegerkorps während der zwei Tage, bevor Verstärkungen eintrafen, alleine eine Krisenlage abgewendet, die anderenfalls schwerwiegende Folgen für den gesamten Südabschnitt gehabt hätte.

Dem V. Fliegerkorps war es zu verdanken, daß der große Kessel bei Kiew geschlossen werden konnte. Diese große Umfassungsschlacht reichte mit ihren Zangenbewegungen 160 km jenseits des Dnjepr und umschloß ein Gebiet von 40000 Quadratkilometer. Die Schlacht begann am 25. August. Das II. Fliegerkorps unterstützte die 2. Armee und die Panzergruppe 2 der Heeresgruppe Mitte, das V. Fliegerkorps die 6. Armee, die 17. Armee und die Panzergruppe 1 der Heeresgruppe Süd. Am 26. September war die Schlacht siegreich beendet, die Deutschen hatten 665000 Gefangene gemacht und 884 Panzer und 3718 Geschütze erbeutet. An diesem Erfolg hatte die Luftwaffe wesentlich Anteil. Mit pausenlosen Wirkungsangriffen gegen Schienenwege, Straßen und Brücken konnte sie das Schlachtfeld von jeden äußeren Einflüssen abschnüren und innerhalb des Kessels die Formierung eines russischen Gegenangriffs unterbinden. Durch Luftunterstützung konnten feindliche Ausbruchsversuche verhindert werden. Da schon zu Beginn der Schlacht die Luftüberlegenheit über dem Gefechtsfeld errungen worden war, konnten deutsche Truppen ohne Störung durch russische Fliegerkräfte ungehindert operieren. Vom 12. bis 21. September hatte das V. Fliegerkorps 1422 Feindflüge durchgeführt, dabei nur 17 Flugzeuge verloren und weitere 9 mit schweren und 5 mit leichteren Beschußschäden als zeitweilige Ausfälle in Kauf zu nehmen. Es hatte 558 Tonnen Sprengbomben abgeworfen, 42 Feindflugzeuge am Boden zerstört, 65 Feindmaschinen abgeschossen, 23 Panzer, 2171 Lkw, 52 Züge, 28 Lokomotiven und eine Brücke vernichtet sowie 355 Lkw und 36 Eisenbahnzüge beschädigt. Ähnliche Erfolge konnte das II. Fliegerkorps verzeichnen.

Nach der Kesselschlacht bei Kiew hatte die Wehrmacht im Osten drei strategische Ziele. Im Mittelabschnitt sollte der Hauptstoß vorgetragen werden, indem zunächst die noch im Westen Rußlands stehenden russischen Truppen eingekesselt und gefangengenommen werden sollten, um dann auf Moskau vorzustoßen. An den Flanken, denen man weniger Bedeutung beimaß, galt es, Leningrad einzunehmen und im Süden den Kaukasus zu besetzen, als Zwischenziel die Eroberung von Charkow. Wie bisher setzte man ganz erheblich auf die Luftunterstützung durch die Luftwaffe. Über den Ablauf der Ereignisse am Nordabschnitt brauchen nicht viele Worte verloren werden, weil die Deutschen ihr Kriegsziel nicht erreichten. Der Einsatz der Luftwaffe war gering. Weder die Bombardierung von Leningrad noch die Unterbrechung der dorthin führenden Nachschubwege zeigten entscheidende Erfolge. Angriffe auf die feindlichen Verbindungswege in die Stadt, die über den zugefrorenen Ladogasee führten, verursachten zwar in der Zeit vom 25. November bis 3. Dezember schwere Verluste, konnten aber auf Dauer den Nachschubfluß nicht unterbinden, weil die durch Bomben gesprengten Löcher im Eis schnell wieder zufroren. Schließlich brachten verheerende Wetterverhältnisse die Einsatztätigkeit der Luftflotte 1 ganz zum Erliegen.

Hauptauftrag für das V. Fliegerkorps im Süden war es zunächst, das russische Eisenbahnnetz im Raum Charkow und südöstlich davon bis zu einer Tiefe von 290 km zu unterbrechen. Vom 23. September bis 12. Oktober waren 95 Eisenbahnzüge zerstört und 288 schwerstens beschädigt worden. Der Schienenverkehr war an 64 Stellen unterbrochen worden, so daß die russische Führung nicht nach eigenem Ermessen dem deutschen Vormarsch begegnen konnte. Durch Zusammenfassen aller Kräfte konnte das Fliegerkops über Charkow die Luftüberlegenheit sichern. Unmittelbar nach heftigen Luftangriffen konnten am 23. Oktober Vorhuten der 6. Armee in die Stadt einrücken, die dann am folgenden Tage voll in deutscher Hand war. Jetzt wandte sich die Luftwaffe ihrem nächsten Schwerpunkt zu, Rostow am Don, dem Tor zum Kaukasus. Wiederum wurden zunächst die Schienenwege bekämpft. Die Verkehrsverbindungen nahmen schweren Schaden. Als die Deutschen am 20. November in Rostow einmarschierten, waren 79 Züge vernichtet und 148 schwer beschädigt worden. Der deutsche Vormarsch war jedoch überzogen. Im Rücken der 1. Panzerarmee (von Kleist) griffen die Russen die 6. und 17. Armee an und bedrohten den gesamten Zusammenhalt der dünnbesetzten Front. Nach langem Zögern stimmte Hitler endlich zu, sich aus Rostow abzusetzen. Das V. Fliegerkorps bekämpfte zusammen mit dem IV. Fliegerkorps, das vornehmlich die 11. Armee beim Kampf um die Krim unterstützte, unablässig russische Truppen. Der neue Oberbefehlshaber der Heeresgruppe Süd, von Reichenau, war der felsenfesten Ansicht, daß nur die Luftwaffe die feindlichen Pläne vereitelt hatte, zunächst nach Taganrog vorzustoßen und dann die Frontausbuchtung bei Rostow einzukesseln. Der geordnete Rückzug deutscher Truppen wurde nur dem kühnen und unermüdlichen Einsatz deutscher Flieger zugeschrieben.

Während sich so dramatische Ereignisse in der Ukraine abspielten, faßten die Deutschen alle verfügbaren Kräfte am Mittelabschnitt zusammen, um von dort mit einer Front von 640 km Breite zum endgültigen Stoß auf Moskau anzutreten. Im Norden sollte sich die 9. Armee und die Panzergruppe 3 bei Wjasma mit der 4. Armee und Panzergruppe 2 vereinigen, 130 km im Rücken der Russen und 160 km von Moskau entfernt. Im Süden sollten die 2. Armee und Teile der 2. Panzerarmee mit einer Zangenbewegung im Raum Briansk russische Truppen bilden. Man hoffte nach Abschluß dieser Operationen, die für die Verteidigung von Moskau vorgesehenen Truppen zerschlagen und danach die Hauptstadt der Sowjetunion einnehmen zu können. Zur Unterstützung des Heeres beorderte die Luftwaffenführung starke Kräfte der Luftflotte 1, auch das VIII. Fliegerkorps, in den Befehlsbereich der Luftflotte 2, die ferner von einigen Verbänden der Luftflotte 4 Verstärkung erhielt. Keßelring erhielt den Auftrag, die Flanken des Vorstoßes zu sichern und mit seinen Stukas die motorisierten Einheiten zu unterstützen. Dafür bekam er mehr als die Hälfte aller im Osten verfügbaren Flugzeuge unterstellt: 600 Kampfflugzeuge, 120 Ju 87, 100 Bf 110, 400 Bf 109 und 100 Fernaufklärer, insgesamt also 1320 Maschinen, von denen mehr als ein Drittel nicht einsatzbereit waren.

Die Kämpfe begannen am 30. September 1941. Am 14. Oktober war die doppelte Umfassungsschlacht geschlagen; 673 000 russische Soldaten waren eingeschlossen und gefangengenommen worden. Voller Zuversicht meldete das RLM am 15., daß der endgültige Zusammenbruch des Feindes kurz bevorstünde. Die Luftwaffe, die dem Heer in üblicher Weise Luftunterstützung gewährte, mußte harte Luftkämpfe mit den russischen Fliegerkräften ausfechten, weil sie eine bisher nie dagewesene Kampftätigkeit entwickelten und sogar wiederholt deutsche

Flugplätze angriffen. Auf Grund der schlechten Straßenverhältnisse mußte die Luftwaffe den vorgeschobenen Truppenverbänden Nachschub zuführen, für die 2. Panzerarmee alleine 600 000 Liter Betriebsstoff. Die Einsatzmeldung des RLM vom 4. Oktober legt beredtes Zeugnis vom Einsatz der Luftwaffe ab: Stukas flogen 402 und Bomber 479 Feindflüge, wobei 22 Panzer, 450 Lkw und weiteres Kriegsmaterial vernichtet sowie 37 Eisenbahnzüge und 10 Eisenbahndepots schwer getroffen oder gar zerstört worden waren. Die Feindverluste an Personal wurden als hoch eingeschätzt, wenngleich sie zahlenmäßig nicht genau erfaßbar waren. Feindliche Truppen, die aus den Kesseln zu entfliehen suchten, wurden pausenlos verfolgt und bekämpft.

So gehobener Stimmung die Deutschen nach der Doppelschlacht von Wjasma und Briansk noch waren, ihre großen Hoffnungen waren drauf und dran, zunichte gemacht zu werden. Am 7. Oktober begann sich das Wetter zu verschlechtern. Im Verlauf des Monats wurden die Wetterverhältnisse immer schlechter, so daß die Operationen der Heeresgruppe Mitte ganz zum Erliegen kamen. Panzereinheiten waren bewegungsunfähig, sogar mit Pferden bespannte Fuhrwerke blieben im Schlamm stecken, der teilweise bis zu einem Meter tief reichte. Der Chef der Operationsabteilung im Luftwaffengeneralstab, General von Waldau, vermerkte am 16. Oktober in seinem Tagebuch: »*Die kühnsten Hoffnungen schwinden unter Regen und Schnee . . . Aber in grundlosen Wegen bleibt alles stecken*«. Mangel an Nachschub und Truppenersatz, der den Verbänden nicht zugeführt werden konnte, und die schlammigen Bodenverhältnisse auf den vorgeschobenen Feldflugplätzen schränkten die Einsatztätigkeit der Luftflotte 2 erheblich ein, ja, unterbanden sie zeitweilig überhaupt. Die Temperaturen sanken auf −8 ° C. Obwohl das Luftwaffenpersonal recht gut mit Winterbekleidung ausgerüstet war, fehlte es an Wärmegeräten für die Flugzeuge, so daß der Flugzeugklarstand absank. Zum ersten Male während des Feldzuges herrschten in der Nacht vom 20. auf 21. Oktober im gesamten Frontbereich, mit Ausnahme der Südostukraine, so schlechte Wetterbedingungen, daß an den Einsatz der Luftwaffe nicht zu denken war. Danach schwankten die Einsätze der Luftwaffe beträchtlich. Im Raum Mzensk, Moshaisk, Kalinin und Wolokolamsk konnten am 25. beispielsweise über 600 Feindflüge durchgeführt werden, zwei Tage später war es im selben Gebiet nur ein einziger.

Am 30. Oktober kam der Vormarsch des Heeres ins Stocken. Moskau lag immer noch 80 km entfernt. Dank einer Frostperiode, in der das Wetter aufklarte und der Boden sich verfestigte, konnte der Vormarsch am 17. November wieder aufgenommen werden. Einige Tage später wechselte das Wetter von neuem, diesmal zum Schlechten. Nebel, Schneefall und Temperaturen von −30 ° C behinderten den Einsatz der Truppe erheblich, zumal auch der russische Widerstand am Boden und in der Luft immer mehr zunahm. Am 27. November standen deutsche Vorhuten 30 km vor Moskau; weiter sollte es ihnen nicht gelingen vorzustoßen. Am 22. vermerkte Halder in seinem Tagebuch, daß die Truppen die Grenzen ihrer Leistungsfähigkeit erreicht hatten. Am 30. schrieb er über Hitler und seine Berater: »*Die Leute haben keine Ahnung von dem Zustand unserer Truppen und bewegen sich mit ihren Gedanken im luftleeren Raum*«. Ein letzter verzweifelter Versuch wurde am 4. Dezember, vergebens, gemacht. Die 500 einsatzbereiten Flugzeuge, die die Luftwaffe noch hatte, trafen in der Luft auf den starken Widerstand der etwas über 1000 Flugzeuge des Gegners. Ähnliche Verhältnisse hielten das deutsche Heer am Boden auf. Hitler gestand in seiner Weisung Nr. 39 vom 8. Dezember 1941 offiziell und offen ein, daß die Angriffsoperationen ein Fehlschlag waren: »*Der überraschend früh eingebrochene strenge Winter im Osten und die dadurch eingetretenen Versorgungsschwierigkeiten zwingen zu sofortiger Einstellung alle größeren Angriffsoperationen und zum Übergang zur Verteidigung*«.

Die erste deutsche Offensive im Rußlandfeldzug war vorüber. In den mehr als sechs Monate dauernden Angriffstätigkeiten hatte sich die Luftwaffe gut geschlagen. Auch Fehler waren gemacht worden. Nicht immer standen in ausreichender Menge und in geeigneter Bauart Bomben zur Verfügung. Deutsche Truppen wurden angegriffen, weil man sie fälschlicherweise für Feindtruppen hielt. Aber so etwas gibt es bei allen kriegerischen Auseinandersetzungen. All das schwindet zur Bedeutungslosigkeit, wenn man dagegen die Erfahrung und das Durchhaltevermögen des fliegenden Personals und der Männer der Bodenorganisation stellt. In einem Gebiet, das im Süden von der Donaumündung, dem Schwarzen Meer, dem Asowschen Meer, im Osten von der Linie Rostow-Moskau-Ladogasee-Leningrad und im Norden vom Finnischen Meerbusen und der Ostsee begrenzt war, standen sie bei Temperaturen von +50 ° C bis − 45 ° C über See, im Gebirge, in Sümpfen, undurchdringlichen Wäldern und weitem Steppenland im Einsatz. In dem unermeßlichen Raum von 1 502 200 Quadratkilometern hielten sie Tritt mit dem Vormarsch des Heeres, griffen ein weites Spektrum von Zielen an, von Artilleriestellungen bis zur sowjetischen Hauptstadt, von Eisenbahnzügen bis zu Schlachtschiffen, um gleichzeitig noch so voneinander abweichende Vorstöße wie nach Moskau, Leningrad und Rostow, dem Tor zum Kaukasus, zu unterstützen. Nie standen der Luftwaffe im Osten mehr als 1400 einsatzbereite Flugzeuge zur Verfügung, oft weit weniger, dennoch konnte sie bis Ende Oktober über 130 Tage lang pro Tag durchschnittlich 1200 Feindflüge aufbringen, an manchen Tagen sogar 2000 und mehr. Trotz der mannigfaltigen Schwierigkeiten beim Nachschub, die durch verschlammte und teils gar nicht vorhandene Wege, Verkehrsstockung, Ausfall und Mangel an Fahrzeugen und der geringen Verfügbarkeit von Ju 52 auftraten, und den Zeiten, als kriegswichtiger Kraftstoff-, Munitions- und Verpflegungsnachschub nicht rechtzeitig eintraf, gelang es der Bodenorganisation, die Feldflugplätze mit beachtlicher Geschwindigkeit dem Vormarsch des Heeres entsprechend auszubauen und einzurichten. Dadurch konnte die enge Zusammenarbeit zwischen Heer und Luftwaffe, insbesondere den Stukas und Jägern, überhaupt erst ermöglicht werden. Es gab zwar manche Fehlentscheidung und Verzögerungen, aber insgesamt gesehen konnten die Luftgaue mit ihren Organisationen die fliegenden Verbände in die Lage versetzen, mit ihren geringen Einsatzzahlen an Flugzeugen ein Optimum an Schlagkraft zu entwickeln. Mit welchem Einsatzwillen vorgegangen wurde, bezeugt die Tatsache, daß Luftwaffenoffiziere, mit Maschinenpistolen bewaffnet, Nachschubzüge der Luftwaffe begleiteten, um dem Einschreiten von Heeresdienststellen entgegenzutreten, die glaubten, daß die Luftwaffe bei der Zuteilung von Eisenbahntransportraum bevorzugt wurde.

Die Leistungen der fliegenden Verbände glichen fast schon Heldentaten. Das II. Fliegerkorps (Loerzer), das mit etwa 450 Flugzeugen, von denen ein Drittel nicht einsatzklar waren, den Rußlandfeldzug begann, möge als Beispiel für alle gelten. In 144 Tagen, zwischen dem 22. Juni und 12. November 1941, flog es mehr als 40 000 Feindflüge bei Tag und Nacht, also pro Tag im Durchschnitt 277,7 Feindflüge. In dieser Zeit wurden 23 150 Tonnen Bomben abgeworfen. Es wurden vernichtet: 3826 russische Flugzeuge (2169 durch Abschuß im Luftkampf, der Rest am Boden, ferner mit hoher Wahrscheinlichkeit 281 Flugzeuge zerstört und 811 beschädigt), 789 Panzer, 614 Geschütze und 14 339 Fahrzeuge aller Art. Zusätzlich wurden 240 Feldstellungen, MG-Nester und Artilleriestellungen sowie 33 Bunker außer Gefecht gesetzt. Auch große Truppenansammlungen zählten zu den Zielen. 3579mal wurden Schienenwege angegriffen, wobei in 1736 Fällen Eisenbahngeleise unterbrochen, 159 Züge und 304 Lokomotiven zerstört und weitere 1584 Züge und 304 Lokomotiven beschädigt wurden. Flakbatterien schossen 100 feindliche Flugzeuge ab und meldeten 23 mögliche Abschüsse. Loerzers

Fliegerkorps hat in der Tat große Leistungen vollbracht. Wenn man sich verge-genwärtigt, daß es nur ein Fliegerkorps von den fünf an der Ostfront eingesetz-ten war, wenn auch mit dem VIII. Fliegerkorps eines der stärksten, das zusam-men mit dem Fliegerführer Kirkenes und Fliegerführer Ostsee sowie den Luft-flotten unmittelbar unterstellten Verbänden kämpfte, so lassen sich doch die dem Feinde zugefügten Schäden in diesem Feldzug, die alleine die Luftwaffe ins-gesamt verursachte, leicht hochrechnen. Die folgenden Zahlen über vernichte-tes Feindgerät kommen mit Sicherheit den tatsächlichen sehr nahe: 15 500 Flug-zeuge (bis Ende Oktober 1941 meldete die Luftwaffe 20 000), 3200 Panzer, 57 600 Fahrzeuge aller Art, 2450 Geschütze, 650 Eisenbahnzüge (weitere 6300 beschädigt), 1200 Lokomotiven (weitere 1200 beschädigt) und in 7000 Fällen Un-terbrechung der Schienenwege.

Die Luftwaffe hat immerhin soviel Kriegsgerät vernichtet, wie es das Heer ver-gleichsweise in einer Kesselschlacht hat. Diese Leistungen halfen dem deut-schen Heer in beträchtlichem Umfange. Die Unterstützung zur siegreichen Be-endigung so mancher Schlacht war um so bedeutsamer. Trotz häufiger und bitte-rer Vorwürfe seitens der Truppenführer des Heeres, daß die Luftunterstützung ausblieb, obwohl sie dringend angefordert worden war (ein Zeichen dafür, wie sehr man sich darauf zu verlassen gewöhnt hatte!), hatten die fliegenden Ver-bände in zahlreichen Fällen nicht nur dazu beigetragen, daß so mancher Kessel dicht wurde, sondern auch mehrfach schwerwiegende Schwächungen der über-dehnten Front verhindert, indem sie russische Gegenangriffe erstickten. In die-ser Hinsicht konnte sich vor allem die Heeresgruppe Süd glücklich schätzen und sich dieser Vorteile erfreuen. Nur der Luftwaffe war es zu verdanken, daß der Gegner niemals in nennenswertem Umfang deutsche Truppen angreifen und bombardieren konnte. Abgesehen von den offensichtlichen Erfolgen an der Front, fällt es schwer, die Wirkungen abzuschätzen, die die Luftwaffe mit ihren Einsätzen gegen das russische Verkehrsnetz hatte, insbesondere gegen die Schie-nenwege, und welche Auswirkungen sich beim Feind ergaben, sich dem deut-schen Vormarsch entgegenzustellen. Betrachtet man die erzielten Erfolge, so nehmen sich die Verluste der Luftwaffe doch verhältnismäßig gering aus. Bis zum 8. Dezember 1941 beliefen sie sich auf 900 Flugzeuge für den Feldzugver-lauf. Die Gesamtausfälle (Bruchlandungen auf schlecht vorbereiteten Feldflug-plätzen und dergleichen) betrugen 2093 Maschinen, davon alleine 758 Bomber und 568 Jäger (zusätzliche 1361 wurden beschädigt). Die Nachführung von Er-satz lief zügig, so daß der gesamte Verfügungsbestand an der Ostfront nie unter 1800 Flugzeuge absank, häufig sogar noch höher lag. So verfügten beispielsweise alle Luftflotten an der Ostfront am 6. September 1941 über insgesamt 1916 Flug-zeuge, von denen 1175 Maschinen, also 61 Prozent, einsatzbereit waren.

Seit dem letzten Kriege zeichnet sich in der Kriegsgeschichtsschreibung eine Tendenz ab, die Leistungen der Luftwaffe im Rußlandfeldzug zu schmälern. Ins-besondere wurden zwei Gründe dafür herausgestellt. Zum einen habe sie ihre Kampfverbände beim Einsatz zur Unterstützung des Heeres verschlissen, zum anderen, und das vor allem, habe sie versagt, weil sie keine Angriffe gegen die feindlichen Nachschubquellen geflogen habe. Für die unmittelbare Heeresunter-stützung habe die Luftwaffe das falsche Fluggerät gehabt, statt dessen hätte man die Produktion von Ju 87 auf Kosten der Kampfbomber steigern sollen, somit hätte man mehr Maschinen für die Bomberverbände zur Verfügung gehabt. An-dererseits wird behauptet, daß es nicht damit getan war, russische Truppen und ihr Gerät an der Front zu treffen, es wäre vielmehr wichtig gewesen, dieses an der Quelle, in den Fabriken, zu zerstören. Dem ersten Schlag gegen die russi-schen Fliegerverbände hätten Bomberangriffe gegen die russischen Flugzeug-werke folgen sollen. Erst im Juli und Oktober wurden einige wenige Angriffe, teilweise nur mit einem Flugzeug, gegen derartige Ziele angesetzt. Außer im Falle Moskau, konnte nur bei einer Gelegenheit, bei Woronesh, beträchtlicher Erfolg erzielt werden. Nur die sowjetische Hauptstadt, die Bedeutung für die Kriegswirtschaft und -produktion des Gegners hatte, wurde wiederholt bombardiert. Aber dennoch waren es zwischen dem 21. Juli 1941 und dem 5. April 1942 nur 76 Tag- und 11 Nachtangriffe. Selbst hier bestanden die Angriffsformationen aus ganzen drei bis zehn Bombern. Die Anwesenheit von Flugzeugen der deutschen Luftwaffe über der Hauptstadt hatte gleichermaßen politische wie militärische Bedeutung. Erreicht wurde wenig, um die feindliche Kriegswirtschaft zu stören.

Aus diesem Grunde konnten Fabriken weit ins eigene Hinterland, fern der Front, ausgelagert werden, so daß die russische Industrie ungestört von deutschen Luftangriffen weiterarbeiten und die Produktion vervierfachen konnte. In der zweiten Jahreshälfte 1941 konnten die an der Front erlittenen Verluste ohne Schwierigkeiten ersetzt werden. Im Spätsommer hatten sich die russischen Fliegerkräfte schon so gut wieder erholt, daß sie an einigen Frontabschnitten für das deutsche Heer eine Gefahr bedeuteten. Ferner erhielt Rußland aus dem Ausland über die Häfen von Murmansk und Archangelsk und einige Schwarzmeerhäfen Nachschub zugeführt, was die Luftwaffe hätte hellwach werden lassen müssen. Es geschah aber nichts. Jedes Flugzeug, jeder Panzer und jedes Geschütz, die in den Fabriken vernichtet worden wären oder hätten erst gar nicht produziert werden können, hätten der Wehrmacht an der Front Verluste erspart. Im Jahre 1941 versuchte die Luftwaffe gar nicht erst, die Nachschubquellen des Gegners zu bombardieren. Abgesehen von nur wenigen Ausnahmen wandte die Luftwaffe alle ihre Kräfte auf, um den Heer im Gefecht Unterstützung zu gewähren, was die unverantwortlich hohen Verluste an Kampfbombern nach sich zog. Langer Rede kurzer Sinn aller klugen Bemerkungen war, daß die Luftwaffe mit falschem Fluggerät nur als Anhängsel des Heeres eingesetzt worden ist. Sie habe sich weder in angemessenem Maße für den Einsatz zur unmittelbaren Heeresunterstützung noch für unabhängige, operative Einsätze gerüstet. In beiden Fällen hätte sich aber gerade ihr Wert im Rahmen der gesamten Kriegsanstrengungen zeigen können.

Diese Besserwisserei zeugt von wenig Kenntnis, weil sie die tatsächlichen Verhältnisse, denen sich die Luftwaffe bei der Planung dieses Feldzuges gegenübersah, kaum berücksichtigt. Für die mittelbare Unterstützung des Heeres waren immer noch Bomber erforderlich, was die Erfolge in Polen, Frankreich und auf dem Balkan bewiesen. Man konnte die Produktion der Bomber nicht so ohne weiteres zugunsten der der Stukas umstellen, zumal es insbesondere die Absicht war, nach der Niederringung Rußlands, sich im Jahre 1942 wieder der Bekämpfung Englands zuzuwenden. Für diese Aufgabe waren die Ju 87 völlig ungeeignet. Statt einer Umstellung der Flugzeugproduktion hätte es einer Vermehrung der Ju 87 und sogar auch der Bf 110 bedurft, weil sich die Auslieferung der Me 210 sehr verzögerte. Angesichts der Beschaffungs- und Nachschubpläne der Luftwaffe galt das natürlich nicht nur für die Stukas, sondern auch für alle Flugzeugtypen. Das sich auf diesem Gebiete nichts wesentliches tat, sich sogar noch eine Verminderung des Flugzeugausstoßes ergab, kann nicht den Vorbereitungen auf das Unternehmen »Barbarossa« zugeschrieben werden. Man muß ganz deutlich darauf hinweisen, daß das gesamte Flugzeugbeschaffungsprogramm eine Fehlplanung war, die in die ersten Tage des Luftwaffenaufbaus und den Beginn der deutschen Wiederaufrüstung zurückreicht.

Selbständige Operationen waren der Luftwaffe einfach nicht möglich. Mit den im Westen und im Mittelmeerraum gegen England gebundenen Verbänden konnte die Luftwaffenführung gegen Rußland allerhöchstens 2000 Einsatzflugzeuge aufbieten, die sich in 29 Kampfgruppen, 9 Stukagruppen, 4 Zerstörergruppen (Bf 110) und 20 Jagdgruppen (Bf 109) gliederten. Sie reichten nicht aus, um die ihnen gestellten Aufgaben, wie Erringung der Luftüberlegenheit, unmittelbare und mittelbare Unterstützung für das Heer, geschweige denn die Bekämpfung weit im russischen Hinterland liegender Ziele der feindlichen Kriegswirtschaft, zu erfüllen. Wie schon der Luftkrieg über England gezeigt hatte, brauchte man starke Bomberverbände, um über Monate hinweg im laufenden Einsatz nur andeutungsweise eine nennenswerte Minderung der feindlichen Kriegsproduktion zu erzielen. Gegen England standen seinerzeit 1200 Bomber im Einsatz, zumeist nur in der Zeit des etwa acht Monate dauernden »Blitz«. Gegen Rußland waren es nur 880 Bomber, von denen im besten Falle 55 Prozent einsatzbereit waren. Diese konnten keine entscheidenden Erfolge erreichen. Insbesondere befand sich der größte Teil der russischen Kriegsindustrie bereits am Ural oder war auf dem Wege, dorthin ausgelagert zu werden. Erst Ende 1941 kam dieses Gebiet in die wirksame Kampfreichweite der Ju 88.

Zudem war die russische Kriegswirtschaft keineswegs leicht zu zerstören. Bis Ende Oktober 1941 hatte die Wehrmacht ein Gebiet erobert, das die Russen 45 Prozent ihrer Bevölkerung und fast die Hälfte ihrer Vorkriegsproduktion (unter anderem zwei Drittel der Roheisengewinnung) beraubte. Eine derartige Leistung gelang noch nicht einmal zwei Jahre später den großen alliierten Bomberverbänden. Wie sollte es dann der Luftwaffe im Jahre 1941 mit ihren verhältnismäßig geringen Beständen an mittleren Bombern gelingen! Wie es der weitere Verlauf der Ereignisse noch aufzeigen wird, konnte Rußland auch solche hohen Einbußen verkraften. Schon vor dem Kriege hatte man mit der Verlegung kriegswichtiger Betriebe in den Osten, wenn auch in recht planloser Weise, begonnen. 1941 betrug beispielsweise die Flugzeugproduktion in den Werken des Ural mehr als die Hälfte der des westlichen Rußland. Nach dem Einmarsch der Deutschen wurde diese Verlagerung erheblich beschleunigt, so daß sich in der Zeit von August bis Oktober 80 Prozent der russischen Kriegsindustrie auf Achse gen Osten befand. Daß dieser Güterverkehr nach Osten, bei dem eineinhalb Millionen offene Güterwagen liefen, für die deutschen Bomber hervorragende Ziele bot, ist ohne Frage. Viele dieser Transporte wurden bei Nacht unternommen und umfuhren weiträumig deutsche Kampffliegerhorste. Im frontnahen Raum zeigten sich die Russen als wahre Meister, Hindernisse für ihre Züge zu überwinden, ob es nun zerbombte Brücken oder zerstörte Lokomotiven waren. In den ersten drei Kriegsmonaten beförderten russische Eisenbahnen zweieinhalb Millionen Soldaten samt Ausrüstung an ihre Westfront. Alle deutschen Versuche, diese Truppenbewegungen zu unterbinden, wenngleich sie auch viele verzögerten, führten letztendlich nur dazu, einem verhältnismäßig geringen Teil russischer Truppen den Weg aufs Gefechtsfeld zu verwehren. Es bleibt zweifelhaft, ob Angriffe auf das Eisenbahnnetz der Industrieschwerpunkte weit im feindlichen Hinterland mehr als nur zeitlichen und eingeschränkten Erfolg gehabt hätten.

Selbst wenn die Bomber der Luftwaffe einzig und allein nur gegen einen Industriezweig, beispielsweise die Flugzeugindustrie, zusammengefaßt worden wären, hätte man wahrscheinlich keine Entscheidung herbeiführen können. Angenommen, man hätte damit Erfolg gehabt, so hätten die Deutschen 1941 ohne die Ausschaltung der anderen kriegswichtigen Industriezentren nur wenig erreicht. Man hätte sich fernerhin auch noch der Häfen annehmen müssen, in denen die Alliierten riesige Mengen von Kriegsgütern für die Russen löschten. Diese Ziele wären nur unter größten Schwierigkeiten zu zerstören gewesen. Hätte man sich seitens der Deutschen dem Unerreichbaren gewidmet, so hätte man nach Abzug der 880 Bomber zur Unterstützung des Heeresvormarsches gerade noch 1000 Flugzeuge, davon mehr als die Hälfte Jäger, zur Verfügung gehabt. Das wäre erschreckend wenig gewesen. Hätte man weniger als 880 Kampfflugzeuge für selbständige Operationen eingesetzt – einige »kluge Strategen« sprachen von 200 Maschinen, von denen nach Abzug der nicht einsatzbereiten Maschinen knapp 110 oder gar weniger übriggeblieben wären –, hätte man mit Sicherheit überhaupt nichts erreicht. Um die erforderliche Treffgenauigkeit zu bekommen, hätten die Kampfverbände bei Tag ohne Jagdschutz jenseits einer Linie von 360 km hinter der Front kämpfen müssen, was angesichts der russischen, wenn auch schwachen Gegenwehr zu immerhin beträchtlichen Verlusten hätte führen können.

Darüber war sich die Luftwaffenführung voll im klaren. Man dachte sehr wohl an die Erfahrungen, die man in der Luftschlacht um England gemacht hatte. Selbst wenn der operative Gedanke Erfolg gehabt hätte, wußte man dennoch, daß man nicht über die erforderlichen Kräfte verfügte, um diesen Vorstellungen zu folgen, wenn man nicht ernsthaft die Unterstützung des Heeres in Frage stellen wollte. Hätte man sich anders entschlossen, für die mittelbare Unterstützung, die Hauptaufgabe der Kampfflieger, so wäre diese Aufgabe immer mehr zum Erliegen, ja zur Einstellung gekommen, was verheerende Auswirkungen auf die Gesamtkriegführung gehabt hätte. Somit blieb dem RLM keine andere Wahl, als sich auf die Strategie zu verlassen, die sich in den vergangenen Feldzügen so sehr bewährt hatte. Auf Grund der überzogenen Anforderungen an die Luftwaffe, die schon mit Beginn des Feldzuges als solche erkannt waren, ganz abgesehen von den Forderungen, die Hitler im August 1941 stellte, als er der Wehrmacht an einer Front von über 1600 km Breite drei voneinander weit entfernte operative Ziele aufzwang, tat die Luftwaffenführung das einzig Richtige. Sie gründete ihre Entscheidung darauf, dem Heer in jeder Hinsicht behilflich zu sein, dem Feind eine entscheidende Niederlage zuzufügen, die wichtigen Wirtschaftszentren der Sowjetunion zu nehmen und den fliegenden Verbänden die Möglichkeit zu eröffnen, Flugplätze einzurichten, von denen aus sie die russischen Industriezentren am Ural angreifen konnten. Mit 2000 Einsatzflugzeugen mußte die Luftwaffe die Hoffnung aufgeben, den Gegner zu bezwingen. Mehr noch, mit nur 500 einsatzbereiten mittleren Bombern konnte sie die Produktion der russischen Kriegswirtschaft kaum beeinträchtigen. Die Luftwaffe konnte ihre Schlagkraft nur dadurch unter Beweis stellen, dem Heer unmittelbare Unterstützung zu gewähren, damit der Sieg vor Einbruch des Winters 1941 errungen war. Es war ein Vabanquespiel. Aber angesichts Hitlers Entscheidung, die Sowjetunion mit schwachen Kräften angreifen zu wollen, mußte man sich darauf einlassen. Hitler wußte darum genau. Als am 5. Dezember 1940 der Oberbefehlshaber des Heeres, Walther von Brauchitsch, ihm vortrug, daß er nicht glaube, daß die Luftwaffe stark genug wäre, an zwei Fronten zu kämpfen, antwortete der »Führer«, daß die Luftwaffenverbände nur insofern ausreichen würden, wenn der Ostfeldzug nicht allzu lange dauern würde. In der Tat versagte das Heer, weil es ihm an Truppen, Fahrzeugen und Zeit, vor allem, mangelte, um Hitlers operativen Zielen gerecht zu werden. Für die Luftwaffe und für die gesamte Wehrmacht ergaben sich daraus böse Folgen, wofür ihre Befehlshaber und Kommandeure in keiner Weise verantwortlich zu machen sind. Sie hatten sich in jeder nur erdenklichen Weise bemüht, Deutschland im Osten zum Sieg zu verhelfen. Die Gründe der Niederlage sind nicht bei ihnen, sondern beim »Führer«, Adolf Hitler, zu suchen.

Anfang Dezember 1941 war es klar, daß Hitlers Spiel mit dem Feuer nicht aufgehen würde. Die Wehrmacht war im Osten noch für mindestens ein Jahr gebunden. Für die Luftwaffe bedeutete das eine schier untragbare Belastung. Im Oktober, als der Sieg für die Deutschen in greifbarer Nähe schien, hatte das OKW befohlen, die Masse der Luftwaffenverbände bis zum Frühjahr des kommenden

Jahres abzuziehen. Nur 8 Bomber-, 3 Stuka- und 10 Jagdgruppen sowei Flak- und Aufklärerverbände sollten an der – überdehnten – Ostfront zurückbleiben, um die »geschlagenen und demoralisierten asiatischen Horden« in Schach zu halten. Verlegungen fanden statt. Ende November 1941 wurden die Luftflotte 2 und das II. Fliegerkorps in den Mittelmeerraum verlegt, so daß noch das VIII. Fliegerkorps als selbständiger Verband am Mittelabschnitt zurückblieb. Das V. Fliegerkorps verlegte nach Brüssel, wo es einen Sonderverband für Minenlegereinsätze gegen England aufstellen sollte. Die Flugzeuge wurden jedoch dem IV. Fliegerkorps einverleibt. Ende Dezember forderte das OKW die Luftwaffe auf, Verbände vom Einsatz gegen England, das ja 1942 Hauptkriegsschauplatz werden sollte, abzuziehen und zur Unterstützung der Heeresgruppe Nord und Heeresgruppe Mitte wieder nach Osten zu verlegen. Die Hälfte des Stabes des V. Fliegerkorps kehrte im Januar 1942 an die Ostfront zurück und bildete unter Ritter von Greim den Sonderstab Krim, dem nur eine kurze Wirkzeit beschieden war. Im Februar folgte der Rest des Stabes, aus dem das Luftwaffenkommando Ost (von Greim) gebildet wurde, das am 1. April 1942 die Führung des Luftkrieges im Mittelabschnitt anstelle der Luftflotte 2 übernahm. Das VIII. Fliegerkorps verlegte zur Krim. Ob es die Luftwaffe wollte oder nicht, sie mußte trotz des wenig geeigneten Fluggeräts weiterhin voll im Einsatz an der Ostfront bleiben.

Am 27. Dezember 1941 hatte die deutsche Luftwaffe insgesamt 1332 Kampffluge, 1472 Jagdflugzeuge und 326 Stukas, also nur 144 Maschinen mehr als mit Stand vom 22. Juni, die auf drei Kriegsschauplätzen – im Westen, im Mittelmeerraum und im Osten – im Einsatz standen. Alle diese Kampfgebiete nahmen in dem Maße an Bedeutung zu, wie die Kampfkraft des Gegners wuchs. Von den 1700 Flugzeugen an der Ostfront, 250 weniger als zu Beginn des Rußlandfeldzuges, waren 43 Prozent einsatzbereit; bei den Kampfgeschwadern waren es nur 34 Prozent. Zu diesem Abfall in der Einsatzbereitschaft war es gekommen, weil es keine Verschnaufpause bei den ununterbrochenen Einsätzen gegeben hatte – in sechs Monaten waren 180 000 Feindflüge durchgeführt worden –, die Wetterbedingungen schlecht und die Feldflugplätze kaum vorbereitet waren. Fehlender Nachschub und ungenügende Wartungsmöglichkeiten trugen ein übriges dazu bei, wenngleich die Luftwaffe auch in den wenigstens Fälle Einfluß darauf nehmen konnte. Einige Kampfgeschwader an der Ostfront hatten ganze sechs Maschinen einsatzbereit. Bei der Bodenorganisation sah es ähnlich verheerend aus. So waren im Januar 1942 von den 100 000 Fahrzeugen der Luftwaffe im Osten nur 15 Prozent voll funktionsfähig und fahrbereit. Um ihre Kampfstärke zu heben, griff die Luftwaffe in vermehrtem Umfange auf die kleinen Luftstreitkräfte der östlichen Verbündeten zurück. Die Rumänen, Bulgaren, Ungarn, Finnen und Italiener hatten teilweise deutsche Flugzeuge, die aber zu einem großen Teil veraltet waren. Ferner stellte man mit Personal aus den eroberten Gebieten 1941 die Slowakische und Kroatische Luftwaffe auf. Auch spanische Freiwillige dienten in den Reihen der Luftwaffe. Obwohl sie alle niemals mehr als 900 Flugzeuge, davon viele mit zweifelhafter Qualität, bereitstellen konnten, waren sie den Deutschen willkommene Hilfe. Bei der späteren Verteidigung Ungarns flogen beispielsweise die ungarischen Jagdflieger etwa 40 Prozent aller Abwehreinsätze. Im Verlaufe des Krieges schossen die finnischen Jäger 1567 russische Flugzeuge ab, verloren aber selbst nur 209 eigene Maschinen. Dieser geringe Zuwachs an Kräften reichte jedoch in keiner Weise aus, um den steten Mangel an Flugzeugen in der Luftwaffe zu beheben.

Einer so geschwächten Waffe bürdete Hitler mit seiner Weisung Nr. 39, vom 8. Dezember 1941, zwei Hauptaufgaben auf. Erstens die Wiederauffrischung der russischen Wehrmacht durch Bekämpfung der Rüstungs- und Ausbildungszentren, vor allem Leningrad, Moskau, Gorki, Stalingrad, Rostow und Krasnodar, nach Kräften zu stören und gleichzeitig, zweitens, »*das Heer in der Abwehr feindlicher Angriffe auf der Erde und aus der Luft mit allen Mitteln zu unterstützen*«. In beiden Fällen galt es, die russischen Verbindungslinien in ununterbrochenen Einsätzen zu bekämpfen. Von Anbeginn an war es klar, daß die Luftwaffe überfordert war, auch nur eine der Aufgaben zufriedenstellend zu erfüllen, geschweige denn beide gleichzeitig. Schon vor Herausgabe der Weisung hatte am 5. Dezember am Mittelabschnitt die russische Winteroffensive begonnen, die Anfang Januar 1942 im Nord- und Südabschnitt verstärkt wurde, so daß der Luftwaffe gar nichts anderes übrigblieb, als sich dem unmittelbaren Geschehen auf dem Gefechtsfeld voll zu widmen. Trotz Hitlers Befehl, unter keinen Umständen Gelände aufzugeben und gegebenenfalls bis zum letzten Mann und zur letzten Patrone zu kämpfen, mußte Ende März 1942 die deutsche Front um 160 bis 320 km zurückgenommen werden, was zum Verlust von ungefähr 250 000 Mann in Gefechten führte, die Halder als »*absolut grotesk*« bezeichnete.

Die Klimaverhältnisse, unter denen die Luftwaffe kämpfen mußte, waren äußerst hart. Laufend mußten die Start- und Landebahnen vom Schnee freigehalten werden; Wärmeöfen und ähnliche Notbehelfe wurden zur Aufwärmung der Flugmotoren eingeführt; besonders Hydraulikflüssigkeiten, die auch noch bei $-50°$ C verwendbar waren, mußten entwickelt werden; Werkzeuge und Gerät des Bodenpersonals mußten immer wieder erhitzt werden, um überhaupt benutzbar zu sein und um zu verhindern, daß die Männer durch Erfrierungen Schaden erlitten. Die Einsatzbereitschaft sank bedrohlich tief. Mitte März 1942 waren nur 646 Einsatzflugzeuge verfügbar, die für die Heeresunterstützung hätten eingesetzt werden können. Dennoch mußten auf Grund der kraftvollen russischen Offensive und der außerordentlichen Gefahr, in der sich das deutsche Heer befand, alle Flugzeuge, und wenn es noch so wenige waren, laufend zu Feindflügen starten. Im Mittelabschnitt entwickelte sich das VIII. Fliegerkorps (von Richthofen), das durch vier Kampfgruppen, eine Zerstörgruppe und Transportstaffeln verstärkt worden war, immer mehr zu einer »Feuerwehr«, von der man erwartete, daß sie die zahllosen, fast gleichzeitig an der Front aufflackernden Notlagen bereinigte. Das Fliegerkorps wurde ausschließlich entsprechend der täglich oder gar stündlich sich ändernden taktischen Lage im Bereich der Heeresgruppe Mitte eingesetzt. Es war nichts weiter als zu einer Hilfswaffe des Heeres geworden. Insbesondere hat sich die Luftunterstützung bei dem gefährlichen Feindeinbruch gegen Juchnow, an der Naht zwischen der 4. Armee und der 4. Panzerarmee, und dem feindlichen Durchbruch auf Rshew, im Raum Ostaschkow-Kalinin, bewährt. Ferner versorgte die Luftwaffe in zunehmendem Maße versprengte oder eingeschlossene Truppen aus der Luft mit wichtigen Versorgungsgütern, so im Falle der zeitweilig eingeschlossenen Verbände bei Welish und Demidow oder die der 9. Armee zwischen Wjasma und Rshew. Als typisch mögen die Einsätze der Verbände des Nahkampfführer Nord (General Otto Deßloch) gelten, die zwischen dem 6. Januar und 21. März 1942 in 56 Tagen 5087 Feindflüge durchführten, 158 Feindflugzeuge vernichteten, davon 76 am Boden sowie 838 Kraftfahrzeuge, 44 Panzer und 73 Geschütze zerstörten.

Am Nord- und Südabschnitt der Ostfront sah es ähnlich aus. Die unmittelbare Heeresunterstützung war Hauptaufgabe der fliegenden Verbände in dem Umfange, daß die Luftflotte 1 nicht einmal genügend Flugzeuge aufbieten konnte, um den über den zugefrorenen Ladogasee rollenden russischen Nachschub zu unterbinden, was im Erfolgsfalle möglicherweise zur Kapitulation von Leningrad geführt hätte. Besonders zeichnete sich am Nordabschnitt die Luftwaffe bei der Versorgung der Kessel von Cholm (3500 Mann) und Demjansk (100 00 Mann) aus. Die Verteidiger von Cholm konnten alleine auf Grund des wirkungsvollen Einsatzes der Luftwaffe 103 Tage gegen heftigsten russischen Widerstand aushalten. Dabei wurden nicht nur die Luftversorgung mit kriegswichtigem Nachschub geleistet, sondern dem Feind auch noch schwerste Schläge zugefügt. Vom 6. bis 9. März wurden 1024 Tonnen Bomben abgeworfen, um den Zugang zum Kessel zu öffnen, der dann erst am 5. Mai 1942 entsetzt werden konnte. Im Kessel von Demjansk hielten die deutschen Truppen 91 Tage lang aus, bevor sie am 18. Mai befreit werden konnten. Die Luftflotte 1 hatte bei diesem großen Luftversorgungsunternehmen 265 Flugzeuge, zumeist Ju 52 verloren. Nach Demjansk wurden 24 303 Tonnen Nachschubgüter, über 3 Millionen Liter Kraftstoff und 15 446 Soldaten eingeflogen und 22 093 Verwundete ausgeflogen. Die Teilluftversorgung für Demjansk hielt bis in das Jahr 1943 an, obwohl die deutschen Truppen Verbindung zur eigenen Front hatten. Bis dahin waren nicht weniger als 64 800 Tonnen Nachschubgüter eingeflogen worden. Wie schnell die Luftwaffe über 300 Transportflugzeuge zusammenfassen konnte, ist in der Tat beachtlich. Innerhalb von Tagen wurden die erforderlichen Transporter Ju 52 von der Ostfront, von Fliegerschulen im Reich und sogar aus dem Mittelmeerraum abgezogen. Die Leistungen der Transportflieger fordern allen Respekt. Bei Demjansk war zum Beispiel einer der zwei Landestreifen nur 30 m breit, die Flugzeugzuladung mußte auf eineinhalb Tonnen begrenzt werden, um nicht Gefahr zu laufen, im Schnee einzusinken. In Cholm gab es überhaupt keinen Landestreifen. Die Ju 52 mußten anfangs im Niemandsland landen, ihre Nachschubgüter während des Rollens von Bord befördern, also hinauswerfen, und wieder starten, bevor sich die russische Artillerie auf sie eingeschossen hatte. Die Verluste nahmen aber derartige Formen an, daß man dazu überging, den Nachschub mit He 111 abzuwerfen oder mit Lastensegler einzufliegen. Aber auch die russischen Jagdflieger fügten den Transportern hohe Verluste zu. Zum Glück wurden die deutschen Flugplätze nur selten angegriffen.

Mit Frühjahrsanfang begann das deutsche Heer eine Reihe von Gegenangriffen an der gesamten Ostfront. Damit sollte es wieder Trittfassen lernen und sich auf die Großoffensiven vorbereiten, die im Laufe des Jahres bis tief in die Ukraine und den Kaukasus stoßen sollten. Im Norden unternahmen die Heeresgruppe Nord und die Heeresgruppe Mitte Operationen, um russische Frontausbuchtungen zu begradigen. Im Süden begann im Mai ein Großangriff auf Balakleja-Isjum bei Charkow. An all diesen Operationen hatte die Luftwaffe Anteil. Man bestand sogar darauf, sich ihrer zu versichern, bevor man überhaupt zum Angriff antrat. Obwohl die Luftüberlegenheit entlang der gesamten Ostfront nicht überall errungen worden war, konnte die Luftwaffe selbst wählen, wo sie diese haben wollte. Wirkungsvolle Heeresunterstützung war für besondere Unternehmungen immer möglich, sofern diese nicht gleichzeitig an verschiedenen Frontabschnitten stattfanden. In der ersten Schlacht um Charkow war es beispielsweise nicht selten, daß die Verbände des IV. Fliegerkorps (Pflugbeil) in weniger als zwanzig Minuten nach Anforderung zur Unterstützung über dem Gefechtsfeld erschienen. Aber erst in der Schlacht um die Halbinsel Krim erwies sich der Wert der Luftwaffe bei Unterstützungseinsätzen wieder einmal über jeden Zweifel erhaben. Dort bedrohten die Russen die deutsche rechte Flanke erheblich. Seit Ende 1941, als die Russen im Gegenschlag die Halbinsel Kertsch wiedererobert hatten, ließ die Rote Armee nicht locker, an der Engstelle bei Kertsch auszubrechen, um von dort aus in die Flanke der Heeresgruppe Süd zu stoßen. Ferner war Sewastopol noch in der Hand des Feindes, der den Rücken der 11. Armee (von Manstein), die den Großteil der Krim besetzt hatte, bedrohte.
Bevor ein Vorstoß in die Ukraine unternommen werden konnte, mußte ohne

Frage mit einer größeren Operation die Flankenbedrohung beseitigt werden. Dafür brauchte man unter allen Umständen Luftunterstützung. Aus diesem Grunde wurde Anfang Mai das VIII. Fliegerkorps, dessen Erfahrung in der Heeresunterstützung in der Luftwaffe unübertroffen war, aus dem Mittelabschnitt abgezogen. Obwohl von Richthofen mit seinem Fliegerkorps der Luftflotte 4 unterstand, erhielt er dennoch seine Weisungen unmittelbar vom Oberbefehlshaber der Luftwaffe, der ihm befahl, eng mit der 11. Armee zusammenzuarbeiten. Nachdem einige Tage lang russische Flugplätze und Häfen im Vorfeld angegriffen worden waren, begann am 8. Mai 1942 die erste Phase zur Eroberung der Krim mit dem Angriff auf die schwer verteidigte Parpatschenge auf der Halbinsel Kertsch. Am ersten Tag wurden mehr als 2000 Feindflüge geflogen, und am 12. Mai war der Sieg sicher. Am 19. Mai war die Halbinsel Kertsch in deutscher Hand, mehr als 150 000 russische Soldaten wurden gefangengenommen. Welchen Anteil das VIII. Fliegerkorps an der erfolgreichen Beendigung dieser Vernichtungsschlacht hatte, beschrieb Generalfeldmarschall von Manstein nach dem Kriege folgendermaßen:

>*Das VIII. Fliegerkorps, zu dem auch starke Flakverbände gehörten, war seiner Zusammensetzung nach der stärkste und schlagkräftigste zur Unterstützung der Heeresoperationen verfügbare Verband der Luftwaffe. Sein Kommandierender General, Freiherr von Richthofen, ist sicherlich der bedeutendste Führer der Luftwaffe gewesen, den wir im Zweiten Weltkrieg gehabt haben. Er forderte von den ihm unterstellten Verbänden ungeheuer viel, überwachte aber auch persönlich jeden wichtigen Angriff derselben in der Luft. Immer traf man ihn auch bei den vordersten Verbänden des Heeres an der Front, wo er sich selbst ein Bild über die Möglichkeiten der Unterstützung der Heeresoperationen verschaffte. Unsere Zusammenarbeit sowohl bei der 11. Armee, wie später bei der Heeresgruppe Don und Süd ist immer ausgezeichnet gewesen. Ich gedenke seiner Leistungen und der seines Fliegerkorps mit voller Bewunderung und Dankbarkeit.*«

Ohne die Einnahme der Seefestung Sewastopol, die als die stärkste Seefestung der Welt galt, wäre der Sieg auf der Krim nur unvollständig gewesen. Am 7. Juni trat das Heer an, unterstützt von 600 Flugzeugen des VIII. Fliegerkorps, die schon sechs Tage zuvor mit der Bombardierung der Festung begonnen hatten, was man auch sehen konnte, denn die Wirkung dieser Angriffe waren offenkundig. In der Zeit vom 2. Juni bis 4. Juni führten die Verbände des Generaloberst von Richthofen 23 751 Feindflüge durch und warfen dabei 20 529 Tonnen Bomben ab. Entscheidend wirkte sich die enge Zusammenarbeit zwischen Luftwaffe und Heer aus. Vor der vormarschierenden Infanterie wurden die russischen Stellungen pausenlos aus der Luft unter Feuer genommen. Bei nur 31 eigenen Flugzeugverlusten konnte das VIII. Fliegerkorps die absolute Luftüberlegenheit erringen, 141 russische Flugzeuge abschießen, 10 Panzer, 20 Bunker und 38 Geschütze vernichten, 48 Artilleriebatterien zum Schweigen bringen und 43 weitere ausschalten. Ohne Luftunterstützung hätten die Truppen des Generalfeldmarschall von Manstein ihr Ziel nicht erreichen können. Im Bericht des OKW ist verzeichnet: »*Während der Angriffe schlug die Luftwaffe Breschen in ständige und befestigte Feldstellungen durch den Einsatz von Kampffliegern, Stukas und Zerstörern. Danach folgende Vernichtungsangriffe machten es dem Heer möglich, durch die Festungsanlagen vorzustoßen*«.

Aus den oben zitierten Angaben läßt sich ableiten, daß die Luftwaffe bei ihrem Einsatz im Osten während des Jahres 1942 in erster Linie Aufgaben zur Heeresunterstützung in unmittelbarster Form wahrgenommen hat, was in einer Studie des Generalstabs der Luftwaffe aus dem Jahre 1944 klar zum Ausdruck kommt:

»Der weitere Verlauf des Luftkrieges seit 1941 erhielt sein Gepräge dadurch, daß die Luftwaffe nicht mehr wie bisher schwerpunktmäßig an einer Front gegen einen Gegner im Rahmen des Gesamtkrieges eingeschaltet war. Sie wurde durch gleichzeitige Verwendung auf mehreren Kriegsschauplätzen gezwungen, ihre Kräfte weit verzweigt an den Feind zu führen. Dadurch trat zwangsläufig eine Verringerung der Einsatzstärke an den einzelnen Frontabschnitten ein. Somit wurde die Abkehr von den bisherigen Grundsätzen der operativen Luftkriegsführung zugunsten unmittelbarer Unterstützung des Heeres und der Kriegsmarine zur Tatsache.«

Mit Wiederaufnahme einer größeren Offensive im Osten, die sich Mitte 1942 auf den Südabschnitt beschränkte, stand im Norden die Luftflotte 1 mit nur 375 Einsatzflugzeugen da, statt der 600, die sie im Jahr zuvor noch hatte, und das Luftwaffenkommando Ost im Mittelabschnitt mit 600 Maschinen (die Luftflotte 2 hatte noch 910 gehabt). Während des ganzen Jahres galten 80 Prozent aller Feindflüge der Luftwaffe der unmittelbaren Unterstützung des Heeres. Natürlich wurden auch noch mittelbare Unterstützungseinsätze im feindlichen Hinterland durchgeführt. So waren im April am Mittelabschnitt die fliegenden Verbände hauptsächlich damit beschäftigt, die Eisenbahnlinien im Raum Kalinin-Bologoje-Toropez zu unterbrechen, weil sie für die Rote Armee von höchster Bedeutung waren. Aber derartige Einsätze wurden immer seltener. 1942 pflegte man Angriffe gegen die Eisenbahnen nur noch bei Nacht im unmittelbaren Frontbereich zu fliegen. Man bildete für diese Aufgaben besondere Staffeln (Eisenbahnbekämpfungsstaffeln – »Eis.« –; d. Ü.). Gegen Ende des Jahres nahm man zusätzlich mit älteren Flugzeugen, die bei Tag nicht mehr eingesetzt werden konnten, im frontnahen Raum gegen russische Truppenverbände Nachtstörangriffe auf. Man nannte diese Einheiten Störkampfstaffeln, die nach ihrer Frontbewährung in Nachtschlachtgruppen umbenannt wurden. Diese Art von Einsätzen war etwas Neues, entwickelte sich aber aus der mittelbaren Art der Luftunterstützung, die früher bei Tag gegen feindliche Truppenansammlungen und Gefechtsstände im gegnerischen Hinterland geflogen worden waren. Sie sollten sowohl die Kampfmoral des Gegners untergraben als auch Zerstörungen anrichten. Im Jahre 1942 gehörten Tagesangriffe ähnlicher Art schon lange der Vergangenheit an.

Aus Mangel an Flugzeugen war es der Luftwaffe nicht möglich, in nennenswertem Umfang selbständige Operationen zu unternehmen. Im Januar hatte man drei kleine Einsätze gegen Moskau geflogen; im Februar griff man Flugzeugwerke in Woronesh an und eine Fabrik in Gorki, von der man glaubte, sie produziere Panzer, die tatsächlich aber nur ungepanzerte Fahrzeuge herstellte. Im März folgten wieder Woronesh und Moskau, das dreimal angegriffen wurde, sowie ein Flugmotorenwerk in Rybinsk und eine Ölraffinerie in Kalinin. Im April galten Angriffe erneut Moskau und Rybinsk, im Mai Gorki. Alle diese Angriffe konnten nicht als schwerer Schlag gegen die russische Kriegswirtschaft bezeichnet werden. Kaum konnte man ihnen den Wert von Störangriffen zuschreiben, weil es zu wenige mit geringen Kräften und nur gelegentliche waren. Während der Sommermonate mußten sie eingestellt werden. Erst im Oktober wurden sie wieder aufgenommen.

Die einzigen bedeutenden Operationen, die die Luftwaffe in der Lage war, gegen die russische Kriegswirtschaft auf die Beine zu stellen, fanden nicht über Land sondern über See statt und zielten auf die anglo-amerikanischen Geleitzüge ab, die kriegswichtigen Nachschub und Munition nach Murmansk und Archangelsk fuhren. Etwas mehr als die Hälfte aller 1942 nach Rußland eingeführter Tonnage (1 200 000 Tonnen von insgesamt 2 300 000 Tonnen) wurde über die Häfen am Weißen Meer umgeschlagen, der Rest lief über Häfen in Persien, im

Fernen Osten und in der Arktis. Verantwortlich für die Einsätze gegen diese Geleitzüge im hohen Norden war die Luftflotte 5 (Stumpff), die auch im Jahre 1942 weiterhin wie bisher die russischen Fliegerkräfte und die feindlichen Versorgungswege zu bekämpfen hatte. In Zusammenarbeit mit der Kriegsmarine lag ihr Hauptauftrag jedoch darin, die Atlantikroute der Alliierten nach Rußland zu unterbinden. Dafür waren drei Einsatzstäbe der Luftwaffe verantwortlich für die taktische Führung. Der Fliegerführer Nord (Ost), der im Dezember 1941 anstelle des Fliegerführers Kirkenes getreten war; der Fliegerführer Lofoten, der im Frühjahr 1942 insbesondere für die Aufgaben der Geleitzugbekämpfung aufgestellt worden war; der Fliegerführer Nord (West), dessen Verantwortungsbereich den Raum südlich einer Linie von Drontheim über die Shetland-Inseln bis Island umfaßte. Im Februar 1942 standen für die Geleitzugbekämpfung 60 Kampfflugzeuge, 30 Ju 87, 30 Bf 109 und 15 He 115, Seeflugzeuge für den Torpedoeinsatz, zur Verfügung; im Juni hatte sich die Zahl der Maschinen wesentlich erhöht auf 103 Ju 88, 42 He 111, 15 He 115 für den Torpedoeinsatz, 30 Ju 87, 8 Fw 200, 22 Fernaufklärer Ju 88 und 44 BV 138 Flugboote für die Seeaufklärung. Diese Verdreifachung der Kräfte ließ keinen Zweifel daran aufkommen, welche Bedeutung man dieser Art von Kampfführung in Zukunft beimessen sollte.

Im März und April 1942 liefen vier alliierte Geleitzüge (PQ 12, 13, 14, und 15) durch das Nordmeer in die Häfen am Weißen Meer ein und erlitten kaum Verluste. Nur fünf Handelsschiffe wurden durch die Luftwaffe versenkt. Mitte Mai waren die Erfolge gegen den PQ 16 auf Grund ununterbrochener Fühlunghaltung schon beachtlich besser. Die Deutschen glaubten zwar, den gesamten Geleitzug vernichtet zu haben, aber tatsächlich gingen nur 7 von 34 Schiffen verloren. Der Geleitzug mußte sich teils aus Wettergründen, teils auf Grund der Luftangriffe auflösen. Gegen den nächsten Geleitzug, den PQ 17, der im Juli angegriffen wurde, konnten die Deutschen weit größere Erfolge verbuchen. Wesentlich unterstützt durch eine falsche Entscheidung seitens der Britischen Admiralität, die dem Geleitzug zu falschen Zeit den Befehl zur Auflösung erteilte und ihm damit seine ursprüngliche Stärke zur Abwehr von Angriffen nahm, konnte die Luftwaffe 24 der 34 Schiffe versenken, wenngleich auch Stumpff glaubte, alle versenkt zu haben. Acht Schiffe waren alleine durch die Luftwaffe versenkt worden, sieben mußten sie sich mit U-Bootbesatzungen teilen. Der Einsatzaufwand betrug sieben verlorene Flugzeuge, 61 Torpedos und 212 Tonnen Bomben.

Dennoch konnte die Luftwaffe ihre Erfolge trotz der Verstärkung durch Ju 88, die die Zahl der Torpedobomber auf 92 hochbrachte, nicht fortsetzen. Wäre dem jedoch so gewesen, so hätten die Alliierten mit Sicherheit auf dieser Route ihre Versorgung nach Rußland eingestellt. Der nächste Geleitzug, PQ 18, lief im Oktober durch das Nordmeer. Er war durch Kreuzer, Zerstörer und einen Flugzeugträger stark geschützt. Die englischen Jäger und die Flakabwehr der Schiffe erschwerten den Einsatz von Torpedos und Bomben gegen den inneren Ring der Handelsschiffe derart, daß es fast einem Himmelfahrtsunternehmen gleichkam. Die Deutschen verloren dabei viele Flugzeuge und konnten nur 13 von 40 Schiffen durch Flugzeuge und U-Boote versenken. Was in zukünftigen Angriffsunternehmen hätte erreicht werden können, ist nur eine Sache von Mutmaßungen, denn nach der Landung der Alliierten im November in Nordafrika wurden vier Kampffliegergruppen, auch Torpedoflieger, in den Mittelmeerraum verlegt. Was der Luftflotte blieb, waren He 115, die auf Grund ihrer geringen Fluggeschwindigkeit nur zur Verfolgung von versprengten Schiffseinheiten taugten, Ju 87, die gegenüber englischen Jägern so leicht verwundbar waren, und einige Aufklärer. Im Nordmeer wiederholte sich nur das Versagen wie in der Schlacht um den Atlantik und die westlichen Nachschubwege über See des Jahres 1941.

Das alles aber schien unwichtig, verglichen mit den Anstrengungen der Luftwaffe an der Ostfront im Jahre 1942. Hier galt es, den Vormarsch in den Kaukasus und in die Ukraine zu unterstützen, der letztendlich in der Schlacht um Stalingrad gipfelte. Hitlers Weisung Nr. 41, vom 5. April 1942, gab die operativen Ziele, auf denen das Unternehmen »Blau« beruhte, vor: *»Das Ziel ist, die den Sowjets noch verbliebene lebendige Wehrkraft endgültig zu vernichten und ihnen die wichtigsten kriegswirtschaftlichen Kraftquellen so weit als möglich zu entziehen«.* Um das zu erreichen, sollte am Südabschnitt durch eine Offensive westlich des Don die Masse des Gegners vernichtet und der Vorstoß in die Ukraine bis nach Stalingrad vorgetragen werden, damit dadurch der Kaukasus mit seinem Ölfeldern in Besitz genommen werden konnte. Wäre das erreicht worden, so sollte im Norden Leningrad genommen werden. Die Armee am Mittelabschnitt sollten ihre Stellungen halten und keinen Versuch unternehmen, Moskau zu erobern.

Die Luftwaffe war nicht in der Lage, den ihr im Rahmen dieser Operationen übertragenen Auftrag wahrzunehmen. Sie konnte weder die Luftüberlegenheit über dem Gefechtsfeld noch unmittelbare und mittelbare Luftunterstützung für das Heer sicherstellen. Bei Beginn der Offensive im Juni verfügte sie im Osten über 2750 Einsatzflugzeuge (64 Prozent der gesamten Frontstärke der Luftwaffe in Höhe von 4262 Flugzeugen), damit war sie zahlenmäßig den Roten Fliegerkräften mit einem Verhältnis von 1:3 unterlegen. Nur durch Abzug von anderen Frontabschnitten konnte die Luftwaffe an der Südfront 1593 Maschinen, etwa 54 Prozent aller an der Ostfront stehenden Flugzeuge, aufbieten, von denen 1155 einsatzbereit waren. Sie waren der Luftflotte 4 unterstellt, die Generaloberst Löhr bis zum 19. Juli 1942 führte, als er zum Oberbefehlshaber Südost für alle auf dem Balkan stehenden Wehrmachtverbände wurde. Sein Nachfolger wurde der 47jährige von Richthofen, einer der fähigsten Luftwaffenbefehlshaber. Die Luftflotte 4 hatte den Auftrag, eng mit der Heeresgruppe Süd (Feldmarschall von Bock), die nach dem Beginn der Offensive in Heeresgruppe A und Heeresgruppe B umgegliedert wurde, zusammenzuarbeiten. Ihr unterstanden das IV. Fliegerkorps (Pflugbeil) und das VIII. Fliegerkorps (General Martin Fiebig; seit 3. Juli 1942). Da das VIII. Fliegerkorps noch in schwere Kämpfen auf der Krim verwickelt war, konnte es erst am Ende der ersten Woche nach Beginn der Offensive beim Unternehmen »Blau« eingreifen. Zusätzlich war am 10. Juni der Luftwaffen-Gefechtsverband Nord unter Oberst Alfred Bülowius gebildet worden, der für den Frontabschnitt bei Woronesh zuständig war, nachdem das VIII. Fliegerkorps nach Südosten zur Unterstützung der vorstoßenden Heerestruppen verlegt worden war.

Man konnte erfahrungsgemäß davon ausgehen, daß die Luftflotte 4 nach einer Kampfwoche noch etwa 900 Flugzeuge haben würde, wenn nicht wesentliche Verstärkungen – woher nur? – nachgeführt werden würden. Die Aussichten deuteten darauf hin, daß es weit weniger Flugzeuge sein würden, wenn die Flugzeugklarstandsrate unter 60 Prozent absinke, was bei pausenlosen Einsätzen hätte leicht geschehen können. Die Kräfte hätten knapp ausgereicht, vorausgesetzt, daß die operativen Ziele an der Südfront schrittweise erreicht wurden. Das heißt, zunächst die russischen Armeen ostwärts des Don zu vernichten und Stalingrad am Wolgaufer zu nehmen, um dann in den Kaukasus vorzustoßen und ihn zu besetzen. Sollten jedoch beide Ziele gleichzeitig verfolgt werden, mit dem Vorstoß der Heeresgruppe B nach Osten auf Stalingrad und dem der Heeresgruppe A südsüdostwärts bis tief in den Kaukasus hinein, deren Spitzen dann fast 1200 km voneinander entfernt gewesen wären, wäre es der Luftflotte 4 nicht möglich gewesen, in ausreichendem Umfang die erforderliche Luftunterstützung zu geben. Von Hitlers Lagebeurteilung nach Eröffnung der Offensive hing es also ab, ob und wie die Luftwaffe sie unterstützen konnte.

Die Offensive begann am 28. Juni mit guten Anfangserfolgen. Am 2. Juli waren die ersten russischen Truppen eingekesselt, am 6. wurde der Don überschritten. Woronesh, mehr als 160 km weit von der Ausgangslinie entfernt, fiel. Das deutsche Heer vernichtete westlich des Don planmäßig die russischen Truppen. Dabei fiel der Luftwaffe eine entscheidende Rolle zu. Bis Ende Juli führte die Luftflotte 4 ähnlich erfolgreich wie im Jahr zuvor an der Ostfront ihren Einsatzauftrag durch. Deutsche Jagdflugzeuge beherrschten den Luftraum über dem Gefechtsfeld, Kampfflugzeuge griffen feindliche Truppenansammlungen, Nachschubkolonnen und den Eisenbahnverkehr an, und Stukaverbände vernichteten russische Feldstellungen und trugen erheblich dazu bei, feindliche Durchbrüche zu verhindern oder zu stoppen. Laufende Luftunterstützung war für das Heer unabdingbare Voraussetzung; in zahlreichen Fällen trat die Truppe ohne Luftunterstützung erst gar nicht zum Angriff an. Ein Beispiel für die Wirksamkeit fliegender Verbände schildert von Richthofen (in seinem Tagebuch; d. Ü.) über den Einsatz »seines alten« VIII. Fliegerkorps: *»Überraschend wurden die gesamten Kräfte der Luftflotte 4 durch VIII. Fliegerkorps zu Großangriff angesetzt und es gelang so, den Russen vollständig zu lähmen und den Panzern Wietersheim (General von Wietersheim war Kommandierender General des 14. Panzerkorps; d. Ü.) 60 km fast kampflos vorzuhelfen. Um 16.00 Uhr wurde die Wolga erreicht. Es wurde nur ein sehr schmaler Schlauch vorgetrieben, der sicher ab morgen von den Russen rechts und links angegriffen werden wird. Die Luftstreitkräfte, geführt vom VIII. Fliegerkorps, machten 1600 Einsätze, warfen 1000 Tonnen Bomben und erzielten 91 Abschüsse bei 3 eigenen Verlusten . . .«* Zusätzlich zur Luftunterstützung versorgte die Luftwaffe schon nach den ersten Kampftagen das Heer durch Abwurf von Nachschub aus der Luft. Je weiter das Heer in Feindesland vorstieß, um so mehr waren die Transportverbände der Luftwaffe gefordert. Sie hatten im gesamten Raum der Ostfront vom 1. August bis 30. Oktober 21 500 Transporteinsätze geflogen, dabei fast 17 Millionen Flugkilometer zurückgelegt und etwa 42 000 Tonnen Kraftstoff und Gerät befördert. Zwei Drittel aller Einsätze wurden im Südabschnitt geflogen.

Das hohe Maß an Luftunterstützung konnte nur während des ersten Monats der Offensive aufrechterhalten werden. Am 23. Juli 1942 erteilte Hitler seine fatale Weisung (Nr. 45; d. Ü.), daß die Offensive in zwei weit voneinander entfernt liegenden Richtungen vorgetragen werden sollte. Die Heeresgruppe B sollte mit dem VIII. Fliegerkorps nach Osten auf Stalingrad vorstoßen, während gleichzeitig die Heeresgruppe A mit dem IV. Fliegerkorps nach Süden in den Kaukasus schwenken sollte. Sowohl die Heeres- als auch die Luftwaffenbefehlshaber hegten für diesen Plan höchste Befürchtungen, weil sie genau wußten, daß sie für die gleichzeitige Verfolgung der Vorstöße nicht über ausreichende Kräfte verfügten. Hitler belastete die Luftwaffe mit zusätzlichen Aufgaben und verlangte die Bekämpfung von Astrachan, des Schiffsverkehrs auf der unteren Wolga und im Schwarzen Meer sowie die Sperrung der Ölzufuhr des Gegners aus dem Kaukasus durch Unterbrechung der hierfür erforderlichen Bahnstrecken, Ölleitungen und Seeverbindungen auf dem Kaspischen Meer. Statt an einer Front von etwa 1600 km Breite zu operieren, wenn Stalingrad erstes und wichtigstes Ziel gewesen wäre, sah sich die Luftflotte 4 einer Front gegenüber, die mehr als 4300 km breit war und das Schwarze Meer, den Kaukasus, den Kuban, die Küste des Kaspischen Meers, die Kalmückensteppe, den Ural, die Wolga von Saratow bis zum Delta und den gesamten Verlauf des Don umfaßte. Dafür standen ihr am 20. Juli 1359 Flugzeuge zur Verfügung, von denen nur 763 einsatzbereit waren. Diese Zahl war ungenügend, so daß von Richthofen keinen Anspruch darauf erheben konnte, dem Heer weiterhin das Maß an Luftunterstützung zu gewähren, auf das es sich bisher daran gewöhnt hatte zu erhalten.

Je mehr die Spitzen der Armeen nach Osten und Süden vorstießen, um so mehr Schwierigkeiten ergaben sich aus den auseinanderstrebenden Vormär-

schen der Heeresgruppen. Es mangelte nicht nur an Flugzeugen zur Unterstützung, auch die Fliegerbodenorganisation schaffte es nicht, an den Schwerpunkten die Voraussetzungen zu schaffen, damit die fliegenden Verbände zusammengefaßt werden konnten. So gelang es zum Beispiel nicht, im konzentrierten Angriff die russischen Verbindungswege an die kriegsentscheidende Stalingradfront
zu unterbinden, um den Nachschub an Truppen und Material zu stoppen, der zur
Abwehr der deutschen Offensive herangeschafft und zur Vorbereitung einer Gegenoffensive verwendet werden sollte. Jede weiträumige Verlegung fliegender
Verbände verursachte ein Absinken der Einsatzbereitschaft. Der im Juni noch
vorhandene Verfügungsbestand der Luftflotte 4 betrug 1600 Flugzeuge, am 20.
Oktober war er noch bei 975 Maschinen, wovon 594 ohne Einschränkung nur
einsatzverwendungsfähig waren. Verstärkungen von anderen Kriegsschauplätzen oder gar von anderen Abschnitten der Ostfront waren überhaupt nicht zu erwarten oder vorzunehmen. Im Mittelmeerraum mußte die Luftwaffe immer
mehr Kräfte einsetzen. Im Westen waren die Kampffliegerverbände auf das absolut Erforderliche vermindert worden, während sich die Jagdverbände in zunehmendem Maße feindlicher Abwehr gegenübersahen. An den übrigen Abschnitten der Ostfront standen die Luftflotte 5 im Einsatz gegen alliierte Geleitzüge, die inzwischen zur Vorbereitung der Einnahme von Leningrad verstärkte
Luftflotte 1, der das I. Fliegerkorps abgezogen worden war, die in schwere
Kämpfe um Demjansk, den Wolchow-Abschnitt und um Leningrad verwickelt
war, und das Luftwaffenkommando Ost, das in Abwehrkämpfen bei Juchnow,
Rshew und Toropez eingriff. Das neu gebildete Luftwaffenkommando Don, her-
vorgegangen aus dem I. Fliegerkorps, jedoch ohne seine fliegenden Verbände,
und dem Luftwaffen-Gefechtsverband Nord, das unter General Günther Korten
als selbständige Kommandobehörde aufgestellt wurde, hielt den Raum zwischen der Luftflotte 4 und dem Luftwaffenkommando Ost mit nur 60 Flugzeugen, ohne jede Reserve. Somit war die Luftwaffe jeder Möglichkeit beraubt, angesichts ihrer Kräftebindung im gesamten europäischen Raum, im Mittelmeer
und an der Ostfront, sich mit ihrer Kräftedisposition dem zunehmenden feindlichen Druck im Osten anzupassen und ihre Verbände im Südabschnitt zusammenzufassen.

Von Richthofen mühte sich, leider mit wenig Erfolg, die Konsequenzen auf
Grund seiner wenigen Fliegerverbände führungsmäßig aufzufangen. Ihn störte
insbesondere die Weisung Hitlers, daß Einsätze der Luftwaffe weit hinter der
Front, wie gegen die Ölzufuhr aus dem Kaukasus, durchgeführt werden sollten,
die keine unmittelbaren Auswirkungen auf das Frontgeschehen hatten und wegen der wenigen verfügbaren Flugzeuge nicht mehr als nur Störwirkung verursachten. Seine Luftflotte, so bekräftigte von Richthofen, sollte ihre Kräfte in angemessener Form einsetzen und selbständig Schwerpunkte wählen können, um
damit dem Heer in bester Form Unterstützung geben zu können. Verzettelung
über weite Räume und gegen zahllose Ziele mußte vermieden werden, selbst auf
die Gefahr hin, daß große Frontgebiete ohne jeden Schutz aus der Luft blieben.
Hitlers Wille, alles gleichzeitig erreichen zu wollen, dem auch widerwillig das
Oberkommando der Luftwaffe zustimmte, ließ von Richthofens Vorschlag nichtig werden.

Trotz Mangel an ausreichender Luftunterstützung leistete das deutsche Heer
dennoch Bedeutendes bei seinem Vormarsch. Das in Stoßrichtung Kaukasus ge-
legene Rostow fiel am 29. Juli. Am 9. August wurden die 320 km weiter inlands
gelegenen Ölfelder von Maikop und am 2. November das 640 km von Rostow
entfernte Ordshonikidse erreicht. Weiter im Norden standen am 23. November
die Truppen der 6. Armee (General Paulus) in den Vororten von Stalingrad. Mit
Ausnahme der Besetzung eines Großteils dieser Stadt sollten deutsche Truppen

nicht mehr weiter nach Osten vorstoßen, weil sie für zwei große operative Schwerpunkte nicht genügend Kräfte hatten. Der Sieg sollte sich sehr bald in eine Niederlage wandeln. Am 6. September hatte sich die deutsche Offensive bei Stalingrad festgefahren; am 19. November traten die Russen zum Gegenangriff an; am 21. war die 6. Armee mit 280 000 Mann in einem Kessel von 48 mal 40 km eingeschlossen. Erst jetzt, nachdem der Feind gehandelt hatte, entschloß sich das Oberkommando der Wehrmacht zur Bildung eines Schwerpunktes an der Südfront. Das IV. Fliegerkorps mußte seine letzten drei Kampfgruppen abgeben und dem VIII. Fliegerkorps bei Stalingrad unterstellen. Auch der Gefechtsstand des General Pflugbeil wurde näher an die umzingelte Stadt herangezogen, damit den Truppen, die der 6. Armee zu Hilfe kommen sollten oder Entlastungsangriffe führten, schneller und schlagkräftiger Luftunterstützung gewährt werden konnte. Die wenigen Staffeln, die im Kaukasus verblieben, es waren hauptsächlich Aufklärer und Stukas, wurden in das I. Flakkorps (Deßloch) eingegliedert, das dann in Fliegerführer Kaukasus umbenannt wurde.

Welchen Belastungen die Verbände der Luftflotte 4 ausgesetzt waren, zeigt sehr deutlich das Handeln gegen die russische Flankenbedrohung beiderseits der 6. Armee bei Stalingrad vor dem 19. November. Luftaufklärung hatte ergeben, daß starke feindliche Verbände an wichtigen Übergängen des Don zusammengezogen worden waren, und von Richthofen befürchtete daraufhin eine Gegenoffensive. Diese Befürchtungen teilten auch der neue Chef des Heeresgeneralstabs, Kurt Zeitzler, und sogar Hitler. Man konnte jedoch kaum etwas dagegen unternehmen, denn sowohl das Heer als auch die Luftwaffe kämpften an überdehnten Fronten, so daß nur wenige Verbände für den Flankenschutz oder zusätzliche Flugzeuge für das VIII. Fliegerkorps aufgeboten werden konnten. Obwohl einige Bombergruppen vor dem 19. November vom Kaukasus her zugeführt worden waren, mußte ein Kampfgeschwader auf Grund der Landung der Alliierten in Tunesien am 8. Nobember 1942 nach Nordafrika verlegt werden. Nachdem noch weitere fliegende Verbände nach Tunesien abgezogen werden mußten, insgesamt 240 Einsatzflugzeuge aus dem Bereich des Mittel- und Südabschnitts der Ostfront, blieb für von Richthofen nichts mehr übrig, zumal nunmehr weite Gebiete und lange Frontabschnitte der Ostfront ohne jede Luftunterstützung auskommen mußten. Mit 300 einsatzbereiten Flugzeugen konnte das VIII. Fliegerkorps unter keinen Umständen entscheidende Schläge gegen feindliche Bewegungen und Truppenansammlungen im Rahmen der russischen Gegenoffensive führen, geschweige denn sie nach Eröffnung aufzuhalten. Die Luftwaffe hatte einfach nicht genügend fliegende Verbände, um mit Notlagen an mehr als zwei Fronten fertig zu werden. Den Deutschen kam es äußerst ungelegen, daß zwölf Tage vor Beginn der russischen Gegenoffensive bei Stalingrad die Alliierten in Nordafrika landeten. Aber so ist es eben im Krieg.

Am 19. November 1942 trat der Feind unter dem Schutz widriger Wetterverhältnisse zum Angriff an. Für den Einsatz der Luftwaffe konnte das Wetter schlechter gar nicht mehr sein. Die Temperaturen bewegten sich um den Gefrierpunkt, dichter Nebel wechselte mit gefrierendem Regen und Schnee. Viele Flugzeuge müssen wegen Vereisung am Boden bleiben. Das Kriegstagebuch der Luftflotte 4 verzeichnet:

»Regen, Schnee, Eisnebel verhindern jeglichen Einsatz der Luftwaffe. VIII. Fliegerkorps kann von seinem Gefechtsstand in Obliwskaja aus nur ein paar einzelne Flugzeuge loshetzen. Es ist unmöglich, mit Bomben die Don-Übergänge abzuriegeln. Nicht mal eine Übersicht über die Lage durch Luftaufklärung zu bekommen, ist möglich. Hoffentlich erreicht der Russe nicht unsere Eisenbahnstrecke, die Hauptader für unseren Nachschub. – Sofort befiehlt v. Richthofen, der Luftflotten-Chef, sämtliche Flieger-Verbände an die Einbruchsfront. Nur 2 Jagdgruppen und Aufklä-

rer verbleiben an der Kaukasusfront. Wegen des miserablen Wetters sind aber bedauerlicherweise diese so dringenden Verlegungen noch nicht möglich. – Gutes Wetter müssen wir baldigst haben, sonst gibt es keine Hoffnung mehr.«

Nur eine Handvoll Einsätze konnte am 19. geflogen werden. Ferner mußten noch die Flugplätze zwischen Don und Tshir, von wo aus die Verbände für die unmittelbare Heeresunterstützung starteten, fluchtartig geräumt werden. Nicht selten hob das letzte Flugzeug vom Platz ab, als die ersten russischen Panzer am Platzrand auftauchten. Am 20. November war es wenig besser, das schlechte Wetter ließ beim VIII. Fliegerkorps und den paar rumänischen Fliegerstaffeln nur 120 Feindflüge zu. In seinem Tagebuch notierte von Richthofen: *»Wieder hat der Russe meisterhaft eine Schlechtwetterlage ausgenützt. Wir brauchen unbedingt gutes Flugwetter, um noch etwas zu retten«.* Am 21. vereinigten sich die russischen Truppen im Rücken der 6. Armee, die Marschspitzen stießen weiter nach Westen vor. Am Abend des 23. hatte der Feind 34 Divisionen am Don übergesetzt.

General Paulus, der Oberbefehlshaber der eingeschlossenen 6. Armee, meldete am Abend des 22. November seinem Vorgesetzten, General von Weichs, Oberbefehlshaber der Heeresgruppe B, per Funkspruch: *»Armee eingeschlossen . . . Munitionslage gespannt, Verpflegung reicht für sechs Tage. Armee beabsichtigt verbliebenen Raum von Stalingrad bis Don zu halten und hat hierzu alles eingeleitet. Voraussetzung ist, daß Schließung der Südfront gelingt und reichliche Verpflegung zugeflogen wird«.* Von Weichs hatte allerhöchste Bedenken und richtete am gleichen Tag ein Fernschreiben an das Oberkommando des Heeres, in dem er unter anderem ausführte: *»Die Versorgung der zwanzig Divisionen umfassenden Armee auf dem Luftwege ist nicht möglich. Mit dem verfügbaren Lufttransportraum, entsprechendes Wetter vorausgesetzt, kann täglich nur ein Zehntel des wirklichen Tagesbedarfs in den Kessel geflogen werden«.* Von Weichs wurde in seiner Meinung bestätigt von den Luftwaffenführern an der Front, von Richthofen, Fiebig und Pickert, dem die Flak in Stalingrad unterstand, sowie von den Kommandierenden Generalen der fünf Korps der 6. Armee und von Manstein, der am 21. November zum Oberbefehlshaber der neu gebildeten Heeresgruppe Don, zu der auch die 6. Armee gehörte, ernannt worden war. Auch der neue Chef des Heeresgeneralstabes, Kurt Zeitzler, erachtete die Luftversorgung für undurchführbar, und wie es scheint, teilte sein Gegenüber bei der Luftwaffe, Jeschonnek, dieselbe Ansicht. Es gibt viele widersprüchliche Aussagen darüber, welche Haltung der Chef des Luftwaffengeneralstabes tatsächlich diesem Problem gegenüber bezogen hat. Nach Fiebig stimmte er der Beurteilung der Frontkommandeure zu, daß die Luftversorgung unmöglich durchzuführen war; diese Aussage wird bekräftigt durch Angehörige des Generalstabes, wie von General Kurt Kleinrath und Oberst Werner Leuchtenberg, der seinerzeit als Major der Adjutant von Jeschonnek gewesen war.

Mit Sicherheit ist nicht mehr nachweisbar, welchen Ratschlag Hitler seitens der Luftwaffenführung über die Durchführbarkeit einer Luftversorgung erhalten hat. Seit Beginn der russischen Gegenoffensive lehnte er jeden Gedanken an einen Rückzug der 6. Armee ab, das steht fest. Ganz in Übereinstimmung mit seinem schon früher geäußerten hartnäckigem Bestehen darauf, freiwillig keinen Zentimeter gewonnenen Bodens dem Feind zu überlassen, verwarf er den Vorschlag zum Rückzug schon am 19. November 1942. Die Luftversorgung bewegte ihn schon von Anbeginn an, weil sich zweifellos die beeindruckenden Luftversorgungseinsätze bei Cholm und Demjansk in sein Bewußtsein eingegraben hatten. Die Bildung der Heeresgruppe Don beruhte auf seinem Willen, einen Großverband zu schaffen, dessen unmittelbare Aufgabe es war, den Feindangriff zum Stehen zu bringen und die zuvor gehaltenen Stellungen wiederzugewinnen. Am 21. November trug auch Jeschonnek Hitler vor. Vermutlich hat er versucht, Hitler den Plan zur Luftversorgung auszureden. Wie Zeitzler mitteilte, konnte er wohl nicht überzeugen und hat nicht nachdrücklich genug darauf hingewiesen, daß das Vorhaben nicht machbar war. Daran änderte sich auch nichts, als Göring während der Besprechung Jeschonnek anrief und ihm verbat, des »Führers« Unwillen zu erregen. Nach zahlreichen Telefongesprächen mit Hitler kam Göring am 24. November ins Führerhauptquartier, um zu versichern, daß die Luftversorgung möglich wäre. Nach Zeitzler, der zugegen war, als der Reichsmarschall meldete, kam es zu folgendem Wortwechsel: *»Mein Führer, ich melde Ihnen, die Luftwaffe wird die 6. Armee aus der Luft versorgen«. Ich warf ein: »Das kann die Luftwaffe nicht«. Nun kam es zu einem großen Krach, den Hitler mit den Worten beendete: »Der Reichsmarschall hat mir das gemeldet. Ich muß einer Meldung glauben. Es bleibt bei meiner Entscheidung (also das Stalingrad nicht aufgegeben werde)«.* Selbst wenn Göring dagegengehalten hätte, hätte Hitler wahrscheinlich seine Meinung nicht geändert, so verbissen hielt er daran fest, dem Feind keinen Zentimeter Boden zurückzugeben, erst recht nicht an einem Ort mit dem symbolischen Namen Stalingrad. Zu dieser Zeit des Krieges hatte sich Hitlers Führungsstil immer mehr in die Richtung entwickelt, dann nicht mehr auf den Rat seiner Mitarbeiter zu hören, wenn er mit seinen »unabänderlichen« Ansichten nicht übereinstimmte. Er wollte den militärischen Tatsachen nicht mehr ins Auge schauen, damit nicht belästigt werden. Es wäre demnach erstaunlich gewesen, wenn die Luftversorgung der 6. Armee auf Grund der Ansichten der Luftwaffenbefehlshaber nicht durchgeführt worden wäre.

Ob sich Göring über alle Folgerungen, die seine großsprecherischen Verlautbarungen beinhalteten, im klaren war, steht dahin. Loerzer, sein engster Vertrauter, äußerte nach dem Kriege, daß der Oberbefehlshaber der Luftwaffe starkem Druck Hitlers ausgesetzt war, der darauf bestand, daß die Luftwaffe die 6. Armee aus der Luft versorgen sollte. Hitler setzte alle Hoffnungen darauf, weil er fürchtete, er verliere bei einem Rückzug aus Stalingrad allzusehr an Gesicht. Göring fürchtete um seine Stellung und sein Ansehen bei Hitler und verschloß sich wahrscheinlich nur deshalb nicht seinem Wunsch, weil er zunehmend bissig zu hören bekam, daß die Luftwaffe über dem Luftraum von England und auch in der Reichsverteidigung immer mehr versagt hätte. Auch Jeschonnek, der es nach seinen ersten Zweifeln abgelehnt hatte, dem »Führer« zu widersprechen, war wegen seines unerschütterlichen Gehorsams nicht in der Lage, seinen gesunden Menschenverstand dem Führerbefehl entgegenzusetzen. Der »Führer« beherrschte zu dieser Zeit des Krieges alle operativen Entscheidungen in absoluter Weise. Sogar von Richthofen verzeichnete resignierend in seinem Tagebuch, als er von der endgültigen Entscheidung zugunsten einer Luftversorgung hörte: *»Ich sehe jetzt nur eine Möglichkeit darin, daß der Führer bisher immer recht behalten hat in seinen Maßnahmen, trotzdem man sie auch in früheren solchen Lagen nicht verstehen konnte, trotzdem er oft gegen seine Ratgeber gehandelt hat«.*

Schon am 20. November hatte die Luftflotte 4 vorausschauend Vorbereitungen für eine Luftversorgung der 6. Armee getroffen, weil zumindest für eine kurze Zeit Nachschub für die eingeschlossenen Kräfte eingeflogen werden mußte, gleichgültig, ob Paulus den Befehl zum Aushalten oder zum Rückzug erhalten sollte. General Fiebig leitete den Einsatz. Am 25. wurden die ersten Güter nach Stalingrad eingeflogen. Das VIII. Fliegerkorps wurde am 29. seiner reinen Kampfaufgaben entbunden und verantwortlich mit der Führung der Luftversorgung beauftragt. Für die Kampfführung wurde kurzfristig die Fliegerdivision Donez aufgestellt, die unter dem Befehl von General Alfred Mahncke stand, der von Richthofen unmittelbar verantwortlich war. Die Fliegerdivision übernahm die Aufgaben des VIII. Fliegerkorps bei der Bekämpfung russischer Kräfte an der Tschir-Front, die sich weiter nach Westen vorzuschieben drohte und jeden Versuch, eine Landverbindung zur 6. Armee zu finden, unmöglich machte. Am 12. Dezember begann unter von Manstein der deutsche Gegenangriff; am 17. standen die Spitzen deutscher Truppen 56 km vor Stalingrad. Weiter sollten sie nicht kommen, weil am 18. die linke Flanke der Heeresgruppe Don aufgerissen wurde, womit die Entlastung der 6. Armee endgültig besiegelt war. Trotz ernsthafter Vorhaltungen seiner Generalität weigerte sich Hitler, einem Ausbruch zuzustimmen, so daß Paulus an Ort und Stelle mit seiner Truppe ausharren mußte. Die russische Offensive wurde verbissen und hartnäckig vorgetragen. Am 23. Dezember hörte Stalingrad auf, Hauptziel der Heeresgruppe Don zu sein, weil sie selbst um eigenes Sein oder Nichtsein rang. Am 27. begann sich die 4. Panzerarmee zurückzuziehen. Am letzten Tage des Jahres 1942 klafften 160 km Feindesland zwischen der 6. Armee und den vordersten deutschen Linien.

Alle Entlastungsangriffe des Heeres zugunsten der 6. Armee waren fehlgeschlagen, nunmehr stützten sich alle Hoffnungen für das Durchhalten und Aushalten der Armee auf den Einsatz der Luftwaffe. Ihr Erfolg hing von vier Voraussetzungen ab:

1. Ausreichender Lufttransportraum.
2. Ausreichende Wetterbedingungen für den Flugbetrieb.
3. Genügend ausgebaute Flugplätze außerhalb und innerhalb des Kessels mit entsprechender Bodenorganisation.
4. Verhinderung von Feindeinwirkung aus der Luft und vom Boden, um die Verluste der Transportverbände gering zu halten.

Bei Demjansk konnten in den Monaten zuvor genügend Flugzeuge aufgeboten werden, um täglich 300 Tonnen Nachschub für 100 000 Mann (weniger als die Hälfte der Truppen in Stalingrad) einzufliegen; die Wetterbedingungen waren annehmbar, mit Tendenz zur Besserung; die Front hielt, und Anflug- und Rückflugwege zu den einsatzbereiten Flugplätzen waren verhältnismäßig kurz; es gab ausreichend Jagdflugzeuge für den Begleitschutz über einem Gebiet, das wenig feindliche Lufttätigkeit und kaum Flakschutz aufwies. Sechs Monate später, bei Stalingrad, waren keine dieser Voraussetzungen gegeben.

Man schätzte den Nachschubbedarf der 6. Armee auf 750 Tonnen täglich, was später auf 500 Tonnen zurückgenommen wurde. Um diesen Bedarf zu transportieren, mußten die Ju 52, jeweils mit zwei Tonnen beladen, täglich 375 Transportflüge durchführen. Das zu erreichen, angesichts eines Klarstandes von 30-35 Prozent bei den Transportstaffeln, bedeutete, daß über 1000 Flugzeuge zusammengezogen werden mußten, von denen dann viele immer noch zweimal am Tag eingesetzt werden müßten. Die Luftwaffe hatte jedoch nur 750 Ju 52 im Verfügungsbestand. Selbst wenn man alle zusammengefaßt hätte, was den Abzug von allen Fliegerschulen, aus dem Mittelmeerraum und von der übrigen Ostfront hieß, wären täglich im allerbesten Falle 500 Tonnen Nachschub möglich gewesen. Obwohl man den Chef des Ausbildungswesens aller seiner Ju 52 beraubte, blieben die Bedürfnisse des Kampfraums Mittelmeer, wo deutsche Truppen in Nordafrika unter allen Umständen auf den Nachschub mittels Lufttransport angewiesen waren. Somit konnten nur 500 Transportflugzeuge für die Luftversorgung Stalingrad bereitgestellt werden. Aber auch diese Maschinen konnten nicht auf einen Schlag herangeführt werden, so daß man sich im klaren war, ältere Ju 86 und He 111 mit einzusetzen. Anfang Dezember unterstanden dem VIII. Fliegerkorps nur 320 Transportflugzeuge, was zu wenig war, woraufhin von Richthofen He 111 aus seinem Bereich erstmals am 30. November für Versorgungseinsätze heranzog. Diese Flugzeuge wurden je nach Lage an der Front auch weiterhin für Kampfeinsätze verwendet, wie im Falle des Vorstoßes der 4. Panzerarmee auf Stalingrad. Zusätzlich wurden 18 Fw 200 vom Atlantik nach Osten verlegt;

sie flogen am 9. Januar 1943 ihre ersten Versorgungseinsätze nach Stalingrad. Einige Tage darauf folgten zwei Großflugzeuge vom Typ Ju 290, die jeweils zehn Tonnen Last befördern konnten, einige Ju 90 und 7 He 177. Mit Ausnahme der Fw 200 waren alle anderen dieser Flugzeuge für Transportaufgaben ungeeignet; die beiden Ju 290 fielen bald aus, und die He 177, die ursprünglich für Atlantikeinsätze vorgesehen waren, wurden nur einmal eingesetzt. Zu keiner Zeit verfügte das VIII. Fliegerkorps über mehr als 500 Flugzeuge, also genau die Hälfte der erforderlichen Anzahl. Auf Grund der schlechten Wetterbedingungen sank der Flugzeugklarstand gelegentlich bis auf 25 Prozent ab. Daher konnten niemals mehr als 350 Tonnen pro Tag, in vielen Fällen weit weniger als 250 Tonnen, je nach Verfügbarkeit einsatzbereiter Flugzeuge, in den Kessel zur 6. Armee eingeflogen werden. Nur wenn jedes einsatzklare Flugzeug zweimal täglich Versorgungseinsätze flog, konnte die 6. Armee genügend Nachschub für die Fortsetzung des Kampfes erhalten. Möglich wäre es unter idealen Bedingungen gewesen: Gutes Wetter, angemessene Flugplätze, kein nennenswerter Feindwiderstand. Wie die Geschichte lehrt, waren keine dieser Bedingungen gegeben.

Zwischen Mitte November 1942 und Februar 1943 gab es selten einen Tag mit klarem Wetter und guten Sichtverhältnissen im Einsatzraum des VIII. Fliegerkorps. Entweder war die Schneedecke auf den Flugplätzen so hoch, daß Flugzeuge nicht starten konnten, oder die Temperaturen so niedrig, daß die Flugmotoren anzuspringen versagten, oder es lag dichter Nebel über den Landestreifen im Kessel, der Start und Landung verhinderte. Die Einsätze waren in nur beschränktem Umfange möglich oder fielen gar für Tage ununterbrochen ganz aus. Eine häufige Gefahr bildeten die Wolkenschichtungen, in denen es zu Vereisungen kam. Gelegentlich gingen ganze Staffeln bei dem Versuch verloren, Schlechtwettergebiete zu durchfliegen. Diese Verluste waren höher als die durch Feindeinwirkung. Nicht nur das schlechte Wetter behinderte die Einsätze, sondern auch das ständige Vorrücken der Russen nach Westen zwang das VIII. Fliegerkorps, von einem Flugplatz zum anderen zurückzuverlegen. Je näher die Flugplätze an Stalingrad lagen, um so mehr Versorgungsflüge konnten unternommen werden und desto eher bestand die Möglichkeit, den Versorgungsanforderungnen der 6. Armee gerecht zu werden. Zu Beginn der Luftversorgung hatte die Luftwaffe noch eine recht gute Ausgangslage. Die Ju 52 und Ju 86 lagen in Tazinskaja, 260 km oder 60 Flugminuten, die He 111 in Morosowskaja, 210 km oder 50 Flugminuten vom Kessel entfernt. Am 24. Dezember zwangen russische Panzer zur überhasteten Aufgabe von Tazinskaja, das später für eine kurze Zeit wieder zurückerobert werden konnte. Die dort liegenden Verbände verlegten nach Ssalsk, das 440 km von Stalingrad entfernt liegt. Nicht anders erging es am 2. Januar 1943 den He 111-Verbänden, die nach Nowotscherkassk, 340 km von der 6. Armee gelegen, zurückgenommen werden mußten. Durch diese Rückverlegungen konnten die Maschinen nur noch einen Versorgungsflug pro Tag und Flugzeug durchführen. Der russische Vorstoß lief unbeirrt weiter, so daß die He 111 nach dem 10. Januar gezwungen waren, von Taganrog aus, 400 km von Stalingrad, zu fliegen. Am 16. Januar mußten die Ju 52 nach Swerewo verlegen, dadurch lag der Kessel an der Grenze ihrer Transportreichweite. Die Landeplätze in Stalingrad fielen den Russen in die Hand, so der wichtigste, Pitomnik, am 16. und Gumrak am 21. Januar. Am 22. konnte auch auf Behelfsplätzen nicht mehr gelandet werden, so daß der Nachschub von nun an aus der Luft abgeworfen werden mußte.

Als ob diese Erschwernisse nicht schon schlimm genug waren, mußte sich das VIII. Fliegerkorps immer mehr mit wachsender russischer Abwehr herumplagen. Starke feindliche Flakkräfte waren in einem Ring um Stalingrad und insbesondere in den Anflugrouten zum Kessel in Stellung gebracht worden. Die feindlichen Jäger griffen von Tag zu Tag schneidiger an. Besonders die Ju 52 und Ju 86 mit ihrer schwachen Abwehrbewaffnung und geringen Fluggeschwindigkeit waren gegenüber Jägern sehr verwundbar. Die He 111 konnten unter normalen Umständen sich selbst verteidigen. Deutsche Flugplätze wurden mit wechselndem Erfolg angegriffen. So gingen am 17. Januar in Swerewo durch einen Luftangriff 50 Transportflugzeuge verloren. Die Jagdabwehr im Bereich des VIII. Fliegerkorps war äußerst schwach, weil die 375 einmotorigen Jäger, die Ende Dezember 1942 nur für die gesamte Ostfront zur Verfügung standen, überall dringend gebraucht wurden. Als zwischen Stalingrad und der deutschen Front immer mehr Feindesland klaffte, lag die Stadt außerhalb der Kampfreichweite deutscher Jäger. Die Lage verschlechterte sich noch, als der Flugplatz Pitomnik ausfiel und die seit Anfang Dezember dort stationierten sechs Bf 109 nach Gumrak verlegen mußten, wo fünf von ihnen wegen Schneeverwehungen, Bombenkratern und ähnlichen Hindernissen zu Bruch gingen. Damit war es nicht mehr möglich, die Luftüberlegenheit über Stalingrad und den dorthin führenden Anflugwegen zu halten. Zum Glück für die Flugzeugführer der Luftwaffe waren die verheerenden Wetterbedingungen für sie ein genauso schlechter Verbündeter wie für die Roten Fliegerkräfte.

Es waren nicht alleine diese Schwierigkeiten, mit denen sich das VIII. Fliegerkorps abmühen mußte. Es gab Versorgungsprobleme bei der Bevorratung der Flugplätze mit Gerät aller Art, wichtigen Ersatzteilen und Wärmegeräten, die möglicherweise kurz nach ihrem Eintreffen schon in die Hand des vorrückenden Feindes fielen. Die beißende Kälte hinterließ ihre Spuren beim fliegenden Personal und den Männern der Bodenorganisation. Der Kampfgeist hatte derart Schaden genommen, daß mancher Flugzeugführer den Einsatz abbrach, bevor er Stalingrad erreicht hatte, um dann nach Rückkehr zu melden, er habe Motorschaden gehabt. Weitere ähnliche Ereignisse können vermutet werden. Auch Hitlers Einflußnahme blieb nicht ohne einschneidende Wirkung. Nachdem auf seinen Befehl hin der Luftflotte 4 untersagt worden war, Flugplätze nicht eher aufzugeben, es sei denn, feindliches Feuer liegt auf dem Platz, wurde Tazinskaja erst geräumt, als kein Zweifel bestand, daß russische Panzer zur Einnahme ansetzten. Die Ju 52 und Ju 86 hoben ab, als die Feindpanzer am Rollfeld auftauchten; 109 Ju 52 und 16 Ju 86 schafften es in allerletzter Sekunde auszufliegen, 60 Flugzeuge gingen verloren, und alle Ersatzteile und das Bodendienstgerät mußten zurückgelassen werden. So wenig Spielraum ließen Hitlers Befehle selbst den Frontkommandeuren der Luftwaffe!

Während solche Vergeudung an Material sinnlos betrieben wurde, mußten die Soldaten der 6. Armee hungern. Bei Temperaturen bis zu −50° C vertierten die Soldaten derart, daß sie sich nicht scheuten, das Gehirn ihrer toten Kameraden zu verzehren, nur um selbst am Leben zu bleiben. Nach und nach fielen die schweren Waffen der Verteidiger aus, sei es durch mechanischen Verschleiß, sei es durch Mangel an Munition. Am 22. Januar 1943 bat Paulus Hitler um die Genehmigung zur Aufnahme von Übergabeverhandlungen. Der »Führer lehnte dies ab. Zu einer Zeit, als selbst die Verwundeten keine Verpflegung mehr hatten, gaben Paulus und sein Stab am 31. Januar 1943 den Kampf auf und kapitulierten. Bis zur endgültigen Einstellung der Kämpfe verstrichen noch 48 Stunden. Eine Armee mit 250 000 Mann war vernichtet worden. Nur 34 000 Mann (Fachpersonal und Verwundete) waren ausgeflogen worden, der Rest war entweder dem Tod bei der Verteidigung Stalingrads oder dem in der russischen Gefangenschaft ausgeliefert. Nur einige tausend Mann der 6. Armee durften nach dem Kriege (teilweise erst nach zehnjähriger Gefangenschaft; d. Ü.) nach Deutschland zurückkehren.

Es überrascht nicht, daß die Luftwaffe schon zu Beginn der Luftversorgung von Paulus und anderen in der 6. Armee des Verrats bezichtigt wurde. Solche unbewiesenen Behauptungen entbehrten jeder Grundlage und waren unlauter dazu. Vom Anfang an bemühten sich die Frontkommandeure der Luftflotte 4 redlich, den Oberbefehlshaber der 6. Armee davon zu überzeugen, daß die Luftversorgung von 250 000 Mann nicht möglich wäre. Sie übernahmen ihren Auftrag nur voller Sorge und hofften auf die Macht des Schicksals, daß der Entlastungsangriff der 4. Panzerarmee für die Verteidiger Stalingrads erfolgreich verlaufen würde. Nachdem er Ende Dezember 1942 fehlgeschlagen war, gab es keine andere Wahl, als den ungleichen Kampf gegen die Naturgewalten und den russischen Widerstand aufzunehmen, bis die unabwendbare materielle und physische Erschöpfung der 6. Armee allem ein Ende bereitete. Alles mit den verfügbaren Kräften nur Mögliche war getan worden. Diese Worte schrieb General Fiebig am 13. Januar 1943 in sein Tagebuch: »*Ich glaube, niemandes Herz hat heißer für das Schicksal der 6. Armee geschlagen, als das der Männer, die für Organisation und Durchführung ihrer Luftversorgung eingesetzt sind. Wir haben unser Bestes gegeben. Ich weiß mir kein Fehl, wenn ich mich prüfe, was hätte anders werden können!*«

In den 70 Tagen der Luftversorgung für Stalingrad, die vom 25. November 1942 bis zum 2. Februar 1943 dauerte, hatte das VIII. Fliegerkorps für die eingeschlossene 6. Armee 3500 Transporteinsätze geflogen, dabei 6591 Tonnen Verpflegung und Ausrüstung eingeflogen, von denen schätzungsweise 400 Tonnen die Truppe nicht erreichten, weil sie ins Niemandsland oder in den letzten Tagen der Kämpfe in russische Stellungen fielen. Durchschnittlich erreichten die 6. Armee pro Tag 94 Tonnen; man denke nur an die ersten Forderungen in Höhe von 750 Tonnen! An drei Tagen (24./25. Dezember 1942; 2. Januar 1943) konnte auf Grund des Wetters überhaupt keine Versorgung durchgeführt werden. Der höchste jemals an einem Tag erreichte Versorgungsumfang betrug am 19. Dezember 1942 immerhin 290 Tonnen. Im Zeitraum vom 12. bis 21. Dezember konnte das Fliegerkorps mit einer durchschnittlichen Tagesleistung von 137,7 Tonnen einen Höhepunkt verzeichnen, der danach wieder erheblich abfiel, was in erster Linie auf den Verlust der Flugplätze Tazinskaja (24. 12. 42) und Morosowskaja (2. 1. 43) zurückzuführen war.

Die Beurteilung des General Fiebig über den bisherigen Verlauf der Luftversorgungseinsätze konnte Milch nach seiner Ankunft im Gefechtsstand der Luftflotte 4 am 16. Januar 1943 im wesentlichen nur bestätigen. Er war von Hitler mit der Aufgabe betraut worden, die Versorgung der 6. Armee sicherzustellen. Am Tag seines Eintreffens fand er 15 von insgesamt 140 Ju 52, 41 von 140 He 111 und eine einzige von 20 Fw 200 einsatzbereit vor. Das hieß nichts anderes, daß von der Gesamtstärke des VIII. Fliegerkorps in Höhe von 300 Transportflugzeugen nur 57 Flugzeuge, also 19 Prozent, Nachschub für die Truppen des General Paulus fliegen konnten. In den folgenden Tagen versuchte Milch sein Bestes, die Probleme zu lösen, mußte sich aber mit schwersten Verlusten in den Reihen der Ju 52 und He 111 verbunden mit unersetzbaren Ausfällen an Fluglehrpersonal abfinden, um ganze 30 Prozent mehr der ohnehin äußerst niedrigen Versorgungstonnage nach Stalingrad zu schaffen. Wahrscheinlich hätte sich dieser Zuwachs in der Versorgung sowieso ergeben, weil mehr Flugzeuge zur Verfügung standen und sich die Wetterlage besserte. Welchen entscheidenden Einfluß widrige Umstände auf die Einsatztätigkeit des VIII. Fliegerkorps hatten, möge ein Vergleich mit den Transportstaffeln an der Ostfront aufzeigen, die von Anfang August bis Ende Oktober 1942 im Einsatz waren. Seinerzeit leisteten 350 Transportflugzeuge mit einer durchschnittlichen Klarstandsrate von 40 Prozent und mehr, unter günstigsten Wetterverhältnissen, von gesicherten Flugplätzen, in einem Gefechtsabschnitt, der weitgehend frei von russischen Jägern war, durchschnittlich am Tage 236 Versorgungsflüge. Bei der Luftversorgung um Stalingrad jedoch, wo zwar mehr Flugzeuge, aber mit geringerer Einsatzbereitschaft zur Verfügung standen, konnten täglich im Durchschnitt nur 50 Versorgungsflüge durchgeführt werden. Somit war die Versorgung der 6. Armee von Anbeginn an zum Scheitern verurteilt.

Das erfolglose Unternehmen im Zusammenhang mit Stalingrad kam die Luftwaffe teuer zu stehen. Die Gesamtverluste des VIII. Fliegerkorps an Mensch und Material, die nicht mehr zu ersetzen waren, beliefen sich auf 488 Flugzeuge, davon 266 Ju 52, 165 He 111, 42 Ju 86, 9 Fw 200, 5 He 177 (zumeist Verluste bei Kampfeinsätzen) und 1 Ju 290; ferner fanden 1000 Mann fliegendes Personal den Tod. Die Auswirkungen waren schwerwiegend und langfristig nicht behebbar. Im Hinblick auf die schlimmen Auswirkungen für den Nachwuchs und seine Ausbildung bei den Kampffliegerschulen und die Verluste bei den He 111 muß man Görings spätere Bemerkung sehen: »*Dort fand der Kern der deutschen Kampffliegerwaffe den Tod*«. Aber sie waren nur ein Teil der schweren Verluste, die die Luftwaffe im Winter 1942/43 an der Ostfront erleiden mußte. Verluste, die ihre Einsatzstärke (Kampfflieger, Jäger, Aufklärer) mit Stand vom Januar 1943 auf 1700 Flugzeuge absinken ließ, wovon gerade 40 Prozent einsatzbereit waren. Das waren 60 Prozent der Flugzeuge, die noch sechs Monate zuvor an der Ostfront standen. Es waren nur 20 Prozent dessen, was die russischen Fliegerkräfte inzwischen in die Luft bringen konnten. Stalingrad war nur ein Abschnitt an der Ostfront, an der die Rote Armee fast überall im Vormarsch begriffen war. Im Norden konnte Leningrad am 18. Januar 1943 entlastet werden; am Mittelabschnitt gelang es den Russen mit Ablauf des Winters, Rshew und Wjasma sowie Woronesh wiederzugewinnen. Der Hauptstoß der Russen fand jedoch im Südabschnitt statt. Unter Umgehung der 6. Armee bei Stalingrad stieß die Rote Armee zum Donez vor und erreichte Rostow, Woroshilowgrad und Charkow Mitte Februar. An der Nordflanke der 6. Armee trug sie einen Angriff auf Kursk vor. Im Kaukasus befanden sich deutsche Truppen auf dem Rückzug. Anfang Januar war Mosdok wieder in russischer Hand. Fünf Wochen später klammerten sich die Deutschen an den engen Kuban-Brückenkopf. Die Zusammenfassung der Verbände der Luftwaffe am Südabschnitt, insbesondere am Don, spricht für die Heftigkeit der Kämpfe in diesem Raum. Mitte Oktober band der Südabschnitt 53 Prozent aller Einsatzflugzeuge der Ostfront (1040 von insgesamt 1950, ohne die Flugzeuge der Luftflotte 5 im hohen Norden). Mitte Januar 1943 waren es schon 66 Prozent (1140 von 1715 Flugzeugen). Das höchste Maß aller Kräfte wurde im Bereich Don-Donez mit 52 Prozent erreicht. Das war nur möglich, weil man im Nordabschnitt, wo die Luftflotte 1 Mitte Januar über nur 195 Einsatzflugzeuge verfügte, gleichermaßen die Luftüberlegenheit opferte, wie man am Mittelabschnitt geringe Lufttätigkeit in Kauf nahm, wo ein Großteil der 380 Flugzeuge des Luftwaffenkommando Ost ohnehin nur für Aufgaben der unmittelbaren Luftunterstützung und für Aufklärungszwecke geeignet waren.

Im Südabschnitt teilten sich das Luftwaffenkommando Don (Korten) und die weit größere Luftflotte 4 (von Richthofen) in der Verantwortung. Anfang 1943 gliederte sich die Luftflotte 4 in folgende Verbände, von Nord nach Süd: Fliegerdivision Donez (Mahncke); VIII. Fliegerkorps (Fiebig), das hauptsächlich aus Tansportfliegerverbänden mit angegliederten Kampfverbänden bestand und nach dem Fall von Stalingrad zur Unterstützung deutscher Truppen im Kubanbrückenkopf nach Süden verlegt wurde; IV. Fliegerkorps (Pflugbeil) und Luftwaffengruppe Kaukasus (Deßloch), die am 27. Januar 1943 in Luftwaffengruppe Kuban umbenannt wurde. Das königliche rumänische Fliegerkorps wurde zur Verstärkung zwischen Don und Manytsch eingesetzt. Trotz der 1140 Einsatzflugzeuge, die Korten und von Richthofen (er alleine 900) zur Verfügung standen, war es nicht möglich, die Luftüberlegenheit zu sichern und die Heeresverbände zu unterstützen. 1943 hatten die Roten Fliegerkräfte 5000 Frontflugzeuge, von denen zwei Drittel im Süden lagen und die besser als die deutschen Flugzeuge für den Wintereinsatz geeignet waren. Selbst über dem Gebiet Rostow-Don waren die Deutschen nicht in der Lage, den Luftraum zu beherrschen. Der Mangel an Flugzeugen wurde noch durch schlechte Wetterbedingungen, geringen Flugzeugklarstand und den Ausfall vorgeschobener Flugplätze für Jäger verstärkt. Die Luftwaffe traf die russische Gegenoffensive mit voller Wucht und unerwartet; entsprechende vorbereitende Maßnahmen hatte sie versäumt, rechtzeitig einzuleiten. Für beträchtliche Zeit blieb ihr nichts anderes übrig, als durch geschicktes Operieren eine vernichtende Niederlage abzuwenden.

Bei der Unterstützung der Heeresoperationen hatte von Richthofen schwerwiegende Probleme. Von Anbeginn an mußte er sich entscheiden, bestimmte Bereiche ganz aufzugeben und von jeder Lufttätigkeit zu entblößen. Über der weiten Kalmückensteppe flogen beispielsweise nur ein paar Aufklärer, die mit wenigen Bomben den russischen Vormarsch aufzuhalten versuchten. An der bedrohten Nordflanke der Frontausbuchtung bei Stalingrad gab es nur wenige Jagdflugzeuge zum Schutz des Luftraums. Die fehlende Luftunterstützung für die deutschen Truppen begünstigte den raschen Vorstoß der Russen über Woronesh hinaus. Auch im Kaukasus fehlte es an Flugzeugen. Mitte Januar 1943 gab es im Kaukasus und auf der Krim ganze 240 deutsche Flugzeuge. Man erachtete den Verlust des Kaukasus als weniger kritisch, als ein mögliches Einreißen der deutschen Front am Donez, was zum Verlust der Armeen im Süden geführt hätte, mit allen Folgerungen, bis hin zum gesamten Rückzug aus Rußland. An allen anderen Abschnitten konnte die Luftflotte 4 jedoch ihren Einfluß zugunsten der Heeresoperationen geltend machen. Von Richthofen tat alles, um mit seinen Verbänden ein Höchstmaß an beweglicher Kampfführung zu erzielen. Dadurch konnte er den Einsatz seiner Kräfte, wo immer erforderlich, fast an jedem Punkt in seinem Verantwortungsbereich zusammenfassen. In der Tat war die Luftflotte 4 auf Grund der geringen Heereskräfte, des unregelmäßigen Frontverlaufs und des schlechten Zustands der Straßen und Schienenwege in dem unermeßlichen Raum des Südabschnitts für die Deutschen die einzige bewegliche Reserve. In zahlreichen Fällen wurden russische Durchbrüche von Bombern und Stukas der Luftflotte von Richthofen vereitelt. Am 20. Januar versuchte die Rote Armee beispielsweise, am unteren Lauf des Manytsch mit der Absicht anzugreifen, nach Rostow und Bataisk durchzustoßen. Wäre das gelungen, so wären die 1. und 4. Panzerarmee von ihrem Rückzug nach Westen abgeriegelt worden, und es hätte ein zweites »Stalingrad« gegeben. Nur dem Einsatz der Luftflotte 4 war es zu verdanken, daß der Manytsch-Abschnitt gehalten werden konnte.

Trotz aller Anstrengungen wurde jedoch allerorts die deutsche Front zurückgedrängt. In der letzten Februarwoche hatte die Rote Armee Belgorod, 80 km nördlich von Charkow, genommen, und im Süden bedrohte sie die Dnjeprübergänge. Ein Erfolg des Feindes hier hätte zur Einkesselung der Heeresgruppe Don geführt. Die Gefahr war mehr theoretischer Natur, weil die Rote Armee nicht in der Lage war, den Vormarsch fortzusetzen, sobald sie auf Widerstand stieß. Ihre Versorgungswege waren überdehnt, der Schlamm der frühen Tauwetterperiode brachte den gesamten Nachschub durcheinander, der Vorstoß versackte. Sehr schnell nutzten die Deutschen diesen sich bietenden Vorteil, so daß von Manstein am 19. 2. 1943 einen kühnen Gegenschlag eröffnete. In der ersten Märzwoche war der Donez erreicht, am 15. 3. Charkow, am 19. 3. Belgorod zurückerobert. Danach blieb die Gegenoffensive im Schlamm der Tauperiode stecken. Beide Gegner waren erschöpft, die Front gefestigt: Von Taganrog, über Mius, Donez, Belgorod bis Orel. Stalingrad lag 800 km im Osten dieses Frontverlaufs.

IX. Krisenlagen

Während die Luftwaffe in einen Feldzug nach dem anderen verwickelt war, ohne kaum Zeit zu haben, sich zwischenzeitlich zu erholen, oblag dem Oberkommando der Luftwaffe die Aufgabe, die kämpfende Truppe mit dem erforderlichen Ersatz an Mensch und Material zu versorgen, um zum Sieg zu kommen. Die Lösung dieser Aufgabe mußte auf zwei Wegen erreicht werden. Zum einen hieß es, genügend Flugzeuge produzieren und fliegendes Personal ausbilden, um die Verluste an der Front auszugleichen und für neue Einsätze gewappnet zu sein. Zum anderen mußte man dem Feind in der Entwicklung neuer Waffen oder Verbesserung der alten zuvorkommen. Das war für die Luftwaffenführung eine besonders schwierige Angelegenheit. Ein derart vielfältig gegliederter Truppenteil, wie es eine Luftwaffe aufgabenbedingt ist, die sich auf im höchsten Maß komplizierte Technik und Ausrüstung abstützt, was zeitraubende und teure Entwicklung nach sich zieht, konnte weit weniger als das Heer schwerwiegende Rückschläge und Verluste verkraften. Es war beispielsweise unmöglich für die Luftwaffe, sofort Vorbereitungen zu treffen und Reserven bereitzustellen, wenn der Einsatz auf einem neuen Kriegsschauplatz heranstand oder ein veralteter Flugzeugtyp ersetzt werden mußte. Nur mit sorgfältigster Planung konnte man solche Fälle vorausschauend berücksichtigen und darauf vorbereitet sein. Es dauerte seine Zeit, angemessene Reserven gut ausgebildeten Personals und einsatzbereiter Flugzeuge zu bilden sowie in laufenden Entwicklungsmaßnahmen neues und für die Front geeignetes Gerät zu schaffen. Jeder Fehler in jedem einzelnen dieser Bereiche verursachte einen Zeitverzug von mindestens zwei Jahren, um ihn auffangen zu können. Das konnte bedeuten, daß der Kampf schon verloren war. Leider zeigte die Luftwaffenführung im Bereich der Flugzeugproduktion, der Ausbildung und der Entwicklung neuen Geräts erhebliche Schwächen.

Die Flugzeugverluste in den ersten zwei Kriegsjahren lassen sich mit letzter Sicherheit nicht feststellen. Mit hoher Wahrscheinlichkeit beliefen sich bis Ende 1942 die Flugzeugverluste an Einsatz- und Transportflugzeugen der Luftwaffe auf 18 000 Maschinen, deren Ausfall verschiedenste Gründe hatte. Während dieser Zeit betrug die Flugzeugfertigung im Reich 31 000 Militärflugzeuge (ohne Schulflugzeuge). Weil die Produktion einiger Flugzeuge (Do 17 und He 111) zugunsten anderer (Ju 88 und Do 217) eingestellt und neuere, verbesserte Typen (Bf 109F und Bf 109G) anstelle der älteren (Bf 109D und Bf 109E) eingeführt wurden, gab es in Wirklichkeit keinen Produktionsüberhang gegenüber den Verlusten. Mit 3356 Einsatzflugzeugen zog die Luftwaffe in den Krieg. Die meisten davon waren im Polenfeldzug im Einsatz. Sie verfügte jedoch nach etwas mehr als drei Kriegsjahren, Ende 1942, über nur 3950 Flugzeuge, abgesehen von dem Höchststand von 4800 in der Mitte des Jahres 1942; seinerzeit kämpfte sie hauptsächlich auf einem Kriegsschauplatz, nämlich an der Ostfront in Rußland, und zwei Nebenkriegsschauplätzen mit zunehmender Bedeutung – dem Mittelmeerraum und dem Westen. Auf jedem dieser Kriegsschauplätze wäre der Einsatz aller Kräfte der Luftwaffe angemessen gewesen, um dem Auftrag gerecht zu werden. Die anteilmäßige Aufteilung war in der Tat unzureichend.

Zweifellos war im wesentlichen Hitler dafür verantwortlich, daß es nach 1940 zu der geradezu erschreckenden Überbelastung der Kräfte der Luftwaffe gekommen ist. Die Luftwaffe mußte drei Jahre früher als von ihrer Führung geplant in einen europäischen Krieg ziehen, viel zu früh, um sich seit dem Wiederaufbau 1933 zu einer schlagkräftigen Waffe entwickeln zu können. Die Feldzüge in Polen, Norwegen und Frankreich konnte sie noch ohne weiteres durchstehen, dasselbe galt auch noch für den Kampf zur Erringung der Luftüberlegenheit über Südostengland. Als Hitler jedoch Befehl gab, 1941 Rußland anzugreifen, trat die Luftwaffe mit weniger Kräften als im Jahr zuvor gegen Frankreich an. Daher mußte unbedingt die Entscheidung vor Ablauf des Jahres erzwungen werden, denn die Luftwaffe stand schon im Krieg gegen England an zwei weiteren Fronten, im Westen und im Mittelmeerraum. Mit ihren eingeschränkten Mitteln konnte es sich die Luftwaffe nicht leisten, sich in ein weiteres größeres Unternehmen einzulassen, solange der Feind in ihrem Rücken tätig war, der nunmehr in der Lage war, einen Großangriff gegen die deutsche Kriegsindustrie und vor allem die Flugzeugindustrie zu entfesseln. Trotz Görings Abneigung bestand Hitler darauf, im Osten anzugreifen, wenngleich er sich genau darüber im klaren war, daß ein schneller Sieg errungen werden mußte. Sein Vabanquespiel ging jedoch nicht auf. Die Operationen gegen Rußland unterschieden sich nach Umfang und Größe ganz wesentlich von denen, in die die Wehrmacht bisher verwikkelt war. Ihre Kräfte reichten nicht aus, der Herausforderung gerecht zu werden, was sich schließlich im Winter 1941 vor Moskau bewahrheitete. Hitlers persönliches Eingreifen in die strategische Führung des Heeres in diesem Feldzug verursachte den Fehlschlag. Seit dieser Zeit war es offensichtlich, daß die Luftwaffe gleichzeitig auf drei Kriegsschauplätzen zu kämpfen nicht fähig war. Diese Unfähigkeit hätte man bei der Vorplanung, selbst wenn man mit diesen Möglichkeiten gerechnet hätte, berücksichtigen müssen. Wie die Geschichte lehrt, waren die vereinigten englischen, amerikanischen und russischen Fliegerkräfte nicht zu bezwingen. Durch die Überbelastung der Luftwaffe (und natürlich auch der anderen beiden Wehrmachtteile) mit Aufgaben, die jenseits ihres Leistungsvermögens lagen, beschwor Hitler letztendlich ihren Niedergang herauf.

Unter diesen Voraussetzungen muß man die Flugzeugfertigung in den ersten drei Kriegsjahren betrachten. Daß es in der Luftwaffenführungsspitze keine Gleichgültigkeit im Denken und Handeln gab, läßt sich aus der veränderten Flugzeugproduktion während dieses Zeitraums ableiten. Um schnelle Siege erringen zu können, hatte die Luftwaffe den Plan für ausgewogene, allen Aufgaben gerecht werdende Fliegerkräfte aufgegeben. Man glaubte, den Erfolg am besten sicherzustellen, indem man alle verfügbaren Mittel in die Produktion von reinen Einsatzflugzeugen anstelle von anderen, wie Schulflugzeugen beispielsweise, steckte. In der Tat sah man darin die einzige Lösung, zumal die Luftwaffe vor Abschluß ihrer geplanten Aufstellung in den Krieg ziehen mußte. Aus diesem Grunde veränderte sich das Verhältnis des Produktionsausstoßes von Einsatzflugzeugen zu Schulflugzeugen, Transportern, Aufklärern und dergleichen von 57:43 im Jahre 1939, das gemäß der Planung für den Aufbau der Luftwaffe, der drei Jahre später abgeschlossen sein und im Grunde genommen unverändert bleiben sollte, auf 75:25 im Jahre 1942, um 1944 mit 88:12 den Höchstwert zu erreichen. Vor allem auf Schul- und Transportflugzeuge legte man nur nachrangig Wert, weil man bemüht war, in möglichst kurzer Zeit durch Einsatz von Feuerkraft den Krieg zu gewinnen. Man wußte, daß man sich auf ein Vabanquespiel einließ und einlassen mußte, das schließlich mit allen schrecklichen Folgen verlorenging. Ein Versagen in Rußland mußte zum Wendepunkt im Kriege führen, was sich 1943 mit allen Folgen abzuzeichnen begann.

Die Veränderung der Zusammensetzung des Flugzeugfertigungsprogramms war nur ein Gesichtspunkt, wie sich die Luftwaffe den Forderungen des Krieges anpaßte. Andere betreffen die Quantität und Qualität der Flugzeugproduktion. 1939 fertigten alle deutschen Flugzeugwerke 8295 Militärflugzeuge, davon 4733

OST V

DON I

VIII

IV

Luftflotten-
grenzen
ursprünglich
später
2   Luftflotte
V   Fliegerkorps
OST   Luftwaffenkommando

Frontflugzeuge. 1940 waren es 10 826 beziehungsweise 7103, 1941 schon 11 776 und 8082 und 1943 sogar 15 556 und 11 752. Diese Zahlen würden sich noch erhöhen, wenn man Umrüstungen älterer Typen und schwere Instandsetzungen mitzählen wollte, was 1940 zum Beispiel anstelle von 10 826 Flugzeugen 11 376 ausgemacht hätte. Die Gesamtflugzeugproduktion 1940 lag über 30 Prozent höher als 1939, 1941 fast 42 Prozent und 1942 über 82 Prozent. Auf dem Gebiet der Einsatzflugzeuge bewegten sich die Zahlenwerte sogar noch höher (1940: 50%; 1941: 70%; 1942: 148%).

Die Steigerung der Flugzeugproduktion war so beeindruckend auch wieder nicht. Es wurde kein Versuch unternommen, das 1938 angekündigte Programm zur Verfünffachung der Luftwaffe in die Tat umzusetzen, das in Friedenszeiten mit Sicherheit jenseits aller Möglichkeiten gewesen wäre, im Kriege aber nicht so überzogen schien, wenn man auf die Zeitereignisse zurückblickt, zumal durch die Besetzung großer Teile Europas unzählige Wirtschaftsbereiche und Rohstoffe dem Reich anheimfielen. Die Friedensplanung des Generalluftzeugmeisteramtes sah für den Sommer 1941 einen Monatsausstoß von 1553 Flugzeugen vor, in Wirklichkeit lag er nur bei 981 Maschinen. In geringem Umfang wurde Schichtarbeit eingeführt, obwohl die Mobilmachungspläne einen Zweischichtbetrieb mit acht bis zehn Stunden täglich vorgesehen hatten. Die Arbeiter erfreuten sich weiterhin einer 40-Stunden-Woche und ließen keinen Feiertag aus. Die in den Fabriken vorhandenen Arbeitsreserven blieben im wesentlichen ungenutzt, einige wurden sogar zur Herstellung von Landungsbooten und Feuerleitern herangezogen. Der verhältnismäßig geringe Produktionsausstoß im Vergleich zu dem, der sich später abzeichnete – so betrug die Monatsproduktion im Juli 1944 mehr als die Hälfte der gesamten Jahresproduktion von 1939 – reichte aus, um mit den Ereignissen Schritt zu halten, sofern Hitler die Dinge nicht zu weit treiben sollte. So benötigte man für den Frankreichfeldzug zum Beispiel nur die Flugzeugproduktion von sechs Wochen vergleichsweise. Während der Luftschlacht um England übertrafen die Verluste vor allem bei den Jägern die Fertigungszahlen. Verfügbare Reserven konnten jedoch mit der Lage in dieser Phase fertig werden. Nach dem Balkanfeldzug, der mit verhältnismäßig wenigen Verlusten überstanden worden war, verfügte die Luftwaffe Mitte 1941 über 4300 Frontflugzeuge und hatte noch 25 Prozent in Reserve. Während des Rußlandfeldzuges sank die Monatsproduktion zwar ab, von einem Spitzenwert von 1174 Maschinen im März auf 895 im November, aber trotz allem konnte die Fertigung die Einsatzverluste auffangen.

So weit, so gut. Der Schwachpunkt lag in der Tatsache begründet, daß man keine Vorkehrungen für den Fall getroffen hatte, daß der Ostfeldzug eine Niederlage nach sich ziehen sollte. Ein verstärkter Einsatz dort – wäre er nur der einzige geblieben, so hätte die Luftwaffe damit in angemessener Form fertig werden können – bedeutete, daß man die militärische Lage im Mittelmeerraum und im Westen, wo der Feind täglich an Stärke gewann, nicht in den Griff hätte bekommen können. Damit begann sich der Teufelskreis zu drehen. Da sich keine Kriegsentscheidung abzeichnete, wurde die Luftwaffe immer mehr in dem Maße verstrickt, wie der Feind seine Kampfkraft steigerte. Engpässe und Krisen auf einem Kriegsschauplatz, oder gar nur in einem Bereich, hatten Auswirkungen auf andere. Innerhalb kurzer Zeit übertrafen die Zahlen der Verluste die der Fertigung. Der Klarstand der Verbände sank gefährlich tief ab. Die Luftwaffe, die den Krieg mit einem Überhang von drei Prozent ihrer Kriegsstärkenachweisung begonnen hatte, war Ende 1942 bei einem Minus von 43 Prozent ihrer Einsatzflugzeuge angelangt. Hatte sich die gesamte Kampfstärke von 2761 Bombern, Stukas, Schlachtfliegern und Jägern seit 1. September 1939 um 24Prozent bis zum 30. Dezember 1942 auf 3440 erhöht, so war damit dennoch gleichzeitig ein stetiger Abfall in der Einsatzbereitschaft verbunden, der sich von ursprünglich 75 Prozent auf 59 Prozent verschlechterte. Aus diesem Grunde sank die Zahl der einsatzbereiten Flugzeuge der Luftwaffe von 2070 auf 2030 zu einer Zeit, als sich ihr Aufgaben- und Einsatzbereich erheblich erweitert hatte. Damit begab sie sich der Möglichkeit der Initiative und mußte auf Grund dessen einer Niederlage ins Auge sehen.

Bis Ende 1942 war es der Luftwaffe weder gelungen, genügend Flugzeuge für ihren Bedarf zu produzieren, noch die überstrapazierten Verbände mit erheblich besseren Flugzeugen auszurüsten als zu Kriegsbeginn. Man hatte zwar Verbesserungen bei verschiedenen Flugzeugtypen vorgenommen, aber nur wenige veraltete Typen wurden entgegen der Planung ausgemustert. Eine Ausnahme macht die Do 17, die als Bomber von der Front abgezogen wurde, in geringer Anzahl jedoch als Fernaufklärer weiterhin im Einsatz blieb. Nur drei neue Flugzeugtypen, die Ju 88, Fw 189 und Fw 190, wurden in angemessener Zahl bei der Truppe eingeführt. Die Ju 88 stand bei Kriegsbeginn kurz vor der Truppenreife. Der Nahaufklärer Fw 189 stand seit 1937 in Erprobung. Von den He 177 und Me 210, auf die sich die Luftwaffenplanung maßgeblich abstützte, gab es bei den Frontverbänden nur einige wenige nicht einsatzbereite Maschinen trotz der Tatsache, daß man die Absicht hatte, bis März 1943 davon 8000 beziehungsweise 4500 Maschinen gefertigt haben wollte.

Von dem »Bomber B«, der als Nachfolgemuster für die Mittelstreckenbomber gedacht war, war weit und breit nichts zu sehen. Im Hinblick auf seine geplante Einführung hatte man die Fertigung der He 111 von 780 am 1. September 1939 auf 310 am 31. Dezember 1942 verringert, während die Gesamtzahl an Ju 88 schon 520 Kampfflugzeuge erreicht hatte. Dieser Typ fand auch bei Fernaufklärerstaffeln Verwendung. Das einzig neue Kampfflugzeug war die Do 217, von der 190 im Einsatz standen. Ihre Leistung befriedigte nicht in allen Bereichen, warum auch nur ein Kampfgeschwader und einige Staffeln damit ausgerüstet waren. Die verfügbaren Ju 87 waren von 335 auf 270 abgesunken, während die Zahl der Bf 110 von 195 auf 365 gestiegen war. Nur bei den Jägern tat sich zahlenmäßig etwas. Haupteinsatztyp blieb die Bf 109 mit 660 Maschinen insgesamt, aber die neueingeführte Fw 190 lief in beträchtlichen Zahlen der Truppe zu; am 31. Dezember 1942 waren es immerhin schon 580 Maschinen.

Um das Fehl an He 177, Me 210 und »Bomber B« auszugleichen, mußte man unbedingt eine Ausweichlösung finden. Die Fertigung der He 111, die ursprünglich 1940 eingestellt werden sollte, wurde bis 1942 verlängert, die der Ju 88 verringert, um für Nachfolgemuster Platz zu schaffen. Schließlich wurde die Fertigung der He 111 trotz der zunehmenden Veralterung noch gesteigert und bis zum Herbst 1944 fortgesetzt. Die Maschine wurde laufend verbessert. So konnte Ende 1942 die He 111H-16 mit einer Bombenlast von 2500 kg immerhin 1000 km tief ins Feindgebiet einfliegen; sie erreichte in 6000 m Flughöhe eine Höchstgeschwindigkeit von 410 km/h. Das war ein erheblicher technischer Fortschritt gegenüber den He 111P-2 und He 111H-1 zu Beginn des Krieges. Ähnlich erging es mit der Ju 88. War die Ju 88A-1 wegen ihrer Kinderkrankheiten noch bei den fliegenden Besatzungen ein »ungeliebtes Kind«, so verfügte die Ju 88A-4 mit 2000 kg Bomben über eine Eindringtiefe von 900 km und erreichte in 5300 m Flughöhe eine Höchstgeschwindigkeit von 470 km/h. Auch die Abwehrbewaffnung beider Flugzeuge war wesentlich verbessert worden. Keines von beiden konnte jedoch leistungsmäßig die geforderten Leistungswerte des »Bomber B« oder gar der He 177 erreichen, die 900 kg Bomben 1950 km tief ins Feindesland tragen sollten, 2700 kg bei entsprechend geringerer Eindringtiefe, und in 5800 m Flughöhe bis zu 490 km/h schnell sein sollte. Der General der Kampfflieger, Dietrich Peltz, hat es für einen Fehlgriff gehalten, ein Flugzeug wie die Ju 88 auszuwählen, das einen Kompromiß von Reichweite, Bombenzuladung und Sturzflugfähigkeit bildete. Der Kommandeur der Luftwaffenerprobungsstelle Rechlin, Oberst Edgar Petersen, nahm kein Blatt vor den Mund und äußerte hoffnungsvoll: »*Die Tage des mittleren Bombers sind gezählt.*« Die Schwächen der Fw 200, vor allem ihre hohe Ausfallrate und Störanfälligkeit, bewegten die für die Seekriegsführung Verantwortlichen in zunehmendem Maße zu fordern, die He 177 als Fernaufklärer und Bomber in ausreichender Zahl zur Verfügung zu haben.

Ähnlich wie bei den Bombern sah es bei den Stukas, Schlachtfliegern und Zerstörern, den Ju 87 und Bf 110, aus. Diese zeigte als Tagjäger schon im Sommer 1940 erhebliche Schwächen, während jene nach Ansicht einiger Fachleute bereits 1939 überholt und veraltet gewesen sein sollte. Beide Maschinen sollten 1941 zugunsten der Me 210 aus der Produktion genommen werden; im November dieses Jahres wurden nur zwei Ju 87 ausgeliefert, mit Ablauf des Dezember 1941 lief keine Bf 110 mehr vom Band. Da die Me 210 aber nicht fertig wurde,

entschloß man sich, Anfang 1942 die Fertigung der Ju 87 und Bf 110 wieder aufzunehmen, so daß Ende des Jahres 917 Ju 87 und 577 Bf 110 als Zerstörer, Nachtjäger und Schlachtflieger der Luftwaffe zulaufen konnten. Die Ju 87 wurden
weiterhin bis September 1944 und die Bf 110 bis März 1945 produziert. Die verbesserten Typen hatten eine stärkere Bewaffnung und verfügten über folgende
Leistungskriterien: Die Ju 87D-1 erreichte in 4100 m Flughöhe eine Höchstgeschwindigkeit von 410 km/h mit einer Bombenzuladung von 1000 kg (die
Höchstzuladung betrug 1800 kg); die Bf 110F-2 erreichte in 5400 m Flughöhe
570 km/h und verfügte über eine Kampfreichweite von 600 km. Die schon lange
für veraltet angesehene Hs 123 stand immer noch im Fronteinsatz, obwohl die
Fertigung bereits 1938 eingestellt worden war. Erst Mitte 1944 wurden diese
Flugzeuge aus den Schlachtgruppen abgezogen. Sogar einige der »uralten« Aufklärer vom Typ He 45, die seit 1936 nicht mehr gebaut wurden, wurden bei
Nachtstörangriffen eingesetzt. Als Zerstörer war 1941 die Ju 88C-6 bei der
Truppe eingeführt worden. Sie war das schwerste Jagdflugzeug des Krieges, erreichte in 4800 m Flughöhe 550 km/h, hatte eine Eindringtiefe von 1000 km und
eine weit bessere Bewaffnung als die Bf 110. Zu den weiteren Notbehelfen zählten die mit besonderer Ausrüstung versehenen älteren Typen der Bf 109 und die
neue Fw 190, die als Jabos und Schlachtflugzeuge zum Einsatz kamen, wobei
sich die Fw 190 als besonders wirkungsvoll erwies.

Nur ein Flugzeug wurde zielstrebig für den Einsatz als Schlachtflugzeug zur
unmittelbaren Heeresunterstützung gebaut, die Hs 129. Zwar mit guter Bewaffnung versehen, enttäuschte doch ihre Leistung, weil die Flugzeugzelle zu
schwach ausgelegt war und daher nur mit verhältnismäßig schwachen Flugmotoren ausgerüstet werden konnte. Auf Grund dessen erreichte diese Maschine,
ohne Bomben, knapp 400 km/h und 280 km Eindringtiefe. Sie war sehr störanfällig, weil der Motor staubempfindlich war und leicht Feuer fing. Das war der
Grund dafür, daß Ende 1942 erst eine Gruppe mit der Hs 129 ausgerüstet war.
Zweifellos reichten weder die Ju 87 noch die Bf 110, Ju 88, Fw 190, Bf 109 oder
gar die Hs 129 an die theoretischen Leistungswerte des geplanten Nachfolgemu-
sters Me 210 heran: Höchstgeschwindigkeit in 5400 m Flughöhe 560 km/h,
Kampfreichweite 900 km, maximale Bombenzuladung 1000 kg, ganz abgesehen
von hervorragender Wendigkeit und besserer Bewaffnung, die nur von der Ju 88
und Hs 129 übertroffen wurde.

Ganz besonderen Schwierigkeiten sah sich die deutsche Nachtjagd gegenüber,
die sich vollständig auf die Bf 110 abstützte und unter schwerwiegenden Engpäs-
sen leiden mußte, als die Fertigungszahlen dieser Maschine zurückgingen. Die
Produktionszahlen des schweren Jägers und Zerstörers Ju 88 wurden als Ersatz
dafür nicht angehoben, weil man diese Maschine für zu aufwendig für die Aufgaben der geführten Nachtjagd ansah, wo man kein Flugzeug mit hoher Steiggeschwindigkeit, hoher Fluggeschwindigkeit und großer Reichweite zu benötigen
glaubte. Es gab keinen gezielt gebauten Nachtjäger, geschweige denn, daß einer
geplant oder auf dem Reißbrett vorhanden war. Kammhuber hatte ein zweimotoriges, doppelsitziges Flugzeug gefordert, das über gute Sichtverhältnisse und
eine Kanonenbewaffnung verfügen sollte. Diese sollte so angebracht werden,
daß es beim Schießen in der Nacht zu keiner Blendwirkung kam. Die He 219, die
Heinkel ursprünglich 1940 als Zerstörer/Aufklärer konstruiert hatte, schien dafür geeignet. Dem Projekt wurde aber vom Generalluftzeugmeister eine geringe
Priorität zugeschrieben, weil er ängstlich darauf bedacht war, die Zahl von Son-
derflugzeugen zugunsten der Massenfertigung gering zu halten. Er befahl, daß
die Maschine nicht vor Anfang 1945 bei der Truppe eingeführt werden durfte. Als
Lückenbüßer galt die Do 217J-1, die im März 1942 truppenreif war. Alle Erwartungen über ihre Leistungsfähigkeit verflogen jedoch schnell, weil die Maschine

Jäger Do 335

Transportflugzeuge Ju 52 und Me 323

**Lagebesprechung zwischen Göring und Jeschonnek,
1941**

Professor Claude Dornier

Dr. Ernst Heinkel

Professor Willy Messerschmitt

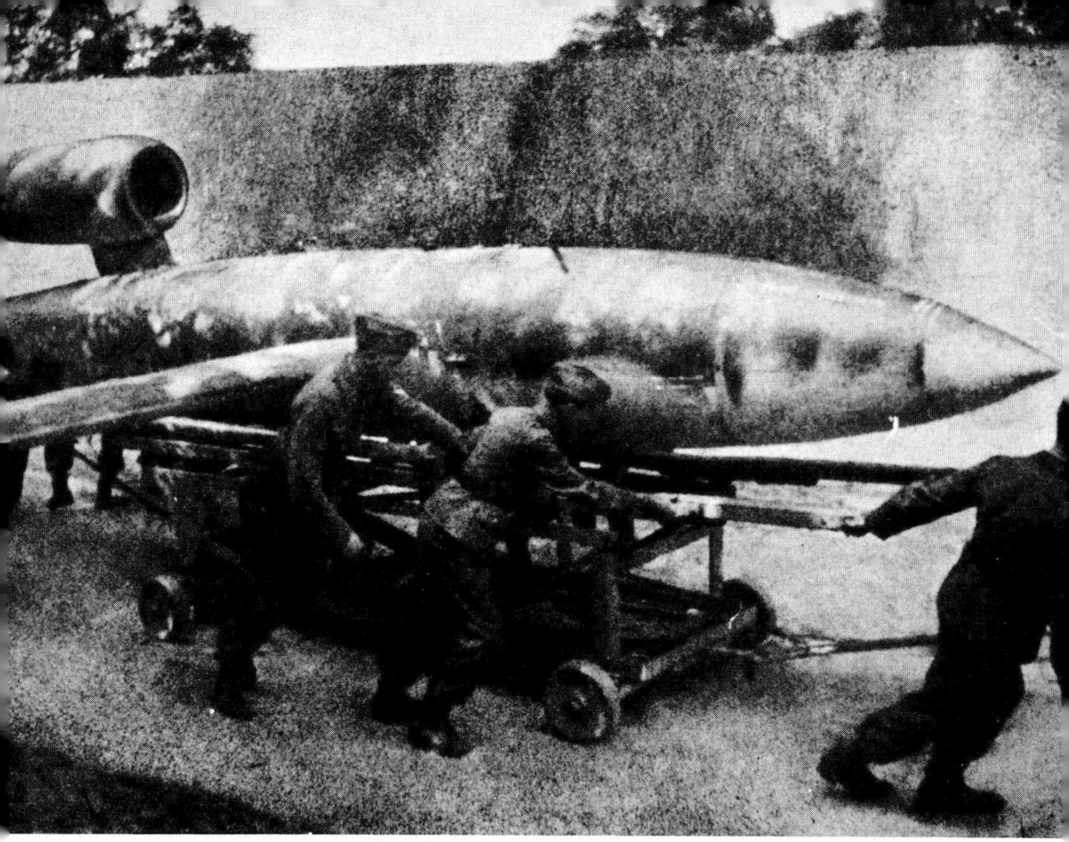

Flugbombe V 1 auf dem Transport zur Abschußrampe

funkgesteuerte Bombe »Fritz X«

Flakgeschütz 8,8 cm

Flakgeschütz 2 cm

Udet mit Galland und Mölders – v. l. –

Generalfeldmarschall Robert Ritter von Greim

General Karl Koller

General Werner Kreipe

General Günther Korten

Jeschonnek, Keßelring und Göring (v.l.n.r.) während der Luftschlacht um England

Göring beobachtet die englische Küste während der Schlacht

Bf 109 vor der Südküste Englands im Sommer 1940

He 111 auf dem Anflug über dem Ärmelkanal

Deutsche Jagdflieger entspannen zwischen den Einsätzen, Mai 1940

Hitler erhält ein Geschenk von einem Luftwaffensoldaten, September 1939

Im Rumpfbug einer He 111

Eine He 111 über London im September 1940

Ju 87 auf einem Feldflugplatz in Polen, 1939

Eine deutsche Kampfbesatzung, gefallen in Rußland

Versorgungsbehälter der Luftwaffe für die Verteidiger von Cholm, 1941

Start einer Ju 87 zum Nachtangriff in Rußland 1943

Ein Flugzeug-Friedhof in Stalingrad 1943

Die Luftwaffe greift einen nach Malta laufenden Geleitzug an, 1942

Luftkriegsopfer nach dem Angriff der RAF auf Hamburg im Juli 1943

3,7-cm-Flak im Erdeinsatz

Fallschirmjäger beim Angriff in Kreta 1941

äußerst schwerfällig war, über zu wenig Motorleistung verfügte und bei Start und Landung Schwierigkeiten bereitete. Die Anfang 1943 verfügbare Do 217N war geringfügig besser. Nur weil die Kampffliegerverbände nicht in der Lage waren, alle Do 217 zu übernehmen, stand dieses Flugzeug für andere Aufgaben bereit. Schließlich stützte man sich ab Sommer 1942 vornehmlich auf die technisch verbesserten Bf 110F-4 und Ju 88C-6 ab. Sie bedeuteten jedoch keine ideale Lösung des Problems der Nachtjagd. Die einzige Anpassung an die Einsatzaufgaben bestand darin, die Flugzeuge mit Flammdämpfern an den Auspuffrohren und etwas mehr Stauraum für Funk- und Funkmeßausrüstung zu versehen. Man setzte alle Hoffnungen auf die Anfang 1943 geplanten Nachtjägerversionen der Bf 110 und Ju 88, die 1944 zur Truppe gelangen sollten.

Nur bei der Tagjagd konnte sich die Luftwaffe erheblicher Verbesserungen hinsichtlich der Flugzeugqualität erfreuen. Seit dem Frühjahr 1941 wurden die Bf 109E laufend durch die Bf 109F ersetzt, die aber nicht befriedigten. Innerhalb eines Jahres gelang mit der Bf 109G hingegen ein technischer Wurf, der jedem deutschen Luftgegner überlegen war. Die Bf 109G-2 erreichte in 6300 m Höhe 650 km/h; ihr Kampfradius betrug 275 km (425 km mit Zusatzkraftstoffbehälter). Einige Jagdflieger waren der Ansicht, daß bei diesem Typ Wendigkeit und Handhabung zugunsten höherer Geschwindigkeit geopfert wurden. Das traf jedoch nicht für das neue Jagdflugzeug, die Fw 190, zu, die seit Ende Juli 1941 auf Grund einer Entscheidung von Anfang 1940 an die Frontverbände ausgeliefert wurde. Die Fw 190A-3 leistete in 6000 m Höhe 615 km/h Höchstgeschwindigkeit (mit einer Minute Notleistung in 6400 m sogar 675 km/h) und hatte einen Kampfradius von 400 km. Hinsichtlich der Geschwindigkeit und Wendigkeit war sie der seinerzeit im Dienst stehenden »Spitfire« Mk V überlegen und konnte und brauchte den Vergleich mit der »Spitfire« Mk IX, die 1943 an der Front erschien, nicht scheuen. Die Fw 190 war wendiger als beide dieser Feindtypen, nur im engen Kurvenkampf war sie den englischen Maschinen unterlegen.

Man entschied sich, die Bf 109 und die Fw 190 gemeinsam weiterhin zu produzieren. Zwar war die Maschine der Focke-Wulf-Werke robuster gebaut, wendiger und stärker bewaffnet, aber oberhalb von 6000 m Höhe, wo die schweren alliierten Bomber einzufliegen pflegten, ließ ihr Leistungsvermögen sichtlich nach. In diesen Höhen war der Luftkampf für die Fw 190 gefährlich, dort mußte man sich auf die Bf 109 verlassen. Im gemeinsamen Einsatz hingegen erwiesen sich diese beiden Jagdflugzeuge als äußerst gefährliche Luftgegner. Ihre Einsatzwirkung litt darunter, weil die entsprechende Bordkanone, die MK 108 (3-cm-Kaliber), die schon im Sommer 1939 Hitler in Rechlin vorgeführt worden war, erst zu spät zum Einbau kam. Diese Bordwaffe konnte die neu entwickelte Minengranate verschießen, die theoretisch mit einem Treffer einen Feindbomber vernichten konnte, wohingegen man in der Praxis im Durchschnitt drei Treffer gegen eine B-17 haben mußte. Die Entwicklung zur Truppenreife zog sich hin, so daß erst 1943 die Bf 109 und Fw 190 damit ausgerüstet werden konnten. Bis dahin mußten mit den 2-cm-Bordkanonen durchschnittlich 20 Treffer erzielt werden, um einen viermotorigen Bomber abzuschießen. Das war für den Durchschnittsjagdflieger der Luftwaffe schwierig genug, denn nur zwei Prozent seiner verschossenen Bordmunition traf das feindliche Ziel. Er mußte 23 Sekunden schießen, um zu treffen. Innerhalb dieser Zeit lief er Gefahr, in das feindliche Abwehrfeuer zu geraten. Die Einführung der MK 108 erfolgte wahrlich im letzten Augenblick.

Zusammenfassend ist festzustellen, daß zu Beginn des vierten Kriegsjahres 80 Prozent der Einsatzflugzeuge der Luftwaffe hauptsächlich aus sechs Flugzeugtypen bestanden: Ju 88, He 111, Ju 87, Bf 110, Bf 109 und Fw 190. Von diesen

Flugzeugen stellten die He 111, Ju 87 und Bf 110 ein Viertel aller Frontflugzeuge der Luftwaffe. Sie waren längst veraltet und konnten nur an der Ostfront wirkungsvoll zum Einsatz kommen, wo die feindliche Luftverteidigung weniger bedrohlich war. Nur die Tagjagdwaffe der Luftwaffe konnte knapp mit den Entwicklungen des Gegners Schritt halten. Aber auch sie war bald überflügelt. Alle anderen Verbände, deren Flugzeuge fast 70 Prozent der Kampfstärke der Luftwaffe ausmachten und mit Masse veraltet waren, warteten auf Nachfolgemuster vergeblich.

Nur warum die Luftwaffe in eine derart trostlose und erschreckende Lage hinsichtlich der erforderlichen Menge und Qualität ihrer Flugzeuge geriet, ist äußerst schwierig feststellbar und herauszufinden. Mit Sicherheit nahm die verständliche Zuversicht des ersten Kriegsjahrs, die sich dann als unangemessen erweisen sollte, einen gewissen Einfluß auf den Ablauf der Ereignisse. Einem fast leicht errungenen Sieg in Polen folgten die außergewöhnlichen Erfolge in Norwegen und Frankreich. Erfolge, die in der Geschichte militärischer Unternehmungen einen hohen Rang einzunehmen sicher sind. Nach der Niederlage Frankreichs, im Juni 1940, drückte Udet die Gedanken vieler Mitarbeiter seines Stabes im RLM mit folgenden Worten triumphierend aus: *»Der Krieg ist aus! Die ganzen Pläne sind Mist! Das brauchen wir nicht mehr!«* Inwieweit Udet und seine Mitarbeiter Verantwortung für die verheerende Flugzeuglage der Luftwaffe zu tragen haben, ist schwer beurteilbar. Eine kriegsgerichtliche Untersuchung gelangte zu dem Schluß, daß die Beteiligten sich selbst zu entlasten in der Lage wären, da kein unbestreitbarer Nachweis ihrer Unfähigkeit zu führen ist. Der Generalrichter der Luftwaffe erklärte Göring, daß jeden der verantwortlichen Luftwaffenoffiziere ein gerüttelt Maß an Schuld träfe. In Fortführung der bedauernswerten Zustände, die schon vor dem Kriege herrschten, zeigte Jeschonnek ein bemerkenswertes Desinteresse an der Luftrüstung, obwohl er dafür verantwortlich war, ganz zu schweigen von Göring. Der Generalstab der Luftwaffe, so die Meinung und Ansicht des Generalrichters, habe es versäumt, die taktisch-technische Entwicklung und die Forderungen der Luftwaffe zu überwachen und zu kontrollieren und dadurch die Tätigkeiten des Generalluftzeugmeisteramtes nicht abgestimmt. Was wundert es, wenn er feststellt: *»Weder der Generalstab noch I T hatten seit 1939 bestimmte Forderungen an Leistungsdaten der Flugzeuge gestellt, sondern sich mit Allgemeinplätzen begnügt.«*
Sogar Milch, Udets direkter und auch fachlicher Vorgesetzter, übte keine besondere Kontrolle über den Betrieb des Generalluftzeugmeisteramtes aus. Das persönliche und dienstliche Verhältnis, das schon vor dem Kriege nicht zum besten gediehen war, verschlechterte sich nach 1939, als sich Udets Verhältnis zu Göring zunehmend zu bessern begann. Je enger sich der Generalluftzeugmeister dem Oberbefehlshaber der Luftwaffe anschloß, um so weniger Einfluß konnte der Staatssekretär nehmen. Ploch, Chef des Stabes bei Udet, erinnert sich: *»Als Milch in Norwegen war . . . ging es mit Göring wunderbar. Als Milch wiederkehrte, sah er sich ausgeschaltet. Er erkannte das gleich. Udet hat den Milch beiseite gelassen. Das ist möglich. Denn unsere (meine, Tschersichs, Luchts und Reidenbachs) Tendenz ging dahin. Wir empfanden das Zwischenpantschen Milchs als nicht förderlich und waren gegen seine persönlichen Tendenzen und Machtbestrebungen.«* Zu dieser Aussage paßt die des Feldmarschalls Keßelring: *»Die Ingenieure waren Antipoden Milchs. Udet war in ihren Händen. In großem Maße trieb vor allem Lucht Udet in die Isolation hinein.«*
In den ersten Kriegsjahren sah sich das Generalluftzeugmeisteramt tatsächlich isoliert, teils selbstverschuldet, teils auf Grund äußerer Einflüsse. Niemand in der Luftwaffe übte eine alle Bereiche umfassende Überwachung aus, um si-

cherzustellen, daß die Flugzeugbeschaffung mit den strategischen Forderungen der Luftwaffe in Übereinstimmung gebracht wurde. Um so schlimmer war es, daß Oberst Helmut von Pohle im Oktober 1939 von einem Englandeinsatz nicht zurückkehrte, kurz bevor er in den Generalstab der Luftwaffe wechseln sollte, um Jeschonnek in Fragen taktisch-technischer Forderungen an das fliegerische Gerät zu beraten. Nach seiner Gefangennahme gab es keinen Mann oder keine Dienststelle, die sich darum bemühten, die Forderungen der Truppe mit Fertigung und Entwicklung von Gerät abzustimmen. Auch gibt es keinen Hinweis darauf, daß irgend jemand außerhalb des Generalluftzeugmeisteramtes, selbst nach den schweren Verlusten während der Luftschlacht um England, Udet möglicherweise nachdrücklich vorgetragen hat, zur Vorbereitung des Rußlandfeldzuges die Flugzeugfertigung zu steigern.

Außer der Tatsache, daß man sich nicht im klaren darüber war, daß es einer erheblichen Zunahme der Fertigungszahlen bedurfte, verursachte mangelnde Koordination eine laufende, schleichende Störung des Flugzeugbeschaffungsprogrammes der Luftwaffe, das zwischen September 1939 und November 1941 nicht weniger als sechzehn nachhaltigen Überarbeitungen und Änderungen unterworfen war. Durchschnittlich erfolgte also etwa alle sechs Wochen eine Programmänderung. Kein einziges Programm wurde planmäßig durchgeführt. Die zahlreichen Veränderungen brachten nur die Industrie durcheinander und verminderten die Ausstoßzahlen. Nach Beurteilung des Generalingenieurs, Walter Hertel, gab es für die vielen Änderungen verschiedene Gründe:
– grundsätzliche Änderung der Kriegführung,
– Änderung der militärischen Zielsetzung, die den Einsatz von Flugzeugen und Gerät beeinflußte,
– Versagen des Generalstabes, das Technische Amt rechtzeitig im voraus über neue geplante Vorhaben zu unterrichten, wodurch es immer wieder zu Störungen des Produktionsablaufes kam,
– vor und während des Krieges ungenügende Zuweisung von Rohstoffen und Material für die Fertigung,
– Abzug von erfahrenen Facharbeitern zum Dienst in der Wehrmacht.
All das weist eindeutig darauf hin, welche scharfe Trennlinie zwischen dem rein operativen Teil der Luftwaffe verlief und dem Teil, der die Voraussetzungen für den Einsatz schaffte: Flugzeugentwicklung und -fertigung. Das es dazu gekommen ist, war nicht nur Udet allein, sondern auch Milch und Jeschonnek, aber vor allem Göring zuzuschreiben.

Also lag es insbesondere an Pflichtversäumnissen, daß fast alle Verantwortung für die Flugzeuge der Luftwaffe auf den Schultern Udets lastete, der dafür der ungeeignetste Mann war, zumal er eine immer schwieriger werdende Aufgabe zu vollbringen hatte. In einem so umfassenden Bereich, wie es das Produktionsprogramm einer Luftwaffe war, wo Pläne und Planungen nicht für sich allein und isoliert, sondern im sich stets ändernden Rahmen der Kriegsanstrengungen eines Volkes zu sehen und erheblichen wirtschaftlichen und politischen Belastungen ausgesetzt waren, war Udet weit davon entfernt, Meister seiner selbst zu sein. Notgedrungen hatte er sich mit den Folgen abzufinden, die sich in der Wirtschaft auf Grund der politischen Führung ergeben hatten; dazu zählte auch die Zuteilung der Rohstoffe. Am meisten wirkte sich die Entscheidung aus, in den ersten drei Jahren des Krieges der Rüstungsproduktion für alle drei Wehrmachtteile eine geringe Priorität zuzuordnen. Das hatte weniger wirtschaftliche Gründe, denn nach der Besetzung Europas standen erheblich mehr Rohstoffe vor allem zur Verfügung, als politische Gründe, die letztendlich nur ein Mann, nämlich Hitler, zu verantworten hatte. Aus verschiedenen Beweggründen, zuallererst der Wunsch der Reichsführung, sich beim deutschen Volk nicht unbeliebt zu machen, sank die Konsumgüterproduktion in den Anfangsjahren des Krieges nicht ab; in einigen Bereichen nahm sie sogar zu. Die Stahlzuweisung für den Zivilsektor stieg von 732 000 Tonnen im vierten Quartal 1939 auf 908 000 Tonnen ein Jahr später. Auf die gesamte Stahlzuweisung bezogen, sank sie prozentual nur von 41,5 Prozent auf 40,8 Prozent. Somit konnte in Deutschland nicht von einer derart totalen Mobilisierung aller Kräfte und Mittel für den Krieg die Rede sein wie in England oder Rußland.

Hinzu kam, daß sich die Luftwaffe weiterhin bemühen mußte, auf ziemlich rücksichtslose Weise, ihren Anteil der der Wehrmacht insgesamt zugewiesenen Rohstoffe zu erhalten. Ähnlich wie die Luftwaffe waren auch Heer und Kriegsmarine unvorbereitet auf den großen Krieg, in den sie Hitler 1939 zwang. Sie forderten gleichermaßen nachhaltig und berechtigt wie die Luftwaffe, einen möglichst großen Anteil aller Rohstoffe und Industriekapazitäten für sich in Anspruch zu nehmen. Wäre es dem Heer gelungen, sich vollständig zu motorisieren, anstatt sich auf eine halbe Million Pferde abzustützen, hätte die Kriegsmarine genügend U-Boote zur Verfügung gehabt, wie ganz anders hätte sich der Kriegsausgang gestalten können. Während das Heer im ersten Quartal 1940 monatlich 446 000 Tonnen Fertigstahl forderte und 342 000 Tonnen zugewiesen bekam, die Kriegsmarine statt 195 000 Tonnen nur 140 000 Tonnen erhielt, blieben der Luftwaffe von den 337 000 Tonnen ganze 195 000 Tonnen.

Gelegentlich der wenigen Fälle, wo Hitler in den ersten Kriegsjahren eindeutige Dringlichkeitsstufen im Rüstungsprogramm festgelegt hatte, zog die Luftwaffe den kürzeren. Am 13. Juli 1940, als Hitler die Niederringung Englands, seinerzeit Hauptfeind des Reichs, als vorrangiges Kriegsziel ansah, befahl er, daß große Teile der Kriegsproduktion auf Kosten des Heeres der Kriegsmarine und der Luftwaffe zur Verfügung gestellt werden sollten. Insbesondere sollte die Fertigung der Ju 88 erhöht und die Flugzeugproduktion insgesamt angehoben werden, was zusätzliche 110 000 Arbeiter in den Werken der Luftfahrtindustrie erforderte. Einige Wochen später jedoch wandte sich Hitlers Aufmerksamkeit dem Osten zu. Am 28. September verwarf er alles und befahl, daß die Industrieproduktion ganz dem Heere zu gelten habe, damit es in der Lage wäre, einen Großangriff zu führen. Trotz der Tatsache, daß Hitler die im Juli gesetzten Rüstungsziele nicht abgeändert hatte, stand die Flugzeugproduktion an fünfter Stelle in der Reihenfolge der Prioritäten des Reichs, woraus sich zwangsläufig ein steiler Abfall in der Flugzeugproduktion ergab. Die Rohstoffe für die Kriegführung reichten nicht aus, um gleichzeitig das Heer zu vergrößern, mehr Panzer, Geschütze und Fahrzeuge zu bauen und die Pläne zur Verstärkung der Luftwaffe weiterhin zu verwirklichen.

Für Udet verschlechterte sich die Lage insofern, als sich das Oberkommando der Luftwaffe immer mehr dem Oberkommando der Wehrmacht entfremdete. Göring hatte nur solange an einer einheitlichen Kriegführung, die das OKW verfolgte, Interesse, solange sein unmittelbarer Einfluß auf die Luftwaffe darunter nicht litt oder gar geschwächt wurde. Niemand anders als er oder der »Führer« sollten selbst über den letzten Mann in seiner Luftwaffe verfügen dürfen. Hierzu hat Göring selbst vor dem Nürnberger Tribunal ausgesagt:

». . . Die Oberbefehlshaber der drei Wehrmachtteile waren unmittelbar und ohne Zwischenstellen direkt dem Führer als Oberbefehlshaber der Wehrmacht unterstellt und in keinerlei, auch nicht im geringsten Unterstellungsverhältnis zum Oberkommando der Wehrmacht . . . Ein Befehl oder Weisung oder Auftrag von seiten des Oberkommandos der Wehrmacht z. B. an mich als den Oberbefehlshaber der Luftwaffe konnte überhaupt nur denkbar sein in folgender Form, daß der Brief begann: ›Der Führer hat befohlen‹ oder ›Im Auftrag des Führers teile ich mit . . .‹ Ich darf es einmal ganz drastisch aussprechen: Ich habe seinerzeit dem Generaloberst

Keitel gesagt, bindend sind für mich nur Befehle des Führers. Zur Vorlage gelangen an mich persönlich im Original nur Weisungen, unter denen ›Adolf Hitler‹ steht. Weisungen oder Richtlinien oder Befehle, die beginnen: ›Auf Befehl des Führers‹ oder ›Im Auftrage des Führers‹ gehen an meinen Generalstabschef und werden mir mündlich im Gesamtvortrag in den wichtigsten Punkten übermittelt. Ob dann (und das ist, wie ich mich drastisch ausdrücken will), darunter steht: Im Auftrag des Führers ›Keitel‹, Generaloberst, oder ›Meier‹, Stabsgefreiter, ist mir gleichgültig. Wenn aber darunter steht ein direkter Befehl von Ihnen, den Sie mir geben wollen, dann sparen Sie sich Zeit und Papier, weil beides für mich nicht maßgebend ist, denn ich bin Oberbefehlshaber und ausschließlich dem Führer unterstellt . . .«

Görings Haltung wirkte sich nur wenig auf die harmonische und gute Zusammenarbeit zwischen dem Generalstab der Luftwaffe und dem der Kriegsmarine und des Heeres aus, führte aber zur Entfremdung gegenüber dem OKW, das ausführendes Organ für Hitlers Absichten der Kriegsführung war und unter anderem verantwortlich die Rüstungsprioritäten für die drei Wehrmachtteile festlegte. Je mehr Hitler die militärische Führung an sich riß, um so mehr gewann das OKW an Einfluß. Obwohl der Diktator nicht immer auf den Rat von Keitel und Jodl, genausowenig auf den anderer hörte, mußte das OKW seine Weisungen um- und durchsetzen, was ihm im Gesamtablauf und in der Führung des Krieges maßgebliche Einflußnahme gab. Das hatte Göring nicht erkannt. Seine bevorzugte Stellung, die er noch vor dem Kriege im Reich hatte, schwächte sich nach dem Versagen der Luftwaffe über England und seiner Gegnerschaft zum Einmarsch nach Rußland ab. Als sich die Luftwaffe 1942 ihrer härtesten Bewährungsprobe gegenüber sah, war der Einfluß des Reichsmarschalls bei seinem »Führer« auf unbedeutende Ebene abgesunken. Dennoch erkannte Göring nicht, wie wichtig die Zusammenarbeit mit dem OKW, Hitlers engstem Beraterstab, war. Das äußert sich allein darin, daß er nur wenige Luftwaffenoffiziere in das OKW abzuordnen erlaubte. So betrug im März 1942 das Verhältnis der Heeresoffiziere zu denen der Luftwaffe 5 : 1, der höchste Luftwaffenoffizier war ein Oberst, während die beiden anderen Wehrmachtteile neun Generale/Admirale stellten; der Vertreter der Luftwaffe im Wehrmachtführungsstab war ein schlichter Major.

Die Art und Weise, wie Göring das OKW überging oder mißbrauchte, hatte ernsthafte Folgen. General Koller, der letzte Generalstabschef der Luftwaffe, erinnert sich an eine Besprechung mit Keitel und anderen gegen Endes des Krieges:

»Im Juni 1944 habe ich anläßlich schwerer Angriffe gegen die Luftwaffe in einem engen Kreis auf dem Obersalzberg die Schwäche unserer Luftrüstung beleuchtet und dem OKW vorgestellt, daß es auch seinerseits, im Interesse der Wehrmacht und des Landes, die Luftwaffenrüstung hätte betreiben und uns unterstützen müssen, anstatt nur negativ zu kritisieren. Ich habe konstatiert, daß die oberste Führung in diesem Punkt versagt hätte. Damit stach ich bös in ein Wespennest. Man wehrte mich heftig ab und wollte mir weismachen, Göring würde es abgelehnt haben, wenn sich das OKW der Luftwaffe angenommen hätte, er hätte sich jedes Dreinreden verbeten. Daß dieser Einwand nicht stichhaltig ist, ist gewiß. Ja, – Göring hätte sich schon gegen Dreinreden gewehrt, doch sicherlich nicht gegen eine wertvolle Unterstützung und Hilfe zur Verbesserung der Luftrüstung.«

Die Auswirkungen dieser Entfremdung veranlaßten 1944 Milch, der keineswegs der Mann war, der ohne Grund freiwillig etwas aus seinem Verantwortungsbereich abtrat, die Selbständigkeit der Luftwaffe in Beschaffungsangelegenheiten zu beenden, auf die Göring bisher so streng geachtet hatte. Milch erhoffte sich dadurch, daß mehr Mittel für die Flugzeugproduktion bereitgestellt werden würden.

Auf diesem Gebiet hatte Udet überhaupt keine Einflußmöglichkeit. Zweifellos wirkte sich das auf die Flugzeugproduktionszahlen aus. Ihm oblag jedoch die Einführung neuer Flugzeuge, wofür er einzig und allein verantwortlich zeichnete. Hierbei haben er und sein Amt eindeutig versagt. Die Einführung eines neuen Flugzeuges ist ein genau ausgewogener Vorgang, der die Forderungen der Truppe an das Gerät, die industriellen Fertigungskapazitäten und das technologische Leistungsvermögen eines Landes zu berücksichtigen hat. Jedes Unvermögen oder jede veränderte Zielsetzung in einem Bereich hatte Auswirkungen auf die beiden anderen. Die 1938 bei der Festlegung der zukünftigen Flugzeuggeneration gemachten Fehler, wozu auch die Sturzflugfähigkeit zählte, die die Flugzeugindustrie seinerzeit technisch nicht in den Griff bekam, wurden bedauerlicherweise für Udet 1940 und 1941 offensichtlich. Auf Grund der Vorkriegsentscheidung, die Kampfkraft der Luftwaffe Anfang der vierziger Jahre auf vier Einsatztypen, die Bf 109, Ju 88, Me 210 und He 177, abzustützen, die etwa 70 Prozent aller Frontverbände ausrüsten sollten, war das Entwicklungsprogramm besonders anfällig, sobald es bei irgendeinem dieser Flugzeuge zu Verzögerungen oder technischen Veränderungen kommen sollte. Zwei dieser Flugzeuge, die Me 210 und He 177, waren absolute Fehlentwicklungen, die sich erheblich auf die Fähigkeit der Luftwaffe zur Führung des Krieges auswirkten.

Mitte 1940 war Udet sehr besorgt über die Lage in der deutschen Flugzeugindustrie. Er befürchtete weniger, daß sie nicht genügend Flugzeuge produzieren könnte, als die Tatsache, daß sie die falschen Typen fertigte. Schon im März forderte er nervös von Heinkel: *»Hoffentlich gibt es keine Schwierigkeiten mit der (He) 177. Die Ju 88 macht mir Schwierigkeiten genug. Die 177 muß fliegen. Wir haben keinen anderen Großbomber, den wir für den Englandeinsatz bauen können. Die 177 muß fliegen . . . Sie muß!«* Der Sieg in Frankreich erleichterte ihn zeitweilig im Mai und Juni 1940 von seinen Gewissensqualen. Um so stärker überfielen ihn böse Ahnungen im September und Oktober, nachdem sich die Luftschlacht um England als Fehlschlag erwiesen hatte. Im Juni hatte er auf Koppenbergs Forderung hin das Fertigungsprogramm der He 177 um drei Monate hinausgezögert, damit die dadurch frei werdenden Rohstoffe und Produktionsstätten für das Fertigungsprogramm der Ju 88 genutzt werden konnten. Als sich im Oktober auf Grund strategischer Planungen für die Luftwaffe eine völlig neue Lage ergeben hatte, die auch einen lange andauernden Bombenkrieg gegen England ins Auge faßte, entschied Udet kurzfristig, die Produktion des neuen Bombers aufzunehmen, was in den betroffenen Flugzeugwerken zu beträchtlichen Störungen wegen erforderlicher betriebsinterner Umstellungen führte. Heinkel berichtet darüber:

»Das bedeutet wieder zeitraubende Umstellungen der Fabriken. Es bedeutete Ausfall der Produktion bis zur neuerlichen Umstellung auf die große Maschine. Das alles mußte Monate dauern . . . Nur der weitreichende schwer bewaffnete Großbomber schien noch helfen zu können – doch gerade da brach endgültig das Unglück herein. Die He 177, nun zum ersten Mal in größerer Zahl gebaut und erprobt, war mit ihren Doppelmotoren kriegsmäßigen Beanspruchungen nicht gewachsen. Zahlreiche Maschinen gingen als Folge von Motorbränden in Flammen auf oder stürzten wegen zunächst unerklärlicher Flügelbrüche ab. So Hals über Kopf, wie die Maschine in Serie gegeben worden war, mußte sie wieder zurückgezogen werden. Zeit war versäumt, umfangreiche Vorbereitungen und Materialien waren vertan.«

Udets Sorgen mit der He 177, die ursprünglich Mitte 1940 an die Truppe ausgeliefert werden sollte, waren so groß wie seine Enttäuschung über die Verzögerung mit der Me 210, die im Frühjahr 1941 eigentlich die Truppenreife hätte erreichen sollen. Am 28. Juni 1941, als das so dringend benötigte Nachfolgemuster für die Bf 110 und Ju 87 immer noch nicht verfügbar war, schrieb er an Messerschmitt einen Brief, aus dem deutlich wird, wie wenig Einfluß er auf die Entwicklung neuer Flugzeuge nehmen konnte:

»So sehr ich die Leistungen Deiner Konstruktionen anerkenne, die sich von einschneidender Bedeutung im Fronteinsatz auswirken, so eindringlich muß ich darauf hinweisen, daß Du meiner Ansicht nach einen falschen Weg beschreitest. Bei Militärflugzeugen muß man – insbesondere im Kriege – von der sicheren Seite aus entwerfen und nicht gezwungen sein, stets nachträgliche, zeitraubende Verstärkungen anzubringen. Dann wird auch die Zusammenarbeit zwischen Entwicklung und Serienausbringung harmonischer werden. Ich erinnere an die Flächenverstärkung der (Me) 109, 210 und die verschleppte Erledigung der Leitwerksschwierigkeiten bei der 110. Nicht nur als Generalluftzeugmeister, der die Verantwortung für die termingerechte Herausbringung und die Leistungen neuer Muster trägt, sondern gerade als Dein Freund halte ich es für meine Pflicht, Dir klar zum Ausdruck zu bringen, daß dieser Weg, den Du beschritten hast, gefährlich ist und uns alle in größte Schwierigkeiten bringen kann . . .«

Einen Monat später entwarf Udet einen Brief an Messerschmitt, den er aber nicht an ihn absandte:

». . . Wir bekommen diesen Monat wieder keine Me 210 zur Fronterprobung, so daß der Einsatz des Musters noch einmal um einen Monat hinausgeschoben werden muß. Ich habe außerdem den Eindruck, daß bei Dir nach der ersten Konstruktion viel zu viel Änderungen durchgeführt werden. Versuchsmuster und Serie sind so verschieden, daß die Prüf- und Erprobungsergebnisse nicht für die Truppenverwendung brauchbar sind. Eins, lieber Messerschmitt, muß zwischen uns beiden vollkommen klar sein, daß Verluste an Maschinen auf normalen Plätzen infolge zu schwachen Fahrwerks nicht mehr auftreten dürfen, denn das Fahrwerk darf keinen Anspruch darauf haben, technisches Neuland im Flugzeugbau zu sein. Alle diese unnötigen Ärgernisse und untragbaren Zeitverluste der letzten Zeit zwingen mich nunmehr, einen schärferen Maßstab an die Überprüfung Deiner neuen Muster anzulegen und in diesem Sinne meine Dienststelle anzuweisen!«

Gleiche Sorgen bereitete Udet aber auch der luftgekühlte Sternmotor BMW 801, der hinter den vereinbarten Auslieferungszahlen zurückblieb, sie dreimal stark unterschritt. Die neuesten Muster Do 217 und Fw 190 waren davon betroffen. Dazu Udet: *»Dieser Einbruch der Luftrüstung im entscheidenden Augenblick des Krieges ist katastrophal und nicht tragbar. Für mich ganz besonders schmerzlich, weil gerade ich mich aufs wärmste für den luftgekühlten Motor eingesetzt habe und gegen alle Widerstände die Durchführung des Doppelsternprogramms angeordnet habe.«* Weitere Verzögerungen in den Fertigungsprogrammen mußten sich zwangsläufig ergeben.

Vor diesem Hintergrund muß man den Flugzeugbau für die Luftwaffe sehen. 1940 hatte er gegenüber 1939 um 30 Prozent zugenommen, ein beträchtlicher Aufschwung, der die Industrie nicht besonders forderte. Wäre das so weitergegangen, wie es Udet hoffte, so wäre bis 1943 die Gesamtfertigung bis auf 23 700 Flugzeuge angestiegen, etwa 2000 mehr als es dann tatsächlich der Fall sein sollte. Die maßvolle und ermutigende Produktionsanhebung im gesamten ersten Jahr sollte sich 1941 nicht fortsetzen, wo die Zunahme weniger als neun Prozent betrug. Tatsächlich sank im März der Flugzeugausstoß, der im November 279 Flugzeuge weniger als acht Monate zuvor ausmachte. Erst im März 1942 hatte er wieder seine alte Höhe erreicht. Man ging davon aus, daß alleine durch

Abänderungen der Fertigungsprogramme etwa 20 Prozent der Auslieferungszahlen im Jahre 1941 dadurch verlorengingen. Wäre es im Juni nicht zur Änderung der Rüstungsprioritäten zugunsten der Luftwaffe gekommen, so hätte die Jahresproduktion 1941 ohne weiteres geringer als die des Jahres 1940 sein können. Ganz abgesehen davon, daß nicht eine einzige frontverwendungsfähige Me 210 oder He 177 auf absehbare Zeit zur Verfügung stand.

Trotz des Durcheinanders und Gegeneinanders im RLM und Görings Trägheit, die 1941 schlimmer als je zuvor waren, durfte die Luftwaffenführung nicht untätig bleiben, als sie sich dem Produktionsrückgang und der Nichtverfügbarkeit dringend benötigter Flugzeuge gegenübersah. Im Februar 1941 soll Milch geäußert haben: »*In Udets Hand wird alles zu Staub.*« Im April wies Jeschonnek erstmals auf die »Diskrepanzen« in den Flugzeugproduktionszahlen hin. Im nächsten Monat handelte Milch alleine als Stellvertreter Görings im RLM, weil Göring einen längeren Urlaub angetreten hatte. Er forderte Udet auf, »*sich zusammenzunehmen!*«. Er versuchte, ihm nahezulegen, sein verschachteltes Technisches Amt umzugliedern. Alles war erfolglos. Bald darauf wurde der Generalluftzeugmeister auch von Göring scharf kritisiert. Udet begann, die Belastung zu spüren, und ließ gegenüber Heinkel seinen Gefühlen freien Lauf: »*Alles ist gegen mich. Der ›Eiserne‹ (Göring) ist einfach in Urlaub gefahren. Er läßt mich mit Milch allein. Milch vertritt ihn beim Führer. Und er wird dafür sorgen, daß dem Führer jeder Fehler, den ich jemals begangen habe, aufgetischt wird!*«

Die Unzufriedenheit über Udet und sein Amt war weit verbreitet, als Hitler am 20. Juni in Erwartung eines Erfolges des bevorstehenden Rußlandfeldzuges die Rüstungsprioritäten vom Heer auf die Luftwaffe verlagerte, damit sie für den Luftkrieg gegen England gewappnet sein würde. Am selben Tag noch gab Göring Befehl, innerhalb kürzester Zeit die Kampfstärke der Luftwaffe zu vervierfachen. Ihm war völlig klar, daß Udet nicht der Mann war, dem er dafür die Verantwortung übertragen konnte. Statt dessen beauftragte er Milch mit der Aufgabe, der somit als Staatssekretär wieder seine Führungsfunktion innerhalb der Luftwaffe erhielt, die im wesentlichen Beschaffung und Versorgung beinhaltete. Es war eine merkwürdige Entscheidung, die so richtig zu Göring paßte. Seine Schwäche im Umgang mit Untergebenen war bemerkenswert. Wohlwissend Udet mißtrauend, daß er seiner Aufgabe nicht gerecht werden könnte, brachte es Göring nicht übers Herz, konsequent zu sein und seinen alten Kriegskameraden von seinem Posten zu entbinden, um Udet vielleicht mit einer mehr seinen Neigungen entsprechenden Aufgabe zu betrauen. Obwohl Milch die volle Verantwortung für die Flugzeugfertigung hatte, blieb Udet dennoch in Amt und Würden. Jede Produktionsänderung, die Milch entschieden hatte, mußte von ihm gegengezeichnet werden, um überhaupt in Kraft zu treten.

Der Staatssekretär hatte unvergleichlich bessere Voraussetzungen als der Generalluftzeugmeister. Am Tag nach seiner Ernennung erteilte Göring ihm Sondervollmachten, die ihresgleichen suchten, um die Flugzeugindustrie auf jede nur mögliche Weise dahin zu bringen, die Vervierfachung der Luftrüstung zu erreichen. Milch hatte weitestgehende Vollmacht mit dem Recht zur Stillegung und Beschlagnahme von Fabriken, zur Errichtung von behelfsmäßigen Bauten ohne Rücksicht auf einengende Vorschriften, zur Beschlagnahme und Verteilung von Gerät, zur Zwangsüberweisung von Arbeitskräften, zum Bezug von Rohstoffen, zur Entfernung und Versetzung von leitenden Personen der gesamten Rüstungsindustrie ohne Rücksicht auf bestehende privatrechtliche Dienstverträge, er durfte Verträge auflösen, Firmen gründen, Fabriken schließen, die unwirtschaftlich arbeiteten und von den geltenden Bestimmungen über Kriegsfinanzierung und Leistungsabgeltung abweichen. In der letzten Ziffer des Erlasses war vermerkt: »*Alle Entscheidungen und Maßnahmen, die mein Bevollmächtigter*

(Milch) auf Grund dieser Vollmacht trifft, haben als von mir angeordnet zu gelten. Diese Entscheidungen und Maßnahmen genießen den Vorrang vor allen anderen behördlichen Verfügungen und Entscheidungen, sofern diese der raschesten Durchführung der Kapazitätssteigerung im Wege stehen.«

Ausgestattet mit derartiger Machtfülle, über die Udet nie verfügt hatte, und mit vollständiger Weisungsbefugnis gegenüber der Luftfahrtindustrie, machte sich Milch mit der ihm eigenen Tatkraft und Vitalität ans Werk. Angesichts des Leistungsvermögens der Industrie und der Tatsache, daß die Luftwaffe allerhöchsten Vorrang bei der Zuweisung von Rohstoffen hatte, wäre es ein Unding gewesen, wenn Milchs Anstrengungen nicht mehr Erfolg gezeitigt hätten als Udets. Am 23. Juni befahl er den Bau von drei riesigen Flugzeugwerken, die nach acht Monaten standen. Am 24. begann er mit der Reorganisation der gesamten Luftfahrtindustrie. Grundsätzlich sollten die Fabriken angeregt werden, mehr aus eigener Initiative zu arbeiten, dennoch aber mit anderen Fabriken zusammenarbeiten, die denselben Flugzeugtyp produzierten. Er veranlaßte die Rationalisierung von Fertigungsverfahren und steigerte die Wirtschaftlichkeit durch Zusammenschluß kleinerer Werke in wenige große sogenannte Fabrikationsringe. Am 26. Juni trug Milch vor einem Kreise von Rüstungsexperten sein Programm vor und drang auf ihre Zustimmung und Unterstützung. Die deutsche Flugzeugproduktion sollte bis zum Frühjahr 1942 verdoppelt werden, als erster Schritt auf dem Wege der Vervierfachung der Luftwaffe, was später als »Göring-Programm« bezeichnet wurde (nach einer Idee von Milch; d. Ü.).

Selbst Milch konnte jedoch auch nicht, trotz aller ihm zur Verfügung stehenden Mittel und Wege, seine hochfliegenden Absichten verwirklichen. Kein Wunder, wenn man bedenkt, womit sich Udet jahrelang herumquälen mußte. Die Produktionsziffern stiegen zwar an, im Mai 1942 lagen sie bei 1315 Flugzeugen monatlich, von der im Juni 1941 geforderten Vervierfachung konnte aber keine Rede sein, denn das hätte einen Ausstoß von 4000 Maschinen bedeutet. Immer noch herrschten die alten Zustände. Es fehlte an Rohstoffen und Material. Es gab Schwierigkeiten bei der Einhaltung der Produktionspläne, was hauptsächlich mit der Nichtverfügbarkeit der neuen Frontmuster zusammenhing. Trotz strengster Sparmaßnahmen bei Aluminium und Kupfer – die Einführung verbesserter Herstellungsverfahren sparte zum Beispiel bei einem Flugmotor alleine 680 kg Aluminium ein – zeigte sich schon im Juli 1941, daß unter den gegebenen wirtschaftlichen Voraussetzungen an eine Vervierfachung der Luftwaffe nicht zu denken war. Statt einer Zunahme in der Fertigung kam es in der Tat zu einer Abnahme. Auf Milchs Veranlassung erarbeitete Udets Technisches Amt den neuen Produktionsplan 17a, der eine Verdoppelung der Kampfstärke der Luftwaffe ab Sommer 1942 vorsah. Die Produktion sank stetig in der letzten Jahreshälfte 1941 und lag im November um fast 24 Prozent niedriger als im März. Die Lage wurde weiter verschärft durch die zunehmenden Forderungen des Heeres, dessen Einsatz an der Ostfront viel Ersatz an Mensch und Material erforderte. Als Soldaten kämpfende Arbeiter konnten nicht wie geplant ausgemustert werden, um in Flugzeugwerken arbeiten zu können. Neue Panzer, Geschütze und allgemeines technisches Gerät belasteten die ohnehin beschränkten Engpaßkontingente auf dem Rohstoffsektor.

Milch forderte die Einführung totaler Kriegsmaßnahmen, bevor es zu spät wäre. Aber seine Warnungen verklangen ungehört. Das Wirtschafts- und Rüstungsamt im OKW war ähnlicher Ansicht und vertrat den Standpunkt, daß Hitlers im Sommer 1941 neu festgelegte Prioritäten (seine Weisung vom 20. Juni wurde durch die vom 10. Juli und 11. September bestätigt) nur durchführbar waren, sofern alle in »Großdeutschland« verfügbaren Kräfte so schnell und umfassend wie möglich aufgeboten werden würden. Der Chef des OKW, Feldmarschall Keitel, stellte jedoch deutlich klar, daß es dazu nicht kommen würde. Am 16. August erteilte er Richtlinien, worauf die Kriegswirtschaft des Reichs beruhen sollte: Die Rüstungskapazität wird nicht ausgeweitet; es gibt keine weiteren Rohstoffe; eine Verstärkung der Arbeitskraft in der Rüstungsindustrie ist nicht vorzusehen. Man ging eben immer noch von einem schnell zu erringenden Sieg im Osten aus.

Angesichts dieser Hinderungsgründe für die Aufblähung der Kampfkraft, die außerhalb seines Einflußbereiches lagen, stellte sich die Frage, ob es Milch besser geschafft hätte, die Flugzeugproduktion wesentlicher zu steigern als Udet. In einem Bereich hat er sich allerdings sehr verdient gemacht und einer Lage vorgebeugt, die ansonsten im Jahre 1942 zu einem schwerwiegenden Fehl an Bombern geführt hätte. Udet hatte vorgesehen, die Fertigung aller bisherigen Bomber bis auf die Do 217, die erst Ende 1940 bei der Truppe zulief, zugunsten der Nachfolgemuster »Bomber B« und He 177 auslaufen zu lassen. Von den Einführungsproblemen der He 177 wußte das Generalluftzeugmeisteramt, über den »Bomber B« herrschten nur verschwommene Vorstellungen vor. Obwohl die Einführung Ende 1942 vorgesehen war, konnte man sich für keinen der zwei Bewerber, die Ju 288 oder Fw 191, entscheiden. Da die Entwicklung der Fw 191 ein Jahr hinter der Junkers-Maschine herhinkte, fiel Milch die Entscheidung nicht schwer. Unglücklicherweise waren die für den Antrieb der Ju 288 vorgesehenen Motoren nicht nur nicht zu schwach ausgelegt, sondern auch noch zu unzuverlässig für den Einsatz. Trotz aller Beteuerungen Koppenbergs war sich Milch darüber im klaren, daß das Flugzeug nicht vor 1944 einsatzbereit sein würde; es wurde in der Tat nie einsatzbereit. Das Generalluftzeugmeisteramt hatte jedoch bis Ende 1942 mit einer monatlichen Produktionsrate von 300 Maschinen gerechnet und hatte die Einstellung der Fertigung der He 111 und Ju 88 insgesamt vorgesehen. Von den Do 217 sollten nur noch 100 Maschinen monatlich ausgeliefert werden. Milch befürchtete, daß der Ausfall der Ju 288 zu einem merklichen Einbruch der Bomberfertigung führen würde, bevor man den Fehler erkannt hatte (so wie es im Hinblick auf die Me 210 mit der Ju 87 und Bf 110 der Fall war). Aus diesem Grunde schlug er Göring vor, die weitere Entwicklung dieses Bombers ersatzlos zu streichen. Am 1. November wurde der Produktionsauftrag für die Ju 288 zurückgenommen und, abhängig von der Einführung der He 117 im folgenden Jahr, die Fertigung der schon im Einsatz befindlichen Bomber fortgesetzt.

Während Milch die Produktionspläne durchforstete, wandte er gleichzeitig seine Aufmerksamkeit der Organisation und Gliederung der Stelle zu, die sie entwickelte, nämlich dem Generalluftzeugmeisteramt. Es war ein unglaublicher »Laden«, der 26 Abteilungen umfaßte und 4000 Leute beschäftigte. Göring wurde *»fast wahnsinnig«* darüber. Im Jahre 1943 äußerte er: *»Es steckt noch viel fauler Dreck darin . . . Da gibt es Leute, die hat man schon dreimal herausgeschmissen, und dann tauchen sie in einer anderen Abteilung wieder auf und werden immer größer.«* Auch Milch erinnert sich daran: *»Was die da aufgetischt haben, war alles Unsinn. Niemand verstand das Zeugs, am wenigsten die Leute, die die Statistiken selbst aufgestellt hatten.«* Göring fackelte nicht lange mit seinem Urteil: *»Niemals zuvor bin ich von einem Amt derartig getäuscht, übers Ohr gehauen und betrogen worden. Es gibt nichts dergleichen in der Geschichte.«* Er fügte leider nicht hinzu, daß er es war, der es überhaupt dazu hatte kommen lassen.

Milch war nicht der Mann, der einen so schwerfälligen Amtsapparat, der ihm unterstellt worden war, in gleicher Weise weiterarbeiten lassen wollte. Er konnte jedoch nichts erzwingen, denn nur mit Udets Zustimmung oder mit Görings Weisung konnte das geschehen. Nur einmal gab Udet zögernd die Zustimmung zu einem Vorschlag des Staatssekretärs, die Abteilungen im Technischen Amt auf vier zu verringern, zog sie aber dann wieder zurück. Göring war leichter beeinflußbar, so daß er Milch am 7. September 1941 die erforderliche Vollmacht für organisatorische Maßnahmen erteilte. Sehr bald begann Milch mit rücksichtslosen Personalveränderungen. Am 9. September entließ er den Generalingenieur Tschersich mit folgenden Worten: *»Ich habe Sie als Vertreter des Reichsmarschalls gerufen. Er ist mit Ihrer Arbeit nicht zufrieden. Ihre Planungsarbeiten stimmen nicht. Ich habe Ihnen dies zu sagen, . . . Sie sind enthoben und haben Ihren Abschied einzureichen.«* Reidenbach wurde entlassen, Ploch, Udets Chef des Stabes, wurde an die Ostfront versetzt, und Koppenberg wurden die Sondervollmachten für die Fertigung der Ju 88 genommen. Am 14. September stimmte Udet der Umgliederung seines Amtsbereiches und am 3. Oktober den Vorschlägen Milchs für die personelle Neubesetzung zu: Oberst Wolfgang Vorwald für das Technische Amt, General a. D. Carl-August Freiherr von Gablenz für das Planungsamt, Ministerialdirigent Hugo Geyer für das Nachschubamt und Ministerialdirigent Alois Cejka für das Wirtschaftsamt.

Zu dieser Zeit war Udet ein gebrochener Mann. Er litt schon seit einem Jahr, seit dem Versagen der Luftwaffe in der Luftschlacht um England, ganz erheblich unter der dienstlichen Belastung und hatte Depressionen. Heinkel findet ihn in besorgniserregendem Zustand:

> *»Als ich Udet Ende Oktober 1940, nach den ersten Phasen der Luftschlacht über England, im Hotel ›Bristol‹ in Berlin traf, erkannte ich ihn fast nicht mehr. Er wirkte aufgedunsen, fahl, innerlich hin und her getrieben. Er sah aus, als stünde er vor einem Zusammenbruch. Udet litt an einem unstillbaren Ohrensausen und Blutstürzen aus Lunge und Zahnfleisch, die teilweise sicherlich auf seine ungesunde Ernährungsweise – fast ausschließlich mit Fleisch –, dazu auf starkes Trinken und Rauchen zurückgingen. In erster Linie waren sie wohl die Folge der furchtbaren Enttäuschungen über England und der damit verbundenen drohenden technischen Katastrophe. Udet trank weit über das hinaus, was ich sonst an ihm gewohnt war. ›Der Eiserne will mich auf Bühlerhöhe‹ – er meinte das bekannte Sanatorium im Schwarzwald – ›abschieben. Aber ich gehe nicht.‹ Wenige Tage später fuhr er trotzdem, kehrte aber krank und zermürbt, wie er abgereist war, auf eigene Faust wieder nach Berlin zurück, anscheinend, weil er Milchs Eindringen in sein Amt befürchtete. Als er sein damals fertig gewordenes neues Haus in der Stalluponer Allee in Berlin bezog, blieb er im Garten stehen und rief: ›Da ist ein Kreuz an der Tür. Da ziehe ich nicht ein.‹«*

Immer häufiger zeigten sich bei Udet Vorzeichen für einen Selbstmord oder Tod. Sein Verhältnis zu Milch verschlechterte sich, und Udet selbst war davon überzeugt, daß der Staatssekretär seinen Sturz herbeiführen wollte. Im Oktober 1941 muß es ihm klar geworden sein, daß sein Einfluß in der höchsten Führungsspitze der Luftwaffe auf den Nullpunkt gesunken war. Immer mehr flüchtete er sich in den Alkohol und in Aufputschmittel. Im November sprach er offen von Selbstmord. Am 17. 11. rief er seine Lebensgefährtin an und sagte hastig: *»Inge, ich kann nicht mehr. Ich schieße mich gleich tot. Ich muß mich von Dir verabschieden. Mir sind sie hinterher.«* Vergebens hatte sie ihn beschworen, es nicht zu tun. Noch am Telefon hörte sie den Schuß, der seinem Leben ein Ende bereitete.

Sein hohes Amt hatte Udet zerrüttet und zerstört. Mit roter Kreide hatte er an der grauen Wand über dem Kopfende seines Bettes geschrieben, was seine Verzweiflung, in der er sich befand, aufzeigt: *»Eiserner, Du hast mich verlassen!«* Eine andere Notiz besagte: *»Warum hast Du mich den Juden Milch und von Gablenz ausgeliefert?«* Sowohl Göring und Milch als auch alle, die ihn kannten, mochten Udet sehr, trotz aller Reibungen und Spannungen, die es gegeben hatte. Über seinen Tod waren sie alle tief betroffen und jäh bestürzt. Der Selbstmord wurde öffentlich nicht erwähnt, statt dessen teilte das RLM mit, daß der Generalluftzeugmeister einer bei der Erprobung einer neuen Waffe erlittenen Verletzung erlegen sei. Beim einige Tage später stattfindenden Staatsakt der Beisetzung spricht Göring in tiefer Bewegung gar von seinem »besten Freund Udet«. Aus dem seinerzeitigen Tagesbefehl sei zitiert:

> ».. . Mit Ernst Udet hat das deutsche Volk den nächst Richthofen siegreichsten Jagdflieger des Weltkrieges, die fliegerische Jugend ein leuchtendes Vorbild, die deutsche Luftwaffe den kühnsten und zielbewußten Wegweiser verloren . . . Ihr Generaloberst Udet hat in den dunklen Jahren nach Versailles, vor allem aber seit dem Wiedereintritt in unsere Reihen den Weg zum Wiederaufbau und zum Sieg gebahnt. Als General-Luftzeugmeister sorgte er für die Rüstung, die die deutsche Luftwaffe der Heimat zum starken Schild, für den Feind zu einem furchtbaren Schwert werden ließ., «

Ob Göring damals aus reinem Herzen gesprochen hatte, ist nicht bekannt. Mit Sicherheit ließ Göring im Oktober 1943 seinen Gefühlen freien Lauf, als er sagte: »Wenn ich nur eine Erklärung dafür finden könnte, was sich Udet eigentlich gedacht hat! Er hat unsere Fliegerei in ein vollkommenes Chaos hineingeführt. Wenn er heute noch lebte, müßte ich sagen, ›Sie sind der Zerstörer der deutschen Luftwaffe!‹« Das ist ein hartes, aber auch unangebrachtes Urteil, das leider in die Geschichtsschreibung Eingang gefunden hat. Udet war sicherlich denkbar ungeeignet für sein Amt. Es gibt auch keine Diskussion darüber, daß das Technische Amt Fehler zu verantworten hatte, die sich mit schwerwiegenden Folgen in der Luftwaffe niederschlugen. Daß Udet dafür die Hauptverantwortung aufgebürdet wird, ist unlauter und einfach nicht gerechtfertigt. Daß sich Milch, Jeschonnek und Göring nicht um die Probleme kümmerten, mit denen Udet sich abplagte, bedeutet nicht, daß sie nicht frei von jeder Schuld wären. In der Tat erscheint ihr Verhalten in diesem Falle um so verwerflicher. Der Schuldvorwurf des »Eisernen« (Göring), den er 1943 aussprach, traf eher auf ihn selbst zu. Denn er war es, der darauf bestand, Udet weiter im Amt zu halten, obwohl er genau wußte, wie wenig dieser dafür geeignet war. Er machte auch keinen Versuch jedweder Art, die Tätigkeiten seines Untergebenen zu überwachen oder sicherzustellen, daß im Amtsbereich des Generalluftzeugmeisters eine ordnungsgemäße Abstimmung zwischen gegebenen Richtlinien, Planungen, technischer Entwicklung und Produktion stattfand. Das war das unentschuldbare Pflichtversäumnis der Luftwaffenführung.

Nachfolger Udets als Generalluftzeugmeister wurde Milch. Natürlich war er energischer, fähiger und rücksichtsloser in der Wahrnehmung seiner Aufgaben als sein Vorgänger, wie man es in den vergangenen vier Monaten schon erlebt hatte, dennoch gelang es ihm nicht, die erhebliche Produktionssteigerung zu erreichen, die man für erforderlich hielt. Der Flugzeugausstoß 1942 lag nur 32 Prozent über dem von 1941, was in etwa dem entsprach, was Udet im ersten vollen Kriegsjahr geschafft hatte. Die Produktion nahm auch nicht stetig zu, denn nach einem Höhepunkt im März 1942 mit 1400 Flugzeugen fiel sie im Juni auf 1282 ab, um erst im Oktober wieder die alten Werte zu erreichen. Sich voll der Schwierigkeiten bewußt, legte Milch im März 1942 eine Planung vor, die für Ende des Jahres eine Monatsfertigung von 1650 Flugzeugen vorsah. Selbst diese bescheidene Zielsetzung mißlang, denn im Dezember lag die Produktion bei nur 1548 Maschinen. Man schlug sich weiter mit den alten Problemen herum. Trotz mehr der Wirklichkeit angepaßter organisatorischer Maßnahmen in der Kriegswirtschaft und der Schaffung des neuen Ministeriums für Rüstung und Kriegsproduktion unter dem fähigen und zupackenden Albert Speer litt die Luftwaffe immer noch unter dem Mangel an Rohstoffen, Engpaßmaterial und vor allem Flugzeugen. Nach dem Fehlschlag im Osten entschied sich Hitler im Januar 1942 nachdrücklich für den Ausbau der Kriegswirtschaft und wies der Flugzeugproduktion nachrangige Priorität zu, womit das Heer innerhalb der drei Wehrmachtteile eine bevorzugte Stellung einnahm. Obgleich die Ausgaben für Verbrauchsgüter niedriger als 1939 waren, stand die Luftwaffe nur in den Reihen der vielen Nutznießer. Aus einem Brief, den Milch am 11. März 1942 an Keitel schrieb, geht hervor, daß die Luftwaffe unverändert mit denselben Schwierigkeiten zu kämpfen hatte: »*Die Luftwaffe setzt sich für das befohlene Flakprogramm ein. Schwierigkeiten entstehen in der Hauptsache bei der Kupferzuteilung, da die Luftwaffe im 1. Quartal 1942 nur die Hälfte von der Zuweisung des 4. Quartals 1941 erhält. Die gesamte Kupferzuteilung für die Luftwaffe könnte das Flakprogramm nur zu 75 Prozent decken, vorausgesetzt, daß jede Flugzeugfertigung eingestellt wird.*« Besonders erschwerend wirkte sich der Mangel an Arbeitskräften aus, so daß nur zehn Prozent der Flugzeugindustrie im Zwei-Schichtbetrieb arbeiten konnten. Der Druck seitens der Wehrmacht und die Tatsache, daß die Fabriken auch Rüstungsaufträge für Heer und Kriegsmarine erfüllen mußten, führten zum Abzug von Facharbeitern aus der Flugzeugindustrie, an deren Stelle Fremdarbeiter und KZ-Häftlinge treten mußten. Die Flugzeugindustrie war nicht der einzige Industriebereich, der 1942 zurückstecken mußte. Trotz allerstärkster Anstrengungen der Reichswirtschaftsführer gab es vom Juli bis Oktober im gesamten Rüstungsbereich keine Steigerung der Produktion.

Auch 1942 brachten die Schwierigkeiten mit der Me 210 und He 177 alle Planungen durcheinander. Ende 1941 hatte man die Me 210 als für absolut ungeeignet für die Frontverwendung erklärt. Aber wegen ihrer entscheidenden Bedeutung für die Zukunft der Luftwaffe und der unabänderlichen Tatsache, daß die Produktion der Flugzeuge, die sie ersetzen sollte, bereits eingestellt war, befahl Milch die Weiterentwicklung dieses Typs. Die Serienfertigung begann Ende 1941, und im Januar 1942 wurden 64 Me 210 an die Luftwaffe ausgeliefert und von der Truppe übernommen. Zwischenzeitlich hatte eine Untersuchungskommission des Generalluftzeugmeisteramtes empfohlen, die Produktion dieses Flugzeuges sofort einzustellen, was Ende Januar dann auch der Fall war. Am 14. April zog das RLM offiziell den Auftrag zur Fertigung der Me 210 zurück, nachdem es zu zahlreichen tödlichen Unfällen gekommen war; innerhalb einer Woche kamen im März nicht weniger als siebzehn Mann fliegendes Personal auf Grund der schlechten Flugeigenschaften des Flugzeuges zu Tode. Milch erzwang den Rücktritt Willy Messerschmitts aus allen seinen leitenden Funktionen in seinem Werk. Das half den Gründen für das Versagen der Me 210 nicht ab, die die Luftwaffe vergleichsweise Rohstoffe und Produktionskapazität für 600 Flugzeuge gekostet hatte. Die Lücke, die dieses Versagerflugzeug in die Rüstung der Luftwaffe geschlagen hatte, wirkte sich jedoch verhängnisvoll aus.

Alles war noch nicht verloren. Kurz bevor das RLM die Einstellung der Fertigung der Me 210 verfügt hatte, hatte man eine Lösung der Probleme schlechter Flugstabilität gefunden, was aber die Neukonstruktion der hinteren Rumpfhälfte erforderte. Diese Erkenntnis kam aber zu spät, um die Serienfertigung der Me 210 noch beeinflussen zu können. Im März wurden die Pläne Milch zur Kenntnis gebracht, der sie absegnete. Dem neuen Projekt wurde die Bezeichnung Me 410 gegeben. Man versprach die Aufnahme der Fertigung bis Anfang 1943. Obwohl die Maschine nicht sturzflugfähig war, hielt man sie doch für geeignet, die lange erwartete Nachfolge der Bf 110 anzutreten. Wie die Me 210 sollte die Me 410 sowohl als Zerstörer als auch als Schlachtflugzeug eingesetzt werden können. Die Flugeigenschaften waren nicht überwältigend, genügten aber den Anforderungen. Zum Glück gehörten die tödlichen Trudeleigenschaften der Vergangenheit an. Die Leistungen der Me 410A-1 waren weit besser als die der Bf 110. Sie erreichte in 6700 m Flughöhe eine Höchstgeschwindigkeit von

625 km/h, verfügte über eine maximale Eindringtiefe von 850 km und erheblich bessere Bewaffnung. Es dauerte hingegen bis Januar 1943, bis die ersten wenigen Me 410 an die Luftwaffe ausgeliefert werden konnten. Im Mai standen nur 48 Maschinen im Dienst der Frontverbände. Gerade weil sich die Me 210 als Fehlschlag erwiesen hatte, gab es bis in das Jahr 1943 hinein kein Nachfolgemuster für die längst veralteten, noch im Einsatz stehenden Flugzeuge.

Anders als das Me 210-Projekt, das sich zumindest in Form der Me 410 noch zu einer gut zu wartenden Maschine in der Fronttruppe wandeln ließ, wenn auch verspätet, lief das Entwicklungsprogramm für die He 177 noch das ganze Jahr 1942 hindurch und versprach nur wenig Erfolg zu bringen. Auf Grund der Bedeutung dieser Maschine konnte sich Milch nicht dazu durchringen, das Programm aufzugeben. Er glaubte immer noch daran, daß sich die Probleme mit den Doppelmotoren lösen ließen. Der Einbau von vier Einzelmotoren hätte eine komplette Umkonstruktion des Flugzeuges und, nach Meinung der Fachleute, vier Jahre erfordert bis zur Aufnahme der Serienproduktion. Es gab keine andere Möglichkeit, als sich mit den 1938 gefällten Fehlentscheidungen abzufinden. Da diese Maschinen dringend an der Ostfront und im Westen benötigt wurden, sah Milch die Produktion von 200 He 177 monatlich vor. Bis Ende September 1942 waren jedoch erst 33 Maschinen an die Truppe ausgeliefert worden. Über die Verzögerungen, die sich seinerzeit auf etwa zwei Jahre beliefen, äußerte Milch, *»man könnte weinen«*, während Göring zustimmend meinte: *»Das ist das traurigste Kapitel . . . Wirklich zum Heulen. Ich habe kein einziges Fernkampfflugzeug . . . Mit einem wirklich ungeheuren Neid sehe ich auf diese viermotorigen Flugzeuge der Engländer und Amerikaner. Hier sind sie uns weit, weit voraus. Ich habe noch nie eine größere Wut gehabt als die, als ich diesen Motor gesehen habe. Das kann doch jeder an seinen zehn Fingern abzählen. Wie soll denn ein solcher Motor draußen gewartet werden? Ich glaube, nicht einmal sämtliche Zündkerzen kann man herausnehmen, ohne daß das ganze Triebwerk herausgenommen werden muß.«*

Milch mißtraute Heinkel immer mehr, seine Enttäuschung wuchs. Anfang 1942, als er den Auftrag hatte, monatlich vorerst fünf He 177 zu fertigen, bis die damit verbundenen Probleme gelöst waren, konnte man feststellen, daß er diesem Flugzeug nur wenig Aufmerksamkeit schenkte und statt dessen sich dem einträglicheren Geschäft mit der He 111 widmete. Den ganzen Sommer über rissen die Unfälle mit der Maschine nicht ab; im September waren nur zwei He 177 einsatzbereit. Im selben Monat verzichtete das RLM auf die Forderung nach Sturzflugfähigkeit, was nur wenig nützte. Anfang Oktober legte die Erprobungsstelle Rechlin einen Bericht vor, der aufzeigte, daß die Flächenbelastung nur einem Drittel der von Heinkel vermuteten entsprach. Ein schwerwiegender Mangel eines jeden Flugzeuges, ganz besonders aber für ein so schweres, wie es die He 177 war. Milch dazu: *»Das ist doch kein kleiner Fehler, das ist eine tolle Schweinerei!«* Ein Gruppenkommandeur eines Kampfgeschwaders, dem He 177 zugeordnet waren, lehnte jede Verantwortung ab, die Maschinen einzusetzen. Hitlers unmißverständliche Forderung, die Jeschonnek weitergab, daß der Bomber zum frühestmöglichen Zeitpunkt an der Ostfront zum Einsatz kommen sollte, war vergebens. Im Februar 1943 waren nur dreizehn Kampfeinsätze von den He 177 an der Ostfront geflogen worden, wobei sieben Maschinen – ein Drittel aller – brennend abstürzten, ohne daß sie nur ein einziger Schuß der feindlichen Abwehr traf. Dennoch wurde die Entwicklung des Flugzeuges vorangetrieben. Mitte November wurde Heinrich Hertel, ehemals Technischer Direktor der Heinkel-Werke, vom RLM für die schnellstmögliche Fertigung der He 177 berufen und mit allen Vollmachten versehen, die Entwicklung in den Griff zu bekommen. Anfang 1943 hegte die Luftwaffe weiterhin alle Hoffnungen, daß sich das Problem mit dieser Maschine lösen ließe.

Der Luftwaffe blieb 1942 nicht nur der schwere Bomber versagt, sondern auch der mittlere Bomber, der so dringend als Ersatz für die He 111 und in wachsendem Maße auch für die Ju 88 gefordert wurde. Im Februar wurde die Ju 288, deren Produktion schon hinausgezögert worden war, als Nachfolgemuster ausgewählt. Im Sommer stellte sich auf Grund von Schwierigkeiten in der Entwicklung heraus, daß für deren Lösung noch eine lange Zeit benötigt werden würde. Als Überbrückungsmaßnahme faßte Milch eine verbesserte Version der Ju 88, mit der Bezeichnung Ju 188, ins Auge. Obwohl die Leistung dieser Maschine geringer als die der Ju 288 war, die über eine größere Reichweite von 1350 km mit 3000 kg Bombenlast anstelle von 1200 km mit 1500 kg Bomben, eine höhere Geschwindigkeit von 620 km/h anstelle von 520 km/h verfügte und größere Flughöhen erreichen konnte, hatte die Ju 188A-2 den entscheidenden Vorteil, daß sie seit 1940 in Entwicklung stand und sich als fronttaugliches Flugzeug erwiesen hatte. Der Generalstab der Luftwaffe wollte davon nichts wissen und bestand auf der Fortsetzung der Arbeiten an dem Projekt »Bomber B«, weil dieser ja, so die Begründung, bis 1943 die Truppenreife erreichen sollte. Man entschied sich, weder das Projekt Ju 288 einzustellen noch alle Mittel für die Entwicklung der Ju 188 einzusetzen. Statt dessen wurde die Entwicklung beider Typen gleichzeitig vorangetrieben, und es verstrich ein weiteres Jahr, ohne daß für die Luftwaffe Ersatz für ihre vorhandenen mittleren Bomber in Aussicht stand. Während Milch also Pläne für die vierte Generation der Flugzeuge der Luftwaffe schmiedete, wozu Bomber zählten, die mit Fernlenkwaffen in Höhen über 13 500 m operierten, und Jagdflugzeuge mit Überschallgeschwindigkeit, stand die lange erwartete dritte Generation von Bombern, Schlachtflugzeugen und Zerstörern immer noch nicht bereit. 1943 hatte sich inzwischen im Durchschnitt eine zweijährige Verzögerung ergeben.

In den ersten drei Jahren des Krieges konnten demnach Flugzeugentwicklung und -produktion nicht mit den Forderungen der Front Schritt halten. Erst Mitte 1944 konnte die Mitte 1941 beschlossene Vervierfachung des Flugzeugausstoßes erzielt werden. Zu der Zeit führten die Verluste an der Front und die auf Grund technischer Mängel zu so hohen Ausfällen, daß noch nicht einmal eine Verdoppelung der Einsatzstärke der Luftwaffe möglich war. Ende 1942 war es Milch klar, daß die Luftwaffe die Überlegenheit, mit der sie in den Krieg eintrat, verloren hatte. Nach Berechnungen des Feindnachrichtendienstes, nach denen Deutschland 1942 im Durchschnitt monatlich 367 Jäger und 349 Bomber produzierte, konnten die Westalliierten allein viermal soviel, also 1959 beziehungsweise 1378 Maschinen, produzieren. Die Qualität der Bomber der Feindmächte war bedeutend besser als die der des Reichs. Nachdem man Göring diese Zahlen vorgelegt hatte, wischte er sie mit der Bemerkung vom Tisch: *»Lassen Sie mich mit dem Quatsch in Ruhe.«* Zählt man noch die russische Flugzeugproduktion mit hinzu, so lag die feindliche Flugzeugfertigung achtmal so hoch wie die des Reichs.

Selbst wenn Milch gewaltige Fortschritte in der Flugzeugproduktion gelungen wären, bleibt die Frage offen, ob die Luftwaffe genügend fliegendes Personal hätte aufbieten können, diese Flugzeuge zu fliegen. Obwohl die Luftwaffe gut gerüstet mit einer großen Zahl gut ausgebildeter Flugzeugführer und Besatzungsangehöriger den Krieg begann, waren auch hohe Verluste zu beklagen. In der Luftschlacht um England hatte man alleine in der Zeit vom 3. August bis zum 28. September 1940 nicht weniger als 400 Bomber- und 61 Stukabesatzungen verloren. In den 40 Monaten Krieg bis 1943 waren im Einsatz und während der Ausbildung 34 500 Mann fliegendes Personal gefallen und 14 000 Mann verwundet worden. Hätten die Fliegerschulen ungestört die Ausbildung fortsetzen können, so gibt es keinen Grund zu der Annahme, daß sie mit diesen Verlusten nicht hätten fertig werden können. Sie hätten sicherlich sogar noch seinerzeit den Ausstoß an Flugzeugführern und Besatzungsangehörigen steigern können, wenn sie nicht unter ständigem Fehl an Ju 52, die für die Ausbildung der Bomberbesatzungen benötigt wurden, gelitten hätten. Diese Flugzeuge waren nicht nur abgezogen worden, um die Luftlandeunternehmen in Belgien und Holland im Mai 1940 und in Kreta im Juni 1941 zu unterstützen, oder für die Vorbereitung zur Einnahme von Malta im Juni 1942 bereitzustehen, sondern sie mußten zusätzlich immer häufiger Nachschub und Versorgung für Luftwaffenverbände und in zunehmendem Maße vor allem für das Heer an die Front einfliegen, ob in besonderen Fällen wie bei Demjansk, Cholm und Stalingrad, oder auf Kriegsschauplätze wie Nordafrika und vermehrt auch an die Ostfront. Zwischen dem 1. August und dem 30. Oktober 1942 waren allein bei 21 500 Transporteinsätzen an der Ostfront 17 Millionen Flugkilometer zurückgelegt und 43 000 Tonnen Nachschubgüter befördert worden. Die Produktion der Ju 52 wurde dennoch nicht erhöht, es war auch kein Ersatz in Aussicht, obwohl das RLM dies im Herbst 1939 zu einer Zeit gefordert hatte, als man dieses Flugzeug schon für überholt und veraltet angesehen hatte. Überall fehlte es an Transportflugzeugen, denen auch keine vorrangige Bedeutung eingeräumt wurde. Zu Kriegsbeginn gab es 550 Ju 52, seinerzeit das einzige für Transportaufgaben in der Luftwaffe geeignete Flugzeug, Ende 1942 waren es nur 800 Maschinen, die in keiner Weise ausreichten, um den immer stärker werdenden Anforderungen im Rahmen der Wehrmacht gerecht zu werden. Selbst die He 111 und He 177 sowie einige Me 323 und Fw 200 mußten für Transporteinsätze herangezogen werden. Die Verluste der Ju 52, dem Arbeitspferd der Transportstaffeln, hatten 1942 einen Punkt erreicht, wo sie den Ausstoß neuer Maschinen um das Zweifache übertrafen.

Zu Beginn des Krieges verfügte der Chef des Ausbildungswesens über zwei Drittel aller Ju 52, die in den Kampfflieger-, Blindflug- und Beobachterschulen verwendet wurden. Bei größeren Unternehmungen gab es keine andere Möglichkeit, als sie und ihre Lehrbesatzungen zeitweilig für Einsätze an der Front abzuziehen. Für den Frankreichfeldzug wurden beispielsweise 380 Ju 52 für etwa zehn Wochen von den Fliegerschulen abgezogen. 150 Maschinen gingen verloren. Die Fliegerschulen litten entsprechend unter diesen Verlusten. So befahl Hitler im Dezember 1941 die Aufstellung von fünf neuen Transportgruppen für die Ostfront. Flugzeuge und Personal hatten die Kampfflieger- und Blindflugschulen zu stellen. Das bedeutete fast die völlige Entblößung aller Maschinen, allen Lehrpersonals und in der Ausbildung weit fortgeschrittenen Schülerpersonals. Dazu die Stellungnahme des General Deichmann:

»Es ist bekannt, in welch einem großen Umfang weiterhin die Schulflugzeuge Ju 52 den Fliegerschulen laufend fortgenommen wurden. Praktisch wurde damit verhindert, daß die Ausbildung ihre Aufgabe auf Lieferung einer ausreichenden Zahl von Bomber- und Fernaufklärerbesatzungen erfüllen konnte.« In der Tat zeichneten sich schon im Januar 1941 erste Anzeichen dafür ab, als der Generalquartiermeister der Luftwaffe in einem Bericht auf den Mangel an Kampfbesatzungen hinwies, was sich insbesondere bei den mit Ju 88 ausgerüsteten Verbänden auswirkte. Das »Auskämmen« der Fliegerschulen beschränkte sich hingegen nicht alleine auf die mit der Ju 52 versehenen. Man griff auch auf andere Flugzeuge zurück, an denen es mangelte, so auf Bomber oder während der Luftschlacht um England sogar auf Jäger. Während der letzten Phase des Afrikafeldzuges fehlten der Luftwaffe besonders ausgebildete Torpedoflieger, da die entsprechenden Schulen im Zusammenhang mit der Krise um Stalingrad geschlossen und aufgelöst worden waren. Das Fehl an Schlachtflugzeugen zeigte sich, als im Herbst 1942 veraltete Aufklärungsflugzeuge vom Typ He 45 von den Fliegerschulen abgezogen und an die Ostfront verlegt wurden, um dort Nachtstörangriffe zu fliegen. Auf derartige Notbehelfe mußte die Luftwaffe zurückgreifen, um den Mangel an fronttaugli-

chen Flugzeugen ausgleichen zu können.

Zumal die Fliegerschulen nicht unmittelbar dem Chef des Ausbildungswesens unterstanden, der nur für die Ausbildungsinhalte verantwortlich war, sondern den Chefs der Luftflotten, konnte er nur wenig dazu beitragen zu verhindern, daß seine Ausbildungslehrgänge alle drei oder vier Monate total durcheinandergebracht oder einfach aufgelöst wurden. Es brachte auch nur wenige Vorteile, daß vom Oktober 1941 bis zum April 1942 der Lufttransportchef der Wehrmacht, dem die Blindflugschulen der Luftwaffe unterstanden, unmittelbar dem Chef des Ausbildungswesens verantwortlich war. Was in erster Linie zählte, waren die Einsatzerfordernisse der Luftwaffe an der Front. Alle Vorhalte, die Milch und Jeschonnek gemacht wurden, fruchteten nichts, denn beiden lag daran, den Krieg so schnell wie möglich zu beenden. Man ging davon aus, daß, sobald der Krieg gewonnen wäre, das Absinken auf dem Gebiet ausgebildeten Personals im Frieden ohne große Schwierigkeiten wieder aufgefangen werden könnte. Selbst der Vorschlag, die Ju 52 in den Fliegerschulen durch gleichermaßen veraltete Ju 86 zu ersetzen, wurde im Interesse der Fertigung neuer Kampfflugzeuge abgelehnt. Deichmann erinnert sich daran:

»Eine mir als Chef des Stabes beim Chef des Ausbildungswesens Anfang 1940 – nach dem Polenfeldzug – gegebene Möglichkeit, dem Reichsmarschall Göring unmittelbar Vortrag zu halten, benutzte ich, um den Antrag zu stellen, daß für die Ausbildung anstelle der Ju 52 die Ju 86 als Schulflugzeug eingesetzt werde . . . Das Flugzeugmuster Ju 86 konnte ohne Schwierigkeiten in verhältnismäßig wenig Arbeitsstunden mit Doppelsteuer und zweiter Instrumentierung versehen werden. Durch Einbau eines Benzinmotors anstelle des Rohölmotors wurde das Flugzeug infolge seiner sehr guten fliegerischen Leistungen dann ein ideales Schul- und Ausbildungsflugzeug. Der Nachteil, daß die für Rohöl berechneten Betriebsstofftanks nach Umstellung der Motoren auf Benzin dem Flugzeug nur eine Flugdauer von eineinhalb Stunden gaben, spielte bei der Ausbildung am Platz keine so entscheidende Rolle. Zudem war es ohne allzu große Schwierigkeiten möglich, Zusatztanks in die Tragflächen einzubauen. Es kam hinzu, daß für diese Flugzeugmuster in großem Umfange vorbereitetes Baumaterial bereit lag, da sein Absetzen vom Rüstungsprogramm überraschend erfolgte. Für die Zusammensetzung dieser Teile war bei dem geringfügigen Bedarf an Schulflugzeugen ›C‹ nur ein kleines Flugzeugwerk erforderlich. Feldmarschall Milch, der an dem Vortrag teilnahm, widersprach meinem Vorschlag auf das heftigste. Er gab an, mit Rücksicht auf das Ju 88-Programm auch nicht die geringste Werkkapazität zur Verfügung zu haben. Er erklärte, daß nach dem neuen Flugzeugbeschaffungsprogramm monatlich 80 Ju 52 gebaut würden, die sowohl den Bedarf der Front an Transportflugzeugen als auch den der Fliegerschulen voll decken würden. Mein Einwand, daß der Transportbedarf der Front in das Unermeßliche gehen würde, wurde beiseite geschoben. Feldmarschall Göring entschied gegen mich.«

Mit Rücksicht auf die Produktion von Einsatzflugzeugen wurde sogar die Fertigung typischer einmotoriger Ausbildungsflugzeuge von ursprünglich 13 Prozent aller 1939 produzierten Flugzeuge (1112 Maschinen) auf 7,5 Prozent im Jahre 1942 (1170 Maschinen) zurückgenommen. Im Sommer 1942 kam es zu weiteren Einschränkungen bei der Ausbildung, weil es zeitweilig am erforderlichen Kraftstoff fehlte. Ferner beschnitt Jeschonnek den Umfang der Flugstunden für die Ausbildung maßgebend, indem er begründete: »Zunächst müssen wir Rußland schlagen, dann können wir die Ausbildung wieder aufnehmen.« 1943 erzwang der Druck von allen Seiten, in allen Ausbildungsbereichen der Luftwaffe einschneidende Maßnahmen zu ergreifen, die den Ausbildungsstand weiter minderten. Im März 1943 fehlten bei den Kampffliegerverbänden 364 Besatzungen und bei den Nachtjägern 51, um die einsatzbereiten Maschinen fliegen zu können. Die Kriegsstärke der Stuka- und Jagdverbände wies eine bedrohlich geringe Personalverfügbarkeit aus. Nur die Zerstörer hatten genügend Besatzungen, um mit den Abnutzungserscheinungen laufender Einsatztätigkeit fertig zu werden.

Inzwischen hatte sich in den Reihen der Luftwaffe eine Anzahl militärischer Verbände breitgemacht, die nach Ansicht vieler nicht gerade zu luftwaffeneigentümlichen Verbänden zählten. Da waren die motorisierten Flakverbände, die im Einsatz beim Heer standen und sich vorzüglich bewährt haben. Im Frankreichfeldzug konnten die zwei Flakkorps, die den Heeresgruppen A und B zugeteilt waren, 854 der 2379 abgeschossenen Feindflugzeuge für sich verbuchen, dazu kamen noch über 300 gepanzerte Fahrzeuge. Ähnlich sah es im Rußlandfeldzug aus, wo das I. Flakkorps im Bereich der Heeresgruppe Mitte vom 22. Juni bis zum 30. August 1941 nicht weniger als 259 Feindflugzeuge abgeschossen hatte. Bis zum 31. Oktober 1941 hatte die Flak der Luftwaffe seit Kriegsbeginn insgesamt 5381 Flugzeuge abgeschossen und ferner 1930 gepanzerte Fahrzeuge, 1253 Bunker und Befestigungsanlagen, 279 Artilleriestellungen, 2901 Geschütze aller Kaliber, 5631 MG-Nester, 5024 Fahrzeuge, 55 Eisenbahnzüge und vieles andere mehr vernichtet. Wahrlich eine eindrucksvolle Auflistung, die aber auch offenlegt, wo überall die Flakverbände der Luftwaffe eingesetzt waren, was mit dem eigentlichen Luftwaffeneinsatz nichts zu tun hatte. Weit verbreitet fand man die Flakbatterien in vorderster Linie mit ihren vorzüglichen 8,8-cm-Geschützen bei der Panzerbekämpfung. 1942 hielt man sie in dieser Art des Einsatzes für wertvoller als zur Fliegerabwehr. Mitte 1943 standen etwa 200 000 Mann der Luftwaffe im Dienst bei den motorisierten Flakverbänden im Felde.

Außer den Flaksoldaten gab es noch etwa 240 000 Luftwaffensoldaten, die gleichermaßen wie das Heer im Erdeinsatz standen. Um genau zu sein, 20 000 von ihnen waren Männer, die mit dem Fallschirm ins Gefecht absprangen, nicht unbedingt ein Grund dafür, daß sie zur Luftwaffe gehören mußten; auch das Heer hatte seit 1939 ein eigenes Bataillon Fallschirmjäger. 20 000 Mann dienten in der Panzergrenadier-Division »Hermann Göring«, einer Elitetruppe, und 200 000 in 24 Luftwaffen-Felddivisionen, die Ende 1942 als Beitrag der Luftwaffe zu den schweren Kämpfen an der Ostfront aufgestellt worden waren. Durch strikt befohlene Personalabgaben in Höhe von zehn Prozent aus allen Verbänden der Luftwaffe geschaffen, wirkte sich der Abzug gut ausgebildeten Personals, so zum Beispiel aus den Luftnachrichteneinheiten, sehr nachteilig auf die Einsatzbereitschaft der fliegenden Verbände aus. Die Felddivisionen hatten einen nur geringen Kampfwert, waren mangelhaft ausgebildet; ihnen fehlte es an Ausrüstung und Personal. Aufstellung und Einsatzwert dieser Verbände waren sehr umstritten. Aber Göring hatte seinen Kopf durchgesetzt, weil er seinem »Führer« beweisen wollte, daß auch die Luftwaffe zu größten Opfern fähig war im verzweifelten Ringen an der Ostfront. Dem Verlust ausgebildeter Männer des Bodenpersonals der Luftwaffe, das die fliegenden Verbände der Luftwaffe überhaupt erst kampffähig machte, maß er nur geringe Bedeutung bei. Somit wären die 240 000 Mann der insgesamt 2 100 000 Mann der Luftwaffe im Frühjahr 1943 besser beim Heer aufgehoben gewesen, wo wirksamere Möglichkeiten für Ausbildung und Einsatz gegeben waren. Wie es sich zeigen sollte, wurden sie alle im Rahmen und unter Führung des Heeres eingesetzt. Die Selbstverständlichkeit dieser Maßnahme weigerte sich Göring jedoch anzuerkennen.

Anfang 1943 stellte sich die Lage der Luftwaffe folgendermaßen dar: Sich darauf verlassend, jeden Gegner einzeln in einer Folge schneller Feldzüge bezwingen und mit den Schwächen, mit denen sie in den Krieg zog, fertigwerden zu können, fand sich die Luftwaffe in einen Krieg verwickelt, der in seinem Ausmaß und in seiner Art in absolutem Widerspruch zu den Bedingungen stand, die sie als

Voraussetzung für den Erfolg erachtete. Ohne ausreichende Reserven jeder Art sah sich die Luftwaffe innerhalb eines Zeitraumes von sechs Monaten des Jahres 1941 gezwungen, sich gleichzeitig auf drei Kriegsschauplätzen für einen langen und zermürbenden Krieg einzurichten. Plötzlich erforderliche Verstärkungen für einen Kriegsschauplatz konnten nur durch den Abzug von Kräften von einem anderen befriedigt werden, was dort wiederum zu gefährlichen Lücken führen mußte. Alle Kräfte und Reserven waren von nun an derart ausgezehrt und überdehnt, daß an keiner Front mehr die Entscheidung in der Luft herbeizuführen war. Das sollte sich als Wendepunkt des Kriegsglücks der Luftwaffe und des gesamten Luftkrieges an sich erweisen.

Einschneidend für die neue Lage wirkten sich die feindliche Gegenoffensive bei El Alamein und die Landung der Engländer und Amerikaner in Nordafrika aus. Im November mußten 400 Einsatzflugzeuge, davon 75 Prozent Bomber, von der Ostfront in den Mittelmeerraum abgezogen werden, der sich nunmehr erstmals zum Hauptkriegsschauplatz entwickelt hatte, wo fast 25 Prozent der Einsatzstärke der Luftwaffe gebunden war. Im Jahr zuvor waren es noch acht Prozent. Trotzdem reichten die etwa 1000 Einsatzflugzeuge dort nicht aus, zum Erfolg beizutragen. Genausowenig konnte die im Dezember an der Ostfront auf etwa 2000 Einsatzflugzeuge abgesunkene Kampfstärke die an die Luftwaffe gestellten Einsatzerfordernisse befriedigen. Zur gleichen Zeit wurde die Luftwaffe immer mehr gefordert, um im Westen und im Reich selbst den verheerenden Angriffen alliierter Bomber zu begegnen. Dieser Auftrag lag jenseits des Leistungsvermögens der Luftwaffe, es sei denn, sie hätte ihre anderen Verpflichtungen in unverantwortlicher Weise vernachlässigt. Das Jahr 1942 machte die Verstärkung der Nachtjäger um 95 Prozent, also von 180 auf 350 Flugzeuge, erforderlich. Ende des Jahres wurde es offenkundig, daß auch die Tagjäger in ähnlichem Umfang verstärkt werden mußten. Im Februar 1943 waren fast 70 Prozent aller deutschen Jäger auf den Kriegsschauplätzen im Westen und im Mittelmeerraum eingesetzt, wobei die Westfront erst dabei war, an Bedeutung zu gewinnen. Nur selten noch erreichte die Stärke der Luftwaffe an der Ostfront die Anzahl von 1600–1800 Flugzeugen, auf die sie Anfang 1943 abgesunken war. Im Einsatz an drei Fronten, wofür sie weder Flugzeuge in genügender Menge noch in ausreichender Qualität besaß, zeichnete sich für die Luftwaffe das Gespenst der fast sicheren Niederlage am Horizont ab. Sie hatte die Initiative in der Kriegführung verloren. Die Luftüberlegenheit der deutschen Luftwaffe gab es nicht mehr, sie gehörte der Geschichte an. Laufende Abnutzung der Kampfkraft mit letztendlichem Zusammenbruch war alles, war ihr bevorstand.

X. 1943 – Das Jahr der Rückschläge

Im Frühjahr 1943 stand die Luftwaffe auf drei Kriegsschauplätzen, im Osten, im Westen und im Mittelmeerraum, in schweren Kämpfen. Jeder für sich alleine hätte alle verfügbaren Kräfte erfordert, um eine Entscheidung zu erzwingen. Rückschauend betrachtet mußte die laufende Verzettelung der geringen Kräfte auf den drei Kriegsschauplätzen mit Sicherheit zum Versagen führen. Andererseits konnte sich die Wehrmacht aber auch von keinem dieser Kriegsschauplätze einfach zurückziehen. Die einzige Wahl, die sie oder besser Hitler hatte, konnte nur darin bestehen festzustellen, wo der Schwerpunkt der Kräfte zum Ansatz kommen sollte. Jeder Kriegsschauplatz hatte in irgendeiner Weise Vorrang. Im Osten gewann der russische Koloß zunehmend an Stärke, und die deutsche Schlagkraft nahm ab. Zudem trennte kein Meer den Feind von deutschem Boden. Im Westen bereiteten sich die alliierten Bomberkräfte darauf vor, daß Reich rücksichtslos bis zum Untergang zu bombardieren. Im Mittelmeerraum, der Schwachstelle Europas, konnte der Feind überall zwischen Südfrankreich und Griechenland ein Landungsunternehmen beginnen, was entweder zu einer zweiten bedrohlichen Front hätte führen können, der Inbesitznahme besetzter Gebiete in unmittelbarer Grenznähe des Reichs oder zum Verlust der rumänischen Ölfelder mit anschließendem Vorstoß auf das Reichsgebiet selbst. Anläßlich einer Besprechung im RLM, die Ende Januar 1943 stattfand, äußerte der General der Jagdflieger, Adolf Galland, vorausschauend, daß sich bis Ende des Jahres der Schwerpunkt der Einsätze der Luftwaffe vom Osten in den Mittelmeerraum verlagern werde.

Nach dem Verlust Nordafrikas im Mai 1943 sah sich die Luftwaffenführung zwei bedeutenden Problemen gegenüber. Zum einen galt es, die Kampfkraft der Jäger und Schlachtflieger, die in Tunesien verlorengingen, wiederherzustellen und die von Sizilien und Sardinien aus operierenden Kampfgeschwader, die sich im laufenden Einsatz über dem Mittelmeer erschöpft und abgenutzt hatten, wiederaufzufrischen. Ferner war eine Umgliederung und Verstärkung der vorhandenen Kräfte erforderlich, um einer alliierten Landung zu begegnen, die überall zwischen Südfrankreich und den Inseln im Ägäischen Meer stattfinden konnte. Um dieser Bedrohung gerecht zu werden, war die Luftflotte 2 (Keßelring) für den Raum Italien und das mittlere Mittelmeer und das am 1. Januar 1943 gebildete Luftwaffenkommando Südost (Hoffmann von Waldau) für Griechenland, Kreta und den Balkan verantwortlich. Dank dieser Aufteilung der Verantwortungsbereiche hoffte man, die Luftwaffe in die Lage zu versetzen, besser auf feindliche Landungsunternehmen in beiden Bereichen reagieren zu können. Die Zusammenarbeit mit der italienischen Luftwaffe beschränkte sich auf das unbedingt Erforderliche. Das Verhältnis zu ihr war weit davon entfernt, herzlich genannt zu werden. Die Italiener verhehlten ihr Mißtrauen gegenüber dem Verbündeten aus dem Norden keineswegs. Daher kam der Versetzung fähiger und erfahrener Offiziere von den Ostfront erhebliche Bedeutung zu. Insbesondere von Richthofen, der am 12. Juni Chef der Luftflotte 2 wurde, nahm eine hervorragende Rolle ein. Keßelring blieb Oberbefehlshaber Süd. Ihm unterstanden alle Verbände des Heeres, der Kriegsmarine und der Luftwaffe im westlichen Mittelmeerraum. General Bülowius übernahm anstelle von Loerzer das II. Fliegerkorps, während General Mahncke, der seine Fähigkeiten Anfang des Jahres bei der Gegenoffensive bei Charkow als Kommandeur der Fliegerdivision Donez bewiesen hatte, die Führung der Nahkampfflieger auf Sizilien übernahm. Harlinghausen wurde durch Peltz in der Führung der Kampfverbände ersetzt. Und Galland setzte sich für die Verstärkung mit Flugzeugführern und Maschinen zur Hebung der Einsatz- und Kampfbereitschaft in den Reihen der Jagdverbände ein.

Am 3. Juli 1943 verfügte die Luftwaffe im Mittelmeerraum über 1280 Einsatzflugzeuge (975 bei der Luftflotte 2 und 305 beim Luftwaffenkommando Südost). Das waren 460 Maschinen mehr als noch eineinhalb Monate zuvor, nachdem Nordafrika verlorengegangen war, was einer Zunahme von 56 Prozent entsprach. Auch die Einsatzbereitschaft und der Klarstand der Verbände hatte sich verbessert. Wie äußerst wichtig die Jagdabwehr war, hatte man in der Endphase des Afrikafeldzuges erkannt, was sich darin niederschlug, daß 60 Prozent der Verstärkung an Flugzeugmaterial aus Bf 109 und Fw 190 bestand. Die Luftflotte 2 hatte 380 einmotorige und 100 zweimotorige Jagdflugzeuge, das Luftwaffenkommando Südost 70 und 10 dieser Maschinen. Zwischen dem 1. Mai und 15. Juli wurden etwa 40 Prozent der gefertigten Jagdflugzeuge unmittelbar von den Flugzeugwerken dem Kriegsschauplatz im Mittelmeerraum zugeführt. Obwohl kein Verband von anderen Kriegsschauplätzen abgezogen wurde, wurden zwei für die Reichsverteidigung vorgesehene neu aufgestellte Verbände in den Bereich der Luftflotte 2 verlegt. Die Ju 87, die sich im Wüstenkrieg wieder einmal als höchst verwundbar gegenüber feindlichen Jägern erwiesen hatte, wurde nur im östlichen Mittelmeer außerhalb der wirksamen Reichweite alliierter Jäger eingesetzt. Für die Schlachtfliegereinsätze stützte sich die Luftflotte 2 ganz auf die 150 Fw 190 ab, von denen viele von der Luftflotte 3 gestellt wurden, die im Luftkrieg gegen England stand. Nur die 300 Ju 88 und He 111, die mit Masse der Luftflotte 2 zur Verfügung standen, wurden nicht aufgestockt. Vertrauend auf ihre Kampfkraft, setzte die Luftwaffe alle Hoffnungen darauf, der alliierten Invasionsflotte schweren Schaden zuzufügen.

Zu keiner Zeit gelang es den Deutschen, ihre Kräfte schwerpunktmäßig gegen die vorbereitenden Maßnahmen der Alliierten einzusetzen. Durch geschickte Täuschung und Ablenkmanöver verhinderten es die Alliierten, das deutsche OKW auf die Fährte zu setzen, wo die Landung stattfinden sollen. Das zog eine ungeahnte Verzettelung der deutschen Kräfte nach sich. Einige Zeit glaubte man, der Gegner wolle Griechenland oder Kreta zum Ziele seiner Anlandung nehmen, so daß die Luftwaffe dort bis Ende Juni 1943 ihre Kräfte mehr als verdoppelte. Ähnlich wirkten sich die Befürchtungen im Zusammenhang mit Sardinien aus. Auch dort faßte man erhebliche Kräfte zusammen. Es mutet wie eine Ironie des Schicksals an, wenn man bedenkt, daß an der Stelle, wo die Alliierten dann tatsächlich landen sollten, in Sizilien, die Deutschen ihre 415 Flugzeuge von Mitte Mai auf 175 zum Zeitpunkt der Landung acht Wochen später verringert hatten. Wenngleich diese Verringerung teilweise der schweren, die Insel treffenden alliierten Bombenangriffen zuzuschreiben war, was die Plätze für Bomber unbrauchbar machte, so hätte man bestimmt anders gehandelt, wenn man gewußt hätte, daß die Insel möglicher Platz für eine Landung gewesen wäre. Dennoch standen in Mittel- und Süditalien Verstärkungen bereit, die sich in der zweiten Juliwoche auf immerhin 460 Flugzeuge beliefen, was die Gesamtstärke sofort verfügbarer Flugzeuge im Falle einer Invasion Siziliens auf 635 Maschinen brachte.

Wahrscheinlich auf Grund der Verzettelung ihrer Kräfte, verursacht durch Nichtkenntnis der alliierten Absichten, unternahm die Luftwaffe keine ernsthaften Versuche, die feindlichen Vorbereitungen für die Landung zu unterbinden. Schwere Luftangriffe veranlaßten die Deutschen, ihre Bomber aus dem Wirkungsbereich nordafrikanischer Häfen auf Flugplätze in Norditalien und Südfrankreich zurückzunehmen. Obwohl Sizilien und Sardinien immer noch als vorgeschobene Absprungbasen benutzt wurden, litt die Schlagkraft dennoch, weil die Anflugwege weit waren. Insbesondere wirkte sich die Beherrschung des Luftraumes über dem Mittelmeer seitens des Feindes auf den Einsatz der Bomber aus. Nur zögernd führten deutsche Kampfverbände Tagangriffe durch; sogar bei Nacht gelang es der Luftwaffe nicht, nennenswerte Erfolge zu verzeichnen. Die Unwirksamkeit deutscher Bomber, die sich so offenkundig gegen Ende des Afrikafeldzuges zeigte, war die herausragende Schwäche der Luftwaffe beim Einsatz im Südraum Europas. Von den 300 verfügbaren Bombern waren täglich im Durchschnitt nur 55 Prozent einsatzklar. Wegen des einschneidenden Mangels an ausgebildeten Besatzungen konnte davon nur die Hälfte jederzeit zum Einsatz abberufen werden. Die mangelhaft ausgebildeten Besatzungen waren häufig nicht in der Lage, ihre Ziele zu finden. Die Verluste, die nicht selten auf Grund fehlerhafter Navigation zu beklagen waren, lagen unverhältnismäßig hoch, fast regelmäßig zwischen 10 und 15 Prozent aller eingesetzten Besatzungen – und Maschinen, natürlich. Auf diese Weise konnten die Alliierten in aller Ruhe ihre Vorbereitungen treffen. Während der zwei Wochen vor der Landung in Sizilien führten die Deutschen nur zwei Luftangriffe auf nordafrikanische Häfen durch, mit geringem Erfolg.

Nach einer Woche schwerster Luftangriffe landeten die Alliierten am 10. Juli 1943 auf Sizilien. Die deutschen Verteidiger hatten im Verlaufe dieser Kämpfe 100 Flugzeuge verloren. Alle einsatz- und flugbereiten Fw 190 mußten von Sizilien ins 320 km entfernte Neapel zurückverlegt werden. Am 10. Juli lagen nur noch 50 Flugzeuge auf der Insel, um der Invasion begegnen zu können. Über die Wirkung der Angriffe vermerkte Oberst Christ, Chef des Stabes der Luftflotte 2: *»In den letzten Wochen vor der Landung waren alle Flughäfen, Einsatzplätze und Landefelder in Sizilien durch ununterbrochene Angriffe massierter Kräfte derartig zerstört worden, daß es nur möglich war, den einen oder anderen Flugplatz für kurze Zeit betriebsbereit zu machen . . .«* Auch auf Sardinien zeichnete sich eine ähnliche Schwächung der Kräfte der Luftwaffe ab, wo im Verlaufe der Woche die Einsatzbereitschaft der Jabos von 55 auf 35 Prozent absank, wodurch die verfügbaren Kräfte zur Verlegung nach Sizilien im Falle einer alliierten Landung abnahmen. Die alliierten Luftangriffe Sardiniens unterbanden die Nutzung der Flugplätze durch deutsche Bomber nach Rückkehr vom Einsatz. Unter diesen Umständen litt selbstverständlich die Abwehr der Luftwaffe gegen den alliierten Angriff, sie war nur zögernd und dazu noch mangelhaft koordiniert. Ferner zwangen die laufenden Angriffe auf die Flugplätze Siziliens die Deutschen, ein Großteil ihrer Kräfte für die Abwehr und Verteidigung aufzubieten. So konnten sie zwischen dem 10. und 12. Juli nur 275 bis 300 Feindflüge pro Tag (24 Stunden) durchführen, wovon 50 Prozent Nachteinsätze waren. Nach dem 12. Juli sank diese Zahl auf 150 Feindflüge ab. Die Alliierten konnten hingegen täglich 1500 Feindflüge aufweisen.

Die Luftwaffe stand der alliierten Landung fast machtlos gegenüber. In den ersten 24 Stunden hatten die Alliierten nur 12 Schiffe verloren, obwohl der Operationsplan 300 Schiffsverluste berücksichtigt hatte, bevor die Lage kritisch werden würde. Mit Stand vom 16. Juli hatte die Luftwaffe noch 120 Flugzeuge auf Sizilien, von denen 40 Maschinen einsatzbereit waren. Es gab für sie keine andere Wahl, als sich abzusetzen. Am 18. Juli hatten die Deutschen noch 35 Flugzeuge auf der Insel, 600 lagen zerstört oder beschädigt auf den Plätzen. Für die Italiener sah es nicht minder schlecht aus. Ihre Verluste beliefen sich auf 500 Maschinen. Am 22. Juli 1943 verließ das letzte Flugzeug der Achse die Insel. Nur vom italienischen Festland aus konnten die deutschen Truppen Luftunterstützung erwarten. Die dort verfügbaren 60 Jäger und 50 Jabos operierten an der

Grenze ihrer Reichweite, hatten kaum ausgebaute Flugfelder und waren den alliierten Luftangriffen ausgesetzt. Im Tag- und Nachteinsatz brachte es die Luftwaffe täglich im Durchschnitt nur auf 60 Feindflüge. Erst in den letzten Tagen des
Einsatzgeschehens, vom 14. bis 17. August, als man den Abzug deutscher Truppen aus der Luft zu decken hatte, gelangen täglich etwa 150 Feindflüge. Die Alliierten erreichten das Achtfache, nähmlich 1200 Feindflüge pro Tag. Im Verlauf
der Gefechte hatten die Achsenmächte 1850 Flugzeuge, die Alliierten weniger
als 400 verloren. Die Luftwaffe hatte über dem Mittelmeerraum endgültig die
Luftherrschaft eingebüßt.

Zusätzlich zu den zwischen dem 3. Juli und 17. August erlittenen Verlusten der
Luftwaffe im Mittelmeerraum forderte der Kriegsschauplatz im Westen Kräfte-
verstärkung. Im August wurden 210 Maschinen nach dorthin verlegt. Bis zum 3.
September, als die 8. Armee der Engländer über die Straße von Messina setzte
und bei Reggio an der Stiefelspitze des italienischen Festlandes landete, betrug
in Südeuropa die Stärke der Luftwaffe 880 Flugzeuge, wovon 625 im westlichen
und mittleren Mittelmeerraum lagen. Um der Invasion zu begegnen, konnten
von Mittel- und Süditalien aus nur 120 Jäger und 50 Jabos zum Einsatz kommen.
Sie mußten von Flugfeldern starten, die laufend schwer bombardiert wurden.
Daher konnten am ersten Tag der Invasion auch nur 150 Feindflüge aufgeboten
werden. Die im Raum Foggia liegenden Kampfstaffeln spielten bei der Bekämpfung der Landung keine Rolle. Fünf Tage später jedoch, am 8. September 1943,
als Amerikaner und Engländer in den 240 km südlich von Rom liegenden Golf
von Salerno einliefen, schlug die Luftwaffe in einer derartigen Weise zurück, wie
man es seit den Tagen von Malta im März 1942 auf diesem Kriegsschauplatz nicht
mehr erlebt hatte. Am 8. September flogen deutsche Schlachtflugzeuge 170
Feindeinsätze, am 13. 9. waren es 250, zur Unterstützung eines Gegenangriffs
des deutschen Heeres, der die Einrichtung des alliierten Brückenkopfes ernsthaft gefährdete. In der Nacht vom 8. zum 9. 9. griffen deutsche Kampfstaffeln in
das Gefecht ein und flogen 150 Feindflüge gegen alliierte Stellungen und Schiffe.
Gegen die gleichen Ziele wurden in der Nacht vom 10. zum 11. 9. noch einmal
100 Flugzeuge eingesetzt. Bei Tage flogen besonders ausgerüstete Do 217 Schiffsangriffe mit der drahtgesteuerten Bombe FX 1400 und der raketengetriebenen
Gleitbombe Hs 293. Ihre Treffsicherheit war hoch. Im Durchschnitt konnten sie
je 15 Feindflüge einen Schiffstreffer erzielen.

Dennoch fruchtete aller Einsatz der Luftwaffe bei Salerno wenig, weil die 8.
britische Armee von der Luftwaffe fast unbehelligt vorgestoßen und die Bedrohung des Brückenkopfes bei Salerno bereinigen konnte. Am 17. September mußten die Deutschen mit der Räumung der Flugplätze im Raume Foggia beginnen.
Am 21. 9. wurden die Jagd- und Jabostaffeln in den Raum von Rom und Viterbo
zurückgenommen. Danach sank die deutsche Lufttätigkeit gegen Salerno rapide
ab. Die Hälfte aller Staffeln wurde nördlich von Pisa verlegt, um die Räumung
von Sardinien und Korsika, die nach der italienischen Kapitulation am 8. September erforderlich wurde, zu decken. Als die Alliierten am 1. Oktober Neapel
in Besitz nahmen, war ihre Lage in Süditalien gefestigt, zumal sie nun über die
erforderlichen Nachschubhäfen und -wege verfügten. Wie schwierig es war, den
Luftraum zu beherrschen, beweist die Tatsache, daß die Luftwaffe die Umschlag-
tätigkeit in dem wichtigen Hafen von Neapel nicht stören konnte. Die Alliierten
fanden sich ihrerseits in die Lage versetzt, von den Flugplätzen bei Foggia Süddeutschland angreifen zu können.

Die Auswirkungen der alliierten Landung bei Salerno und die italienische Kapitulation am 8. September 1943 bereiteten den Deutschen im übrigen Mittelmeerraum erhebliche Schwierigkeiten. Im Bereich des Luftwaffenkommandos
Südost (General Fiebig; Hoffmann von Waldau war am 17. März 1943 gefallen)

war die deutsche Lage auf dem Balkan, den Ionischen Inseln und in der Ägäis durch den »Verrat« und das Überlaufen der italienischen Verbände gefährdet, weil ihre Stellungen und Garnisonen Schlüsselpunkte umfaßten, von denen aus eine Landung auf dem Balkan hätte unternommen werden können. Nunmehr mußten sich die Deutschen nicht nur mit Italien, sondern auch mit der Lage auf dem Balkan beschäftigen, wo es in erster Linie galt, die von den Italienern besetzten Ionischen Inseln und den Dodekanes unter Kontrolle zu bekommen. Während des Zeitraums nach der italienischen Kapitulation und dem 3. Oktober wurden dem Luftwaffenkommando Südost aus dem Westen und von Rußland 110 Flugzeuge zugeführt, womit sich die Einsatzstärke auf 345 Maschinen erhöhte. Die Einsätze begannen am 21. September mit der Einnahme der Insel Kefallenia vor der Zufahrt zum Golf von Korinth und endeten zwei Monate später mit der Rücknahme von Leros durch 500 Fallschirmjäger sowie der kampflosen Besetzung von Syros und Samos. Dadurch blieb die deutsche Lage im östlichen Mittelmeerraum bis zum Ende des Krieges unangefochten.

Konnte das Luftwaffenkommando Südost noch uneingeschränkt kämpfen, so kam die Einsatztätigkeit der Luftflotte 2 fast gänzlich zum Erliegen. Nach der Anfang Oktober erfolgten Besetzung Neapels durch die Alliierten verhärteten sich die Fronten. Die Gefechte blieben örtlich und zeitlich beschränkt und konnten daher kaum aus der Luft unterstützt werden, ganz abgesehen von der massierten Luftüberlegenheit der Alliierten. Die Sorge zur Erhaltung ihrer Kräfte und das Unvermögen zum Schlechtwettereinsatz trugen bei Jägern und Jabos dazu bei, daß täglich nicht mehr als 30 bis 35 Feindflüge über dem Gefechtsfeld durchgeführt werden konnten. Auch die Bomber konnten nicht viel zur Bekämpfung feindlicher Nachschubwege beitragen. Zwischen dem 15. Oktober und 5. Dezember 1943 waren nur 400 Feindflüge zu verzeichnen, wovon die meisten keine Wirkung erzielten. Als Beispiel mag der Nachtangriff vom 23. auf 24. Oktober gegen Neapel gelten, wo nur 20 von 90 eingesetzten Maschinen das Zielgebiet erreicht haben sollen, wie aus den Einsatzmeldungen der Luftwaffe hervorgeht. Nur die in Südfrankreich liegenden Torpedoflieger waren erfolgreicher, aber auf Kosten hoher Verluste, die sich nicht selten auf 20 Prozent aller eingesetzten Flugzeuge beliefen. Auf Grund der bei vier Großeinsätzen im Oktober und November gemachten – schlechten – Erfahrungen, wurde diese Art von Einsätzen bis zum 10. Januar 1944 eingestellt.

Nachdem sich die Lage auf dem Balkan beruhigt und die Front in Italien sich stabilisiert hatte, entwickelte sich der Mittelmeerraum im Herbst und Winter 1943 immer mehr zu einem zweitrangigen Kriegsschauplatz des Luftkriegsgeschehens. Dort galt es von nun an, sich in der Abwehr mehr auf die schwierigen Geländeverhältnisse denn auf Luftunterstützung zu verlassen. Fliegende Verbände wurden an die West- und Ostfront abgezogen. Im Dezember wurden zum Beispiel die 110 in Norditalien verfügbaren Bomber an die Luftflotte 3 zur Vorbereitung auf die Vergeltungsangriffe gegen England abgegeben. Somit war die Stärke der Luftwaffe im Mittelmeerraum am 1. Januar 1944 auf 575 Flugzeuge abgesunken, das waren nur 45 Prozent der im Juli noch vorhandenen Kräfte. Gallands Prophezeiung, daß sich das Mittelmeer im Jahre 1943 für die Luftwaffe zum Haupteinsatzraum entwickeln würde, hatte sich als falsch erwiesen. Dank des feindlichen Druckes an anderen Fronten mußten sich die Deutschen damit abfinden, im Luftraum über Südeuropa die Unterlegenen zu sein.

1943 befand sich Deutschland nur noch in der Defensive. An der Ostfront wurde die Luftwaffe ständig als »fliegende Feuerwehr« an Brennpunkten eingesetzt. In kritischen Lagen war sie für die oberste Führung das einzigste Mittel, um den Mangel von schweren Waffen und Reserven beim Heer auszugleichen.

Die Beweglichkeit der Luftwaffe versetzte sie in die Lage, innerhalb kürzester Zeit ihre Flugzeuge und Verbände an Krisenpunkte der Front zu verlegen. Diese Fähigkeit wurde zum wesentlichen Bestandteil deutscher Kriegführung. Nach Unterlagen des Generalstabes waren mindestens 80 Prozent aller Luftwaffeneinsätze an der Ostfront im Jahre 1943 der Heeresunterstützung zuzurechnen. Welche Bedeutung man diesem Einsatz beimaß, geht alleine daraus hervor, daß sogar zwischen Panzern und den sie unterstützenden Flugzeugen unmittelbarer Sprechfunkkontakt bestand. Dennoch war die Luftwaffe für diese Aufgaben schlecht gerüstet. Im besten Falle standen entlang einer Front von 2900 km nur 2500 Flugzeuge zur Verfügung, von denen üblicherweise 60 Prozent einsatzbereit waren. Es gab nicht genug Flugzeuge, um Reservern zu bilden oder Einsätze im feindlichen Hinterland fliegen zu können, was sich in den Jahren der Siege als so wertvoll erwiesen hatte. Über weiten Gebieten der Front zählte die Sichtung einer deutschen Maschine zu den Seltenheiten im Leben der Landser. Eine Krisenlage an einem Frontabschnitt bedeutete die Entblößung eines anderen, wo doch gerade der Kampf deutscher Truppen um jeden Meter Boden gegen wachsende Übermacht dringender Luftunterstützung bedurfte und die Bekämpfung russischer Nachschubwege, Führungsgefechtsstände und Kriegsindustrie erforderte. In der Tat wirkten sich die Gegenangriffe der Roten Armee im Verlaufe des Jahres in einem derartigen Maße aus, daß die Luftwaffe noch nicht einmal an irgendeinem Schwerpunkt an der Ostfront ihrer Kräfte wirkungsvoll zusammenfassen konnte. Die Luftherrschaft, selbst zeitlich und örtlich über einem bestimmten Frontabschnitt, für lange Zeit ein Vorrecht der deutschen Luftwaffe, gehörte der Vergangenheit an.

Die Russen hatten 1943 fünfmal soviel Flugzeuge wie die Deutschen. Auch hinsichtlich der Qualität des Flugzeugparks war eine erhebliche Verbesserung eingetreten. Die Yak-9, die Ende 1942 an die Truppe ausgeliefert wurde, war ein leistungsfähiges Flugzeug und erreichte in 5000 m Flughöhe eine Höchstgeschwindigkeit von 600 km/h, während die hauptsächlich aus Holz gefertigte La-5FN im Sommer 1943 bereitstand; sie führte zwei 2-cm-Kanonen an Bord und erreichte 660 km/h. Bis Ende des Krieges erhielt Rußland ferner insgesamt 22 000 Flugzeuge aus England und den USA zugeführt. Damit konnten die Russen, wo immer erforderlich, wirkungsvolle Angriffe durchführen und die Bomber der Luftwaffe, insbesondere die langsamen Ju 87, erfolgreich bekämpfen. Die Verluste der russischen Fliegerkräfte blieben zwar hoch, aber die unerschöpflichen Industrie- und Arbeitskräftereserven konnten diese Verluste in ausreichendem Maße ausgleichen. Erschwerend für die Deutschen kam der bedenkliche Mangel an Jagdflugzeugen hinzu, weil sie Ende 1943 gezwungen waren, fast zwei Drittel aller Bf 109 und Fw 190 im Westen einsetzen zu müssen.

So schlecht gerüstet die Luftwaffe für ihre Aufgaben auch war, so stellten ihre Verbände zumindest an der Ostfront dank hervorragenden Ausbildungsstandes und vorzüglicher Führung immer noch eine schlagkräftige Bedrohung für den Gegner dar. Selbst nach den verheerenden Rückschlägen im Winter zeigte die Luftwaffe während der Einsätze der Luftflotte 4 im Zusammenhang mit von Mansteins Gegenoffensive auf Charkow im Februar und März 1943, daß sie noch keineswegs erschöpft und ausgeblutet war. In den ersten drei Februarwochen wurde von Richthofens Luftflotte 4 wiederaufgefrischt, um dem russischen Druck besser standhalten zu können. Die bisher für Transportzwecke eingesetzten He 111 wurden wieder in die Kampfstaffeln eingegliedert , abgenutzte Staffeln wurden zur Wiederauffrischung aus der Front genommen, ihre restlichen Flugzeuge auf andere Staffeln verteilt. Die verstärkte Nutzung alter, befestigter Flugplätze, die zwölf bis achtzehn Monate zuvor gebaut worden waren und über gute Nachschubwege zu Großdepots wie Poltawa verfügten, zahlte sich bestens aus. Auf Grund dieser Maßnahmen konnte die Luftflotte 4 die Anzahl der täglichen Feindflüge von bisher 350 schon im Januar auf knapp 1000 steigern, am 23. Februar sogar auf 1250. Die hervorragende Beweglichkeit und Zusammenarbeit aller Verbände von Richthofens, der am 16. Februar 1943 in Anerkennung seiner Verdienste zum Feldmarschall ernannt worden war, machten schnelle Schwerpunktbildung während der Gegenoffensive möglich, was die Heerestruppen in höchstem Maße zu schätzen wußten. Besonderer Wert wurde auf die Zerstörung des feindlichen Eisenbahnverkehrsnetzes gelegt, das zumal in der Tauwetterperiode das einzig zuverlässige Mittel des Gegners zum Transport von Nachschubgütern und Truppenverstärkungen an die Front war.

Im äußersten Süden hatte die Luftflotte 4 jedoch weniger Erfolg. Nach der Kapitulation der 6. Armee bei Stalingrad war das VIII. Fliegerkorps auf die Krim verlegt worden. Sein Hauptauftrag galt der Unterstützung der 17. Armee im Kuban-Brückenkopf, der auf ausdrücklichen Befehl Hitlers zu halten war, um im Falle eines erneuten Vorstoßes in den Kaukasus als Sprungbrett zu dienen. Gleichzeitig damit sollte die Einnahme der Krim durch die Russen verhindert werden, weil sonst die gesamte deutsche Südflanke und die kriegswichtigen rumänischen Ölfelder bedroht worden wären. Wichtigstes Problem war die Luftversorgung der deutschen Truppen, die zum erstenmal am 4. Februar durch Transporteinsätze mit FW 200 aufgenommen wurde. Mitte Februar wurden diese Maschinen an den Atlantik zurückverlegt, wo man sie dringend benötigte. An ihrer Stelle übernahmen 180 Ju 52 mit einigen Lastenseglern die weitere Versorgung. Bis Ende März mußten sie in laufenden Einsätzen Nachschubgüter einfliegen, bis es dann gelang, über die Straße von Kertsch, die den Kuban-Brückenkopf von der Krim trennte, die Seeversorgung sicherzustellen. In den 50 Einsatztagen konnten täglich im Durchschnitt 182 Tonnen Güter der 17. Armee zugeführt werden (insgesamt 5418 Tonnen). Einige Monate zuvor noch schafften erheblich stärkere Lufttransportverbände zur Versorgung der 6. Armee nur täglich im Durchschnitt 94 Tonnen. Andererseits darf nicht unerwähnt bleiben, daß die Wetterlage und die Gefechtsbedingungen die Versorgung des Kuban-Brückenkopfes begünstigt haben. Wieder einmal war es der Luftwaffe zu verdanken, daß eine schwer bedrängte Armee erhalten werden konnte, damit sie weiterhin Hitlers strategischen Zielen dienen konnte.

Nach Einstellung der Luftversorgung des Kuban-Brückenkopfes sank die Lufttätigkeit der Luftwaffe, weil das VIII. Fliegerkorps zur Unterstützung der Armeegruppe Kempf an die Nordflanke der Luftflotte 4 abgezogen wurde. Seine Flugplätze übernahm das I. Fliegerkorps (General Korten), dem auch die Seefliegerkräfte Schwarzes Meer, haupsächlich ausgerüstet mit Flugbooten vom Typ BV 138, unterstellt waren. Um die Lage der 17. Armee zu festigen und insbesondere den russischen Brückenkopf bei Noworossisk auszuräumen, zog die Luftwaffe 550 Flugzeuge auf der Krim zusammen. Am 17. April begann der Großangriff, bei dem bis zu 950 Feindflüge an einem Tage im April durchgeführt wurden, die sich im Mai auf durchschnittlich 400 pro Tag einpendelten. Das reichte aber weder aus, den Luftraum zu beherrschen, noch wirkungsvoll das Heer zu unterstützen. Die Operationsziele wurden nicht erreicht.

Im Mai waren viele Staffeln des VIII. Fliegerkorps entlang der Ostfront verteilt, wo das Heer in allen Abschnitten von Smolensk bis in den Süden in ziemlich gleichmäßiger Stärke in Stellung lag. Am 11. Mai wude das Luftwaffenkommando Ost (von Greim) in Luftflotte 6 umbenannt. Zum neuen Chef der Luftflotte 4 war General Deßloch ernannt worden, nachdem von Richthofen auf dringenden Wunsch Keßelrings hin die Luftflotte 2 in Italien übernommen hatte, was der Landser der Ostfront sehr bedauerte. Im Juni fand eine Umgliederung der Verbände statt, um beiderseits des russischen Frontvorsprungs bei Kursk

Kräfte zusammenfassen zu können, die Hitlers Weisung gemäß zum Großangriff unter dem Stichwort »Zitadelle« antreten sollten. Dieses Unternehmen war die größte Kraftanstrengung der Wehrmacht im Jahre 1943. In welch schwachem Zustand sich die deutschen Kräfte befanden, zeigt alleine die Tatsache, daß der Angriff auf nur 200 km Frontbreite bis zu einer Tiefe von knapp 150 km vorgetragen werden sollte. Operationsziel war die Einkesselung und Vernichtung starker Feindkräfte im Kursker Bogen, um dadurch eine feindliche Offensive zu verhindern. Die beiden Heeresgruppen Mitte und Süd mit insgesamt 43 Divisionen, 1850 Panzern und 530 Sturmgeschützen traten gegen russische Linien an, die sich in sechs Abwehrgürteln mit 5600 km Schützengräben, 20 220 Geschützen und 3306 Panzern gliederten. Eine Abnutzungsschlacht ungeahnten Ausmaßes, wie man sie seit den Tagen des Ersten Weltkrieges nicht mehr erlebt hatte, bahnte sich an.

Zur Unterstützung des Heeres setzte die Luftwaffe das VIII. Fliegerkorps der Luftflotte 4 und die 1. Fliegerdivision der Luftflotte 6 ein. Ende Juni hatte das VIII. Fliegerkorps (General Hans Seidemann) eine Stärke von 1100 Frontflugzeugen – dazu zählten auch die mit deutschen Flugzeugen ausgerüsteten ungarischen Fliegerkräfte – und die 1. Fliegerdivision (General Paul Deichmann) die von 730 Maschinen erreicht. Dazu kamen noch Flugzeuge von Nachtjagd- und Aufklärungsverbänden, so daß insgesamt etwa 1900 Flugzeuge zur Verfügung standen, von denen 65 Prozent einsatzbereit waren. Aber der deutsche, am 5. Juli begonnene Angriff auf Kursk schlug trotz starker Kräfte an Mensch und Material fehl. Nachdem die Deutschen am 12. Juli noch knapp 100 km bis zu ihrem Operationsziel hatten, begannen die Russen im Norden und Osten des sogenannten, nördlich von Kursk gelegenen Orelbogens einen Gegenangriff. Die Wehrmacht mußte zur Abwehr übergehen, um bei Orel zu halten. Kräfte des VIII. Fliegerkorps wurden nach Norden in den Bereich des I. Fliegerkorps verlegt, um das Heer zu unterstützen. In jenen Tagen leistete die Luftwaffe wie selten zuvor Außerordentliches. Bei Beginn der Offensive gegen Kursk wurden täglich im Durchschnitt 3000 Feindflüge durchgeführt, wobei die Schlachtflugzeuge auf fünf oder sechs Feindflüge pro Tag kamen. Welch wichtige Rolle der Luftwaffeneinsatz für das Heer gespielt hatte, geht aus dem Abschlußbereicht der 9. Armee hervor, wo es über den Einsatz der 1. Fliegerdivision während der Schlacht um Orel heißt:

». . . Die 1. Fliegerdivision, die in mancher Stunde höchster Spannung den letzten Ausschlag gab, flog in der Schlacht im Orelbogen bei 5-6maligen Einsatz am Tage insgesamt 37421 Einsätze und erzielte dabei 1735 Luftsiege, wovon allein auf die Jäger 1671 Luftsiege bei nur 64 eigenen Verlusten entfallen. Die Luftwaffe setzte außerdem über 1100 Panzer, über 1300 Lkw und Raupenfahrzeuge und zahlreiche Batterien außer Gefecht. Sie brachte dem Feind durch mehr als 20 000 Tonnen abgeworfene Bomben auch hohe blutige Verluste und Ausfälle an rollendem Material und Versorgungsgütern bei.«

Bei örtlichen Krisenlagen konnte die Luftwaffe noch entscheidend wirken. So am 8. Juli, als eine Gruppe Hs 129 einen russischen Panzerangriff am linken Flügel vorstoßender deutscher Truppen zum Halten brachte. Ähnlich war es während der drei Tage, vom 19. bis 21. Juli, als Ju 87 und Hs 129 des I. Fliegerkorps einen russischen Panzerdurchbruch vereitelten, der den Rücken von zwei Armeen (9. Armee und 2. Panzerarmee) bedrohte, wodurch ein zweites »Stalingrad« verhindert werden konnte.

Trotz aller Erfolge war die Luftwaffe jedoch nicht in der Lage, allen an sie gestellten Forderungen gerecht zu werden. Am Ende der ersten Woche der Offensive bei Kursk war die Anzahl täglicher Feindflüge auf die Hälfte abgesunken.

Im Verlaufe der weiteren Wochen des Juli brachten es die Luftflotten 4 und 6 nur mehr auf 1000 Feindflüge pro Tag, was nur die Hälfte der von den Russen durchgeführten Feindflüge war. Nachdem die Rote Armee unmittelbar nach dem Angriff auf Orel im Süden, am unteren Donez, eine weitere Offensive eröffnet hatte, erhielt die Luftwaffe im Osten ihren letzten Nackenschlag, wie es sich später erweisen sollte. Wieder war die Luftflotte 4 gezwungen, Verbände des VIII. Fliegerkorps (Seidemann) in den bedrohten Frontabschnitt zu verlegen. Somit war die Anfang Juli noch gegebene Schwerpunktbildung im Raum Charkow-Belgorod Mitte des Monats bereits auf drei Frontschwerpunkte – Orel, Belgorod und Stalino – verzettelt. Die Flugzeugverluste, die im Juni 487 Maschinen betrugen, stiegen im Juli auf 911 an, der Einsatzklarstand sank ab, wohingegen die Stärke der russischen Fliegerkräfte nicht abzunehmen schien.

Während der letzten Monate des Jahres 1943 hielt der russische Druck im Süden an, so daß die Deutschen hinter den Dnjepr bis auf 320 km vor der rumänischen Grenze zurückgedrängt worden waren. Seit November 1942 hatte die Rote Armee ihre Hauptkampflinie an der Ostfront zwischen 500 km und 1300 km nach Westen vorgeschoben. Seit Ende Oktober war eine deutsche Armee auf der Krim eingeschlossen und abgeriegelt. Von den 1750 deutschen Flugzeugen im Osten standen 64 Prozent (1150 Maschinen) südlich von Kiew. Aber selbst dort waren die Deutschen zahlenmäßig unterlegen, und die Russen waren strategisch im Vorteil. Ohne Reserven mußte die Luftflotte 4 ihre Kräfte von einem Frontabschnitt in den anderen werfen, um russischem Druck zu entgegnen. Auch örtlich war die Luftüberlegenheit verlorengegangen. Die immer wieder vorgebrachte Forderung nach mehr Jägern war vergeblich. Ende des Jahres gab es an der gesamten Ostfront nur 425 deutsche Jagdflugzeuge, 20 weniger als zu Beginn des Jahres, wo der Gegner nur knapp überlegen war. Von diesen Jägern waren gerade 65 Prozent einsatzbereit. Andererseits hatte sich der monatliche Ausstoß an Jägern im Verlaufe des Jahres um 100 Prozent erhöht, der der Ostfront jedoch genausowenig zugute kam wie dem Mittelmeerraum. Im Herbst galt dann, daß jedes Jagdflugzeug, das die Fertigungsstraßen verließ, für die Reichsverteidigung bereitzustellen sei. Denn dort im Westen zeichnete sich für die Luftwaffe im Jahre 1943 der Schwerpunkt ab.

Aber auch im Westen war die Schlagkraft der Luftwaffe nur noch ein Schatten dessen, was sie in früheren Tagen aufzubieten verstand. Genauso wie 1942 war sie auch 1943 nicht in der Lage, für England eine ernsthafte Bedrohung darzustellen. Über dem Atlantik hatte der Feind die Luftherrschaft. In seiner Denkschrift vom 8. Juli 1943 berichtete Großadmiral Dönitz an Hitler:

»Die bisherigen Kriegserfahrungen haben klar erwiesen, daß die Luftwaffe im Seekrieg eine außerordentliche Wirkung auszuüben berufen ist. Während im freien Seeraum die Seeherrschaft ohne gleichzeitige Luftherrschaft nicht mehr denkbar ist, hat im Kampf um das Küstenvorfeld die Luftwaffe eine entscheidende Bedeutung erlangt. Die stärkste Auswirkung hat das Fehlen der See-Luftwaffe jedoch auf die Schwerpunktaufgabe der Kriegsmarine, den U-Boot-Krieg, gehabt. Da bisher die Schwierigkeit des U-Boot-Kampfes nicht im Angriff selbst, sondern im Finden des Zieles lag, steht außer Zweifel, daß eine weitreichende Fernluftaufklärung die Erfolge des U-Boot-Krieges um ein Vielfaches gesteigert hätte. Nicht minder stark war die Auswirkung der feindlichen Luftstreitkräfte in der Bekämpfung der U-Boote. Die Krise im U-Boot-Krieg ist daher eine Folge der feindlichen Luftherrschaft im Atlantik.«

Der Fliegerführer Atlantik konnte nicht nur der deutschen Kriegsmarine keine Unterstützung gewähren, er konnte auch nicht die Aufgaben zur Zerstörung feindlicher Schiffe wahrnehmen, wie man es von ihm erwartete. Ende des Jahres wurde dem Fliegerführer Atlantik eine Gruppe He 177 unterstellt. Innerhalb von fünf Tagen gingen zehn der fünfzehn Maschinen auf Grund schwerer Feindabwehr verloren. Die Gruppe, die besonders ausgerüstet und ausgebildet für den Einsatz mit funkgesteuerten Flugbomben für die Schiffsbekämpfung war, mußte die Tageseinsätze einstellen und war nur noch bei Nacht einsetzbar, worunter die Einsatzwirkung litt. Die englischen Zahlen über den durch die Luftwaffe versenkten Handelsschiffsraum im Jahre 1943 (273 300 BRT) weisen einen Rückgang von 31 Prozent gegenüber 1942 und 52 Prozent gegenüber 1941 aus. Nach einem Bericht von General Keßler, vom August 1943, gab es nur Aussichten auf Erfolg gegen die Blockade, wenn alle Kräfte der Luftwaffe für die Bekämpfung feindlicher Schiffswege freigestellt worden wären.

Auch bei den Angriffen gegen das englische Mutterland reichten die Anstrengungen der Luftwaffe nicht aus, den Widerstandswillen der Engländer zu schwächen, ihre Kriegsindustrie zu stören oder sie dazu zu bringen, ihre Bomberoffensive gegen das Reich einzustellen oder gar zu mindern. In der Nacht zum 17. Januar 1943 führten die Deutschen zum erstenmal wieder seit 1941 einen Großangriff auf London durch. Er war als Vergeltung für einen Angriff auf Berlin gedacht. 188 Bomber warfen 115 Tonnen Bomben ab, wobei sechs Maschinen verlorengingen. Am 20. Januar folgte ein Tagesangriff mit 28 Jabos vom Typ Fw 190, wobei 3 Jabos und 6 Begleitjäger abgeschossen wurden. Im Februar wurden zwei kleinere Nachtangriffe gegen Plymouth und Swansea durchgeführt; die Tagangriffe vermied man. London traf in der Nacht zum 3. März ein weiterer Angriff, wobei die Kampfflieger der Luftwaffe besonders erfolglos waren, weil nur 11 Prozent von den 108 Tonnen abgeworfener Bomben das Ziel trafen. Hitler war über den Mißerfolg der Offensive äußerst aufgebracht, zumal er Terror mit Terror vergelten wollte, um die Engländer von ihrem ununterbrochenen Kampf gegen das Reich abzubringen. Aus diesem Grunde befahl er, verstärkte Kräfte für diesen Kampf bereitzustellen. Am 30. April 1943 standen der Luftflotte 3 nur 135 Bomber, davon 107 einsatzbereit, und 123 Fw 190 als Jabos, davon 97 einsatzbereit, zur Verfügung. Laufend wurden die Verbände verstärkt, so daß Ende Dezember dem General Dietrich Peltz, General der Kampfflieger und Angriffsführer England, etwa 450 Bomber und 50 Jagdbomber (davon 27 Me 410), wovon über 80 Prozent einsatzbereit waren, zur Verfügung standen. Dennoch reichten diese Kräfte im Westen nicht aus, Großangriffe durchzuführen. Im Verlaufe des Jahres griffen die Deutschen mit Bombern nur in 31 Nächten und mit Jabos an 22 Tagen an. In 1975 Feindflügen warfen die Kampfflieger 1906 Tonnen Bomben, 20 Prozent trafen das Zielgebiet. Die Jabos, deren Einsatztätigkeit im Juni zeitweilig zurückging, weil sie in den Mittelmeerraum abgezogen worden waren, warfen bei 434 Feindflügen 425 Bomben, von denen 70 Prozent das Ziel trafen. Die Verluste waren hoch. Auf je 18 Feindflügen ging ein Bomber beziehungsweise ein Jabo verloren, ganz abgesehen von den Begleitjägern für die Fw 190. Das entsprach einer Verlustrate von 5,4 Prozent aller eingesetzten Kräfte. Während dieser Einsätze warfen deutsche Verbände weniger als ein Prozent der Bombentonnage ab, die die Alliierten im selben Jahr über dem Reich und besetzten Europa abwarfen.

Für die Luftwaffe machte sich 1943 die verstärkte alliierte Bomberoffensive im Westen am einschneidendsten bemerkbar. Die strategischen Luftstreitkräfte (das RAF Bomber Command und die 8. und 15. US-Luftflotte) hatten 206 188 Tonnen Bomben abgeworfen, was 300 Prozent mehr als noch 1942 entsprach. Im Januar 1943 trafen Engländer und Amerikaner auf der Konferenz von Casablanca die Entscheidung, den Luftkrieg gegen Deutschland zu verschärfen. In der Weisung an die Chefs der englischen und amerikanischen Bomberflotten hieß es: »*Ihr vordringliches Ziel ist die fortschreitende Zerstörung und Desorganisation des deutschen militärischen, industriellen und wirtschaftlichen Systems sowie die Untergrabung der Moral des deutschen Volkes bis zu einem Grade, da seine Fähigkeit zum bewaffneten Widerstand entscheidend geschwächt ist*«. Nach Sir Arthur Harris sollte die RAF »*jede deutsche Industriestadt mit mehr als 100 000 Einwohnern angreifen*«. In Verfolgung dieser Strategie wurden 1943 bei Flächenbombardements 131 000 Tonnen Bomben abgeworfen, wobei 180 000 deutsche Bürger den Tod fanden. Mit Ende des Krieges hatten die strategischen Bomberkräfte der Alliierten ein Drittel aller Bomben im Rahmen der Flächenbombardierung geworfen.

Nach der »Casablanca-Direktive« sollten vorrangig die deutschen U-Boot-Bauwerften angegriffen werden, womit die Alliierten 1943 auch unmittelbar begannen. Trotz sechsmonatiger Bekämpfung wurde nur wenig dabei erreicht. Insbesondere das RAF Bomber Command war darüber unzufrieden, so daß es schon im Februar die Städtebombardierung wieder aufnahm. Nach zwei schweren Luftangriffen auf Köln galten die Nachtangriffe dem Zentrum der deutschen Rüstungsindustrie, dem Ruhrgebiet. In der Nacht vom 5. zum 6. März fielen auf Essen 1014 Tonnen Bomben. Es war der Beginn einer Reihe von Angriffen, die bis Ende Juni anhalten sollten. Bei 43 Großangriffen kamen insgesamt 18 506 Flugzeuge des RAF Bomber Command zum Einsatz. Häufig führten sogenannte »Pfadfinder«, die mit dem neuen Zielfindegerät »Oboe« ausgerüstet waren, das bei dunkelster Nacht und dicksten Wolken eine Treffgenauigkeit von 200 m erlaubte, die Verbände an. 34 000 Tonnen Bomben fielen auf das Ruhrgebiet, das noch innerhalb der wirksamen Reichweite von 435 km von »Oboe« lag. In einigen Bereichen wurde erheblicher Schaden angerichtet. So lagen nach einem Luftangriff, der nur 15 Minuten dauerte, 90 Prozent aller Gebäude von Wuppertal-Barmen in Schutt und Asche, und 2450 Menschen fanden den Tod.

Die deutsche Führung reagierte auf diese Nachtoffensive äußerst betroffen. Nachdem Goebbels die in Essen angerichteten Schäden gesehen hatte, vertraute er am 10. April 1943 seinem Tagebuch an: »*Die Schäden . . . sind enorm und bieten ein direkt gespensterhaftes Bild . . . Die Baudezernenten der Kommunalbehörde haben ausgerechnet, daß man normalerweise etwa zwölf Jahre nötig hätte, um die bisher angerichteten Schäden zu beheben.*« Er ging auch auf das Versagen von Göring und Udet ein, deren Versäumnisse tatsächlich geschichtlichen Formats seien. Am 8. Mai faßte Hitler gegenüber Milch seine Lagebeurteilung so zusammen: »*Bei der Luftwaffe ist entweder die Technik oder die Taktik nicht in Ordnung*«. Goebbels schrieb nach einem Gespräch mit Hitler: »*Das technische Versagen unserer Luftwaffe ist in der Hauptsache auf Fehlkonstruktionen zurückzuführen. Hier hat Udet ein gerütteltes Maß an Schuld . . . Das Volk hat schon einen gesunden Instinkt, wenn es unter sich die Schuld an diesem Versagen Göring selbst zuschiebt*«. Milch, der alles tat, um die Jägerproduktion zu steigern, wies seine Untergebenen am 4. Juni warnend darauf hin: »*Das deutsche Volk hat sich einigermaßen daran gewöhnt, soweit eine Gewöhnung daran überhaupt möglich ist, daß bei Nacht irgendein Ort schwer bombardiert wird. Es wird (es) aber nicht verstehen, . . . Der Angriff auf Jena hat die Moral der Bevölkerung und ihr Vertrauen zur Luftwaffe tief erschüttert . . .*«

In der Tat hatte die deutsche Luftwaffe in der ersten Hälfte des Jahres 1943 nur ungenügend auf die Zunahme der feindlichen Nachtangriffe reagiert. Obwohl im Juni 18 Nachtjagdgruppen im Reich zur Verfügung standen, fünf mehr als noch Ende 1942, war ihr Einsatz auf Grund der von Kammhuber geübten Nachtjagdverfahren eingeschränkt. Das hieß nichts anderes, daß zum Beispiel über dem Ruhrgebiet nur jeweils 36 Nachtjäger zum Einsatz kommen konnten. Einzig bei der Flak nahmen die Deutschen in der ersten Jahreshälfte 1943 Umgliederungen vor. Flakbatterien wurden aus Italien und von der Ostfront zurückbeordert und in sogenannten Großbatterien, bestehend aus zwei bis drei Batterien,

zusammengefaßt, die schwerpunktmäßig wichtige Orte sicherten, um den Sätti-
gungsangriffen der RAF begegnen zu können. Die Flakabwehr im Ruhrgebiet,
die Ende 1942 noch aus 200 schweren Flakbatterien bestand, wurde fast verdoppelt, so daß 40 Prozent aller Flakbatterien des Reichsgebiets dort standen. In zunehmendem Maße kamen die 10,5-cm- und 12,8-cm-Geschütze zum Einsatz.
    Aber auch Kammhuber blieb nicht müßig. Im Mai 1943, als die Nachtjagd-
waffe nur 500 einsatzbereite Maschinen hatte, wovon ein Drittel im Mittelmeerraum und an der Ostfront lag, legte er Göring eine ausführliche Denkschrift mit
der Forderung vor, seine Kräfte auf 2160 Flugzeuge aufzustocken. Insbesondere
befürchtete Kammhuber, daß die amerikanischen Bomberverbände, die bisher
nur in verhältnismäßig leichten Tagesangriffen zum Einsatz gekommen waren,
auch im Rahmen der Nachtoffensive eine Rolle spielen könnten. Göring
stimmte seinem General der Nachtjagd zu und nahm ihn am 24. Mai mit zum Vortrag bei Hitler. Dieser war hingegen weniger empfänglich als sein Reichsmarschall. Besonders kritisch betrachtete er die amerikanischen Produktionszahlen,
die Kammhuber zum Ausgangspunkt seiner Denkschrift genommen hatte und
die er vom OKW übernahm. *»Das ist ja barer Unsinn!«* erboste sich Hitler. *»Wenn
diese Zahlen (5000 pro Monat; d. Ü.) stimmten, dann hätten Sie ja recht! Dann müßte
ich jetzt sofort die Ostfront zurücknehmen und müßte alle Kraft in die Luftverteidigung
stecken. Aber sie stimmen nicht! Ich verbitte mir solchen Unsinn!«* Damit war der Vortrag beendet, der General entlassen. Göring fühlte sich gedemütigt und machte
Kammhuber hinterher die schwersten Vorwürfe: *»Ihre Forderungen sind größenwahnsinnig! Wenn Sie die ganze Luftwaffe schlucken wollen, dann setzen Sie sich doch
gleich auf meinen Stuhl!«* Kammhubers Tage als General der Nachtjagd waren gezählt. Hitler beharrte auf seinem Standpunkt, daß die einzige wirksame Antwort
auf die feindlichen Luftangriffe der Angriff englischer Städte war. *»Terror bricht
man nur durch Terror. Man muß zu Gegenangriffen kommen – alles andere ist
Quatsch«,* so sagte er zu Göring und Milch im Juli 1943. Am 6. Juli schließlich,
vorsichtig und einsichtig geworden nach den wiederholten Luftangriffen auf das
Ruhrgebiet und den warnenden Hinweisen von Männern wie Milch, stimmte
der Reichsmarschall zu, die Jagdkräfte der Reichsluftverteidigung wesentlich zu
verstärken. Dieser Entschluß kam aber zu spät.
    In der Nacht vom 24. zum 25. Juli griff die RAF Hamburg, die zweitgrößte
Stadt des Reichs, zum erstenmal an. Noch drei weitere Angriffe sollten folgen,
der letzte in der Nacht vom 2. zum 3. August. Mit Ausnahme des Angriffs auf
Dresden im Jahre 1945, verursachten diese vier Angriffe auf eine Stadt die verheerendsten Zerstörungen, die während des Zweiten Weltkrieges in Europa zu
verzeichnen waren. Von den insgesamt 8621 Tonnen abgeworfener Bomben waren die Hälfte Brandbomben. Etwa 50 000 Menschen wurden getötet, fast ge-
nausoviel, was England während des Luftkrieges in der gesamten Kriegszeit zu
erleiden hatte. 61 Prozent aller Häuser und Wohnungen Hamburgs waren zerstört oder unbewohnbar, 183 von 524 Großbetrieben und 4118 von 9068 Kleinbe-
trieben waren zerstört, dazu etwa 180 000 BRT Schiffsraum im Hafen versenkt.
Bei den Angriffen zeigte sich ein ganz neues Phänomen: Der Feuersturm. Eine
halbe Stunde nach dem Angriff in der Nacht vom 27. auf 28. Juli umfaßte ein einziger Feuersturm ein Gebiet von 22 Quadratkilometern, worin teilweise Temperaturen von fast 1000 Grad Celsius gemessen wurden. Es entstand eine ungeheure Wirkung herangesogener Luftmassen. Dazu der Bericht des Hamburger
Polizeipräsidenten: *». . . Die außerordentliche Gewalt der Luftströmungen erklärt
ohne weiteres die Tatsache, daß nicht nur Funken, sondern auch ganze brennende Bal-
ken, Gesimsteile und so weiter in unvorstellbarer Menge mitgerissen wurden, die zu einer
Brandentfachung in den durchrasten Gebieten führen mußten.«* Die Windgeschwin-
digkeit überschritt zuweilen 240 km/h, so daß Menschen in das Feuer gezogen

und Säuglinge sogar aus den Armen ihrer Mütter gerissen wurden. Nach dem Angriff bot sich eine grauenvolle Szene, die der Polizeipräsident folgendermaßen beschrieb:

»Die Straßen waren mit Hunderten von Leichen bedeckt. Mütter mit ihren Kindern, Männer, Greise, verbrannt, verkohlt, unversehrt und bekleidet, nackend und in wächsener Blässe wie Schaufensterpuppen, lagen sie in jeder Stellung, ruhig und friedlich oder verkrampft, den Todeskampf im letzten Ausdruck des Gesichts. Die Schutzräume boten das gleiche Bild, grausiger noch in seiner Wirkung, da es zum Teil den letzten verzweifelten Kampf gegen ein erbarmungsloses Schicksal zeigte. Saßen an einer Stelle die Schutzrauminsassen ruhig, friedlich und unversehrt wie Schlafende auf ihren Stühlen, durch Kohlenoxydgas ahnungslos und ohne Schmerzen getötet, so zeigt die Lage von Knochenresten und Schädeln in anderen Schutzräumen, wie ihre Insassen noch Flucht und Rettung aus dem verschütteten Gefängnis gesucht hatten. Es wird keiner Phantasie jemals gelingen können, die Szenen des Schreckens und Grauens zu ermessen und zu beschreiben, die sich in zahlreichen verschütteten LS- (Luftschutz-; d. Ü.) Räumen abgespielt haben.«

Nicht nur die Stärke der Angriffe verwirrte und verstörte die Deutschen. Es war die Art, wie sie unternommen wurden. Die Bomber erzielten bessere Treffgenauigkeit dank der Nutzung des neuen Bordradargerätes H2S zur Auffindung des Ziels und des Abwerfens von sogenannten »Düppelstreifen« (englisch: window; d.Ü.), die zur Blendung und Störung der deutschen Radargeräte abgeworfen wurden. Diese Bündel kleiner Stanniolstreifen, die auf die halbe Wellenlänge der »Würzburg«-Geräte geschnitten waren, bildeten nach dem Abwurf aus den Flugzeugen Millionen kleiner Falschsignale auf den deutschen Radarschirmen. So konnte es geschehen, daß Hamburg, das in seinem Umkreis 54 schwere Flakbatterien und 22 Scheinwerferstellungen hatte sowie auf dem Anflugweg von 20 Nachtjagdräumen umgeben war, abwehrmäßig auf Grund dieser Feindmaßnahmen entblößt und wehrlos dastand. Weder Nachtjäger noch Flak konnten auf den einfliegenden Feind eingewiesen werden. Nur dadurch konnte die RAF ihre Verluste so geringhalten. Von den insgesamt gestarteten Bombern gingen nur 2,8 Prozent verloren, von denen, die ihr Ziel Hamburg erreichten, nur 3,4 Prozent. Als Ironie der Geschichte mutet es an, daß die Deutschen gleichermaßen wie ihre Feinde schon seit dem Frühjahr 1942 um die Wirkung der Stanniolstreifen gegen Radar wußten. Genauso wie die Engländer nutzten sie diese Kenntnisse und Mittel nicht, weil sie befürchteten, der Gegner könne sie auch als Gegenmaßnahme einsetzen. Im Gegensatz zur RAF hatte die Luftwaffe jedoch keine Gegen- und Abwehrmaßnahmen entwickelt. In der Tat hatte Göring jede weitere Entwicklung auf diesem Gebiet ausdrücklich untersagt, weil er befürchtete, daß der Gegner die Schwächen deutscher Radargeräte dadurch hätte aufspüren können.

Zur gleichen Zeit, als das RAF Bomber Command Deutschland bewiesen hatte, was es zu leisten in der Lage war, der Nachtangriff auf Hamburg legte beredtes Zeugnis dafür ab, entwickelte sich die USAAF (United States Army Air Force) immer mehr zu einer Bedrohung des Reichs bei Tage. Ihre B-17-Bomber flogen die Ziele in 11 000 m Höhe an, was in etwa der Dienstgipfelhöhe deutscher Jäger entsprach. In der ersten Hälfte des Jahres 1943 waren die amerikanischen Einsätze mehr oder weniger taktische Erprobungs- und Frontflugeinweisungseinsätze. Von den in diesem Zeitraum durchgeführten 40 Angriffen waren 27 gegen U-Boothäfen und Nachschublager und der Rest gegen verschiedene militärische und Industrieziele gerichtet. Die Bomber flogen mit Jagdbegleitschutz. Die P-47 »Thunderbolt«, einer der ersten Jäger, der schneller als 650 km/h flog, konnten nur bis in die Küstenbereiche von Belgien und Holland mitfliegen, während die zweimotorige P-38 »Lightning«, die bis ins Reichsgebiet mit einfliegen konnte, den deutschen einmotorigen Jagdflugzeugen unterlegen war. Einige Angriffe wurden gegen Ziele an der Reichsgrenze geflogen, die meisten aber gegen solche in den von Deutschen besetzten Ländern. Die Angriffe hatten bescheidene Wirkung, weil bis Mitte Juli im Durchschnitt nur 80-100 Maschinen pro Angriff zum Einsatz kamen. Somit gab sich der Luftwaffengeneralstab Mitte 1943 damit zufrieden, die Luftverteidigung bei Tage im Westen der Flak und etwa 300 Jägern zu überlassen, die in einem schwachen Abwehrschirm von Helgoland bis Biarritz verteilt lagen. Die Jäger erlitten hohe Verluste und hatten kaum Erfolge zu melden. Angesichts des schweren Ringens in Rußland und im Mittelmeerraum hatte die Luftwaffe auch keine andere Wahl, als die Tagjagd im Westen kräftemäßig so gering zu halten. Die Alliierten waren nicht mehr gewillt, weiterhin halbherzige Maßnahmen länger als unbedingt erforderlich zu ergreifen. Nachdem man davon überzeugt war, daß die USAAF bei Tage tief ins Feindesland einfliegen konnte, und das ohne Jagdbegleitschutz und mit geringen Verlusten, entschloß man sich, in verstärktem Maße die 300 B-17 »Fortress« und B-24 »Liberator« der 8. US-Luftflotte einzusetzen. Im Juni einigten sich die Alliierten auf die sogenannte »Pointblank-Direktive« (Pointblank- Kernschuß; d. Ü.), worin die deutsche Jägerproduktion als vordringlichstes Ziel benannt wurde. Die Alliierten hatten erlebt, wie schlagkräftig die Fw 190 im Einsatz war und festgestellt, daß die deutsche Jägerproduktion anstieg. Sie wollten ihren Vorteil nicht aufs Spiel setzen und die Luftwaffe daran hindern, ihre Abwehr auf einen Punkt hin zu entwickeln, wo die Fortsetzung der Bomberoffensive möglicherweise in Frage gestellt worden wäre. So kam es am 28. Juli 1943 dazu, daß die B-17 der 8. US-Luftflotte ihren bis dahin weitesten Einflug ohne Jagdbegleitschutz ins Reichsgebiet unternahmen. Ihr Ziel: Oschersleben. Damit begann eine Operationsphase, die einen hohen Blutzoll forderte.

Der Angriff der RAF auf Hamburg hat auch in den höchsten Führungskreisen des Deutschen Reichs Bestürzung hervorgerufen. Goebbels stellte mit Recht fest: *»Hier ist eine wahre Katastrophe eingetreten, deren Ausmaß jede Vorstellungskraft einfach übersteigt«*. Auch Milch war erschüttert: *»Es ist eine Minute vor zwölf. Wir müssen versuchen, die Schicksalsuhr Deutschlands zurückzudrehen, und sonst gar nichts«*. Die Frage war nur, ob dadurch entscheidende Maßnahmen zur Verteidigung des Reichs gefördert und beschleunigt werden konnten. Die Vorzeichen dafür waren nicht ungünstig, um es vorwegzunehmen. Am 28. Juli gab Göring endlich der von Milch oft wiederholten Forderung nach, daß die Flugzeugfertigung sich ganz auf die Jägerproduktion zu konzentrieren habe. Am selben Tage befahl Milch die Produktion eines Bordradargerätes, das schon in Entwicklung stand, nicht störanfällig durch »Düppel« war und den Nachtjägern erlaubte, gegenüber feindlichen Nachtbombern mindestens 20 bis 25 Prozent Verluste zu erzielen. Am 30. Juli fiel die Entscheidung, daß Nachtjäger freie, unbeschränkte Jagd durchführen und ihre Nachtjagdräume verlassen durften, um sich in die Bomberströme einschleusen zu können. Ferner wurde der versuchsweise aufgestellte Verband mit Bf 109 vergrößert, dem nunmehr gestattet wurde, im Rahmen der Taktik der »Wilden Sau« frei über den bedrohten Städten zu jagen. Am 1. August 1943 befahl Göring: *»Die Versorgung der Tag- und Nachtjagd geht allen anderen Aufgaben vor«*.

Diese Bestimmtheit scheiterte freilich bald an Hitlers Unnachgiebigkeit. Anläßlich einer Besprechung Ende August, an der der Reichsmarschall, der Chef des Generalstabes, der Staatssekretär, der Luftwaffenbefehlshaber Mitte, der General der Kampfflieger, der General der Jagdflieger und viele andere Generalstabsoffiziere teilnahmen, wurde beschlossen, sich nunmehr ganz gegen den Westen auf Verteidigung umzustellen. Durch Zusammenfassung aller Kräfte müsse den alliierten Angriffen gegen das Reich Einhalt geboten werden, so daß in Kürze die Luftwaffe wieder erstarken und zum Gegenschlag ausholen könne. In glühenden Wendungen berichtet Galland über diese Besprechung:

>Ich habe nie vorher und nie danach in einem Kreis der für die Führung der Luftwaffe Verantwortlichen eine solche Einmütigkeit und feste Entschlossenheit erlebt. Es war, als hätten alle unter dem Eindruck der Hamburger Katastrophe jeden persönlichen oder Ressort-Ehrgeiz zurückgestellt. Es gab keine Gegensätze zwischen Generalstab und Rüstung, keine Rivalität zwischen Bombern und Jägern. Es gab nur den gemeinsamen Willen, in dieser kritischen Stunde der Reichsverteidigung alles zu tun und nichts zu unterlassen, um ein zweites nationales Unglück dieses Ausmaßes zu verhindern.<

Unmittelbar nach der Besprechung suchte Göring Hitler auf, um von ihm die Genehmigung für das Anlaufen der neuen Maßnahmen der Luftwaffe einzuholen, die die Luftwaffenführung in voller Einmütigkeit als einzig möglichen Weg getroffen hatten, um den Zusammenbruch des »Dritten Reichs« zu verhindern. Nach einer Weile kam Göring zurück. Darüber Gallands Eindruck:

>Göring war vollkommen zusammengebrochen. Den Kopf zwischen den Armen auf einen Tisch vergraben, stöhnte er unverständliche Worte vor sich hin. Wir standen einige Augenblicke peinlich berührt da. Dann richtete er sich auf und erklärte, wir seien Zeugen des verzweifeltsten Augenblicks seines Lebens. Der Führer habe ihm das Vertrauen entzogen. All seine Vorschläge, von denen er sich eine radikale Änderung der Lage des Luftkrieges versprochen habe, seien abgelehnt worden. Der Führer habe erklärt, er sei zu oft von der Luftwaffe enttäuscht worden. Von Umstellung auf die Luftdefensive gegen den Westen könne nicht die Rede sein. Die Luftwaffe habe total versagt. Jetzt werde ihr eine letzte Möglichkeit gegeben, sich zu rehabilitieren. Und zwar mit der Wiederaufnahme verstärkter Angriffe gegen England. Angreifen sei nach wie vor die Parole. Terror könne nur durch Gegenterror gebrochen werden. So nur sei der Führer auch mit seinen innerpolitischen Gegnern fertiggeworden. Er, Göring, habe seinen Irrtum eingesehen. Der Führer habe immer recht. Nun müsse alle Kraft darauf konzentriert werden, dem Feind im Westen aus der Luft so wuchtige Vergeltungsschläge zu versetzen, daß er sich hüten werde, ein zweites Hamburg zu riskieren. Der Führer habe als erste Maßnahme zur Durchführung dieses Planes die Schaffung eines Führers der Luftangriffe gegen England (Angriffsführer England; d, Ü.) befohlen<.

Somit hatte sich der feste Wille, die Gesamtstrategie der Luftwaffe auf eine neue Grundlage zu stellen, bevor es zu spät dafür war, in ein Nichts aufgelöst.

Einer der wenigen Führenden in der Luftwaffe, der ständig und immer wieder Luftverteidigungsmaßnahmen forderte, war Milch. Auf Grund der alliierten Bombardierungen drang er auf eine Steigerung der Jägerproduktion. Beinhaltete der Produktionsplan Nr. 223-1, vom 15. April 1943, noch eine Steigerung der Jägerproduktion von 65 Prozent zwischen Oktober 1943 und Juni 1944, so forderte der Plan Nr. 223-11, vom 15. August, auch Heimatverteidigungsplan genannt, eine Steigerung um 120 Prozent. Schließlich sollten nach dem Plan Nr. 224-1, vom 1. Oktober 1943, beginnend mit Juni 1944, monatlich 3038 einmotorige und 1304 zweimotorige Jagdflugzeuge produziert werden, was gegenüber der Monatsfertigung vom Juni 1943 einer Steigerung von 168 Prozent entsprach. Die Fertigung anderer Flugzeugtypen mußte daraufhin entsprechend eingeschränkt werden. Angesichts der Lage, in der sich das Reich befand, konnten derartige Änderungen in den Vorrangstufen der Produktion gar nicht früh genug vorgenommen werden. Milchs Vorschläge trafen jedoch bei Hitler und im RLM auf erheblichen Widerstand. Nicht anders erging es ihm mit Speer und seinem

Stab, die im August bedeuteten, daß das Heimatverteidigungsprogramm nicht durchführbar sei. Speer begründete es damit, daß die obere Grenze der Flugzeugproduktion schon erreicht sei, weil es Engpässe mit der Kurbelwellenfertigung für Flugmotoren gab. Er lehnte es ab, der Jägerproduktion dieselbe Vorrangstufe wie bei anderen wichtigen Rüstungsprogrammen einzuräumen. Im Oktober befahl Hitler den Abzug von 60 000 Arbeitern aus der Luftfahrtindustrie, die zur Wehrmacht eingezogen werden sollten, wogegen die Luftwaffe erfolglos Widerspruch einlegte.

Ganz im Sinne Hitlers forderte der Reichsmarschall im Oktober, als die Alliierten etwa 20 000 Tonnen Bomben über dem Reichsgebiet abgeworfen hatten, sobald wie möglich die Bomberproduktion auf 900 Maschinen monatlich zu steigern (tatsächlich wurden im Oktober ganze 410 He 111, Ju 88 und He 177 nur gefertigt). Insbesondere legte der »Führer« Wert darauf, daß die He 177 endlich in großen Zahlen an der Ostfront eingesetzt werden konnten, wo sie Nachtangriffe jenseits der Reichweite der anderen Bomber fliegen sollten, ganz zu schweigen vom geplanten Einsatz über dem Atlantik. Am 14. Oktober erhob Milch Einwände: *»Man darf das Heimatverteidigungsprogramm gerade in den nächsten Monaten in keiner Weise schwächen. Sonst schlägt uns der Gegner sowieso die Produktion für alle Kampfflugzeuge kaputt und mit der (Ju) 188 und 388 ist dann absolut nichts mehr zu wollen«.* Genau zu dieser Zeit war die deutsche Flugzeugindustrie, insbesondere die der Jägerfertigung, bevorzugtes Ziel alliierter Bomberangriffe, was die Ausstoßzahlen von Spitzenwerten in Höhe von 2475 Flugzeugen im Juli auf 1734 im Dezember, also 30 Prozent weniger, absinken ließ. Das neue, Anfang November vorgelegte Produktionsprogramm forderte für 1945 einen monatlichen Ausstoß von 5700 Jägern und 930 Fernbombern, wurde aber vom Speer als *»utopisch«* abgelehnt, er lehnte sogar jede weiter Diskussion darüber ab. Milch ließ sich jedoch dadurch nicht einschüchtern und verfolgte zielstrebig die Rationalisierung in der Flugzeugindustrie, um durch Verringerung der Anzahl der Flugzeugtypen mittels aller möglicher Maßnahmen eine Steigerung der Jägerproduktion zu erreichen. Seine hochfliegenden Pläne wurden jedoch durch die Gegner seiner geplanten Maßnahmen beschnitten. Daraufhin erließ Milch am 1. Dezember das neue Produktionsprogramm, nach dem Mitte 1944 immerhin 2933 Jäger aller Typen gefertigt werden sollten.

Obwohl sich die Jägerproduktion dank des Eingreifens von Milch seit Januar 1943 von 521 Flugzeugen auf 1263 im Juli mehr als verdoppelt hatte, was 33 Prozent aller produzierten Flugzeuge entsprach, war diese Produktionsperiode nur von kurzer Dauer. Auf Grund von Rohstoffengpässen für die Flugmotorenindustrie und der alliierten Bombardements, die nicht nur Fabriken zerstörten, sondern auch zur Verringerung in der Fertigung führten, weil die Fertigung an weniger gefährdete Orte ausgelagert wurde, sank die Jägerproduktion im Dezember auf 687 Flugzeuge. Ferner führten die außerordentlich hohen Verluste im Mittelmeerraum und in geringerem Ausmaß auch an der Ostfront dazu, einen großen Teil der Neufertigung in Anspruch zu nehmen. Die Schlachtfliegerverbände hielten die verbesserte Version der Fw 190 für ihre Aufgaben für hervorragend geeignet, woraufhin um so mehr Flugzeuge diesen Typs von diesen Verbänden gefordert wurden. Göring und Jeschonnek gaben diesen Wünschen freudig nach. Aber nur mit weitsichtiger Planung hinsichtlich des Einsatzes der Jäger hätten die Luftwaffenführer der feindlichen Bedrohung im Westen gerecht werden können. Der Kriegsschauplatz im Osten und im Mittelmeerraum wurde geradezu »ausgekämmt« von Jägerverbänden, so daß Ende des Jahres 1650 ein- und zweimotorige Jäger im Westen standen, davon drei Viertel im Reichsgebiet. Das entsprach 68 Prozent aller 2440 Jäger der Luftwaffe, verglichen mit den 59 Prozent der insgesamt 1770 Jäger noch zu Beginn des Jahres. Die Ostfront, die auf Grund dieser Umgliederungen am meisten entblößt wurde, hatte noch ganze 425 Jäger übrig, um 2600 km Frontlänge zu verteidigen. Hätte die Luftwaffe im Juli während der Invasion Siziliens nicht so schwere Verluste erlitten, so hätte sie zweifellos gegen die alliierten Bomber im Rahmen der Reichsverteidigung weit bessere Chancen gehabt. Im Juli stiegen die Verluste an der Ostfront auf 911 Flugzeuge, im Mittelmeerraum auf 850, davon alleine 600 Bf 109 und Fw 190. 350 Jagdflugzeuge wurden in diesen Raum beordert, also fast 28 Prozent der gesamten Monatsproduktion an Jägern im Juli 1943, was naturgemäß die Aufstellung neuer Verbände hinderte. So schwerwiegend wirkten sich die Ereignisse im Mittelmeerraum auf die Aufgaben der Luftwaffe im Westen aus.

Die Anfang Oktober im Westen verfügbaren 975 Tagjäger (175 mehr als noch am 1. Juli) reichten knapp aus, um den Einsatzauftrag zu erfüllen. Gelegentlich mußten sogar die Nachtjäger mit aushelfen, die mit Ablauf des Jahres 110 amerikanische Bomber bei Tage abgeschossen hatten, freilich auch selbst hohe Verluste erlitten. In der Nachtjagd hatte sich seit Anfang des Jahres keine Verbesserung eingestellt, ihre Abwehrfähigkeit sogar nachgelassen. Kammhuber, dem das Kriegsglück in letzter Zeit nicht mehr hold gewesen war, wurde am 15. September 1943 seines Kommandos über das XII. Fliegerkorps entbunden, das nunmehr von »Beppo« Schmid geführt wurde. Mitte Oktober wurde das Fliegerkorps in I. Jagdkorps umbenannt, dem drei Jagddivisionen unterstanden. Wie früher auch verfügte es über Verbände, die sowohl der Luftflotte 3 als auch dem Luftwaffenkommando Mitte zugehörten. Neu war lediglich die Zuordnung von Tagjagd- und Nachtjagdverbänden. Dieser Vorteil wurde jedoch teilweise durch die Zusammenlegung der Dienststellen des Generals der Nachtjagd und des Generals der Jagdflieger geschmälert, worüber Galland bestürzt war, weil er sich nicht in der Lage sah, den Verantwortungsbereich Kammhubers mit zu übernehmen. Die Einsatzstärke der Nachtjagd sank von 420 Flugzeugen am 20. September auf 240 am Ende des Jahres. Ferner fehlte es an ausgebildeten Flugzeugführern, die erst nach Beendigung ihrer Ausbildung im Frühjahr 1944 den Mangel beheben sollten, zu einer Zeit, wo auch die störsicheren Bordradargeräte in ausreichender Zahl zur Verfügung stehen sollten. Die Anzahl der Flakgeschütze nahm im Reichsgebiet hingegen zu, weil ein Großteil der Geschützproduktion unmittelbar in die Reichsverteidigung floß. 1943 war der Ausstoß an Flakgeschützen aller Kaliber um 48 Prozent gestiegen. Das zusätzlich erforderliche Bedienungspersonal kam aus den Reihen des Reichsarbeitsdienstes und der Hitlerjugend, sogar Frauen wurden an Flakgeschützen eingesetzt.

Außer mehr Flugzeugen bedurfte es neuer Taktiken, um der alliierten Bomberoffensive entgegenwirken zu können. Für die Tageseinsätze führten die Deutschen im Juni ein Verfahren ein, wodurch die Jäger zwei- bis dreimal zum Ansatz an einen Bomberverband kommen konnten, weil sie auf voll ausgerüsteten und gut bevorrateten Flugplätzen im Reichsgebiet und im besetzten Europa zwischenlanden konnten. Eng damit verbunden faßte man große Angriffsverbände mit 50 bis 150 Jägern zusammen, die von Divisions- und Korpsgefechtsständen zentral geführt und in festgelegte Versammlungsräume mit vorher angemessener Flughöhe geleitet wurden, um auf die alliierten Bomber zu stoßen. Sehr schnell hatte man eine umfassende, sich durch taktische Beweglichkeit auszeichnende Jägerleitorganisation geschaffen, so daß sich diese neuen Jagdverfahren gut bewährten.

Bei Nacht versuchten die Jäger alles, um die Wirkungen der »Düppel«-Streifen auszuschalten und zu unterlaufen. Zwar wurde die geführte Nachtjagd beibehalten, große Bedeutung wurde aber der »Wilden Sau«-Taktik beigemessen, die mit Bf 109 aus Tagjagdverbänden durchgeführt wurde. Hatte man einen Bomberstrom ausgemacht, so flogen die Jäger nicht selten mehr als 400 km weit, um zum

Angriff zu kommen. Zielinformationen erhielten sie über Funk vom Boden zugesprochen. Um den Einsatz nicht zu gefährden, schoß die Flak nur bis in eine bestimmte Höhe. Recht wirkungsvoll erwiesen sich Sichthilfen, wobei Scheinwerferstellungen als Leitfeuer dienten und Leuchtbomben in der vermuteten Anflughöhe der Feindbomber abgeworfen wurden. Ferner wandte man ein anderes Verfahren an, das der »Zahmen Sau«, wobei sich deutsche Jäger in den Bomberstrom einreihten, lange bevor er sein Ziel erreichte. Sie flogen oft im feindlichen Bomberverband mit zurück, um soviel wie möglich Vergeltung zu üben.

Auch die Bewaffnung der Jäger wurde verbessert. Anstelle eines 15-mm- und zweier 7,9-mm-MG erhielt die Bf 109 zwei 13-mm-MG und eine 2-cm-Bordkanone, während die Fw 190 zwar ihre vier 2-cm-Kanonen in den Tragflächen behielt, aber anstatt der 7,9-mm-MG dafür 13-mm-MG eingerüstet bekam, womit sie in einem Feuerstoß von drei Sekunden Dauer 12 kg Munition zur Wirkung bringen konnte, was genau doppelt soviel dessen war, was die Bf 109E-3 im Jahre 1939 zu verschießen in der Lage war. Durch diese Maßnahmen konnte die Feuerkraft der deutschen Jäger mehr als verdoppelt werden. Neue Bordwaffen kamen zum Einsatz. Die wirkungsvollste war der 21-cm-Raketenwerfer, der 41 kg schwere Granaten in die Bomberverbände feuerte. Zweimotorige Jäger wurden auch bei Tage eingesetzt. Ende Oktober standen 17 Bf 110 und Me 410 bereit, deren Aufgabe es war, ohne Begleitschutz fliegende Bomberverbände zu sprengen, um den Bf 109 und Fw 190 die Möglichkeit zu geben, einzeln fliegende Bomber anzugreifen. Beide Maschinen waren schwer bewaffnet. Die Bf 110 war mit zwei 3-cm- und vier 2-cm-Bordkanonen und vier 21-cm-Werfern, die Me 410 mit einer 5-cm-Bordkanone, der BK 5, von hoher Feuerkraft ausgerüstet. So wirkungsvoll die Waffen der Flugzeuge auch waren, so schnell sollten sie sich auf Grund der Ereignisse als überholt erweisen.

Während der Tagjagd waren die neuen Waffen und Taktiken trotz der verstärkten Kampfmaßnahmen des Gegners sehr erfolgreich. Galland äußerte sich über die amerikanischen Bomber: »*. . . Aber sowohl die Abwehrfeuerkraft der Festungs-Verbände (B-17 »Flying Fortress«; d. Ü.) als auch die Beschußfestigkeit jedes einzelnen Bombers waren eine sehr reale Tatsache. Man kann damit rechnen, daß ein Verband von 27 B-17 nach rückwärts, das heißt in dem Hauptangriffssektor der Jäger, mindestens 200 überschwere Maschinengewehre bis zu einer Entfernung von 1000 Metern zur Wirkung bringt. Um andererseits eine »Fliegende Festung« abzuschießen, waren erfahrungsgemäß im Durchschnitt 20 bis 25 Treffer des Jägers vom Kaliber 20 mm erforderlich«.* Dennoch fielen die ohne Begleitschutz dem Reichsgebiet fliegenden Bomber deutschen Jägern zum Opfer. Bis zum Juni landeten die Jäger bei 18 Prozent aller amerikanischen Bomber Bordwaffentreffer. Am 28. Juli, als Hamburg immer noch brannte, erhielten die Amerikaner einen Vorgeschmack dessen, was sie noch zu erwarten hatten. Deutsche Jäger schossen 22 B-17 aus einem Verband mit 77 B-17 ab und erlitten dabei selbst nur sieben Verluste. Am 1. August wurden 48 von 178 B-24 abgeschossen und 55 schwer beschädigt, als sie von Nordafrika aus den Einsatz gegen die rumänischen Ölfelder von Ploesti flogen. Und so ging es fort. Einen sehr bemerkenswerten Erfolg verbuchten deutsche Jäger am 17. August, als sie 500 Feindflüge gegen 376 amerikanische Bomber, die Schweinfurt und Regensburg angriffen, flogen. Bei nur 25 verlorenen Bf 109 und Fw 190 konnten 60 Feindmaschinen abgeschossen, also etwa 16 Prozent aller eingesetzten, und 100 schwer beschädigt werden.

Die Amerikaner konnten derart hohe Einsatzverluste nicht über längere Zeit verkraften. Aus diesem Grunde änderten sie ihre Einsatztaktik. Von nun an verließ man sich auf die P-47 »Thunderbolt«, die, ausgerüstet mit neuen Zusatzkraftstoffbehältern, Begleitschutz bis in den Raum Hannover und Frankfurt fliegen konnte. Bombereinsätze wurden nur noch durchgeführt, wenn Jagdschutz gegeben war, selbst wenn man dadurch nicht weiter als nur in die Randbereiche des Reichs vorstoßen konnte. Somit wurden im Zeitraum vom 18. August bis zum 7. Oktober nur drei der fünfzehn Angriffe der USAAF gegen Ziele in Deutschland durchgeführt, die alle in den westlichen Randgebieten lagen. Die systematische Bombardierung der deutschen Kriegswirtschaft war unmöglich gemacht worden. Nachdem man eine Reihe von Angriffen gegen deutsche Jägerplätze im besetzten Europa gemacht hatte, wurde am 8. Oktober erneut mit Langstreckeneinsätzen ohne Begleitschutz begonnen. Wieder flogen die Amerikaner in ihr Unglück. In einer Woche, vom 8. bis zum 14. Oktober, in der Bremen, Marienburg, Danzig, Münster und Schweinfurt bombardiert wurden, verloren die Amerikaner 148 Bomber, entsprechend elf Prozent aller eingesetzten Kräfte. Am 14. Oktober flogen deutsche Jäger 500 Einsätze gegen die 294 auf Schweinfurt eingesetzten B-17. Nicht weniger als 60 Feindbomber wurden abgeschossen, mehr als 20 Prozent der eingesetzten Maschinen. Ferner kehrten 17 Bomber so schwer beschädigt nach England zurück, daß sie abgeschrieben und verschrottet werden mußten. Weitere 121 Bomber wiesen Beschußschäden auf. Die Luftwaffe dagegen verlor 38 Jäger, 51 wurden schwer beschädigt. Dieser Einsatz bildete den Höhepunkt von Luftoperationen, in denen die 8. US-Luftflotte ein Drittel ihrer B-17 und B-24 einsatzmäßig abschreiben mußte. Die durchschnittlichen Verluste beliefen sich bei den deutschen Jägern auf vier Prozent. Welche Bedeutung der Langstreckenbegleitschutz durch Jäger hatte, worüber die deutsche Luftwaffe nicht verfügte, konnte wohl kaum klarer herausgestellt werden.

Keine Luftstreitmacht der Welt konnte auf Dauer derartige Verluste hinnehmen. Es betraf nicht nur die Flugzeuge, sondern auch die Besatzungsmitglieder; zehn Mann bei jeder B-17, die abgeschossen wurde. Kein Wunder, daß die 8. US-Luftflotte ihre Einsätze über dem Reichsgebiet wieder einschränken mußte. Der Bombenabwurf durch Wolken unter Blindflugbedingungen, der die Einsatztätigkeit deutscher Jäger behinderte, und die neue Taktik sich regelmäßig ablösender Begleitjäger konnten kein Ersatz für einen gut geschützten Bomberverband sein, der unter Sichtflugbedingungen sein Ziel anflog. Bedrohlicher hingegen für Deutschland waren die Bomber der in Italien liegenden 15. US-Luftflotte, die in der Lage war, Österreich und Süddeutschland zu bombardieren. Obwohl diese Möglichkeit die Kräfte der Reichsverteidigung hätte verzetteln können, ließ sich die Luftwaffenführung auf Grund der feindlichen Lufttätigkeit nicht beunruhigen. Angesichts der verursachten Verluste von bis zu zehn Prozent der eingesetzten Feindflugzeuge sah sie keine Veranlassung, diesen Angriffen stärkere Kräfte entgegenzuwerfen. Ende 1943 hatten die Deutschen über dem Reichsgebiet bei Tage zweifellos die Lufthoheit. Bevor die Amerikaner mit ihrer Bomberoffensive begannen, hatten sowohl Galand als auch Milch beschwörend darauf hingewiesen, daß die Jäger gegenüber den feindlichen Bombern ein Kräfteverhältnis von 4:1 haben müßten, um entscheidende Verluste zufügen zu können. Tatsächlich mußte mit weniger als der Hälfte der geforderten Überlegenheit gekämpft werden, und dennoch konnte ein entscheidender Erfolg erzielt werden.

In der Nachtjagd sah es ganz anders aus. Die Lagebeurteilung der Engländer ging davon aus, daß über einen Zeitraum von mehr als drei Monaten härtester Einsätze erst oberhalb von sieben Prozent Verlusten die Grenze erreicht sei, wo ihre Bomberkräfte nicht mehr wirken könnten. Wären die Verluste im selben Zeitraum höher als fünf Prozent, so würden die Einsatzergebnisse unverantwortlich niedrig sein und die Bomberoffensive in Frage stellen. Das waren also die Ziele, die die Reichsverteidigung zu erreichen suchen mußte. Bei Einzeloperationen wurde sie ihnen mit Sicherheit gerecht. So beispielsweise im Verlaufe der Großangriffe auf Berlin, in der Nacht des 23. August, des 1. und 4. September, als das RAF Bomber Command 7,2 Prozent seiner eingesetzten Bomber verlor sowie ferner 6,8 Prozent mit schwersten Kampfschäden verbuchen mußte. Im August, als die »Düppel«-Einsätze am stärksten waren, erreichten die deutschen Nachtjäger mit 250 Luftsiegen einen Monatsrekord, 202 davon entfielen alleine auf die Männer der »Wilden Sau«. Die RAF stellte sich aber sehr schnell auf die neuen Abwehrmethoden ein. So zogen es die englischen Bomber vor, Schlechtwetterperioden zu nutzen, in denen die freie Jagd der »Wilden Sau« schwierig oder gar unmöglich war. Die RAF täuschte die Deutschen mit Hilfe von Ablenkungsangriffen, wo sie entweder Leuchtbomben oder Zielmarkierungsbomben irgendwo in die Landschaft setzten. Auch verkürzte sie die Verweilzeit über dem Zielgebiet. Ferner begann die RAF, ihrerseits Nachtjäger einzusetzen. Zunächst griffen »Beaufighter«, später auch die weit gefährlicheren »Mosquito« Jäger und Jagdflugplätze an. Die dadurch verursachten Verluste, wie durch Flak, technische Fehler und Kraftstoffmangel, rissen große Lücken in den Reihen der Nachtjäger. In der ersten Augusthälfte kam auf je zwei Feindbomberabschüsse ein eigener Nachtjägerverlust. Das und mangelnde Koordination des Flugmeldewesens verbunden mit absolut unzulänglicher Geräteausstattung, Pannen bei der Befehlsübermittlung und Verständigungsschwierigkeiten zwischen den Stäben veranlaßten Milch am 8. Oktober zu der Äußerung: »... *das System ist nicht in Ordnung. Wer Schuld daran hat, ist mir gleich. Ich möchte noch einmal betonen, daß ich gegen das System kämpfe. Es ist falsch«.*

Als im November der Einsatz der deutschen Jäger insbesondere durch schlechtes Wetter behindert wurde, hatten die Engländer nur zwei Prozent Verluste, die deutschen Nachtjäger hingegen drei Prozent. Übers Jahr gesehen schnitt die Luftwaffe jedoch besser ab. Dank der vermehrten Verfügbarkeit an »Lichtenstein SN-2-«Geräten, die noch unempfindlich gegenüber »Düppel«-Störungen waren, an »Naxos«- und »Flensburg«-Geräten, die die englischen H2S-Radargeräte peilen konnten, gleichermaßen wie das Heckwarngerät »Monica« der Engländer, steigerte sich die Anzahl der Abschüsse. Großen Anteil daran hatten auch die »Y«- und »Egon«-Geräte, die als Leitstellen gegenüber »Düppeln« unempfindlich waren. Im Dezember beliefen sich die Verluste des RAF Bomber Command auf 4,1 Prozent, das waren 0,6 Prozent mehr als im Durchschnitt im Verlaufe der Nachteinsätze des Jahres 1943 zu verzeichnen waren und 0,2 Prozent mehr als 1942. Die Zukunftsaussichten waren günstig. Trotz der Einsätze der RAF und der eigenen unausgewogenen Kräfte hatte sich der Leistungsstand der Nachtjagd der Luftwaffe verbessert. Hatte man im Jahre 1942 noch jeden 47. Feindbomber abgeschossen, so war es 1943 schon jeder 34. Bomber aus einem Verband. Milchs Versprechen vom August des Jahres schien sich zu bewahrheiten: Sollte es dem Reich gelingen, bis zum Frühjahr 1944 monatlich 2000 Jäger zu produzieren, so würden die Nachtangriffe eingestellt werden. Es gab gute Gründe für diesen Optimismus. Vergessen darf man jedoch dabei nicht, daß die Alliierten im Westen, zumeist bei Nacht, 206 188 Tonnen Bomben abgeworfen hatten, viermal mehr als 1942. Dabei wurden in Deutschland 173 000 Gebäude in Schutt und Asche gelegt und 212 000 beschädigt. Kein Wunder, daß sich Milch klagend so äußerte: »*Wenn wir nur vorher schon genügend Tag- und Nachtjäger gehabt hätten, wäre all dies nie passiert. Dann hätten wir nicht unsere Fabriken auslagern müssen. Kein feindlicher Bomber hätte dann je einfliegen können«.*

Das Jahr 1943 hatte nur Katastrophen gebracht: Stalingrad, Tunis, Hamburg, Sizilien, Rußland. Der Feind hatte über Deutschland 151 366 Tonnen Bomben abgeworfen. An allen Fronten stand das Reich im Abwehrkampf. Die Luftwaffe hatte schwerwiegende Rückschläge in Kauf zu nehmen. Ihre Verluste beliefen sich im Durchschnitt monatlich auf 1700 Flugzeuge. Wer immer etwas von militärischen Dingen verstand, der wußte, daß die Lage der Luftwaffe höchst unheilvoll war. Es zeichnete sich kein Silberstreif am Horizont ab, daß sie die Niederlage des Reiches abwenden konnte. Wen wundert es dann noch, daß die Spannungen innerhalb der Luftwaffenführungsspitze den Siedepunkt erreichten und daß nach vier Jahren äußerster Anstrengungen im Kriege schließlich Jeschonnek nichts anderes blieb, als sich eine Kugel durch den Kopf zu schießen?

Das Oberkommando der Luftwaffe begann den Krieg gewissermaßen zerspalten. Weder Siege noch Niederlagen trugen dazu bei, Einmütigkeit zu schaffen. Nach Udets tragischem Selbstmord im Jahre 1941 wußte man, wer die Hauptverantwortung für den Zustand des Führungsapparates hatte. Es war der Oberbefehlshaber der Luftwaffe und Reichsminister für Luftfahrt – Göring. Hatte er schon in den Vorkriegsjahren kaum wirkungsvoll geführt, so zog er sich fast vollständig aus der schweren Verantwortung eines Kriegsbefehlshabers zurück. Seine Abneigung zu arbeiten nahm im gleichen Verhältnis zu, wie er sich dem Erwerb von Kunstschätzen und Ländereien widmete. Deutschlands Siege trugen zu dieser Haltung wesentlich bei. Nach dem Zusammenbruch Frankreichs galt sein ganzes Streben der Jagd auf Wild und Gemälde. Er gewöhnte sich an, längere Urlaube auf seinen Besitztümern Karinhall, Rominten und Burg Veldenstein zu verbringen. Als die Luftwaffe in der Luftschlacht um England versagt hatte, zeigte Göring kaum noch Interesse für die Kriegführung. Nur einmal noch war er wirklich bestürzt und betroffen. Es war die Zeit, als die alliierten Bomber große Gebiete des Reichs zu verwüsten begannen. Welche Einstellung Göring zur Arbeit hatte, schilderte Stumpff: »... *Ich erlebte, wie er einmal vier Wochen in Karinhall war und den strengen Auftrag gab, daß niemand ihn stören dürfte. Ich mußte aber zu ihm und erhielt endlich eine Stunde bewilligt. Da hörte er mich an und gab Entscheidungen, die den Nagel auf den Kopf trafen. Aber, es war noch keine Stunde um und ich noch nicht fertig, als er schon aufsprang und ausrief:* »*Schluß, jetzt zeige ich Ihnen Karinhall!*«*Mit der Zeit wuchsen diese Ablenkungen von der Arbeit immer mehr an. Er verlor allmählich den Boden in der Luftwaffe.*«

Nach seiner freimütigen und mutigen Warnung vor einem Feldzug gegen Rußland war eine deutliche Schwächung der Einflußnahme Görings auf Hitler nicht zu übersehen. Seit dieser Zeit versuchte Göring, Hitlers wachsende Unzufriedenheit mit den Leistungen der Luftwaffe durch bedingungslose Anerkennung seiner Wünsche und Forderungen wettzumachen. Er wurde, wie es der letzte Chef des Generalstabes der Luftwaffe, Koller, ausdrückte, zur »*Stimme seines Herrn*« (in Anlehnung an das seinerzeit bekannte Werbebild einer Grammophongesellschaft; d. Ü.). Wie geschickt jedoch Göring geraume Zeit imstande war, selbst Hitler zu täuschen, und sich als ruhelos sorgender Oberbefehlshaber hinzustellen, möge die folgende Feststellung des Großadmirals Raeder bekunden:

»*Es ist typisch für Görings Bestreben, seine völlige Übereinstimmung mit dem Führer zur Darstellung zu bringen, wenn man folgendes feststellt: Vormittagsbesprechung: Oberst Bodenschatz, Adjutant von Göring, zugegen, Führer sieht eine Stelle an der Ostfront, die zur Heeresgruppe Feldmarschall v. Bock gehört, im Gegensatz zur Ansicht des Feldmarschalls als nicht gesichert an und ist darum besorgt. Nachmittagsbesprechung: Bodenschatz unterrichtet Göring über dieses Vorkommnis, bevor Göring den Führer bei der Lage sieht. Göring meldet bei Beginn der Lage dem Führer, er habe seit Tagen eine Sorge; das sei diese Stelle in der Front v. Bock. Der Führer sieht darin eine Bestätigung der Richtigkeit seiner Ansicht und freut sich, daß Göring immer die gleiche Auffassung habe wie er.*« (Diese Bekundung betrifft Ereignisse des Jahres 1941; d. Ü.).

Hitler ließ sich aber nicht täuschen. Er wußte um das wahre Wesen seines Reichsmarschalls. Aus diesem Grunde verhinderte er es auch, Göring 1938 zum Oberbefehlshaber der Wehrmacht zu machen, als von Blomberg den Abschied erhielt. Hitler erklärte seinerzeit (seinem Adjutanten Wiedemann; d. Ü.): *»Kommt gar nicht in Frage. Der Göring versteht ja nicht einmal eine Besichtigung bei der Luftwaffe . . .«* Mehrfach bezeichnete Hitler Milch als den eigentlichen Oberbefehlshaber der Luftwaffe. Auf Grund seiner starken Loyalität, die er stets gegenüber seinem alten, treuen politischen Kampfgefährten bewies, unterließ Hitler trotzdem alles, was das Ansehen des Reichsmarschalls hätte schädigen können. Anfang 1943 sagte Hitler zu Manstein (nach dem Fall von Stalingrad; d. Ü.): *»Für Stalingrad trage ich alleine die Verantwortung! Ich könnte vielleicht sagen, daß mir Göring ein unzutreffendes Bild über die Möglichkeiten der Versorgung durch die Luftwaffe gegeben hat, und damit zum mindesten einen Teil der Verantwortung auf ihn abwälzen. Aber er ist mein von mir selbst bestimmter Nachfolger und deshalb kann ich ihn nicht mit der Verantwortung für Stalingrad belasten.«*

Freilich blieb Stalingrad ein schwerer Schlag gegen das Ansehen der Luftwaffe. Seither schonte Hitler die Luftwaffe nicht mehr vor seiner zunehmenden scharfen, ätzenden Kritik. Bodenschatz bemerkte, daß sich nicht nur Hitlers Einstellung veränderte, auch Göring seinerseits begann erstmalig seiner näheren Umgebung gegenüber, den »Führer« zu kritisieren. Er fügt hinzu: *»Die früheren langen Besprechungen zwischen Adolf Hitler und Hermann Göring werden kürzer, seltener und hören schließlich auf. Der Reichsmarschall wird zu wichtigen Besprechungen nicht mehr beigezogen«.* Die Zerstörung Hamburgs belastete das Verhältnis weiter schwer. Hitler war nach dem Angriff zutiefst betroffen. Darüber berichtete Warlimont:

»Die Bombenoffensive gegen Deutschland hatte besonders seit dem Angriff auf Hamburg Anfang August 1943 endlich auch im Hauptquartier mehr als die bis dahin meist nur routinemäßige Beachtung gefunden. In jener Nacht war Hitler auf die ersten Meldungen hin wider alle Gewohnheit in Jodls Baracke erschienen und hatte, schwer erschüttert, wie seit den Zeiten des Norwegen-Feldzuges nicht erlebt, bittere Klagen geführt. General Jodl ebenso wie sein Stab, seit jeher ausgeschlossen von der Führung des Luftkrieges und selbst ohne Kenntnis von den Hintergründen des ständigen Niedergangs der Luftwaffe, waren aber kaum die richtige Adresse für solche Beschwerde. Sie sind auch in der Folge, als der Bombenkrieg seine vernichtende Form annahm, weiterhin nur Zuhörer am Rande der Kritik geblieben, die Hitler – nicht zu Unrecht – an seinem Reichsmarschall auszulassen begann, und zwar gelegentlich in einer Weise, daß es angezeigt schien, den Lageraum still zu verlassen.«

Daran änderten auch nichts die Meldungen der Parteiführer, die laufend Hitler von Martin Bormann zur Kenntnis gebracht wurden. Er war Leiter der Parteikanzlei, »des Führers Sekretär« und Hitlers engster Vertrauter seit 1941. Allein auf Grund seiner Funktion war er ein natürlicher Feind des Reichsmarschalls. Die Meldungen waren voll von ätzender Kritik über Göring und die Führung der Luftwaffe, die es zugelassen hatten, daß eine derart unterschiedslose Zerstörung im Reichsgebiet entfesselt werden konnte. Die Gauleiter neigten insbesondere zu bösartigen Beschimpfungen und meldeten, häufig sehr ungenau, teilweise verfälschend, ausführlich die Auswirkungen des Bombenkrieges in ihren Gauen. Jedes Mittel war recht, die Luftwaffe zum Sündenbock abzustempeln, damit ja nicht irgend etwas der NS-Partei angelastet werden konnte. Nicht selten wurden Behauptungen über Verrat laut, was dazu beitrug, das wachsende Mißtrauen Hitlers gegenüber der Luftwaffenführung noch zu steigern, was ihn in vermehrtem Maße seine Aufmerksamkeit dem Einsatz der Luftwaffe zuzuwenden veranlaßte. In Ausübung seiner unumschränkten Machtfülle als Oberbefehlshaber der Wehrmacht schaltete er sich nach und nach immer mehr in die taktischen, technischen und organisatorischen Belange der Luftwaffe ein und machte den Generalstab der Luftwaffe genauso wie den des Heeres zum Instrument seines unbeugsamen Willens. Schon im Winter 1942 wirkte sich Hitlers lähmender Einfluß auf die Operationen an der Front aus, so daß während der Schlacht um Stalingrad von Richthofen in seinem Tagebuch vermerkte: *»So wie jetzt, ist man, operativ gesehen, hochbezahlter Unteroffizier.«*

Auf Grund der verheerenden Verhältnissen an der Front und der ernüchternden Eindrücke im Reich zog sich Göring immer mehr in eine Traumwelt zurück. Er wollte nur noch günstige, positive Meldungen hören. Der erschreckenden Wahrheit wollte er nicht mehr ins Auge sehen. Darüber berichtet »Beppo« Schmid, bis Ende 1943 Chef der 5. (Feindlage-) Abteilung des Generalstabs der Luftwaffe:

» . . . Seit Beginn der Krisen im Ostfeldzug im Herbst 1941, des Kriegseintritts der USA und des vermehrten Bombenkrieges Englands auf deutsche Städte gab es in zunehmendem Maße Spannungen zwischen Göring mit seinem Chef des Generalstabes und Chef Ic. Die Gründe hierfür waren sachliche Angelegenheiten.

Ungünstige Meldungen von den Fronten auf dem Ic-Wege wurden grundsätzlich angezweifelt. Die Richtigstellung übertriebener Erfolgsmeldungen einzelner Korps war unangenehm.

Die positive Entwicklung und Verstärkung der russischen Fliegertruppe während des Ostfeldzuges gab Anlaß zur »defätistischen Haltung der Abt. Ic«. Von der großen Rüstungskapazität der Sowjetunion war die Luftwaffenführung nicht zu überzeugen. Der Hinweis auf die wachsende Bedeutung der russischen Einfuhrwege über Archangelsk, über den Fernen Osten und den Persischen Golf wurde angezweifelt.

Die Bedeutung der Erholung der britischen Luftrüstungsindustrie und der Aufstellung einer 4-mot-Bomberflotte in Großbritannien kam nicht zur Würdigung. Vergeblich waren mehrere mündliche Verträge und viele schriftliche Hinweise auf die USA-Rüstung. Die Schaffung einer gewaltigen 4-mot-Bomberflotte, die Massenfabrikation von modernen Jägern, das Erscheinen der ersten amerikanischen Flugzeuge auf der britischen Insel und auf dem afrikanischen Kriegsschauplatz und schließlich die Anlage von einer großen Anzahl neuer Flugplätze in Großbritannien, deren Vorhandensein durch Luftbild wegen Ausfall der Aufklärung über der Insel infolge starker Jagdabwehr nicht belegt werden konnte, – alle diese unerhört wichtigen Beurteilungspunkte für den weiteren Kriegsverlauf wurden nicht nur angezweifelt, sondern zum Teil lächerlich gemacht.

Die Anzahl der jeweils in den Nächten eingeflogenen britischen Flugzeuge wurde nicht geglaubt. Die Bedeutung, welche Chef Ic dem Attachédienst zugemessen hatte, fand keine Billigung. Deswegen wurden die Attachébesprechungen durch Zusammenziehen der Attachés während des Krieges stark kritisiert. Die Meldungen der Attachés, welche die Unzufriedenheit Bulgariens, Rumäniens, Ungarns und der Türkei wegen mangelnder deutscher Unterstützung zum Ausdruck brachten, wurden verworfen und infolge ihres politischen Charakters verboten.

Als schließlich der Chef Ic die Richtigkeit der Behauptung des englischen Premiers im Unterhaus, wonach er in der Bombennacht auf Köln 1000 Flugzeuge einsetzte, durch eine eingehende Schrift mit Skizzen begründete, war seine »defätistische Haltung und sein Hang zur Theorie« erwiesen. Die Ic-Meldungen wurden im Sprachgebrauch des Führungsstabes nunmehr als »Lügenmeldungen« bezeichnet. Nun machte das Geschäft des Ic-Dienstes keinen Spaß mehr . . . «

330

Selbst Jeschonnek war nicht gefeit gegen das Vogel-Strauß-Verhalten seines Oberbefehlshabers. Hören wir wieder Schmid:

»Zudem sollte auf Befehl des Chef des Generalstabes die personelle Stärke der Ic-Abteilung auf ein Mindestmaß herabgesetzt werden, damit die »unsinnigen Auslandsbeurteilungen« und das viele unliebsame Schrifttum, das zu lesen »unerfreulich« war, aufhörten.«

Zur weiteren Entfremdung Görings von der Truppe trug seine Neigung bei, sich mit jungen Offizieren zu umgeben, die als inoffizielle Berater wirkten. Zusammen mit dem sogenannten »Freundeskreis«, alte Kriegskameraden wie Bodenschatz, Keller und Loerzer, hatte sich unter Führung von Görings Chefadjutanten, Oberst Bernd von Brauchitsch, der sogenannte »Kindergarten« gebildet, der eine Anzahl junger, im Kriege hochausgezeichneter Offiziere umfaßte. Welchen bedenklichen Einfluß dieser Kreis hatte, beschreibt Koller:

»... Ein außerordentlicher Krebsschaden war auch, daß der Reichsmarschall seine Adjutanten mit ganz jungen Leuten besetzte. Offiziere der Flieger-, Flak- und Nachrichtentruppe, die nur wenige Jahre überhaupt Soldat waren und keine gründliche Ausbildung hatten, jedenfalls keine umfassende militärische Ausbildung, Generalstabsausbildung überhaupt nicht oder nur wenige Wochen, unreif in ihren Ansichten und Lebenserfahrungen waren. Nicht ausgebildet, nur angebildet und daher eingebildet, wurden sie in dieser Atmosphäre nur größenwahnsinnig und zum Intrigieren erzogen. Man gab ihnen die »roten Hosen« auch ohne Generalstabsausbildung, es kam ja nur auf die roten Hosen an, beförderte sie sprunghaft, ihren Kameraden weit voraus und räumte ihnen einen verderblichen Einfluß ein. Diese jungen Leute erlaubten sich Urteile über Jedermann, über Oberbefehlshaber und Generale, denen sie an Kenntnissen und Lebensform, Berufserfahrung das Wasser nicht reichen konnte, und die ihre Väter hätten sein können, daß einem ob ihrer Unverschämtheit die Galle hochkam. Genauso wie in persönlicher Hinsicht war es in technischen und Einsatzfragen. – Vernichtende Kritik seitens der Truppe und der Befehlshaber sowie der Abteilungs- und Amtschefs über die so bezeichnete »Hofkamarilla« des Reichsmarschalls ist in großem Umfang bekannt.«

Im Verlauf des Krieges, als die Schwächen und Rückschläge der Luftwaffe immer offenkundiger wurden, verhehlte Göring seine Unzufriedenheit mit dem Chef des Generalstabes nicht mehr, häufig ließ er seinen Unmut an ihm aus. Mitte 1943 wurde es deutlich, daß der Reichsmarschall mit Jeschonneks Leistungen nicht mehr einverstanden war. An seiner Stelle wünschte er sich einen anderen Mann, vorzugsweise von Richthofen. Die Lage besserte sich nicht, als Hitler in wachsendem Maße den Reichsmarschall überging und unmittelbar den Generalstabschef heranzog. Der »Kindergarten«, auch »Kleiner Generalstab« genannt, unter von Brauchitsch, ging mehr und mehr dazu über, ohne Abstimmung mit Jeschonnek Befehle in Görings Namen zu erteilen. Häufig konnte er keinen Termin zum Vortrag bei seinem Herrn und Meister erhalten, während die Offiziere des »Kleinen Generalstabs« ungestraft bei Göring ein und ausgingen. Zur Frage des Verhältnisses des Chefs des Generalstabes zum Oberbefehlshaber der Luftwaffe schreibt General Deichmann: *»Trat Göring zusammen mit seinem Generalstabchef bei der Truppe auf, so konnte man beobachten, wie dieser meist nur die Rolle eines Befehlsempfängers spielte. »Schreiben Sie auf . . . Veranlassen Sie!« war der übliche Verkehrston zwischen Reichsmarschall und seinem Generalstabschef. Die Zeit des Chefs des Generalstabes, der an und für sich reichlich zu arbeiten hatte, wurde durch gesellschaftliche Inanspruchnahme und durch Antichambrieren in ungebührlichem Maße in Anspruch genommen. War Göring bei Hitler, so mußte der Chef des Generalstabes in einem Raum des Führerhauptquartiers Stunde um Stunde warten, für den Fall, daß über eine Angelegenheit Auskunft erforderlich würde«.* Weil Göring eifersüchtig

331

auf seine Popularität bei der Truppe bedacht war und Jeschonnek stets in seiner unmittelbaren Nähe wünschte, untersagte er ihm Frontbesuche.

Görings Arbeitsstil entartete bald derart, daß an geordnete Stabstätigkeit im RLM nicht mehr zu denken war. Dazu Kollers Stellungnahme:

>*Dem Reichsmarschall ist auch die Häufigkeit anzulasten, mit der Besprechungen und Lagevorträge einfach abgebrochen wurden, bevor man zu einem Entschluß und zu einer Entscheidung gekommen war. Er besprach sich mit jedem, der ihm gerade paßte, aber immer getrennt von den anderen, mit dem Generalluftzeugmeister, dem Staatssekretär, irgendwelchen Befehlshabern, mit irgendwelchen jüngsten Staffelkapitänen oder Kommandeuren mit phantastischen, völlig unausgereiften Gedanken und Ideen. Meist wußte keiner vom anderen, was eigentlich besprochen worden war, und der Chef des Generalstabes erfuhr fast immer zuletzt und oft nur zufällig, um was es eigentlich ging. Dann unterlag der Reichsmarschall noch dem Einfluß seiner nicht verantwortlichen engsten Umgebung und seiner völlig unfähigen und in der Materie völlig schimmerlosen Freunde . . . Der Reichsmarschall spielte immer den einen gegen den anderen aus und freute sich diebisch, wenn sie sich dann die Meinung sagten und machte mit kindlich lachendem Gesicht spöttische Bemerkungen zu den anderen Anwesenden. Er hat mir und anderen oft den Eindruck gemacht, daß ihm Zwiespalt zwischen maßgebenden mitarbeitenden Personen erwünscht und reibungsloses Zusammenarbeiten unerwünscht war, so als ob er Angst davor hätte, daß die Männer eine geschlossene Phalanx gegen ihn bilden könnten.*«

Diese Vermutung traf sicherlich auf Göring zu.

Der Verzicht des Reichsmarschalls zur Wahrnehmung seiner Aufgaben und die Art und Weise, wie er seine Dienstgeschäfte führte, belasteten seine engen Mitarbeiter und den nachgeordneten Bereich erheblich. Theoretisch hätte Milch als Staatssekretär und Generalinspekteur sowie Görings offizieller Vertreter koordinierenden Einfluß ausüben müssen. Das aber verhinderte der Reichsmarschall gerade. Über die Auswirkungen sagte Milch bei einer Befragung aus: » . . . *Das einzige Mal, wo ich im Kriege Göring zu vertreten hatte, war im Winter 1940/41, wo er sich Urlaub nahm. Ich saß damals etwa zwei Monate in seinem Hauptquartier bei Beauvais in Frankreich*«. Selbst seinerzeit konnte Milch nicht so straff führen, wie es erforderlich gewesen wäre, weil Jeschonnek dem nie zugestimmt hätte. Am gleichen Tage, da Milch eintraf, reiste Jeschonnek ab. Bis zur Beendigung von Milchs Urlaubsvertretung gab er seine Befehle telefonisch an den Chef der 1. (Führungs-)Abteilung durch. Zwischen den Männern, die maßgeblichen Anteil an der Entwicklung und am Schicksal der Luftwaffe hatten – Milch, Jeschonnek und zu seinen Lebzeiten Udet –, gab es immer stärker werdende Spannungen und Reibungen. Die Auswirkungen des fast vollständigen Bruchs zwischen der Einsatzführung und der Flugzeugentwicklung und -beschaffung waren bekanntermaßen außerordentlich. Dies kann ohne weiteres als entscheidendster Grund für den schließlichen Zusammenbruch der Luftwaffe angesehen werden. Auch nach Udets Tod änderten sich die Zustände im Bereich der obersten Luftwaffenführung nicht. Der Graben zwischen den Verantwortlichen für den Einsatz der Luftwaffe und denen, die für Entwicklung und Fertigung von Flugzeugen zuständig waren, blieb so breit und tief wie eh und je.

Die Schwierigkeiten, die es in dem riesigen Gefüge des Generalluftzeugmeisteramtes gab, wurden bereits beschrieben, hingegen jedoch noch nicht die , die innerhalb des Generalstabes vorherrschten. Es gab große Probleme, die in erster Linie auf die Person des Generalstabschefs, Jeschonnek, zurückzuführen waren. Schon gleich nach seiner Amtsübernahme wurde deutlich, wie schwer es ihm fiel, selbst mit seinen engsten Mitarbeitern ein gutes Verhältnis zu pflegen.

1940 berief er General Otto Hoffmann von Waldau zum Chef der 1. (Führungs-) Abteilung. Von Waldau war einer der tüchtigsten und vorzüglichsten Generalstabsoffiziere, von schneller Auffassungsgabe, mit weitem Gesichtskreis und klarem Blick bezog er stets freimütig und offen seinen Standpunkt, zudem verband ihn eine lange Freundschaft mit Jeschonnek. Nach der Ernennung zum Chef des Luftwaffenführungsstabes und Vertreter Jeschonneks begann diese Freundschaft zu zerbrechen. General von Seidel berichtet:»*...Von Waldau, ursprünglich mit Jeschonnek befreundet, war ein Generalstabsoffizier, der weit über den Durchschnitt begabt war, mit weitem Gesichtskreis und klarem Blick für die Entwicklung und den Einsatz der Luftwaffe und einer klaren Vorstellung des Unheils durch einen kommenden Krieg gegen die Westmächte ... Waldaus Auffassung und seine Erkenntnisse über die oberste Führung, die militärische Lage und den Ausgang des Krieges sowie sein immer wieder auftretender und zunehmender Widerstand gegen Jeschonneks Ja-Sagerei gegenüber Hitler und Göring zogen ihm im Laufe der Jahre das Mißfallen von Göring und Jeschonnek zu«.* Anfang 1942 entschloß sich Jeschonnek, sich von von Waldau zu trennen. Er schickte ihn an die Front nach Nordafrika. Als von Waldau im Mai 1943 bei einem Flugzeugabsturz über dem Balkan ums Leben kam, weigerte sich der Chef des Generalstabes, an seiner Beisetzung teilzunehmen.

Eine Zeitlang übernahm Jeschonnek auch die Geschäfte der Chefs des Luftwaffenführungsstabes. Aber bald wurden ihm diese Aufgaben zusätzlich zu seinen anderen doch zu zeitraubend und beschwerlich, so daß er Mitte 1942 General Rudolf Meister zum neuen Chef berief. Meister war keine so starke Persönlichkeit wie von Waldau, dennoch gelang es ihm nicht, so harmonisch mit Jeschonnek zusammenzuarbeiten, wie es in einem idealen Falle einem Stellvertreter zugekommen wäre. Nach dem Kriege schrieb er darüber:»*Jeschonnek hat mir keine Einzelheiten berichtet. Jeschonnek ließ sich von seinem Führungsstab im allgemeinen wenig beraten. Die Entschlüsse wurden ja morgens in der Führerlage bereits gefaßt, so daß der Führungsstab im allgemeinen vor den vollzogenen Tatsachen stand«.* Meister fand es schwierig, Kontakt zu Jeschonnek zu finden, so daß er kaum nennenswerten Einfluß auf seine Entschlüsse ausüben konnte. So waren beide auch privat wenig zusammen. Und wenn sie persönlich miteinander zu tun hatten, bei dienstlichen Angelegenheiten, so Meisters Feststellung:»*Jeschonnek strahlte keine Wärme aus. Er war höflich, dabei kurz angebunden.*«

Auch zwischen Jeschonnek und dem knorrigen, scharf, aber klug urteilenden Georg von Seidel, Generalquartiermeister der Luftwaffe, immerhin einem seiner wichtigsten Mitarbeiter, entwickelte sich kein näheres Vertrauensverhältnis. General Kurt Kleinrath, damals Chef der 6. (Rüstungs-) Abteilung im Generalstab der Luftwaffe, erklärte in einem Brief nach dem Kriege:»*... zu der fraglichen Zeit standen sich Jeschonnek und von Seidel äußerst schlecht. Jede unmittelbare Zusammenarbeit zwischen beiden war monatelang unterbrochen. Jeschonnek setzte sich in allen Generalquartiermeister-Sachen unmittelbar mit den Chefs der 2., 4. und 6. Abteilung in Verbindung.*« In einem Vortrag äußerte sich von Seidel nach dem Kriege über Jeschonnek:

»Wenn sein Name auch mit den Anfangs-Blitzerfolgen der Luftwaffe in den ersten Jahren des Krieges verbunden ist, so kann doch eine objektive Kritik nicht daran vorbeigehen, daß er durch seine Hörigkeit Hitler gegenüber und durch die schiefe Stellung zwischen Hitler und Göring, in die er durch seine Schuld ab 1941 geraten war, neben seinem Oberbefehlshaber das Versagen und schließlich den Verfall der Luftwaffe verschuldete. Es kommt noch hinzu, daß er sich mit jüngeren Beratern und Gehilfen, vor allem auf technischem Gebiet, umgab, die alle so wie er selbst innerlich unreif, zudem noch ehrgeizig und charakterlich nicht sauber waren, die hinter den Kulissen die Drähte spannten und am Intrigenspiel zum Schaden der Sache

teilnahmen. In diesem Zusammenhang müssen die Namen Christian, Diesing und Storp festgehalten werden.«

Ferner wußte Jeschonnek genau, mit welch wachsendem Mißtrauen die Truppe an der Front seinem Generalstab begegnete. Darüber sei General Nielsen zitiert:

»Erst mit Ausbruch des Krieges oder vielmehr während seines Verlaufs trat hinsichtlich des Verhältnisses der Generalstabsoffiziere zur Truppe hier und da ein Wandel ein. Einer der Gründe war vor allem die Abneigung Görings, seinen Generalstabschef während des Krieges die Truppe besuchen zu lassen, um keine anderen Götter neben sich aufkommen zu lassen. Das schränkte nicht nur die Urteilsbildung des Generalstabschefs über die Lage bei den Verbänden und sonstigen Einrichtungen der Waffe erheblich ein, sondern vergrößerte auch langsam den Abstand zwischen Truppe und Generalstab. Die Arbeitsüberlastung im Generalstab der Luftwaffe und der Generalstabsoffiziere in den höheren Stäben war bei der dünnen Besetzung mit solchen Offizieren so groß, daß es kaum möglich war, wie im Frieden den Kontakt mit der Truppe aufrechtzuerhalten. Dadurch entstand wiederum im Laufe der Zeit eine gewisse Truppenfremdheit, die sich hier und da zweifellos in unzweckmäßigen Anordnungen ausgewirkt hat, die in das Können der Generalstabsoffiziere Zweifel aufkommen ließen.«

Verschlimmert wurde die Lage noch durch den Mangel an Generalstabsoffizieren, so daß die verfügbaren nicht regelmäßig zwischen Stabs- und Frontverwendung wechseln konnten, und die Verkürzung der Ausbildung, weil es ständig an ausreichendem qualifiziertem Lehrpersonal fehlte. Etwa um die Mitte des Krieges hatten Hitlers Forderungen dazu geführt, daß der Generalstab Befehle ausarbeiten mußte, die den Frontkommandeuren mehr abverlangten, als sie in der Lage zu leisten waren. Die vorgegebenen Ziele wichen immer mehr von den tatsächlichen Verhältnissen an der Front ab, was noch durch die unerbittliche Unbeweglichkeit im Handeln, die Hitlers Entscheidungen auszuzeichnen pflegten, verschlimmert wurde. Leider war Jeschonnek nur allzu willens, Hitlers starrsinnigen Befehlen gerecht zu werden. Auf dem Höhepunkt der Krise um Stalingrad verzeichnete von Richthofen im Dezember 1942 in seinem Tagebuch:

». . . Niemand ist zu erreichen, was ich versuche. – Sonst telefoniere ich seit 16. 12. nicht mehr mit Jeschonnek, da alle Vorschläge, die man macht, stillschweigend abgelehnt oder, nach mündlicher Zustimmung, anders befohlen werden. Außerdem habe ich nunmehr endgültige Beweise dafür, daß gewisse Dinge, die ich gesagt habe, umgedreht weiter vorgetragen wurden. Ich schicke nur noch Fernschreiben, heute ein vier Seiten langes über die Lage. – Dabei bitte ich um Befehle für die Kampfführung, da in letzter Zeit nichts mehr befohlen, sondern nur noch gemeckert wurde. Wahrscheinlich waren sie selber ratlos . . .«

Vor diesem Hintergrund muß man Jeschonneks Lage im Jahre 1943 sehen. Verantwortlich für die Kampfführung der Luftwaffe auf drei Kriegsschauplätzen, die Folgen einer Niederlage nach der anderen tragen müssen, von seinem Oberbefehlshaber und den Truppenkommandeuren entfremdet und ausgeschlossen von allen Machtbereichen innerhalb der Luftwaffenführung, fühlte er im vierten Kriegsjahr, daß er das Vertrauen »seines geliebten Führers« verloren hatte. Ob das tatsächlich so war, bleibt schiere Mutmaßung. Mit Sicherheit traf den Chef des Generalstabes all die Verbitterung, die Hitler gegenüber dem Versagen der Luftwaffe äußerte. Jeder feindliche Bombenangriff auf eine deutsche Stadt erfüllte Hitler mit Zorn, gelegentlich ging sogar sein Temperament mit ihm durch. Um so mehr, als Jeschonnek jedes Selbstvertrauen verlor. Von Seidel erinnerte sich an diese Zeit:»... *Ich bin auf Grund eines langen, erst- und letztmalig mit Jeschonnek geführten Gespräch Ende Juli 1943, in dem er die eherne Maske des Nur-Soldaten fallen ließ und in dem menschlichen Seiten anklangen, der Ansicht, daß er ... wußte, daß die Luftwaffe nicht ohne seine Schuld zerschlagen und daß der Krieg verloren sei ...»*

Jeschonnek befand sich in einer vertrackten Lage. Ein Rücktrittsgesuch konnte er mit seinem Berufsethos nicht vereinbaren, sein Wunsch zur Übernahme einer Luftflotte wurde von Hitler verworfen. Er hielt es auch für unvereinbar mit seiner Offiziersehre, Hitler über Görings Pflichtversäumnisse in Kenntnis zu setzen. Anfang August wollte sich dieser verletzliche, zurückhaltende und fast schüchterne Mann nicht mehr damit abfinden, sich hinter seiner kühl-sachlichen, leicht sarkastischen Maske zu verstecken. Ihm waren Zeiten depressiver Stimmungen mit allen gefühlsbedingten Tiefpunkten nicht fremd. Seine wenigen Vertrauten waren sich darüber im klaren, daß er kurz vor einem totalen Zusammenbruch stand. Schon im April hielt Guderian Jeschonnek für »*seelisch ausgebrannt*«. Nach der Bombardierung von Wiener-Neustadt durch die USAAF machte Hitler ihm am 13. August 1943 über eine Stunde lang die heftigsten Vorwürfe. Danach fragte der Chef des Generalstabes Meister pathetisch: »*Warum sagt der Führer das mir und nicht dem Reichsmarschall?*« Vier Tage später, am 17. August, griffen die Amerikaner Schweinfurt und Regensburg an. Wieder befahl der »Führer« Jeschonnek zu sich, um ihn unbarmherzig zu beschimpfen. Früh am nächsten Morgen meldete man dem Generalstabschef, daß die RAF in der Nacht Peenemünde, das Raketenversuchszentrum, schwer bombardiert hatte. Seinen eigenen Befehlen gemäß hatten sich jedoch die Nachtjäger über Berlin versammelt, weil die RAF dort Ablenkungsangriffe durchführte. Zudem waren die deutschen Jäger noch von eigener Flak beschossen worden. Das überstieg Jeschonneks Kräfte. Die zwei Säulen, auf die er sein Leben gegründet hatte – seiner militärische Befähigung und »sein Führer« – schienen in sich zusammenzufallen. Die einzige Antwort darauf sah er im Selbstmord, mit dem er sich schon einmal getragen hatte. Er ging in sein Zimmer, verriegelte die Tür und erschoß sich.

Bei Jeschonnek fand man einen Zettel, auf dem geschrieben stand: »*Ich kann mit dem Reichsmarschall nicht länger zusammenarbeiten. Es lebe der Führer!*« Als Göring erschien, schließt er sich zehn Minuten in dem Raum mit dem Toten ein. Sodann rief er Major Leuchtenberg, Jeschonneks Adjutanten, zu sich und fragte ihn, warum sich der Generalstabschef erschossen habe. Leuchtenberg sagte ihm, daß der Generaloberst ein Fanal geben wollte, um die ungeheuren Mängel in der Führung der Luftwaffe aufzuzeigen. Leuchtenberg ließ nicht locker und wies auf die unmögliche Lage hin, in der sich Jeschonnek befunden hatte. »*Warum*«, klagt Göring seinen vor der Tür wartenden Generalen Meister, Martini und »Beppo« Schmid, »*warum hat mir niemand jemals die Wahrheit gesagt, so wie dieser junge Mann?*« Göring ließ sich von General Meister Jeschonneks Panzerschrank öffnen. Über den weiteren Ablauf berichtet Meister: »*Er (Göring; d. Ü.) studierte persönlich Jeschonneks Handakten und fand dabei eine Studie, die nur Below (Hitlers Luftwaffenadjutant; d. Ü.) besaß. Er gab sie mir nicht zum Lesen. Aber ich glaube, es war darin angeführt, Göring solle einen Stellvertreter erhalten, was man schon früher mit Pflugpfeil geplant hatte, später mit Greim plante. Göring sagte zu mir: »Sehen Sie nur, der Mann hat gegen mich gearbeitet!«... Die beiden Zettel, die bei Jeschonnek gefunden worden waren, las Göring und gab sie mir dann zurück, die Studie nahm er an sich*«. Die Denkschrift bleibt bis heute verschollen. Tags darauf verkündet man der Welt, daß Jeschonnek an »Magenbluten« verstorben wäre. Der Todestag wurde auf den 19. statt des 18. August umgefälscht, um nicht einmal den Verdacht eines Zusammenhanges mit dem Angriff auf Peenemünde aufkommen zu lassen.

Nachfolger Jeschonneks als Chef des Generalstabes der Luftwaffe wurde nicht, wie einige erwarteten, von Richthofen (war er vielleicht ein zu starker Mann in den Augen Görings?), sondern General Günther Korten. Jahrgang 1898 wie Jeschonnek, trat er 1914 in den Dienst der kaiserlichen Artillerie. Als Kriegsteilnehmer im Ersten Weltkrieg wurde er in die Reichswehr übernommen und wechselte im April 1934 zur noch getarnten Luftwaffe über, wo er bis Oktober 1936 Milchs Generalstabsoffizier war. Danach bekleidete er in Folge die Dienststellung eines Chef des Stabes nach dem »Anschluß« bei den österreichischen Fliegerkräften sowie bei der Luftflotte 3 und 4. Im August 1942 übernahm er das Luftwaffenkommando Don, und im Juni 1943 wurde er Befehlshaber der Luftflotte 1. Am 25. August 1943 wurde er Chef des Generalstabes der Luftwaffe. Er war ein begnadeter Generalstabsoffizier, einfühlsam und mit klarem Blick für das Wesentliche versehen, hatte er dennoch ein sehr gewinnendes Wesen. Korten war nicht ungeeignet für die neue Aufgabe. Seine erste Amtsmaßnahme war es, seinen guten Freund, General Karl Koller, zum Chef des Luftwaffenführungsstabes zu ernennen, was dieser nur widerstrebend befolgte. Sie einigten sich gleich zu Beginn ihrer Zusammenarbeit darauf, daß Kortens Hauptaufgabe darin bestand, Göring bei Stimmung zu halten, während Koller die Aufgabe zufiel, die Rolle des harten Mannes zu spielen, der dem Reichsmarschall klar, deutlich und unverblümt in kompromißloser Weise die Lage vortrug.

Diese neue Personalkonstellation war für die Luftwaffe vielversprechend. Göring , auch Hitler und sogar Milch waren mit Korten außerordentlich zufrieden, zumal sich ihre Vorstellungen sehr denen des neuen Chefs des Generalstabes näherten. Korten war sich darüber im klaren, daß die Tage der Siege und Eroberungen vorüber waren, und daß sich die deutsche Wehrmacht auf Abwehr und Defensive einstellen mußte. Er wußte genau, daß es für die Luftwaffe gar keine andere Alternative gab. Sie mußte ihre Kampfführung zur Unterstützung des Heeres auf ein Minimum zurückschrauben und alle Kräfte zur Bekämpfung der das Reich bedrohenden Feindverbände zusammenfassen. Er war der Ansicht, daß der Mittelmeerraum ohne weiteres ganz dem Heer überlassen werden sollte, was gleichermaßen auch für die Ostfront galt, sofern man mit geschickterem Taktieren vorginge, als es bisher seitens Hitler geübt wurde. Dort, so begründete er, konnte die Luftwaffe am besten wirken, wenn sie selbständig weit ins feindliche Hinterland Operationen gegen die russische Kriegswirtschaft durchführte, weil die dort produzierten Waffen, die die Rote Armee und die russischen Fliegerkräfte kampffähig hielten, noch vor dem Einsatz gegen deutsche Truppen vernichtet werden konnten. Nach Kortens Beurteilung der Lage mußte im Westen jede Anstrengung unternommen werden, die Reichsluftverteidigung zu stärken, um die alliierte Bomberoffensive zu beenden. Wenn diese Maßnahmen nicht greifen sollten, dann würde die Luftwaffe mit Sicherheit zerschlagen werden. Hier also lag die Hauptaufgabe für das Jahr 1944. Es bleibt abzuwarten, ob es dem neuen Chef des Generalstabes der Luftwaffe gelingen sollte, das auch zu verwirklichen.

XI. 1944 – Der Anfang vom Ende

Bei Jahresbeginn 1944 gab es guten Grund zur Annahme, daß die Luftwaffe über den gesamten Jahreszeitraum hinweg eine schlagkräftige Waffe sein würde. Nie zuvor hatte sie mehr Soldaten in ihren Reihen; fast 2 000 000 Männer und Frauen trugen die luftwaffenblaue Uniform, die von weiteren 900 000 zivilen Mitarbeitern und Luftwaffenhelfern unterstützt wurden, wovon der größte Teil im Flakdienst stand, der eine große Anzahl von Ausländern umfaßte. Auch die materielle Lage war beeindruckend. 1943 waren von der Rüstungsindustrie des Reichs 25 527 Flugzeuge neu gefertigt worden, was eine Steigerung von 64 Prozent gegenüber dem Vorjahr bedeutete, und 18 600 Flugzeuge konnten nach Reparatur wieder an die Front abgegeben werden. Am 1. Januar 1944 betrug die Frontstärke der Luftwaffe 5585 Flugzeuge, also 41 Prozent mehr als am 1. Januar 1943 (3955 Maschinen). Der Einsatzklarstand hatte sich weiter verbessert und bewegte sich jetzt um die 70 Prozent herum bei allen Verbänden.

Auch auf anderen Gebieten konnte man zufrieden sein. Das Jahr 1943 hatte in der Ausbildung Verbesserungen gebracht. Der Ausstoß neuer Besatzungen war nicht nur gesteigert worden, um vorherrschende Engpässe auszugleichen, sondern war auch im Hinblick auf die Ausweitung der Anzahl der Frontverbände als vorsorgliche Maßnahme zu sehen. 1942 wurden nur 4591 Besatzungen ausgebildet; 1943 durchliefen 9593 Mann die Schulen, das entsprach einer Steigerung von 108 Prozent. Obwohl in den Kampfgeschwadern noch über 270 Besatzungen und bei der Nachtjagd etwa 60 fehlten, war es abzusehen, daß sie alsbald sogar Personalüberhänge haben sollten. Die Bevorratung mit Flugkraftstoff war in den letzten Monaten des Jahres 1943 merklich angehoben worden, so daß die Vorräte weit höher als im Sommer 1941 waren. Gleichzeitig hatte sich der Flugzeugpark der Luftwaffe typenmäßig verändert, um der im Aufbau befindlichen Verstärkung der Abwehraufgaben gerecht zu werden. 1943 waren 15 151 Jagdflugzeuge, einige davon wurden auch als Schlachtflugzeuge verwendet, produziert worden, also 125 Prozent mehr als noch 1942, wo 7128 Jagdflugzeuge die Fertigungsstraßen verließen. Blickt man zurück auf das Jahr 1939, in dem die Jägerproduktion nur 22 Prozent der gesamten Flugzeugproduktion ausmachte, so wuchs der Anteil dieser Maschinen, die in erster Linie defensiver Natur waren, 1943 auf 46 Prozent.

Bei näherer Betrachtung der Gliederung der Luftwaffe werden jedoch Schwächen offenkundig. Ein großer Prozentsatz des Luftwaffenpersonals nahm heereseigentümliche Aufgaben wahr und hätte eigentlich auch dem Heer unterstellt werden müssen. Etwa 10 000 Mann dienten bei Flakeinheiten, die mit dem Heer kämpften, während ferner 240 000 als Soldaten von Luftwaffen-Felddivisionen, bei Fallschirmjägern und anderen Einheiten an der Front standen. Zwar hatte Hitler im September 1943 befohlen, die Luftwaffen-Felddivisionen dem Heer einzugliedern, diese Personalabgaben wurden aber dadurch ausgeglichen, daß die Fallschirmtruppe erheblich vergrößert wurde, sie umfaßte Mitte 1944 200 000 Mann, wovon ein Großteil gar keine Sprungausbildung hatte, und daß die Division »Hermann Göring« im Oktober 1944 zu einem Panzerkorps aufgebaut wurde. Viele dieser Soldaten kamen aus der Bodenorganisation der Luftwaffe, die auf Grund der Gebietsverluste und der Auflösung von Kampfverbänden Personalüberhänge hatte. Es wäre eine bessere Lösung des Personalproblems gewesen, diese Männer dem Heer zu überstellen, aber davon wollte Göring nichts wissen.

Weit bedeutender freilich war der Stand bei den fliegenden Verbänden der Luftwaffe. Die Steigerung der Jägerproduktion war bis Ende 1943 nicht auf Kosten der Bomberfertigung gegangen,die 1939 noch 35 Prozent der Gesamtflugzeugproduktion ausgemacht hatte und 1943 auf nur 34 Prozent gesunken war. Wo es Einschnitte gab, war bei den Transport-, Schul- und anderen Flugzeugen, die 1939 noch 43 Prozent Gesamtanteil hatten und jetzt bei 20 Prozent lagen. Hätte die Luftwaffe nur einen Krieg von kurzer Dauer führen müssen, dann wäre eine Verringerung bei den Hilfs- und Schulflugzeugen weniger bedeutend gewesen. In einem Krieg von längerer Dauer mußte sich hingegen ein Mangel an Transport- und insbesondere Schulflugzeugen hinsichtlich der Ausbildung schon erheblich auswirken, was wiederum die Einsatzbereitschaft der Luftwaffe schwerwiegend beeinflussen mußte. Betrachtet man die Zahlen der Frontstärke von Anfang 1943 mit denen von Anfang 1944 näher, so hat es prozentual bei Bombern und Jägern keine Veränderung gegeben; die Bomber hielten 28 Prozent (1135 beziehungsweise 1580 Maschinen) und die Jäger 43 Prozent (1740 beziehungsweise 2400 Maschinen). Bei den einmotorigen Jägern, den Bf 109 und Fw 190, die für die Abfangjagd Verwendung fanden, sank die Produktion von 31 Prozent (1245 Maschinen) im Jahre 1943 auf 27 Prozent (1535 Maschinen) im Jahre 1944. Bei den zweimotorigen Jägern stieg die Produktion von 12 Prozent (495 Maschinen) auf 16 Prozent (905 Maschinen). Bei den Schlachtflugzeugen, vornehmlich Fw 190, war ein Anstieg von fast 7 Prozent (270 Maschinen) auf über 10 Prozent (610 Maschinen) zu verzeichnen. Besonders schlimm sah es bei der Nachtjagd aus. Der Spitzenwert von noch 190 Flugzeugen im August 1943 ging im Januar 1944 auf 116 zurück, der sich im Februar auf 70 verschlechterte, weil Fertigungsstätten für die Bf 110 zerstört worden waren. Die Tagjagdverbände hatten 30 Prozent Fehlbestand an Maschinen. Um die hohen Einsatzverluste der Jagdverbände auszugleichen, mußte die Jägerproduktion ganz erheblich angekurbelt werden, was nur auf Kosten anderer Flugzeugtypen geschehen konnte.

Die Steigerung der Flugzeugproduktion im Jahre 1943 wurde von Deutschlands Feinden bei weitem übertroffen. In England und Amerika alleine liefen 1943 über 102 000 Flugzeuge von den Bändern der Herstellerwerke, viermal soviel wie im Reich. Von den 5585 Frontflugzeugen, über die die Luftwaffe am 1. Januar 1944 verfügte, mußten 735 als nicht einsatzbereit betrachtet werden, weil sich Verbände in Umschulung, Umrüstung oder Wiederauffrischung befanden; im Jahr zuvor betrug diese Zahl noch 125 Flugzeuge. Somit blieben für den Einsatz auf drei Kriegsschauplätzen 4850 Flugzeuge übrig, knapp 40 Prozent mehr als zu Kriegsbeginn 1939. Im Osten standen 1710, im Mittelmeerraum 505 und im Westen 2635 Flugzeuge, von diesen wiederum 1225 im Reichsgebiet. An keiner der drei Fronten reichte das Flugzeugmaterial aus, der Luftwaffe die Luftüberlegenheit zu sichern. Lediglich am Himmel über dem Reichsgebiet war die Luftwaffe ihrem Gegner überlegen, das aber auch nur bei Tage. Überall sonst waren die Deutschen in unterschiedlichem Maße unterlegen.

Die Qualität der Flugzeuge der Luftwaffe war 1944 kaum besser als im Jahr zuvor. In manchen Bereichen sah es sogar keineswegs rosig aus. Trotz aller Versuche zur Rationalisierung in der Fertigung und zur Typenbereinigung gab es noch 27 verschiedene Flugzeugtypen mit elf Bauvarianten im Vergleich zu 1939, wo es elf verschiedene Flugzeugtypen mit sieben Bauvarianten gegeben hatte. Bei aller verwirrenden Vielfalt des Flugzeugparks hatten die Deutschen nur auf einem Gebiet eine Verbesserung geschafft, und das betraf die Schlachtflieger. Im Herbst 1943 hatte die Luftwaffe im Rahmen einer Umorganisation die Schlachtfliegerverbände völlig neu gegliedert. Bis dahin unterstanden die Stukageschwader (Ju 87) dem General der Kampfflieger, während die Schlachtfliegerverbände (Fw 190, Bf 110, Ju 88 und Hs 129) zum Verantwortungsbereich des Generals der Jagdflieger zählten. In beiden Fällen betrachtete man sie irgendwie als Anhängsel. Im September 1943 schuf Korten die neue Dienststelle des Generals der Schlachtflieger, dem alle diesbezüglichen Kräfte unterstellt wurden. Letztendlich hatte die Luftwaffe erkannt, welche Bedeutung dem Schlachtfliegereinsatz zukam. Etwa 600 Flugzeuge standen dafür bereit, wovon insbesondere die Panzerbekämpfungsstaffeln mit den Ju 87 und Hs 129, die mit 3,7-cm-Panzerabwehrkanonen ausgerüstet waren, erwähnenswert sind. Gegen Ende 1944 führte man für die Hs 129 eine 7,5-cm-Kanone und für die Fw 190 Panzerbekämpfungsraketen ein; beide Waffen waren von zweifelhaftem Einsatzwert. Die Umrüstung von der veralteten Ju 87 auf die neue Fw 190 wurde beschleunigt, so daß im Herbst 1944 nur noch eine Gruppe und zwei Staffeln für die Panzerbekämpfung mit dem alten Stuka ausgerüstet waren. Alle freiwerdenden Ju 87 fanden Verwendung inden Nachtschlachtgruppen. Die Hs 129, deren Klarstandsrate sich zunehmend verbesserte, stand bei fünf Staffeln im Einsatz. Das Schwergewicht der Schlachtfliegereinsätze fiel aber den Fw 190 zu, die sich mit den Baumustern Fw 190F und Fw 190G als sehr wartungsfreundlich, robust und äußerst gefährlich erwiesen im Hinblick auf Geschwindigkeit, Wendigkeit und Bewaffnung. Sie haben sich bei der Unterstützung der Heerestruppen an der Front sehr bewährt.

Leider blieb es den Kampffliegerverbänden der Luftwaffe versagt, neue Flugzeuge zu erhalten. Die He 177 stand immer noch nicht in ausreichender Anzahl zur Verfügung; nur 261 Maschinen waren 1943 gebaut worden. Wegen ihrer hohen Ausfall- und Verlustraten wurde ihre Verschrottung befohlen, was man aber stillschweigend nicht befolgte. Obwohl die Produktion dieser in jeder Hinsicht unbefriedigenden Maschine das ganze Jahr 1944 hindurch weiter durchgeführt wurde, waren von den 1094 bis April 1945 gefertigten Maschinen nur 200 an die Truppe ausgeliefert worden. Die zwei Gruppen und zahlreichen Staffeln, die damit ausgerüstet waren, haben nichts Nennenswertes erreicht. Das »Bomber B«-Programm war im Juni 1943 gestrichen worden, weil nicht genügend Rohstoffe dafür zur Verfügung standen und sich der Jumo 222-Motor als Fehlentwicklung herausgestellt hatte. Von der Ju 188 gab es Anfang 1944 nur wenige Exemplare, die gerade ausreichten, eine Kampfgruppe damit auszurüsten. Die Fertigung dieser Maschine, von der man sich so viel erhofft hatte, lief das ganze Jahr weiter, so daß bei Einstellung der Produktion die Luftwaffe insgesamt 1076 Maschinen hatte übernehmen können. Über die Hälfte aller waren jedoch Aufklärerversionen, nur fünf Kampfgruppen und einige selbständige Staffeln wurden damit ausgerüstet. Somit stützte sich die Luftwaffe Anfang 1944 für die offensive Luftkriegführung immer noch auf die Ju 88 ab, eine Maschine, die sie an und für sich schon im Jahre 1943 ausmustern und durch einen neuen Kampfbomber ersetzen wollte. Noch gab es die Do 217 und He 111 im Einsatz, obwohl diese immer mehr für Transportaufgaben herangezogen wurde, von den paar als »Schnellbomber« genutzten Me 410 gar nicht zu reden. Mit diesen Flugzeugen, die meistens nur etwas mehr als eine Tonne Bomben ans Ziel bringen konnten, mußte die Luftwaffe den Bombenkrieg gegen England und Rußland bestreiten. Man denke nur daran, daß 1944 jede englische »Lancaster« im Durchschnitt bei Nacht über vier Tonnen Bomben über dem Reichsgebiet abladen konnte und die einzelne amerikanische B-17 fast zwei Tonnen bei Tage.

Tatsächlich hatte die Luftwaffe aber mit den Leistungen ihrer Jäger die größten Schwierigkeiten. Was im Jahre 1943 noch als angemessen galt, um sich mit den besten der dem Feind im Westen zur Verfügung stehenden Jägern zu messen, hatte für das Jahr 1944 keine Gültigkeit mehr. In der Tagjagd setzte die Luftwaffe die Bf 109 und Fw 190 ein, letztere rüstete fast zwei Drittel aller Jagdverbände aus. Von beiden Typen waren 1943 verbesserte Versionen produziert worden. So war die neue Fw 190A-8 um 30–50 km/h in 5200 m Flughöhe schneller als ihr Vorgängertyp Fw 190A-5, ähnlich verhielt es sich mit der Bf 109G-6 und Bf 109G-10 gegenüber der Bf 109G-2. Das versetzte diese zwei Jagdflugzeuge in die Lage, mit der englischen »Spitfire« Mk. IX und »Tempest« Mk. V gleichzuziehen und der amerikanischen »Lightning« und »Thunderbolt« überlegen zu sein. Auf keinen Fall entsprachen diese Entwicklungen den Leistungen des neuen Begleitschutzjägers der Amerikaner, der P-51B »Mustang«, die am 11. Januar 1944 zum erstenmal über dem Reichsgebiet zum Einsatz kam. Sie erreichte in 9000 m Flughöhe eine Höchstgeschwindigkeit von 710 km/h, das waren im Falle der Fw 190 etwa 65 bis 95 km/h und bei der Bf 109 etwa 50 bis 80 km/h Geschwindigkeitsvorteil. Alle drei Flugzeuge verfügten über ein ähnlich gutes Steigvermögen, die amerikanische Maschine konnte aber in größeren Höhen noch voll manövrieren. Mit der Fw 190 konnte sie knappe Vorteile herausfliegen, der Bf 109 war sie mit Abstand überlegen. Das waren bemerkenswerte Leistungen, wenn man in Betracht zieht, daß die »Mustang« im März des Jahres 1944 mit abwerfbaren Zusatzbehältern ausgerüstet wurde, was ihr ausreichenden Kraftstoffvorrat gab, um 1350 km von ihrem Einsatzhafen zu operieren, und eine Flugdauer von sieben Stunden garantierte. Damit konnte sie fast über dem ganzen Reichsgebiet freie Jagd betreiben.

Die deutschen Jäger hatten angesichts der schweren Bewaffnung, die zur Bekämpfung der Bomber erforderlich war, das Problem, daß ihre Leistungen derart absanken, so daß sie gegen die »Mustang« keine Chancen mehr hatten. Die Bf 110 und Me 410 waren hoffnungslos unterlegen und mußten aus dem Tagjagdeinsatz herausgezogen werden. Die Bf 109 und Fw 190 mußten ihre Angriffstaktiken ändern. Man schuf die schweren und leichten Jagdgruppen, wobei sich jene mit ihrer schweren Bordbewaffnung auf die feindlichen Bomber und diese auf die feindlichen Begleitjäger zu stürzen hatten. Die sogenannten Sturmgruppen und Begleitgruppen wirkten in Stärke von etwa 100 Flugzeugen zusammen. Sehr bald lernten die Amerikaner jedoch, diese Taktiken zu unterlaufen, indem sie starke Jagdkräfte beiderseits der Anflugwege der Bomberpulks einsetzten, um die großen unbeholfenen und schwerfälligen deutschen Jagdverbände vor der Angriffsformierung zu packen. Was immer die Jagdflieger der Luftwaffe auch versuchten, sie waren unausweichlich mit der Überlegenheit der »Mustang«-Jäger konfrontiert, was im weiteren Verlauf des Jahres um so mehr durch das Auftauchen der »Spitfire« Mk. XIV bestätigt wurde.

Auch in der Nachtjagd hatte die Luftwaffe kein Flugzeug, das den englischen Bombern und den »Mosquito«-Maschinen bei Nacht hätte Paroli bieten können. Die Flugzeuge, mit denen die Luftwaffe in das Jahr 1944 ging, waren veraltet. Ihre Leistungen litten außerordentlich unter der Zusatzbewaffnung und -ausrüstung, die ihnen aufgezwungen worden war. Sehr zuverlässig schien die Ju 88 als Nachtjäger. Im Juni 1943 waren nur vier Nachtjagdgruppen damit ausgerüstet, im August schon acht, um schließlich im Juli 1944 zwölf zu erreichen, womit sie zum Standardnachtjagdflugzeug fast aller dieser Verbände wurde. Im Januar 1944 wurde die erste Ju 88G-1 ausgeliefert, die allen anderen deutschen Nachtjägern leistungsmäßig überlegen war, die bisher im Einsatz standen. Sie erreichte in 9000 m Flughöhe eine Höchstgeschwindigkeit von 650 km/h und konnte mehr als fünf Stunden in der Luft bleiben. Die in immer größerem Umfang zulaufende Nachtjagdbordausrüstung war vorzüglich. 1944 hatte dieser Nachtjäger in vollausgerüstetem Zustand ein »Lichtenstein SN-2«-, ein »Flensburg«- und ein »Naxos«-Gerät, drei Sprechfunkgeräte, ein Heckwarngerät, einen Funkhöhenmesser, ein Blindflugnavigationsgerät, ein Freund-Feind-Kennungsgerät sowie sechs 2-cm-Bordkanonen und ein 13-mm-MG an Bord. Ein Teil der Bordbewaffnung schoß vom Rumpfrücken schräg nach oben gegen feindliche Bomber, die an ihrer Rumpfunterseite keine Panzerplatten als Schutz hatten und damit ein großes und sehr verletzbares Ziel boten. Diese als »schräge Musik« bekannte Bewaffnung kam erstmals im Herbst 1943 bei der Nachtjagd zum Einsatz und war ein voller Erfolg. All diese Zusatzausrüstung und -bewaffnung machten die Flugzeuge, die eigentlich dafür gar nicht ausgelegt waren, erheblich schwerer und unbeweglicher. Darunter litt zwangsläufig das Leistungsvermögen, das dem der He 219 nicht gleichkam, die schon seit 1941 für diese Aufgaben zielgerecht entwickelt worden war, ganz abgesehen von dem englischen, viel gefürchteten Nachtjäger »Mosquito«, der insbesondere gegen deutsche Nachtjäger wirkte und im Jahre 1944 eine Höchstgeschwindigkeit von über 650 km/h erreichte.

Daß es die Luftwaffe nicht geschafft hatte, einen ihrem Gegner vergleichbaren oder überlegenen Jäger zu schaffen, kann nicht mangelndem technischen Vermögen der hochgradig leistungsfähigen deutschen Luftfahrtindustrie angelastet werden. In fünf Kriegsjahren konnten die Flugzeugkonstrukteure die Geschwindigkeiten der Jäger um 58 Prozent steigern, von 550 km/h auf 870 km/h, die Dienstgipfelhöhe um 20 Prozent, von 10 500 m auf 12 500 m, und die Feuerkraft um 700 Prozent, von 5,5 kg Sprengstoffwirkung in einem 3-Sekunden-Feuerstoß auf 44,5 kg. Es lag vielmehr an einem zu vorsichtigen Vorgehen in der Planung seitens der Führung der Luftwaffe, was Milch schon in einem Vortrag im August 1943 ausführte, als er insbesondere auf die Probleme der Nachtjagd einging. Anfang 1944 bezog er diese seine Gedanken und Befürchtungen auch auf die Tagjagd, indem er sagte:

»Wir müssen klare Prioritäten schaffen. Das bezieht sich auf die Bf 109, die Fw 190 und die Bf 110, die die Hauptlast der Nachtjagd trägt. Darum habe ich gesagt, wie im Falle der Do 217 zum Beispiel, daß alle Flugzeuge, die in der Fertigung kostenaufwendig sind, geringeren Vorrang bekommen sollten. Wir müssen ganz auf die Bf 110 setzen. Nur eine ausreichende Zahl von Bf 110 kann uns bei Nacht die erforderliche Entlastung bringen. Ferner läßt sich die Bf 110 auch bei Tag einsetzen. Verglichen mit anderen Jägern hat sie den großen Vorteil erheblich größerer Reichweite . . . Sie hat auch noch einen weiteren Vorteil, weil sie das Flugzeug ist, das sich wohl am leichtesten auf die Höhenjagd umrüsten läßt. Wir befürchten insbesondere, daß eines Tages die Feindbomber in größeren Höhen anfliegen als die Dienstgipfelhöhe der Bf 109 und Fw 190 ist. Diese Maschinen erreichen zwar diese Höhen, aber nur für kurze Zeit, weil ihre Flugdauer so begrenzt ist. Wir werden alles versuchen, aus der Bf 110 eine Höhenversion zu entwickeln unter Beibehaltung der augenblicklichen Motoren.«

Milchs Absicht war klar. Er wollte Fertigung und weitere Entwicklung auf einige wenige schon vorhandene Mehrzweckflugzeuge begrenzen, um die Luftwaffe mit zuverlässigen Maschinen in ausreichender Zahl ausrüsten zu können. Er lehnte neue hochentwickelte Flugzeuge ab, weil er befürchtete, daß ihre Erprobung zu schwierig und ihre Zuverlässigkeit im Truppendienst möglicherweise noch fraglich sei, ganz abgesehen davon, daß man zeitweilig zumindest mit einem Rückgang der Produktion rechnen müsse. So verwarf Milch kategorisch die Massenfertigung des Nachtjägers He 219, der weit bessere Leistungen als die Ju 88 und Bf 110 aufwies. Diese Maschine konnte außer der Nachtjagd keine anderen Einsatzaufgaben wahrnehmen und benötigte in der Anfangsphase der Produktion pro Maschine 90 000 Arbeitsstunden, dreimal soviel wie bei der Ju 88.

Das seit Anfang 1940 in Kraft getretene Entwicklungs- und Beschaffungsprogramm unterlag einschneidenden Einschränkungen hinsichtlich technischer Forschung und Entwicklung. Am 7. Februar 1940 sah sich Udet gezwungen, Göring die Kürzung einiger Produktionsprogramme vorzuschlagen:

>*Die Mangellage auf dem Gebiet des Aluminiums und der sonstigen Nichteisenmetalle, wie Kupfer, Zinn, Molybdän und Chrom zwingen mich zu folgender Stellungnahme: Ich halte es für dringend notwendig, daß in der nächsten Zeit die Hauptflugzeugmuster, die an der Front im aktiven Krieg eingesetzt werden, unter allen Umständen auf einer möglichst großen Lieferhöhe gehalten werden. Ich bin der Ansicht, daß eine Verminderung der Lieferung von Flugzeugen, die hinter der Front eingesetzt werden, wie Schul- und Erkundungsflugzeuge, die durch umgebaute Jäger und Zerstörer ersetzt werden sollten, für die nächste Zeit erträglich ist.*

Eine derartige Änderung im Programm würde eine Verschiebung des Schwerpunkts der Gesamtlieferung zu Gunsten des Hauptfrontflugzeugmusters bringen.«

Göring stimmte dem zu anläßlich einer Besprechung mit Keitel, Milch und dem Reichswirtschaftsminister Funk. Das Ergebnis dieser Besprechung lautete:

>*Der Reichsmarschall gab als grundsätzliche Richtlinie die Anordnung bekannt, daß ohne Rücksicht auf die bisherigen Tendenzen zur Streckung der Vorräte alle Rohstoffe usw. bis zum Äußersten einzusetzen sind, um mit dem vorhandenen Material die größtmögliche Menge an Rüstungsgegenständen so schnell wie möglich herzustellen.*

Entscheidend sind diejenigen Vorhaben, die im Jahre 1940 fertig werden oder spätestens 1941 Erträge abzuwerfen versprechen. Alle sonstigen langfristigen Programme sind erneut durchzukämmen. Von besonderer Bedeutung ist die Schwerpunktbildung innerhalb der Rüstung, wie sie etwa bei der Luftwaffe durch den Verzicht auf Weiterbau einzelner Typen durchgeführt ist.«

Nach dem ähnlich lautenden Führerbefehl vom 11. September 1941 und den Ausführungsbestimmungen des OKW vom 10. Oktober 1941 gab das RLM einen Erlaß über die Entwicklungsvorhaben der Luftwaffe heraus. Milch erhielt den Auftrag, »*die Entwicklungsvorhaben der Luftwaffe im Hinblick auf die Durchführbarkeit bei der jeweiligen Rohstoff- und Industrielage . . . zu überprüfen!*«

Das waren die Absichten der Luftwaffe. Natürlich wurden nicht alle Entwicklungsprojekte eingestellt, fast alle wurden noch weit in das Jahr 1944 hinein weiterverfolgt, obgleich manche davon erheblich behindert worden waren. Außer der schon erwähnten He 219 litten darunter die Entwicklungen der Me 209, der Me 309 (Entwicklungsbeginn 1941), der von Focke-Wulf auf Anforderung des RLM entwickelten Ta 152 und Ta 154, die 1942 als Projekte bearbeitet wurden, wobei der Prototyp der Ta 152 als Hochleistungshöhenjäger ausgelegt war und in 12 500 m Höhe 760 km/h erreichte, und die Ta 154 als Nacht- und Schlechtwetterjäger es auf 650 km/h in 7000 m Höhe brachte; nicht zu vergessen die strahlgetriebene He 280, die schon 1936 auf dem Reißbrett stand, die Me 262 (1938) und der Aufklärer Ar 234 (1941), deren Leistungen alles bisherige in den Schatten stellten. Ferner zählte dazu der Raketenjäger Me 163, mit dessen Entwicklung 1938 begonnen wurde. Zwar lief die Entwicklung aller dieser Maschinen weiter, besonderen Vorrang hatte man ihnen jedoch nicht beigemessen. Die Prioritäten der Luftwaffe galten anderen Projekten. Nur die Me 262 und die Ar 234 sollten in viel zu geringen Zahlen noch an die Verbände ausgeliefert werden. So hatten sich die 1940 gefaßten Entscheidungen ausgewirkt, über die nach dem Kriege sich so viele in so kritischen Bemerkungen zu äußern pflegten. Aber keiner denkt dabei an die seinerzeitigen Umstände, unter denen diese weitreichenden Entscheidungen gefällt worden waren, wo man noch gar nicht wußte, worum es eigentlich ging. Man mußte damals wahrscheinlich zwangsläufig so entscheiden, weil der akute Rohstoffmangel und der Zwang zur Konzentration aller Mittel zur Produktion möglichst vieler Flugzeuge keinen anderen Weg offen ließ, um den immer stärkeren Forderungen an die Luftwaffe gerecht zu werden, die drei Jahre zu früh und schlecht gerüstet in den Einsatz geworfen wurde. In dieser Hinsicht waren sich ausnahmsweise alle Verantwortlichen im RLM, Göring, Udet, Milch und Jeschonnek, einig, wenngleich der eine oder andere verschiedener Ansicht gewesen sein mag, welchen Projekten der Vorzug gegeben werden sollte. Naturgemäß gab es einen schwachen Punkt dabei. Man setzte allzusehr darauf, daß Deutschland den Krieg gewinnen würde, bevor der Feind leistungsstärkere und zahlenmäßig überlegene Flugzeuge zur Verfügung hatte als die Luftwaffe. Das zahlte sich 1944 nicht aus, wie es der Ablauf der Ereignisse zeigte.

Außer in der Reichsverteidigung war die Luftwaffe in der ersten Jahreshälfte 1944 vor allem an der Ostfront gebunden. Bei Jahresbeginn konnten nur 1710 Einsatzflugzeuge, 38 Prozent weniger als im Juni 1941, für die 3200 km lange Front bereitgestellt werden, und davon standen 1150 (64 Prozent) allein südlich von Kiew im Bereich der Luftflotte 4. Man glaubte, im Südabschnitt diese Kräftekonzentration vornehmen zu müssen, um den Gegner unter allen Umständen soweit wie möglich von den rumänischen Ölfeldern fernzuhalten, was die Luftwaffe naturgemäß daran hinderte, an anderen Frontabschnitten in das Schlachtgeschehen entscheidend mit einzugreifen. Freilich gelang es der Luftwaffe nicht, diese kriegswichtige Aufgabe wahrzunehmen, denn im Frühjahr 1944 waren die Deutschen bis auf 320 km vor Ploesti zurückgedrängt worden. Auf Grund der zahlenmäßigen Unterlegenheit reichte das Eingreifen der Luftwaffe im Rahmen der Heeresoperationen nicht mehr aus, um abschreckende Wirkung auf den Vormarsch der Roten Armee zu haben. Das zeigte sich seit Januar 1944 sehr deutlich, als die Russen statt der Schwerpunktbildung im Südabschnitt nunmehr entlang der gesamten Front Druck auszuüben begannen. Es überstieg die Kräfte der Luftwaffe, gleichzeitig im Raum Leningrad, Rowno, Smela, Nikopol und auf der Ostkrim mit den feindlichen Vorstößen fertig zu werden. Die 345 Bf 109 und Fw 190 sowie die 80 Zerstörer, von denen die Hälfte bei Nacht eingesetzt waren, konnten dem Feind die Luftherrschaft nicht mehr entringen. Geschickt verstand es der Russe, die schwache deutsche Luftwaffe mehr und mehr laufend durch dauernd wechselnde Schwerpunktbildung überall an der Front in Atem zu halten.

Daran änderte auch nichts die im Herbst 1943 getroffene Entscheidung zur Bildung von Fernkampfverbänden, die in selbständigem Einsatz die russische Rüstungsindustrie bekämpfen sollten. Bisher waren hier und dort Angriffe gegen die Geschütz- und Flugzeugwerke der Russen durchgeführt worden, um den unablässigen Strom dieser Waffen an die Front einzudämmen. So flog die Luftflotte 4 Anfang Juni 1943 zahlreiche Angriffe gegen das Panzerwerk Gorki, wo die 684 Tonnen abgeworfener Bomben beträchtlichen Schaden anrichteten. Diese Einsätze spornten die Verantwortlichen dazu an, die schon lange immer wieder von einigen Kreisen im Generalstab empfohlenen Gedanken aufzugreifen, unabhängig von der Kampfführung des Heeres Fernkampfeinsätze aufzunehmen. Vor allem Oberst Fritz Kleß, Chef des Stabes der Luftflotte 6, der unablässig den Generalstab zu überzeugen suchte, daß die Luftwaffe ihren Aufgaben nur gerecht werden könne, wenn man eindeutig zwischen taktischem und strategischem Einsatz unterscheide. Bis Mitte 1943 waren diese Vorschläge stets von Jeschonnek verworfen worden. Nachdem Korten Nachfolger des Generalstabschef geworden und die Offensive bei Kursk fehlgeschlagen war, machte sich in den höchsten Führungskreisen der Luftwaffe ein Meinungswandel breit. Korten, ein Fürsprecher der Luftdefensive, wollte die Luftwaffe in die Lage versetzen, mit allen ihren Kräften zum besten der Luftverteidigung des Reichs beizutragen. Seine operativen Gedanken und Vorstellungen verfolgten das Ziel, im Westen den Schwerpunkt auf den Jäger- und im Osten auf den Fernbombereinsatz zu legen. Auch Göring war inzwischen überzeugt von der Notwendigkeit, Bomber gegen die russische Rüstungsindustrie einzusetzen. Am 26. November 1943 befahl er die Bildung eines für die operative Luftkriegführung geeigneten Fliegerkorps:

»Ich beabsichtige, zur planmäßigen Bekämpfung der russischen Rüstungsindustrie die Masse der im Osten eingesetzten schweren Kampfverbände – verstärkt durch Spezialverbände – mit besonderer Treffgenauigkeit unter Führung des Generalkommandos IV. Fliegerkorps zusammenzufassen.

Aufgabe dieser Verbände wird es sein, Vernichtungsangriffe gegen die russische Rüstungsindustrie zu führen, um den russischen Massen die Materialmengen an Panzern, Geschützen und Flugzeugen vor Erscheinen an der Front aus der Hand zu schlagen und dem schwer ringenden Ostheere größere Entlastung zu bringen als durch Einsatz auf dem Gefechtsfeld allein.«

Auf Grund dieses Befehls wurde das IV. Fliegerkorps unter General Meister, ehemals Jeschonneks Vertreter, unabhängig von der Luftflotte 4 selbständiges Generalkommando und dem Generalstab der Luftwaffe unmittelbar unterstellt. Die acht Kampfgruppen mit 250 Bombern insgesamt im Verfügungsbestand wurden aus der Front herausgelöst und begannen im Dezember mit der Ausbildung für ihre neuen Einsätze. Gleichzeitig wurden Pläne entwickelt, nach denen 50 bis 80 Prozent der russischen Produktionskapazität vernichtet werden sollten. Man schlug vor, im Februar 1944 die Fernkampfeinsätze aufzunehmen. Aber schließlich sollte sich dieser Versuch als totaler Fehlschlag erweisen. Nachdem die Vorbereitungen Ende März 1944 abgeschlossen waren, hatte der unaufhörliche Vormarsch der Russen dazu geführt, daß viele der bedeutenden Ziele, wie Gorki, jenseits der Kampfreichweite der He 111 lagen, die in sechs der acht Bombergruppen zusammengefaßt waren. Der vorgesehene Ersatz der He 177 blieb aus. Sie kamen erst Monate später an die Ostfront, und dann noch in viel zu geringer Zahl als angekündigt, ganz zu schweigen von den geradezu erbärmlichen Einsatzergebnissen. Ohne Ziele und nie fähig, sich von den ständigen Forderungen der hartbedrängten Front freizumachen, setzte das IV. Fliegerkorps seine Kräfte hauptsächlich im Rahmen der Eisenbahnbekämpfung ein, eine vielbewährte und wirksame Methode indirekter Luftunterstützung. Zwischen dem 27. März und 22. Juli 1944, als die letzten selbständigen Einsätze unter Führung von Meisters Generalkommando geflogen wurden, führte das Fliegerkorps 20 Großangriffe gegen russische Eisenbahndepots durch. Unzählig waren auch andere Einsätze; so flog ein Geschwader mit drei Gruppen He 111 zwischen dem 27. März und 5. Mai 1944 insgesamt 3164 Eisenbahnbekämpfungseinsätze. Nur bei dem Nachtangriff auf den russischen Flugplatz Poltawa, vom 21. auf 22. Juni 1944, konnte das IV. Fliegerkorps einen wirklichen Erfolg verbuchen. 44 B-17 und 15 »Mustang« der 8. US-Luftflotte, die Stunden zuvor dort gelandet waren, konnten zusammen mit 1,4 Millionen Liter Kraftstoff vernichtet werden.

Kortens neue Strategie hatte während der Winteroffensive 1943/44 und im Frühjahr 1944 schwerwiegende Auswirkungen auf die Kampffähigkeit der Luftwaffe an der Ostfront. Der Abzug von Jagdflugzeugen für die Aufgaben der Reichsverteidigung hatte zur Folge, daß Anfang 1944 etwa 50 Bf 109 und Fw 190 weniger als im Jahr zuvor gegen einen Feind zur Verfügung standen, der zahlenmäßig überlegener war denn je. Von den am 1. Januar 1944 vorhandenen Tagjägern, die entlang einer Front vom Schwarzen Meer bis zur Arktis verteilt lagen, konnte man nur 306 als einsatzbereit melden, dazu kamen noch ungefähr 25 Flugzeuge aus rumänischen, ungarischen und kroatischen Jagdstaffeln. Im Juni

1941 hatte man 462 einsatzbereite Tagjäger. Zudem fielen die Kräfte des IV. Fliegerkorps von Ende November 1943 bis Ende März 1944 völlig aus; abgesehen von gelegentlichen Einsätzen über dem Gefechtsfeld auf Geheiß Hitlers, trug es nur wenig zu den Kämpfen an der Front bei. Die Herauslösung von 200 Bombern, fast 12 Prozent aller Einsatzflugzeuge der Luftwaffe an der Ostfront, über einen derart langen Zeitraum kam nur dem Gegner zugute. Für den gesamten Frontbereich standen lediglich 165 einsatzbereite Kampfflugzeuge zur Unterstützung des Heeres bereit.

Als der russische Vormarsch zeitweilig im Schlamm der Frühjahrstauperiode steckenblieb, kam es an der Ostfront zur Beruhigung der Kampftätigkeit. Im Januar waren die Deutschen im Baltikum um 160 km von Leningrad bis zum Peipus-See zurückgeworfen worden. Von dort verlief die Front etwa 2600 km südwärts über Witebsk, Bobruisk, die Pripjet-Sümpfe, dann nach Westen bis Kowel, über Kolomiya am Fuße der Karpathen, bis südostwärts Jassy und westlich von Odessa. Nur 80 km trennten die Rote Armee von der Stelle am Bug, von der Hitler drei Jahre zuvor seinen Einmarsch nach Rußland begonnen hatte. Im Süden waren es noch 80 km bis zur ungarischen Grenze und 320 km bis zu den rumänischen Ölfeldern. Viel fehlte nicht mehr, daß deutsche Truppen von russischem Territorium vertrieben waren. Sogar das Reich selbst war bedroht, so daß man sich gezwungen sah, zwei neue Kommandobehörden zu schaffen: Das Jagdkommando Ostpreußen und das Jagdkommando Oberschlesien. Im Süden wirkten sich die Operationen auch auf dem Balkan aus. Als im Mai anglo-amerikanische Bomber von Basen in Italien aus Donauhäfen und die Versorgungsschiffahrt zur Krim bekämpften, mußte im Bereich Südost die Führung der Luftverteidigung zusammengefaßt werden. Infolgedessen übernahm die Luftflotte 4 die Führung vieler Verbände in den Balkanstaaten, während dem Luftwaffenkommando Südost die Führung der Luftwaffenverbände in Jugoslawien, Albanien und Griechenland oblag. Wie sehr die Frontlänge geschrumpft war, erhellt aus der Tatsache, daß die USAAF am 2. Juni 1944 damit begann, in Pendeleinsätzen (nach Art der »Weberschiffchen-Taktik«, wie der Ausdruck bei der Luftwaffe lautete; d. Ü.) zwischen Italien und Rußland ihre Aufträge durchzuführen.

Dennoch gab es Gelegenheit für die Luftwaffe, entscheidend an der Ostfront zu wirken. Außer der üblichen Heeresunterstützung und dem Jagdeinsatz gegen Feindflugzeuge führte sie größere Luftversorgungseinsätze durch. Mitte Januar versorgte sie sieben bei Tscherkassy eingeschlossene Divisionen solange mit 2026 Tonnen Waffen und Verpflegung, bis sie schließlich am 19. Februar 1944 wieder eigene deutsche Linien erreichen konnten. Auf der Krim versorgte die Luftwaffe im Verbund mit der Kriegsmarine die 6. Armee, die vom 5. November 1943 bis zum 8. Mai 1944 abgeschnitten war, und stellte die Evakuierung deutscher Truppen von der Halbinsel sicher. In der Ukraine wurde vom 26. März bis zum 10. April 1944 die durch den russischen Vormarsch abgeschnittene 1. Panzerarmee versorgt. Bei diesem und einem ihrer erfolgreichsten Luftversorgungsunternehmen flog die Luftwaffe Versorgungsgüter in Höhe von 3500 bis 4000 Tonnen von Flugplätzen ein, die über 200 km entfernt lagen. Die Versorgung des Kessels von Tscherkassy, von der Krim und der 1. Panzerarmee forderte jedoch einen hohen Tribut an Verlusten in den Reihen der Luftwaffe, die in den ersten fünf Monaten des Jahres 1944 alleine 650 Transportflugzeuge abschreiben mußte. Aber all diese Opfer und Erfolge bei diesen Unternehmen trugen nicht dazu bei, das schon lange beim Heer verlorene Vertrauen zur Luftwaffe wiederherzustellen. Die Landser konnten und wollten nicht verstehen, warum die Luftwaffe nicht in der Lage war, den Himmel freizufegen von feindlichen Flugzeugen, oder warum sie nur selten noch zur Gefechtsunterstützung antrat. Aber angesichts der zahlenmäßigen Luftüberlegenheit von 6:1 zugunsten der Russen blieb der Luftwaffe kein Raum zu anderem Handeln.

Die Luftwaffenführung war sich völlig darüber im klaren, daß die Schwächen der Luftwaffe an der Ostfront wesentlich dazu beigetragen haben, daß seit dem Winter 1942 die Deutschen laufend Rückschläge einstecken mußten. Nachdem sich die Front im April 1944 gefestigt hatte, unternahm man alles, um dort die Kräfte, insbesondere für die Heeresunterstützung, zu verstärken. Bis Juni hatten alle Verbände an der Ostfront ihre Wiederauffrischung und Neuaufrüstung abgeschlossen. Alle hatten ihre volle Kriegsstärke erreicht, der Einsatzklarstand war hoch. Am 1. Juni 1944 verfügten die drei Luftflotten an der Ostfront über insgesamt 1980 Flugzeuge. Zusammen mit den 105 Flugzeugen der im Norden liegenden Luftflotte 5 ergab das 2085 Maschinen. 580 davon waren Schlachtflugzeuge (fast 28 Prozent), hauptsächlich vom Typ Fw 190, 405 (19 Prozent) waren Ju 88 und He 111 sowie eine Handvoll He 177, und 225 (10 Prozent) waren Flugzeuge der Nachtstörkampfstaffeln. Damit und mit den 345 Aufklärern sollte das Heer unterstütz werden. An Jägern für die Luftabwehr gab es 395 einmotorige und 105 zweimotorige. Ferner zählte man noch 30 Küstenflugzeuge für den Seefliegereinsatz. Die größte Zusammenfassung der Kräfte gab es im Südabschnitt, wo die Masse der Schlachtflieger lag, weil man hier den Hauptstoß des Gegners im Hinblick auf die Einnahme der rumänischen Ölfelder erwartete. In diesem Abschnitt hatte die Luftflotte 4 (Deßloch) 845 Flugzeuge, um von Lemberg entlang des Pruth bis zum Schwarzen Meer zu sichern. Im Mittelabschnitt, in Polen, stand die Luftflotte 6 (von Greim), um mit 775 Maschinen die Versorgungswege nach Deutschland zu decken. Fast die Hälfte seiner Kräfte bestanden aus He 111 und Ju 88, nur 100 Maschinen waren für den Schlachteinsatz geeignet. An verhältnismäßig kurzer Front stand im Norden die Luftflotte 1 (Keller) mit 360 Flugzeugen, ohne Bomber und mit nur 70 Schlachtflugzeugen. Derart geschwächt und schlecht ausgerüstet, stand die Luftwaffe den erwarteten Großoffensiven der Russen gegenüber.

Im Mittelmeerraum begann die Luftwaffe das Jahr 1944 mit 575 Einsatzflugzeugen, der tiefste Stand seit 1941. Die Luftflotte 2 hatte in Italien 370 Flugzeuge zur Verfügung (200 Jäger, 58 Bomber, 15 Schlachtflugzeuge, 55 Aufklärer und 10 Seeflugzeuge). Die Einsätze beschränkten sich auf die Aufklärung über der festgefahrenen Front und auf die Abwehr Norditalien angreifender feindlicher Bomber. Am 21. Januar versuchten jedoch die Alliierten, wieder Bewegung in ihre Operationen zu bekommen, indem sie im Rücken des Gegners bei Anzio, etwa 50 km vor Rom, landeten. Die Luftwaffe handelte unverzüglich. Zwischen dem 23. Januar und 3. Februar 1944 trafen zur Verstärkung 140 Bomber aus Griechenland, Frankreich und Nordwestdeutschland ein, 60 Do 217 und He 177, besonders ausgerüstet für den Einsatz von Flugkörpern gegen Schiffe, verstärkten die Torpedofliegerverbände in Südfrankreich, und 50 Jäger wurden von ihren in Norditalien liegenden Plätzen nach Süden verlegt. Ende Februar kamen noch einmal 40 Jäger aus dem Westen hinzu, um beim dritten Gegenangriff auf die Stellungen bei Anzio weitere Unterstützung zu geben. Bis zum 1. März hatte die Luftflotte 2 einen Zuwachs von 35 Prozent ihrer Kampfkraft zu verzeichnen; von ihren nunmehr 600 verfügbaren Flugzeugen waren 475 einsatzbereit für die Kämpfe um Anzio.

Wie auch in Sizilien und Süditalien reichten die Anstrengungen der Luftwaffe bei Anzio nicht aus, das Gleichgewicht zum Gegner wiederherzustellen. Die Alliierten schafften fünf- bis sechsmal soviele Feindflüge wie die Deutschen, die selten mehr als 200 Einsätze am Tag zur Unterstützung eigener Truppen fliegen konnten. Der Einsatz funkgesteuerte Flugkörper, Hs 293 und Fritz X, wurde seitens des Gegners erfolgreich gestört. Die damit ausgerüsteten Flugzeuge erlitten schwerste Verluste durch alliierte Jäger, die den Luftraum beherrschten. Zum Glück für die Deutschen schlug der alliierte Angriff fehl, die Operationen kamen zum Stillstand, so daß im März wieder einige Verbände nach Norditalien und an die Westfront zurückverlegt werden konnten. Nachdem es der Luftwaffe bei Anzio nicht gelungen war, eine Entscheidung herbeizuführen, gab sie es auf, wesentliche Kräfte in Italien zu halten. Wahrscheinlich hatte man sich schon zu einem Zeitpunkt dafür entschlossen, bevor es zur Entscheidung im Landekopf bei Anzio kam. Das erhellt daraus, daß das II. Fliegerkorps im Februar in den Westen verlegt wurde. Einen Monat später wurden die zeitweilig der Luftflotte 2 unterstellten Torpedofliegerverbände in Südfrankreich wieder selbständig, bevor sie schließlich zur Vorbereitung auf die erwartete feindliche Invasion im Westen der Luftflotte 3 unterstellt wurden. Als die Alliierten am 4. Juni in Rom einmarschierten, hatte die Luftwaffe praktisch aufgehört, in die Kämpfe einzugreifen. Nur in Norditalien schien sie im Bereich der Jagdabwehr noch fähig, etwas zu leisten, wenngleich Ende Juni für diese Aufgaben gerade 65 Bf 109 aufgeboten werden konnten. Von Richthofen, vielleicht der erfolgreichste und fähigste Befehlshaber und Kopf in der Luftwaffe, blieb an fliegenden Verbänden nur noch ein Schatten dessen, was er früher zu führen pflegte. Vom Balkan wurde im März das X. Fliegerkorps in den Westen verlegt; ein großer Teil des Verantwortungsbereichs des Luftwaffenkommandos Südost wurde der Luftflotte 4 eingegliedert. Mitte 1944 standen noch ganze 240 deutsche Flugzeuge im Mittelmeerraum, davon 115 auf dem Balkan und 125 in Italien. Damit hatte die Luftwaffe aufgehört, im Süden noch irgendeine Rolle im Rahmen der Kampfmaßnahmen zu spielen.

Hatte sich die Luftwaffe schweren Verwicklungen auf einem Kriegsschauplatz entziehen können, so begannen sich gleichzeitig weit schwerwiegendere auf einem anderen zu entwickeln. Seit Anfang 1944 nahm die Luftwaffe Vorbereitungen auf, um einer alliierten Invasion in Europa zu begegnen, die nach Beurteilung des OKW noch im selben Jahr stattfinden sollte. Aus diesem Grunde wurde die Luftflotte 3 (Sperrle), die den Bereich Niederlande und Frankreich deckte, laufend verstärkt. Schon im August 1943 war General Peltz aus Italien mit den dort stationierten Kampfverbänden abberufen worden, um die Führung des für die Angriffsführung gegen England bestimmten IX. Fliegerkorps zu übernehmen. Ein weiterer entscheidender Schritt war im Februar 1944 der Abzug des II. Fliegerkorps (Bülowius), das zu den erfahrensten Nahkampfkorps der Luftwaffe zählte. Mitte März folgte das in der Schiffsbekämpfung bewährte X. Fliegerkorps (Holle) vom Balkan in den Westen, wo ihm die Verbände des Fliegerführer Atlantik, dessen Dienststelle aufgelöst wurde, unterstellt wurden. Zur gleichen Zeit faßte man die in Südwestfrankreich liegenden Torpedofliegerverbände in der 2. Fliegerdivision zusammen, die ihrerseits General Holle unterstellt wurde. Obwohl sich die Luftwaffenführung darüber im klaren war, daß sie es mit der zahlenmäßigen Überlegenheit des Gegners nicht aufnehmen konnte, hoffte man dies durch den Vorteil in gewissem Maße auffangen zu können, daß die eigenen Verbände nur kurze Anflugwege zum Gefechtsfeld hatten. Um in der Lage zu sein, möglichst schnell eigene Kräfte über dem Invasionsgebiet zusammenzufassen, das überall zwischen der deutsch-holländischen Grenze im Norden und der französisch-italienischen Grenze im Süden hätte sein können, was einer Küstenlinie von etwa 5000 km Länge entsprach, legte man den Schwerpunkt der vorbereitenden Maßnahmen auf die schnelle Verlegbarkeit der fliegenden Verbände. Sogar Fliegerschulen und Ergänzungsstaffeln mußten bereit sein, im Notfall mit eingesetzt zu werden. Alle Jäger wurden so ausgerüstet, um auch als Jabo kämpfen zu können.

Dennoch waren die Einsätze der Luftwaffe in der ersten Jahreshälfte 1944 gegen die Alliierten im Westen nicht nur rein defensiver Natur. Immer noch bestand Hitler darauf, England zu bombardieren. Er hoffte, dadurch die RAF von Angriffen gegen Deutschland abzubringen und die englische Rüstungsindustrie zu schwächen. Am 3. Dezember 1943 sagte Göring zu dem Angriffsführer England, General Peltz: *»Als Vergeltung für die Terrorangriffe des Feindes habe ich mich entschlossen, den Luftkrieg gegen die Britischen Inseln durch Schläge gegen englische Städte, insbesondere Industrie- und Hafenzentren, zu verstärken.«* Diese Einsätze liefen unter der Bezeichnung Unternehmen »Steinbock«. Am Ende der dritten Januarwoche 1944 hatte Peltz 525 Bomber zur Verfügung, wovon 462 einsatzbereit waren. Fast 80 Prozent der Kräfte waren Ju 88 (270 Maschinen) und Do 217 (121), während die He 177 (47), Ju 188 (35), Me 410 (27) und Fw 190 (25) den Rest stellten. Der allgemeine fliegerische Ausbildungsstand der Besatzungen war schlecht. Peltz setzte alle seine Hoffnungen auf die wenigen Besatzungen, die als Zielfinder und Beleuchter Erfahrungen hatten. Sie fanden die Ziele mit Hilfe von Radar und Peilverfahren, um sie dann mit Leuchtbomben und Markierungsbomben für die nachfolgenden Flugzeuge sichtbar zu machen. Seine schlimmsten Befürchtungen wurden jedoch in der Nacht des 21. Januar wahr, alsder erste Großangriff im Rahmen des von den Alliierten genannten »Baby Blitz« stattfand. Bei 447 Feindflügen, davon 35 durch He 177, sollten 500 Tonnen Bomben auf London abgeworfen werden. Nur etwas mehr als die Hälfte (268 Tonnen) traf überhaupt die Insel, ganze 32 Tonnen davon die englische Hauptstadt. Der schlechte Ausbildungsstand und die unzureichende Blindflugausrüstung der deutschen Kampfflieger konnten besser gar nicht offenkundig werden, wenngleich sich die Luftwaffenführung des tatsächlichen Ausmaßes dieses Fehlschlags gar nicht bewußt war. Erschwerend kam hinzu, daß die Störmaßnahmen der Engländer gegen die Zielfinder und Beleuchter, auf deren Zuverlässigkeit die ganzen Angriffe beruhten, höchst wirksam waren.

Dieser Angriff auf London, der erste im Jahre 1944, setzte die Zeichen für das, was noch kommen sollte. Bis zum Ende der Luftoffensive im Mai 1944 waren in 22 Nächten Angriffe durchgeführt worden. In 4251 Feindflügen kamen 2812 Tonnen Bomben zum Abwurf, nur 27 Prozent trafen das Ziel. 329 Bomber gingen verloren; bezogen auf die durchgeführten Feindflüge waren das 7,7 Prozent. Im Verlauf der Offensive nahm die Angriffsstärke beträchtlich ab, weil die Peltz zur Verfügung stehenden Flugzeuge und deren Einsatzbereitschaft ständig geringer wurden. Ende April hatte er noch 170 Flugzeuge, die Hälfte davon konnte auf Grund technischer Mängel nicht mehr eingesetzt werden. Wieder einmal hatten die He 177 ihre Frontuntauglichkeit bewiesen. So kehrten 8 von 13 He 177 während eines Angriffsunternehmens im Februar schon kurz nach dem Start mit überhitzten oder brennenden Motoren auf ihre Ausgangsplätze zurück. Kamen sie zum Bombenabwurf, bei dem sie im flachen Bahnneigungswurf bei 700 km/h ausklinken mußten, war die Trefferlage auf Grund des Abwurfverfahrens verheerend schlecht. Wegen der vorrangigen Jägerproduktion fehlte es den restlichen verfügbaren He 177 an ausreichendem Ersatz für Austauschmotoren oder neue gar, um die im Einsatz über England und an der Ostfront ausgefallenen ergänzen zu können. Somit blieben dem IX. Fliegerkorps der Luftflotte 3 noch 130 einsatzbereite Kampfflugzeuge zum Einsatz gegen die alliierte Invasion. Der sogenannte »Baby Blitz« hatte insofern Bedeutendes erreicht, als er den deutschen Kampffliegerkräften mehr geschadet hatte als dem Gegner.

Selten kamen deutsche Bomber zum Einsatz, um die vorbereitenden Maßnahmen und den Kräfteaufbau für die gegnerische Invasion zu stören. Erst am 25. April 1944 griff man zum erstenmal mit 193 Bombern den Hafen von Portsmouth an. In den darauffolgenden vier Nächten waren entweder Portsmouth oder Plymouth das Ziel. Im Mai machte man drei diesbezügliche Angriffe ohne nennenswerten Erfolg. Sowohl die Treffungenauigkeit der Bomber als auch die Abwehrfähigkeit des Feindes erwiesen sich als hoch. Die englische Jagd- und Flakabwehr waren in der Tat so stark, daß die Luftwaffe keine zuverlässige Luftaufklärung gegen die in den Bereitstellungsräumen befindlichen Invasionskräfte fliegen konnte, was wesentlich dazu beitrug, daß sich das OKW kein klares Lagebild über den Abschnitt machen konnte, wo die Invasion stattfinden könnte. Das war um so schicksalsträchtiger, als die Luftflotte 3 trotz aller Vorbereitungen im Juni 1944 denkbar schlecht für die Bekämpfung einer Invasion gerüstet war. Schon am 9. Januar 1944 vermerkte Jodl in seinem Tagebuch: »*Wie soll denn überhaupt der Luftkrieg gegen die Invasion geführt werden? Großkampf gegen die feindlichen Luftflotten nicht möglich. Kleine Jagdangriffe gegen Schiffs- und Seekriegsziele. Also Kampf mit feindlicher Luftwaffe nicht aufnehmen.*«

Auf Grund der schwerwiegenden Verpflichtungen der Luftwaffe an anderen Fronten standen Sperrle nur 815 Einsatzflugzeuge zur Bekämpfung der 7000 alliierten Maschinen zur Verfügung, deren Einsatz von jenseits des Ärmelkanals zu erwarten war. Auch war die Gliederung seiner fliegenden Verbände nicht angemessen, um den erforderlichen Schlachtfliegereinsatz im Falle einer Invasion sicherzustellen. 325 seiner Flugzeuge waren Bomber (fast 40 Prozent), deren Einsatz sich bei Tage angesichts der feindlichen Luftüberlegenheit verbot, 170 (20 Prozent) Jäger, 145 (17 Prozent) zweimotorige Zerstörer, von denen 90 nur bei Nacht eingesetzt werden konnten, und 75 (9 Prozent) waren Schlachtflugzeuge vom Typ Fw 190. Ferner gab es noch 95 Aufklärer und 5 Seeflugzeuge. Alle Verbände litten unter einer unbefriedigenden Einsatzbereitschaft, weil etwa 35 Prozent der Flugzeuge wegen verschiedener Gründe ausfielen. Besonders schlecht sah es bei den Schlachtfliegerverbänden des II. Fliegerkorps aus, von dem Mangel an Aufklärern ganz zu schweigen. Dennoch halfen alle laufenden und dringenden Vorstellungen der Luftflotte 3 nichts. Verstärkungen waren nicht in Sicht, weil alle verfügbaren Schlachtfliegerverbände benötigt wurden, um an der Ostfront in Erwartung der russischen Sommeroffensive bereitzustehen. Das OKW duldete auch keine Verringerung der Kräfte der Luftflotte 4, die mit der Sicherung der kriegswichtigen Ölfelder in Rumänien beauftragt war. Die Jagdeinsitzer des II. Jagdkorps stellten keinen bedeutenden Faktor dar. Das X. Fliegerkorps mit seinen etwa 200 für die Schiffsbekämpfung vorgesehenen Flugzeugen hatte erhebliche Schwierigkeiten, weil ein Großteil seiner Besatzungen keine ausreichenden Einsatzerfahrungen hatte. Von den 130 Bombern des IX. Fliegerkorps waren ungewöhnlich viele nicht einsatztauglich. Demnach mußte man daran zweifeln, ob die Verbände von Peltz und Holle in der Lage waren, ununterbrochen in nachhaltigem Einsatz zu bestehen. Obwohl alle Vorbereitungen getroffen waren, um schnelle Verlegungen der Verbände vornehmen zu können, sofern es die Lage erforderte, wenn die Alliierten mit ihrer Invasion begannen, bleibt schließlich zu bedenken, daß die Kräfte der Luftflotte 3 in einem Frontbereich disloziert waren, der von Holland bis Südfrankreich reichte. So lagen die Verbände zur Schiffsbekämpfung soweit entfernt wie Bordeaux, Toulouse und Marseille. Im Hinblick auf die absolute gegnerische Luftherrschaft mußte eine Kräftezusammenfassung an der Stelle, wo der Feind zu landen beabsichtigte, was dann etwa 65 km westlich der Seinemündung der Fall war, äußerst schwierig, wenn nicht ein Ding der Unmöglichkeit sein, innerhalb der ersten 24 Stunden zu erreichen, – dem entscheidendsten Zeitraum für Erfolg oder Mißerfolg des gesamten Unternehmens.

Wie es sich zeigen sollte, war die Luftflotte 3 unfähig, irgendeinen entscheidenden Einfluß auf den Ablauf der Ereignisse am Tage der Invasion, dem 6. Juni 1944, zu nehmen. In den ersten 24 Stunden flogen die taktischen und strategischen Luftstreitkräfte der Engländer und Amerikaner 14 674 Einsätze, während es die Deutschen nur auf 319 (etwas mehr als 2 Prozent der des Feindes) brachten. Tagsüber kamen hauptsächlich deutsche Jäger, bei Nacht Bomber des IX. Fliegerkorps zum Einsatz. Die Torpedoflieger des X. Fliegerkorps, die Göring einst die Speerspitze gegen die Invasionskräfte nannte, flogen bei Tage überhaupt keinen Einsatz, bei Nacht hingegen nur 40. Inden folgenden Wochen, in denen die Alliierten ihre Lage festigten, ihren Landekopf verstärkten und schließlich zum Vormarsch antraten, um am 15. August in Paris als Befreier einzumarschieren, blieb die Luftlage unverändert. Waren es am 6. Juni noch 10 395 Tonnen Bomben, die die Alliierten im Rahmen unterstützender Maßnahmen auf militärische Ziele abwarfen, so waren es am 12. Juni schon insgesamt 42 000 Tonnen. Um das zu erreichen, mußte der Gegner 49 000 Einsätze fliegen, bei denen 532 Maschinen verlorengingen, was bezogen auf die durchgeführten Einsätze knapp über ein Prozent ausmachte.

Mit Sicherheit mußte die Luftwaffenführung der Luftflotte 3 Verstärkung zuführen. Innerhalb der ersten 36 Stunden wurden aus dem Reichsgebiet 200 Jäger nach Westen verlegt, am 10. Juni folgten 100 weitere nach. Dem X. Fliegerkorps wurden 45 Torpedoflugzeuge vom Typ Ju 88 und dem IX. Fliegerkorps 90 Bomber zusätzlich unterstellt. Auf Grund feindlicher Lufttätigkeit und schlechten Wetters mußten bei den Verlegungen hohe Verluste in Kauf genommen werden. Dennoch vermochte man deutscherseits die Kämpftätigkeit zu steigern. So konnten am 8. Juni 500 Schlachtfliegereinsätze geflogen werden, nachdem in der Nacht zuvor 200 Torpedo- und Bombereinsätze geflogen worden waren. Ende Juni hatte sich die Anzahl der Feindflüge bei Tage auf etwa 300–350 und bei Nacht auf etwa 50 eingependelt. Im Juli konnten die durchschnittlich 450 einsatzbereiten Flugzeuge der Luftflotte 3 bei Tag 350–400 und bei Nacht 70–80 Feindflüge durchführen. Das waren aber zu keiner Zeit mehr als 10 Prozent der vom Gegner aufgebotenen Feindflüge. Luftwaffe und Heer wurden pausenlos aus der Luft unter Feuer genommen. Die dadurch verursachten Verluste an Flugzeugen und Störungen auf den Flugplätzen, im Fernmeldebereich und auf dem Nachschub- und Versorgungsgebiet führten innerhalb einer Woche dazu, daß viele Verbände auf 64 Prozent ihres Soll-Bestandes absanken. Nach zehn Einsatztagen mußten fünf Jagdgruppen zur Wiederauffrischung aus der Front gezogen werden. Auch der Einsatzklarstand ging beträchtlich zurück. Am 12. Juni 1944 befahl das Oberkommando der Luftwaffe, daß Jäger nicht mehr als Jabos zur Unterstützung des Heeres eingesetzt werden durften, sondern statt dessen nur noch verstärkt zur Schwächung der feindlichen Luftstreitkräfte.

Zur Unterstützung dieser Maßnahmen wurden die Kräfte des II. Fliegerkorps, das aus dem Westen abgezogen wurde, dem II. Jagdkorps (General Junck, der am 1. Juli von Bülowius abgelöst wurde) eingegliedert. Aber auch die Zusammenfassung aller Verbände zur Luftverteidigung auf Kosten der Heeresunterstützung konnte die absolute Luftherrschaft der Alliierten nicht schwächen. Die Schlagkraft der Luftwaffe litt erheblich unter der Zurücknahme deutsche Verbände in den Raum um Paris, die wegen der Bombardierung und des alliierten Vormarsches auf die deutschen Flugplätze in der Normandie erforderlich war. Dadurch waren die deutschen Flugzeuge gezwungen, etwa gleiche Anflugwege zurückzulegen wie die in Südengland liegenden Feindverbände. Auch bei Nacht mußte die Luftwaffe ihre Angriffstaktik ändern. Die wirksame Funkstörung der Hs 293 und Fritz X-Flugkörper und die hohen Verluste durch feindliche Nachtjäger und Flak zwangen die Luftwaffe zum Übergang auf Hochangriffe, wodurch die Treffgenauigkeit gegen Schiffe und Stellungen der Alliierten verlorenging. Daraufhin richtete das IX. Fliegerkorps seit dem 12. Juni 1944 alle seine Anstrengungen fast ausschließlich auf den Luftmineneinsatz aus, um den Feind-

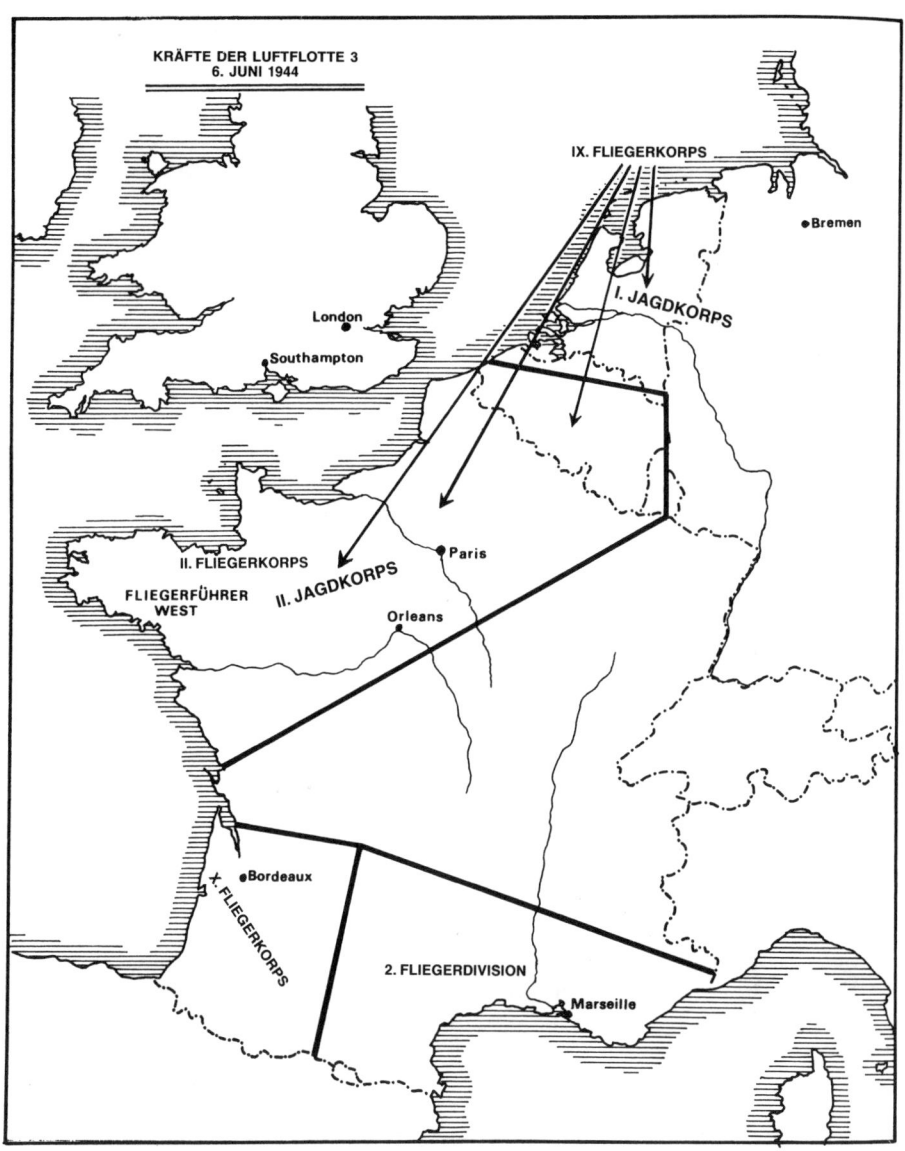

KRÄFTE DER LUFTFLOTTE 3
6. JUNI 1944

London

Southampton

IX. FLIEGERKORPS

Bremen

I. JAGDKORPS

II. FLIEGERKORPS

FLIEGERFÜHRER
WEST

II. JAGDKORPS

Paris

Orleans

Bordeaux

X. FLIEGERKORPS

2. FLIEGERDIVISION

Marseille

nachschub zum europäischen Festland zu unterbinden. Bis Ende Juli waren bei 2000 Feindflügen 4000 Minen gelegt worden, die kaum nach dem Abwurf von der Royal Navy geräumt und unschädlich gemacht wurden. Der Einsatz des X. Fliegerkorps war noch unwirksamer. Der geringe Einsatzklarstand der Verbände führte zwangsläufig zu verhältnismäßig wenigen Feindflügen. Nach den ersten zwei Tagen nach Invasionsbeginn mußten alle Einsätze eingestellt werden, die erst in der Nacht zum 13. Juni wieder aufgenommen wurden. Wegen des schlechten Ausbildungsstandes der Besatzungen erreichten nur sechs Maschinen den alliierten Landekopf. Planlose Einsätze wurden in den nächsten Wochen durchgeführt. Selbst wenn die Do 217 und He 177 ihre Ziele ausmachen sollten, war ihre Einsatzwirkung gering. Mit derartigen Verbänden konnte die Luftwaffe keineswegs die Anlandung feindlicher Kräfte an den Stränden der Normandie verhindern. Bis zum 29. Juli 1944 hatten die Alliierten 1 566 000 Mann, 332 645 Fahrzeuge und 1 603 000 Tonnen Nachschubgüter angelandet. Das übertraf bei weitem alles, was die Deutschen dem gegenüberstellen konnten.

Die Luftwaffe war nicht nur unfähig die alliierten Bewegungen auf See und zu Land zu unterbinden, durch den Verlust der Luftherrschaft über dem Gefechtsfeld konnte sie den Gegner auch nicht mehr davon abhalten, die Bewegungen des deutschen Heeres völlig lahmzulegen. So griffen bei den harten Kämpfen um St. Lô, am 18. Juli, 1600 schwere und 350 mittlere alliierte Bomber mit ein und luden innerhalb von Minuten fast 7000 Tonnen Bomben über dem Gefechtsfeld ab. Als am 25. Juli im selben Raum ein ähnlich schwerer Luftangriff durchgeführt wurde, meldete der Kommandeur einer Elite-Panzerdivision, daß 70 Prozent seiner Männer entweder gefallen, verwundet oder nervlich völlig zusammengebrochen waren. Feldmarschall Rommel, Befehlshaber der Heeresgruppe B in der Normandie, meldete am 11. Juni 1944 an das OKW:

»Die Lage an der Front der Normandie wird von Tag zu Tag schwieriger, sie nähert sich einer schweren Krise . . ., weil die Wirkung der feindliche Luftwaffe derartig hoch und in manchen Fällen geradezu überwältigend ist . . . Der Feind beherrscht den Luftraum über dem Gefechtsfeld bis zu 100 km hinter der Front und unterbindet bei Tage fast jeden Verkehr auf Straßen, Wegen und im offenen Gelände. Die Bewegungen eigener Truppen auf dem Gefechtsfeld bei Tage sind fast nicht mehr möglich, während der Feind jede Bewegungsfreiheit hat.«

Das wurde am 31. Juli in einer Meldung des Oberbefehlshabers West, Generalfeldmarschall Günther von Kluge, an Hitler bestätigt, als der alliierte Vormarsch in vollem Gange war: *»Die feindliche Luftüberlegenheit ist ungeheuer und bringt fast alle unsere Bewegungen zum Erliegen.«* Die Beherrschung des Luftraumes über dem Gefechtsfeld, was in den ersten Kriegsjahren ein Vorrecht der Luftwaffe gewesen war, hatten jetzt im Westen und im Osten die Gegner an sich gerissen. Sie sollten noch gebührende Vergeltung üben.

Noch war die Luftwaffe nicht am Ende ihrer offensiven Kampfkraft angelangt. Sicher, nach Beendigung des »Baby Blitz« im Mai 1944 hörten offensive Einsätze außerhalb des jeweils betroffenen Gefechtsfelds auf. Im letzten Kriegsjahr, das zugleich das Ende der Luftwaffe mit sich brachte, hieß es nur noch, Verteidigungsmaßnahmen wahrzunehmen. Im September hatte die Kampffliegerwaffe, auf die die Luftwaffe solange ihre operativen Hoffnungen und Planungen gesetzt hatte, aufgehört zu bestehen. Dennoch war die Luftoffensive gegen England noch nicht beendet. In der Nacht vom 12. zum 13. Juli 1944 eröffnete man mit dem Abschuß von zehn fliegenden Bomben (V1) von neuem den Kampf gegen London, der bis zum März 1945 dauern sollte. Die neue Waffe der Luftwaffe war ein unbemannter Flugkörper, angetrieben von einem Staustrahltriebwerk, gesteuert von einer kreiselgestützten Kurssteuerung, der über eine Tonne Sprengstoff ins Ziel tragen konnte. Nach dem Abschuß beschleunigte er auf etwa 650 km/h, zu schnell und gefährlich, um leichte Beute feindlicher Jäger zu werden, und flog in einer Höhe von etwa 900 m oder darunter, unterhalb der wirksamen Reichweite der schweren gegnerischen Flak und zu hoch für die leichte Flak. Mit einer Flugzeit von ungefähr einer halben Stunde hatte die Fi 103, besser bekannt unter Hitlers Bezeichnung V1 – Vergeltungswaffe –, eine Reichweite von etwa 260 km, wo sie eine Zielfläche von 8×5 km treffen konnte. Von den am Pas-de-Calais liegenden Abschußrampen war es daher ein leichtes, London mit der V1 zu treffen. Hätte man ihre Einsatzbereitschaft sicherstellen können, so wäre sie eine ideale Waffe gewesen, weil billig in der Herstellung, ohne jede Verwendung von Aluminium und angetrieben nur von Rohöl.

Im Dezember 1942 flog die Fi 103 zum erstenmal. Mitte 1943 betrug die Ziel-ablage weniger als 800 m über eine Flugstrecke von 245 km. Das RLM befahl die Serienfertigung der Waffe und sah Dezember 1943 als Zeitraum für den Fronteinsatz vor. Über die Absichten beim Großeinsatz dieser Waffe äußerte sich Milch im August 1943: *»Eine Waffe, für die es keine für die Bevölkerung sichtbare Ab-wehr gibt, wirkt von sich aus moralisch so katastrophal, daß damit schon – ganz gleich, was herunter kommt – eine unerhörte Wirkung da ist.«* Wenn erst die Produktion voll angelaufen war, konnten monatlich 3500 dieser Flugkörper ausgeliefert werden. Alle zwölf Minuten sollte dann ein Flugkörper den Katapult verlassen. Milch rechnete damit, daß die Londoner unter schwerer Bombardierung die Schäden zwei oder drei Tage, *»oder, wenn sie ganz hartnäckige Burschen sind«*, vier Tage lang bekämpfen können; dann aber würde alles vorbei sein, die Brände würden unge-hindert wüten. *»Dann gibt es nur noch eines: 'raus aus der Stadt!«* Es gab nur die Wahl zwischen Kapitulation oder Friedensverhandlungen, das erhofften sich zumin-dest die Deutschen vom Einsatz der V1. Die Wirklichkeit bot hingegen ein ande-res Bild. Es gab Schwierigkeiten bei der Produktion, die Alliierten führten hef-tige Luftangriffe auf das Erprobungszentrum in Peenemünde durch, auf die Ab-schußstellungen in Frankreich sowie das Straßen- und Eisenbahnnetz im besetz-ten Europa. Das alles verursachte Verzögerungen, so daß erst im Juni 1944 die Offensive eröffnet werden konnte, was wiederum maßgeblich Görings Einfluß zuzuschreiben war, der dadurch einen Teil der alliierten Luftstreitkräfte ablen-ken wollte, um in der Normandie für die eigenen Truppen etwas Entlastung zu bekommen. Überhastet aufgerüstet und unter mangelhaften Vorbereitungen ge-lang es schließlich, sechs Tage nach Beginn der Invasion die ersten Flugkörper einzusetzen. Nur vier trafen London. Nach einer Unterbrechung von drei Tagen nahm man in der Nacht vom 15. zum 16. Juni 1944 von 55 Abschußstellungen mit 244 Flugkörpern den Beschuß wieder auf. Von nun an konnten unter der Füh-rung von Oberst Fritz Wachtel täglich im Durchschnitt 120 bis 190 Flugkörper ab-gefeuert werden. Bis zum 29. Juni 1944 waren es bereits 2000, die in Richtung England, hauptsächlich London, geflogen sind. Im Juli wirkten sich die laufen-den Luftangriffe der Alliierten gegen das Verkehrsnetz derartig aus, daß der Transport der Flugkörper zu ihren Abschußfeuerstellungen erheblich behindert wurde. Auf Grund dieser Einflüsse, aber auch wegen unvorhergesehener techni-scher Schwierigkeiten beim Abschuß der Flugkörper mußte die Abschußfolge von der ursprünglich geplanten, das heißt ein Flugkörper alle 26 Minuten, auf ein Flugkörper alle 90 Minuten zurückgenommen werden. Am 5. September wurden die Einsätze eingestellt und die Überreste der Fernwaffenverbände aus Frankreich abgezogen. Man hatte 8964 Flugkörper gegen London, 143 gegen Portsmouth und Southampton, die Haupteinschiffungshäfen für Invasions-kräfte, und 21 gegen Gloucester abgefeuert.

Damit hörte der Fernwaffeneinsatz aber noch nicht auf, denn er wurde mit Hilfe von Fernwaffen tragenden He 111, die sich dafür am geeignetsten erwie-sen, fortgesetzt. Schon zu Anfang der Offensive waren 400 V1 auf diese Weise zum Einsatz gekommen. Im September gab es für die V1 nur noch diese Einsatz-art, die von einem an der deutsch-holländischen Grenze stationierten Kampfge-schwader (KG 53 »Legion Condor«; d. Ü.) durchgeführt wurde. Obwohl hohe Verluste durch Unfälle und Feindeinwirkung, hauptsächlich durch die RAF, ver-kraftet werden mußten (77 He 111), setzte man die Einsätze noch bis Mitte Ja-nuar 1945 fort, als die alliierten Armeen nach Nordwestdeutschland vorstießen. Bis dahin hatte das Geschwader 1150 Flugkörper in Richtung auf London und 50 auf Manchester getragen. Zwischenzeitlich war eine verbesserte Fi 103 fertigge-stellt worden, die eine Reichweite von 360 km aufwies, so daß man jetzt von Holland aus schießen konnte. Im März wurde der Fernwaffeneinsatz wiederaufgenommen und bis zum Rückzug aus Holland am Ende des Monats fortgesetzt, wodurch weitere 275 Flugkörper gegen London katapultiert wurden.

Die V1-Offensive war ein Fehlschlag. Gegen London wurden zu wenig Flugkörper abgefeuert. Ihre Trefferwirkung wurde abgeschwächt, weil sie äußerst ungenau trafen, zumeist auf Grund technischer Mängel, und daher weit gestreut in England niedergingen, ganz abgesehen von dem langen Zeitraum der Beschießung. Von den insgesamt 10 942 eingesetzten Flugkörpern haben nur 6725 (64 Prozent) die englische Küste überflogen und 2500 (23 Prozent) ihr Ziel erreicht. Die starke englische Luftabwehr zerstörte 3957 Flugkörper, während das geschickte Taktieren des britischen Geheimdienstes dazu beitrug, daß die Deutschen die Kurssteuerung der V1 so einstellten, daß sie schließlich London überflogen und außerhalb detonierten. Dennoch war der angerichtete Schaden beträchtlich. 23 000 Häuser wurden zerstört, 6184 Menschen fanden den Tod und 17 981 wurden schwer verletzt. Zusammen mit den durch die V2 verursachten Verlusten, die sich bei 1054 zwischen September 1944 und März 1945 eingesetzten V2 (die Hälfte davon gegen London) auf 2754 Tote und 6523 Verletzte beliefen, fielen einer von sieben Luftkriegstoten in England und zwei von sieben Schwerverletzten dem Einsatz der Fernwaffen zum Opfer. Wären die deutschen Pläne nicht durch den Einsatz feindlicher Luftstreitkräfte so erheblcih durchkreuzt worden, immerhin wurden zwischen August 1943 und September 1944 auf vermutete Fernwaffenstellungen 117 964 Tonnen Bomben geworfen und weit größere Mengen auf das Verkehrsnetz, was den Nachschub zu den Feuerstellungen völlig durcheinanderbrachte, so wäre in London ohne Frage erheblich größerer Schaden angerichtet worden. Es war einzig dem Versagen der Luftwaffe zu verdanken, daß es nicht zu diesen Auswirkungen gekommen ist, weil sie die Luftherrschaft über Europa verloren hatte.

Wie wichtig die Ereignisse an der Ostfront, im Mittelmeerraum und im Westen in der ersten Jahreshälfte 1944 für die deutsche Wehrmacht auch waren, sie ließen sich in keiner Weise mit dem vergleichen, was sich im Luftraum über dem Reichsgebiet abspielte. Hier konnte man auf Grund der Erfahrungen aus dem Vorjahr keine Rückschlüsse ziehen, inwieweit sich die Luftkriegführung der Alliierten noch entwickeln würde. 1943 waren es 151 366 Tonnen Bomben, die über dem Reich abgeworfen wurden; 1944 fielen 589 873 Tonnen Bomben auf deutsche Städte, Industriegebiete und Verkehrswege, fast 390 Prozent mehr. Ferner trafen 611 661 Tonnen Bomben Ziele im besetzten Europa, entsprechend einer Steigerung von 1015 Prozent gegenüber dem Vorjahr. Bei Jahresbeginn konnte niemand davon ausgehen, daß sich die Lage derart entwickeln sollte. Denn am Jahresende 1943 durfte die Luftwaffe durchaus optimistisch in die Zukunft schauen. Ihre Luftabwehr hatte die amerikanischen Tagbomberverbände entscheidend geschlagen, und trotz der englischen Überlegenheit auf dem Gebiet der Radar- und Funktechnik sowie der elektronischen Kriegführung waren die Aussichten mehr als gut, auch den Nachtbombern hohe Verluste zuzufügen zu können.

Für den von Westen einfliegenden Feind hatte die Luftwaffe mit Jahresbeginn 1944 etwa 9000 schwere und 20 000 mittlere und leichte Flakgeschütze in Stellung. Das war eine beträchtliche Abwehrbewaffnung, dreimal so stark wie die der Engländer, und sie erwies sich als äußerst wirkungsvoll. Welche Bedeutung die Deutschen der Flakwaffe beimaßen, läßt sich allein aus einem Vergleich der Personalstärken herleiten: Im November 1940 standen 423 700 Mann im Flakdienst, im Herbst 1944 schon 1 110 900, worin ein großer Teil Frauen und Ausländer jedoch enthalten ist. Die Verstärkung der Flakwaffe begann im August 1943 und war in der ersten Hälfte des Jahres 1944 abgeschlossen. Eine wesentliche

Maßnahme bestand darin, die Anzahl der Geschütze pro Batterie zu verdoppeln – von sechs auf zwölf – und die Gesamtzahl der Batterien um ein Drittel zu vermehren. Die verstärkte Einführung schwererer Geschütze, wie die 8,8-cm-Flak 41 und die 12,5-cm-Flak 40, bedeutete für die ingroßer Höhe anfliegenden Feindbomber, daß sie jetzt schon beim Anflug unter Feuer genommen wurden. Die Aufstellung sogenannter Großbatterien seit 1943 hatte sich gut bewährt, sie erhöhten durch Zusammenfassung des Feuers die Sprengwirkung im Zielraum. Das und die Konzentration von Flakgeschützen im Reich, auf Kosten der Front natürlich, führten zu einer Verbesserung der Abschußerfolge.

Dagegen befand sich die deutsche Nachtjagd Anfang 1944 auf einem Tiefpunkt. Bis Ende der ersten Februarwoche war die Zahl der Nachtjäger im Westen auf 480 zurückgegangen; 300 davon waren einsatzbereit, während die »Wilde Sau« nur 50 Jagdeinsitzer hatte. Die RAF hatte nicht nur eine Überlegenheit von 5:1, auch die Nachtjäger vom Typ »Mosquito« waren leistungsstärker, was immer mehr Verluste nach sich zog. Obwohl die Deutschen einigen Erfolg mit Gegenmaßnahmen hatten, die den Gegner seinerseits hinderten, deutsche Radargeräte zu stören, gelang es der RAF wiederum mit Täuschmaßnahmen, den deutschen Nachtjagd-Sprechfunkverkehr durcheinanderzubringen. Trotz allem stiegen die gegnerischen Verluste in der ersten Jahreshälfte 1944 erheblich an. In erster Linie war es auf die Entwicklung der Taktik »Zahme Sau« zurückzuführen, wobei die Nachtjäger den Bomberströmen bis über die Nordsee entgegenflogen, um sie zu stellen, ferner auf die verbesserten Bordradargeräte und auf die Vermehrung und Verbesserung der Leistungen der Nachtjagd- und Flakkräfte. Deutsche Jäger verbuchten bei jedem siebten Feindflug den Abschuß eines feindlichen Bombers. Um die Jahresmitte konnte die Flak, die um etwa 15 Prozent verstärkt worden war, ungefähr 20 Prozent aller bei Nacht im Westen abgeschossenen Feindflugzeuge als ihren Erfolg melden. Nach einer Produktionsanhebung für Bf 110 und Ju 88 standen am 1. Juli 830 Nachtjäger für die Reichsverteidigung zur Verfügung, von denen durchschnittlich 500 einsatzbereit waren. Im Vergleich dazu hatte die RAF täglich etwa 1300 Bomber und 100 »Mosquito« allein im Bomber Command für den Einsatz. Der Großteil der Jäger unterstand seit dem 18. Januar General Stumpff, dem Nachfolger von Weise, der das Luftwaffenkommando Mitte übernahm, das am 31. Januar 1944 in Luftflotte Reich umbenannt wurde. Alle anderen Jäger unterstanden der Luftflotte 3, die Ende April über nunmehr sechs Nachtjagdgruppen und drei »Wilde Sau«-Gruppen verfügte.

Am 18. November 1943 nahm das RAF Bomber Command, das bisher täglich etwa 900 schwere Bomber einsatzbereit hatte, die Bombardierung Berlins auf. Wie Sir Arthur Harris versprochen hatte, sollte die Zerstörung der deutschen Hauptstadt Deutschland zur Einstellung des Krieges zwingen und die RAF nur 400 bis 500 Flugzeuge kosten. Wie man weiß, ging das »Dritte Reich« nicht zugrunde. Aber zwischen Mitte November 1943 und Ende März 1944, im englischen Sprachgebrauch die sogenannte »Battle of Berlin«, wo bei 16 Großangriffen 9111 Bomber zum Einsatz kamen, kehrten 492 Maschinen nicht zurück, 954 erlitten Kampfschäden, von denen 95 nicht mehr reparaturfähig waren. In anderen Worten waren das 5,4 Prozent Verluste über Feindgebiet, 6,4 Prozent Verluste durch Flugzeugabgänge aller Art und 15,8 Prozent Ausfallrate, wozu auch die zeitweilig wegen Reparaturmaßnahmen ausgefallenen Maschinen zählten. Im Verlaufe der Angriffe wurden 1,5 Millionen Berliner obdachlos. Zur gleichen Zeit fanden 19 Großangriffe auf andere Ziele in Deutschland statt, wobei bei 11 113 Feindflügen 555 Bomber durch Abschuß verlorengingen und 728 Kampfschäden davontrugen, von denen 73 irreparabel waren. Somit beliefen sich die Verluste der RAF nach viereinhalbmonatigem Einsatz auf 5,1 Prozent über

Feindgebiet, auf 6 Prozent Flugzeugabgänge aller Art und 13,4 Prozent Ausfallrate insgesamt. Auf absolute Zahlen bezogen, hatte die RAF 1047 Flugzeuge durch Abschuß über Deutschland und 168 durch nicht reparierbare Brüche verloren.

Es schien die wachsende Stärke der Luftwaffe über ihrem eigenen Heimatgebiet geradezu herauszustellen, als in der Nacht vom 30. zum 31. März von den 795 auf Nürnberg angesetzten Bombern 94 abgeschossen wurden (11,9 Prozent) und sich die gesamte Ausfallrate auf 155 Maschinen (19,4 Prozent) belief. Derart hohe Verluste durfte das RAF Bomber Command nicht mehr in Kauf nehmen. Die gesamte Einsatzplanung mußte überarbeitet und neu konzipiert werden. Der Feind stellte bei Nacht über Deutschland die Einsatztätigkeit ein, teils auf Grund der Forderungen zur Bombardierung von Zielen in Frankreich im Rahmen der vorbereitenden Maßnahmen für die Invasion, teils auf Grund der hohen Einsatzverluste über dem Reichsgebiet. Alle Angriffe galten von jetzt an sogenannten Randzielen in Westdeutschland, Frankreich und den Beneluxstaaten. Am 1. April 1944 kam das RAF Bomber Command unter das Kommando des Obersten Befehlshaber der Alliierten Truppen Europa, General Dwight D. Eisenhower, der die gesamte Einsatzführung übernahm. In den folgenden drei Monaten warf die RAF nur 17 Prozent ihrer gesamten Bombentonnage auf Ziele in Deutschland.

Der Feind mußte weiterhin hohe Verluste über dem Reichsgebiet hinnehmen. So war nach vier Angriffen auf Ölraffinerien im Ruhrgebiet im Juni die Abschußrate niemals niedriger als 5,8 Prozent, die höchste lag bei 27,8 Prozent. Erst nach Einführung der neuen Angriffstaktik der Engländer ging die Abschußrate im Mai auf 2,8 Prozent und im Juni auf knapp über 2 Prozent zurück. Das war nur dadurch zu erreichen, weil man gleichzeitig mehrere kleinere Bomberverbände losschickte und von den großen Bomberpulks Abstand nahm sowie ferner nur Randgebiet des Reiches anflog, womit die deutschen Jäger weniger Abfangmöglichkeiten hatten. Im übrigen standen um die neuen Ziele im Westen weniger Flakgeschütze, was man auf der Seite des Feindes tunlichst ausnutzte. Freilich sanken die englischen Einsatzverluste nur auf Kosten der Einschränkung der Nachtoffensive gegen die deutsche Rüstungsindustrie. Erheblichen Anteil daran hatte das Leistungsvermögen der Reichsluftverteidigung. Letztendlich gelang es ihr nicht, die drohende Gefahr der feindlichen Bomber insgesamt gesehen abzuwenden. Es war nur noch eine Frage der Zeit, wann die Großoffensive gegen das Reich wiederaufgenommen werden sollte.

In der Tagjagd war die Luftwaffe weit weniger erfolgreich. Anfang 1944 setzten die Amerikaner gleichsam ein Zeichen für ihre unermüdliche Tatkraft im Hinblick auf eine offensive Lufttätigkeit, indem sie ein neues Kommando bildeten, das Hauptquartier der US Strategic Air Forces, dem unter General Carl Spaatz die Einsatzführung von über 1000 Bombern und einer gleichen Zahl von Begleitjägern in England und in Italien oblag. Ihm standen 800 Tagjäger der Luftflotte Reich und der Luftflotte 3 gegenüber. Im letzteren Falle nur, wenn die Angreifer den Anflugweg über Frankreich oder Belgien wählten, anstatt nördlich über Dänemark und Norddeutschland einzufliegen. Der erste amerikanische Angriff des Jahres 1944 hatte genauso verheerende Folgen wie die im Jahre 1943 durchgeführten. Am 11. Januar 1944 wurden 238 Bomber der 8. US-Luftflotte von 200 Bf 109 und Fw 190 abgefangen auf dem An- und Abflug zu Jägerproduktionsstätten im Raum Braunschweig–Halberstadt–Oschersleben. 60 Bomber wurden abgeschossen, also 25,2 Prozent aller eingesetzten, im Vergleich zu 16 Prozent Verlusten auf der Seite der deutschen Jäger. Dabei sah sich die Luftwaffe jedoch einer neuen Lage gegenüber. 50 amerikanische »Mustang«-Jäger bildeten bis zum Ziel und zurück den Begleitschutz. Ihre Reichweite ging bis in den Raum Hamburg–Hannover und Kassel–Frankfurt, und das von Basen aus England! Ihr Erscheinen verursachte im Luftwaffenführungsstab schlicht einen Schock, denn einige Wochen zuvor hatten technische Fachleute noch versichert, daß es keinen Jäger gäbe, der über eine derartige Reichweite verfüge.

Die Tagesangriffe bis tief nach Deutschland hinein wurden wiederaufgenommen und sollten bis Kriegsende anhalten. Seither mußten sich die deutschen Jäger nicht nur mit der erheblichen Feuerkraft der amerikanischen Bomberverbände auseinandersetzen, die an sich schon hohe Verluste forderte, sondern auch mit der Kampftätigkeit der Begleitjäger, die leistungsmäßig im Luftkampf den deutschen Jägern überlegen waren und von gewöhnlich besser ausgebildeten Flugzeugführern gesteuert wurden, als vom Durchschnitt der deutschen Jagdflieger zu erwarten war. Je mehr Jagdflugzeuge vom Typ »Mustang« zum Einsatz kamen, um so mehr gingen die amerikanischen Bomberverluste zurück, während die der deutschen Jäger unverantwortlich hohe Zahlen erreichten. Im Februar verlor die 8. US-Luftflotte durch Abschuß gerade 3,5 Prozent ihrer Bomber und weitere 3,1 Prozent durch Beschußschäden, mit zeitweiligem Ausfall, durch Jäger. Dagegen konnten 26,8 Prozent der durch Flakbeschuß beschädigten zurückkehren. Diese Verlustraten hielten sich in etwa über die nächsten Monate hinweg. Im Vergleich dazu hatten die Deutschen 31 Prozent Einsatzverluste, die sich mit Stichdatum vom 1. April 1944 auf insgesamt 850 einmotorige und 110 zweimotorige Jäger im Reichsgebiet und weitere 135 einmotorige Jäger im Westen beliefen. An der Ostfront verzeichnete man nur 11 Prozent Verluste seitens der Jäger.

Die Anforderungen an das fliegende Personal waren besonders hart. So hatten die Jagdstaffeln im April 489 Flugzeugführer verloren, als Ersatz bekamen sie aber nur 396. Galland stellte dazu in einem Bericht an das RLM fest: »*Die Tagjagd hat in den letzten vier Monaten (Januar bis April 1944; d. Ü.) weit über 1000 Flugzeugführer verloren, darunter die besten Staffelkapitäne, Kommandeure und Geschwaderkommodores . . . Wir verlieren je Einflug etwa 50 Jäger. Es ist jetzt so weit, daß man sagen muß, es besteht die Gefahr des Zusammenbruches unserer Waffe.*« Nach dem Kriege schrieb Walter Grabmann, Kommandeur der in Westdeutschland liegenden 3. Jagddivision: »*Die Amerikaner hatten die Luftherrschaft schlechthin über dem Reichsgebiet. Die uns verbliebenen Jagdkräfte waren im besten Falle knapp die Hälfte dessen, was die Amerikaner bei einem einzigen Großangriff an Begleitjägern einsetzten.*« Am 24. Mai standen im Reichsgebiet 246 einsatzklare einmotorige und 35 zweimotorige Jäger bereit, um gegen die täglich im Durchschnitt 1200 Bomber und 1000 Begleitjäger der Alliierten anzutreten. Bei Tag beherrschte der Gegner den deutschen Luftraum absolut, was sich am Beispiel eines Luftangriffs auf Berlin zeigte, als am 6. März 1944 von 730 Bombern, die unter dem Schutz von 796 Jägern anflogen, 1500 Tonnen Bomben auf die deutsche Hauptstadt geworfen wurden. Die Alliierten hatten dabei nur 5 Prozent Flugzeugverluste.

Der Abschuß von deutschen Flugzeugen war jedoch nicht das Ziel der feindlichen Bomberoffensive. Absicht war es, der Luftwaffe jede Fähigkeit zu weiterem Einsatz zu nehmen, indem man zunächst die Flugzeugwerke und dann die Kraftstoffproduktion zerschlug. Im Februar 1944 begann man wieder mit der seit Oktober 1943 ruhenden Bekämpfung der deutschen Jägerproduktion. Nach Schätzungen der Alliierten belief sich 1943 der Produktionsausfall bei den Deutschen auf 4000 bis 5000 Flugzeuge. In den ersten Monaten des Jahres 1944 wollten die Alliierten die Produktion völlig zum Erliegen bringen. Im Februar alleine wurden 23 Flugzeugwerke und drei Flugmotorenwerke bombardiert; 90 Prozent der im Reich befindlichen Werke, die mit der Jägerproduktion befaßt waren, wurden in der Zeit vom 20. bis 25. Februar schwerstens bombardiert, wobei die 4000 Tonnen abgeworfener Bomben 75 Prozent der Werksgebäude und -anlagen beschädigten oder in Schutt und Asche legten. Daraufhin ging die Jägerfertigung in diesem Monat um 23 Prozent zurück. Fast mutlos und verzagt äußerte Milch anläßlich einer Besprechung: »*Im Februar hätten wir zum erstenmal 2000 Jäger produzieren sollen. Mit diesem Programm ist in keiner Weise zu rechnen. Wir können froh sein, wenn wir in diesem Monat etwa 1000 bis 1200 (es waren tatsächlich 1104; d. Ü.) Jäger herausbringen, so wie es heute aussieht. Ich muß aber damit rechnen, daß die Zahl im März . . . auf eine Zahl heruntergehen wird, die wahrscheinlich unter 800 liegen wird.*« Der Pessimismus des Generalluftzeugmeisters war wohl etwas übertrieben. Schnell und tatkräftig reagierte man auf die Bomberoffensive. Am 1. März 1944 wurde der interministerielle Jägerstab geschaffen, der dem Rüstungsministerium zugeordnet war, auf den Speer und Milch gemeinsam Einfluß nahmen. Otto Saur wurde der unermüdlich tätige Chef dieses Sonderstabes. Milch hoffte, mit der Übertragung der Verantwortung für die Jägerproduktion an Speer den schädlichen Konkurrenzkampf zwischen RLM und Rüstungsministerium zu beenden und dadurch mehr Rüstungskapazität für die Flugzeugfertigung freizustellen. Im August 1944 waren im Bereich der Flugzeugindustrie 2 100 000 Arbeiter tätig, verglichen mit 1 900 000 Arbeitern, die für die Produktion des Heeres gebunden waren.

Der Jägerstab hat sich außerordentlich bewährt. Man denke nur daran, wie schwer sich die Alliierten taten, mit seinen Leistungen und Erfolgen fertig zu werden. Vorrang hatte die Jägerproduktion. Der Produktionsplan Nr. 226, vom 8. Juli 1944, forderte monatlich 6400 Flugzeuge, wonach das Verhältnis von Jägern zu Bombern 5 : 1,3 war. Im einzelnen sollten es 2600 Fw 190, 500 Bf 109, 1000 Me 262, 400 Do 335, 100 Me 163, 180 Ju 88, 500 Ar 234, 400 Ju 388 und 50 He 219 sein. Man machte alle Anstrengungen, um die Produktion zu steigern. Den Luftangriffen fielen verhältnismäßig wenige Vorrichtungen und Werkzeugmaschinen zum Opfer, etwa 5 Prozent nur, so daß in den zerstörten Fabriken schon nach kurzer Unterbrechung die Produktion wiederaufgenommen werden konnte. Die 27 Großfertigungsstätten wurden auf 300 verschiedene Betriebe ausgelagert. Das hatte zwar nachteilige Auswirkungen auf den Ausstoß von Flugzeugen, machte es dem Gegner aber sehr schwierig, diesen Industriezweig zu treffen. Obwohl die alliierte Bomberoffensive zu einem Produktionsausfall von 4000 Jägern beitrug, war der Ausstoß an Bf 109 und Fw 190 im März um 1300 Maschinen höher als im Januar. Im Mai betrug die Steigerung 25 Prozent. Danach bewegte sich die Jägerproduktion ständig aufwärts, um im September 3375 Maschinen zu erreichen, was 332 Prozent mehr als noch im Februar entsprach. Diese prozentuale Steigerung galt auch für die gesamte Flugzeugproduktion, die im Juni 4219 Maschinen, 209 Prozent mehr als im Februar, ausmachte. Freilich forderten die alliierten Bombenangriffe ihren Tribut. Entsprechend den Produktionsprogrammen sollten im Zeitraum von Februar bis August 1944 zwischen 24 000 und 32 000 Flugzeuge gefertigt werden, nur 22 821 kamen zur Auslieferung, davon 15 388 Jäger. Die Gesamtproduktion des Jahres 1944 hingegen umfaßte 39 807 Flugzeuge, und das waren 156 Prozent mehr als noch im Vorjahr.

Nur dank der Anstrengungen der deutschen Flugzeugindustrie konnte die Luftwaffe die hohen materiellen Verluste verkraften. Zwischen dem 1. Juni und 31. August 1944, als an allen Fronten besonders heftige Kämpfe tobten, verlor die Luftwaffe insgesamt 11 074 Flugzeuge. Im Westen verlor das II. Jagdkorps alleine monatlich im Durchschnitt 600 Flugzeuge. Viele Flugzeuge mußten auf dem Wege von den Flugzeugwerken zur Front abgeschrieben werden. Auf Grund der unerhörten Zerstörungen sank in der ersten Jahreshälfte 1944 der Verfügungsbestand des wichtigsten Einsatzmittels der Luftwaffe, dem Tagjäger, von 1535 am 1. Januar auf 1435 Ende Juni ab. Im Juli wurden den Jagdgruppen jedoch mehr Flugzeuge zugeführt, als sie verloren, so daß schon Ende des Monats die Zahl einsitziger Tagjäger auf 1900 Maschinen stieg, das waren 23 Prozent mehr als zu Beginn des Jahres noch. Die Nachtjagd konnte, grob gesehen, an allen Fronten ihre Stärke halten (1060 Maschinen), ihr Leistungsvermögen sogar steigern, weil die Bf 109 ausgemustert wurden und vermehrt auf die verbesserten Nachtjagdversionen der Ju 88 zurückgegriffen werden konnte.

In den nächsten zweieinhalb Monaten, vom 1. September bis Mitte November 1944, wurden die Tagjägerstaffeln mit 3200 Flugzeugen aufgefüllt, das entsprach einer weiteren Steigerung von ungefähr 70 Prozent. Zum Ende des Jahres hatte die Nachtjagd mit 1355 Flugzeugen ihren Höchststand erreicht, also eine Steigerung von 25 Prozent. In zunehmendem Maße lief aus den Fliegerschulen fliegendes Personal zu, so daß am Ende des Jahres mehr einsatzbereite Besatzungen zur Verfügung standen als Flugzeuge. Das war in erster Linie darauf zurückzuführen, weil den Fliegerschulen mehr Flugzeuge zugewiesen wurden. Waren es Anfang 1944 nur 234 Bf 109, so verzeichnete man im Herbst bereits über 1000 Bf 109 und Fw 190. Dieser beträchtliche Zahlenzuwachs ließ aber keine Rückschlüsse darauf zu, daß man der Reichsverteidigung gegen die feindlichen Bomberangriffe unter allen Umständen allerhöchsten Vorrang einräumte, ganz zu schweigen vom unverzüglichen Übergang zur Defensive, die sich auf Grund einer klaren Lagebeurteilung zwangsläufig hätte ergeben müssen, denn die Gewinnung der Luftüberlegenheit war das wichtigste im Rahmen der weiteren Kriegführung.

Im ersten Halbjahr 1944, einer Zeit, wo die Unterlegenheit der Luftwaffe über dem Reichsgebiet und an den anderen Fronten nicht offenkundiger sein konnte, beharrten Hitler und einige maßgebliche Führer der Luftwaffe auf dem Einsatz von Bombern. Im Februar, März und April, als die Luftflotte 3 den »Baby Blitz« gegen England durchführte und das IV. Fliegerkorps seine wirklich nur sogenannten strategischen Einsätze im Osten flog, vermehrte die Flugzeugindustrie den Bomberausstoß auf 1852 Maschinen, wofür Rohstoffe aufgewendet werden mußten, die für den Bau von 5500 Jägern ausgereicht hätten. Um mehr Jäger produzieren zu können, sahen die Pläne des Jägerstabes für den Herbst des Jahres eine monatliche Produktionsrücknahme bei der Bomberfertigung um 284 Maschinen vor. Darüber kam es mit Korten, der die Fernbombereinsätze an der Ostfront befürwortete, zu heißen Auseinandersetzungen. Er bezeichnete dies als den Tod der Kampffliegerwaffe. Anfang Mai legte Koller in einer ausführlichen Denkschrift dar, daß die Zukunft der Kampffliegerwaffe in der Luftwaffe gefährdet sei, was er zwei Wochen später in einer Studie bekräftigte, in der er starke Bomberkräfte forderte, die er für unerläßlich zur Aufrechterhaltung von Deutschlands Vormachtstellung in Europa hielt. Hitler nahm beide Denkschriften zur Kenntnis und stimmte ihnen uneingeschränkt zu. Am 23. Mai 1944 verwarfen Hitler und Göring die Pläne des Jägerstabes und blickten voller Zuversicht auf den Tag, wo die Luftwaffe 14 000 Flugzeuge haben sollte, wovon ein erheblicher Anteil schwere Bomber sein sollten.

Am Nachmittag desselben Tages berief der Reichsmarschall eine Besprechung ein, um mit Milch, Speer und Saur die Vorschläge des Jägerstabes zu diskutieren. Er trug ihnen Hitlers Wunsch und Wille nach starken Bomberverbänden vor, die denen der alliierten schweren viermotorigen Bomber gleichen sollten. Natürlich, so führte Göring weiter aus, wären sich er und der »Führer« darüber im klaren, daß man einen starken Jägerschirm über Deutschland haben müsse – Hitler hatte das schon früher gefordert –, aber das dürfe nicht auf Kosten der Kampffliegerwaffe geschehen. Man fordere mindestens 2600 Bomber, mehr als doppelt soviel wie bisher vorhanden, gleichzeitig mit der Steigerung der Jägerproduktion. Der schwere Bomber bildete immer noch den »Kern der Luftrüstung«, so daß der Reichsmarschall die monatliche Auslieferung von 200 He 277 (eine Weiterentwicklung der He 177 mit vier einzelnen Motoren, anstatt der gekuppelten Doppelmotoren, die erfolgreich erprobt worden war) sowie 600 bis 700 Bomber anderer Typen befahl. Da für jeden Bomber der Größe der He 277 fünf Jagdeinsitzer hätten gebaut werden können, enthielt dieses Bauprogramm bereits einen monatlichen Verlust von 1000 Jägern. Das gesamte Bomberprogramm schluckte geradezu 3000 Jäger. Milch war machtlos, eine Änderung der Beschaffungsplanung der Luftwaffe zu beinflussen. Als Göring, Speer, Milch und Petersen, Leiter der Erprobungsstelle der Luftwaffe (in Rechlin; d. Ü.), gemeinsam Hitler am Spätnachmittag Vortrag hielten, wurde zum erstenmal seit über einem Jahr entschieden, daß die Verstärkung der Kampffliegerverbände in das Ausbauprogramm der Luftwaffe mit aufgenommen werden sollte.

So merkwürdig diese Entscheidungen auch scheinen mögen, die Luftwaffe hatte sich danach zu richten, aber nur sechs Wochen lang, denn am 3. Juli mußte auf Grund der drückenden Lageumstände das »Jäger-Notprogramm« verkündet werden. Das gesamte Bomber-Programm wurde gestrichen, um der Produktion von Strahlflugzeugen, einmotorigen Jägern und wenigen zweimotorigen Jägern, die man als fortschrittlich einordnete, Platz zu machen. Jetzt war sich auch Hitler über die tatsächlichen Verhältnisse der Lage im klaren. Am 20. Juni griff eine Armada von 1500 amerikanischen Bombern, begleitet von 1000 Jägern, die deutschen Ölraffinerien an, womit sie die Einsatzfähigkeit der gesamten Wehrmacht des Reichs zu unterbinden drohte. Tags darauf warfen sie 2000 Tonnen Bomben auf Berlin. Am 26. Juni erklärte Hitler: »*Es kommt in unserer Lage darauf an, Jäger und nochmals Jäger zu bauen . . . Der damit verbundene langjährige Verzicht auf eine operative Luftwaffe muß in Kauf genommen werden.*« Die Fürsprecher einer starken Luftwaffe hatten letztendlich die Überhand gewonnen. Dennoch war es nur ein Teilerfolg. Er kam nicht nur ein Jahr zu spät, er war fernerhin auch ohne jede Auswirkung. Bevor sich die Luftwaffe überhaupt voll und ganz der Reichsverteidigung widmen konnte, überschritt der Feind im Westen und im Osten die Reichsgrenze, und ein Großteil der Verbände der Luftwaffe war an den Boden gefesselt, weil es keinen Flugkraftstoff mehr gab.

Selbst wenn es Hitler klargeworden wäre, wie wichtig der Übergang auf die Defensive im Luftkrieg sein mußte, bot es keine Sicherheit dafür, daß die Reichsverteidigung die höchste Dringlichkeitsstufe erhielt, wie es Milch, Speer und Galland schon lange gefordert hatten. Bis zum 1. April waren der Luftflotte Reich (Stumpff) 50 Prozent aller im Bestand der Luftwaffe verfügbaren Bf 109 und Fw 190, 850 Flugzeuge, zugewiesen worden. Das sollte aber auch der höchste Anteil bleiben, den sie je bekommen sollte. Der am 19. Mai gemachte Vorschlag Gallands, alle Jagdverbände der Luftflotte 3 der Luftflotte Reich anzugliedern, wurde von Göring abgelehnt, der zweifellos dabei Rücksicht auf Hitlers Beharren nahm, unter keinen Umständen an der Front auch nur einen Meter preiszugeben. Es gab ja entsprechende Pläne für die Verlegung starker Jagdkräfte vom Reichsgebiet nach Westen, falls es zu einer Invasion kommen sollte. Als es soweit war, gingen viele Flugzeuge auf den Verlegeflügen verloren, und die Kräfte konnten nicht nennenswert in die Kämpfe in der Normandie eingreifen. Nach Befriedigung der Anforderungen von der West- und Ostfront verblieben Stumpff am 1. Juni 1944 nur 700 Tagjäger; am Ende des Monats war die Zahl auf 370 abgefallen (25 Prozent des Gesamtbestandes der Luftwaffe), wovon 240 Jäger einsatzbereit waren. In der dritten Oktoberwoche erreichte der Wert noch einmal 900 Tagjäger, das waren etwa 40 Prozent aller in der Luftwaffe verfügbaren Bf 109 und Fw 190, um dann bis Mitte Dezember auf 400 Flugzeuge (15 Prozent des Gesamtbestandes dieser Maschinen in der Luftwaffe) zurückzugehen.

Galland hatte mit Görings Zustimmung Jägerreserven gebildet, um in einem einzigen Unternehmen »Großer Schlag« die amerikanischen Bomber über

Deutschland vernichtend zu treffen. Zweimal griff Hitler ein und befahl die Verlegung dieser Reserven an die Front. Im ersten Falle wurden Ende Juli 800 Jäger nach Westen verlegt, wo die Front zusammenzubrechen drohte. Dazu Galland: *»Das war nicht zu verantworten! Sie mußten in den Rückzugsstrom geraten und überrannt werden. Sie konnten auch an der kritischen Lage des Heeres nichts ändern, selbst wenn noch eine Bodenorganisation zu ihrer Aufnahme und Versorgung zur Verfügung gestanden hätte. Man kann Flieger-Geschwader nicht wie Infanterie-Regimenter in aufgerissene Frontlücken werfen! . . . Der Auftrag, die deutsche Kriegsproduktion vor der restlosen Zerschlagung zu bewahren, hätte in der Reichsverteidigung ihren Einsatz gerechtfertigt und gelohnt! Im Westen aber würden sie in der Luft oder auf der Erde ohne jeden operativen Nutzeffekt vernichtet werden.«*

Unverzagt ging Galland zum zweitenmal ans Werk, eine Jägerreserve aufzubauen. Im Oktober, als man Einsatzeinschränkungen in Kauf nahm, um junge Flugzeugführer schulen und Verbände mit der neuen Taktik des großen Gefechtsverbandes gegen feindliche Bomberpulks vertraut machen zu können, wurde eine Reserve gebildet, die es erlauben sollte, in einem einzigen Unternehmen 1000 Jäger über dem Reichsgebiet einzusetzen. Die Kraftstoffvorräte reichten für 2500 Feindflüge. Galland rechnete mit dem Abschuß von 500 amerikanischen Bombern und mit einer gleich hohen Anzahl eigener Verluste. Hitler ließ sich von den Verantwortlichen für die Reichsverteidigung jedoch nicht beeindrukken, er glaubte, nur eine beträchtliche Verstärkung der Flak habe Erfolg bei der Abschreckung feindlicher Bomber. Er hob aus diesem Grunde den Befehl für das Unternehmen »Großer Schlag« auf und erteilte Weisung, die Jägerreserve nicht gegen die alliierten Luftstreitkräfte sondern gegen deren Heeresverbände an der Front einzusetzen, beziehungsweise für die bevorstehende Ardennen-Offensive bereitzuhalten.

Auch die Nachtjagd blieb von Eingriffen, die zur Kräfteverzettelung führten, nicht verschont. Anfang des Jahres fehlten im Westen ein Drittel der Nachtjäger, weil sie an anderen Fronten im Einsatz waren. Ende Juli hatte sich das Verhältnis nur unwesentlich verbessert. Es kam zu häufigen Verlegungen an die Fronten und zurück. So verlegten Mitte Dezember 140 Nachtjäger (Ju 88 und Bf 110) an die Westfront. Sogar Flakverbände wurden aus Deutschland abgezogen, um in Erwartung der alliierten Landung in Frankreich in Stellung zu gehen. So schwächte Hitler die Reichsverteidigung zugunsten des Einsatzes an der Front, was schließlich doch zu nichts führte. Nirgendwo konnte die Luftwaffe ihre Kräfte in der erforderlichen Stärke zusammenfassen, um der beängstigenden feindlichen Luftherrschaft zu begegnen. Mit seinen Entscheidungen und Eingriffen trug Hitler nur dazu bei, daß die Luftwaffe jeder Möglichkeit beraubt wurde, Deutschland bei Tag oder bei Nacht überhaupt noch zu verteidigen.

Die qualitative und zahlenmäßige Unterlegenheit in der Luft bildete nur eine der Schwierigkeiten der Luftwaffe. Eine weitere bedeutende war der Mangel an gut ausgebildeten und fronterfahrenen Flugzeugführern, der durch die hohen Verluste und durch die ungenügende Ausbildungsplanung in den vergangenen Jahren verursacht worden war. Sperrle hatte im Juli 1944 festgestellt, daß, von wenigen Ausnahmen abgesehen, nur seine Gruppenkommandeure und Staffelkapitäne über mehr als sechs Monate Einsatzerfahrung hatten; die meisten Flugzeugführer waren hingegen erst zwischen acht und dreißig Tagen in ihren Verbänden. Zwar kamen von den Fliegerschulen genügend Flugzeugführer, um die Gefallenen oder Verwundeten zu ersetzen und die in immer stärkerem Maße aus der Produktion kommenden Flugzeuge zu fliegen, das ging aber zwangsläufig auf Kosten der Güte der Ausbildung. Im April, Mai und Juni 1944 verließen alleine 900 zu schnell ausgebildete Jagdflieger die Fliegerschulen. Ganz abgesehen von den hohen Verlusten beim fliegenden Personal, die sich insgesamt bei der Luftwaffe in den fünf Monaten vom 1. Juni bis zum 31. Oktober 1944 auf 13 000 Mann beliefen, belastete die Verdoppelung der Tagjägerproduktion schon für sich gesehen die Ausbildung außerordentlich. Flugkraftstoffbeschränkungen taten ein übriges, die für die Schulung vorgesehenen Flugstunden zu verringern. Die Personalforderungen der Front wirkten sich auf die Verfügbarkeit an erfahrenem Fluglehrpersonal aus. Die hier vorhandenen kritischen Engpässe gaben häufig Anlaß zur Sorge.

Um diesen Problemen abzuhelfen zu versuchen, bildete man am 1. Juli unter von Seidel die Luftflotte 10, die für den Personalersatz ausbildungsmäßig zuständig war und alle verfügbaren Schulen unter sich vereinigte. Dennoch änderte sich nichts an der Ausbildungsgüte, sie mußte zugunsten des Ausstoßes an fliegendem Personal zurückstehen. Bekamen beispielsweise englische angehende Nachtjagdpiloten 200 bis 220 Flugstunden im Rahmen ihrer Ausbildung, so erhielten die der Luftwaffe nur 110 bis 115 Flugstunden. Ein amerikanischer Tagjagdpilot erhielt dreimal mehr Flugstunden als sein deutscher Widerpart, bevor er an die Front abgegeben wurde. Das mußte natürlich die Einsatzwirksamkeit beeinflussen, die nicht gerade hoch zu bewerten war und im hochgradig gefährdeten Luftraum über Deutschland nicht durch fliegerischen Schneid und nationalsozialistische Begeisterung ausgeglichen werden konnte. Jede technische Überlegenheit seitens der alliierten Jäger wirkte sich dadurch um so mehr aus. Aus Erhebungen von Mitte 1944 geht hervor, daß 50 Prozent aller jungen deutschen Jagdflieger abgeschossen wurden, bevor sie ihren zehnten Jagdeinsatz geflogen hatten. Selbst gegen Bomber gingen die Abschußerfolge der deutschen Jäger in bedrohlichem Maße zurück. Bei dem Einsatz am 2. November, als die Alliierten beim Angriff auf Merseburg 63 Flugzeuge verloren, konnten die 500 deutschen zum Einsatz gekommenen Jäger nur 15 Feindflugzeuge abschießen. In einem anderen Fall, am 21. November 1944, hatten zwei Gefechtsverbände mit je 170 und 180 Jägern Feindkontakt mit amerikanischen Bomberverbänden, nur sechs beziehungsweise 30 nahmen den Jagdkampf überhaupt auf. Auf Grund mangelnder Ausbildung und fliegerischer Unerfahrenheit nahm die Anzahl der Flugunfälle dramatisch zu. In drei Monaten, April, Mai und Juni, machten sie ein Drittel der 5527 verlorenen Jagdeinsitzer aus.

Das Fehl an Flugzeugen an der Front, ihr technischer Zustand und die überhastete Ausbildung des fliegenden Personals ließen sich in keiner Weise mit dem Schaden für den Einsatz der Luftwaffe vergleichen, der durch die alliierten Luftangriffe gegen die deutschen Treibstoffwerke angerichtet worden ist. Die Angriffserfolge machten alle Anstrengungen des Jägerstabs, der Luftwaffenführung und schließlich des fliegenden Personals null und nichtig. Die Flugkraftstoffversorgung war immer schon die Archillesferse der Luftwaffe. Sie hatte nie genügend Vorräte, um Spitzenbelastungen aufzufangen. Bei Kriegsbeginn waren 33 Prozent der Kraftstoffbevorratung, entsprechend 492 000 Tonnen, vorhanden, was seinerzeit für höchstens drei Monate Kriegführung ausreichte. Dank der schnellen Beendigung der Feldzüge in Polen, in Norwegen und in Frankreich mußten keine Verbrauchskontingente festgelegt werden. Zur Vorbereitung auf den Rußlandfeldzug gab es im Frühjahr 1941 einige Einschränkungen hinsichtlich des Kraftstoffverbrauchs. In den ersten zwölf Monaten des Rußlandfeldzuges konnte frei über Kraftstoff verfügt werden. Im September 1942 erreichten jedoch die Treibstoffvorräte auf Grund der schweren Kämpfe an der Ostfront und im Mittelmeerraum kritische Werte, weil sie auf weniger als einen Vorrat für zwei Wochen absanken. Rigorose Kürzungen wurden für die Fliegerschulen sowie für Transport- und Verbindungsflüge, in geringerem Umfang auch für den Einsatz im Westen verfügt. An allen anderen Frontbereichen gab es keine Einschränkungen. Die Versorgungslage entspannte sich Anfang 1943 zeitweilig, weil die Einsatztätigkeit auf Grund der Winterwetterlage zurückging und die Produktion der Werke für synthetischen Treibstoff in Deutschland anstieg, die 90 Prozent des Flugkraftstoffes für die Luftwaffe lieferten. Nachdem sich die allgemeine Wetterlage wieder gebessert hatte und die Kämpfe an allen Fronten immer härter wurden, verschlechterte sich freilich die Versorgungslage erneut. Wiederum mußten die Fliegerschulen ihren Kraftstoffverbrauch zugunsten der Frontverbände drosseln. Dasselbe galt für Erprobungs- und Abnahmeflüge sowie die Bremsstände für Flugmotoren in der Luftrüstungsindustrie. Diese Sparmaßnahmen führten dann zur Vermehrung der Beanstandungen fehlerbehafteter Flugzeuge, die an die Frontverbände ausgeliefert wurden.

Im Winter 1943/44 wurden alle Anstrengungen gemacht, die Produktion synthetischen Treibstoffs zu steigern. Dank dieser Maßnahmen und des jahreszeitlich bedingten Rückgangs der Einsätze an der Front gelang es, die Kraftstoffvorräte von 280 000 Tonnen im September 1943 auf 574 000 Tonnen im April 1944 aufzustocken, womit ein Höchstwert seit Sommer 1940 erreicht wurde, der dennoch nur drei Monate vollen Flugbetrieb an der Front und in der Heimat erlaubte. Monatsproduktion und -einfuhr an Flugkraftstoff erreichten mit 185 000 Tonnen im März den höchsten Wert. Dann begannen am 12., 28. und 29. Mai 1944 die Angriffe der 8. US-Luftflotte gegen die Flugkraftstoffwerke und -vorratslager, wobei 2500 Tonnen Bomben auf die neun wichtigsten deutschen Hydrierwerke fielen. Die Angriffe wurden bei Tage, gelegentlich auch nachts fortgesetzt, so daß bis zum 22. Juni 1944 schon 90 Prozent aller Flugkraftstoff produzierender Werke getroffen worden waren.

Die erfolgreichen Angriffe gegen die Kraftstoffquellen lähmten die Luftwaffe in der Tat. Die üblichen Einsparungsmaßnahmen, wie Kraftstoffkürzungen bei den Fliegerschulen und Verringerung der Erprobungstätigkeiten, trugen kaum dazu bei, um die verheerenden Folgen des Kraftstoffmangels, denen sich die Verbände an der Front gegenübersahen, lindern zu helfen. Im Juni wurden nur 56 000 Tonnen Flugkraftstoff produziert, im Vergleich zu den im Januar festgelegten 198 000 Tonnen. Der Verbrauch überstieg seit Mitte Mai bereits die Produktion, so daß Ende Juni die Vorräte auf 410 000 Tonnen zurückgegangen waren, das entsprach 70 Prozent der Bevorratung mit Stand vom 30. April. Im Mai hatte die Luftwaffe insgesamt 195 000 Tonnen Flugkraftstoff verbraucht; im Juni wurden für den Verbrauch nur 182 000 Tonnen freigegeben. Sollte sich die Versorgungslage weiterhin derartig verschlechtern, so war absehbar, daß die Luftwaffe in kurzer Zeit jede Einsatztätigkeit einstellen mußte. Dazu Gallands Stellungnahme: »*Die erfolgreichste Operation des gesamten strategischen Luftkrieges der Alliierten war die gegen die deutsche Kraftstoffversorgung . . . Rückschauend ist es schwer zu verstehen, warum die Alliierten erst so spät . . . damit begannen . . .*«

Um diese Zeit im Kriege tauchte etwas völlig Neues am Himmel über Europa auf. Es war ein von Strahltriebwerken angetriebener Jäger der Luftwaffe, die Me 262, der über eine viermal stärkere Motorleistung und über eine siebenmal bessere Feuerkraft als die Bf 109 verfügte zu Beginn des Krieges. Zum erstenmal wurde am 25. Juli 1944 ein feindlicher Pilot über dem südlichen Bayern in einen Luftkampf mit dem Turbojäger verwickelt. Pflichtbewußt meldete er, daß er den Kampf nicht nur abbrechen, sondern auch schlicht »türmen« mußte. So böse Vorahnungen dieser Luftkampf auch beim Gegner ausgelöst haben mag, so traurig liest sich die Geschichte dieses Flugzeuges, die bis in das Jahr 1938 zurückreicht. Seinerzeit forderte das RLM die Entwicklung eines Versuchsflugzeuges, das von den bei BMW in Entwicklung befindlichen Strahlturbinen angetrieben werden sollte. Der von Messerschmitt 1940 vorgelegte Entwurf erhielt den Zuschlag. Im März 1942 fand der Jungfernflug dieser Maschine mit Strahltriebwerken statt. Die BMW-Triebwerke, die schon mit einer Verspätung von zwei Jahren erst zur Verfügung standen, erwiesen sich leider als ungeeignet, so daß man auf die Junkers-Triebwerke zurückgriff, die ebenfalls im Entwicklungsstadium waren. Im Juli führte die Me 262 ihren zweiten erfolgreichen Flug durch. Der Generalluftzeugmeister segnete die weitere Entwicklung ab, verlangte aber keine besondere Dringlichkeit. Milch ging gleichermaßen wie Udet davon aus, daß die Me 262 zweifellos ein Flugzeug der Zukunft wäre, der dringliche Einsatz bei der Luftwaffe aber im Augenblick wohl noch nicht angezeigt sei. Mitte 1942 entsprachen die Bf 109 und Fw 190 noch ohne weiteres den Einsatzforderungen und boten für die Zukunft genügend Raum für Verbesserungen. Nicht zu vergessen die damals in Entwicklung befindliche Ta 152, auf die man alle Hoffnungen setzte, daß sie eines Tages der Standardjäger der Luftwaffe werden könnte. Die Me 262 hätte an der Front wenig Wert gehabt, weil man mit ihrer empfindlichen Technik und den hohen fliegerischen Anforderungen überfordert gewesen wäre. Die Reichsverteidigung befand sich damals noch in keiner kritischen Lage. Man glaubte, mit den vorhandenen Flugzeugtypen für die Lage gut gerüstet zu sein. Man ging davon aus, daß jede Störung in der Produktion erprobter und bewährter Flugzeuge nicht zu rechtfertigen sei, nur um ein neues Jagdflugzeug mit großem Entwicklungsaufwand zu schaffen, dessen dringende Erforderlichkeit nicht erkennbar und verständlich schien angesichts der Zeitumstände, wo es darauf ankam, alle Kräfte zu mobilisieren, um die Flugzeugproduktion auf einen höchstmöglichen Ausstoß zu bringen.

Daraufhin schritt die Entwicklung der Me 262 nur langsam voran. Erst 1943 erkannte man die überlegenen Eigenschaften dieses Flugzeuges für den Einsatz, als im Mai Galland eines der Versuchsmuster flog. Er war von diesem Flug außerordentlich beeindruckt und meldete am 25. Mai 1943 an Milch:

»1. Das Flugzeug stellt einen ganz großen Wurf dar, der uns im Einsatz einen unvorstellbaren Vorsprung sichert, falls der Gegner noch länger beim Kolbentriebwerk bleibt.

2. Fliegerisch macht die Zelle einen sehr guten Eindruck.

3. Die Triebwerke überzeugen restlos, außer bei Start und Landung.

4. Das Flugzeug eröffnet völlig neue taktische Möglichkeiten.«

Galland empfahl die Einstellung der Entwicklung der Me 209, zumal insbesondere die Fw 190 ihr ebenbürtig, wenn nicht überlegen schien, und die Produktion einmotoriger Jagdmaschinen nur noch auf die Focke-Wulf-Werke zu beschränken. Die freiwerdende Konstruktions- und Fabrikationskapazität sollte ab sofort auf die Me 262 umgelagert werden. Zwar stimmte Milch nicht mit allen Empfehlungen und Vorschlägen Gallands überein, entschied aber am 2. Juni 1943, das Me 209-Programm einzustellen und in eingeschränktem Umfang die Produktion der Me 262 aufzunehmen. Das war nach fast einem Jahr nach dem erfolgreichen Erstflug der Fall. Als Planungsgrundlage faßte man die Fertigung von monatlich 60 Flugzeuge, beginnend im Mai 1944, ins Auge.

Obwohl der Flugzeugzellenbau vorgenommen wurde, konnte mit der Fertigung erst im April 1944 begonnen werden, weil sich bei der Großserienfertigung der Junkers-Triebwerke Probleme ergaben. Das war nicht nur auf die noch neuen, schwierigen technischen Probleme im Triebwerkbau zurückzuführen, sondern auf die Engpaßlage im Bereich von Chrom und Nickel, die für die Stahllegierungen im Hochtemperaturbereich der Triebwerke benötigt wurden. Die vorhandenen Vorräte reichten für eine Großserienfertigung der Triebwerke nicht aus. Weil der Me 262 keine entsprechende Dringlichkeit zugewiesen wurde, konnten auch nicht die erforderlichen Rohstoffe angefordert werden. Man mußte deshalb auf Ersatzrohstoffe zurückgreifen, was weitere sechs Monate in Anspruch nahm, um die sich daraus ergebenden Probleme zu lösen und ein halbwegs zuverlässiges Triebwerk zu bauen. Obwohl man am 2. November im Technischen Amt eine besondere Arbeitsgruppe gebildet hatte, die sich der Entwicklung der Me 262 annahm, erhielt das Projekt keine höhere Dringlichkeit, trotz aller nachhaltigen Forderungen Gallands, 1000 Turbojäger im Monat zu produzieren. Statt dessen richtete die Luftwaffe alle Anstrengungen darauf aus, möglichst viele Jäger mit Kolbentriebwerken fertigen zu lassen. Dieses Ziel zu erreichen, ließ keinen Raum für den fast störenden Bau eines Turbojägers, der viele kostbare Arbeitsstunden und Rohstoffe gebunden hätte. Noch am 22. Juni 1944 forderte der Jägerstab, beginnend im Dezember, nur 500 dieser epochemachenden Flugzeuge zu fertigen, das entsprach einem Achtel der gesamten Jägerproduktion.

Vor diesem Hintergrund muß man das leichte Kopfschütteln in Fachkreisen verstehen, als man im Herbst 1943 von Hitlers beharrlichem Wunsch hörte, daß die Me 262 nicht nur als Jäger, sondern auch als Jabo einsetzbar sein sollte. Man hatte eine Jabo-Version zwar ins Auge gefaßt, aber die ersten, im Mai 1944 aus der Produktion kommenden Flugzeuge waren dafür noch nicht ausgerüstet. Am 23. Mai hörte Hitler am Rande, daß die Me 262 nur als Jäger gebaut würde. Darüber war er äußerst aufgebracht und befahl unverzüglich, die Me 262 so schnell wie möglich als Jabo an die Front zu bringen. Der Führerbefehl vom 8. Juni unterstrich diese Forderung, gestattete andererseits aber auch die weitere Erprobung als Jäger. Die Umrüstungen wurden vorgenommen, die Fertigung entsprechend umgestellt, und die gegenteilige Meinung der Luftwaffe wurde Hitler immer wieder vorgetragen. Schließlich gab Hitler am 4. November nach und erlaubte den Bau der Me 262 als Jäger mit der Maßgabe, Aufhängevorrichtungen für eine 250-kg-Bombe vorzusehen, um für alle Fälle gerüstet zu sein. Stillschweigend wurde diese Weisung übergangen.

Diese Eingriffe hatten freilich kaum Auswirkungen auf das Me 262-Programm. Die Änderungen wurden verhältnismäßig leicht in den Fertigungsablauf eingepaßt und hatten keine wesentlichen Verzögerungen bei der Auslieferung der Flugzeuge zur Folge. Schwerwiegende Verzögerungen ergaben sich hingegen aus den Schwierigkeiten bei der Großserienfertigung der Junkers-Triebwerke. Die Bombardierung eines Werkes, das Teile für die Me 262 fertigte, beeinflußte ferner die Auslieferung der Maschine, von der im Juli 59 und im August nur noch 20 produziert wurden. Im Juni 1944 gab es weniger als 30 Me 262, und keine davon im Dienst bei Einsatzstaffeln. Als Hitler im November seinen Befehl rückgängig gemacht hatte, waren es weniger als 60 Maschinen, davon etwa 20 in der Jäger-Version. In der ersten Aprilwoche 1945, nachdem die Fertigung der Me 262 seit elf Monaten im Gange war, standen 200 im Dienst von Einsatzverbänden: 163 als Jäger, 9 als Nachtjäger, 21 als Jabos und 7 als Aufklärer. Auf Grund des verhältnismäßig geringwertigen Treibstoffes, den die Me 262 benötigte, unterlagen die Verbände keinen Treibstoffbeschränkungen, andererseits trug der schlechte technische Klarstand der Flugzeuge dazu bei, daß täglich insgesamt höchstens 55 Einsätze mit allen Flugzeugen geflogen werden konnten. Hitlers Forderung nach Ausrüstung dieser Maschine als Jabo hatte nur sehr geringfügigen Einfluß auf den Einsatz der Me 262 gegen die feindlichen Bomberverbände. Es lag nicht an Hitler, daß der Turbojäger im Luftkrieg über Deutschland eine unbedeutende Rolle spielte, das war einzig und allein der Haltung der Luftwaffenführung zuzuschreiben, die sie seit 1938 dieser Entwicklung entgegengebracht hat.

Selbst wenn Mitte 1944 die Me 262 in großen Stückzahlen vorhanden gewesen wäre, ist anzuzweifeln, ob sie das Kriegsglück und das Schicksal der Luftwaffe hätte wenden können, wie man das so oft auch heute noch glauben machen will. Auf dem Papier nahmen sich die Leistungen der Me 262A-1a in der Tat eindrucksvoll aus: 870 km/h Höchstgeschwindigkeit in 6000 m Flughöhe, 20,3 m/

sec Anfangssteigvermögen, 525 km Kampfreichweite in knapp 9000 m Flughöhe. Die Bordbewaffnung war insbesondere für den Abschuß amerikanischer Bomber ausgelegt, in einem 3-Sekunden-Feuerstoß kamen 43,5 kg Munition zur Wirkung, das Dreifache fast, was alle bisherigen Jäger schafften. Galland war vom Einsatzwert des Flugzeuges überzeugt und erklärte Ende April 1944: ». . . *Diese Leistungen brauchen wir, schon um der eigenen Waffe wieder das Überlegenheitsgefühl zu geben, selbst wenn die Stückzahlen gering sind. Um nun beispielsweise einen Wert zu nennen: Mir ist im Augenblick eine Me 262 lieber als fünf Me 109.*« Für die Flugzeugführer erforderte es viel Übung und Erfahrung, den Turbojäger zu fliegen. Es mangelte der Luftwaffe aber nicht nur an erfahrenen Flugzeugführern, sondern auch an entsprechenden Stückzahlen des neuen Jägers. So mußte Mitte November der einzige mit Me 262 ausgerüstete Jagdverband aus dem Einsatz herausgezogen werden, um die Ausbildung zu vertiefen. Erst am 9. Februar 1945 meldete der erste Me 262-Jagdverband seine Einsatzbereitschaft. Im Luftkampf waren die Turbojäger zwar den amerikanischen Bombern und englischen »Mosquito« weit überlegen, was man von den deutschen propellergetriebenen Jägern nicht sagen konnte, für die einsatzwichtigen Begleitjäger vom Typ »Mustang« bildeten sie aber keine echte Bedrohung. Sie hatten sogar Verfahren gegen die Me 262 entwickelt, bei denen sie nicht mehr gezwungen waren, die Zusatzkraftstoffbehälter abzuwerfen. Die Art des Stippangriffs wurde von den Turbojägern bevorzugt, weil sie dank ihrer Geschwindigkeit und Wendigkeit schnell den Schutzschirm der Begleitjäger durchstoßen konnten, um an die Bomber heranzukommen. Die Erfolgsrate der wenigen zum Einsatz gekommenen Me 262 kann niemanden zu der Annahme verführen, daß der Turbojäger die Luftherrschaft über dem Reichsgebiet zurückgewonnen hätte, selbst wenn er in ausreichender Anzahl eingesetzt worden wäre. Es gab ohne Frage sehr erfolgreiche Einsätze, aber auch Fehlschläge. Beim größten Unternehmen beispielsweise, am 10. April 1945, wurden 55 Jagdeinsätze von Me 262 gegen 1100 amerikanische Bomber und Begleitjäger geflogen, nur zehn wurden abgeschossen, 27 Turbojäger gingen verloren. Über den gesamten Einsatzzeitraum der Me 262 als Jäger belaufen sich die Schätzungen auf 150 abgeschossene Feindmaschinen bei 100 eigenen Verlusten im Luftkampf. Auf Grund dieser Zahlen hätten sehr viel mehr Me 262 gebaut werden müssen, um die Luftüberlegenheit zu erringen. Man bedenke nur, daß im Jahre 1945 die Alliierten täglich zur Bombardierung des Reichsgebietes 4200 schwere und 1000 mittlere Bomber sowie 2800 Begleitjäger zur Verfügung hatten, ganz zu schweigen von den zusätzlichen Hunderten von Bombern und Jägern, die den Vormarsch der alliierten Heerestruppen unterstützten.

Erfolgversprechender schien der Düsenjäger He 280, der schon Anfang 1943 bei der Truppe hätte eingeführt werden können. Heinkel hatte bereits 1936 mit der Entwicklung des Flugzeuges begonnen. Im März 1940 gab das RLM die Baufreigabe für Versuchsmuster. Im April 1941 fand der Jungfernflug ohne Beanstandungen statt. Die sich anschließenden Erprobungsflüge bestätigten, daß die He 280 allen mit Kolbentriebwerken ausgerüsteten, im Dienst der Luftwaffe befindlichen Jägern mit Abstand überlegen war. Die Entwicklung zog sich jedoch beängstigend in die Länge, was vor allem auf die Schwierigkeiten mit den Strahltriebwerken zurückzuführen war. Aber erst Anfang 1943 wollte die Luftwaffe an einen Bauauftrag von 300 Flugzeugen denken. Zu diesem Zeitpunkt hielt man schon mehr von der Me 262, die bessere Leistungen aufzuweisen schien, insbesondere im Hinblick auf die Reichweite, so daß Ende März das RLM Heinkel veranlaßte, jede weitere Entwicklung der He 280 einzustellen. Kurze Zeit später flog das Versuchsmuster He 280V-6 als Erprobungsträger für Strahltriebwerke und erreichte in 6000 m Flughöhe eine Spitzengeschwindigkeit von

820 km/h. Die Flugeigenschaften waren gut. Im Falle einer Serienfertigung wären Leistungsverbesserungen mit Sicherheit möglich gewesen. Zweifellos war die He 280 der Me 262 unterlegen; ihre Einführung, rechtzeitig und in ausreichender Zahl, um dem Ansturm des Feindes im Westen zu begegnen, wäre eindeutig möglich gewesen. Daß es nicht dazu kam, war schlicht dem Planungsgehabe der Luftwaffe anzurechnen.

Die Me 262 war nur einer der vier Flugzeugtypen, auf die sich die Luftwaffe in Zukunft, sofern sie überhaupt noch eine hatte, abstützen wollte. Im November 1944 wurde beschlossen, die Produktion ausschließlich auf die Me 262, He 162, Ar 234 und Do 335 zu konzentrieren. Bis auf das Flugzeug von Dornier waren alle anderen Düsenflugzeuge. Der Lauf der Ereignisse brachte es mit sich, daß außer der Me 262 nur noch die Ar 234 im geringen Umfang zum Einsatz kam. Die Ende 1944 herrschenden Kriegsverhältnisse machten es möglich, eine neue Generation von Flugzeugen in ausreichender Menge einzuführen, um Einfluß auf das Kriegsgeschehen zu nehmen, in welcher Form auch immer. Die Arado 234 »Blitz« war der Welt erster einsatzbereiter Düsenbomber. Die Entwicklung hatte schon Anfang 1941 begonnen mit der Absicht, einen Bomben tragenden Kampfaufklärer zu schaffen. Die Entwicklung machte nur langsame Fortschritte, weil das RLM keine Dringlichkeit für die Einführung der Maschine sah. Wie auch im Falle der Me 262, hatte die Luftwaffe ganz andere und viel dringendere Programm vorrangig zu betreiben. Daher dauerte es bis Juni 1944, bis endlich der Bau der ersten 20 Serienflugzeuge Ar 234 abgeschlossen war. Ihr Leistungsvermögen als Bomber stand außer Frage. Mit 750 km/h Höchstgeschwindigkeit in 6000 m Flughöhe und ausgezeichneten Flugeigenschaften war das Flugzeug für feindliche Abfangjäger unerreichbar. Mit 1500 kg Bombenlast konnte die Maschine bis zu 550 km tief ins Feindgebiet eindringen, wodurch sie besonders für den Schnellbombereinsatz im feindlichen Hinterland geeignet war. Natürlich war sie auch ein vorzüglicher Aufklärer. In dieser Aufgabe flog eine Ar 234 Anfang August 1944 dann den ersten Feindflug. So wundert es nicht, daß mit Stand vom 10. April 1945 von den 38 im Fronteinsatz stehenden Ar 234 immerhin 24 als Aufklärer, aber nur 12 als Bomber und 2 als Nachtjäger flogen. Die Zeit reichte nicht mehr aus, um eine größere Anzahl dieser Flugzeuge noch in den Kampf zu werfen.

Die Do 335 stand ähnlich lange schon in Entwicklung. An diesem ungewöhnlichen Flugzeug, das von je einem Propeller am Bug und am Heck angetrieben wurde, hatte Dornier bereits 1937 im Zusammenhang mit der Erprobung der Wirksamkeit von Druckpropellern zu arbeiten begonnen. 1942 forderte das Technische Amt einen einsitzigen Gewaltaufklärer, der mit einer Bombenlast von 500 kg eine Höchstgeschwindigkeit von 800 km/h erreichen sollte. Der Entwurf von Dornier erhielt den Zuschlag, weil sich das Flugzeug an die neuen Aufgaben, die die Luftwaffe von ihm forderte, anpassen ließ. Im Rahmen der Typenbereinigung bei der Flugzeugfertigung, die die Beschränkung auf den Bau von wenigen Hauptflugzeugtypen verlangte, sollte die Do 335 ein Mehrzweckjäger werden, der die Aufgaben eines Schlachtfliegers, Jabos, Aufklärers sowie, mit zwei Mann Besatzung, eines Abfang- und Nachtjägers erfüllen sollte. Der Erstflug fand im Oktober 1943 statt und ließ hervorragende Flugeigenschaften erwarten. Leicht zu fliegen, erreichte die Do 335 in 6500 m Höhe eine Höchstgeschwindigkeit von 765 km/h, bei einer Kampfreichweite von 1050 km. Die Bewaffnung umfaßte eine 3-cm-Kanone und zwei 15-mm-MG sowie eine 600-kg-Bombe. Auf Grund der kritischen Kriegslage und Verzögerungen im Fertigungsprogramm wurde die Produktion der Do 335 im Dezember 1944 eingestellt, nachdem nur ganz wenige Flugzeuge fertiggestellt worden waren.

Große Dinge erhoffte man sich von der Heinkel He 162, zumindest Göring und Hitler, wahrscheinlich auch mancher der Offiziere der Luftwaffe. Das Flugzeug war schon bemerkenswert. Nie zuvor und nie danach in der Geschichte der Militärluftfahrt hat es so etwas gegeben, daß ein Flugzeug innerhalb von neunzig Tagen konzipiert, entworfen, gebaut, erprobt und geflogen wurde. Die Idee dafür rührte aus dem Jägerstab her, der ein billiges, einfach herzustellendes und wirkungsvolles Jagdflugzeug haben wollte, das innerhalb kürzester Zeit in hoher Stückzahl in Großserienfertigung genommen werden konnte, um die riesigen feindlichen Bomberverbände durch Großeinsätze zu bezwingen. Am 8. September 1944 stellte das Technische Amt die Forderung nach einem Jäger auf, der mit ein oder zwei 3-cm-Kanonen 750 km/h erreichen, in Meereshöhe über 30 Minuten Flugzeit sowie die Eigenschaft zum Kurzstart verfügen sollte. Die Aufnahme der Großserienfertigung war für den 1. Januar 1945 vorgesehen. Die Wahl fiel auf die Heinkel He 162. Galland und andere waren entsetzt, als sie davon erfuhren, weil sie davon überzeugt waren, daß nur die Zusammenfassung aller Kräfte und Mittel für die Me 262 Aussicht auf Erfolg hatte, den Anforderungen an die Luftwaffe gerecht zu werden. Insbesondere Göring war jedoch geradezu wie versessen auf dieses Projekt. Er sah darin Ähnlichkeiten mit Gedanken, die am 25. September 1944 zur Bildung des Volkssturms führten. Seine »Volksjäger« sollten in der Luft den Gegner jenseits der Reichsgrenzen genauso zurückwerfen wie die letzten, zum Volkssturm aufgebotenen Kräfte Deutschlands am Boden. In welcher Traumwelt Göring lebte, zeigt allein die Tatsache, daß er aus der Hitler-Jugend das fliegende Personal zu rekrutieren vorschlug. In Verfolgung seiner phantastischen Vorstellungen nahm er Gespräche mit der Führung des NS-Fliegerkorps und der Hitler-Jugend auf, deren Ergebnis vorsah, daß ein gesamter Jahrgang der HJ zur Vorbereitung auf den Einsatz im »Volksjäger« mit der Segelflugschulung beginnen solle. Die He 162, hauptsächlich aus Leichtmetall und Sperrholz gefertigt, konnte in 6000 m Höhe 840 km/h, mit Notleistung sogar 900 km/h erreichen. Bewaffnet mit zwei 2-cm-Kanonen hatte sie in 11 000 m Höhe eine Kampfreichweite von knapp 500 km. Zum Glück für die Hitler-Jugend kam die He 162, die selbst von erfahrenen Flugzeugführern eine sehr sorgfältige Hand erforderte, jedoch nicht mehr zum Einsatz. Am 4. Mai 1945, die Monatsplanung sah die Fertigung von 2000 Maschinen diesen Typs vor, hatte die Luftwaffe nur 50 Maschinen im Bestand; keine davon ist je zu einem Jagdeinsatz gestartet.

Die Me 262, Ar 234, Do 335 und He 162 waren keineswegs die einzigen Flugzeuge, die die Luftwaffe in den letzten Kriegsjahren einzuführen plante. Das fortschrittlichste, noch zum Einsatz kommende Flugzeug war ohne Frage die Me 163. Mit ihrem Raketentriebwerk erreichte sie zwischen 4000 m und 12 000 m Höhe eine Höchstgeschwindigkeit von 970 km/h und machte sie damit zum schnellsten Flugzeug des Krieges. Ähnlich der Me 262 war auch sie zunächst ein Erprobungsflugzeug, das 1940 zum erstenmal flog. Kurz vor seinem Tode hatte Udet im Oktober 1941 die Me 163 fliegen sehen und war außerordentlich beeindruckt, so daß er die weitere Entwicklung dieser Maschine zum Abfangjäger empfahl. Milch war anderer Meinung. Er sah keinen Bedarf für einen derartigen Jäger, weil dringlichere Projekte verfolgt werden müßten. Dementsprechend erhielt die Me 163, wie auch die Me 262, eine sehr niedrige Vorrangstufe zuerkannt, um wenigstens die Versuche damit fortsetzen zu können. Erst im Januar 1944, als die alliierten Tagesangriffe an Heftigkeit zunahmen, schlug die Stunde zugunsten der Me 163. Aus den wenigen schon fertiggestellten Maschinen wurde eine Staffel gebildet, die am 13. Mai 1944 ihren ersten Einsatz flog. Auf Grund ihrer kurzen Flugzeit von nur sechseinhalb Minuten und der vielen auftretenden technischen Probleme war die Me 163 zum Scheitern verurteilt. Im Dezember betrug die Monatsproduktion 90 Flugzeuge. Einen Monat später wurde die Fertigung der Me 163 eingestellt, die Luftwaffe hatte sie aus dem Produktionsprogramm gestrichen. Nur eine Jagdgruppe wurde mit diesem Typ ausgerüstet. Sie meldete den Abschuß von neun feindlichen Bombern und den Verlust von 14 eigenen Me 163 im Luftkampf. Die Bachem Ba 349 »Natter«, die nicht mehr zum Einsatz kam, erwies sich als ähnlicher Fehlschlag. Immerhin war sie der erste Senkrechtstarter mit Raketenantrieb. Aus einfachstem Material mit verhältnismäßig geringen Kosten herstellbar, sollte die »Natter« von einem Startgerüst senkrecht nach oben in die Bomberverbände abgefeuert werden und dort ihre Bordraketen zum Einsatz bringen. Danach mußte der Flugzeugführer mit dem Fallschirm aussteigen, das Flugzeug ging als Wegwerfgerät zu Boden. Nach Erreichen der Einsatzhöhe betrug die Flugzeit 3,15 Minuten. Am Ende des Krieges standen 10 »Natter« einsatzbereit auf ihren Startgerüsten. Das überraschende Auftauchen feindlicher Panzer sorgte dafür, daß sie nie zum Einsatz kamen.

Weniger aus dem Rahmen technischer Neuerungen fielen die Ju 388 und die Focke-Wulf-Jäger Ta 152 und Ta 154. Nachdem das »Bomber B«-Projekt fallengelassen worden war, wurde im September 1943 aus der Ju 188 die Ju 388 weiterentwickelt. Sie sollte als Höhenkampfaufklärer und Nachtjäger dienen. Milch war von diesem Flugzeug ganz besonders angetan und wünschte es sich als Standardnachtjäger der Luftwaffe lieber als die He 219. Im August 1944 wurde die erste Ju 388 an die Luftwaffe ausgeliefert, und im Oktober begann die Serienfertigung der Aufklärerversion. Mit einer Höchstgeschwindigkeit von 620 km/h in 12 000 m Höhe und einer Reichweite mit Zusatzbetankung von 1700 km versprach die Ju 388, ein vorzügliches Flugzeug zu werden, leider mußte die Produktion im Dezember 1944 abgebrochen werden. Die Luftwaffe konnte diese Maschine in den laufenden Fertigungsprogrammen nicht zusätzlich verkraften und unterbringen. Die mit einer Druckkabine versehene Ta 152 sollte ein Hochleistungsabfangjäger für den Einsatz in großen Höhen, die Ta 154 Nacht- und Schlechtwetterjäger werden. Die beiden 1942 in Entwicklung genommenen Flugzeuge erhielten anfangs keine hohe Dringlichkeitsstufe zugewiesen, was dann schließlich dazu führte, daß sie nie in den Einsatz kamen. Als Teil der Maßnahmen zur Typenbereinigung und Rationalisierung im Flugzeugbau in den letzten Kriegsmonaten wurde der Weiterbau der Ta 154 im August 1944 aufgegeben, nachdem die einzige Leimfabrik, die die Grundstoffe für das hauptsächlich aus Holz gebaute Flugzeug lieferte, einem Bombenangriff zum Opfer fiel. Der Ta 152 hat man keine besondere Bedeutung beigemessen. Nicht anders erging es mit dem Bauprogramm des Nachtjägers He 219, von dem Milch ohnehin nicht viel hielt. Nach den alliierten Bombenangriffen im April und Juni 1944 auf die Flugzeugwerke in Wien-Schwechat erholte sich die Produktion des dort hergestellten Typs nie wieder. Also ruhten alle Hoffnungen zur Rettung der Luftwaffe auf anderen als den hier erwähnten Flugzeugtypen.

Bis Kriegsende mußten weiterhin die Bf 109 und Fw 190 die Hauptlast der Kämpfe tragen, weil die neuen, mit Düsen- oder Kolbentriebwerken ausgerüsteten Jäger nur bis auf ganz verschwindend geringe Zahlen noch an die Verbände ausgeliefert wurden. Die Monatsproduktion von Bf 109 betrug im Januar 1944 940 Maschinen, im September 1600, die der Fw 190 wurde vergleichsweise von 380 auf 1390 gesteigert. Im August kam die mit flüssigkeitsgekühltem Motor versehene Fw 190D an die Front. Sie erreichte in 6600 m Höhe eine Höchstgeschwindigkeit von 685 km/h und war damit um knapp 40 km/h schneller als der Vorgängertyp Fw 190A-8, aber reichte leistungsmäßig nicht an die besten der alliierten Jäger heran. Ende 1944 kam als letztes Modell die Bf 109K heraus, die eine Dienstgipfelhöhe von 12 500 m und eine Höchstgeschwindigkeit von 725 km/h erreichte, über 100 km/h schneller als ihr Vorgängertyp. Aber auch sie kam zu spät und in viel zu geringen Stückzahlen, um noch irgend etwas im Luftkrieg ausrichten zu können.

Wäre es deutschen Ingenieuren gelungen, ein »Wunderflugzeug« zu entwickeln, das leistungsmäßig Mitte 1944 den Flugzeugen der Gegner bei weitem überlegen gewesen wäre, so bleibt es höchst fraglich, ob es in ausreichender Zahl hätte produziert werden können, um am Ausgang des Krieges etwas zu ändern. Die Einführung eines neuen Jagdflugzeuges, das mit dem Vorgängermuster nur leichte Ähnlichkeiten, wenn überhaupt, hatte, hätte ohne nennenswerten Produktionsabfall in der gesamten Jägerfertigung bewerkstelligt werden können, wenn beide Typen eine Zeitlang gleichzeitig gebaut worden wären. Das wäre sicherlich in Friedenszeiten schon schwierig genug gewesen, geschweige denn im Kriege, als durch alliierte Luftangriffe das Gefüge der deutschen Rüstungsindustrie zerschlagen wurde und Gebietsverluste das Reich vieler seiner Fertigungsstätten beraubten. Mitte 1944 war die alliierte Bomberoffensive gegen deutsche Luftrüstungsbetriebe voll im Gange, auf die alleine 1944 und 1945 etwa 28 600 Tonnen Bomben abgeworfen wurden. Gleichzeitig griff der Feind mit 508 093 Tonnen Bomben das deutsche Verkehrsnetz an, was sich verheerend auf die Kriegsproduktion auswirkte. Auf Grund der Auslagerung von Betrieben, die nach den ersten schweren Bombenangriffen erfolgte, hing die Fertigung hochwertiger Flugzeuge wesentlich von der Funktionsfähigkeit der Straßen- und Schienentransportwege ab. Im Herbst 1944 gab es 300 verschiedene Betriebe, die mit der Flugzeugproduktion beschäftigt waren. Jede Störung oder Unterbrechung des Verkehrsnetzes, und das war sehr häufig der Fall, führte zu Verkehrsengpässen und Transportverzögerungen, die sich zwangsläufig in geringerem Ausstoß niederschlugen. Angesichts dieser Schwierigkeiten wäre die Einführung eines neuen Flugzeuges, das in ausreichender Stückzahl in Großserienfertigung hätte genommen werden sollen, um der schier unermeßlichen Überlegenheit des Gegners zu begegnen, äußerst schwierig, wenn nicht gar unmöglich gewesen.

Wenn dieses technische und organisatorische Meisterstück noch vor Winterbeginn gelungen wäre, was hätte damit erreicht werden können? Zu dieser Zeit war die Flugkraftstoffproduktion bereits so weit abgesunken, daß man damit niemals auch nur andeutungsweise in erforderlicher Stärke eine Gegenoffensive hätte unternehmen können. Hätte man selbst durch ein unvorhergesehenes Wunder im Frühjahr 1945 die Luftüberlegenheit über dem Reichsgebiet zurückgewonnen, welchen Nutzen hätte dies für die Luftwaffe gebracht? Schon lange hatten die überaus starken feindlichen Heere im Zusammenwirken mit überlegenen taktischen Luftstreitkräften tiefe Einbrüche innerhalb der Grenzen des Reichs erzielt. Die Luftwaffe hätte alleine diese Lage nicht mehr wenden können. Den Himmel über Deutschland freizumachen von feindlichen Bombern, um der Wehrmacht insgesamt mehr Handlungsspielraum zu geben, hätte nicht ausgereicht, das Ende wesentlich hinauszuzögern. Beiseite mit allen Hypothesen, dem vielen Wenn und Aber! Tatsache bleibt, daß Mitte 1944 die Luftwaffe nichts mehr vor einer Niederlage bewahren konnte. Sie hatte den Krieg schon verloren, als dem deutschen Heer 1941 der Sieg im Osten versagt blieb.

XII. Das bittere Ende

Im September 1944 war der Zeitpunkt erreicht, wo sich die Reichsverteidigung außerstande sah, den alliierten Bomberverbänden bei Tage mehr als ein Prozent Verluste zuzufügen. Die Alliierten hatten ein derartiges Maß an Luftherrschaft über dem Deutschen Reich an sich gerissen, daß das RAF Bomber Command Ende August seine Tagesangriffe auf das Reichsgebiet wiederaufnehmen konnte. Bezogen auf die Einsatztage, verzeichnete die 8. US-Luftflotte einen Rückgang der Jagdansätze auf ihre Bomberverbände. Gab es im März noch an 11 Tagen Feindberührung mit deutschen Jägern, so waren es im September 5, im Oktober und November jeweils 4 und im Dezember 3. Mit Ablauf des Jahres 1944 hatten die Alliierten im täglichen Durchschnitt 4000 Feindflüge durchgeführt, die Luftwaffe brachte es auf ganze 300. Im Luftkampf betrug die deutsche Verlustrate im Verhältnis zu den Alliierten 7:1. Bei Nacht sah es für die Luftwaffe nicht minder schlecht aus. Zwar stieg die Anzahl der Nachtjäger im Westen von 685 am 1. Juli 1944 auf 830 am 1. Oktober, aber ihre Abschlußerfolge sanken rapide. Im Juni waren es noch 2,9 Prozent feindliche Bomberabschüsse, im Dezember nur noch 0,7 Prozent. Außer dem Kraftstoffmangel litten sie ganz besonders unter dem Verlust der Radarfrühwarnstellungen, die vom schnellen Vorstoß alliierter Truppen überrollt worden waren, und der deutlichen Überlegenheit des Feindes auf dem Gebiet elektronischer Stör- und Täuschmaßnahmen. Seit September 1944 konnte das Bordradargerät vom Typ »Lichtenstein SN-2« auf Grund von feindlichen Störmaßnahmen nicht mehr genutzt werden. Bis zum Ende des Jahres gab es kein deutsches Radar- oder Funkgerät mehr, das nicht wirkungsvoll gestört werden konnte. Als die Alliierten von Juli an mit der Bekämpfung deutscher Jagdfliegerhorste begannen, überschritten die am Boden verursachten Verluste die Verluste im Luftkampf. Dazu zählten auch die Verluste, die bei Verlegeflügen von und nach E-Häfen auftraten, wo die Nachtjäger tagsüber Unterschlupf fanden. Das und die gefürchteten Einsätze der RAF-Nachtjäger vom Typ »Mosquito« führten schließlich dazu, daß aus deutschen Nachtjägern von nun an Gejagte wurden.

Nach dem Versagen der Jagdfliegerkräfte setzte man immer mehr Vertrauen auf das Leistungsvermögen der Luftwaffenflakverbände, besonders im Rahmen der Tagluftverteidigung. 1943 konnte die Flak ein Viertel aller Feindabschüsse im Bereich Luftflotte Reich für sich verbuchen; 1944 stieg dieser Wert auf über ein Drittel der 7290 über Deutschland abgeschossenen Feindflugzeuge (2570 Maschinen). Bei Tag spielte die Flak insofern eine besondere Rolle, weil sie die Hälfte aller Abschüsse erzielte. Bei Nacht brachte sie es hingegen nur auf 11 Prozent. Über den Einsatz der Flak äußerte sich Speer am 1. August 1944:

> »Die Flak hat in den letzten Monaten gezeigt, daß sie bei massierten Angriffen auf die Städte doch größere Abschußzahlen erreicht hat, als bisher angenommen werden konnte. Sie wird eine immer größere Bedeutung bekommen. Wir wissen nicht, wie die Heimatverteidigung und auch die Verteidigung gegen die feindlichen Flieger an der Front bei den zu erwartenden Mangelerscheinungen auf dem Gebiete des Flugbetriebsstoffes aussehen werden. Zumindest bringt es die Flak zuwege, daß die Flugzeuge auf größere Höhen getrieben werden und ihre Zielsicherheit entsprechend schwindet.«

Welche Wirkung die Flak haben konnte, zeigen die Schießergebnisse gegen einen amerikanischen Bomberverband, der am 25. November 1944 die synthetischen Treibstoff herstellenden Leuna-Werke angriff. 27 Prozent der vom Einsatz zurückkehrenden Bomber wiesen Flaktreffer auf, zwei Drittel der abgeschossenen wurden ein Opfer von Flakgranaten. Das bildete keine Ausnahme, sondern galt repräsentativ fast für alle der durchgeführten Tagesangriffe. Hitler hielt auf die Flakwaffe große Stücke, und er forderte beständig die Steigerung der Flakgeschützproduktion. In seinem Führerbefehl vom 4. November 1944 verlangte er:

»Bei seinen Terrorangriffen auf das Reich spricht der Gegner von der Hölle des deutschen Flakfeuers. Viele seiner Absichten sind durch unsere konzentrierte Flakabwehr vereitelt worden. Um diesen psychologischen und taktischen Moment weitgehendst ausnützen zu können, gilt es, die Feuerkraft der Flakabwehr in jeder erdenklichen Weise zu verstärken. Ich befehle daher die sofortige Steigerung des Flakwaffen- und Munitionsprogramms. Dieses erstreckt sich auf die schwere, mittlere und leichte Flak, einschließlich der entsprechenden Geschosse, Funkmeßgeräte, Feuerleit- und Kommandogeräte. Gleichzeitig sind mit stärkster Beschleunigung alle laufenden Entwicklungsaufgaben hinsichtlich der Leistungssteigerung der Geschütze und Geschosse und sonstigen Entwicklungen zur Flakabwehr mit Nachdruck zu betreiben.«

Im Februar 1945 verfügte die Luftwaffe innerhalb und außerhalb Deutschlands über 31 569 Flakgeschütze, von denen 12 000 das Kaliber 8,8 cm oder größer hatten. Die Flak war eine gefährliche Waffe, sie reichte aber in keiner Weise aus, die Feindeinflüge zu unterbinden. Auch die Wirkung von Flakgeschützen unterlag irgendwo einer Grenze. Für den Abschuß eines einzigen Feindbombers mußten nicht weniger als 4940 leichte und 3343 schwere Flakgranaten gefeuert werden. Der Sieg ließ sich nur mit einer ausreichenden Anzahl moderner Abfangjäger, die von hervorragend ausgebildeten Flugzeugführern gesteuert wurden, erringen.

In der zweiten Jahreshälfte 1944 wurde die alliierte Bomberoffensive mit zunehmender Grausamkeit fortgesetzt. Alleine im Oktober fielen 100 000 Tonnen Bomben auf das Reichsgebiet, über 60 Prozent mehr als jemals zuvor in einem Monat. Die englischen »Lancaster«-Bomber schleppten bis zu 11 Tonnen Bomben pro Maschine ins Zielgebiet, das entsprach dem Gewicht einer Ju 88A-4. Auf Duisburg hatte die RAF innerhalb von 24 Stunden 9000 Tonnen Bomben geworfen, ungefähr dieselbe Menge, die die Luftwaffe während des ganzen Krieges auf London geworfen hatte. In welchem Maße der alliierte Bombenkrieg gesteigert worden war, läßt sich daraus ersehen, daß nach dem 1. Juli 1944 genau 72 Prozent von allen über dem Reichsgebiet im Verlaufe des Krieges abgeworfenen Bomben fielen. Das Jahr 1944 erteilte den Deutschen eine furchtbare Lektion über das Wesen und die Bedeutung von Luftüberlegenheit. Ungefähr 17 Prozent Produktionskapazität büßte das Reich ein, 146 809 deutsche Bürger fanden den Tod und 238 962 wurden schwer verletzt; 214 599 Gebäude lagen in Trümmern und 244 089 wiesen schwere Schäden auf.

Die schweren alliierten Tagesangriffe gegen die Treibstoffwerke hatten für die Luftwaffe die verheerendsten Folgen. Da sie nicht einmal die Hydrierwerke, die wichtigste Grundlage für ihr eigenes Überleben, schützen konnte, blieb ihr nur mehr zuzusehen, wie ihre Kraftquellen versiegten. Speer wies Hitler am 30. August 1944 warnend darauf hin: *»Wenn die Alliierten im Luftkrieg weiterhin so erfolgreich sind, wird es uns bald an den erforderlichen Rohstoffen fehlen, um den Krieg mit modernen Waffen fortzusetzen«.* Im September 1944 wurden nur 17 000 Tonnen Flugbetriebstoff produziert, das waren 9 Prozent der Monatsproduktion vom März des Jahres, bevor die Alliierten die Treibstoffwerke zu bombardieren begannen. Der Ausstoß üblicher Vergaserkraftstoffes ging sogar auf 40 Prozent zurück. Obwohl im November die Produktion von Flugbenzin wieder leicht auf 46 000 Tonnen anstieg, sank sie im Januar 1945 auf 11 000 und im Februar auf gerade 1000 Tonnen ab. Am Ende dieses Monats hatte die Luftwaffe nur noch 11 000 Tonnen im Vorrat. Das schlug sich im monatlichen Betriebsstoffverbrauch der Luftwaffe nieder. Er sank im September auf 60 000 Tonnen, entsprechend 30 Prozent des Bedarfs vom Mai, fiel im November 1944 auf 41 000 Tonnen, um nach einer kurzen Erholungspause vollends im Februar 1945 auf 27 000 und im April auf 19 000 Tonnen abzufallen, das waren nur 10 Prozent der Vorjahreswerte. Vor diesem Hintergrund muß man die Einsatztätigkeit der Luftwaffe in den letzten zehn Kriegsmonaten werten.

Am 10. Juni 1944 begann der lange erwartete russische Angriff an der Ostfront, und zwar entgegen aller Lageeinschätzungen an der finnisch-karelischen Front. Mit täglich 1000 Feindflügen der Fliegerkräfte der Roten Armee wurden die deutschen und finnischen Verbände, die etwa 150 Feindflüge mit Müh und Not aufbieten konnten, geradezu eingedeckt. Innerhalb einer Woche wurden 50 Ju 87 und Bf 109 der Luftflotte 6 zur Verstärkung der 105 Flugzeuge der Luftflotte 5, die seit November 1943 Kammhuber führte, verlegt, änderten aber wenig an der allgemeinen Luftlage in diesem Frontabschnitt. Am 23. Juni verlor der Kriegsschauplatz im hohen Norden für die Deutschen an Bedeutung, weil im Mittelabschnitt der Hauptstoß der Russen erfolgte. Zur Unterstützung der Roten Armee standen 6000 Flugzeuge bereit, darunter der neue Jäger La-7 mit einer Höchstgeschwindigkeit von 666 km/h und das Jagd- und Schlachtflugzeug Yak-3 (645 km/h), das unterhalb von 3300 m Höhe der Bf 109 und Fw 190 überlegen war, aber mit zunehmender Höhe leistungsmäßig stetig abfiel. Die 725 Einsatzflugzeuge der Luftflotte 6 sahen sich einem Kräfteverhältnis von über 6:1 gegenüber. Unverzüglich trafen Verstärkungen von überall her für den bedrohten Frontabschnitt ein, so daß von Greim Ende Juni 270 Flugzeuge mehr zur Verfügung hatte. 40 Jagdeinsitzer wurden aus der Reichsverteidigung abgezogen, 85 Schlachtflugzeuge vom Typ Fw 190 von der ohnehin schon geschwächten Luftflotte 2 aus Italien und 40 Fw 190 von der Luftflotte 3, die einen ständigen Überlebenskampf im Westen führte. Weil man am Südabschnitt der Ostfront eine weitere russische Offensive befürchtete, wurden von der Luftflotte 4 anfangs nur 70 Flugzeuge für den Mittelabschnitt freigestellt, erst später erhöhte sich auch diese Zahl. Alle diese Flugzeuge konnten jedoch angesichts der überwältigenden russischen Übermacht wenig ausrichten. Am 8. Juli 1944 war die Heeresgruppe Mitte geschlagen, eine 400 km breiter Fronteinbruch machte den Weg des feindlichen Vormarsches auf Ostpreußen und das Baltikum frei. Am Ende des Monats war die Rote Armee 800 km weit gen Westen vorgestoßen, in der ersten Augustwoche 1944 wurde sie entlang der Reichsgrenze in Ostpreußen aufgefangen und ihr weiteres Vordringen vorerst unterbunden. Die Luftwaffe hatte große Verluste erlitten. Trotz aller Verstärkungen war die Kampfkraft der Luftflotten 1, 4 und 6 von 1980 Flugzeugen zu Anfang Juni auf 1760 zurückgegangen, ein Großteil davon betraf die Verbände unter Führung von Ritter von Greim. Obwohl im Mittelabschnitt 1160 Flugzeuge versammelt waren, führten der außerordentlich geringe Einsatzklarstand der Maschinen und schwerwiegende Engpässe in der Flugkraftstoffversorgung dazu, daß täglich nicht mehr als 600 Feindflüge durchgeführt werden konnten, was zur Entlastung der hart bedrängten deutschen Truppen nicht ausreichend beitrug.

Die Kampfpause am Mittelabschnitt ließ die Luftwaffe keineswegs zur Ruhe kommen. Am 20. August eröffnete der Feind im Südabschnitt mit dem Übergang über den Pruth eine neue Offensive, die die Deutschen gleichermaßen überraschend traf wie der Staatsstreich in Rumänien am 23. August 1944. Zu dieser Zeit verfügte die Luftflotte 4 über nur noch 200 Flugzeuge. Weil sie keinerlei Schlachtflugzeuge hatte, konnte sie dem Feind auch keine entscheidenden Schläge zufügen. Die sofort aus dem Norden herangeführten Verbände änderten daran wenig. Auf Grund der sich verschlechternden Kraftstofflage und der hohen technischen Materialausfälle war auf die Luftflotte 4 kein Verlaß mehr. Am 31. August fiel die rumänische Haupstadt Bukarest in russische Hand. In zwölf Tagen war der Feind 400 km weit vorgerückt. In den folgenden sechs Tagen stieß er nochmals 320 km bis an die jugoslawische Grenze vor. Am 8. September 1944 erklärte Bulgarien Deutschland den Krieg, bis zum 24. war auch der Südwestteil Ungarns überrollt. Die jugoslawische Hauptstadt Belgrad wurde am 20. Oktober besetzt, und am 4. November stand die Rote Armee in den Vororten von Ungarns Hauptstadt Budapest. Damit war Deutschlands Stellung auf dem Balkan erschüttert. Bis zum Ende des Jahres 1944 hatten die Kämpfe im Osten deutsche Truppen gefährlich weit in die Nähe der Reichsgrenzen zurückgeworfen. Im Nordabschnitt waren die Heeresgruppe Nord und die Luftflotte 1 mit 245 Flugzeugen in Kurland eingekesselt, etwa 130 km entfernt von der deutschen Front, die von Ostpreußen, entlang der Weichsel, südsüdwest bis Budapest, von dort zum Plattensee und nach Nordjugoslawien verlief. Die Luftwaffe war fast lahmgelegt. Die am 31. Dezember 1944 an der Ostfront verfügbaren 1875 Flugzeuge schafften selbst bei gutem Wetter im gesamten Frontbereich knapp 500 Feindflüge pro Tag, oft erheblich viel weniger. Rein zahlenmäßig waren die Fliegerkräfte der Roten Armee der Luftwaffe im Verhältnis 6:1 überlegen, das Verhältnis der Feindflüge betrug sogar 10:1. Im Osten war die Luftwaffe kein militärischer Faktor mehr, mit dem noch ernsthaft zu rechnen war.

In der zweiten Hälfte des Jahres 1944 gab es in Italien kaum nennenswerte Kräfte der Luftwaffe. Im Mai hatte Göring zugeben müssen: »*Im Augenblick ist die Lage so, daß sich kein einziges unserer Flugzeuge mehr am Himmel zu zeigen wagt*«. Besser war die Lage nicht geworden. Als der Feind Ende Juli in der Lage war, täglich alleine 1000 Einsätze im Hinterland der deutschen Linien zu fliegen, waren die Kräfte der Luftflotte 2 auf 50 Jagdeinsitzer, 40 Ju 87 als Nachtschlachtflieger und 35 Aufklärer aller Truppen geschrumpft. Nach der alliierten Landung in Südfrankreich, am 15. August, wurden die Jäger ins Rhônetal verlegt, kehrten nach einer Woche wieder nach Italien zurück, um schließlich in der dritten Septemberwoche endgültig an die Westfront abgezogen zu werden. Eine Handvoll Fw 190 kamen im Oktober als Schlachtflieger nach Italien, aber auch sie wurden Anfang Dezember für den Einsatz im Westen herausgelöst. Anfang 1945 schickte man einige Düsenaufklärer Ar 234 und Nachtschlachtflugzeuge vom Typ Fw 190 nach Italien, ansonsten wurde aber nichts getan, um das Gleichgewicht zu den gegnerischen Luftstreitkräften annähernd wiederherzustellen. Hätte man selbst sämtliche Luftwaffenverbände von allen Fronten abgezogen und nach Italien verlegt, so hätten sie nicht ausgereicht, die alliierten Luftstreitkräfte im Mittelmeerraum zu bedrohen, weil diese inzwischen so stark geworden waren, daß sie täglich bis zu 5000 Einsätze fliegen konnten, um so gerüstet für die letzte Offensive zu sein, die am 9. April 1945 eröffnet wurde und am 2. Mai mit der Kapitulation deutscher Truppen in Italien endete. Der Oberbefehlshaber der Heeresgruppe C, Generaloberst von Vietinghoff, äußerte über den Einsatz der alliierten Luftstreitkräfte: »*Sie unterbanden jede Bewegung, Panzer konnten überhaupt nicht fahren. Ihre bloße Anwesenheit über dem Gefechtsfeld brachte jeden Verkehr und jede Bewegung zum Erliegen*«. General von Senger und Etterlin, Kommandierender des XIV. Panzerkorps, schrieb die Zerschlagung der Heerestruppen den alliierten Luftangriffen zu. Schon seit August 1942 verschlechterte sich die Lage der deutschen Wehrmacht immer mehr an den Fronten, wo sie mit den westlichen Alliierten im Kampf lag. In ähnlichem Umfange traf dies seit Ende 1943 auch für die Ostfront zu.

Genauso geschlagen und unfähig wie überall war die Luftwaffe im Westen. Beim überstürzten Rückzug aus Frankreich, im August 1944, konnte die Luftflotte 3 keinen Einfluß auf das Kampfgeschehen des Heeres an der Front nehmen. Am 23. August wurde Sperrle seines Postens entbunden. Seinem Nachfolger, Deßloch, blieb die Aufgabe zu versuchen, das Beste aus einer schwierigen Lage zu machen. Die übriggebliebenen 420 Bf 109 und Fw 190 verließen französischen Boden, um der Gefährdung alliierter Luftstreitkräfte zu entgehen, und wurden am Rande ihrer Reichweite, etwa 200 bis 270 km ostwärts der Schlachtfelder an der Seine stationiert. Ein Teil wurde noch an die Luftflotte Reich abgegeben, die Ende September dann über 1260 Jagdeinsitzer verfügte, während vergleichsweise im Westen nur 300 und an der Ostfront 415 Jäger standen. Ende August wurden die bisher in Belgien und Nordwestfrankreich liegenden Kampfflieger- und Nachtjagdverbände nach Holland und Deutschland zurückverlegt. Aus Südfrankreich, wo die Alliierten am 15. August 1944 gelandet und mit 5000 Flugzeugen den 220 deutschen eindeutig überlegen waren, zog die Luftwaffe am 21. August alle Verbände ab. Die Jäger wurden im Raum Metz versammelt, während die etwa 100 Torpedobomber nach Deutschland kamen, wo sie bald in Vergessenheit gerieten. Die Einsatzfähigkeit der Transportflieger nahm auch ab. Seit Juli 1944 flogen sie Versorgungseinsätze für die an der französischen Küste eingeschlossenen deutschen Truppen. Zunächst galt es, Cherbourg zu versorgen, um dann auf Dünkirchen, Boulogne, Le Havre, St. Malo, Brest, Lorient, La Baule, St. Nazaire, La Rochelle, Verdon Bordeaux, Bayonne und Biarritz überzugehen. Bis Ende August wurden in jeder Nacht durchschnittlich 50 Tonnen Versorgungsgüter eingeflogen. Nachdem die Anzahl an Transportflugzeugen stetig abnahm und auf Grund des Rückzuges die Anflugwege immer länger wurden, waren es dann in jeder Nacht vielleicht noch 20 Tonnen oder weniger. Ende 1944 gab es bloß 15 einsatzbereite Ju 52, die die so dringend von deutschen Truppen im Westen benötigten Nachschubgüter einfliegen konnten. So weit hatten es die Transportflieger gebracht, die im Verlaufe des ganzen Krieges bei Versorgungsflügen an die Front 1 199 291 Soldaten, 886 262 Tonnen Nachschub und 8,7 Millionen Liter Kraftstoff eingeflogen und 1 004 652 verwundete oder kampffähige Soldaten von der Front ausgeflogen hatten. Ende 1944 hatten die deutschen Transportflieger fast aufgehört zu bestehen.

Im September 1944 konnte man von einer deutschen Luftwaffe im Westen auch nicht mehr reden. Ihre Kräfte waren verbraucht. Die 175 Kampfflugzeuge des IX. Fliegerkorps standen wegen Flugbetriebsstoffmangels am Boden, denn ein einziges Angriffsunternehmen mit ihnen hätte zwei Tagesproduktionen des Monats August geschluckt. Die 420 Bf 109 und Fw 190 des II. Jagdkorps brachten es pro Tag unter Aufbietung aller Anstrengungen auf höchstens 300 Einsätze. Auf Grund des wahrlich geschrumpften Einsatzgebietes der Luftflotte 3 entschloß man sich am 21. September 1944 zu ihrer Umwandlung in Luftwaffenkommando West, was der Herabstufung auf Korpsebene entsprach, und unterstellte dieses der Luftflotte Reich (Stumpff). Deßloch kehrte als Chef Luftflotte 4 an die Ostfront zurück und überließ General Holle das Kommando über die restlichen Kräfte. Während der Umgliederungsphase flogen die wenigen einsatzbereiten Flugzeuge Einsätze gegen die alliierten Luftlandeunternehmen in Holland, deren Schwerpunkt bei Arnheim lag. Am ersten Tag des Unternehmens, dem 17. September 1944, konnten die Deutschen nur 75 Einsätze fliegen gegen eine feindliche Übermacht von 1200 Jägern, 1100 Bombern und 212 Jagdbombern sowie zahlreichen Transportern. In der Woche vom 18. bis zum 25. September, in der sich die Engländer aus dem Raum Arnheim fluchtartig zurückzogen, kamen fast alle Jäger der Luftflotte Reich dort zum Einsatz, weil der feindliche Angriff das Tor nach Nordwestdeutschland zu öffnen drohte. Selbst dann schafften die Deutschen täglich im Durchschnitt nur 250 Jagdeinsätze. Obwohl der Feind schließlich zum Rückzug gezwungen worden war, so hing es in keiner Weise mit dem Einsatz der Luftwaffe zusammen. Sie hat in dieser Hinsicht nichts bewegt. Zum erstenmal seit Monatsbeginn kamen die im Westen verfügbaren Bomber bei den Kämpfen um Arnheim wieder zum Einsatz. In zwei Nächten konnten sie mit 100 Feindflügen nur wenig ausrichten. Es waren ihre letzten Einsätze im Westen. Am 22. September 1944 wurde das IX. Fliegerkorps (Peltz) aus dem Fronteinsatz herausgenommen. Zum Erstaunen der Jagdfliegerführung löste man es nicht auf, sondern beauftragte es zwischenzeitlich mit der Umschulung seines fliegenden Personals auf Jagdflugzeuge, bis es später eventuell wieder seiner ursprünglichen Einsatzverwendung zugeführt werden konnte. Somit blieben nur noch die Verbände des X. Fliegerkorps: 60 Torpedoflugzeuge Ju 88 und Ju 188, die man im Hinblick auf eine mögliche Landung des Gegners an der holländischen Küste in Reserve hielt, und 60 für den Mineneinsatz vorgesehene Ju 88 sowie 60 He 111, die für den Abwurf der V1 umgerüstet wurden (die Urtypen für den Einsatz von Marschflugkörpern aus der Luft; d. Ü.). Die wenigen He 177 und Fw 200 wurden nach Norwegen verlegt, wo sie schließlich zur Ausmusterung kamen. Ende September hatte die Luftwaffe an allen Fronten nur noch 500 Bomber, inklusive der für den Torpedoeinsatz in Umrüstung befindlichen, von denen 50 Prozent einsatzbereit waren und weit weniger tatsächlich regelmäßig Feindflüge durchführten. Die Kampffliegerwaffe der Reichsluftwaffe lag in ihren letzten Zügen.

Zwar wirkte sich die Produktionssteigerung an Tagjagdflugzeugen der Luftwaffe kaum in der Reichsverteidigung aus, sie veranlaßte Hitler aber, sich Gedanken über eine Großoffensive zu machen. Im Oktober 1944 hatte sich der »Führer« entschlossen, die englischen und amerikanischen Kräfte im Westen mit einem entscheidenden Schlag zu treffen, indem er durch die Ardennen auf Antwerpen vorstoßen wollte. Wenn dieses Ziel erreicht wäre, würde ein Keil zwischen die alliierten Truppen getrieben sein, ein Großteil von ihnen verlöre jede Möglichkeit für den Nachschub, so daß sie leicht zerschlagen werden könnten. Dadurch würde der feindliche Vormarsch um mindestens sechs Monate verzögert werden, um Zeit zu gewinnen für die Zusammenfassung ausreichend starker Kräfte an der Ostfront zur Vernichtung des russischen Feindes. Das war Hitlers traumhafte Vorstellung. In Wirklichkeit hatte er gar nicht genügend Kräfte zur Verfügung, den erhofften Erfolg in die Tat umzusetzen. Mit Beginn der Ardennen-Offensive hatte das Luftwaffenkommando West insgesamt 2300 Flugzeuge, davon 1770 Bf 109 und Fw 190, von diesen wiederum 270 Schlachtflugzeuge. Eine nebligeWetterlage beeinträchtigte die Einsatztätigkeit, so daß in der ersten Woche im Durchschnitt bei Tage 600 und bei Nacht 300 Einsätze nur geflogen werden konnten. Am Heiligabend, dem 24. Dezember 1944, lichtete sich der Nebel. Die Alliierten schlugen mit 600 Einsätzen, die sich im Laufe der Tage auf 1200 steigerten, zurück. Da die feindlichen Angriffe sich größtenteils gegen die Luftwaffe unmittelbar in der Luft und gegen ihre Fliegerbodenorganisation richteten, litten die deutschen Operationen insgesamt darunter. Der Einsatzklarstand sank ab, und die für diesen Angriff so sorgfältig gehorteten Kraftstoffvorräte wurden knapp, so daß die täglich möglichen Feindflüge bis zum 31. Dezember 1944 auf 300 abfielen. In den Reihen der schlecht ausgebildeten Flugzeugführer kam es angesichts der alliierten Luftüberlegenheit zu einer Krise, die Göring zu einem unmißverständlichen, umstrittenen Befehl veranlaßte: »*Kein Flugzeugführer bricht den Einsatz ab, es sei denn bei Fahrwerksschaden. Flüge sind auch mit Zündstörung fortzusetzen. Versagen der Kraftstoffzusatzbehälter gilt nicht als Entschuldi-*

gungsgrund für Abbruch des Einsatzes. Drückeberger, die sich des Augenblicks der Stunde der Entscheidung nicht bewußt sind, sind aus der Jagdwaffe zu entfernen«. Am 1. Januar 1945, dem Neujahrstag, wurde unter der Bezeichnung Unternehmen »Bodenplatte« das letzte große Luftangriffsunternehmen gegen alliierte Flugplätze mit bemerkenswertem Erfolg durchgeführt. Es forderte hingegen einen hohen Tribut. Etwa 800 Jäger starteten zum Einsatz, zerstörten oder beschädigten 465 feindliche Flugzeuge (am Boden vornehmlich; d. Ü.) und verloren selbst über 400 Flugzeuge und Flugzeugführer. Die Treibstoffvorräte wurden dadurch fast erschöpft. Es war ein Pyrrhussieg. Er verschaffte dem deutschen Heer keinerlei Entlastung und kam zu spät, um die Offensive noch irgendwie zu unterstützen. Schon am 26. Dezember 1944 mußten sich die Spitzen deutscher Truppen, die im höchsten Fall knapp 100 km von ihrer Ausgangsposition entfernt waren, zurückziehen. An diesem Tage erteilte man der Truppe auch den Befehl, bei Tage jede größere Bewegung zu unterlassen. Der Gegner hatte die absolute Luftherrschaft über dem Gefechtsfeld! Am 3. Januar 1945, als 400 Schlachtflieger zur Unterstützung des fehlgeschlagenen Vorstoßes im Elsaß im Süden der Front zum Einsatz kamen, blieb von Rundstedt dennoch nur die Entscheidung zum Rückzug, die Hitler am 8. Januar dann mit Einschränkungen billigte. Zu der Zeit konnte die Luftwaffe über den Ardennen noch im besten Falle 200 Einsätze am Tag aufbieten. Die letzte Offensive der Wehrmacht im Kriege brach in sich selbst zusammen.

Danach beruhte die gesamte Offensivkraft der Luftwaffe auf dem Einsatz der »fliegenden Bombe«, der V1. Zur selben Zeit, als die V1 gegen London abgefeuert wurde, beschoß man damit auch den Hafen von Antwerpen, über den im September der größte Teil des alliierten Nachschubs im Westen umgeschlagen wurde. Da es den Kampffliegern der Luftwaffe nicht gelang, dieses wichtige Ziel zu zerstören, griff man auf die V1 zurück, um zumindest den Nachschub der Engländer und Amerikaner zu stören. Am 27. Oktober 1944 flog die erste V1 von einer in Deutschland befindlichen Feuerstellung in Richtung auf Antwerpen. Bis zum 30. März 1945 waren es dann 4823, die auf den Hafen gefeuert wurden. Von allen diesen trafen nur 211 innerhalb eines Radius von 13 km um das Hafenbekken auf. Die Treffsicherheit der Flak, die Antwerpen abschirmte, war derart gut, daß sie am Anfang der Beschießung 67 Prozent und bei Beendigung 97 Prozent Abschüsse erzielte. Auf diese Art verpuffte schließlich die letzte sogenannte Offensive der Luftwaffe.

Die Ereignisse des Luftkrieges im Jahre 1944 konnten nicht ohne Rückwirkungen und Folgen für die Luftwaffenführung bleiben. Am Ende des Jahres hätte das Durcheinander und Gegeneinander in der obersten Führung nicht schlimmer sein können. Milch und Göring, die letzten beiden Überlebenden, die wesentlichen Anteil am Aufbau der Luftwaffe hatten, »die Schöpfer der Luftwaffe«, hatten Stellung und Einfluß praktisch verloren. Als erster mußte der Staatssekretär seinen Stuhl räumen. Die Zielstrebigkeit, in der Milch auf eigene Faust versuchte, eine Verteidigungsluftwaffe zu schaffen, trug schließlich zu seiner Entfernung vom Dienstposten bei. Obwohl seine Vorstellungen letztlich gebilligt wurden, kam es zwischen Göring und Milch, dessen Verhältnis zu ihm schon seit 1936 nicht zum besten stand, über die Frage der Reichsverteidigung zum Bruch. Bereits am 5. März 1943 trug Milch in einem Gespräch Hitler vor, daß sich die Luftwaffe auf die Defensive beschränken müsse und Göring in diesem Zusammenhang den Oberbefehl über die Luftwaffe niederlegen solle. Das meldete Milch auch seinem Oberbefehlshaber. Im nächsten Monat telefonierte Milch mit Goebbels und teilte ihm mit, daß Görings Fehlentscheidungen und Führungsversagen unweigerlich zur Katastrophe führen müsse. Er war sich si-

cher, daß der Reichsmarschall über seinen Telefonabhördienst über seine Äußerungen und Befürchtungen informiert werden würde. Durch die offen ausge-
sprochenen Zweifel an Görings Führungsfähigkeit bewegte sich der Staatssekretär auf äußerst heißem Pflaster, denn er war für den Reichsmarschall keineswegs
mehr unabkömmlich. Göring hatte seine eigenen Berater und den »Kleinen Generalstab«. Er blieb auf seinem Posten, nur weil Hitler von seinen Fähigkeiten
so sehr überzeugt war. Die Entfremdung zwischen Milch und Göring wurde immer deutlicher. Am 3. Juli 1943, kurz vor der Eröffnung der Offensive bei Kursk
(Unternehmen »Zitadelle«, d. Ü.), hatte Göring einen seiner üblichen Ausfälle
wegen »Feigheit etc.« des fliegenden Personals gemacht. Milch protestierte dagegen und verwies auf seinen Inspektionsbericht vom Juni, in dem er auf die
hohe Kampfmoral der Flieger aufmerksam gemacht und Vorschläge über Änderungen in der Art des Luftwaffeneinsatzes unterbreitet hatte. Daraufhin fuhr
Göring in Gegenwart aller Anwesenden Milch zornig an: »Sie bilden sich doch
nicht ein, daß ich Ihren Wisch gelesen habe?« Um diese Zeit war es, daß der Reichsmarschall sich mit Gedanken trug, Milch durch Keßelring zu ersetzen. Auch äußerte er seine Unzufriedenheit mit den Leistungen des Generalluftzeugmeisters
anläßlich einer Besprechung am 3. Oktober 1943: »Was stellt sich der Feldmarschall
(Milch) eigentlich vor? . . . Vor einem halben Jahr hat er mir gesagt, ich könnte mich be-
ruhigen, bis dahin sei alles überwunden. Was ist denn das für ein Saustall? . . . Das ist
noch schlimmer geworden als unter Udet. Wo ist die Programmsteigerung? Außer den
Jägern gibt es keine. Wenn ich so die Bomber abbaue, ist es kein Kunststück, die Jäger
heraufzubringen.«
Görings Mißfallen gegenüber Milch wurde unmißverständlich sichtbar durch
die Übertragung von Verantwortlichkeiten und Zuständigkeiten des Staatssekretärs auf den Generalstab der Luftwaffe. Das Gerangel um die Führung der Luftwaffe hörte bei Kriegsbeginn keineswegs auf. Loerzer erklärte die Entwicklung
in dieser Angelegenheit: »Milch ist aus der Luftwaffe hinausorganisiert worden«.
1940 wurden einige Inspektionen, die bisher in Milchs Verantwortungsbereich
fielen, dem Chef des Generalstabes unmittelbar unterstellt; 1941 wurden die
wichtigsten Inspektionen, die der Kampfflieger, der Jagdflieger und Aufklä-
rungsflieger, Göring unmittelbar unterstellt (in Wirklichkeit natürlich Jeschonnek); 1942 folgten der Bevollmächtigte für die Lufttorpedowaffe und der Luft-
mineninspizient. Das setzte sich 1943 fort, indem das Nachschubamt aufgelöst
und dafür im Generalstab die Dienststelle des Chefs des Nachschubwesens der
Luftwaffe neu gebildet wurde. Zahlreiche andere, in jenem Jahr geschaffene
Dienststellen wurden auch Jeschonnek unterstellt. Eines davon, das Amt des
Chefs der Personellen Rüstung der Luftwaffe (früher Luftwaffenpersonalamt),
fand Milchs besonderes Interesse, um so schwerer traf ihn diese Maßnahme.
Loerzer, der Chef dieser Dienststelle war, erinnert sich an die Vorgänge: »Dann
nahm Göring dem Milch auch noch das ihm unterstellte Rechtswesen und auch das Gna-
denamt. Für Milch blieb fast gar nichts mehr übrig. Seine Stellung als Staatssekretär war
ausgehöhlt. Ich fragte Göring: »Was wird Milch sagen?« Er antwortete mir: »Ich möchte
diese Dinge bei mir haben. Milch arbeitet immer gegen mich.«
1944 war eine totale Umgliederung des RLM schon lange überfällig. Am 21.
Juni wurde das Ministerium in drei große Bereiche aufgeteilt: Oberkommando
der Luftwaffe (OKL), Chef der Personellen Rüstung und Reichsminister der
Luftfahrt (RdL) mit nachgeordneten Bereichen. Alle drei unterstanden Göring
unmittelbar, so daß Milchs Stellung noch weiter geschwächt werden konnte. Der
Dienstposten des Staatssekretärs wurde gestrichen und damit Milchs Stellung als
Stellvertreter Görings, die ihm, wenn auch nur der Form halber, die Dienstaufsicht über den Generalstab der Luftwaffe gegeben hatte. Milch, immer noch Generalinspekteur der Luftwaffe und Generalluftzeugmeister – diese Aufgaben

hatte ja inzwischen der Jägerstab übernommen –, war nichts anderes als administrative Pflichten und Aufgaben geblieben. Selbst von der Tätigkeit des Generalluftzeugmeisters wurde er entbunden, als diese Dienststelle am 29. Juli 1944 aufgelöst und der Chef der Technischen Luftrüstung unter Milchs stärkstem und unangenehmsten Rivalen, Ulrich Diesing, dem Generalstab unterstellt wurde. Tags darauf löste man den Jägerstab auf und übertrug die Aufgaben für die gesamte Luftrüstung dem Rüstungsministerium unter Speer. Milch konnte dort als gleichberechtigter Stellvertreter Speers wenigstens noch einigen Einfluß ausüben. In vieler Hinsicht war die Umorganisation des Luftwaffenbeschaffungs- und -entwicklungswesens äußerst vernünftig. Zum erstenmal konnte der Chef des Luftwaffengeneralstabes Einfluß auf die technische Entwicklung und die Rüstungsplanung nehmen, wenn es auch schon viel zu spät dafür war. Dennoch versuchte er es seinerzeit, weil er nach Milchs Zeit das Ruder noch herumwerfen wollte. Erstaunlicherweise fand die Zusammenlegung des Beschaffungswesens der Luftwaffe mit dem Rüstungsministerium Milchs volle Zustimmung, weil es dem entsprach, was die anderen beiden Wehrmachtteile schon lange getan hatten und in Wirklichkeit nur die Rechtfertigung für die Aufstellung des Jägerstabes vom 1. März war. In seiner Abschiedsrede vor seinen Mitarbeitern führte Milch am 29. Juli 1944 unter anderem aus: *»Die Umorganisation ist nicht die Folge eines Versagens von Stellen der Luftwaffe oder der des GL (Generalluftzeugmeister; d. Ü.) . . . Mir war völlig klar, daß es zu dieser Entwicklung kommen mußte, nachdem ich als einzigster die Bildung des Jägerstabes gefordert hatte. Er entsprang meinen Ideen und niemanden sonst«.* Milch war davon überzeugt, daß von nun an die Luftwaffe alle Voraussetzungen erfüllt bekäme, die zur Erfüllung des Auftrages angesichts der gegnerischen Bedrohung erforderlich wären. Unter diesen Vorzeichen fiele es ihm nicht schwer, seinen Stuhl zu räumen.

Lange konnte Milch seine, wenn auch eingeschränkte Einflußnahme nicht mehr ausüben, weil er am 1. Oktober 1944 einen schweren Kraftfahrzeugunfall erlitt, der ihn bis Januar 1945 dienstunfähig machte. Ungeladen erschien Milch am 12. Januar zu Görings Geburtstag in Karinhall, wo er erstaunt und betont unfreundlich von Göring empfangen wurde. Drei Tage später erhielt er einen, eine Woche zuvor geschriebenen Brief von Göring, mit dem er ihn aus seinem letzten Amt, dem des Generalinspekteurs, entließ. Milch war nicht der einzige hohe Luftwaffenoffizier, der 1944 in den vorläufigen Ruhestand versetzt wurde. Im Sommer war Korten eindeutig am Ende seiner Kräfte und seiner Weisheit angelangt. Er konnte gleichermaßen wie seine Vorgänger nicht länger mit Göring zusammenarbeiten. Anders als Jeschonnek brauchte er nicht zur Pistole greifen, um dem Dilemma zu entfliehen. Am 20. Juli stand er nur wenige Schritte von Hitler entfernt, als während der täglichen Lagebesprechung die Bombe der Verschwörer hochging und seinem Leben ein Ende setzte, Hitler aber den Anschlag überlebte. Sofort versuchte man, einen Nachfolger zu finden. Hitler schlug von Greim vor, von dem Göring aber nichts wissen wollte, so daß man sich schließlich auf General Werner Kreipe, einen von Milchs ehemaligen persönlichen Generalstabsoffizieren, einigte. Gleichzeitig nahm der Reichsmarschall die Gelegenheit wahr, sich von Koller zu trennen, mit dem er gar nicht auskommen konnte, und als Chef des Luftwaffenführungsstabes den General Eckhardt Christian zu berufen.

Kreipe, ein junger Offizier mit vielfältiger Ausbildung und Verwendung, mag sich als hervorragender Chef des Generalstabes der Luftwaffe entwickelt haben, wenn er die volle Unterstützung von Göring gehabt hätte. Aber sein Versuch, Hitler von der dringenden Notwendigkeit der Reichsverteidigung zu überzeugen, schlug fehl. Er setzte alles daran, Hitler von seiner Entscheidung in Sachen Me 262 abzubringen und der Luftflotte Reich erheblich stärkere Kräfte zur Verfügung zu stellen. General Stumpff beklagte sich, daß er noch nicht einmal ein einziges Flakgeschütz ohne Genehmigung des Führerhauptquartiers bewegen durfte. Am 30. August 1944 vermerkte Kreipe in seinem Tagebuch über einen Zusammenstoß mit Hitler: *»In steigender Erregung wurde ich scharf abgefertigt. Nun würde auch ich ihm in den Rücken fallen! Unverantwortliche Elemente in der Luftwaffe wie Milch und Galland hätten mich beschwatzt!«* »Hitler trug sich sogar ernsthaft mit den Gedanken, die Luftwaffe bis auf die Strahlverbände aufzulösen und sich nur noch auf eine erheblich verstärkte Flakwaffe zu stützen. Die Reibungen zwischen Hitler, Göring und Kreipe wuchsen beständig. Kreipe wurde jeder Kontakt mit Milch untersagt. Nach einer hitzigen Auseinandersetzung mit dem »Führer«, am 18. September 1944, legte man dem vierten Generalstabschef der Luftwaffe nahe, um seinen Abschied aus dem Dienstverhältnis zu bitten. Koller, Kreipes Nachfolger, erging es wenig besser. Ihm gelang es aber, bis zum bitteren Ende durchzuhalten und auszuhalten. Seine Auswahl verzögerte sich etwas, so daß er erst am 12. November unter erheblichen Vorbehalten seitens Göring berufen wurde. Er war ein vorzüglicher Stabsarbeiter, aber die Kraft seiner Persönlichkeit reichte nicht aus, die Unnachgiebigkeit und Kompromißlosigkeit Hitlers und die Dummheiten Göring zu überwinden, wenn es überhaupt seinerzeit jemanden gelungen wäre, damit fertig zu werden. Nach dem Kriege bemerkte Koller über die wesentlichen Fehler der Luftwaffe: *»Wir wurden geradezu überfordert mit Aufgaben, . . . weil das OKW zuviel verlangte . . . und die Dringlichkeiten nicht von Anbeginn an in die Bestrebungen zur Erhaltung der Luftüberlegenheit lenkte, um dadurch Deutschlands kriegswichtige Gebiete und die Rüstungsindustrie zu schützen und jeden Angriff vom Westen abzuschlagen . . . Wir wurden geschlagen und ausgelöscht . . .«*

Aber die Lage, in der sich die Chefs des Generalstabes der Luftwaffe befanden, war nur ein Gesichtspunkt des Unbehagens, der in Kreisen der Luftwaffenführung Platz griff. Hitlers Enttäuschung über die Luftwaffe kannte fast keine Grenzen mehr. Er hatte es schon lange aufgegeben, dem Oberbefehlshaber oder dem Chef des Generalstabes der Luftwaffe überhaupt noch zuzuhören. Bei ihnen verlor er laufend seine Fassung und Beherrschung. Guderian erinnert sich an eine Gelegenheit, als Hitler tobte: *»Göring! Die Luftwaffe taugt nichts. Sie ist nicht mehr wert, ein selbständiger Wehrmachtteil zu sein. Das ist Ihre Schuld. Sie sind faul!«* Danach rannen dem Reichsmarschall die Tränen über die Wangen. Als Guderian später vorschlug, Göring seiner Aufgaben zu entbinden, traf er jedoch Hitlers Kern. Hitler antwortete: *»Das kann ich aus staatspolitischen Gründen und Erwägungen nicht tun. Die Partei würde mich nicht verstehen«.* Schließlich war Göring Hitlers designierter Nachfolger. Statt dessen hörte der »Führer« immer mehr auf den Rat anderer. Er forderte einen General der Luftwaffe, der im Namen des Reichsmarschalls im Führerhauptquartier die Interessen der Luftwaffe wahrnehmen sollte. Die Wahl fiel schwer. Keßelring war als Oberbefehlshaber in Italien gebunden, von Richthofen genas von einer Verletzung, Sperrle war verabschiedet worden und nur von Greim, Chef der Luftflotte 6 im Osten, schien Hitler der geeignete Mann. Er war ein durch und durch aufrechter und befähigter Truppenführer, dem an hoher Gedankenführung über strategische Ideen nicht viel gelegen war. Ende September 1944 wurde er mit diesen Aufgaben betraut. Hitler schenkte ihm sofort sein volles Vertrauen. Die Stellung brachte eine erhebliche Einflußnahme mit sich. Seinerzeit war es schon lange für Hitler üblich, auf fast jede Bewegung und Maßnahme der Wehrmacht unmittelbaren Einfluß zu nehmen. Die Luftwaffe machte dabei keine Ausnahme. Dazu Koller nach dem Kriege: *»Verlegungen von Luftwaffenverbänden von einem Frontabschnitt zum anderen konnten gewöhnlich nicht ohne Zustimmung des Führers durchgeführt werden. Er behielt sich das Recht zur Entscheidung dafür auf jeden Fall vor, es sei denn, daß ein Frontkommandeur in einem bestimmten Frontabschnitt Einspruch erhob, weil* *er vom Abzug fliegender Verbände hörte. In der Praxis wirkte es sich immer so aus, daß der Führer entschied«.* In seiner neuen Dienststellung wurde von Greim sehr schnell zum willfährigen Instrument »seines Führers« und damit zum einflußreichsten Mann in der Luftwaffe.

Kurz nach seiner Amtsübernahme begann von Greim mit der Ausarbeitung seiner Dienstanweisung, die sich insbesondere auf die Zusammenarbeit mit dem OKL einzustimmen hatte. Am 1. Oktober verzeichnete Kreipe:
»Nachmittags Besprechung mit v. Greim, der mir die von ihm ausgearbeitete Dienstanweisung für sich selbst zeigt. Danach wird er stellvertretender Oberbefehlshaber der Luftwaffe mit allen Rechten und Pflichten und übernimmt gleichzeitig mehrere Aufgaben des Chefs des Generalstabes der Luftwaffe. Ich mache ihn auf mehrere Unklarheiten aufmerksam und bezweifle, daß Göring diesem Vorschlag zustimmen werde. v. Greim erklärte, daß Führer und Himmler (!) einverstanden seien. Das bißchen Routinearbeit des Generalstabes könne auch Christian schaffen, sonst würde er General Koller wieder holen. Er wolle in den nächsten Tagen Görings Zustimmung einholen.«

Göring hat die Zustimmung zu seiner stillen Abhalfterung nicht erteilt. Als Kreipe am 3. Oktober bei ihm in Karinhall erschien, war zunächst von Greim beim Reichsmarschall; in seinem Tagebuch schrieb Kreipe dann: *»Anschließend werde ich gerufen, allein mit Göring, der völlig gebrochen: Man wolle ihn ausschalten, Greim sei ein Verräter. Er sei und bleibe Oberbefehlshaber. Greim sei für ihn erledigt«.* Als Hitler nahe daran war, die Spitzenbesetzung der Luftwaffe zu ändern, machte er einen Rückzieher. Er sträubte sich, auf dem Sturz des Mannes zu bestehen, der einst einer seiner vertrautesten Parteigenossen gewesen ist. Von Greim verblieb im Führerhauptquartier als verantwortlicher Vertreter der Luftwaffe. Diese Stellung hielt er für unmöglich, solange sie nicht formgerecht Bestätigung fand. Im November gab Hitler seiner Bitte statt, wieder als Chef zu seiner Luftflotte 6 zurückzukehren. Der neue Chef des Generalstabes, Koller, nahm von nun an an den Lagebesprechungen teil. Hitler holte sich aber keinen Offizier der Luftwaffe mehr als deren ständigen Verbindungsmann ins Führerhauptquartier, sondern suchte zunehmend den Rat seines persönlichen Flugzeugführers, Flugkapitän Hans Baur. Obwohl er den Rang eines SS-Gruppenführers bekleidete, war er in militärischen Angelegenheiten der Luftwaffe ein Laie, dennoch fand seine einfache, unkomplizierte Art der Betrachtung von Problemen bei Hitler ein offenes Ohr. Auf diese Art von Beratung in Luftkriegsfragen stützte sich der Oberste Befehlshaber der Wehrmacht gegen Ende des Krieges.

Die Enttäuschung über Göring beschränkte sich nicht alleine auf die Spitzenränge der Luftwaffe und auf die höhere Reichsführung. Mitte 1944 war es nicht mehr zu verheimlichen, daß er immer mehr Vertrauen und Respekt bei vielen Offizieren der Luftwaffe aller Dienstgrade eingebüßt hatte. Einst nannten sie ihn den »Eisernen«, jetzt sprachen sie fast nur noch vom »Gummilöwen«. Seine dauernden Vorwürfe an die Adresse des fliegenden Personals und insbesondere an die der Jagdflieger verursachten erhebliche Verstimmung. So schickte Göring nach dem Versagen, die Alliierten vom Einfall nach Italien abzuhalten, an Galland folgendes Fernschreiben: *»Die bei der Abwehr des Bomberangriffs auf die Straße von Messina beteiligten Jäger haben versagt. Von jeder der beteiligten Jagdgruppen ist ein Flugzeugführer wegen Feigheit vor dem Feind vor ein Kriegsgericht zu stellen«.* Bei einer anderen Gelegenheit, anläßlich einer Besprechung im Herbst 1943, riß sich Galland sein Ritterkreuz vom Hals und knallte es vor Göring auf den Tisch, weil der Reichsmarschall behauptete, viele Jäger seien mit Ehrungen und Auszeichnungen überhäuft worden, und sie hätten sich ihrer nicht würdig erwiesen. Im Oktober 1944 berief Göring den sogenannten »Aeropag« (in Anlehnung an das griechische Wort »areopagus« = Gerichtshof) ein, bei dem in einer Art »Luftwaffenparlament« dreißig Kommodores Kritik in jeder Hinsicht üben durften, unter Aussparung des Reichsmarschalls und des »Führers« natürlich. Man verlangte die Ablösung Kollers und empfahl eine Neufassung der Dienstanweisung für den Chef des Generalstabes, was ihn mehr oder weniger zu einem Laufburschen und Aktenträger gemacht hätte. Die Kommodores verlangten, man solle sie in einer Art kollektivem Führungsstab die Einsatzführung der Luftwaffe übernehmen lassen. Der Generalstab versagte diesen Vorschlägen die Zustimmung, und Göring beendete die Beratungen des »Aeropag«, was die schon ohnehin vorherrschenden Zweifel an seiner Führungsqualität nur noch verstärkten. Der hochausgezeichnete Oberst Günther Lützow versuchte sogar, unmittelbaren Vortrag bei Hitler zu erreichen, um ihn über den Fehleinsatz der Jagdkräfte in der Reichsverteidigung aufzuklären. Diesem Begehren wurde nicht nachgegeben. Bei einer nachfolgenden Besprechung mit Göring verlangte Lützow unter anderem von ihm, er solle die ständigen Beschimpfungen und die Anzweiflung des Kampfgeistes der Jagdwaffe beenden. Göring hielt das für Meuterei und verhängte über Lützow »Reichsverbannung«. Lützow wurde Jafü Italien. Gegen Galland, der im Januar 1945 als General der Jagdflieger seines Postens enthoben wurde, wollte er ein Kriegsgerichtsverfahren einleiten. Hitler setzte sich jedoch zugunsten von Galland ein, und man beauftragte ihn mit der Führung eines Verbandes mit Me 262 (JV 44; d. Ü.).

Im Jahr 1944 hatte die Luftwaffe verheerende Verluste erlitten. 13 175 Flugzeuge wurden abgeschossen, am Boden zerstört oder so schwer beschädigt, daß sie nicht mehr zu reparieren waren. Die Kampffliegerwaffe hatte aufgehört zu bestehen. Die Stärke der Tagjagd ging um 29 Prozent auf 2276 Flugzeuge zurück. Die Nachtjagd hatte mit 1289 Nachtjägern ihren höchsten Wert erreicht. Der Flugzeugausstoß sank von 4219 Maschinen im Juli auf 3155 im Dezember. Aber weit wesentlicher wirkte sich die laufende Verschlechterung der Treibstoffproduktion aus, so daß im Februar 1945 nur 1000 Tonnen hydriert wurden. Die vorhandenen Kraftstoffvorräte reichten für zwei Wochen Einsatztätigkeit aus. Für Einsatz-, Ausbildungs- und Erprobungsflüge wurden die dafür verfügbaren 47 000 Tonnen im Januar 1945 auf 19 000 Tonnen im April 1945 reduziert; ein Jahr zuvor hätte das gerade für drei Einsatztage ausgereicht. Angesichts dieser Einschränkungen für den Flugbetrieb war die in den Frontverbänden vorhandene Anzahl von Flugzeugen fast bedeutungslos geworden, daran konnten Umgliederungen und Verlegungen von Befehlsbereichen auf Grund der Frontlage auch nichts mehr ändern. Die Luftflotte 3 wurde Luftwaffenkommando und im September 1944 der Luftflotte Reich unterstellt; am 10. Oktober folgte die Auflösung der Luftflotte 5 (Kammhuber), an ihre Stelle trat der Kommandierende General der Luftwaffe in Norwegen (General Eduard Ritter von Schleich), der auch der Luftflotte Reich unterstellt wurde; an die Stelle der am 28. Oktober 1944 aufgelösten Luftflotte 2 in Italien trat das Luftwaffenkommando Süd, das im Dezember in Kommandierender General der Luftwaffe in Italien umbenannt wurde. Da von Richthofen erkrankt war, führte General Maximilian Ritter von Pohl, der dem Oberbefehlshaber der Luftwaffe unmittelbar unterstand. Auf dem Balkan folgte am 18. November die Auflösung des Luftwaffenkommando Südost (Fröhlich), dessen Aufgaben die Luftflotte 4 mitübernahm. An der Westfront wurde im Februar 1944 das II. Jagdkorps aufgelöst, seine Aufgaben gingen an die 14. und 15. Fliegerdivision über. Das für die Reichsverteidigung bisher zuständige I. Jagdkorps hörte auf zu bestehen, an seine Stelle trat das IX. (J) Fliegerkorps (Peltz) als Jagdkorps. Alle diese Umgliederungen wirkten sich jedoch auf den Einsatz an sich kaum aus, zeigen sie doch nur, wie der Lauf der Ereignisse die Luftwaffe geschwächt und verkleinert hatte. Als diese Veränderungen vorgenommen wurden, gab es nicht mehr viel zu retten. Der Kraftstoffmangel hatte ganz einfach dazu geführt, daß die Luftwaffe ihrem Gegner im Verhältnis 50:1 unterlegen war. Das bedeutete praktisch das Ende der deutschen Luftwaffe.

Am 12. Januar 1945 traten die Russen aus dem Weichselbogen zur Offensive an. Am 19. betrat die Rote Armee deutschen Boden, um bis zum 31. Januar den Unterlauf der Oder, knapp 80 km vor Berlin, zu erreichen. Man war sich auf deutscher Seite unmittelbar nach Angriffsbeginn der drohenden Gefahr bewußt. Die Luftwaffe zog erhebliche Kräfte aus dem Westen ab, um in die Kämpfe mit einzugreifen. Am 15. Januar 1945 hatten 300 Flugzeuge die 1000 der Luftflotte 6, die die Hauptlast des Kampfes zu tragen hatte, verstärkt, und am 22. Januar waren weitere 500 eingetroffen oder in Verlegung nach dem Osten begriffen. Gegen die erdrückende Übermacht des Feindes in der Luft und am Boden, wo er mit Panzern 7:1 überlegen war, blieb den Deutschen nur der Rückzug übrig. Der Feind überschritt die Oder. Am 15. Februar war Breslau eingeschlossen. Als schließlich am 24. Februar 1945 der Russe aufgehalten werden konnte, stand die Rote Armee an der Neiße. Der Wegfall von Polen und großer Teile von Schlesien brachte für die Luftwaffe erhebliche Probleme mit sich, zumal dort zahlreiche Flieger- und Jagdschulen lagen, in sicherer Entfernung von englischen und amerikanischen Verbänden, aber auch von russischen, die sich nur selten vorwagten. Die Rückführung dieser Schulen ins Reich verursachte beträchtliches Gedränge auf den Flugplätzen. In Dänemark und im Raum Leipzig fanden sie dann Unterschlupf. Die dadurch herbeigeführte Störung in der Ausbildung und die organisatorischen und infrastrukturellen Maßnahmen belasteten die kränkelnde Luftwaffe um so mehr. Viel gewichtiger aber war der Verlust zahlreicher Flugzeugwerke, Teilfertigungs- und Reparaturbetriebe, Versorgungsdepots und Nachschublager, die vom Feind bereits überrollt waren oder in gefährlicher Frontnähe lagen. So führte der Verlust der Flugzeugwerke in Marienburg und Sorau zwar zu einem Abfall von 25 Prozent beim Ausstoß der Fw 190, der aber auf Grund vorhandener Reserven von der Luftwaffe einige Wochen lang verkraftet werden konnte. Der Einsatzklarstand der Flugzeuge litt unter dem Mangel an Ersatzteilen, was sich in den kommenden Wochen noch verschärfen sollte. Das hing unabdingbar mit den Gebietsverlusten und den aufgegebenen Flugplätzen genauso zusammen wie mit den Angriffen der Alliierten gegen das deutsche Verkehrsnetz. Das alles schwächte die Bodenorganisation der Luftwaffe in hohem Maße.

Nicht alle der im Januar nach Osten verlegten Kräfte kamen der Luftflotte 6 zugute. Einige bekam die Luftflotte 4 zur Unterstützung eines mißlungenen Gegenangriffs zur Entsetzung deutscher Truppen im belagerten Budapest, das man auch aus der Luft zu versorgen versuchte. Die 500 zwischen Karpathen und Adria verfügbaren Flugzeuge konnten ihrer Aufgabe jedoch nicht gerecht werden, was gleichermaßen für das Heer galt, so daß der Angriff fehlschlug. Nachdem die Russen am 6. März zum Gegenangriff angetreten waren, mußten sich die Deutschen zurückziehen und wurden am Ende des Monats vollständig aus Ungarn vertrieben. Im Süden stieß der Feind ungehindert vor, am 6. April stand die Rote Armee in den Vororten von Wien, das sie am 13. vollends ganz besetzte. Gleichzeitig stürmten die Russen bereits durch die Tschechoslowakei.

Im Westen stand die Luftwaffe sehr geschwächt durch den erheblichen Kräfteabzug an die Ostfront. Mitte März 1945 gab es dort nur 1100 Flugzeuge zur Bekämpfung feindlicher Truppen und weitere 1000 Tag- und Nachtjäger zu gleichen Teilen, die in der Reichsverteidigung die alliierten Bomberverbände mit ihren Begleitjägern zu stellen versuchten. Der Flugbetrieb war so behindert, daß man dem Luftkampf möglichst aus dem Wege ging. Jagdeinsitzern war es untersagt, die Front zu überfliegen. Feindliche Bomberverbände durften nur angegriffen werden, wenn ein Einsatzerfolg zu erwarten war. In der zweiten Februarwoche 1945 erteilte das OKW dem Luftwaffenkommando West den Befehl, nur solche Einsätze zu fliegen, die unmittelbar zur Entlastung der kämpfenden Truppe am Boden dienten. Alle anderen Flüge waren untersagt. Wann immer es zum Einsatz kam, wurden die Jagdverbände zu großen Gefechtsverbänden zusammengezogen, um wenigstens zeitweilig die Luftherrschaft des Feindes abzuschwächen. Der Westen hatte im Vergleich zum Osten für die Luftwaffe nachrangige Bedeutung. Selbst die Wiederaufnahme der alliierten Offensive im Norden der Westfront, Mitte Februar 1945, veranlaßte nur halbherzige Entschlüsse in der Luftwaffenführung. Als Anfang März jedoch die Alliierten gefährlich nahe an den Rhein vorstießen, durften die Verbände des Luftwaffenkommandos West ihre Einsatzanstrengungen auf 300 bis 400 Einsätze pro Tag steigern. Die meisten Einsätze wurden zum Schutz eigener Verkehrswege und Flugplätze und nur 50 Einsätze gegen feindliche Angriffsspitzen geflogen. Bei Nacht flogen entlang der Westfront etwa 140 Ju 87 Störangriffe, deren Anzahl 150 Feindflüge nie überschritt. Außer den Ar 234 kamen keine Bomber zum Einsatz.

Ähnlich gering war die Einsatztätigkeit über dem Reichsgebiet, die im März fast ganz zum Erliegen kam. Nur bei Nachtstörangriffen über England konnte die Luftwaffe noch einige Erfolge erzielen. In der Nacht vom 3. auf 4. März 1945 griffen 100 Nachtjäger Flugplätze des RAF Bomber Command an und zerstörten 22 Bomber. Auch in der Nacht darauf gelang einem etwas kleineren Verband ein ähnlich guter Erfolg. Natürlich kehrten viele der deutschen Nachtjäger vom Feindflug nicht zurück. Den letzten dieser Einsätze flogen 18 Flugzeuge in der Nacht des 17. März 1945, wobei nur ein Feindbomber abgeschossen werden konnte. Im April fügten deutsche Jäger alliierten Bomberverbänden fast gar keine Verluste mehr zu. Betrug die Abschußrate der Nachtjäger im Januar noch 1,3 Prozent bezogen auf die eingesetzten Feindbomber, so war sie im April auf 0,5 Prozent abgesunken, womit sie dieselbe Rate wie in der Tagjagd erreicht hatte. Als Beispiel mag der Angriff auf Berlin vom 19. März 1945 gelten, wo von 1250 amerikanischen Bombern und zahlreichen Begleitjägern die Deutschen nur 24 Bomber und 5 Jäger abschießen konnten, das waren weniger als 2 Prozent aller eingesetzten Flugzeuge. Im April erzielten Flak und Tagjäger zusammen im Durchschnitt 1,4 Prozent Abschüsse der bei Tage über Deutschland einfliegenden Feindflugzeuge. Der letzte Großeinsatz mit Jagdeinsitzern fand am 7. April 1945 statt, als 120 Bf 109 und Fw 190, deren Flugzeugführer über Bordfunk schmissige Marschmusik zur Hebung ihres Kampfgeistes zugespielt bekamen, zu einem Rammeinsatz gegen amerikanische Bomber starteten. Die dabei erzielten Erfolge befriedigten nicht. Nach dem 10. April 1945 sind keine Jagdangriffe gegen Tagbomber nachweisbar, auch nicht von den Düsenjagdverbänden, die es in den Wochen zuvor noch auf täglich 50 Einsätze gebracht hatten. Die Nachtjäger führten pro Nacht etwa 25 Einsätze durch. Die Stärke der Jagdwaffe war nach Mitte April 1945 auf 1000 Flugzeuge abgesunken, nur 400 konnte man dem Feind im Westen entgegenstellen. Um diese Zeit war es schon lange üblich, daß bei Tage zwischen 1200 und 1500 Bomber unter dem Schutz von 600 bis 700 Begleitjägern ins Reichsgebiet einflogen. Bei Nacht waren es nicht weniger Bomber ohne Begleitschutz. Wie übermächtig die alliierten Angreifer und wie unwirksam die deutsche Luftverteidigung waren, läßt sich alleine daraus ablesen, daß in den vier Monaten 1945 vor der Kapitulation des Deutschen Reiches 386 204 Tonnen Bomben auf das Reichsgebiet fielen, das war mehr als das Eineinhalbfache dessen, was in den ersten vier Kriegsjahren abgeworfen worden war.

Zu welchen unerhörten Kriegsleistungen der Gegner fähig war, zeigt der

Großeinsatz vom 22. Februar 1945, als 9000 Flugzeuge von Flughäfen in England, Frankreich, Holland, Belgien und Italien abhoben, um Bomben auf Ziele in einem 640 000 Quadratkilometer großen Gebiet des Reiches abzuwerfen. Damit wollte man das gesamte deutsche Verkehrsnetz zerschlagen. Das fürchterlichste Beispiel feindlicher Luftmacht ereignete sich in der Nacht vom 13. auf 14. Februar, als die RAF die siebtgrößte Stadt des Reiches, Dresden, mit 2659 Tonnen Bomben und Brandkanistern bombardierten. Tags darauf warfen die Amerikaner weitere 800 Tonnen Bomben in das brennende Inferno. Das Maß der angerichteten Zerstörungen übersteigt jede Vorstellung. Obwohl es keine genauen Zahlen gibt, auf die sich englische, amerikanische und deutsche Dienststellen haben einigen können, scheint es ziemlich sicher, daß von den 28 410 im Stadtkern vorhandenen Wohnungen 24 866 total vernichtet wurden. Die Zahl der Toten wird für immer unbekannt bleiben, zumal die Stadt mit Flüchtlingen übervölkert war. Im Vergleich zu den 92 000 Toten, die in Hiroshima als Opfer der Atombombe zu beklagen waren, war Dresden eine viel schlimmere Katastrophe. Zwischen 100 000 und 250 000 (wahrscheinlich 130 000) Menschen fanden den Tod, und eine unbekannte Anzahl wurde verletzt. Ohne Zweifel war dies das höchste Ausmaß hinsichtlich Vernichtung und Auslöschung von Menschenleben, was jemals in einer nur wenige Stunden dauernden militärischen Aktion verursacht worden ist. Bei diesem gräßlichen Einsatz büßte der Gegner nur 25 Bomber ein.

Mit Unterstützung von 4900 Jagd- und 3300 Bombereinsätzen überschritten die Engländer am 23. März den Rhein, ohne daß die Luftwaffe dagegen Entscheidendes machen konnte. Das Luftwaffenkommando West schaffte trotz seiner 1050 Flugzeuge nur 200 Einsätze gegen die englischen Flußübergänge und 150 gegen die der Amerikaner weiter im Süden. In den folgenden zehn Tagen sank diese schon geringe Einsatzzahl noch weiter ab. An der Westfront hatten die Deutschen noch 850 Flugzeuge, die auf Grund der Betriebsstoffknappheit und der Feindtätigkeit am Einsatz gehindert wurden, so daß täglich nur noch 150 Feindflüge unternommen werden konnten. Die alliierten Luftstreitkräfte durften tun und lassen, wie es ihnen beliebte, sie hatten alle Freiheit im Luftraum. In der Zeit vom 25. März bis zum 8. Mai 1945 flog die 9. taktische US-Luftflotte 29 216 Jagdbombereinsätze, zerstörte 13 000 Fahrzeuge, 1600 Lokomotiven, 8900 Eisenbahnwaggons, 725 Panzer und gepanzerte Fahrzeuge, 1495 Flugzeuge am Boden und erzielte 240 Abschüsse, und das alles bei nur 131 eigenen Flugzeugverlusten, entsprechend 0,4 Prozent des eigenen Einsatzaufkommens. Die weitere Frontverkürzung führte zu einer erneuten Umgliederung der Luftwaffe. Das Luftwaffenkommando West, das sich nach Südwesten bis nach Bayern zurückgezogen hatte, wurde für den Einsatz der Luftwaffe in Süddeutschland verantwortlich gemacht, während die Luftflotte Reich alle Verbände im Norden führte. Es gab keine Aufgabenteilung mehr zwischen Luftunterstützung des Heeres und Heimatluftverteidigung, es gab nur noch die Trennung von Verantwortungsbereichen in Ost und West. Die Luftflotten 4 und 6 kämpften von deutschem Boden und die Luftflotte 1 im Kessel von Kurland gegen die Russen.

In der zweiten Aprilwoche hatten die Vormärsche der Engländer und Amerikaner die Luftwaffe auf ein so kleines Gebiet im Herzen Deutschlands zurückgedrängt, daß man nicht mehr zwischen Flugplätzen mit Verbänden, die im Einsatz an der Ost- oder Westfront standen, unterscheiden konnte. Es gab eigentlich überhaupt keinen Grund mehr für vier selbständige Kommandobereiche innerhalb des Reichsgebiets. Im Süden führte die Luftflotte 6 (von Greim) und im Norden die Luftflotte Reich (Stumpff). Von Greim unterstanden das Luftwaffenkommando West, das Luftwaffenkommando 4, das am 7. April aus der Luftflotte 4 gebildet worden war, und das VII. Fliegerkorps; Stumpff hatte das Luftwaffenkommando Nordost, das bis zum 11. April noch II. Fliegerkorps hieß, die 14.

Fliegerdivision sowie die 1. und 2. Jagddivision. Man dachte gar nicht daran, Flugzeuge unterschiedslos zum Einsatz an beiden Fronten freizugeben. Die fronterfahrenen Schlachtfliegerverbände blieben dem Kampf gegen russische Truppen vorbehalten. Als die Russen am 16. April zu ihrer letzten Offensive von der Oderfront antraten, flogen die 2200 Flugzeuge der Luftwaffe im Osten täglich bis zu 1000 Feindflüge gegen einen Feind, der entlang seiner gesamten Front über etwa 15 000 Flugzeuge verfügte. Dieser Einsatz ließ sich nicht über längere Zeit aufrechterhalten. Am 25. April war Berlin vollständig eingeschlossen, und alle umliegenden Fliegerhorste hatte der Feind besetzt, so daß auch angesichts der akuten Knappheit an Flugbetriebsstoff die täglichen Einsätze bis zur Bedeutungslosigkeit zurückgehen mußten.

Als die Tage der Luftwaffe gezählt waren, kam es zu einer letzten umwälzenden Maßnahme in der unseligen Kommandostruktur der Luftwaffe. Nachdem von Greim an die Front zurückgekehrt war, zeigte Hitler seine Unzufriedenheit mit der Luftwaffenführung, indem er für bestimmte Aufgaben Sonderbevollmächtigte einsetzte. Mitte Februar 1945 befahl er, die Produktion von Strahlflugzeugen der SS zu unterstellen, und ernannte den SS-Obergruppenführer Kammler zum Generalbevollmächtigten des Führers für Strahlflugzeuge, woraufhin Göring seinerseits Kammhuber zum Generalbevollmächtigten des Reichsmarschalls für Strahlflugzeuge ernannte. Die Situation grenzte fast an Absurdität. Im März machte Hitler Baumbach zum Sonderbevollmächtigten des Führers zur Bekämpfung aller feindlichen Übergänge über Oder und Neiße, der seine Einsatzbefehle aber von Göring erhielt, wie es Hitler verfügte. Da Baumbach als General der Kampfflieger seinerzeit noch zahlreiche andere Aufgaben wahrzunehmen hatte, beauftragte die Luftwaffe Oberst Helbig mit der Durchführung des Einsatzes, so daß Baumbach lediglich an Hitler Meldung zu erstatten hatte. Ferner gab es den Sonderbeauftragten für die Abwehr viermotoriger Kampfverbände und den Sonderbeauftragten des Reichsmarschall für die Abwehr feindlicher Fernkampfmittel, die genauso dem Generalstab der Luftwaffe verantwortlich waren, wie der Stab für Sonderaufträge und Truppenvorschläge. Ihre auf Hitlers oder Görings Veranlassung erfolgte Ernennung behinderte die Arbeit des Generalstabs ernsthaft. Diese Maßnahmen legten eher den Führungsapparat lahm, statt eine Belebung der Kriegführung zur Folge zu haben. Darüber berichtet General Nielsen:

> *Die Sonderbevollmächtigten waren mit unbeschränkten Vollmachten ausgestattet, um ihre Aufgaben mit allen verfügbaren Mitteln lösen zu können. Praktisch waren die Schwierigkeiten durch entstandene Engpässe, durch Zerstörung des Verkehrsnetzes und durch das Produktions- und Führungschaos schon so weit fortgeschritten, daß diese Sonderbevollmächtigten – wenn überhaupt – sich nur sehr beschränkt auswirken konnten. Durch ihre Eingriffe in den laufenden und eingelaufenen Produktionsprozeß und in der Führung beschleunigten sie dafür den Zerfall des ganzen Kriegsapparates.*

Zum endgültigen Bruch zwischen Hitler und seinem Reichsmarschall kam es in den allerletzten Tagen des »Dritten Reichs«. Er ging nicht auf eine militärische, sondern auf eine rein politische Maßnahme zurück. Am 20. April 1945 hatte der Reichsmarschall Hitler persönlich im Führerbunker in Berlin seine Geburtstagsglückwünsche überbracht und sich dann nach Süddeutschland begeben, wo das Oberkommando der Luftwaffe inzwischen lag. Drei Tage später, am 23. April, schickte Göring an Hitler, der in Berlin von russischen Panzern eingeschlossen war, die in nur wenigen hundert Metern vom Führungsbunker entfernt standen, folgenden verhängnisvollen Funkspruch:

»Mein Führer!
Sind Sie einverstanden, daß ich nach Ihrem Entschluß, im Gefechtsstand in der Fe-
stung Berlin zu verbleiben, gemäß Ihres Erlasses vom 29. 6. 1941 als Ihr Stellvertre-
ter sofort die Gesamtführung des Reiches übernehme mit voller Handlungsfreiheit
nach innen und außen?
Falls bis 22.00 Uhr keine Antwort erfolgt, nehme ich an, daß Sie Ihrer Handlungs-
freiheit beraubt sind. Ich werde dann die Voraussetzungen Ihres Erlasses als gege-
ben ansehen und zum Wohle von Volk und Vaterland handeln.
Was ich in diesen schwersten Stunden meines Lebens für Sie empfinde, wissen Sie,
und kann ich durch Worte nicht ausdrücken.
Gott schütze Sie und lasse Sie trotz allem baldmöglichst hierherkommen.«

Nach Empfang des Funkspruches war Hitler außer sich und empfand Görings
Handlungsweise als Verrat. Als Antwort traf folgender Text auf dem Obersalzberg (Berchtesgaden; d. Ü.) ein: *»Auf Ihrer Handlungsweise steht die Todesstrafe.*
Wegen Ihrer großen früheren Verdienste sehe ich von der Durchführung eine Verfahrens
ab, wenn sie auf Ihre Ämter und Würden verzichten. Andernfalls andere Schritte getan
werden müssen. Adolf Hitler.« Im Laufe des Tages wurde Göring von der SS verhaf-
tet und in seinem Haus auf dem Obersalzberg unter Arrest gestellt. An seiner
Stelle ernannte Hitler den 53jährigen Generaloberst Robert Ritter von Greim
zum Oberbefehlshaber der Luftwaffe und bat ihn, aus Bayern nach Berlin zu
kommen. Am 26. April 1945 wurde von Greim mit einer schweren Beinverwun-
dung, die er nach Beschuß durch einen russischen Jäger auf sein Flugzeug erlitt,
das die berühmte Hanna Reitsch steuerte, von Hitler empfangen. Der neue
Oberbefehlshaber schilderte danach in einem Telefongespräch mit Koller seine
Eindrücke: *»Nur nicht den Glauben verlieren, es gedeiht noch alles zu einem guten*
Schluß. Mich haben das Zusammensein mit dem Führer und seine Kraft außerordent-
lich gestärkt, das ist für mich wie ein Jungbad. Der Führer saß lange an meinem Bett und
hat mit mir alles besprochen. Er hat alle seine Vorwürfe gegen die Luftwaffe zurückge-
nommen, er weiß, was unsere Waffe geleistet hat, sein Vorwurf richtet sich nur gegen Gö-
ring. Für unsere Truppe hat er höchste Worte der Anerkennung gehabt. Ich habe mich
unendlich darüber gefreut.«
Von Greim stand voll im Bann von Hitlers unwirklicher Welt, was jedoch nicht
lange vorhalten sollte. Zurück in Bayern, im OKL mit seinen knapp 120 übriggebliebenen Generalstabsoffizieren und anderen Mitarbeitern, verschaffte sich
der zum Generalfeldmarschall ernannte, kranke und auf Krücken gehende von
Greim einen Überblick über die letzten Reste der einst so mächtigen Luftwaffe.
Die Stärke der Luftwaffe war von dem Höhepunkt mit 2 800 000 Mann im August 1944 auf 1 600 000 Mann und 3500 Flugzeugen zusammengefallen. Die fliegenden Verbände waren zermürbt, auf allen möglichen Flugplätzen zerstreut, in
Auflösung begriffen und ohne geregelten Nachschub; mehr als 150 Einsätze
konnten sie pro Tag nicht mehr fliegen. Am 26. April 1945, dem Tag seiner Amtsübernahme, fielen sich bei Torgau an der Elbe amerikanische und russische Truppen in die Arme. Am Ende des Monats ruhten im Norden alle Kämpfe gegen die
Westalliierten. Die letzten Überreste der Luftwaffe, etwa 1500 Flugzeuge aller
Typen, kämpften im nördlichen Österreich und in Böhmen mit knapp 50 Einsatzflügen pro Tag gegen die Russen bis zur Kapitulation am 8. Mai 1945.

Schlußbemerkung

Die Luftwaffe hat im Kriege einen hohen Blutzoll entrichtet. In fünf Jahren und acht Monaten ununterbrochenen Einsatzes fielen 70 000 Mann fliegendes Personal, 25 000 wurden verwundet. 100 000 Flugzeuge gingen verloren durch Abschuß, Zerstörung am Boden oder Beschußschäden, die nicht mehr reparierbar waren, also zur Verschrottung führten. Von den 4 Millionen Männern und Frauen, die irgendwann Kriegsdienst in den Reihen der Luftwaffe leisteten, wurden 320 000 getötet und weitere 230 000 aus vielfältigen Gründen schwer verletzt. Das Versagen der Luftwaffe wirkte sich in noch viel verheerenderem Maße auf Deutschland insgesamt aus. Die für den Erfolg des Heeres so entscheidende Luftherrschaft über der Front ging zwischen August 1942 und Juli 1943 verloren. Am Ende des Jahres 1943 hatte die Luftwaffe aufgehört, jeden bedeutenden Einfluß auf die Operationen des Heeres zu nehmen. Von nun an mußte das deutsche Heer unter erschwerten Bedingungen kämpfen. Das traf insbesondere auf die westlichen Kriegsschauplätze zu, wo es dem Heer sogar schlechter erging als dem Feind in den ersten Kriegsjahren, den siegreichen Jahren für die Luftwaffe. Der Verlust der Luftüberlegenheit verursachte nicht alleine Deutschlands Niedergang, hat ihn aber mit Sicherheit beschleunigt und die Wehrmacht jeder Möglichkeit beraubt, schließlich doch noch Erfolg zu haben.

Die endgültige Niederlage am Himmel über Deutschland kam erst später. Das Unvermögen, den gegnerischen Luftstreitkräften wirkungsvoll zu begegnen, bereitete der deutschen Luftabwehr schon von Anbeginn an Schwierigkeiten. Das sollte sich verhängnisvoll auswirken. In den letzten sechzehn Kriegsmonaten gelang es dem Feind nicht nur, etwa 20 Prozent der Produktionskapazität des Reichs auszuschalten und die Operationen der Wehrmacht durch die Bekämpfung des Verkehrsnetzes schwerwiegend zu behindern, sondern er versagte den Deutschen auch das wichtigste Mittel zur Durchführung jeder Art von Bewegung – den Treibstoff. Man darf behaupten, daß die Luftwaffe eigentlich schon im September 1944 nach allen Regeln der Kriegskunst geschlagen war. Zwar mußte der Gegner in geringem Umfang noch mit ihr rechnen, aber Einflußnahme auf den Verlauf des Krieges war ihr nicht mehr gegeben.

In rein humanitärer Hinsicht schlug das Versagen der Luftwaffe bleibende Wunden und Narben. Dem alliierten Bombenkrieg fielen im Reichsgebiet 3 370 000 Wohnungen zum Opfer, weitere 3 000 000 wurden schwerstens geschädigt. 7 500 000 Menschen waren obdachlos geworden. Große Teile von Deutschlands reichem Kulturerbe waren unwiederbringlich verloren und zerstört. In der Massenvernichtung fanden 590 000 Kinder, Frauen und Männer den Tod und 800 000 wurden schwer verletzt. All dieses konnte nur geschehen, weil die Luftwaffe den Luftraum über dem eigenen Heimatgebiet nicht schützen und beherrschen konnte. Das war nicht den Männern und Offizieren der deutschen Luftwaffe anzukreiden, deren Taten und Heldentum im Kriege höchster Anerkennung würdig sind. Es lag an der obersten Luftwaffenführung, deren Führungsstil und Führungsverhalten dem Soldatenberuf keine Ehre machte, und natürlich in erster Linie an Hitler, dem Führer und Obersten Befehlshaber der Wehrmacht. Dem Handeln dieses Kriegsherrn, der diese Bezeichnung gar nicht verdient, war es zuzuschreiben, daß die Luftwaffe so sicher wie es Tag und Nacht wird zur Niederlage verurteilt war, und das »Dritte Reich« schließlich unterging.

Anhang

Die militärische Luftfahrt in Deutschland 1919–1933

Im Deutschland der Jahre 1919 bis 1933, dem demokratischen Zwischenspiel der Weimarer Republik, die dem absolutistischen Kaiserreich folgte und bis zur Diktatur Hitlers dauerte, hörte die Militärluftfahrt nicht auf zu bestehen, obwohl dies eindeutig dem Geist und dem Text des Versailler Vertrages widersprach. Die Leistungen und Erfolge der Heeres-Luftstreitkräfte der kaiserlichen Armee und die Bestimmtheit, mit der die Reichsregierung trotz drakonischer Auflagen der alliierten Friedensstifter möglichst viel militärische Reserven und Leistungsfähigkeit zu erhalten versuchte, stellten sicher, daß die Militärluftfahrt und die Zivilluftfahrt nicht vernachlässigt wurden. Die Gedanken des Generals Hans von Seeckt, der von 1920 bis 1926 Chef der Heeresleitung der Reichswehr war, unterstreichen die Absichten und stellen die Bedeutung der Luftstreitkräfte heraus. Obwohl man ihn oft als großen militärischen Denker und Neuerer zu loben pflegt, drücken seine Gedanken, in wohlgesetzte Worte gefaßt, doch eher das seinerzeit vorherrschende Ideengut aus, wie es in der Reichswehr ausgetauscht wurde, als irgendwelche umwälzenden Kriegstheorien. So gesehen ist die Geltendmachung von schlagkräftigen Luftstreitkräften, die unabhängig vom Heer ein wesentlicher Beitrag zur Verteidigung des Deutschen Reichs sein sollten, nur der Ausdruck für die in der Reichswehr darüber angestellten Überlegungen. Über einen zukünftigen Krieg äußerte er: »*Der Krieg wird mit dem gegenseitigen Angriff der Luftflotten beginnen, weil sie die am schnellsten verwendungsbereiten und an den Feind zu bringenden Kräfte sind. Dieser Feind sind zunächst nicht die Hauptstädte und Kraftquellen, sondern die gegnerische Luftkräfte, und erst nach deren Überwindung richtet sich der Angriff gegen die anderen Ziele.*«

Besonders beeindruckt war von Seeckt von einer Denkschrift, die im Mai 1919 von Hauptmann Helmuth Wilberg verfaßt worden war und empfahl, Luftstreitkräfte in Höhe von 1800 Flugzeugen aufzustellen, deren Personal aus 8000 Mann vom Reichsheer und 1200 Mann von der Reichskriegsmarine zu bilden wäre. Die Auflagen des Vertrages von Versailles führten jedoch zur Einstellung und weiteren Verfolgung dieser Pläne. Nur heimlich ließ sich daran weiterarbeiten. In seinem Tagesbefehl anläßlich der Auflösung der Fliegertruppe verkündete von Seeckt am 6. Mai 1920: »*. . . Wir geben die Hoffnung nicht auf, die Fliegertruppe noch einmal zu neuem Leben erstehen zu sehen. In der Geschichte der deutschen Armee wird das Ruhmesblatt der Fliegerwaffe nie welken! Die Waffe ist nicht tot, ihr Geist lebt!*« Als erste Maßnahme veranlaßte von Seeckt die Einstellung von 180 besonders ausgesuchten ehemaligen Fliegeroffizieren in die Reihen des 4000 Mann starken Offizierkorps der Reichswehr. Er tat dies gegen den beachtlichen Widerstand vieler Offiziere des Heerespersonalamts, die der Ansicht waren, wenn auf 22 Reichswehroffiziere jeweils ein Fliegeroffizier entfallen sollte, daß dies, wenn nicht geradezu verschwenderisch, so doch mit Sicherheit lächerlich wäre, weil man über gar keine Flugzeuge verfügte, aber auch keine Aussicht bestand, jemals wieder Flugzeuge zu erhalten. Von Seeckts nächster Schritt erfolgte in enger Zusammenarbeit mit dem Chef seines persönlichen Stabes, General Friedrich Ritter von Haack, dem früheren Inspekteur der Königlich Bayerischen Fliegertruppen, indem er Dienststellen schuf, die sich mit der Militärluftfahrt befaßten. Am 1. März 1920 wurde unter Wilberg im Truppenamt (de facto der Generalstab des Reichsheeres) der Fliegerstab gebildet, der als zentrale Stelle für die Sammlung, Auswertung und Verteilung aller die militärische Luftfahrt betreffenden Fragen zuständig war. Gleichzeitig kam es zur Schaffung des Referats Fremde Luftmächte in der Abteilung Fremde Heere (Feindnachrichtendienst; d. Ü.) und zu der des Referates Fliegertechnik unter Hauptmann Kurt Student, der im Heereswaffenamt in der Abteilung Heereswaffen und Munition eingegliedert war, um jede nur mögliche Information über die ausländische Flugzeugindustrie zu sammeln und auszuwerten. Auch wurde die Truppe nicht vergessen. Bei jedem Wehrkreiskommando gab es einige Fliegeroffiziere, die die Aus- und Weiterbildung in Fragen des Luftkrieges durchführten und die Heerestruppen über die Möglichkeiten der Luftstreitkräfte und die Bedeutung der Luftverteidigung unterrichteten. Diesen sogenannten Referenten z.b.V. oblag auch die Vorbereitung des Einsatzes von Notstaffeln, die im Falle eines feindlichen Einmarsches von zivilen Fluggesellschaften aufgestellt werden sollten. Schließlich wurden jeweils eine Kraftfahrkompanie in Preußen und in Bayern verpflichtet, die Tradition der preußischen und bayerischen Fliegertruppen so lange zu pflegen, bis eine neue Luftwaffe wiedererstünde.

In den folgenden Jahren kam es zu zahlreichen Veränderungen, vor allem den Fliegerstab betreffend. Nach Wilberg folgten dort die Referenten Oberstleutnant Wilhelm Wimmer, Major Hugo Sperrle und Major Hellmuth Felmy. 1925 wurde der Fliegerstab aufgewertet, indem er dem Chef der Heeresleitung unmittelbar unterstellt wurde. Damit gab es eine zentrale Dienststelle für alle mit der Luftfahrt zusammenhängenden Fragen. Ein Jahr darauf trat das Referat Fremde Luftmächte zu diesem Stab. Die Luftkriegsplanung wurde durch die niedrigen Dienstgrade der damit befaßten Offiziere beeinträchtigt, mußten sie sich doch als Majore gegen Obristen und Generale anderer Waffengattungen im Ringen um die Zuteilung knapper Mittel durchsetzen. Am meisten störte jedoch die stabsmäßige Zergliederung, die zu Spannungen zwischen dem Fliegerstab und dem Heereswaffenamt führte. Der Fliegerstab konnte zwar Forderungen an das Heereswaffenamt stellen, sie konnten aber von diesem verworfen und abgelehnt werden. Hitzige Auseinandersetzungen waren die Folge. Eine Zusammenfassung aller Referate schien die einzig richtige Lösung. Als im Jahre 1928 Major Albert Keßelring, seinerzeit der Beauftragte der Reichswehr für das Spar- und Vereinfachungswesen (Heer), die Schaffung einer Inspektion der Luftwaffe forderte, lehnte dies Major Wilhelm Keitel, der Chef der Organisationsabteilung im Truppenamt, mit der Begründung ab, es sei zwar in der Theorie eine gute Idee, in der Praxis aber nicht durchführbar, weil das Ausland darauf zu ungünstig reagieren würde. Der Vorschlag wurde zu den Akten gelegt. Der Abschied von General Werner von Blomberg als Chef des Truppenamtes, im September 1929, führte zu weiteren Rückschlägen, denn er hatte die einheitliche Lösung besonders befürwortet.

Erst 1931 schien die Zeit reif, Keßelrings Vorschlag in die Tat umzusetzen. Der Fliegerstab wechselte in die Inspektion der Waffenschulen des Reichsheeres, die General Hilmar Ritter von Mittelberger innehatte, und wurde in Inspektion der Luftwaffe in der Heeresleitung – In 1 (L) – umbenannt. Von Mittelberger übernahm zusätzlich zu seinen anderen Aufgaben auch diese, Felmy war sein Chef des Stabes. Die Inspektion war verantwortlich für Luftkriegsstrategie und -taktik, Personal, Technik, Feindlage, Luftabwehr, Ausbildung und Wetterdienst. Wie auch schon früher spielte sich alles unter strengster Geheimhaltung ab. Jährlich stand ein Etat von etwa 10 Millionen Reichsmark zur Verfügung, der von der Heeresleitung und vom Reichswehrministerium freigegeben wurde.

Militärische Dienststellen, die sich mit Planung und Aufbau einer Fliegertruppe beschäftigten, waren nur einer von vier Wegen, mit denen die Deutschen in den Jahren 1920 bis 1933 die Verbote des Vertrages von Versailles zu umgehen suchten. Die anderen waren: Militärische Zusammenarbeit mit der Sowjetunion, Nutzung der Zivilluftfahrt und der Sportfliegervereine sowie Aufbau einer Flugzeugindustrie für militärische Zwecke. Mit List und Tücke wurden alle vier Richtungen äußerst zielstrebig verfolgt. Natürlich gab es eine ganz klare Grenze, die die Deutschen nicht überschreiten durften, weil sie sonst Gefahr liefen, daß die Alliierten die Bestrebungen aufdeckten. Nur daran lag es, und nicht an einer möglichen widerstrebenden Haltung gegenüber der Förderung der Luftfahrt, warum der Aufbau auf kleinster Flamme gehalten werden mußte.

Die militärische Zusammenarbeit zwischen Deutschland und Rußland begann am 16. April 1922 mit der Unterzeichnung des Vertrages von Rapallo. Der wichtigste Punkt für die Fliegeroffiziere bezog sich auf die Einrichtung einer Fliegerausbildungsstätte in Lipezk, einer am Woronesh gelegenen russischen Stadt, etwa 480 km südostwärts von Moskau. Oberst Hermann von der Lieth-Thomsen, der einstige Organisator und Chef des Stabes der Heeres-Luftstreitkräfte der kaiserlichen Armee, wurde beauftragt, mit den Russen die gesamte militärische Zusammenarbeit abzuwickeln, wozu noch eine Panzerkampfschule in Kasan und eine Gaskampfschule in Saratow zählten. Er und auch sein Nachfolger, Major Oskar Ritter von Niedermayer, meldeten ihre Ergebnisse nach Berlin, wo unter Major Fischer die Sondergruppe R tätig war, die alle Verhandlungen und Angelegenheiten mit den Russen bearbeitete. Lipezk, die erste deutsche Fliegerschule nach dem Kriege, wurde 1924 unter Major a.D. Stahr, nach ihm benannt Fliegerschule Stahr, unter striktester Geheimhaltung aufgebaut. Ihr standen hauptsächlich 50 in Holland hergestellte Jäger von Typ Fokker D XIII zur Verfügung, was die Hälfte dessen war, was von Seeckt 1923 während der französischen Besetzung des Ruhrgebiets bestellt hatte. Die Lieferung erfolgte zu spät, um noch von irgendeinem militärischen Nutzen sein zu können, daher verkaufte man die andere Hälfte der Lieferung an Rumänien. Natürlich bleibt die Frage offen, ob es die Reichswehr tatsächlich so kurz nach Unterzeichnung des Versailler Vertrages gewagt hätte, offen den Besitz von Jagdflugzeugen zu zeigen. Man war unter allen Umständen um Geheimhaltung bemüht. Die zur Ausbildung nach Lipezk gehenden Flugschüler wurden, auf dem Papier, ordnungsgemäß aus der Reichswehr entlassen und erst nach Rückkehr nach Deutschland wieder eingestellt, selbstverständlich versetzt auf eine Stelle, die »astrein« war. Die Leichen von Männern, die in Lipezk den Tod fanden, kehrten in Holzkisten mit der Bezeichnung »Maschinenteile« in ihr Vaterland zurück. Kutter und ähnliche kleine Seefahrzeuge pflegten Bomben und anderes militärisches Gerät über die Ostsee nach Rußland zu schmuggeln. Der Flugplatz selbst war so getarnt, daß er sich von anderen russischen Flugplätzen nicht unterschied. Die getroffenen Vorkehrungen zahlten sich, wie man weiß, in der Tat aus. Mit Lipezk, wo im Frühsommer 1925 die sechs Monate dauernden Ausbildungslehrgänge aufgenommen wurden, hatte die Reichswehr ein Ausbildungszentrum gewonnen, das sich nicht nur als Erprobungsstelle für Versuchsmuster und taktische Ausbildungsstätte zur Entwicklung neuer Einsatzverfahren, als Schule für Waffenspezialisten und zukünftige Flieger und Führungspersonal erwiesen hat, sondern auch eine Möglichkeit bot, dem militärischen Führerkorps der Reichswehr die Augen für die Belange der Luftfahrt und den Einsatz von Luftstreitkräften zu öffnen. 1930 lagen auf dem Flugplatz 300 Mann und 55 Jagd- und Aufklärungsflugzeuge. 1933 war jedoch die Zeit gekommen, Lipezk aufzugeben. Das lag nicht nur an den zunehmenden Schwierigkeiten bei der Zusammenarbeit mit den Russen, sondern auch an den hohen Kosten, die sich insbesondere in der Zeit der Inflation jährlich auf etwa 3 Millionen Reichsmark beliefen. Die Ausbildung konnte nunmehr etwas offener in Deutschland betrieben werden, weil sich dort die Lage politisch günstig entwickelt hatte. Im September 1933 gab die Reichswehr schließlich Lipezk auf und stellte die Ausbildung ein, nachdem sich in den letzten drei Jahren immer mehr Schwierigkeiten mit den Russen ergeben hatten. Immerhin wurden dort aber insgesamt 150 Jagdflieger und 100 Beobachter ausgebildet.

Zivile Fluggesellschaften und Sportfliegervereine boten der Reichswehr Gelegenheit, ihre Ausbildungsmöglichkeiten zu erweitern. Ende 1924 setzte von Seeckt durch, daß der pensionierte Fliegeroffizier, Ernst Brandenburg, Leiter der Luftfahrtabteilung im Reichsverkehrsministerium wurde. Es war eine einflußreiche Dienststelle, zumal die Abteilung alle deutschen Luftfahrtbelange vertrat, wofür Brandenburg besonders geeignet war. Brandenburg war ein sehr bekannter Bombenflieger des Ersten Weltkrieges, der bahnbrechende Arbeit auf dem Gebiet des Bombenflugwesens geleistet hatte, man denke nur an den Einsatz der Riesenflugzeuge, der Gotha-Bomber, gegen London und Südostengland, wofür ihm unter anderem der Orden Pour le Mérite verliehen wurde. Brandenburg, der nach einem Flugunfall ein Bein verloren hatte, war nach dem Kriege in verschiedenen Stellungen als Beamter für Zivilluftfahrt tätig. Seine Erfahrung, Hingabe an die Aufgaben, Umsicht und sein Organisationstalent waren von unschätzbarem Wert. Er sorgte für die Finanzierung geheimer militärischer Flugzeugentwicklungen, schaffte die Grundlagen für die Ausbildung angehender Offiziere bei zivilen Flugschulen und deckte die Wiederaufrüstung der Luftwaffe durch entsprechende Tarnmaßnahmen. Nachdem die Alliierten 1923 die Beschränkungen für den Sportflug aufgehoben hatten, ging Brandenburg unverzüglich daran, diese Möglichkeiten voll auszuschöpfen. Am 1. Januar 1924 gründete die Reichswehr die Sportflug GmbH, die mit zehn Fliegerschulen in ganz Deutschland die fliegerische Ausbildung für zukünftige Reichswehroffiziere betrieb. Dr. Fritz Siebel, ehemaliger Weltkriegsflieger und Flugzeugfabrikant, leitete die Ausbildung und war Geschäftsführer der Gesellschaft. Auch der Betrieb der anderen privaten Flugschulen und Fliegerclubs wurde von Offizieren gelenkt. Die Reichswehr stellte über einen Geheimfonds, der vom Reichsverkehrsministerium verwaltet wurde, die erforderlichen Geldmittel zur Verfügung. 1925 betrug der Etat für Belange der Militärluftfahrt 10 Millionen Reichsmark, wovon die Häfte auf die Fliegerschulen, die Wartung und Unterhaltung getarnter fliegender Staffeln und Luftschutzvorkehrungen entfielen. Als am 21. Mai 1926 das Pariser Luftfahrtabkommen unterzeichnet worden war, mußten die Deutschen unter alliiertem Druck alle Unterstützungen für die Sportfliegerei einstellen. Die Sporflug GmbH wurde aufgelöst und alles Gerät an drei gewerblich betriebene Gesellschaften abgegeben. Es waren dies die Deutsche Verkehrsflieger-Schule, die Akademischen Fliegergruppen und die Luftfahrt GmbH, die 1927 zur Tarnung militärischer Flugtätigkeit neu begründet worden war.

Diese veränderte Lage wirkte sich kaum auf die vorgesehenen Planungen aus, weil die neuen Gesellschaften dennoch die heimliche Fliegerreserve der Reichswehr blieben. In der Tat stieg die Ausbildung weiter an. Das Pariser Luftfahrtabkommen gestattete 72 Offizieren die Teilnahme am Flugsport auf eigene Kosten. Die Hälfte von ihnen hatte überhaupt noch keine fliegerische Ausbildung genossen. Kurz nach der Unterzeichnung des Abkommens erarbeitete Wilberg zusammen mit den zivilen Fliegerschulen ein umfassendes Ausbildungsprogramm. Unter strengster Geheimhaltung entwickelte man ein Verfahren, nach dem jährlich 40 Offizieranwärter vor ihrem offiziellen Eintritt in die Reichswehr eine zivile Flugschulung erhalten sollten, an die sich alle Jahre ein Wiederholungskurs anschloß. Diese Männer nannte man »Jungmärker« im Gegensatz zu den »Altmärkern«, den Fliegeroffizieren, die schon vor 1926 im Dienst der Reichswehr standen. Beide Gruppen wurden im Ring Deutscher Flieger organisiert, der nach außen hin in erster Linie der zivil gehaltenen Kameradschaftspflege diente, aber auch genaue Akten führte über alle ehemaligen Flugzeugführer, Bordschützen und Beobachter des Ersten Weltkrieges. Dazu gab es noch den Deutschen Luftfahrt Verband, der mit seinen 40 000 Mitgliedern eine beachtliche Reserve ausgebildeter Flieger bot.

Unter dem Druck der Reichsregierung wurde am 6. Januar 1926 mit der Fusionierung der beiden deutschen Fluggesellschaften Deutsche-Aero-Lloyd und Junkers Luftverkehrs AG zur Deutschen Luft Hansa ein weiterer Schritt unternommen. Ob dies auf Betreiben des Reichswehrministeriums geschah oder nicht, ist unerheblich, denn das Verhältnis zwischen Luft Hansa und Reichswehr war gut, was großenteils einem ihrer Direktoren, Erhard Milch, zu verdanken war. Flugzeugführer der Luft Hansa hatten im Blindflugwesen Bahnbrechendes geleistet und stellten Fluglehrpersonal, sogar in Lipezk, in militärischen Fliegerschulen. Die Passagier- und Frachtflugzeuge vom Typ Ju 52 ließen sich im Notfall zu Behelfsbombern umrüsten. Somit war die Luft Hansa in deutsche Mobilmachungspläne voll eingebunden.

Zur gleichen Zeit, als der Motorflugsport in Deutschland gedieh, nahm die Segelflugbewegung ihren Aufschwung. Sie geht auf einen Segelflugwettbewerb zurück, der 1920 in der Rhön stattgefunden hatte. Auf der Wasserkuppe, wo es zahlreiche Aufwindgebiete gab, fanden sich 24 begeisterte Segelflieger zum Wettstreit ein und erzielten sogar einen Rekordflug mit 1830 m Höhengewinn in 142 Sekunden. Man traf sich dort regelmäßig wieder. 1935 flogen deutsche Segelflieger 480 km weit von der Rhön bis nach Brünn in der Tschechoslowakei. 1938 wurde ein Dauerflugrekord von 50 Stunden und 15 Minuten aufgestellt. Die Reichswehr hatte schnell die Bedeutung des Segelflugs für die Flugzeugführerausbildung und die Pflege des Luftfahrtgedankens erkannt. Von Seeckt ließ sich die Gelegenheit zu einem Besuch bei einem Rhön-Wettbewerb nicht nehmen. Wilberg tat alles, um die Offiziere für den Segelflugsport zu begeistern. Student war aktiver Segelflieger. Der Segelflug bot besondere Möglichkeiten für die Luftfahrtforschung, da dies auf dem Gebiet des Motorfluges von den Alliierten untersagt war. Zahlreiche der glänzendsten Köpfe der deutschen Luftfahrtindustrie, wie Willy Messerschmitt, Anthony Fokker, Ludwig Prandtl und Theodore von Kármán, beteiligten sich am Segelflug. Kármán sagte einmal, daß der Segelflug die Flugwissenschaften viel weiter vorangebracht habe, als es der Motorflug im Ersten Weltkrieg getan hatte.

Bei Kriegsende 1918 fertigte die deutsche Flugzeugindustrie monatlich in 35 Flugzeugwerken und 26 Flugmotorenwerken 2000 Flugzeuge. Der Versailler Vertrag verbot jede Art von Entwurf und Fertigung von Militärflugzeugen. Erst im Mai 1922 wurde der Bau von Zivilflugzeugen unter strengsten Auflagen und ständiger Kontrolle wieder erlaubt. Eine Interalliierte Militärische Kontrollkommission wachte darüber, daß kein Flugzeug militärische Aufgaben wahrnehmen konnte und die Grenzwerte von 188 km/h mit 590 kg Zuladung in 4000 m Flughöhe mit einer Höchstreichweite von 300 km nicht überschritt. Diese Vorgaben waren weit schlechter als die seinerzeit möglichen technischen Leistungen vorhandener alliierter Flugzeuge. Damit vereitelte man sehr wirksam Entwicklungsfortschritte auf dem Gebiet der Luftfahrt in Deutschland. Obwohl es 1925 einige wenige Erleichterungen gab, dauerte es noch bis 1926, als mit dem Pariser Luftfahrtabkommen alle Auflagen aufgehoben wurden. Dazu kam es jedoch nur, weil Deutschland jedes alliierte Verkehrs- und Zivilflugzeug, das aus Wettergründen oder technischen Gründen auf deutschem Boden zwischenlanden mußte, rücksichtslos beschlagnahmte, weil es den bestehenden Abkommen zuwiderhandelte. Das beeinträchtigte vor allem den englischen und französischen Linienverkehr nach Mittel- und Osteuropa. Auf Grund des Drucks der Flugverkehrsgesellschaften und infolge einer allgemeinen politischen Wiederannäherung hoben die Alliierten alle Einschränkungen für den Bau ziviler Flugzeuge in Deutschland auf. Das Bauverbot für Militärflugzeuge blieb jedoch in Kraft.

Den Deutschen in der Weimarer Republik waren Tricks, List und Täuschung nicht fremd, Meister darin waren die Flugzeughersteller. Bevor noch der Bau von Zivilflugzeugen 1922 offiziell wieder freigegeben worden war, hatten die Firmen längst im Ausland Filialen, Tochtergesellschaften, Konstruktions- und Verkaufsbüros eingerichtet. So produzierten die Junkers-Werke in Schweden und Holland und die Dornier-Werke in der Schweiz und in Italien. Sogar in Deutschland wurden in Warnemünde, an der Mecklenburger Bucht, einige Flugzeuge für die Vereinigten Staaten und Japan sowie die Reichswehr gebaut. 1924 trat Heinkel mit den Aufklärungsflugzeugen HD 17 und HD 21 und einem Jagdflugzeug in die Szene der Flugzeugbauer, der im Auftrag der Reichskriegsmarine handelte. Während 1922/1923 die Verhandlungen über eine militärische Zusammenarbeit zwischen Russen und Reichswehr liefen, wurde als Dach- und Tarngesellschaft unter den pensionierten Offizieren General von Borries und Major Tschunke die Gesellschaft zur Förderung gewerblicher Unternehmen (GEFU) gegründet. Mit Büros in Berlin und Moskau und mit einem Betriebskapital von 75 Millionen Reichsmark betreute die GEFU den Bau zahlreicher Waffenfabriken sowie das Junkers-Flugzeug- und Flugzeugmotorenwerk in Fili bei Moskau. Dort fertigte Junkers verschiedene Flugzeuge, darunter das erste Ganzmetallpassagierflugzeug. Als sich im Laufe der Zeit pro hergestelltem Flugzeug ein Verlust von 50 000 Reichsmark abzeichnete, konnte die Reichswehr für die Kosten nicht mehr aufkommen und schloß daraufhin im Jahre 1927 die Fabrik.

Erfolgreicher in der militärischen und zivilen Zusammenarbeit war die im Jahre 1926 gebildete Fertigungs GmbH, die mit Flugzeugfabriken Verträge abschloß. Auf Veranlassung des Heereswaffenamts begründet, nahm sie die dringend erforderliche Vereinheitlichung bei den zahlreichen Firmen vor, um eine laufende und ineinandergreifende Produktion sicherzustellen. Die Schwierigkeiten dabei übertrafen jedes vorstellbare Maß. Es gab keine einheitlichen Fertigungsverfahren, Konstruktionszeichnungen und Planfertigungsgrundlagen, keine Normen und Numerik in den Betrieben – das beste Rezept für ein Chaos. Ein Flugzeug mit einer Tonne Abfluggewicht konnte im Durchschnitt bis zu 32 000 Einzelteile umfassen, die zudem noch von zahlreichen verschiedenen Firmen hergestellt wurden. 1927/28 war die Luftfahrtindustrie endlich in der Lage, nach den Bauvorschriften zu arbeiten, die vom Fliegertechnischen Referat (Student) des Heereswaffenamtes herausgegeben worden waren. So schufen Heinkel den Bomber He 41, die Bayerischen Flugzeugwerke den Nachtjäger Bf 22, die Arado-Werke den Jäger Ar SD 1 und die Albatros-Werke die Aufklärer L 76/77 und L 78. Alle wurden entweder in Lipezk erprobt oder in Rechlin in Mecklenburg. Diese Erprobungsstelle war schon im Ersten Weltkrieg eingerichtet worden, lag versteckt in der Abgeschiedenheit großer Wälder und Seen, und kein Mensch hatte je von ihr gehört. Die erwähnten vier Versuchsmuster entsprachen jedoch nicht den Erwartungen des Heereswaffenamtes, so daß 1929 neue technische Forderungen herausgegeben werden mußten. Das Ergebnis waren dann im Jahre 1932 der Bomber von Dornier, Do 11, der Jäger von Arado, Ar 64 und die Aufklärer von Heinkel, He 45 und He 46.

In den zwanziger Jahren hatten die militärische und die politische Führung des Reichs immer die Kriegsgefahr im Hinterkopf. Sie verfolgten keinerlei Offensivgedanken, lebten aber in der Furcht vor einem Einfall der Polen und sogar der Tschechen. Danach mußten die Fliegeroffiziere genauso wie die reinen Heeresoffiziere der Reichswehr ihre Mobilmachungspläne ausrichten, die jedes Jahr der Lage entsprechend im Hinblick auf personelle und materielle Veränderungen angepaßt und abgestimmt wurden. Sie beruhten alle auf dem Aufstellungsplan einer Kriegswehrmacht, auch »A-Plan« genannt. Mitte der zwanziger Jahre war man sich darüber im klaren, daß man nicht mehr als 8 Aufklärer-, 3 Jäger- und 3 Bomberstaffeln aufstellen könne. Im Falle eines Krieges rechnete man mit einem monatlichen Ersatzbedarf von 25 Prozent an Aufklärern und 50 Prozent an Jägern und Bombern. Die Albatros L 75 und L 76 sollten die Aufgaben der Aufklärer übernehmen und die Fokker D XIII in Lipezk die der Jäger, sofern ihnen seitens der Russen der Rückflug nach Deutschland erlaubt wurde, was zweifelhaft schien. Die Bomber mußte die Luft Hansa stellen, deren Verkehrsflugzeuge innerhalb von wenigen Tagen in Kriegsflugzeuge umgerüstet werden konnten. Da in der Reichswehr nur wenige entsprechend ausgebildete Fliegeroffiziere vorhanden waren, mußte das fliegende Personal vornehmlich aus den Reihen der Luft Hansa und den der gewerblichen Fliegerschulen gezogen werden, die wiederum insgesamt in die Mobilmachung mit Flugzeugen und allen Einrichtungen fest eingebunden waren. Bomben waren hingegen Mangelware, und es fehlte allgemein an der Ausrüstung und am Gerät, um eine Mobilmachung zu unterstützen.

Größere Pläne zeichneten sich dennoch für die Zukunft ab. Im Jahr 1927 legte das Heereswaffenamt einen Kostenvoranschlag für ein Vierjahresprogramm zur Schaffung von Fliegerkräften zur Unterstützung von 15 Divisionen vor. Man faßte Luftstreitkräfte mit 247 Flugzeugen, 64 Flakgeschützen vom Kaliber 8,8 cm, 90 Flugabwehrmaschinengewehren, 60 Scheinwerfern und 30 Horchgeräten ins Auge. Die Reichswehr umfaßte in Friedenszeiten aber schon die Aufstellungsplanung von 21 Divisionen, warum der Plan auch nicht ausreichte. Für das folgende Jahr 1928 erwartete man eine Jahresfertigung der Luftfahrtindustrie mit 7006 Flugzeugen für das Reichsheer und 1746 für die Reichskriegsmarine. So erschreckend ungenau die Zahlen auch waren, arbeitete man dennoch darauf gründend ein Programm aus, daß die Flugzeugindustrie in Friedenszeiten jährlich an das Reichsheer 2293 Flugzeuge und an die Reichskriegsmarine 750 Flugzeuge auszuliefern habe. Daraufhin wurden aus dem 1928/1929 der Reichswehr insgesamt zur Verfügung stehenden Etat in Höhe von 827 Millionen Reichsmark 12 Millionen für den Ausbau der Luftfahrtindustrie abgezweigt. Auf Grund der wirtschaftlichen Schwierigkeiten in der Inflationszeit und den sich daraus ergebenden finanziellen Beschneidungen wurde der Betrag im Jahr darauf auf 9 Millionen Reichsmark zurückgenommen. Nimmt man den Zeitraum der sieben Jahre von 1926 bis 1932, so wurden in der Tat nur 150 bis 170 Millionen Reichsmark für den geheimen Aufbau von Fliegerkräften ausgegeben. Das reichte natürlich nicht für die erforderlichen Planungen aus. Andererseits hielt sich die Luftfahrtindustrie zurück, ihre Produktionskapazität auszubauen, weil die Verdienstspanne zu gering war. Meistens bezogen sich die Aufträge nur auf den Bau von Einzelteilen oder die Reparatur älterer Flugzeuge, weil man die Entwicklung neuer Flugzeuge für zu teuer und zu riskant erachtete. Somit ergab sich die Lage, daß das Heereswaffenamt zwar die Bauvorschriften für Flugzeuge herausgeben konnte, nach denen deutsche Konstrukteure die Versuchsmuster schufen, die Luftfahrtindustrie aber nicht fähig und eingerichtet war, um eine Großserienfertigung für den Kriegsfall anlaufen zu lassen.

Anfang 1929 gab es acht Flugzeugwerke und vier Flugmotorenwerke in Deutschland. Die Firmen Albatros, Arado, Bayerische Flugzeugwerke, Dornier, Focke-Wulf, Heinkel und Rohrbach fertigten Flugzeuge und Argus, Bayerische Motorenwerke sowie Siemens Flugmotoren, woran sich auch bald Daimler-Benz beteiligte. Nur die Junkers-Werke bauten sowohl Flugzeuge als auch Flugmotoren. Hinsichtlich Entwurf und Bau von Flugmotoren befanden sich die Deutschen in keiner glücklichen Lage. Die meisten Flugmotoren der zwanziger

Jahre stammten aus dem Ausland. 1933 gab es drei für militärische Zwecke geeignete Motorentypen, zwei davon waren ausländischen Ursprungs. In den dreißiger Jahren bereitete die Flugmotorenentwicklung der deutschen Luftfahrtindustrie die größten Schwierigkeiten. Die so wichtige Forschung und Entwicklung befand sich in einem äußerst unbefriedigenden Zustand. Die Deutsche Versuchsanstalt für Luftfahrt, die 1928 als Dachorganisation von privater Hand begründet worden war, litt unter erheblichem Geldmangel und einheitlicher, klarer Führung. Die Finanzierung von Flugzeugprojekten sollte zum Dauerproblem werden. Von den 321 Millionen Reichsmark, die in den sieben Jahren von 1926 bis 1932 vom Reichsverkehrsministerium für die Luftfahrt als Subvention bereitgestellt wurden, flossen nur 23 Millionen – oder 7 Prozent – in die Luftfahrtforschung. Als 1932 der Zuschußbetrag seinen niedrigsten Wert erreicht hatte, waren es für die Forschung nur noch 5 Prozent anteilig.

1932 sah es in der deutschen Flugzeugindustrie gar nicht erfreulich aus. Die Zahl der darin Beschäftigten war auf 4000 abgesunken. Am 4. April hatte die Fliegerinspektion einen genauen Bericht über die Produktionsstätten und -möglichkeiten vorgelegt, aus dem hervorging, daß von den sieben Flugzeugherstellern (Rohrbach war unter dem Druck der Inflation zusammengebrochen) nur zwei, Junkers und Heinkel, in bescheidenem Umfang Flugzeuge in Serie fertigen konnten, alle anderen bauten lediglich auf Bestellung und erreichten pro Werk höchstens sechs Flugzeuge im Monat. Junkers hatte zum Beispiel noch kein einziges Flugzeug nach den technischen Forderungen des Heereswaffenamtes gebaut und befand sich zudem in Zahlungsschwierigkeiten. Nur staatliche Unterstützung und eine Reorganisation konnten das Werk retten. Die Arado- und Heinkel-Werke waren kreditwürdig, Dornier erhielt staatliche Zuschüsse, die Albatros-Werke schlossen sich mit Focke-Wulf zusammen, aber selbst dann hatte die neue Firmenstruktur noch Schwierigkeiten. Die Klemm-Werke, die leichte Sportflugzeuge herstellten, waren von weniger Bedeutung. Bei den Flugmotorenwerken sah es noch schlimmer aus. Die Bayerischen Motorenwerke mußten schon bald die Produktion einstellen. Ähnlich schlecht war die Lage in der Zulieferindustrie. Im Falle einer Mobilmachung hätte die Flugkraftstoffversorgung für nur drei Monate ausgereicht, Flugfunkgeräte hätten frühestens nach sechs Monaten zur Verfügung gestanden, die Sprengstoffproduktion für Fliegerbomben war unzureichend.

Auf anderen Gebieten wurden bessere Fortschritte erzielt. Einen beachtlichen Schritt nach vorne für die Luftrüstung bedeutete die Aufhebung des Verbots von Militärflugzeugen, die anläßlich einer Besprechung am 29. November 1930 zwischen dem Reichswehrminister, dem Außen- und dem Verkehrsminister sowie dem Chef der Fliegerinspektion beschlossen wurde. Man war sich darüber einig, die Verbote des Versailler Vertrages zu mißachten, um den Weg für die Schaffung von Flugzeugen, Waffen und Ausrüstung freizumachen, die in Parks und Depots für den Mobilmachungsfall zur Verfügung stünden. Kurz darauf stellte die Heeresleitung drei Dienststaffeln mit je vier Flugzeugen auf, deren Personal von der Ausbildungsstation in Lipezk aufgefüllt wurde. Obwohl diese Staffeln in der Nähe militärischer Stäbe lagen, Berlin, Königsberg und Nürnberg-Fürth, und auch militärisch geführt wurden, gab man ihnen aus Tarnungsgründen die Bezeichnung Reklamestaffeln, die wiederum nach außen hin im Besitz der Luftfahrt GmbH waren. Desgleichen stellte man eine Seefliegerübungsstaffel auf. Im April 1932 gehörten der Reichswehr 228 Flugzeuge, 36 Militärflugzeuge und 192 Zivilflugzeuge, die zu Militärflugzeugen umgerüstet werden konnten, um im Mobilmachungsfall 16 Staffeln damit zu bestücken. Im folgenden Jahr plante man, die Zahl der Militärflugzeuge um weitere 46 zu erhöhen.

Auch die Kriegsmarine der Weimarer Republik hatte gleichermaßen starkes

Interesse an der Luftfahrt wie das Reichsheer. Zwar war auch ihr nach dem Versailler Vertrag der Besitz von Flugzeugen untersagt, sie durfte aber schwere Flakgeschütze in dem großen Kriegshafen Königsberg behalten. Dort wurden die 8,8-, 7,6- und 10,5-cm-Flakgeschütze entwickelt, was sich sehr wertvoll für das Reichsheer erweisen sollte, als es 1930 Flakgeschütze einführte. In der Fliegerei blieb die Reichsmarine nicht müßig. Schon 1922 begann sie in Stralsund mit der Ausbildung ihrer Flugzeugführer. Von der Ausbildung in Lipezk machte sie nur wenig Gebrauch. 1923 bestellte sie bei Heinkel zehn Seeflugzeuge vom Typ He I, die ganz offen für irgendeinen anonymen südamerikanischen Staat gebaut, dann nach Schweden verschifft und von dort nach erfolgreicher Erprobung wieder nach Deutschland zurückgeschickt wurden. Auch sechs alte Kriegsflugzeuge standen bei der Kriegsmarine im Dienst. Die Stabsorganisation für die fliegerische und technische Ausbildung stand bereits 1924 festgefügt in der Marineleitung. 1924 begann die Ausbildung ganz ähnlich wie im Reichsheer, nämlich unter der Leitung einer zivilen Firma, der Severa GmbH, die bis 1928 einen jährlichen Etat von 1 350 000 Reichsmark erreicht hatte. Die Flugzeugentwicklung lief unter der Oberaufsicht von Kapitän z.S. Günther Lohmann, der Chef des Entwicklungsreferats in der Seetransportabteilung war. Die Erprobungsstelle befand sich in Travemünde. 1929 befahl das Reichswehrministerium eine engere Zusammenarbeit zwischen Reichsheer und Reichskriegsmarine, um Doppelarbeit und -entwicklungen zu vermeiden. Die Marine wollte jedoch unabhängig bleiben und setzte die Entwicklung von Seeflugzeugen nach ihren eigenen Vorstellungen fort. Nichtsdestoweniger brachte die Zusammenarbeit für sie Vorteile im Hinblick auf Funknavigations- und Bombenzielgeräte, die Umrüstung von Landflugzeugen für den Seedienst und die Ergebnisse der Truppenerprobung in Rußland.

Im Jahre 1932 zeichneten sich gute Ergebnisse in der Planung für deutsche Luftstreitkräfte ab. Für den nächsten Aufrüstungszeitraum von 1933 bis 1938 faßte man den Bau eines Bombers und die Großserienfertigung militärischer Flugzeuge ins Auge. In dem 1932 von Felmy vorgelegten Plan wurde gefordert, eine Luftwaffe mit 80 Staffeln zur Unterstützung von 21 Heeresdivisionen aufzubauen. Bis 1938 sollten 750 aktive und 240 Reserveflugzeuge bereitstehen, die 96 Schulflugzeuge nicht gerechnet. Die Hälfte hatten Bomber zu sein, deren Hauptauftrag in der Bekämpfung und Zerstörung der feindlichen Flugplätze bestand. Danach sollten Einsätze bis tief in das feindliche Hinterland folgen. Im Angriff sah man das beste Mittel der Verteidigung. Einen Monat später legte jedoch die Fliegerinspektion ein Gutachten vor, aus dem hervorging, daß es der Flugzeugindustrie nicht annähernd gelänge, sechs Monate nach Kriegsbeginn die von Felmy und auch dem Heereswaffenamt geforderten 300 Flugzeuge im Monat zu produzieren. Man könne erst neun Monate nach der Mobilmachung nur 100 einmotorige Flugzeuge monatlich fertigen. Im November 1932 kam von der Inspektion die Feststellung, daß auf Grund der bedrückenden Verhältnisse in den Flugzeugbetrieben und der engbemessenen Finanzmittel noch nicht einmal die dringendsten Erfordernisse für ein Notrüstungsprogramm erfüllt werden könnten. Trotz dieser düsteren Aussichten hatte das Heereswaffenamt im Juli nicht gezögert, die technischen Forderungen für fünf neue Flugzeugtypen, darunter auch ein schwerer Bomber, herauszugeben.

Zur gleichen Zeit, als die Fachleute mit Vorschlägen und Ablehnungen von Plänen für eine zukünftige Militärluftfahrt befaßt waren, sprachen sich die politische und militärische Führung der Reichswehr für einen Ausbau aus. Aus diplomatischen Quellen verlautete, daß die neue französische Regierung unter Eduard Herriot einer Vergrößerung des deutschen Heeres wohlwollend gegenüberstand. Im Juli schlug der Chef des Truppenamtes, General Wilhelm Adam, dem

Reichswehrminister, General Kurt von Schleicher, die Schaffung eines erweiterten Friedensheeres vor, damit verbunden auch eine Friedensluftwaffe, die bis 1938 die Stärke umfassen sollte, wie sie in der Studie von Felmy vorgeschlagen worden war. So wünschenswert schwere Bomber auch gewesen wären, so sollten sie doch für eine Weile nicht vorgesehen werden, weil die Alliierten einer derartigen Angriffswaffe in Händen der Deutschen mit Sicherheit nicht zugestimmt hätten. Also mußte man noch etwas damit leben, sich auf Aufklärungsflugzeuge zu stützen, die als Bomber genauso nutzbar wie Zivilflugzeuge waren. Die Planungen für eine Friedensluftwaffe gaben den Anstoß für eine gründliche Umorganisation aller mit der Militärluftfahrt befaßten Stellen. Im Reichswehrministerium gab es nicht weniger als acht Dienststellen, die auf irgendeinem Gebiet Verantwortung für Luftkriegsfragen trugen, ganz abgesehen vom Reichsverkehrsministerium, das auch eingebunden war. Im Juli 1932 empfahl die Fliegerinspektion die Zusammenfassung aller Dienststellen des Reichsheeres und der Reichskriegsmarine, um Verwaltung, Nachschub, Waffenwesen, Forschung und Entwicklung einheitlich zu betreiben. Zwei Monate später legte der Leiter des Referats für Operation, Taktik und Ausbildung in der Fliegerinspektion, Hauptmann Hans Jeschonnek, eine von General von Mittelberger sehr befürwortete Denkschrift vor, die die Zusammenlegung aller mit Luftfahrtfragen beschäftigten Dienststellen, auch der zivilen, im Reichswehrministerium forderte. Das, so begründete er, wäre die einzige Möglichkeit, um Deutschlands beschränkte Mittel aufeinander abzustimmen, damit man den vorgesehenen Verteidigungsanstrengungen überhaupt gerecht werden könne. Er wies darauf hin, daß Ende der zwanziger Jahre nur fünf der vierzig Millionen Reichsmark, die das Reichsverkehrsministerium für Luftfahrtzwecke ausgegeben hat, in die Finanzierung militärischer Belange flossen. Um so schlimmer, daß Reichsheer und Reichskriegsmarine verschiedene Vorstellungen und Programme verfolgten. Anstelle von drei, großenteils nicht abgestimmten Etats schlug Jeschonnek nur einen einzigen vor. Trotz einigen Widerstands seitens einiger Heeresreferate gegen diese Vorschläge legte das Reichswehrministerium diesen Rahmenvorschlag dem Reichskabinett vor. Das Reichsheer schätzte sich insbesondere glücklich, im Rahmen der Umorganisation die Verwaltung aller öffentlichen Geldmittel für die Luftfahrt zu erhalten. Das war um so bedeutsamer als zu Zeiten der Wirtschaftskrise Geld knapp war und die Flugzeugindustrie finanziell am Hungertuch nagte. Das neue Amt sollte sich in zwei Hauptsäulen gliedern, eine für Luftfahrt und eine für Luftschutz, so daß alle Bereiche ziviler und militärischer Luftfahrtangelegenheiten unter einem Dach vereinigt waren, wie Finanzierung, technische Entwicklung und militärische Gliederung und Operation. Das Truppenamt nahm mit der Reichskriegsmarine Gespräche über die Durchführungsmaßnahmen auf. Bevor die Umgliederung jedoch in Kraft treten konnte, hatten sich die innerpolitischen Verhältnisse im Reich in dramatischer Weise verändert, so daß die militärische Führung ihre Pläne umarbeiten mußte, denn jetzt hatte Adolf Hitler, der neuernannte Reichskanzler, das Wort.

Zur Verbandsgliederung der Luftwaffe

Die fliegenden Verbände der deutschen Luftwaffe waren in »Staffeln« gegliedert. Eine Staffel bestand aus neun Maschinen. Drei bis vier »Staffeln« bildeten eine »Gruppe«. Jede »Gruppe« verfügte noch zusätzlich über weitere drei Maschinen, diese bildeten den »Gruppenstab«. Ein »Geschwader« setzte sich aus drei »Gruppen« zusammen (dazu kamen noch vier Maschinen des »Geschwaderstabes«). Diese Gliederung gilt grundsätzlich für alle fliegenden Verbände (z. B. Jagd-, Zerstörer-, Stuka-, Kampf- und Transportgeschwader). Im Verlauf des Krieges erhielt jedes Kampfgeschwader eine IV. Gruppe als »Ergänzungsgruppe«. In den Ergänzungsgruppen wurden die von den Kampffliegerschulen kommenden Besatzungen weiter praktisch ausgebildet, bevor sie bei den übrigen Gruppen des Kampfgeschwaders zum Fronteinsatz kamen. Die Geschwader hatten verschiedene Aufgaben: z. B. als Jagdgeschwader (JG): Zerstörergeschwader (ZG): schwere, meist zweimotorige Jäger; Kampfgeschwader (KG): Bomberverbände; und Sturzkampfgeschwader (StG): Sturzbombereinheiten. (Das auch heute noch allgemein gebräuchliche Wort »Stuka« ist eine Abkürzung für »Sturzkampfflugzeuge«. Der Begriff wird meist mit der Ju 87, dem »klassischen Stuka« allein in Verbindung gebracht. Dieser Umstand ist auf die deutsche Propaganda zurückzuführen, die das Wort »Stuka« fast ausschließlich im Zusammenhang mit der Junkers Ju 87 gebrauchte. Streng genommen gab es in der deutschen Luftwaffe aber noch andere »Stukas«, d. h. voll sturzflugfähige Maschinen wie z. B. die Junkers Ju 88; d. Ü.)

Aufklärungseinheiten waren nicht nach dem oben beschriebenen System gegliedert; es gab keine Aufklärungsgeschwader; die »Aufklärungsgruppen« waren selbständig und in »Staffeln« gegliedert. Die Bildung selbständiger »Gruppen« wurde gelegentlich auch für Sonderaufgaben vorgenommen (z. B. »Kampfgruppe [KGr] 100 als »Pfadfinderverband« im Englandeinsatz). Diese Gruppe bestand an sich aus Kampfflugzeugen (Bombern), gehörte jedoch keinem Kampfgeschwader (KG) an. Geschwader und selbständige Gruppen hatten arabische Zahlen (z. B. KG 2, Aufkl. Gr. 123). Gruppen innerhalb eines Geschwaders wurden mit römischen Zahlen bezeichnet: III./ZG 76 war daher die dritte Gruppe des Zerstörergeschwaders 76. Die Gruppenbezeichnung (z. B. »III.«) wurde immer vor der Geschwaderbezeichnung geführt. Die Staffeln innerhalb des Geschwaders wurden fortlaufend mit arabischen Zahlen bezeichnet. Daher gehörten beispielsweise die Staffeln 1 bis 3 zur I. Gruppe, die 4. bis 6. Staffeln zur II. Gruppe und die 7. bis 9. Staffel zur III. Gruppe. In der Abkürzung war daher z. B. die »3./StG 3« die dritte Staffel des Sturzkampfgeschwaders 3 und gleichzeitig war diese Staffel Bestandteil der I./StG 3, also der I. Gruppe des StG 3.

Ausgewählte Literatur

Addington, Larry H.: The Blitzkrieg Era and the General Staff, 1865–1941, New Brunswick, N.J. (USA), 1972
Aders, Gebhard: Geschichte der deutschen Nachtjagd, 1917–1945, Stuttgart, 1977
Air Ministry (RAF): The Rise and Fall of the German Air Force, London, 1949

Bartz, Karl: Als der Himmel brannte, der Weg der deutschen Luftwaffe, Hannover, 1955
Baur, Hans: Ich flog Mächtige der Erde, Kempten, 1960
Baumbach, Werner: Zu Spät?, Stuttgart, 1977
Bekker, Cajus: Angriffshöhe 4000, Kriegstagebuch der deutschen Luftwaffe, Oldenburg, 1964
Bernhardt, Walter: Die deutsche Aufrüstung, 1934–1939, Frankfurt, 1969
Bewley, Charles: Hermann Göring and the Third Reich, New York, 1962
Birkenfeld, Wolfgang: Der synthetische Treibstoff, 1933–1945, Göttingen, 1964
Boelcke, Willi A.: Deutschlands Rüstung im Zweiten Weltkrieg, Frankfurt, 1969
Brady, Robert A.: The Rationalization Movement in German Industry, Berkeley (USA)
Bross, Werner: Gespräche mit Hermann Göring, Flensburg, 1950

Caidin, Martin: Me 109: Willy Messerschmitt's Peerless Fighter, New York, 1968
Calder, Angus: The People's War: Britain 1939–1945, London, 1969
Carroll, Berenice A.: Design for Total War: Arms and Economics in the Third Reich, Den Haag, 1968
Carsten, F. L.: The Reichswehr and Politics, 1918 to 1933, Oxford, 1966
Collier, Basil: The Defence of the United Kingdom, London, 1957
Conradis, Heinz: Nerven, Herz und Rechenschieber: Kurt Tank, Flieger, Forscher, Konstrukteur, Göttingen, 1955
Cooksley, Peter G.: Flying Bomb, London, 1979
Craig, James F.: The Messerschmitt Bf 109, New York, 1968

Deichmann, General der Flieger a.D., Paul: Die Unterstützung des Heeres durch die deutsche Luftwaffe im Zweiten Weltkrieg, U.S. Historical Study No. 163, Juni 1962
Douhet, Giulio: Luftherrschaft, Berlin, 1935

Earle, Edward Mead: ed. Makers of Modern Strategy: Military Thought from Machiavelli to Hitler, New York, 1967
Eicholtz, Dietrich: Geschichte der deutschen Kriegswirtschaft, 1939–1945. Bd. I 1933–1941, Berlin (Ost), 1969
Eicholtz, Dietrich, und Wolfgang Schumann: Hrsg. Anatomie des Krieges: Neue Dokumente über die Rolle des deutschen Monopolkapitalismus bei der Vorbereitung und Durchführung des Zweiten Weltkrieges, Berlin (Ost), 1969
Erbe, René: Die nationalsozialistische Wirtschaftspolitik 1933–1939 im Lichte der modernen Theorie, Zürich, 1958
Erfurt, Waldemar: Die Geschichte des deutschen Generalstabes von 1918 bis 1945, Göttingen, 1957
Essenwein-Rothe, Ingeborg: Die Wirtschaftsverbände von 1933 bis 1945, Berlin, 1965
Ethell, Jeffrey, und Alfred Price: Deutsche Düsenflugzeuge im Kampfeinsatz 1944/45, Stuttgart, 1981

Feuchter, Georg Werner: Der Luftkrieg, Frankfurt, 1962
Fischer, Wolfram: Die Wirtschaftspolitik des Nationalsozialismus, Lüneburg, 1961
Förster, Gerhard: Totaler Krieg und Blitzkrieg: Die Theorie des Totalen Krieges und des Blitzkrieges in der Militärdoktrin des Faschistischen Deutschlands am Vorabend des Zweiten Weltkrieges, Berlin (Ost), 1967
Frischauer, Willi: The Rise and Fall of Hermann Göring, Boston, 1951

Galland, Adolf: Die Ersten und die Letzten, Darmstadt, 1953
Gandenberger, Moisy F. von: Luftkrieg – Zukunftskrieg? Aufbau, Gliederung und Kampfformen von Luftstreitkräften, Berlin, 1935

Girbig, Werner: Start im Morgengrauen: Eine Chronik vom Untergang der deutschen
    Jagdwaffe im Westen 1944–1945, Stuttgart 1973
Görlitz, Walter: Kleine Geschichte des deutschen Generalstabes, Berlin, 1967
Green, William: Warplanes of the Third Reich, London, 1970
Greiner, Helmut: Die Oberste Wehrmachtführung 1939–1945, Wiesbaden, 1951
Grey, C. G.: The Luftwaffe, London, 1944
Guderian, Heinz: Erinnerungen eines Soldaten, Heidelberg, 1950

Halder, General, Franz: Kriegstagebuch, Stuttgart, 1962
Heiber, Helmut: Hitlers Lagebesprechungen, Stuttgart, 1962
Heinkel, Ernst: Stürmisches Leben, Stuttgart, 1953
Henn, Peter: The Last Battle, London, 1954
Herlin, Hans: Udet – eines Mannes Leben und die Geschichte seiner Zeit, Hamburg, 1958
Hermann, Hauptmann (Pseudonym): The Luftwaffe: Its Rise and Fall, New York, 1943
Hoeppner, General der Kavallerie, Ernst von: Deutschlands Krieg in der Luft: Ein Rück-
    blick auf die Entwicklungen und Leistungen unserer Heeres-Luftstreitkräfte im Welt-
    kriege, Leipzig, 1921
Homze, Edward L.: Arming the Luftwaffe, Nebraska, 1976

Irving, David: Der Untergang Dresdens, Gütersloh, 1964
    Die Tragödie der deutschen Luftwaffe; Aus den Akten und Erinnerungen von Feld-
    marschall Milch, Frankfurt, 1970

Jansen, Gregor: Das Ministerium Speer, Berlin, 1968
Jodl, General, Alfred: Tagebücher 1937–1945
Johnson, Brian: Streng Geheim, Stuttgart, 1983

Keßelring, Generalfeldmarschall, Albert: Soldat bis zum letzten Tag, Bonn, 1953
    Gedanken zum Zweiten Weltkrieg, Bonn, 1955
Killen, John: A History of the Luftwaffe 1915–1945, London, 1967
Klein, Burton H.: Germany's Economic Preparations for War, Cambridge, Mass. (USA),
    1959
Koch, Horst-Albert: Flak: Die Geschichte der deutschen Flakartillerie und der Einsatz
    der Luftwaffenhelfer, Bad Nauheim, 1965
Koller, Karl: Der letzte Monat. Die Tagebuchaufzeichnungen des ehemaligen Chefs des
    Generalstabes der deutschen Luftwaffe vom 14. 4. bis 27. 5. 1945, Mannheim, 1949

Lee, Asher: Air Power, New York, 1955
    The German Air Force, London, 1946
    Göring, Air Leader, London, 1972
Lewin, Ronald: Ultra goes to war, London, 1978
Lusar, Rudolf: Die deutschen Waffen und Geheimwaffen des 2. Weltkriegs und ihre Weiter-
    entwicklung, München, 1959

Manvell, Roger und Heinrich Fraenkel: Göring, New York, 1962
Mason, Frances K.: Battle over Britain, London, 1969
Mason, Herbert Molloy: Die Luftwaffe – Aufbau, Aufstieg und Scheitern im Sieg, Wien,
    1973
Meinck, Gerhard: Hitler und die deutsche Aufrüstung 1933–1937, Wiesbaden, 1959
Morzik, Generalmajor a.D., Fritz: Luftbrückenunternehmen der deutschen Luftwaffe,
    U.S. Historical Division, Study 167, Juni 1961
Morzik, Fritz und Gerhard Hümmelchen: Die deutschen Transportflieger im Zweiten
    Weltkrieg, Frankfurt, 1966
Mosley, Leonhard: The Reich Marshal: A Biography of Hermann Göring, Garden City,
    N.Y. (USA), 1974

Nielsen, Generalleutnant a.D., Andreas: Der Generalstab der Luftwaffe, USAF Histori-
    cal Studies, No. 173, Juni 1959

Orlovius, Heinz und Ernst Schultze: Die Weltgeltung der deutschen Luftfahrt, Stuttgart,
    1938

Osterkamp, Theo: Durch Höhen und Tiefen jagt ein Herz, Heidelberg, 1952

Paskins, Barrie and Michael Dockrill: The Ethics of War, London, 1979

Plocher, Hermann: Der Einsatz der deutschen Luftwaffe an der Ostfront 1941–1943, Maxwell Air Force Base, Ala. (USA), Air University, 1965

Price, Alfred: Herrschaft über die Nacht, Gütersloh, 1968
    Bildbuch der deutschen Luftwaffe 1933–1945, Oldenburg, 1975
    Bomber im Zweiten Weltkrieg, Stuttgart, 1981
    Der härteste Tag – 18. August 1940 –, Stuttgart, 1981
    World War II Fighter Conflict, London, 1975

Richards, Denis and Saunders, Hilary ST, G.: History of the Royal Air Force 1939–1945, London, 1977

Rieckhoff, Generalleutnant a.D., Hans J.: Trumpf oder Bluff? – 12 Jahre deutsche Luftwaffe, Genf, 1945

Rose, Arno: Radikaler Luftkampf, Stuttgart, 1976

Rudel, Hans: Trotzdem, Preuß. Oldendorf, 1976

Schliephake, Hanfried: Wie die Luftwaffe wirklich entstand, Stuttgart, 1972

Schramm, Percy Ernst: Hitler als militärischer Führer, Frankfurt, 1962

Schwipps, Werner: Kleine Geschichte der deutschen Luftfahrt, Berlin, 1968

Seeckt, Hans von: Gedanken eines Soldaten, Berlin, 1929

Shores, Christopher: Ground Attack Aircraft of World War II, London, 1977

Shulman, Milton: Defeat in the West, London, 1947

Simon, Leslie E.: German Research in World War II: An Analysis of the Conduct of Research, New York, 1947

Smith, John R. and Kay, Al: German Aircraft of the Second World War, London, 1972

Smith, Peter C.: Stuka – Die Geschichte der Ju 87, Stuttgart,

Speer, Albert: Erinnerungen, Frankfurt, 1969

Suchenwirth, Richard: Die Führung der deutschen Luftwaffe, USAF Historical Studies, No. 174, Air University, 1969
    Die Entwicklung der deutschen Luftwaffe 1919–1939, USAF Historical Studies, No. 160, Air University, 1968
    Historische Wendepunkte im Kriegseinsatz der deutschen Luftwaffe, USAF Historical Studies, No. 189, Air University, Juni 1959

Taylor, Telford: Sword and Swastika, New York, 1952
    The Breaking Wave: The Second World War in the Summer of 1940, New York, 1967

Thomas, Georg: Geschichte der deutschen Wehr- und Rüstungswirtschaft 1918–1943/45, Boppard am Rhein, 1966

Thorwald, Jürgen: Ernst Udet – Ein Fliegerleben, Stuttgart, 1981

Turner, P. St. John: Heinkel: An Aircraft Album, New York, 1970

United States Strategic Bombing Survey: The Effects of the Strategic Bombing on the German War Economy, Washington, 1945
    – Aircraft Division Industry Report No. 4
    – The Defeat of the German Air Force. No. 59
    – V-Weapons (Crossbow) Campaign. No. 60

Völker, Karl-Heinz: Die deutsche Luftwaffe 1933–1939, Stuttgart, 1967
    Die Entwicklung der militärischen Luftfahrt in Deutschland 1920–1933, Stuttgart, 1962
    Dokumente und Dokumentarfotos zur Geschichte der deutschen Luftwaffe, Stuttgart, 1968

Webster, Sir Charles and Noble Frankland: The Strategic Air Offensive against Germany 1939–1945, London, 1961

Wheatley, Ronald: Operation Sealion, London, 1958

Faszination Fliegen

Wer sich für Luft- und Raumfahrt interessiert und dazu noch aktuell und lückenlos informiert sein will, findet in der FLUG REVUE die richtige Zeitschrift für ein faszinierendes Thema.

Die FLUG REVUE berichtet über alles Wissenswerte aus den Bereichen Zivil-und Militärluftfahrt, Geschäfts- und Privatfliegerei, Raumfahrt, Forschung, Technik, Entwicklung und Historie.

Die FLUG REVUE –
Deutschlands größte Zeitschrift für Luft- und Raumfahrt. Jeden Monat neu.

FLUG REVUE flugwelt International

Überall im Zeitschriftenhandel erhältlich